객관식 서술형 완전정복!
오정화
회계학

오정화 편저

2025 공무원 회계학
썰문제 90% 적중!

공무원 회계학
썰문제(객관식 서술형 문제)에
최적화된 요약문제집

- 개정 회계기준 완벽 반영
- 시험 전 핵심 내용을 다양한 문제 유형으로 압축 학습
- 모의 문제를 통한 실전 적응력 배양
- 주요 이론과 문제 풀이의 단권화로 시간 효율적 학습
- 필수 지문의 OX 훈련으로 정오 판단의 학습 포인트 제시
- 원가관리회계, 정부회계도 한 번에 마무리

Preface

1 수험생들의 요청으로 만들었다.

매년 시험이 가까워질 때면 서술형 문제, 일명 썰문제에 대한 불안이 커져 〈썰문제 특강〉의 개설 요청을 많이 받았었다. 타 시험이 썰문제의 비중을 60% 이상 출제하는 데 반해, 공무원 시험은 썰문제의 출제비중이 많아야 40%를 넘지 않는다. 그러므로 시험을 준비하는 기간 내내 수험생들은 썰문제보다 계산형 문제에 치중한다. 그러다 보니 회계학 계산형 문제에 자신감이 붙을 즈음, 썰문제는 넘어야 할 또 하나의 산으로 남아 있게 된다. 그런데 실제 공무원 시험장에서 시간과 점수의 두 마리 토끼를 함께 잡아야 하는 과목 특성상 썰문제는 시간도 적게 걸리고 정답률도 높은 효자문제라 할 수 있다. 정확히 대비만 되어 있다면 말이다.

2 '옳은 것을 고르시오'와 '옳지 않은 것을 고르시오'!

옳은 것을 고르는 문제와 옳지 않은 것을 고르는 문제 중 난이도는 어느 쪽이 더 높을까? 옳은 것은 4지선다형 중 3개의 지문이 틀린 지문으로, 읽어내는 매 순간 틀린 부분을 찾아야 한다. 따라서 '옳은 것을 고르시오' 문제가 훨씬 어렵다고 할 수 있다.

다행히 공무원 회계학의 썰문제는 80% 이상이 '옳지 않은 것을 고르시오'로 출제된다. 그러므로 4지 선다형 중에서 옳은 3개의 지문을 정확히 찾아낸다면 헷갈리게 출제되는 1개의 지문을 걸러내는 것은 어렵지 않다. 즉, 공무원 회계학의 썰문제는 기준서의 내용을 정확히 이해하고 있다면 답을 찾기가 수월하게 출제되고 있다. 중요한 것은 기준서의 내용을 정확히 이해하고 있느냐에 달려 있다.

3 출제경향의 변화

공무원 회계학 시험은 한국채택국제회계기준의 도입(2011년)과 공무원 시험의 정부회계 도입(2013년)을 기점으로 썰문제의 출제비중이 높아졌다. 또한 회계상의 거래나 시산표의 오류를 물어보는 등의 단순 회계기초에 해당하는 썰문제에서 기준서의 내용을 직접적으로 물어보는 문제로 변화하고 있다. 이제는 공무원 시험도 기준서에 충실하게 대비해야 한다.

4 암기과목의 공부비법

기준서의 내용을 읽고 나면 이해했다고 착각하기 쉽다. 그런데 막상 시험에서 옳지 않은 지문으로 바뀌 나오면 헷갈리게 되고 그제서야 내가 기준서의 내용을 정확하게 이해하지 못하고 있었음을 깨닫게 된다.

암기과목은 자신을 속이고 있는 나에게 '사실은 모른다'라는 가혹한 자극을 줌으로써 가장 빨리 이해되고 암기가 된다. 썰문제는 원리에 대한 이해를 바탕으로 하기 때문에 결국은 암기과목의 영역에 해당한다. 그러므로 저자는 '독한 훈련'이라는 과정을 통해 기준서의 내용들에 대한 끊임없는 자극으로 가장 빠른 시간에 주요 내용이 암기될 수 있도록 구성하였다.

이 책의 머리말

매번 강조하는 말이지만, 타 과목에 비해 회계학은 오답을 제시하는 내용이 정해져 있다. 오답을 제시할 수 있는 부분을 강조함으로써 수험생들이 '옳지 않은 문장'을 찾아내는 힘을 기를 수 있도록 훈련하는 수험서를 만들고 싶었다.

본서가 바로 저자가 암기과목을 공부했던 방법이었고, 불안에 밤잠을 설치고 있는 수험생들에게 단비 같은 연습서가 되었으면 하는 바람으로 구성된 결과물이다.

5 학습방법

Step 1 - 자극단계 (독한 훈련 & 핵심 이론)
'독한 훈련'을 통해 무엇을 모르고 있는지 자극을 받는다.
이를 바로 옆에 정리된 이론을 통해 보충한다.

Step 2 - 훈련단계 (OX 강훈련)
앞서 정리한 이론을 OX를 통해 실전에 한 지문씩 출제되었을 때 판단하는 훈련을 경험한다.

Step 3 - 실전 훈련단계 (공무원 5개년 기출 문제, 실전 훈련 문제)
기출 문제 및 출제 예상 문제이다.
가장 짧은 시간 안에 답을 찾는 훈련을 반복한다.

썰전이 출간된 지 수년이 지났다. 많은 수험생들이 썰전을 통해 합격의 꿈을 이루었다. 합격한 누군가가 이런 문구를 남긴 적이 있다. '썰전은 사랑입니다.' 합격한 수험생 중에 썰전을 보지 않은 수험생이 없을 만큼 합격을 위한 비기로 자리잡았다. 시험을 앞에 두고 한없이 초라해지는 우리에게 큰 의지가 되는 수험서가 되기를 간절히 바란다.

2025년 8월
공인회계사 오정화 씀

Information

한국채택국제회계기준(K-IFRS)이 도입된 후, 정부회계가 도입된 2013년을 기점으로 해서 현재까지 공무원 회계학 시험의 객관식 서술형 문제들을 분석한 결과이다. 다만, 분류 방식은 저자의 기본서를 기준으로 구분하였으며, 직관으로 풀 수 있는 문제는 포함하지 않았고 말 그대로 서술형 지문으로 구성된 문제들 위주로 분석하였다.

● 국가직 9급 회계학

구분	재무회계								원가회계	정부회계	계
	재무보고를 위한 개념체계	재무제표	금융상품	유·무형 자산	사채	자본	수익인식	기타			
2025년	1			1	1		1	충당부채(1) 재고자산(1) 현금흐름표(1) 회계상의 거래(1)	1	2	11
2024년	1	2		2	1	1	1	재고자산(1)	2	1	12
2023년	1	1						충당부채(1) 현금흐름표(1)	1	2	7
2022년	1			2			1	충당부채(1)		1	6
2021년	1	1			1	1				2	6
2020년	1	2					1		1	1	6
2019년	1	2					1			1	5
2018년	1					1				2	5
2017년	1			1			1	회계추정(1) 충당부채(1)	1	1	7
2016년	1	1		1	1			결산(1)		2	7

출제 경향 분석

① 2013년 정부회계 도입 이후 객관식 서술형 문제 수가 증가하였다.
② 회계원리 수준의 단순문제에서 기준서의 내용을 물어보는 심화문제로 그 출제경향이 변화하였다.
③ 원가회계 서술형 문제도 간혹 출제되었다.
④ 출제되는 주제들이 한정되어 있고, '재무보고를 위한 개념체계' 및 '재무제표'에 대한 서술형 문제는 거의 매번 출제되고 있다.

● 국가직 9급 회계원리

구분	재무회계									원가회계	계
	재무보고를 위한 개념체계	재무제표	금융상품	재고자산	유·무형 자산	사채	자본	수익인식	기타		
2025년	1	1		2	1	1		1	충당부채(1) 현금흐름표(1) 회계상의 거래(1) 은행계정조정표(1)		11
2024년	2	2		1	3	1	1	1	충당부채(1)	1	12
2023년	2	1			2	1			현금흐름표(1)	1	7
2022년	1		1		3			1	충당부채(1)		7
2021년	2	1				1	1				5
2020년	1	3				1		1		1	6
2019년	2	1			감가상각(1)			1	회계상의 거래(1)		6
2018년	2	2			무형자산(1)		1				6
2017년	2	1		2					현금흐름표(1) 충당부채(1)	1	7
2016년	2	2			1	1			충당부채(1), 결산(1)		8

출제경향 분석과 수험대책

📝 **출제 경향 분석**

① 단순 회계원리 수준의 문제에서 기준서의 내용을 물어보는 심화문제로 출제경향이 변화하였다.
② 출제되는 주제들이 한정되어 있고, '재무보고를 위한 개념체계' 및 '재무제표 작성과 표시'에 대한 문제는 꾸준하게 출제되고 있다.
③ 2018년 '수익인식' 기준서의 개정 내용이 출제되고 있다.
④ 동일 주제에 대해 2문제 이상 출제되는 경우도 있다.

● 지방직 9급 회계학

구분	재무회계									원가회계	정부회계	계
	재무보고를 위한 개념체계	재무제표	금융상품	재고자산	유·무형자산	사채/충당부채	자본	수익인식	기타			
2025년	2						1	1		1	2	7
2024년	1								시산표(1)		2	4
2023년		1		1					주당이익(1) 회계변경과 오류수정(1)		1	5
2022년	1	1			1				배당(1) 생물자산(1)		2	7
2021년	2	1					1			1	2	7
2020년	1	1			무형자산(1)	종업원급여(1)			회계변경과 오류수정(1)	1	2	8
2019년	3	1			재평가모형(1)			1	현금흐름표 활용(1)		2	9
2018년	1		1	1	무형자산(1)					1	2	7
2017년	1	1				충당부채(1)				1	2	6
2016년	1					충당부채(1)	1			1	2	6

📝 **출제 경향 분석**

① 2013년 공무원 회계학 시험의 정부회계 도입 이후 객관식 서술형 문제 수가 증가하였다.
② 단순 회계원리 수준의 문제에서 기준서를 직접 물어보는 문제로 변화하였다.
③ 최근 원가회계의 기본개념을 묻는 문제가 출제되고 있다.
④ '재무보고를 위한 개념체계'는 꾸준하게 출제되고 있다.
⑤ 정부회계는 매년 1-2문항이 서술형으로 출제되고 있다.
⑥ 다른 시험에 비해 계정과목 각론에 대한 서술형 문제가 자주 출제되고 있다.

Information

● 서울시 7급 회계학

구분	재무회계									정부회계	계
	재무보고를 위한 개념체계	재무제표	금융상품	유·무형자산	사채 / 충당부채 / 종업원급여	자본	수익인식	기타		
2024년								법인세회계(1) 공정가치 측정(1)	2	4
2023년								현금흐름표(1) 리스(1) 법인세회계(1)	1	4
2022년	1		1					연결재무제표(1)	2	5
2021년	1		1					재고자산(1), 법인세회계(1)	1	5
2020년	1				1		1	투자부동산(1), 리스(1)	1	6
2019년		2		무형자산(1)		1		투자부동산(1)	1	6
2018년	1				종업원급여(1)		1	리스(1)	2	6
2017년				정부보조금(1)				종업원급여(1), 리스(1), 재무비율(1)	2	6
2016년	1				1		1	회계변경(1), 환율변동(1)	2	7

📋 출제 경향 분석

① 국가직 7급과 유사하게 서술형 문제의 의존도가 높은 편이다.
② 9급의 빈출주제와는 다르게 지엽적이거나 범위 밖의 주제를 자주 다룬다.
③ 지문의 구성은 기준서를 바탕으로 하고 있으므로 난이도가 높은 편이다.

출제경향 분석과 수험대책

● 국가직 7급 회계학

구분	재무회계								회계원리*	원가회계	정부회계	계
	재무보고를 위한 개념체계	재무제표	금융상품	유·무형자산	사채/충당부채	자본	수익인식	기타				
2024년	1	2		1			1	현금흐름표(1)	1		2	9
2023년	2	1		1			1	보고기간후사건(1), 법인세회계(1)		2	1	10
2022년		1	2	1				재고자산(1), 회계변경과 오류수정(1), 법인세회계(1), 주식기준보상(1)			3	11
2021년	1	2	1		2			리스(1)			1	8
2020년	2	1			1		1				1	6
2019년	1	1				1	1				2	6
2018년	1	2					1				2	6
2017년	1			1				회계변경(1)			2	5
2016년	1	1					1				2	5
2015년		2			1	1	1	회계변경(1)			2	8

*회계원리는 회계상의 거래나 거래의 분석 등 기초회계의 내용을 의미함.

📝 출제 경향 분석

① 2013년 정부회계의 도입 전·후 문항 수의 차이가 크게 없다.
② '재무보고를 위한 개념체계'와 '재무제표 작성과 표시'는 꾸준하게 출제되고 있다.
③ 2020년 시험에서는 당해 개정된 '재무보고를 위한 개념체계'의 내용이 출제되었다.
④ 기존 9급 공무원 회계학에서 주로 다루었던 주제들에서 기준서의 내용에 비춘하여 출제되고 있다.
⑤ 2018년 이후 개정된 수익인식 기준서에 대해 꾸준하게 출제되고 있다.

💬 출제경향 분석 총평

① 2013년 정부회계의 도입 이후 객관식 서술형 문제의 출제비중이 높아졌고, 국가직 9급 공무원 시험의 경우 2024년부터 서술형 문제의 비중이 크게 늘었다.
② 단순 회계기초의 내용을 물어보던 수준에서 기준서의 정확한 내용을 묻는 문제의 추세로 바뀌었다.
③ 자주 출제되는 주제가 대부분 정해져 있고, 추가 주제들이 1~2문제씩 출제되고 있다. 다만, 기존 공무원 시험에서 다루지 않았던 주제를 서술형으로 묻는 경우는 드물다.
④ '재무보고를 위한 개념체계'와 '재무제표 작성과 표시' 그리고 '수익인식'에 대한 주제는 거의 매년 출제되고 있다.

Contents

PART 01　객관식 서술형 완전정복을 위한 비법

Chapter 01　재무보고를 위한 개념체계　12
1. 이론 정리 및 이해 확인　12
2. ○× 강훈련　36
3. 공무원 5개년 기출 문제　44
4. 실전 훈련 문제　49

Chapter 02　재무제표　64
1. 이론 정리 및 이해 확인　64
2. ○× 강훈련　76
3. 공무원 5개년 기출 문제　83
4. 실전 훈련 문제　87

Chapter 03　현금 및 수취채권과 지급채무　102
1. 이론 정리 및 이해 확인　102
2. ○× 강훈련　106
3. 실전 훈련 문제　107

Chapter 04　금융자산　108
1. 이론 정리 및 이해 확인　108
2. ○× 강훈련　116
3. 공무원 5개년 기출 문제　120
4. 실전 훈련 문제　121

Chapter 05　재고자산　126
1. 이론 정리 및 이해 확인　126
2. ○× 강훈련　133
3. 공무원 5개년 기출 문제　136
4. 실전 훈련 문제　137

Chapter 06　유형자산　144
1. 이론 정리 및 이해 확인　144
2. ○× 강훈련　155
3. 공무원 5개년 기출 문제　159
4. 실전 훈련 문제　161

Chapter 07　투자부동산　168
1. 이론 정리 및 이해 확인　168
2. ○× 강훈련　171
3. 공무원 5개년 기출 문제　172
4. 실전 훈련 문제　173

Chapter 08　무형자산　178
1. 이론 정리 및 이해 확인　178
2. ○× 강훈련　184
3. 공무원 5개년 기출 문제　186
4. 실전 훈련 문제　188

Chapter 09　금융부채　196
1. 이론 정리 및 이해 확인　196
2. ○× 강훈련　198
3. 공무원 5개년 기출 문제　200
4. 실전 훈련 문제　201

Chapter 10　충당부채와 종업원급여　204
1. 이론 정리 및 이해 확인　204
2. ○× 강훈련　210
3. 공무원 5개년 기출 문제　213
4. 실전 훈련 문제　215

Chapter 11 자본 — 222
1. 이론 정리 및 이해 확인 — 222
2. O× 강훈련 — 228
3. 공무원 5개년 기출 문제 — 231
4. 실전 훈련 문제 — 232

Chapter 12 수익인식 — 234
1. 이론 정리 및 이해 확인 — 234
2. O× 강훈련 — 245
3. 공무원 5개년 기출 문제 — 249
4. 실전 훈련 문제 — 251

Chapter 13 건설계약 — 258
1. 이론 정리 및 이해 확인 — 258
2. O× 강훈련 — 263
3. 실전 훈련 문제 — 265

Chapter 14 회계변경과 오류수정 — 266
1. 이론 정리 및 이해 확인 — 266
2. O× 강훈련 — 269
3. 공무원 5개년 기출 문제 — 272
4. 실전 훈련 문제 — 273

Chapter 15 현금흐름표 — 278
1. 이론 정리 및 이해 확인 — 278
2. O× 강훈련 — 282
3. 공무원 5개년 기출 문제 — 284
4. 실전 훈련 문제 — 285

Chapter 16 기타회계 — 288
1. 이론 정리 및 이해 확인 — 288
2. O× 강훈련 — 293
3. 공무원 5개년 기출 문제 — 295
4. 실전 훈련 문제 — 297

Chapter 17 원가관리회계 — 300
1. 이론 정리 및 이해 확인 — 300
2. O× 강훈련 — 311
3. 공무원 5개년 기출 문제 — 317
4. 실전 훈련 문제 — 319

Chapter 18 정부회계 — 326
1. 이론 정리 및 이해 확인 — 326
2. O× 강훈련 — 356
3. 공무원 5개년 기출 문제 — 364
4. 실전 훈련 문제 — 372

PART 02 정답 및 해설

PART 01

객관식 서술형 완전정복을 위한 비법

Chapter 01	재무보고를 위한 개념체계	Chapter 10	충당부채와 종업원급여
Chapter 02	재무제표	Chapter 11	자본
Chapter 03	현금 및 수취채권과 지급채무	Chapter 12	수익인식
Chapter 04	금융자산	Chapter 13	건설계약
Chapter 05	재고자산	Chapter 14	회계변경과 오류수정
Chapter 06	유형자산	Chapter 15	현금흐름표
Chapter 07	투자부동산	Chapter 16	기타회계
Chapter 08	무형자산	Chapter 17	원가관리회계
Chapter 09	금융부채	Chapter 18	정부회계

CHAPTER 01 재무보고를 위한 개념체계

1 이론 정리 및 이해 확인

독한훈련

01 회계의 의의

1. 회계정보
   ① 유용한 재무정보란 _____ 에 도움이 되는 정보를 말한다.
   ② 유용한 재무정보는 화폐단위로 측정할 수 있는 것을 포함하며, 화폐단위로 측정할 수 없는 것(도 포함한다 / 은 포함하지 않는다).
   ③ 회계정보는 _____ 에 의해 생산되어 재무제표를 통해 외부에 제공된다.

2. 회계감사
   ① 경영자에 의해 작성된 재무제표가 일반적으로 인정된 회계원칙에 따라 적정하게 작성된 것인지를 독립적인 제3자가 검증하는데, 이를 _____ (이)라 한다.
   ② '주식회사 등의 외부감사에 관한 법률'의 규정에 의해 직전 사업연도 말의 자산총액 또는 매출액이 500억원 이상인 주식회사의 경우 외부감사 대상으로 _____ (으)로부터 의무적으로 회계감사를 받도록 되어 있다.

3. 재무제표
   재무보고는 기업의 다양한 외부이해관계자의 경제적 의사결정을 위해 경영자가 기업실체의 재무상태, 경영성과, 현금흐름, 자본변동 등에 관한 재무정보를 제공하는 것을 말한다. 재무보고의 가장 주된 수단은 _____ 이다.

01 회계의 의의

1 회계정보
① 회계정보이용자의 경제적 의사결정에 유용한 정보를 제공하는 시스템이 회계이다.
② 유용한 정보란 의사결정에 도움이 되는 정보를 말하며, 화폐단위로 측정할 수 있는 것뿐만 아니라 화폐단위로 측정할 수 없는 것도 포함된다.
③ 회계정보는 경영자에 의해 생산되어 재무제표를 통해 외부에 제공된다.

2 회계감사
① 경영자에 의해 작성된 재무제표가 일반적으로 인정된 회계원칙에 따라 적정하게 작성된 것인지를 독립적인 제3자가 검증하는데, 이를 회계감사라 한다.
② '주식회사 등의 외부감사에 관한 법률'의 규정에 의해 직전 사업연도 말의 자산총액 또는 매출액이 500억원 이상인 주식회사의 경우 외부감사 대상으로 공인회계사로부터 의무적으로 회계감사를 받도록 되어 있다.

3 재무제표
재무보고는 기업의 다양한 외부이해관계자의 경제적 의사결정을 위해 경영자가 기업실체의 재무상태, 경영성과, 현금흐름, 자본변동 등에 관한 재무정보를 제공하는 것을 말한다. 재무보고의 가장 주된 수단은 재무제표이다.

정답 01 1. ① 의사결정 ② 도 포함한다 ③ 경영자 2. ① 회계감사 ② 공인회계사 3. 재무제표

❹ 회계기준

① 기업은 외부정보이용자가 공통적으로 요구하는 정보를 산출하여 제공하는데 이를 일반목적재무보고라 하며, 일반목적재무보고의 핵심적 수단이 일반목적의 재무제표이다. 또한 일반목적 재무제표의 작성을 위해 필요한 회계기준을 일반적으로 인정된 회계원칙이라 한다.

② 우리나라의 회계원칙은 '기업회계기준'이라 하며, 국제회계기준과의 정합성을 제고하여 회계정보의 투명성을 높이기 위하여 2011년부터 한국채택국제회계기준을 전면 도입하였다. 한국채택국제회계기준을 도입한 후부터 기업회계기준은 크게 한국채택국제회계기준, 일반기업회계기준과 중소기업회계기준으로 분류된다.

③ 한국채택국제회계기준은 '주식회사 등의 외부감사에 관한 법률'의 적용대상기업 중 '자본시장과 금융투자업에 관한 법률'에 따른 주권상장기업의 회계처리에 적용된다. 또한 한국채택국제회계기준은 재무제표 작성과 표시를 위해 한국채택국제회계기준의 적용을 선택한 비상장기업의 회계처리에도 적용한다.

❺ 한국채택국제회계기준의 특징

국제회계기준은 다음과 같은 주요 특징을 가지고 있다.

① 원칙 중심의 회계기준
국제회계기준은 상세하고 구체적인 회계처리방법을 제시하기보다는 회사경영자가 경제적 실질에 기초하여 합리적으로 회계처리할 수 있도록 회계처리의 기본원칙과 방법론을 제시하는 데 주력한다.

② 연결재무제표 중심의 회계기준
국제회계기준은 종속기업이 있는 보고기업의 경우에는 경제적 실질에 따라 지배기업과 종속기업의 재무제표를 결합하여 보고하는 연결재무제표를 기본재무제표로 제시하고 있으며, 사업보고서를 포함한 모든 공시서류를 연결재무제표 기준으로 작성하도록 요구하고 있다.

③ 공정가치평가 중심의 회계기준
국제회계기준은 정보의 목적적합성을 중시하여 자산과 부채를 공정가치로 측정하여 공시할 것을 원칙으로 하고 있다.

④ 주석공시사항 확대
국제회계기준은 주석의 공시사항을 확대하여 정보이용자에게 가능한 한 상세하게 정보가 전달될 수 있도록 하고 있다.

⑤ 실질 위주의 회계처리
국제회계기준은 법적 형식보다는 경제적 실질에 따른 회계처리기준을 제시하고 있다.

독한훈련

4. 회계기준

① 기업은 외부정보이용자가 공통적으로 요구하는 정보를 산출하여 제공하는데 이를 _____ 재무보고라 하며, 일반목적재무보고의 핵심적 수단이 일반목적의 재무제표이다.

② 우리나라의 회계원칙은 '기업회계기준'이라 하며, 국제회계기준과의 정합성을 제고하여 회계정보의 투명성을 높이기 위하여 2011년부터 _____ 을(를) 전면 도입하였다.

③ 한국채택국제회계기준은 '주식회사 등의 외부감사에 관한 법률'의 적용대상기업 중 '자본시장과 금융투자업에 관한 법률'에 따라 (상장회사만 / 상장회사와 비상장회사 모두 / 비상장회사만) 적용할 수 있다.

5. 한국채택국제회계기준의 특징

국제회계기준은 ① (규정 / 원칙) 중심의 회계처리, ② (개별재무제표 / 연결재무제표) 중심의 회계처리, ③ (공정가치 측정 / 원가 측정) 중심의 회계처리, ④ 주석공시사항의 확대, ⑤ 실질 위주의 회계처리의 특징을 가지고 있다.

정답 4. ① 일반목적 ② 한국채택국제회계기준 ③ 상장회사와 비상장회사 모두 5. ① 원칙 ② 연결재무제표 ③ 공정가치 측정

02 개념체계 일반

❶ 의의
재무보고를 위한 개념체계는 일반목적재무보고의 목적과 개념을 서술한다.

❷ 개념체계의 위상
① 개념체계는 회계기준이 아니다.
② 개념체계의 어떠한 내용도 회계기준이나 회계기준의 요구사항에 우선하지 않는다.
③ 일반목적 재무보고의 목적을 달성하기 위해 회계기준위원회는 개념체계의 관점에서 벗어난 요구사항을 정하는 경우가 있을 수 있다. 만약, 회계기준위원회가 그러한 사항을 정한다면, 해당 기준서의 결론도출근거에 그러한 일탈에 대해 설명할 것이다.
④ 개념체계가 개정되었다고 자동으로 회계기준이 개정되는 것은 아니다.
⑤ 재무제표를 작성하는 경우 우선적으로 국제회계기준의 규정에 근거해야 하지만, 회계기준이 없다면 경영진은 판단에 따라 회계정책을 개발 및 적용하여 회계정보를 작성할 수 있다.

❸ 회계기준위원회의 공식임무
회계기준위원회의 공식임무는 전 세계 금융시장에 투명성, 책임성, 효율성을 제공하는 회계기준을 개발하는 것이다.

03 일반목적재무보고의 목적, 대상 및 한계와 제공하는 정보

❶ 목적
일반목적재무보고의 목적은 현재 및 잠재적 투자자, 대여자 및 기타 채권자가 기업에 자원을 제공하는 것에 대한 의사결정을 할 때 유용한 보고기업 재무정보를 제공하는 것이다.

> 💡 **의사결정에 포함되는 것**
> ① 지분상품 및 채무상품의 매수, 매도 또는 보유
> ② 대여 및 기타 형태의 신용제공 또는 결제
> ③ 기업의 경제적 자원 사용에 영향을 미치는 경영진의 행위에 대한 의결권 또는 영향을 미치는 권리행사

❷ 대상

① 일반목적재무보고는 현재 및 잠재적 투자자, 대여자 및 기타 채권자를 주요 대상으로 한다.
② 현재 및 잠재적 투자자, 대여자 및 기타 채권자는 보고기업에 직접 정보를 제공하도록 요구할 수 없고, 필요한 재무정보의 많은 부분을 일반목적재무보고서에 의존한다.
③ 보고기업의 경영진도 일반목적재무보고서가 유용할 수는 있으나 이들은 재무정보를 내부에서 구할 수 있으므로 일반목적재무보고서에 의존할 필요가 없다.
④ 기타 당사자들, 예를 들어 감독당국 그리고 일반 대중도 일반목적재무보고서가 유용하다고 여길 수는 있으나 일반목적재무보고서는 기타 집단을 대상으로 하지 않는다.

❸ 한계

① 일반목적재무보고서는 현재 및 잠재적 투자자, 대여자 및 기타 채권자가 필요로 하는 모든 정보를 제공하지 않으며, 제공할 수도 없다.
따라서 이용자들은 일반 경제적 상황 및 기대, 정치적 사건과 정치풍토, 산업 및 기업전망과 같은 다른 원천에서 입수한 관련 정보를 고려할 필요가 있다.
② 일반목적재무보고서는 보고기업의 가치를 보여주기 위해 고안된 것이 아니라 보고기업의 가치를 추정하는 데 도움이 되는 정보를 제공한다.
③ 회계기준위원회는 회계기준을 제정할 때 최대 다수의 주요 이용자 수요를 충족하기 위하여 노력할 것이다.

> • 공통된 정보의 수요에 초점을 맞춘다고 해서 보고기업으로 하여금 주요 이용자의 특정한 일부에게 가장 유용한 추가적인 정보를 포함하지 못하게 하는 것은 아니다.

④ 재무보고서는 정확한 서술보다는 상당 부분 추정, 판단 및 모형에 근거한다.

> • 개념체계는 그 추정, 판단 및 모형의 기초가 되는 개념을 정한다.

📖 독한훈련

2. 대상
① 일반목적재무보고의 대상은 누구인가?
　㉠ 경영진
　㉡ 감독당국
　㉢ 일반 대중
　㉣ 현재 및 잠재적 투자자, 대여자 및 기타 채권자
　㉤ 위 대상자 모두
② 보고기업의 경영진도 일반목적재무보고서가 유용하므로 일반목적재무보고서의 대상이 될 수 (있다 / 없다).

3. 한계
① 일반목적재무보고서는 현재 및 잠재적 투자자, 대여자 및 기타 채권자가 필요로 하는 모든 정보를 제공 (해야한다 / 할 수 없다).
② 일반목적재무보고서의 이용자들은 일반 경제적 상황 및 기대, 정치적 사건과 정치풍토, 산업 및 기업전망과 같은 다른 원천에서 입수한 관련 정보를 고려할 필요가 (있다 / 없다).
③ 일반목적재무보고서는 보고기업의 가치를 (보여주는 / 추정하는)데 도움이 되는 정보를 제공한다.
④ 회계기준위원회는 회계기준을 제정할 때 (이용자의 특정 일부에게 유용한 재무보고를 위하여 / 최대 다수의 주요이용자 수요를 충족하기 위하여) 노력한다.
⑤ 공통된 정보의 수요에 초점을 맞추어야 하는 상황에서, 주요 이용자의 특정 일부에게 유용한 추가적인 정보를 포함(해서는 안된다 / 할 수 있다).
⑥ 재무보고서는 상당부분 (정확한 서술 / 추정과 판단 및 모형)에 근거한다.

💡 **정답** 2. ① ㉣ ② 없다 3. ① 할 수 없다 ② 있다 ③ 추정하는 ④ 최대 다수의 주요이용자 수요를 충족하기 위하여 ⑤ 할 수 있다 ⑥ 추정과 판단 및 모형

독한훈련

4. 제공하는 정보

① 주요 정보이용자의 정보수요를 충족시켜 주기 위해서 일반목적재무보고서는 보고기업의 경제적 자원 및 이에 대한 청구권에 관한 _____을(를) 제공해야 한다. 또한 보고기업의 경제적 자원과 청구권을 _____시키는 거래와 그 밖의 사건의 영향에 대한 정보도 제공해야 한다.

② 보고기업의 경제적 자원 및 _____의 성격 및 금액에 대한 정보는 이용자들이 보고기업의 재무적 강점과 약점을 식별하는 데 도움을 줄 수 있다.

③ 보고기업의 경제적 자원 및 청구권의 변동은 그 기업의 재무성과와 채무상품이나 지분상품의 발행과 같은 재무성과 (와 관련된 / 이외의) 사건이나 거래에서 발생한다.

④ (현금기준 / 발생기준) 회계는 거래와 그 밖의 사건 및 상황이 보고기업의 경제적 자원 및 청구권에 미치는 영향을, 비록 그 결과로 발생하는 현금의 수취와 지급일이 다른 기간에 이루어지더라도, 그 영향이 발생한 기간에 보여주는 것을 말한다.

⑤ 보고기업의 경제적 자원과 청구권 그리고 기간 중 변동에 관한 (현금주의 / 발생주의) 정보가 그 기간의 현금 수취와 지급만을 반영하는 (현금주의 / 발생주의) 정보보다 기업의 과거 및 미래 성과를 평가하는 데 더 나은 근거를 제공한다.

⑥ 한 기간 동안의 보고기업의 _____에 대한 정보도 이용자들이 기업의 미래 순현금유입 창출 능력을 평가하고 기업의 경제적 자원에 대한 경영진의 수탁책임을 평가하는 데에 도움이 된다.

⑦ 경영진이 기업의 경제적 자원을 얼마나 효율적이고 효과적으로 사용하고 있는지에 관한 정보는 해당 자원에 대한 경영자의 _____을(를) 평가하는데 도움을 준다.

04 유용한 재무정보의 질적특성

① 유용한 재무정보의 질적특성은 _____ 질적특성과 _____ 질적특성으로 구성된다.

④ 제공하는 정보

① 보고기업의 경제적 자원 및 이에 대한 청구권에 관한 재무상태 정보를 제공해야 한다.

② 보고기업의 경제적 자원과 청구권을 변동시키는 거래와 그 밖의 사건의 영향에 대한 정보도 제공해야 한다.

③ 보고기업의 경제적 자원 및 청구권의 성격 및 금액에 대한 정보는 이용자들이 보고기업의 재무적 강점과 약점을 식별하는 데 도움을 줄 수 있다.

④ 보고기업의 경제적 자원 및 청구권의 변동은 그 기업의 재무성과와 채무상품이나 지분상품의 발행과 같은 재무성과 이외의 사건이나 거래에서 발생한다.

⑤ 보고기업의 재무성과에 대한 정보는 그 기업의 경제적 자원에서 해당 기업이 창출한 수익을 이용자들이 이해하는 데 도움을 준다.

⑥ 발생기준 회계는 거래와 그 밖의 사건 및 상황이 보고기업의 경제적 자원 및 청구권에 미치는 영향을, 비록 그 결과로 발생하는 현금의 수취와 지급일이 다른 기간에 이루어지더라도, 그 영향이 발생한 기간에 보여주는 것을 말한다.

⑦ 보고기업의 경제적 자원과 청구권 그리고 기간 중 변동에 관한 발생주의 정보가 그 기간의 현금 수취와 지급만을 반영하는 현금주의 정보보다 기업의 과거 및 미래 성과를 평가하는 데 더 나은 근거를 제공한다.

⑧ 한 기간 동안의 보고기업의 현금흐름에 대한 정보도 이용자들이 기업의 미래 순현금유입 창출 능력을 평가하고 기업의 경제적 자원에 대한 경영진의 수탁책임을 평가하는 데에 도움이 된다.

⑨ 경영진이 기업의 경제적 자원을 얼마나 효율적이고 효과적으로 사용하고 있는지에 관한 정보는 해당 자원에 대한 경영자의 수탁책임을 평가할 수 있도록 도움을 준다.

04 유용한 재무정보의 질적특성

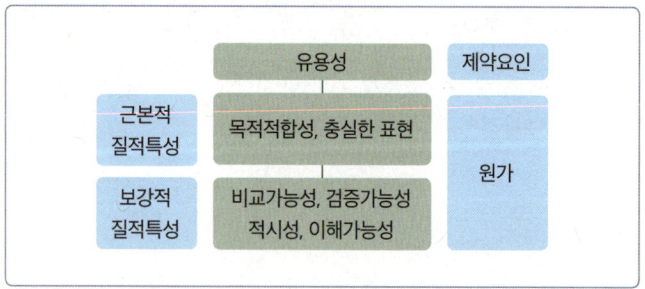

① 유용한 재무정보의 질적특성은 근본적 질적특성과 보강적 질적특성으로 구성된다.

정답 4.① 재무상태 정보, 변동 ② 청구권 ③ 이외의 ④ 발생기준 ⑤ 발생주의, 현금주의 ⑥ 현금흐름 ⑦ 수탁책임   04 ① 근본적, 보강적

② 근본적으로 재무정보가 유용하기 위해서는 목적적합해야 하고, 나타내고자 하는 바를 충실하게 표현해야 한다.
③ 재무정보가 비교가능하고, 검증가능하며, 적시성이 있고, 이해가 능한 경우에는 그 재무정보의 유용성이 보강된다.
④ 보강적 질적특성은 만일 어떤 두 가지 방법이 모두 현상에 대하여 동일하게 목적적합한 정보이고 동일하게 충실한 표현을 제공하는 것이라면, 이 두 가지 방법 가운데 어느 방법을 그 현상의 서술에 사용해야 할지를 결정하는 데에도 도움을 줄 수 있다.

❶ 근본적 질적특성
근본적 질적특성은 목적적합성과 충실한 표현으로 구성된다.

1-1 목적적합성

> 예측가치, 확인가치, 중요성

① 목적적합한 재무정보는 이용자들의 의사결정에 차이가 나도록 할 수 있다.
② 재무정보에 예측가치와 확인가치 또는 둘 다 있다면 그 재무정보는 의사결정에 차이가 나도록 할 수 있다.
③ 정보가 정보이용자들이 미래결과를 예측하기 위해 사용하는 절차의 투입요소로 사용될 수 있다면, 그 재무정보는 예측가치를 갖는다.
④ 재무정보가 과거평가에 대한 피드백을 제공한다면, 즉 과거평가를 확인하거나 변경시킨다면 그 재무정보는 확인가치를 갖는다.
⑤ 예측가치와 확인가치는 상호연관관계에 있다.
⑥ 재무정보가 예측가치를 갖기 위해서 그 자체가 예측치 또는 예상치일 필요는 없다.
⑦ 중요성은 정보를 누락하거나 잘못 기재하거나 불분명하게 하여, 이를 기초로 내리는 주요이용자의 의사결정에 영향을 줄 것으로 합리적으로 예상할 수 있다면 그 정보는 중요한 것이다.
⑧ 중요성은 개별기업 재무보고서 관점에서 해당 정보와 관련된 항목의 성격이나 규모 또는 이 둘 모두에 근거하여 해당 기업에 특유한 측면의 목적적합성을 의미한다.
⑨ 회계기준위원회는 중요성에 대한 획일적인 계량 임계치를 정하거나 특정한 상황에서 무엇이 중요한 것인지를 미리 결정할 수 없다.

독한훈련

② 근본적으로 재무정보가 유용하기 위해서는 _____ 해야 하고, 나타내고자 하는 바를 _____ 하게 표현해야 한다.
③ 재무정보가 비교가능하고, 검증가능하며, 적시성이 있고, _____ 한 경우에는 재무정보의 유용성이 보강된다.
④ _____ 질적특성은 만일 어떤 두 가지 방법이 모두 현상에 대하여 동일하게 목적적합한 정보이고 동일하게 충실한 표현을 제공하는 것이라면, 이 두 가지 방법 가운데 어느 방법을 그 현상의 서술에 사용해야 할지를 결정하는 데에도 도움을 줄 수 있다.

1. 근본적 질적특성

1-1 목적적합성

① 근본적 질적특성은 (목적적합성, 비교가능성, 예측가치, 확인가치, 중립성, 중요성, 충실한 표현, 적시성, 이해가능성)을(를) 만족해야 한다.
② 목적적합한 재무정보는 이용자들의 _____ 에 차이가 나도록 할 수 있다.
③ 재무정보에 _____ 와(과) _____ 또는 이 둘 모두가 있다면 그 재무정보는 의사결정에 차이가 나도록 할 수 있다.
④ 정보이용자들이 미래결과를 예측하기 위해서 사용하는 절차의 투입요소로 재무정보가 사용될 수 있다면, 그 재무정보는 _____ 을(를) 갖는다.
⑤ 재무정보가 과거평가에 대해 피드백을 제공한다면(과거평가를 확인하거나 변경시킨다면) 그 재무정보는 _____ 을(를) 갖는다.
⑥ 재무정보의 예측가치와 _____ 은(는) 상호연관되어 있다.
⑦ 재무정보가 예측가치를 갖기 위해서는 그 자체가 예측치 또는 예상치(여야 한다 / 일 필요는 없다).
⑧ 정보를 누락하거나 잘못 기재하거나 불분명하게 하여, 이를 기초로 내리는 주요이용자의 의사결정에 영향을 줄 것으로 합리적으로 예상할 수 있다면 그 정보는 _____ 것이다.
⑨ (목적적합성 / 중요성 / 충실한 표현)은 개별기업 재무보고서의 관점에서 해당 정보와 관련된 항목의 성격이나 규모 또는 이 둘 모두에 근거하여 해당 기업의 특유한 측면의 목적적합성을 의미한다.
⑩ 회계기준위원회는 중요성에 대한 획일적인 계량 임계치를 정하거나 특정한 상황에서 무엇이 중요한지를 미리 결정(해야 한다 / 할 수 없다).

정답 ② 목적적합, 충실 ③ 이해가능 ④ 보강적 **1-1** ① 목적적합성, 충실한 표현 ② 의사결정 ③ 예측가치, 확인가치 ④ 예측가치 ⑤ 확인가치 ⑥ 확인가치 ⑦ 일 필요는 없다 ⑧ 중요한 ⑨ 중요성 ⑩ 할 수 없다

독한훈련

1-2 충실한 표현

① 재무보고가 유용하기 위해서는 목적적합한 현상을 표현하는 것뿐만 아니라 나타내야 하는 현상의 실질을 _____하게 표현해야 한다.
② 완벽하게 충실한 표현을 하기 위해서는 서술이 _____하고, _____이며, _____이(가) 없어야 한다.
③ _____은(는) 필요한 기술과 설명을 포함하여 정보이용자가 서술되는 현상을 이해하는 데 필요한 모든 정보를 포함(하는 것이다 / 할 수는 없다).
④ _____ 서술은 재무정보의 선택이나 표시에 편의가 없는 것이다.
⑤ 중립적 정보는 목적이 없거나 행동에 대한 영향력이 없는 정보를 의미(한다 / 하지는 않는다).
⑥ 중립성은 _____을(를) 기함으로써 뒷받침된다.
⑦ _____은(는) 불확실한 상황에서 판단할 때 주의를 기울이는 것이다.
⑧ 신중을 기하는 것은 비대칭의 필요성(예 자산이나 수익을 인식하기 위해서는 부채나 비용을 인식할 때보다 더욱 설득력 있는 증거가 뒷받침되어야 한다는 구조적인 필요성)을 내포(한다 / 하는 것은 아니다).
⑨ 비대칭은 유용한 재무정보의 질적특성(이다 / 이 아니다). 그러나 나타내고자 하는 바를 충실하게 표현하는 가장 목적적합한 정보를 선택하려는 결정의 결과가 비대칭성인 경우, 특정회계기준에서 비대칭적인 요구사항을 포함할 수 (있다 / 없다).
⑩ (정확하다 / 오류가 없다)는 것은 현상의 기술에 오류나 누락이 없고, 보고정보를 생산하는 데 사용되는 절차의 선택과 적용 시 절차상의 오류가 없음을 의미한다.
⑪ 오류가 없다는 것은 정보가 모든 면에서 완벽하게 정확하다는 것을 의미(한다 / 하지는 않는다).
⑫ _____ 추정치의 사용은 재무정보의 작성에 필수적인 부분이며, 추정이 명확하고 정확하게 기술되고 설명되는 한 정보의 유용성을 저해하지 않는다.
⑬ 측정불확실성이 높은 수준인 경우 그러한 추정은 무조건 유용한 재무정보를 제공하지 (못한다 / 못하는 것은 아니다).

1-2 충실한 표현

> 완전한 서술, 중립적 서술, 오류가 없는 서술

① 재무보고가 유용하기 위해서는 목적적합한 현상을 표현하는 것뿐만 아니라 나타내야 하는 현상의 실질을 충실하게 표현해야 한다.
② 완벽하게 충실한 표현을 하기 위해서는 서술이 완전하고, 중립적이며, 오류가 없어야 한다.
③ 완전한 서술이란 필요한 기술과 설명을 포함하여 정보이용자가 서술되는 현상을 이용하는 데 필요한 모든 정보를 포함하는 것이다.
④ 중립적 서술은 재무정보의 선택이나 표시에 편의가 없어야 한다.
⑤ 중립적 정보가 목적이 없거나 행동에 대한 영향력이 없는 정보를 의미하지는 않는다.
⑥ 중립성은 신중을 기함으로써 뒷받침된다.
⑦ 신중성은 불확실한 상황에서 판단할 때 주의를 기울이는 것이다.
⑧ 신중을 기하는 것은 비대칭의 필요성(예 자산이나 수익을 인식하기 위해서는 부채나 비용을 인식할 때보다 더욱 설득력 있는 증거가 뒷받침되어야 한다는 구조적인 필요성)을 내포하는 것은 아니다.
⑨ 비대칭은 유용한 재무정보의 질적특성이 아니지만, 나타내고자 하는 바를 충실하게 표현하는 가장 목적적합한 정보를 선택하려는 결정의 결과가 비대칭성이라면, 특정회계기준에서 비대칭적인 요구사항을 포함할 수도 있다.
⑩ 오류가 없는 서술은 현상의 기술에 오류나 누락이 없고, 보고정보를 생산하는 데 사용되는 절차의 선택과 적용 시 절차상 오류가 없음을 의미하는 것이지, 서술의 모든 면에 완벽하게 정확하다는 것을 의미하는 것은 아니다.
⑪ 합리적인 추정치의 사용은 재무정보의 작성에 필수적인 부분이며, 추정이 명확하고 정확하게 기술되고 설명되는 한 정보의 유용성을 저해하지 않는다.
⑫ 측정불확실성이 높은 수준이더라도 그러한 추정이 무조건 유용한 재무정보를 제공하지 못하는 것은 아니다.

정답 1-2 ① 충실 ② 완전, 중립적, 오류 ③ 완전한 서술, 하는 것이다 ④ 중립적 ⑤ 하지는 않는다 ⑥ 신중 ⑦ 신중성 ⑧ 하는 것은 아니다 ⑨ 이 아니다, 있다 ⑩ 오류가 없다 ⑪ 하지는 않는다 ⑫ 합리적인 ⑬ 못하는 것은 아니다

1-3 근본적 질적특성의 적용절차

① 근본적 질적특성을 적용하기 위한 가장 효율적인 절차는 다음과 같다.

> ㉠ 보고기업의 재무정보이용자에게 유용할 수 있는 정보의 대상이 되는 경제적 현상을 식별한다.
> ㉡ 그 현상에 대한 가장 목적적합한 정보의 유형을 식별한다.
> ㉢ 그 정보가 이용가능한지, 그리고 경제적 현상을 충실하게 표현할 수 있는지 결정한다.

② 선택한 목적적합한 정보가 충실한 표현을 만족하지 못한다면, 차선의 목적적합한 유형의 정보에 대해 그 절차를 반복한다.
③ 경제적 현상에 대해 유용한 정보를 제공한다는 것은 재무보고의 목적을 달성하기 위해 근본적 질적특성 간 절충이 필요할 수도 있다.

❷ 보강적 질적특성

> 비교가능성, 검증가능성, 적시성, 이해가능성

① 보강적 질적특성은 비교가능성, 검증가능성, 적시성 및 이해가능성으로 구성이 된다.
② 보강적 질적특성은 그 정보가 목적적합하지 않거나 충실하게 표현되지 않으면, 개별적으로든 집단적으로든 정보를 유용하게 할 수 없다.
③ 보강적 질적특성을 적용하는 것은 규정된 순서에 따르지 않는 반복적인 과정이다.

2-1 비교가능성

① 비교가능성은 정보이용자가 항목 간의 유사점과 차이점을 식별하고 이해할 수 있게 하는 질적특성이다.
② 일관성은 비교가능성과 관련은 되지만 동일하지는 않다. 일관성은 한 보고기간 내에서 기간 간 또는 같은 기간 동안에 기업 간, 동일한 항목에 대해 동일한 방법을 적용하는 것을 말한다.
③ 비교가능성은 목표이고 일관성은 그 목표를 달성하는 데 도움을 준다.
④ 비교가능성은 통일성이 아니다. 정보가 비교가능하기 위해서는 비슷한 것은 비슷하게 보여야 하고 다른 것은 다르게 보여야 한다.

독한훈련

1-3 근본적 질적특성의 적용절차

① 근본적 질적특성을 적용하기 위한 가장 효율적이고 효과적인 절차는 '유용한 경제적 현상을 식별 ⇨ _____ 정보의 유형을 식별 ⇨ 그 정보가 이용가능한지 그리고 경제적 현상을 _____ 할 수 있는지 결정'을 하는 것이다.

② 선택한 목적적합한 정보가 충실한 표현을 만족하지 못한다면, 차선의 _____ 한 유형의 정보에 대해 그 절차를 _____ 한다.
③ 경제적 현상에 대해 유용한 정보를 제공한다는 것은 재무보고의 목적을 달성하기 위해 근본적 질적특성 간 _____ 이(가) 필요할 수도 있다.

2. 보강적 질적특성

① 보강적 질적특성은 비교가능성, _____, 적시성 및 이해가능성으로 구성이 된다.
② 보강적 질적특성은 그 정보가 목적적합하지 않거나 충실하게 표현되지 않으면, _____ 적으로든 _____ 적으로든 정보를 유용하게 할 수 없다.
③ 보강적 질적특성을 적용하는 것은 규정된 순서에 (따르는/따르지 않는) 반복적인 과정이다.

2-1 비교가능성

① _____ 은(는) 정보이용자가 항목 간의 유사점과 차이점을 식별하고 이해할 수 있게 하는 질적특성이다.
② _____ 은(는) 한 보고기간 내에서 기간 간 또는 같은 기간 동안에 기업 간, 동일한 항목에 대해 동일한 방법을 적용하는 것을 말한다.
③ (일관성/비교가능성)은 목표이고 (일관성/비교가능성)은 그 목표를 달성하는데 도움을 준다.
④ 비교가능성은 _____ 이(가) 아니다. 정보가 비교가능하기 위해서는 비슷한 것은 비슷하게 보여야 하고 다른 것은 다르게 보여야 한다.

정답 1-3 ① 목적적합한, 충실하게 표현 ② 목적적합, 반복 ③ 절충 2. ① 검증가능성 ② 개별, 집단 ③ 따르지 않는
2-1 ① 비교가능성 ② 일관성 ③ 비교가능성, 일관성 ④ 통일성

> **독한훈련**

⑤ 동일한 경제적 현상에 대해 대체적인 회계처리방법을 허용하면 비교가능성은 (증가 / 감소)된다.
⑥ _____ 질적특성을 충족하면 어느 정도의 비교가능성은 달성될 수 있을 것이다. 목적적합한 경제적 현상에 대한 표현충실성은 다른 보고기업의 유사한 목적적합한 경제적 현상에 대한 표현충실성과 어느 정도의 _____을(를) 자연히 가져와야 한다.

2-2 검증가능성
① 검증가능성은 정보가 나타내고자 하는 경제적 현상을 _____ 표현하는지를 이용자들이 확인하는 데 도움을 준다.
② 검증가능성은 합리적 판단력이 있고 독립적인 다른 관찰자가 어떤 서술이 _____ 인지에 있어서, 비록 반드시 완전히 의견이 일치하지는 않더라도, 합의에 이를 수 있다는 것을 의미한다.
③ 계량화된 정보가 검증가능하기 위해서는 단일 점추정치(이어야 한다 / 일 필요는 없다).
④ 검증의 방법은 (직접적 / 간접적 / 직접적 또는 간접적 모두)(으)로 이루어질 수 있다.

2-3 적시성
① _____ 은(는) 의사결정에 영향을 미칠 수 있도록 의사결정자가 정보를 제때에 이용가능하게 하는 것을 의미한다.
② 정보는 오래될수록 유용성이 떨어지지만(떨어지므로), 오래된 정보의 경우 적시성이 있을 수 (있다 / 없다).

2-4 이해가능성
① _____ 은(는) 정보이용자가 정보를 이해가능한 것을 의미한다.
② 정보는 명확하고 간결하게 분류하고, 특징을 짓고, 표시하면 _____ 하게 된다.
③ 일부 현상은 본질적으로 복잡하여 이해하기 쉽지 않을 수 있으므로(있으나) 현상에 대한 정보가 복잡하다는 이유로 정보를 제외(할 수 있다 / 해서는 안 된다).

---

⑤ 동일한 경제적 현상에 대해 대체적인 회계처리방법을 허용하면 비교가능성은 감소된다.
⑥ 근본적 질적특성을 충족하면 어느 정도의 비교가능성은 달성될 수 있을 것이다. 목적적합한 경제적 현상에 대한 표현충실성은 다른 보고기업의 유사한 목적적합한 경제적 현상에 대한 표현충실성과 어느 정도의 비교가능성을 자연히 가져와야 한다.

2-2 검증가능성
① 검증가능성은 정보가 나타내고자 하는 경제적 현상을 충실히 표현하는지를 이용자들이 확인하는 데 도움을 준다.
② 검증가능성은 합리적 판단력이 있고 독립적인 다른 관찰자가 어떤 서술이 충실한 표현인지에 있어서, 비록 반드시 완전히 의견이 일치하지는 않더라도, 합의에 이를 수 있다는 것을 의미한다.
③ 계량화된 정보가 검증가능하기 위해서는 단일 점추정치이어야 할 필요는 없다. 가능한 금액의 범위 및 관련된 확률도 검증될 수 있다.
④ 검증은 직접적 또는 간접적으로 이루어질 수 있다. 직접적인 검증은 직접적인 관찰을 통하여 금액이나 그 밖의 표현을 검증하는 것을 의미하며, 간접적인 검증은 모형, 공식 또는 그 밖의 기업에의 투입요소를 확인하고 같은 방법을 사용하여 그 결과를 재계산하는 것을 의미한다.

2-3 적시성
① 적시성은 의사결정에 영향을 미칠 수 있도록 의사결정자가 정보를 제때에 이용가능하게 하는 것을 의미한다.
② 일반적으로 정보는 오래될수록 유용성이 떨어지지만, 일부 정보는 보고기간 말 후에도 오랫동안 적시성이 있을 수 있다.

2-4 이해가능성
① 이해가능성은 정보이용자가 정보를 이해가능한 것을 의미한다.
② 정보는 명확하고 간결하게 분류하고, 특징을 짓고, 표시하면 이해가능하게 된다.
③ 일부 현상은 본질적으로 복잡하여 이해하기 쉽지 않을 수 있다. 그러나 현상에 대한 정보를 복잡하다는 이유만으로 재무보고서에서 제외하면 그 재무보고서는 불완전하여 잠재적으로 오도할 수 있으므로 정보가 복잡하다는 이유만으로 제외해서는 안 된다.

정답 ⑤ 감소 ⑥ 근본적, 비교가능성 2-2 ① 충실히 ② 충실한 표현 ③ 일 필요는 없다 ④ 직접적 또는 간접적 모두
2-3 ① 적시성 ② 있다 2-4 ① 이해가능성 ② 이해가능 ③ 해서는 안 된다

❸ 유용한 재무보고에 대한 원가 제약

① 원가는 재무보고로 제공될 수 있는 정보에 대한 포괄적 제약요인이다.
② 모든 이용자가 목적적합하다고 보는 모든 정보를 일반목적재무보고서에서 제공하는 것은 불가능하다.
③ 회계기준위원회는 특정 정보를 보고하는 효익이 그 정보를 제공하고 사용하는 데 발생한 원가를 정당화할 수 있을 것인지를 평가해야 한다.
④ 본질적인 주관성 때문에 재무정보의 특정 항목 보고의 원가 및 효익에 대한 평가는 개인마다 달라진다.

05 일반목적재무제표

❶ 일반목적재무제표의 목적과 제공하는 정보

① 재무제표의 목적은 보고기업에 유입될 미래 순현금흐름에 대한 전망과 보고기업의 경제적 자원에 대한 경영진의 수탁책임을 평가하는 데 유용한 보고기업의 자산, 부채, 자본, 수익 및 비용에 대한 재무정보를 재무제표 이용자들에게 제공하는 것이다.
② 일반목적재무제표가 제공하는 정보는 다음과 같다.
  ㉠ 재무상태표: 자산, 부채 및 자본이 인식된 재무상태표
  ㉡ 재무성과표: 수익과 비용이 인식된 재무성과표
  ㉢ 그 밖의 재무제표와 주석: 다음에 관한 정보가 표시되고 공시된 다른 재무제표의 주석

> • 인식된 자산, 부채, 자본, 수익 및 비용(각각의 성격과 인식된 자산 및 부채에서 발생하는 위험에 대한 정보를 포함)
> • 인식되지 않은 자산 및 부채(각각의 성격과 인식되지 않은 자산과 부채에서 발생하는 위험에 대한 정보를 포함)
> • 현금흐름
> • 자본청구권 보유자의 출자와 자본청구권 보유자에 대한 분배
> • 표시되거나 공시된 금액을 추정하는 데 사용된 방법, 가정, 판단 및 그러한 방법, 가정과 판단의 변경

③ 재무제표는 최소한 직전 연도에 대한 비교정보를 제공한다.

💬 **독한훈련**

3. 유용한 재무보고에 대한 원가 제약
① _____은(는) 재무보고로 제공될 수 있는 정보에 대한 포괄적 제약요인이다.
② 모든 이용자가 목적적합하다고 보는 모든 정보를 일반목적재무보고서에서 제공(해야 한다 / 하는 것은 불가능하다).
③ _____은(는) 특정 정보를 보고하는 효익이 그 정보를 제공하고 사용하는 데 발생한 원가를 정당화할 수 있을 것인지를 평가해야 한다.
④ 재무정보의 특정 항목 보고의 원가 및 효익에 대한 평가는 (모두 동일하다 / 개인마다 다르다).

05 일반목적재무제표

1. 일반목적재무제표의 목적과 제공하는 정보
① 재무제표의 목적은 보고기업에 유입될 미래 _____에 대한 전망과 보고기업의 경제적 자원에 대한 경영진의 _____을(를) 평가하는 데 유용한 보고기업의 자산, 부채, 자본, 수익 및 비용에 대한 재무정보를 재무제표 이용자들에게 제공하는 것이다.
② 일반목적재무제표가 제공하는 정보는 다음과 같다.
  a. 자산, 부채 및 자본이 인식된 _____
  b. 수익과 비용이 인식된 _____
  c. _____ 자산, 부채, 자본, 수익 및 비용, _____ 자산 및 부채
  d. 현금흐름
  e. 자본청구권 보유자의 _____ 와(과) 자본청구권 보유자에 대한 _____
  f. 표시되거나 공시된 금액을 추정하는 데 사용된 방법, 가정, 판단 및 그러한 방법, 가정과 판단의 변경
③ 재무제표는 최소한 _____ 연도에 대한 비교정보를 제공한다.

💡 **정답** 3. ① 원가 ② 하는 것은 불가능하다 ③ 회계기준위원회 ④ 개인마다 다르다
05 1. ① 순현금흐름, 수탁책임 ② a. 재무상태표 b. 재무성과표 c. 인식된, 인식되지 않은 e. 출자, 분배 ③ 직전

독한훈련

2. 재무제표에 채택된 관점: 보고기업 전체의 관점

재무제표는 기업의 현재 및 잠재적 투자자, 대여자와 그 밖의 채권자 중 (특정 집단 / **보고기업 전체**)의 관점에서 거래 및 그 밖의 사건에 대한 정보를 제공한다.

3. 보고기업

① _____ 은(는) 재무제표를 작성해야 하거나 작성하기로 선택한 기업이다.
② 보고기업은 반드시 법적 실체(만 가능하다 / **일 필요는 없다**).
③ 한 기업이 다른 기업을 지배하는 경우 보고기업이 지배기업과 종속기업으로 구성된다면 그 보고기업의 재무제표를 _____ (이)라고 부른다.
④ 보고기업이 지배기업 단독인 경우 그 보고기업의 재무제표를 _____ (이)라고 부른다.
⑤ 보고기업이 지배·종속관계로 모두 연결되어 있지 않은 둘 이상의 실체들로 구성된다면 그 보고기업의 재무제표를 _____ (이)라고 부른다.

4. 기본가정: 계속기업가정

① 재무제표는 일반적으로 기업이 계속기업이며 (예측가능한 기간 동안 / 영속적으로) 영업을 계속할 것이라는 가정 하에 작성된다
② 기업은 그 경영활동을 청산하거나 거래를 중단할 의도가 있다면, (계속기업 / **청산기업**)을 가정하여 재무제표를 작성해야 한다.
③ 계속기업가정을 적용한 기준 외의 다른 기준을 적용한 경우, 적용한 기준은 별도로 공시(**해야 한다** / 할 필요는 없다).
④ 계속기업가정으로 근거할 수 있는 개념을 모두 고르시오
  a. 순실현가능가치 평가
  b. 역사적 원가 평가
  c. 감가상각
  d. 상계원칙
  e. 수익·비용 대응의 개념

---

❷ 재무제표에 채택된 관점: 보고기업 전체의 관점

재무제표는 기업의 현재 및 잠재적 투자자, 대여자와 그 밖의 채권자 중 특정 집단의 관점이 아닌 보고기업 전체의 관점에서 거래 및 그 밖의 사건에 대한 정보를 제공한다.

❸ 보고기업

① 보고기업은 재무제표를 작성해야 하거나 작성하기로 선택한 기업이다.
② 보고기업이 반드시 법적 실체일 필요는 없다.
③ 한 기업이 다른 기업을 지배하는 경우 보고기업이 지배기업과 종속기업으로 구성된다면 그 보고기업의 재무제표를 연결재무제표라고 부른다.
④ 보고기업이 지배기업 단독인 경우 그 보고기업의 재무제표를 비연결재무제표라고 부른다.
⑤ 보고기업이 지배·종속관계로 모두 연결되어 있지 않은 둘 이상의 실체들로 구성된다면 그 보고기업의 재무제표를 결합재무제표라고 부른다.

❹ 기본가정: 계속기업가정

① 재무제표는 일반적으로 보고기업이 계속기업이며, 예측가능한 미래에 영업을 계속할 것이라는 가정하에 작성된다.
② 기업이 청산하거나 거래를 중단할 의도가 있다면, 재무제표를 계속기업과는 다른 기준에 따라 작성할 필요가 있고, 사용된 기준을 재무제표에 기술해야 한다.
③ 계속기업을 적용한 기준 외의 다른 기준을 적용한 경우, 사용된 기준을 재무제표에 기술한다.
④ 계속기업을 가정함으로써 다음의 재무제표 작성기준을 근거할 수 있다.

> ㉠ 자산과 부채를 순실현가능가치나 순공정가치가 아닌 역사적 원가로 측정할 수 있다.
> ㉡ 유·무형자산을 역사적 원가에 근거하여 감가상각할 수 있다.
> ㉢ 자산, 부채를 정상영업기준 또는 1년을 기준으로 유동과 비유동으로 구분할 수 있다.
> ㉣ 수익·비용 대응의 개념을 적용할 수 있다.

정답 2. 보고기업 전체 3. ① 보고기업 ② 일 필요는 없다 ③ 연결재무제표 ④ 비연결재무제표 ⑤ 결합재무제표
4. ① 예측가능한 기간 동안 ② 청산기업 ③ 해야 한다 ④ b, c, e

06 재무제표의 요소

보고기업의 재무상태와 관련된 재무제표의 요소는 자산, 부채 및 자본이며, 재무상태의 변동 중 재무성과와 관련된 재무제표의 요소는 수익과 비용이다.

❶ 자산

자산은 과거사건의 결과로 기업이 통제하는 현재의 경제적 자원이다. 여기서 경제적 자원은 경제적 효익을 창출할 잠재력을 지닌 권리이다.

> 권리, 경제적 효익을 창출할 잠재력, 자원에 대한 통제

1-1 권리

① 경제적 효익을 창출할 잠재력을 지닌 권리는 다른 당사자의 의무에 해당하는 권리와 다른 당사자의 의무에 해당하지 않는 권리로 다음과 같이 구분할 수 있다.

다른 당사자의 의무에 해당하는 권리

- 현금을 수취할 권리
- 재화와 용역을 제공받을 권리
- 유리한 조건으로 다른 당사자와 경제적 자원을 교환할 권리
- 특정 불확실한 미래사건이 발생하면 다른 당사자가 경제적 효익을 이전하기로 한 의무로 인해 효익을 얻을 권리

다른 당사자의 의무에 해당하지 않는 권리

- 유형자산 또는 재고자산과 같은 물리적 대상에 대한 권리(예 물리적 대상을 사용할 권리 또는 리스제공자산의 잔존가치에서 효익을 얻을 권리)
- 지적재산사용권

② 많은 권리들은 계약, 법률 또는 이와 유사한 수단에 의해 성립되지만, 기업은 그 밖의 방법으로도 권리를 획득할 수 있다.
③ 재화나 용역(종업원이 제공한 용역)이 제공받는 즉시 소비되는 경우, 경제적 효익을 얻을 권리는 기업이 재화와 용역을 소비하기 전까지 일시적으로 존재한다.
④ 기업의 모든 권리가 그 기업의 자산이 되는 것은 아니다. 권리가 기업의 자산이 되기 위해서는 해당 권리가 그 기업을 위해서 다른 모든 당사자들이 이용가능한 경제적 효익을 초과하는 경제적 효익을 창출할 잠재력이 있고, 그 기업에 의해 통제되어야 한다.

📖 독한훈련

06 재무제표의 요소

보고기업의 _____와(과) 관련된 재무제표의 요소는 자산, 부채 및 자본이며, 재무상태의 변동 중 _____와(과) 관련된 재무제표의 요소는 수익과 비용이다.

1. 자산

자산은 과거사건의 결과로 기업이 _____하는 (과거 / 현재)의 경제적 자원이다. 여기서 경제적 자원은 경제적 효익을 창출할 잠재력을 지닌 _____이다.

1-1 권리

① 다음 중 각각의 의무 중에서 다른 당사자의 의무에 해당하지 않는 권리는 무엇인가?
 a. 재화와 용역을 제공받을 권리
 b. 유형자산 또는 재고자산과 같은 물리적 대상에 대한 권리
 c. 현금을 수취할 권리
 d. 지적재산사용권

② 많은 권리들은 _____, _____ 또는 이와 유사한 수단에 의해 성립되지만, 기업은 그 밖의 방법으로도 권리를 획득할 수 있다.
③ 재화나 용역이 제공받는 즉시 소비되는 경우, 경제적 효익을 얻을 권리는 기업이 재화와 용역을 소비하기 전까지 _____으로 존재한다.
④ 기업의 모든 권리가 그 기업의 자산이 되는 것은 아니고, 해당 권리가 그 기업을 위해서 다른 모든 당사자들이 이용가능한 경제적 효익을 _____하는 경제적 효익을 창출할 잠재력이 있고 그 기업에 의해 _____되어야 한다.

정답 | 06 재무상태, 재무성과 1. 통제, 현재, 권리 1-1 ① b, d ② 계약, 법률 ③ 일시적 ④ 초과, 통제

독한훈련

⑤ 기업은 기업 스스로부터 경제적 효익을 획득하는 권리를 가질 수 (있다 / **없다**).
⑥ 원칙적으로 기업의 권리 각각은 별도의 자산이지만, 관련되어 있는 여러 권리가 단일 자산인 단일 **회계단위** (으)로 취득되는 경우가 많다.
⑦ 개념적으로 경제적 자원은 (물리적 대상 / **권리의 집합**)이다.
⑧ 권리의 존재불확실성이 해결(예 법원의 판결)될 때까지 기업은 권리를 보유하고 자산이 존재하는지 (확실 / **불확실**)하다.

1-2 경제적 효익을 창출할 잠재력

① 경제적 자원이 잠재력을 지니기 위해서 권리가 경제적 효익을 창출할 것이라고 확신하거나 그 가능성이 높아야 (한다 / **하는 것은 아니다**).
② 경제적 효익을 창출할 가능성이 낮은 경우에는(에도) 권리가 경제적 자원의 정의를 충족할 수 (**있고** / 없고), 따라서 자산이 될 수 (**있다** / 없다).
③ 지출의 발생과 자산의 취득은 양자가 반드시 일치(한다 / **하는 것은 아니다**).

1-3 자원에 대한 통제

① 기업이 경제적 자원의 사용을 **지시**하고 그로부터 **유입**될 수 있는 경제적 효익을 얻을 수 있는 현재의 능력이 있다면, 그 경제적 자원을 통제한다고 본다.
② 기업이 경제적 자원을 통제하기 위해서는 그 경제적 자원의 사용을 지시할 수 있는 (과거 / **현재** / 미래)의 능력이 있어야 한다.
③ 기업이 경제적 자원을 통제하기 위해서는 해당 자원의 미래경제적 효익이 (다른 당사자 / **그 기업**)에게 직접 또는 간접으로 유입되어야 한다.
④ 본인이 통제하는 경제적 자원을 대리인이 관리하고 있는 경우, 그 경제적 자원은 대리인의 자산(이다 / **이 아니다**).

2. 부채

부채는 과거사건의 결과로 기업이 경제적 자원을 이전해야 하는 **현재의무**이다.

---

⑤ 기업은 기업 스스로부터 경제적 효익을 획득하는 권리를 가질 수는 없다. 즉, 자기주식이나 자기사채 등은 보고기업의 경제적 자원이 아니다.
⑥ 원칙적으로 기업의 권리 각각은 별도의 자산이지만, 관련되어 있는 여러 권리가 단일 자산인 단일 회계단위로 취득되는 경우가 많다.
⑦ 개념적으로 경제적 자원은 물리적 대상이 아니라 권리의 집합이다.
⑧ 권리의 존재불확실성이 해결(예 법원의 판결)될 때까지 기업은 권리를 보유하는지 불확실하고, 결과적으로 자산이 존재하는지도 불확실하다.

1-2 경제적 효익을 창출할 잠재력

① 경제적 자원이 잠재력을 지니기 위해서 권리가 경제적 효익을 창출할 것이라고 확신하거나 그 가능성이 높아야 하는 것은 아니다. 권리가 이미 존재하고, 적어도 하나의 상황에서 그 기업을 위해 다른 모든 당사자들에게 이용가능한 경제적 효익을 초과하는 경제적 효익을 창출할 수 있으면 된다.
② 경제적 효익을 창출할 가능성이 낮더라도 권리가 경제적 자원의 정의를 충족할 수 있고, 따라서 자산이 될 수 있다.
③ 지출의 발생과 자산의 취득은 밀접한 관련이 있으나 양자가 반드시 일치하는 것은 아니다.

1-3 자원에 대한 통제

① 기업이 경제적 자원의 사용을 지시하고 그로부터 유입될 수 있는 경제적 효익을 얻을 수 있는 현재의 능력이 있다면, 그 경제적 자원을 통제한다고 본다.
② 기업이 경제적 자원을 통제하기 위해서는 그 경제적 자원의 사용을 지시할 수 있는 현재의 능력이 있어야 한다.
③ 기업이 경제적 자원을 통제하기 위해서는 해당 자원의 미래경제적 효익이 다른 당사자가 아닌 그 기업에게 직접 또는 간접으로 유입되어야 한다.
④ 본인이 통제하는 경제적 자원을 대리인이 관리하고 있는 경우, 그 경제적 자원은 대리인의 자산이 아니다.

❷ 부채

부채는 과거사건의 결과로 기업이 경제적 자원을 이전해야 하는 현재의무이다.

> 현재의무, 경제적 자원의 이전, 과거사건의 결과

정답 ⑤ 없다 ⑥ 회계단위 ⑦ 권리의 집합 ⑧ 불확실 **1-2** ① 하는 것은 아니다 ② 있고, 있다 ③ 하는 것은 아니다
1-3 ① 지시, 유입 ② 현재 ③ 그 기업 ④ 이 아니다 **2.** 현재의무

2-1 현재의무

① 의무란 기업이 회피할 수 있는 실제 능력이 없는 책무나 책임을 의미한다.
② 의무는 항상 다른 당사자에게 이행해야 한다. 다른 당사자는 사람이나 또 다른 기업, 사람들 또는 기업들의 집단, 사회 전반이 될 수 있다. 의무를 이행할 대상인 당사자의 신원을 알 필요는 없다.
③ 한 당사자가 부채를 인식하고 이를 특정 금액으로 측정해야 한다는 요구사항이 다른 당사자가 자산을 인식하거나 동일한 금액으로 측정해야 한다는 것을 의미하지는 않는다.
④ 의무는 법적 의무와 의제의무를 포함한다. 많은 의무가 계약, 법률 또는 이와 유사한 수단에 의해 성립되며, 당사자가 채무자에게 법적으로 집행할 수 있도록 한다. 그러나 실무 관행, 경영방침이나 성명서에서 의무가 발생할 수도 있다.
⑤ 조건부 의무의 경우 기업은 그러한 행동을 회피할 수 있는 실제 능력이 없다면 의무가 있는 것으로 본다.
⑥ 기업이 그 기업을 청산하거나 거래를 중단하는 것으로만 이전을 회피할 수 있고 그 외에는 이전을 회피할 수 없다면, 기업의 재무제표가 계속기업기준으로 작성되는 것이 적절하다는 결론은 그러한 이전을 회피할 수 있는 실제 능력이 없다는 결론도 내포하고 있다.

2-2 경제적 자원의 이전

① 의무에는 기업이 경제적 자원을 다른 당사자에게 이전해야 할 잠재력이 있어야 한다.
② 경제적 자원의 이전가능성이 낮더라도 의무가 부채의 정의를 충족할 수 있다.
③ 의무를 면제받는 협상으로 의무를 이행하거나, 제3자에게 이전, 새로운 거래를 체결하여 대체하는 경우에도 해당 의무를 이행, 이전 또는 대체할 때까지 경제적 자원을 이전할 의무가 있다.

2-3 과거사건의 결과

① 현재의무는 다음 모두에 해당하는 경우에만 과거사건의 결과로 존재한다.

> • 기업이 이미 경제적 효익을 얻었거나 조치를 취했고,
> • 그 결과로 기업이 이전하지 않아도 되었을 경제적 자원을 이전해야 하거나 이전하게 될 수 있는 경우

독한훈련

2-1 현재의무
① _____(이)란 기업이 회피할 수 있는 실제 능력이 없는 책무나 책임을 의미한다.
② 의무는 항상 다른 당사자에게 이행해야 하는데, 의무를 이행할 대상인 당사자의 신원을 (알아야 한다 / 알 필요는 없다).
③ 한 당사자가 부채를 인식하고 이를 특정 금액으로 측정해야 한다는 요구사항은 다른 당사자가 자산을 인식하거나 동일한 금액으로 측정해야 한다는 것을 의미(한다 / 하지는 않는다).
④ 의무는 _____ 의무와 _____ 의무를 포함한다.

⑤ 조건부 의무의 경우 기업은 그러한 행동을 _____할 수 있는 실제 능력이 없다면 의무가 있는 것으로 본다.
⑥ 기업이 그 기업을 청산하거나 거래를 중단하는 것으로만 이전을 회피할 수 있고 그 외에는 이전을 회피할 수 없다면, 기업의 재무제표가 (계속기업 / 청산기업)기준으로 작성되는 것이 적절하다는 결론은 그러한 이전을 회피할 수 있는 실제 능력이 없다는 결론도 내포하고 있다.

2-2 경제적 자원의 이전
① 의무에는 기업이 경제적 자원을 다른 당사자에게 이전해야 할 _____이(가) 있어야 한다.
② 경제적 자원의 이전가능성이 낮은 경우 의무가 부채의 정의를 충족할 수 (있다 / 없다).
③ 의무를 면제받는 협상으로 의무를 이행하거나, 제3자에게 이전, 새로운 거래를 체결하여 대체하는 경우에 해당 의무를 이행, 이전 또는 대체할 때까지 경제적 자원을 이전할 의무가 (있다 / 없다).

2-3 과거사건의 결과
① _____은(는) 기업이 이미 경제적 효익을 얻었거나 조치를 취했고, 그 결과로 기업이 이전하지 않아도 되었을 경제적 자원을 이전해야 하거나 이전하게 될 수 있는 경우 과거사건의 결과로 존재한다.

정답 **2-1** ① 의무 ② 알 필요는 없다 ③ 하지는 않는다 ④ 법적, 의제 ⑤ 회피 ⑥ 계속기업 **2-2** ① 잠재력 ② 있다 ③ 있다 **2-3** ① 현재의무

독한훈련

② 새로운 법률 제정 그 자체만으로 기업에 현재의무를 부여하기에는 충분(하다 / 하지 않다).
③ 미래의 특정 시점까지 경제적 자원의 이전이 집행될 수 없는 경우 현재의무는 존재할 수 (있다 / 없다).
④ 기업이 이전하지 않아도 되었을 경제적 자원을 이전하도록 요구받거나 요구받을 수 있게 하는 경제적 효익의 수취나 조치가 아직 없는 경우, 기업은 경제적 자원을 이전해야 하는 현재의무가 (있다 / 없다).

3. 자산과 부채에 대한 회계단위의 선택

① _____은(는) 인식기준과 측정개념이 적용되는 권리나 권리의 집합, 의무나 의무의 집합 또는 권리와 의무의 집합이다.
② _____ 기준과 _____ 개념이 자산이나 부채 그리고 관련 수익이나 비용에 어떻게 적용될 것인지를 고려하여 그 자산이나 부채에 대해 회계단위를 선택해야 한다.
③ 권리와 의무가 상호 의존적이고 분리될 수 없다면, 이는 단일한 불가분의 자산이나 부채를 구성하며, (단일 / 복수)의 회계단위를 형성한다.
④ 권리와 의무가 분리될 수 있는 경우, (하나 / 하나 이상)의 자산과 부채를 별도로 식별하는 것이 적절할 수 있다.
⑤ 단일 회계단위로 권리와 의무의 집합을 처리하는 것은 자산과 부채를 상계하는 것과 (같다 / 다르다).
⑥ _____은(는) 계약당사자인 기업의 권리와 의무를 창출한다.
⑦ 계약의 모든 명시적 조건 또는 암묵적 조건은 실질이 없다면 고려될 필요가 (있다 / 없다).

4. 자본

① _____은(는) 기업의 자산에서 모든 부채를 차감한 후의 잔여지분이다.
② 보통주 및 우선주와 같이 서로 다른 종류의 _____은(는) 보유자에게 배당금이나 잔여재산의 배분 혹은 그 밖의 자본청구권에 있어서 서로 다른 권리를 부여할 수 있다.
③ 법률, 규제 또는 그 밖의 요구사항이 자본금 또는 _____와(과) 같은 자본의 특정 구성요소에 영향을 미치는 경우가 있다.
④ 개념체계의 자본의 정의는 모든 보고기업에 적용(된다 / 되는 것은 아니다).

---

② 새로운 법률이 제정되는 경우에는, 그 법률의 적용으로 경제적 효익을 얻게 되거나 조치를 취한 결과로, 기업이 이전하지 않아도 되었을 경제적 자원을 이전해야 하거나 이전하게 될 수 있는 경우에만 현재의무가 발생한다. 법률 제정 그 자체만으로 기업에 현재의무를 부여하기에는 충분하지 않다.
③ 미래의 특정 시점까지 경제적 자원의 이전이 집행될 수 없더라도 현재의무는 존재할 수 있다.
④ 기업이 이전하지 않아도 되었을 경제적 자원을 이전하도록 요구받거나 요구받을 수 있게 하는 경제적 효익의 수취나 조치가 아직 없는 경우, 기업은 경제적 자원을 이전해야 하는 현재의무가 없다.

❸ 자산과 부채에 대한 회계단위의 선택

① 회계단위는 인식기준과 측정개념이 적용되는 권리나 권리의 집합, 의무나 의무의 집합 또는 권리와 의무의 집합이다.
② 인식기준과 측정개념이 자산이나 부채 그리고 관련 수익이나 비용에 어떻게 적용될 것인지를 고려하여 그 자산이나 부채에 대해 회계단위를 선택해야 한다.
③ 권리와 의무가 상호 의존적이고 분리될 수 없다면, 이는 단일한 불가분의 자산이나 부채를 구성하며, 단일의 회계단위를 형성한다.
④ 권리와 의무가 분리될 수 있는 경우, 권리와 의무를 별도로 분리하여 하나 이상의 자산과 부채를 별도로 식별하는 것이 적절할 수 있다.
⑤ 단일 회계단위로 권리와 의무의 집합을 처리하는 것은 자산과 부채를 상계하는 것과 다르다.
⑥ 계약조건은 계약당사자인 기업의 권리와 의무를 창출한다.
⑦ 계약의 모든 명시적 조건 또는 암묵적 조건은 실질이 없지 않는 한 고려되어야 한다.

❹ 자본

① 자본은 기업의 자산에서 모든 부채를 차감한 후의 잔여지분이다.
② 보통주 및 우선주와 같이 서로 다른 종류의 자본청구권은 보유자에게 배당금이나 잔여재산의 배분 혹은 그 밖의 자본청구권에 있어서 서로 다른 권리를 부여할 수 있다.
③ 법률, 규제 또는 그 밖의 요구사항이 자본금 또는 이익잉여금과 같은 자본의 특정 구성요소에 영향을 미치는 경우가 있다.
④ 개념체계의 자본의 정의는 모든 보고기업에 적용된다.

💡 **정답** ② 하지 않다 ③ 있다 ④ 없다 **3.** ① 회계단위 ② 인식, 측정 ③ 단일 ④ 하나 이상 ⑤ 다르다 ⑥ 계약조건 ⑦ 없다
4. ① 자본 ② 자본청구권 ③ 이익잉여금 ④ 된다

⑤ 수익과 비용의 정의

① 수익은 자산의 증가 또는 부채의 감소로서 자본의 증가를 가져오며, 자본청구권 보유자의 출자와 관련된 것은 제외한다.
② 비용은 자산의 감소 또는 부채의 증가로서 자본의 감소를 가져오며, 자본청구권 보유자에 대한 분배와 관련된 것은 제외한다.
③ 서로 다른 거래나 그 밖의 사건은 서로 다른 특성을 지닌 수익과 비용을 탄생시킨다. 수익과 비용의 서로 다른 특성별로 정보를 별도로 제공하면 재무제표 이용자들이 기업의 재무성과를 이해하는 데 도움이 될 수 있다.

07 재무제표 요소의 인식과 제거

❶ 재무제표 요소의 인식

① 인식은 자산, 부채, 자본, 수익 또는 비용과 같은 재무제표 요소 중 하나의 정의를 충족하는 항목을 재무상태표나 재무성과표에 포함하기 위하여 포착하는 과정이다.
② 자산, 부채 또는 자본이 재무상태표에 인식되는 금액을 장부금액이라고 한다.
③ 재무상태표의 보고기간 기초와 기말의 총자산에서 총부채를 차감한 것은 총자본과 같다.
④ 보고기간에 인식한 자본변동은 다음과 같이 구성되어 있다.

> • 재무성과표에 인식된 수익에서 비용을 차감한 금액
> • 자본청구권 보유자로부터의 출자에서 자본청구권 보유자에의 분배를 차감한 금액

⑤ 하나의 항목의 인식은 하나 이상의 다른 항목의 인식 또는 제거가 필요하다.
⑥ 거래나 그 밖의 사건에서 발생된 자산이나 부채의 최초 인식에 따라 수익과 관련 비용을 동시에 인식할 수 있다.
⑦ 수익과 관련 비용의 동시 인식은 때때로 수익과 관련 원가의 대응을 나타낸다. 그러나 원가와 수익의 대응은 개념체계의 목적이 아니다.

❷ 인식기준

① 자산, 부채 또는 자본의 정의를 충족하는 항목만이 재무상태표에 인식한다. 수익이나 비용의 정의를 충족하는 항목만이 재무성과표에 인식된다.
② 재무제표 요소 중 하나의 정의를 충족한 항목일지라도 항상 인식되는 것은 아니다.

독한훈련

5. 수익과 비용의 정의

① 수익은 자산의 증가 또는 부채의 감소로서 자본의 증가를 가져오며, 자본청구권 보유자의 출자와 관련된 것은 (포함/**제외**)한다.
② 비용은 자산의 감소 또는 부채의 증가로서 자본의 감소를 가져오며, 자본청구권 보유자에 대한 분배와 관련된 것은 (포함/**제외**)한다.
③ 수익과 비용의 서로 다른 특성별로 정보를 별도로 제공하면 재무제표 이용자들이 기업의 _____을(를) 이해하는 데 도움이 될 수 있다.

07 재무제표 요소의 인식과 제거

1. 재무제표 요소의 인식

① _____은(는) 자산, 부채, 자본, 수익 또는 비용과 같은 재무제표 요소 중 하나의 정의를 충족하는 항목을 재무상태표나 재무성과표에 포함하기 위하여 포착하는 과정이다.
② 자산, 부채 또는 자본이 재무상태표에 인식되는 금액을 _____(이)라고 한다.
③ 재무상태표의 보고기간 기초와 기말의 총자산에서 총부채를 차감한 것은 _____와(과) 같다.
④ 보고기간에 인식한 자본의 변동은 _____에 인식된 수익과 비용을 차감한 금액과, 자본청구권 보유자로부터의 _____에서 자본청구권 보유자에의 _____을(를) 차감한 금액으로 구성된다.
⑤ 하나의 항목의 인식은 하나 이상의 다른 항목의 인식 또는 _____이(가) 필요하다.
⑥ 거래나 그 밖의 사건에서 발생된 자산이나 부채의 최초 인식에 따라 수익과 관련 비용을 동시에 인식할 수 (**있다**/없다).
⑦ 수익과 관련 비용의 동시 인식은 때때로 수익과 관련 원가의 _____을(를) 나타낸다. 그러나 원가와 수익의 대응은 개념체계의 목적(이다/**이 아니다**).

2. 인식기준

① 자산, 부채 또는 자본의 정의를 충족하는 항목만이 재무상태표에 인식(**한다**/하는 것은 아니다). 수익이나 비용의 정의를 충족하는 항목만이 _____에 인식된다.
② 재무제표 요소 중 하나의 정의를 충족한 항목이라면(일지라도) 항상 (인식된다/**인식되는 것은 아니다**).

정답 5. ① 제외 ② 제외 ③ 재무성과 **07** 1. ① 인식 ② 장부금액 ③ 총자본 ④ 재무성과표, 출자, 분배 ⑤ 제거 ⑥ 있다 ⑦ 대응, 이 아니다
2. ① 한다, 재무성과표 ② 인식되는 것은 아니다

독한훈련

③ 자산이나 부채를 인식하고 이에 따른 결과로 수익, 비용 또는 자본변동을 인식하는 것이 재무제표 이용자들에게 _____ 정보를 모두 제공하는 경우에만 자산이나 부채를 인식한다.

④ 질적특성의 제약요인인 _____ 은(는) 다른 재무보고 결정을 제약하는 것처럼 인식에 대한 결정도 제약한다.

⑤ 재무제표 이용자들에게 제공되는 정보의 효익이 그 정보를 제공하고 사용하는 _____ 을(를) 정당화할 수 있을 경우에 자산이나 부채를 인식한다.

⑥ 자산이나 부채의 정의를 충족하는 항목이 인식되지 않는 경우, 기업은 해당 항목에 대한 정보를 주석에 제공해야 할 (필요가 없다 / 수도 있다).

⑦ 자산이나 부채가 존재하는지 불확실하거나 자산이나 부채가 존재하지만 경제적 효익의 유입가능성이나 유출가능성이 낮은 경우에도 특정 자산이나 부채의 인식과 이에 따른 결과로 발생하는 수익, 비용 또는 자본변동을 인식하는 것이 항상 목적적합한 정보를 제공하는 (것이다 / 것은 아닐 수 있다).

⑧ 자산이나 부채의 존재 여부가 불확실한 경우, 자산이나 부채가 인식되는지 여부(에 따라 / 와 관계없이), 이와 관련된 불확실성에 대한 설명정보가 재무제표에 주석으로 제공되어야 할 수도 있다.

⑨ 경제적 효익의 유입가능성과 유출가능성이 낮은 경우 자산이나 부채가 존재할 수 (있다 / 없다).

⑩ 경제적 효익의 유입가능성이나 유출가능성이 낮더라도 자산이나 부채를 인식(하지 않는 것이 / 하는 것이) 목적적합한 정보를 제공할 수도 있다는 것이다.

⑪ 특정 자산이나 부채를 인식하는 것은 목적적합한 정보를 제공할 뿐만 아니라 해당 자산이나 부채 및 이에 따른 결과로 발생하는 수익, 비용 또는 자본변동에 대한 _____ 을(를) 제공할 경우에 적절하다.

⑫ 충실한 표현이 제공될 수 있는지는 자산이나 부채와 관련된 _____ 불확실성의 수준 또는 다른 요인에 의해 영향을 받을 수 있다.

---

③ 자산이나 부채를 인식하고 이에 따른 결과로 수익, 비용 또는 자본변동을 인식하는 것이 재무제표 이용자들에게 다음과 같이 유용한 정보를 모두 제공하는 경우에만 자산이나 부채를 인식한다.

- 자산이나 부채에 대한 그리고 이에 따른 결과로 발생하는 수익, 비용 또는 자본변동에 대한 목적적합한 정보를 제공한다.
- 자산이나 부채 그리고 이에 따른 결과로 발생하는 수익, 비용 또는 자본변동의 충실한 표현을 제공한다.

④ 질적특성의 제약요인인 원가는 다른 재무보고 결정을 제약하는 것처럼 인식에 대한 결정도 제약한다.

⑤ 재무제표 이용자들에게 제공되는 정보의 효익이 그 정보를 제공하고 사용하는 원가를 정당화할 수 있을 경우에 자산이나 부채를 인식한다.

⑥ 자산이나 부채의 정의를 충족하는 항목이 인식되지 않더라도 기업은 해당 항목에 대한 정보를 주석에 제공해야 할 수도 있다.

⑦ 자산이나 부채가 존재하는지 불확실하거나 자산이나 부채가 존재하지만 경제적 효익의 유입가능성이나 유출가능성이 낮은 경우, 특정 자산이나 부채의 인식과 이에 따른 결과로 발생하는 수익, 비용 또는 자본변동을 인식하는 것이 항상 목적적합한 정보를 제공하는 것은 아닐 수 있다.

⑧ 자산이나 부채의 존재 여부가 불확실한 경우, 자산이나 부채가 인식되는지 여부와 관계없이 이와 관련된 불확실성에 대한 설명정보가 재무제표에 주석으로 제공되어야 할 수도 있다.

⑨ 경제적 효익의 유입가능성과 유출가능성이 낮더라도 자산이나 부채가 존재할 수 있다.

⑩ 경제적 효익의 유입가능성이나 유출가능성이 낮더라도 자산이나 부채를 인식하는 것이 목적적합한 정보를 제공할 수도 있다는 것이다.

⑪ 특정 자산이나 부채를 인식하는 것은 목적적합한 정보를 제공할 뿐만 아니라 해당 자산이나 부채 및 이에 따른 결과로 발생하는 수익, 비용 또는 자본변동에 대한 충실한 표현을 제공할 경우에 적절하다.

⑫ 충실한 표현이 제공될 수 있는지는 자산이나 부채와 관련된 측정 불확실성의 수준 또는 다른 요인에 의해 영향을 받을 수 있다.

정답 ③ 유용한 ④ 원가 ⑤ 원가 ⑥ 수도 있다 ⑦ 것은 아닐 수 있다 ⑧ 와 관계없이 ⑨ 있다 ⑩ 하는 것이 ⑪ 충실한 표현 ⑫ 측정

⑬ 자산이나 부채를 인식하기 위해서 추정해야 하는 경우, 합리적인 추정은 재무정보 작성의 필수적인 부분이며 추정치를 명확하고 정확하게 기술하고 설명한다면 정보의 유용성을 훼손하지 않는다.
⑭ 높은 수준의 측정불확실성이 있더라도 그러한 추정치가 유용한 정보를 반드시 제공하지 못하는 것은 아니다.
⑮ 추정에 대한 설명과 추정에 영향을 미칠 수 있는 불확실성에 대한 설명을 동반한다면, 불확실성이 높은 추정에 의존하는 측정이 가장 유용한 정보일 수 있다.
⑯ 인식된 자산, 부채, 자본, 수익 또는 비용의 충실한 표현은 해당 항목의 인식뿐만 아니라 그 항목의 측정 및 표시와 관련 정보의 공시를 포함한다.

❸ 제거기준

① 제거는 기업의 재무상태표에서 인식된 자산이나 부채의 전부 또는 일부를 삭제하는 것이다.
② 자산은 일반적으로 기업이 인식한 자산의 전부 또는 일부에 대한 통제를 상실하였을 때 제거한다.
③ 부채는 일반적으로 기업이 인식한 부채의 전부 또는 일부에 대한 현재의무를 더 이상 부담하지 않을 때 제거한다.

08 재무제표 요소의 측정

① 측정기준은 측정 대상 항목에 대해 식별된 속성(예 역사적 원가, 공정가치 또는 이행가치)이다.
② 유용한 재무정보의 질적특성과 원가제약을 고려함으로써 서로 다른 자산, 부채, 수익과 비용에 대해 서로 다른 측정기준을 선택하는 결과가 발생할 수 있다.
③ 측정기준은 역사적 원가와 현행가치가 있으며, 측정대상과 주어진 상황에 따라 다양한 방법으로 결합되어 사용된다.

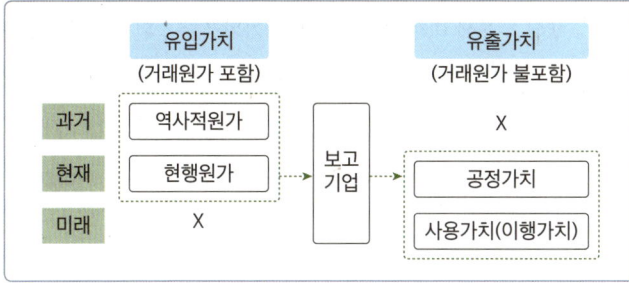

1 역사적 원가

① 역사적 원가 측정치는 적어도 부분적으로 자산, 부채 및 관련 수익과 비용을 발생시키는 거래나 그 밖의 사건의 가격에서 도출된 정보를 사용하여 자산, 부채 및 수익과 비용에 관한 화폐적 정보를 제공한다.

② 현행가치와 달리 역사적 원가는 자산의 손상이나 손실부담에 따른 부채와 관련된 변동을 제외하고는 가치변동을 반영하지 않는다.

③ 자산을 취득하거나 창출할 때의 역사적 원가는 자산의 취득 또는 창출로 인해 발생한 원가의 가치로서, 자산을 취득 또는 창출하기 위해 지급한 대가와 거래원가를 포함한다.

④ 부채가 발생하거나 인수할 때의 역사적 원가는 발생시키거나 인수하면서 수취한 대가에서 거래원가를 차감한 가치이다.

⑤ 역사적 원가는 자산의 소비와 손상을 반영하여 감소하기 때문에 역사적 원가로 측정된 자산에서 회수될 것으로 예상되는 금액은 적어도 장부금액과 같거나 장부금액보다 크다.

⑥ 부채의 역사적 원가는 손실부담이 되는 경우 증가하기 때문에 부채를 이행하기 위하여 필요한 경제적 자원을 이전할 의무의 가치는 부채의 장부금액을 초과하지 않는다.

⑦ 시장조건에 따른 거래가 아닌 사건의 결과로 자산을 취득하거나 창출할 때 또는 부채를 발생하거나 인수할 때 원가를 식별할 수 없거나 그 원가가 자산이나 부채에 관한 목적적합한 정보를 제공하지 못할 수도 있다. 이러한 경우 그 자산이나 부채의 현행가치가 최초 인식시점에 간주원가로 사용되며, 그 간주원가는 역사적 원가로 후속 측정할 때의 시작점으로 사용된다.

⑧ 금융자산 이외의 자산을 역사적 원가로 측정하는 경우, 일부 또는 전체 자산의 소비 또는 매각은 그러한 사용 또는 매각된 일부 또는 전체 자산의 역사적 원가로 측정된 비용을 발생시킨다.

⑨ 금융부채 외의 부채가 발생하거나 대가의 교환으로 인수되고 역사적 원가로 측정되는 경우, 부채의 전부 또는 일부의 이행에 따라 이행된 부분에 대해 수취한 대가의 가치로 측정된 수익이 발생한다.

2 현행가치

① 현행가치 측정치는 측정일의 조건을 반영하기 위해 갱신된 정보를 사용하여 자산, 부채 및 관련 수익과 비용의 화폐적 정보를 제공한다.

② 역사적원가와 달리 자산이나 부채의 현행가치는 자산이나 부채를 발생시킨 거래나 그 밖의 사건의 가격으로부터 부분적으로라도 도출되지 않는다. 즉, 역사적원가는 현행가치에 영향을 줄 수 없는 측정이다.

2-1 현행원가

① 자산의 현행원가는 측정일 현재 동등한 자산의 원가로서 측정일에 지급할 대가와 그날에 발생할 거래원가를 포함한다.
② 부채의 현행원가는 측정일 현재 동등한 부채에 대해 수취할 수 있는 대가에서 그날에 발생할 거래원가를 차감한다.
③ 가격 변동이 유의적일 경우, 현행원가를 기반으로 한 이익은 역사적 원가를 기반으로 한 이익보다 미래 이익을 예측하는 데 더 유용할 수 있다.

2-2 공정가치

① 공정가치는 측정일에 시장참여자들 사이의 정상거래에서 자산을 매도할 때 받거나 부채를 이전할 때 지급하게 될 가격이다.
② 공정가치는 자산이나 부채를 발생시킨 거래나 그 밖의 사건의 가격으로부터 부분적이라도 도출되지 않기 때문에 공정가치는 자산을 취득할 때 발생한 거래원가로 인해 증가하지 않으며, 부채를 발생시키거나 인수할 때 발생한 거래원가로 인해 감소하지 않는다.
③ 공정가치는 활성시장에서 관측되는 가격으로 직접 결정될 수 있다.
④ 공정가치가 활성시장에서 직접 관측되지 않은 경우에는 현금흐름기준 측정기법 등을 사용하여 간접적으로 결정된다.

2-3 사용가치와 이행가치

① 사용가치는 기업이 자산의 사용과 궁극적인 처분으로 얻을 것으로 기대하는 현금흐름 또는 그 밖의 경제적 효익의 현재가치이다.
② 이행가치는 기업이 부채를 이행할 때 이전해야 하는 현금이나 그 밖의 경제적 자원의 현재가치이다.
③ 사용가치와 이행가치는 미래현금흐름에 기초하기 때문에 자산을 취득하거나 부채를 인수할 때 발생하는 거래원가를 포함하지 않는다.
④ 사용가치와 이행가치에는 기업이 자산을 궁극적으로 처분하거나 부채를 이행할 때 발생할 것으로 기대되는 거래원가의 현재가치가 포함된다.
⑤ 사용가치와 이행가치는 공정가치와 달리 시장참여자의 가정보다는 기업 특유의 가정을 기반한다.
⑥ 공정가치와 달리 직접 관측될 수 없으며 현금흐름기준 측정기법으로 결정된다.

독한훈련

2-1 현행원가
① 자산의 현행원가는 측정일 현재 _____ 자산의 원가로서 측정일에 지급할 대가와 그 날에 발생할 거래원가를 (포함 / 제외)한다.
② 부채의 현행원가는 측정일 현재 동등한 부채에 대해 수취할 수 있는 대가에서 그날에 발생할 거래원가를 (포함 / 차감)한다.
③ 가격 변동이 유의적일 경우, (현행원가 / 역사적 원가)를 기반으로 한 이익은 (현행원가 / 역사적 원가)를 기반으로 한 이익보다 미래 이익을 예측하는 데 더 유용할 수 있다.

2-2 공정가치
① 공정가치는 측정일에 _____ 참여자들 사이의 _____ 거래에서 자산을 매도할 때 받거나 부채를 이전할 때 지급하게 될 가격이다.
② 공정가치는 자산을 발생시킨 거래나 그 밖의 사건의 가격으로부터 부분적이라도 도출되지 않기 때문에 공정가치는 자산을 취득할 때 발생한 거래원가로 인해 증가(할 수 있다 / 하지 않는다).
③ 공정가치는 _____ 시장에서 관측되는 가격으로 직접 결정될 수 있다.
④ 공정가치가 활성시장에서 직접 관측되지 않은 경우에는 _____ 측정기법 등을 사용하여 간접적으로 결정된다.

2-3 사용가치와 이행가치
① 사용가치는 기업이 자산의 사용과 궁극적인 처분으로 얻을 것으로 기대하는 현금흐름 또는 그 밖의 경제적 효익의 _____ 이다.
② _____ 가치는 기업이 부채를 이행할 때 이전해야 하는 현금이나 그 밖의 경제적 자원의 현재가치이다.
③ 사용가치와 이행가치는 미래현금흐름에 기초하기 때문에 자산을 취득하거나 부채를 인수할 때 발생하는 거래원가를 포함(하지 않는다 / 한다).
④ 사용가치와 이행가치에는 기업이 자산을 궁극적으로 처분하거나 부채를 이행할 때 발생할 것으로 기대되는 거래원가의 _____ 이(가) 포함된다.
⑤ 사용가치와 이행가치는 공정가치와 달리 (시장참여자 / 기업 특유)의 가정을 기반한다.
⑥ 공정가치와 달리 직접 관측될 수 (있으며 / 없으며) 현금흐름기준 측정기법으로 결정된다.

정답 2-1 ① 동등한, 포함 ② 차감 ③ 현행원가, 역사적 원가
2-2 ① 시장, 정상 ② 하지 않는다 ③ 활성 ④ 현금흐름기준   2-3 ① 현재가치 ② 이행 ③ 하지 않는다 ④ 현재가치 ⑤ 기업 특유 ⑥ 없으며

3 특정 측정기준에 의해 제공되는 정보의 성격

3-1 역사적 원가의 유용성

① 특정 측정기준을 선택할 때 측정기준이 재무상태표와 재무성과표에서 만들어 낼 정보의 성격을 고려하는 것이 중요하다.
② 대부분의 경우 역사적 원가를 측정하는 것은 현행가치를 측정하는 것보다 더 단순하고 비용이 적게 든다.
③ 역사적 원가의 측정기준을 적용하여 결정한 측정은 일반적으로 이해가능성이 높고 검증가능성도 높다.
④ 역사적 원가 측정기준을 사용할 경우, 다른 시점에 취득한 동일한 자산이나 발생한 부채가 재무제표에 다른 금액으로 보고될 수 있으므로, 기간 간 또는 같은 기간의 기업 간의 비교가능성을 저하시킬 수 있다.

3-2 공정가치의 유용성

① 공정가치로 자산과 부채를 측정하여 제공하는 정보는 예측가치를 가질 수 있다.
② 시장참여자의 종전의 기대에 대한 피드백을 제공함으로써 확인가치도 가질 수 있다.
③ 공정가치로 측정된 동일한 자산이나 부채는 원칙적으로 동일한 시장에 접근할 수 있는 보고기업에 의해 동일한 금액으로 측정되므로 보고기업의 기간 간 또는 같은 기간의 기업 간의 비교가능성을 높일 수 있다.
④ 자산이나 부채의 공정가치를 활성시장의 가격을 관측하여 직접 결정할 수 있는 경우, 공정가치측정과정은 비용이 적게 들고, 단순하며, 이해하기 쉽다.
⑤ 공정가치는 직접 관측을 통해 검증될 수 있다.

3-3 현행원가의 유용성

① 현행원가를 측정기준으로 사용할 경우, 다른 시점에 취득하거나 발행한 동일한 자산이나 부채를 재무제표에 같은 금액으로 보고함으로써, 보고기업의 기간 간 그리고 같은 기업 간 비교가능성을 향상시킬 수 있다.
② 현행원가를 결정하는 것은 복잡하고 주관적이며 비용이 많이 발생할 수 있다.
③ 현행원가의 측정치는 검증가능성과 이해가능성이 결여될 수 있다.
④ 가격변동이 유의적일 경우, 현행원가를 기반으로 한 이익은 역사적 원가를 기반으로 한 이익보다 미래이익을 예측하는 데 더 유용할 수 있다.

독한훈련

3. 특정 측정기준에 의해 제공되는 정보의 성격

3-1 역사적 원가의 유용성
① 특정 측정기준을 선택할 때 측정기준이 재무상태표와 재무성과표에서 만들어 낼 정보의 _____을(를) 고려하는 것이 중요하다.
② 대부분의 경우 역사적 원가를 측정하는 것은 현행가치를 측정하는 것보다 더 (복잡 / 단순)하고 비용이 (적게 / 많이) 든다.
③ 역사적 원가의 측정기준을 적용하여 결정한 측정은 일반적으로 이해가능성이 (높고 / 낮고) 검증가능성도 (높다 / 낮다).
④ 역사적 원가 측정기준을 사용할 경우, 다른 시점에 취득한 동일한 자산이나 발생한 부채가 재무제표에 다른 금액으로 보고될 수 있으므로, 기간 간 또는 같은 기간의 기업 간의 비교가능성을 (높일 / 저하시킬) 수 있다.

3-2 공정가치의 유용성
① 공정가치로 자산과 부채를 측정하여 제공하는 정보는 (예측가치 / 확인가치 / 예측가치와 확인가치 둘 다)를 가질 수 있다.
② 공정가치로 측정된 동일한 자산이나 부채는 원칙적으로 동일한 시장에 접근할 수 있는 보고기업에 의해 동일한 금액으로 측정되므로 보고기업의 기간 간 또는 같은 기간의 기업 간의 비교가능성이 (높아진다 / 낮아진다).
③ 자산이나 부채의 공정가치를 활성시장의 가격을 관측하여 직접 결정할 수 있는 경우, 공정가치측정과정은 비용이 (많이 / 적게) 들고, (단순 / 복잡)하며, 이해하기 쉽다.
④ 공정가치는 직접 관측을 통해 검증될 수 (있다 / 없다).

3-3 현행원가의 유용성
① 현행원가를 측정기준으로 사용할 경우, 다른 시점에 취득하거나 발행한 동일한 자산이나 부채를 재무제표에 같은 금액으로 보고함으로써, 보고기업의 기간 간 그리고 같은 기업 간 비교가능성이 (하락할 / 향상될) 수 있다.
② 현행원가를 결정하는 것은 복잡하고 (객관적 / 주관적)이며 비용이 많이 발생할 수 있다.
③ 현행원가의 측정치는 검증가능성과 이해가능성이 (향상 / 결여)될 수 있다.
④ 가격변동이 유의적일 경우, (역사적 원가 / 현행원가)를 기반으로 한 이익은 (역사적 원가 / 현행원가)를 기반으로 한 이익보다 미래이익을 예측하는 데 더 유용할 수 있다.

정답 3-1 ① 성격 ② 단순, 적게 ③ 높고, 높다 ④ 저하시킬 3-2 ① 예측가치와 확인가치 둘 다 ② 높아진다 ③ 적게, 단순 ④ 있다
3-3 ① 향상될 ② 주관적 ③ 결여 ④ 현행원가, 역사적 원가

3-4 사용가치와 이행가치의 유용성

① 사용가치는 자산의 사용과 궁극적인 처분으로부터 발생하는 추정현금흐름의 현재가치에 관한 정보를 제공하므로 미래순현금유입에 대한 예상치를 평가하는 데 사용할 수 있기 때문에 예측가치를 가질 수 있다.

② 사용가치와 이행가치는 개별기업의 관점을 반영하기 때문에 동일한 자산이나 부채를 다른 기업이 보유할 경우와 다를 수 있으므로, 비교가능성이 저하될 수 있다.

측정기준에 의해 제공되는 정보의 성격

구분	역사적 원가	공정가치	현행원가	사용/이행가치
예측/확인가치	○	○	○	○
단순/복잡	단순	단순	복잡	복잡
비용	small	small	big	big
비교가능성	↓	↑	↑	↓
검증가능성	↑	↑	↓	↓
이해가능성	↑	↑	↓ (복잡/주관적)	↓ (복잡/주관적)

4 특정 측정기준을 선택할 때 고려할 요인

① 측정기준에 의해 제공되는 정보는 재무제표 이용자들에게 유용해야 한다. 즉, 이를 달성하기 위해서는 선택된 측정기준에 의해 제공되는 정보는 목적적합해야 하고, 나타내고자 하는 바를 충실하게 표현해야 한다. 또한 제공되는 정보는 가능한 한 비교가능하고, 검증가능하며, 적시성이 있고, 이해가능해야 한다.

② 보강적 질적특성 중 비교가능성, 이해가능성, 검증가능성 및 원가제약은 측정기준의 선택에 영향을 미친다. 다만, 보강적 질적특성 중 적시성은 측정에 특별한 영향을 미치지 않는다.

5 자본의 측정

① 자본의 총장부금액인 총자본은 직접 측정하지 않는다.
② 일반목적재무제표는 기업의 가치를 보여주도록 설계되지 않았기 때문에 자본의 총장부금액은 일반적으로 다음의 상황에서 동일하지 않다.

> • 기업의 자본청구권에 대한 시가총액
> • 계속기업을 전제로 하여 기업 전체를 매각할 때 조달할 수 있는 금액
> • 기업의 모든 자산을 매각하고 모든 부채를 상환하여 조달할 수 있는 금액

독한훈련

3-4 사용가치와 이행가치의 유용성

① 사용가치는 자산의 사용과 궁극적인 처분으로부터 발생하는 추정현금흐름의 현재가치에 관한 정보를 제공하므로 미래순현금유입에 대한 예상치를 평가하는 데 사용할 수 있기 때문에 _____ 가치를 가질 수 있다.

② 사용가치와 이행가치는 개별기업의 관점을 반영하기 때문에 동일한 자산이나 부채를 다른 기업이 보유할 경우와 다를 수 있으므로, 비교가능성이 (향상 / 저하)될 수 있다.

4. 특정 측정기준을 선택할 때 고려할 요인

① 선택된 측정기준에 의해 제공되는 정보는 _____ 해야 하고, 나타내고자 하는 바를 _____ 하게 표현해야 한다. 또한 제공되는 정보는 가능한 한 비교가능하고, 검증가능하며, 적시성이 있고, 이해가능해야 한다.

② 보강적 질적특성 중 비교가능성, 이해가능성, 검증가능성 및 원가제약은 측정기준의 선택에 영향을 미친다. 다만, 보강적 질적특성 중 _____ 은(는) 측정에 특별한 영향을 미치지 않는다.

5. 자본의 측정

① 자본의 총장부금액인 총자본은 직접 측정(한다 / 하지 않는다).
② 일반적으로 기업의 자본청구권에 대한 시가총액과 총장부금액은 일치(한다 / 하지 않는다).

정답 3-4 ① 예측 ② 저하 4. ① 목적적합, 충실 ② 적시성 5. ① 하지 않는다 ② 하지 않는다

> **독한훈련**
>
> ③ 총자본은 직접 측정하지 않지만, 자본의 일부 종류와 자본의 일부 구성요소에 대한 장부금액은 (직접 / 간접) 측정하는 것이 적절할 수 있다.
>
> **6. 현금흐름측정기준**
> ① 측정치를 추정하는 한 가지 방법은 _____ 기준 측정기법을 사용하는 것이다.
> ② 현금흐름기준 측정기법은 측정기준이 아니며, 측정기준을 적용하는 데 사용되는 _____ 이다.
>
> **09 재무제표의 표시와 공시**
> ① 재무제표의 정보가 효과적으로 _____ 되면 그 정보를 보다 목적적합하게 하고 기업의 자산, 부채, 자본, 수익 및 비용을 충실하게 표현하는 데 기여한다.
> ② _____ 이(가) 다른 재무보고 결정을 제약하는 것처럼 표시와 공시의 결정도 제약한다.
> ③ 자산 또는 부채에 대해 선택된 _____ 별로 적용하여 분류하지만 자산이나 부채 중 특성이 다른 구성요소를 구분하여 별도로 분류하는 것이 적절할 수도 있다.
> ④ 상계는 서로 다른 항목을 함께 분류하는 것이므로 일반적으로는 적절(하다 / 하지 않다).
> ⑤ 자본의 일부 구성요소에 특정 법률, 규제 또는 그 밖의 요구사항이 있는 경우에는 자본의 그 구성요소를 _____ (으)로 분류해야 할 수 있다.
> ⑥ _____ 은(는) 해당 기간의 기업 재무성과에 관한 정보의 주요 원천이기 때문에 모든 수익과 비용은 원칙적으로 이 재무제표에 포함된다.

③ 총자본은 직접 측정하지 않지만, 자본의 일부 종류와 자본의 일부 구성요소에 대한 장부금액은 직접 측정하는 것이 적절할 수 있다. 그럼에도 불구하고 총자본은 잔여지분으로 측정되기 때문에 적어도 자본의 한 종류는 직접 측정할 수 없다.

⑥ 현금흐름측정기준
① 측정치를 추정하는 한 가지 방법은 현금흐름기준 측정기법을 사용하는 것이다.
② 현금흐름기준 측정기법은 측정기준이 아니며, 측정기준을 적용하는 데 사용되는 기법이다.

09 재무제표의 표시와 공시

① 재무제표의 정보가 효과적으로 소통되면 그 정보를 보다 목적적합하게 하고 기업의 자산, 부채, 자본, 수익 및 비용을 충실하게 표현하는 데 기여한다.
② 원가가 다른 재무보고 결정을 제약하는 것처럼 표시와 공시의 결정도 제약한다.
③ 자산 또는 부채에 대해 선택된 회계단위별로 적용하여 분류하지만 자산이나 부채 중 특성이 다른 구성요소를 구분하여 별도로 분류하는 것이 적절할 수도 있다.
④ 상계는 서로 다른 항목을 함께 분류하는 것이므로 일반적으로는 적절하지 않다.
⑤ 유용한 정보를 제공하기 위해, 자본청구권이 다른 특성을 가지고 있는 경우에는 그 자본청구권을 별도로 분류해야 할 수도 있다. 즉, 자본의 일부 구성요소에 특정 법률, 규제 또는 그 밖의 요구사항이 있는 경우에는 자본의 그 구성요소를 별도로 분류해야 할 수 있다.
⑥ 손익계산서는 해당 기간의 기업 재무성과에 관한 정보의 주요 원천이기 때문에 모든 수익과 비용은 원칙적으로 이 재무제표에 포함된다.

정답 ③ 직접 6. ① 현금흐름 ② 기법 09 ① 소통 ② 원가 ③ 회계단위 ④ 하지 않다 ⑤ 별도 ⑥ 손익계산서

⑦ 회계기준위원회는 회계기준을 개발할 때 자산이나 부채의 현행가치의 변동으로 인한 수익과 비용을 기타포괄손익에 포함하는 것이 그 기간의 기업 재무성과에 대한 보다 목적적합한 정보를 제공하거나 보다 충실한 표현을 제공하는 예외적인 상황에서는 그러한 수익이나 비용을 기타포괄손익에 포함하도록 결정할 수도 있다.

⑧ 원칙적으로, 한 기간에 기타포괄손익에 포함된 수익과 비용은 미래기간에 기타포괄손익에서 당기손익으로 재분류한다.

⑨ 재분류되어야 할 기간이나 금액을 식별할 명확한 근거가 없다면, 회계기준위원회는 회계기준을 개발할 때, 기타포괄손익에 포함된 수익과 비용이 후속적으로 재분류되지 않도록 결정할 수도 있다.

10 자본과 자본유지개념

① 유지해야 할 자본의 개념은 재무자본유지와 실물자본유지로 구분할 수 있다.

② 재무정보 이용자가 주로 명목상의 투하자본이나 투하자본의 구매력 유지에 관심이 있다면 재무적 개념의 자본을 채택하고, 기업의 조업능력의 유지에 있다면 실물적 자본의 개념을 사용하게 될 것이다.

③ 비록 자본개념이 실무적으로 적용하는데 어려움이 있을 수 있지만, 선택된 자본개념에 따라 이익의 결정 목표가 무엇인지 알 수 있게 된다.

④ 재무자본 유지개념에서의 이익은 해당 기간 동안 소유주에게 배분하거나 소유주가 출연한 부분을 제외하고 기말순자산의 재무적인 측정금액이 기초순자산의 재무적 측정금액을 초과하는 경우에만 발생한다.

⑤ 재무자본 유지개념을 사용하기 위해서는 당해 재무자본을 명목화폐단위 또는 불변구매력단위를 이용하여 측정할 수 있다.

⑥ 재무자본 유지개념하에서는 특정한 측정기준의 적용을 요구하지 아니한다. 재무자본 유지개념하에서 측정기준의 선택은 기업이 유지하려고 하는 재무자본의 유형과 관련이 있다.

⑦ 실물자본 유지개념하의 이익은 해당 기간 동안 소유주에게 배분하거나 소유주가 출연한 부분을 제외하고 기말 실물생산능력이나 조업능력 또는 그러한 생산능력을 갖추기 위해 필요한 자원이 기초 실물생산능력을 초과하는 경우에만 발생한다.

⑧ 실물자본 유지개념을 사용하기 위해서는 당해 실물자본을 현행원가기준에 따라 측정해야 한다.

⑨ 실물자본유지개념에서의 이익은 해당 기간 중 실물생산능력의 증가액을 의미한다. 기업이 자산과 부채의 영향을 미치는 모든 가격변동은 해당 기업의 실물생산능력에 대한 측정치의 변동으로 간주되어 이익이 아니라 자본의 일부인 자본유지조정으로 처리된다.

> **독한훈련**
>
> ⑦ 회계기준위원회는 회계기준을 개발할 때 자산이나 부채의 현행가치의 변동으로 인한 수익과 비용을 기타포괄손익에 포함하는 것이 그 기간의 기업 재무성과에 대한 보다 목적적합한 정보를 제공하거나 보다 충실한 표현을 제공하는 예외적인 상황에서는 그러한 수익이나 비용을 (당기손익 / 기타포괄손익)에 포함하도록 결정할 수도 있다.
>
> ⑧ 한 기간에 기타포괄손익에 포함된 수익과 비용은 미래기간에 기타포괄손익에서 당기손익으로 _____한다.
>
> ⑨ _____되어야 할 기간이나 금액을 식별할 명확한 근거가 없다면, 회계기준위원회는 회계기준을 개발할 때, 기타포괄손익에 포함된 수익과 비용이 후속적으로 _____되지 않도록 결정할 수도 있다.
>
> **10 자본과 자본유지개념**
>
> ① 유지해야 할 자본의 개념은 _____유지와 _____유지로 구분할 수 있다.
>
> ② 재무정보 이용자가 주로 명목상의 투하자본이나 투하자본의 구매력 유지에 관심이 있다면 (재무적 / 실물적) 개념의 자본을 채택하고, 기업의 조업능력의 유지에 있다면 (재무적 / 실물적) 자본의 개념을 사용하게 될 것이다.
>
> ③ 자본개념이 실무적으로 적용하는데 어려움이 (있으므로 / 있을 수 있지만), 선택된 자본개념에 따라 이익의 결정 목표가 무엇인지 알 수 (없게 된다 / 있게 된다).
>
> ④ (재무자본 / 실물자본)유지개념에서의 이익은 해당 기간 동안 소유주에게 배분하거나 소유주가 출연한 부분을 (포함 / 제외)하고 기말순자산의 재무적인 측정금액이 기초 순자산의 재무적 측정금액을 초과하는 경우에만 발생한다.
>
> ⑤ 재무자본유지개념을 사용하기 위해서는 당해 재무자본을 _____단위 또는 불변구매력단위를 이용하여 측정할 수 있다.
>
> ⑥ 재무자본유지개념하에서는 특정한 측정기준의 적용을 요구(한다 / 하지 아니한다). 재무자본유지개념하에서 측정기준의 선택은 기업이 유지하려고 하는 재무자본의 _____과 관련이 있다.
>
> ⑦ (재무자본유지개념 / 실물자본유지개념)하에서 이익은 해당 기간 동안 소유주에게 배분하거나 소유주가 출연한 부분을 제외하고 기업의 기말 실물생산능력이나 조업능력이 기초 실물생산능력을 초과하는 경우에만 발생한다.
>
> ⑧ 실물자본유지개념을 사용하기 위해서는 (불변구매력단위 / 현행원가)기준에 따라 측정해야 한다.
>
> ⑨ 실물자본유지개념에서의 이익은 해당 기간 중 _____의 증가액을 의미한다. 기업이 자산과 부채의 영향을 미치는 모든 _____변동은 해당 기업의 실물생산능력에 대한 측정치의 변동으로 간주되어 이익이 아니라 자본의 일부인 (자본잉여금 / 자본유지조정)으로 처리된다.

정답 ⑦ 기타포괄손익 ⑧ 재분류 ⑨ 재분류, 재분류 **10** ① 재무자본, 실물자본 ② 재무적, 실물적 ③ 있을 수 있지만, 있게 된다 ④ 재무자본, 제외 ⑤ 명목화폐 ⑥ 하지 아니한다, 유형 ⑦ 실물자본유지개념 ⑧ 현행원가 ⑨ 실물생산능력, 가격, 자본유지조정

2 OX 강훈련

다음 문장을 읽고 옳은 설명에는 O, 옳지 않은 설명에는 X를 하고 올바른 문장으로 수정하시오.

01 재무보고를 위한 개념체계는 한국 금융위원회가 일관된 개념에 기반하여 「한국채택국제회계기준」을 제·개정하는데 도움을 준다. O X

02 재무보고를 위한 개념체계와 한국채택국제회계기준이 상충하는 경우에는 재무보고를 위한 개념체계를 상위기준으로 보고 우선시한다. O X

03 일반목적재무보고의 목적은 현재 및 잠재적투자자, 대여자 및 기타채권자가 기업에 자원을 제공하는 것에 대한 의사결정을 할 때 유용한 보고기업 재무정보를 제공하는 것이다. O X

04 일반목적재무보고서의 목적을 달성하기 위해 회계기준위원회는 개념체계의 관점에서 벗어나는 요구사항을 정하는 경우가 있을 수 있다. O X

05 일반목적재무보고서는 현재 및 잠재적 투자자, 대여자 및 기타 채권자가 필요로 하는 모든 정보를 제공한다. O X

06 일반목적재무보고서는 투자자에게 보고기업의 가치를 보여주기 위해 고안되었다. O X

07 일반목적재무보고서는 투자자뿐만 아니라 경영진, 감독 당국 등을 주요 대상으로 하여 작성되었다. O X

OX 풀이

01 재무보고를 위한 개념체계는 한국 **회계기준위원회**가 일관된 개념에 기반하여 「한국채택국제회계기준」을 제·개정하는데 도움을 준다.
02 재무보고를 위한 개념체계와 한국채택국제회계기준이 상충되는 경우에는 **한국채택국제회계기준**을 상위 기준으로 보고 우선시한다.
05 일반목적재무보고서는 현재 및 잠재적 투자자, 대여자 및 기타 채권자가 필요로 하는 모든 **정보를 제공하는 것은 아니다.**
06 일반목적재무보고서는 투자자에게 보고기업의 가치를 보여주기 위해 고안된 것이 아니라, **보고기업의 가치를 추정하는 데 도움이 되는 정보를 제공**하기 위해 고안되었다.
07 일반목적재무보고서는 **현재 및 잠재적 투자자, 대여자 및 기타 채권자**를 주요 대상으로 하여 작성되었다.

| 정답 | 01 X 02 X 03 O 04 O 05 X 06 X 07 X

: 다음 문장을 읽고 옳은 설명에는 O, 옳지 않은 설명에는 X를 하고 올바른 문장으로 수정하시오.

08 외부 이해관계자들과 마찬가지로 보고기업의 경영진도 해당 기업의 경영의사결정을 위해 일반목적재무보고서에 가장 많이 의존한다. O X

09 재무보고서는 정확한 서술보다는 상당 부분 추정, 판단 및 모형에 근거한다. O X

10 보고기업의 경제적 자원 및 청구권은 채무상품이나 지분상품의 발행과 같이 재무성과 외의 사유로는 변동되지 않는다. O X

11 재무정보의 근본적 질적특성은 목적적합성과 신뢰성이다. O X

12 재무정보에 예측가치와 확인가치 모두 있어야만 그 재무정보는 의사결정에 차이가 나도록 할 수 있다. O X

13 재무정보가 정보이용자들이 미래결과를 예측하기 위해서 사용하는 절차의 투입요소로 사용될 수 있다면, 그 재무정보는 확인가치를 갖는다. O X

14 정보를 누락하거나 잘못 기재하거나 불분명하게 하여, 이를 기초로 내리는 주요 이용자의 의사결정에 영향을 줄 것으로 합리적으로 예상할 수 있다면 그 정보는 확인가치를 갖는다. O X

15 회계기준위원회는 중요성이 해당 기업 특유의 측면의 목적적합성이므로 이에 대한 획일적인 계량임계치를 정하거나 특정한 상황에서 무엇이 중요한지 미리 결정해서 제시해야 한다. O X

OX 풀이

08 경영진은 필요로 하는 재무정보를 내부에서 구할 수 있기 때문에 일반목적 재무보고서에 **의존할 필요가 없다.**
10 보고기업의 경제적 자원 및 청구권은 채무상품이나 지분상품의 발행과 같이 재무성과 외의 사유로도 **변동될 수 있다.**
11 재무정보의 근본적 질적특성은 목적적합성과 **표현의 충실성**이다.
12 재무정보에 **예측가치와 확인가치 또는 이 둘 모두 있다면** 그 재무정보는 의사결정에 차이가 나도록 할 수 있다.
13 재무정보가 정보이용자들이 미래결과를 예측하기 위해서 사용하는 절차의 투입요소로 사용될 수 있다면, 그 재무정보는 **예측가치**를 갖는다.
14 정보를 누락하거나 잘못 기재하거나 불분명하게 하여, 이를 기초로 내리는 주요 이용자의 의사결정에 영향을 줄 것으로 합리적으로 예상할 수 있다면 그 정보는 **중요한 것**이다.
15 회계기준위원회는 중요성이 해당 기업 특유의 측면의 목적적합성이므로 이에 대한 획일적인 계량임계치를 정하거나 특정한 상황에서 무엇이 중요한지 **미리 결정해서는 안 된다.**

|정답| 08 X 09 O 10 X 11 X 12 X 13 X 14 X 15 X

다음 문장을 읽고 옳은 설명에는 O, 옳지 않은 설명에는 X를 하고 올바른 문장으로 수정하시오.

16 완벽하게 충실한 표현을 위해서는 완전하고, 독립적이면서 오류가 없어야 한다. ⓞ ⓧ

17 완전한 서술은 필요한 기술과 설명을 포함하여 정보이용자가 서술되는 현상을 이해하는 데 필요한 모든 정보를 포함하는 것은 아니다. ⓞ ⓧ

18 중립적 정보는 재무정보의 선택이나 표시에 편의가 없는 것으로, 목적이 없거나 행동에 대한 영향력이 없는 정보를 의미한다. ⓞ ⓧ

19 오류가 없다는 것은 현상의 기술에 오류나 누락이 없고, 보고정보를 생산하는 데 사용되는 절차의 선택과 적용 시 절차상의 오류가 없음을 의미한다. ⓞ ⓧ

20 측정불확실성이 높은 수준이더라도 그러한 추정이 무조건 유용한 재무정보를 제공하지 못하는 것은 아니다. ⓞ ⓧ

21 관측가능하지 않은 가격이나 가치의 추정치는 추정치를 도출하기 위한 절차의 오류가 없다고 하더라도 충실하다고 할 수는 없다. ⓞ ⓧ

22 오류가 없는 서술이란 현상의 기술에 오류나 누락이 없고, 보고정보를 생산하는 데 사용되는 절차의 선택과 적용 시 절차상의 오류가 없으므로 모든 면에서 완벽하게 정확하다는 것을 의미한다. ⓞ ⓧ

23 나타내고자 하는 바를 충실하게 표현하는 가장 목적적합한 정보를 선택하려는 결정의 결과가 비대칭성이라면, 특정 회계기준에서 비대칭적인 요구사항을 포함할 수 없다. ⓞ ⓧ

OX 풀이

16 완벽하게 충실한 표현을 위해서는 완전하고, **중립적**이면서 오류가 없어야 한다.
17 완전한 서술은 필요한 기술과 설명을 포함하여 정보이용자가 서술되는 현상을 이해하는 데 필요한 모든 정보를 **포함한다**.
18 중립적 정보는 재무정보의 선택이나 표시에 편의가 없는 것으로, 목적이 없거나 행동에 대한 영향력이 없는 정보를 **의미하는 것은 아니다**.
21 관측가능하지 않은 가격이나 가치의 추정치는 추정치를 도출하기 위한 절차의 오류가 없다면 **충실하게 표현되었다고 할 수 있다**.
22 오류가 없는 서술이란 현상의 기술에 오류나 누락이 없고, 보고정보를 생산하는 데 사용되는 절차의 선택과 적용 시 절차상의 오류가 없는 것을 의미하므로 **모든 면에서 완벽하게 정확하다는 것을 의미하는 것은 아니다**.
23 나타내고자 하는 바를 충실하게 표현하는 가장 목적적합한 정보를 선택하려는 결정의 결과가 비대칭성이라면, 특정 회계기준에서 비대칭적인 요구사항을 **포함할 수 있다**. 그러므로 한국채택국제회계기준에서는 자산과 수익을 인식하기 위해서는 부채나 비용을 인식할 때보다 더 설득력 있는 증거를 요구하는 경우가 있다.

|정답| 16 X 17 X 18 X 19 O 20 O 21 X 22 X 23 X

✏️ 지문 수정하기

📌 다음 문장을 읽고 옳은 설명에는 O, 옳지 않은 설명에는 X를 하고 올바른 문장으로 수정하시오.

24 재무정보의 보강적 질적특성에는 검증가능성, 적시성, 비교가능성 이 있다. ⓞⓧ

25 단 하나의 경제적 현상을 충실하게 표현하는 데 여러 방법이 있을 수 있으나 동일한 경제적 현상에 대해 대체적인 회계처리방법을 허용하면 비교가능성이 증가한다. ⓞⓧ

26 일관성은 목표이고, 비교가능성은 그 목표를 달성하는 데 도움을 준다. ⓞⓧ

27 비교가능성은 일관성이 아니다. 정보가 비교가능하기 위해서는 비슷한 것은 비슷하게 보여야 하고, 다른 것은 다르게 보여야 한다. ⓞⓧ

28 합리적인 판단력이 있고 독립적인 다른 관찰자가 어떤 서술이 충실한 표현이라는 데 대해, 비록 반드시 일치하지는 못하더라도 의견이 일치할 수 있다는 것은 충실한 표현의 정의이다. ⓞⓧ

29 계량화된 정보가 검증가능하기 위해서 단일점추정치이어야 한다. 즉, 검증가능한 금액의 범위 및 관련된 확률로 검증할 수는 없다. ⓞⓧ

30 새로운 재무보고를 전진적으로 적용하면 일시적으로 비교가능성을 감소시키지만 장기적으로는 목적적합성이나 충실한 표현을 향상시킬 수 있다. ⓞⓧ

31 정보를 명확하고 간결하게 분류하고, 특징지으며, 표시하면 정보의 비교가능성이 향상된다. ⓞⓧ

OX 풀이

24 재무정보의 보강적 질적특성에는 검증가능성과 적시성, 비교가능성, **이해가능성**이 있다.
25 단 하나의 경제적 현상을 충실하게 표현하는 데 여러 방법이 있을 수 있으나 동일한 경제적 현상에 대해 대체적인 회계처리방법을 허용하면 비교가능성은 **감소한다**.
26 **비교가능성**은 목표이고, **일관성**은 그 목표를 달성하는 데 도움을 준다.
27 비교가능성은 **통일성**이 아니다. 정보가 비교가능하기 위해서는 비슷한 것은 비슷하게 보여야 하고, 다른 것은 다르게 보여야 한다
28 합리적인 판단력이 있고 독립적인 다른 관찰자가 어떤 서술이 충실한 표현이라는 데 대해, 비록 반드시 일치하지는 못하더라도 의견이 일치할 수 있다는 것은 **검증가능성**을 의미한다.
29 계량화된 정보가 검증가능하기 위해서 **단일점추정치여야 할 필요는 없다**. 즉, 검증가능한 금액의 범위 및 관련된 확률로 검증할 수 **있다**.
31 정보를 명확하고 간결하게 분류하고, 특징지으며, 표시하면 정보의 **이해가능성**이 향상된다.

| 정답 | 24 X 25 X 26 X 27 X 28 X 29 X 30 O 31 X

: 다음 문장을 읽고 옳은 설명에는 O, 옳지 않은 설명에는 X를 하고 올바른 문장으로 수정하시오.

32 보강적 질적특성을 적용하는 것은 어떤 규정된 순서를 따르지 않는 반복적인 과정이다. ⓞ Ⓧ

33 근본적 질적특성을 적용하는 절차는 가장 유용할 수 있는 경제적 현상을 식별하고, 그러한 경제적 현상에 대한 가장 목적적합한 정보의 유형을 식별하여 그 정보가 이용가능한지, 그리고 경제적 현상을 충실하게 표현할 수 있는지 결정한다. ⓞ Ⓧ

34 기업이 그 경영활동을 청산하거나 중요하게 축소할 의도나 필요성을 갖고 있다면 재무제표는 계속기업을 가정한 기준과는 다른 기준을 적용하여 작성하는 것이 타당할 수 있으며, 이때 적용한 기준을 별도로 공시할 필요는 없다. ⓞ Ⓧ

35 재무제표는 기업의 현재 및 잠재적 투자자, 대여자와 그 밖의 채권자 중 특정집단의 관점에서 거래 및 그 밖의 사건에 대한 정보를 제공한다. ⓞ Ⓧ

36 보고기업은 반드시 법적 실체로 구성되어야 한다. ⓞ Ⓧ

37 자산은 과거사건의 결과로 기업이 통제하고 있는 현재의 경제적 자원이다. ⓞ Ⓧ

38 기업은 스스로 경제적 효익을 획득하는 권리를 가질 수 있다. ⓞ Ⓧ

39 기업이 가진 모든 권리는 장부상에 자산으로 인식될 수 있다. ⓞ Ⓧ

OX 풀이

34 기업이 그 경영활동을 청산하거나 중요하게 축소할 의도나 필요성을 갖고 있다면 재무제표는 계속기업을 가정한 기준과는 다른 기준을 적용하여 작성하는 것이 타당할 수 있으며, 이때 적용한 기준을 별도로 **공시해야 한다.**
35 재무제표는 기업의 현재 및 잠재적 투자자, 대여자와 그 밖의 채권자 중 특정 집단의 관점이 아닌 **보고기업 전체의 관점**에서 거래 및 그 밖의 사건에 대한 정보를 제공한다.
36 보고기업은 반드시 **법적 실체일 필요는 없다.** 보고기업은 단일의 실체이거나 어떤 실체의 일부일 수 있으며, 둘 이상의 실체로 구성될 수도 있다.
38 기업은 기업 스스로 경제적 효익을 획득하는 권리를 가질 수 **없다.** 즉, 자기사채와 자기주식은 장부에 자산으로 인식하지 않는다.
39 기업의 **모든 권리가 자산이 되는 것은 아니다.** 권리가 기업의 자산이 되기 위해서는 해당 권리가 기업을 위해서 다른 모든 당사자들이 이용가능한 경제적 효익을 초과하는 경제적 효익을 창출할 잠재력이 있고, 그 기업에 의해 통제되어야 한다.

|정답| 32 O 33 O 34 X 35 X 36 X 37 O 38 X 39 X

■ 다음 문장을 읽고 옳은 설명에는 O, 옳지 않은 설명에는 X를 하고 올바른 문장으로 수정하시오.

40 경제적 효익을 창출할 가능성이 낮은 경우 권리가 경제적 자원의 정의를 만족할 수 없으므로 자산이 될 수 없다. O X

41 지출의 발생과 자산의 취득은 반드시 일치해야 한다. O X

42 부채는 과거사건의 결과로 기업이 경제적 자원을 이전해야 하는 미래의무이다. O X

43 한 당사자가 부채를 인식하고 이를 특정 금액으로 측정해야 한다는 요구사항은 다른 당사자가 자산을 인식하거나 동일한 금액으로 측정해야 한다는 것을 의미한다. O X

44 현재의무는 계약, 법률 또는 이와 유사한 수단에 의해서만 성립된다. O X

45 경제적 자원의 이전가능성이 낮은 경우 부채의 정의를 만족하지 않는다. O X

46 미래의 특정시점까지 경제적 자원의 이전이 집행될 수 없더라도 현재의무는 존재할 수 있다. O X

47 수익은 자산의 증가 또는 부채의 감소로서 자본의 증가를 가져오며, 자본청구권 보유자의 출자와 관련된 것을 포함한다. O X

48 비용은 자산의 감소 또는 부채의 증가로서 자본의 감소를 가져오며, 자본청구권 보유자에 대한 분배와 관련된 것을 포함한다. O X

OX 풀이

40 경제적 효익을 창출할 가능성이 낮다고 하더라도 **자산의 정의를 만족할 수는 있다.** 즉, 자산의 정의를 만족할 수는 있지만 그러한 낮은 가능성이 자산의 인식 여부와 측정방법의 결정을 포함하여, 자산과 관련하여 제공해야 할 정보와 그 정보를 제공하는 방법에 대한 결정에 영향을 미칠 수 있다.
41 지출의 발생과 자산의 취득은 밀접한 관련은 있으나 양자가 반드시 **일치해야 하는 것은 아니다.**
42 부채는 과거사건의 결과로 기업이 경제적 자원을 이전해야 하는 **현재의무**이다.
43 한 당사자가 부채를 인식하고 이를 특정 금액으로 측정해야 한다는 요구사항은 다른 당사자가 자산을 인식하거나 동일한 금액으로 측정해야 한다는 것을 **의미하지는 않는다.**
44 현재의무는 계약, 법률 또는 이와 유사한 수단에 의해서 성립되기도 하지만 실무관행, 경영방침이나 성명서에서 의무가 발생할 수도 있다. 즉, 법적 의무와 **의제의무를 포함**한다.
45 경제적 자원의 이전가능성이 낮은 경우에도 **부채의 정의를 충족할 수 있다.**
47 수익은 자산의 증가 또는 부채의 감소로서 자본의 증가를 가져오며, 자본청구권 보유자의 출자와 관련된 것은 **제외**한다.
48 비용은 자산의 감소 또는 부채의 증가로서 자본의 감소를 가져오며, 자본청구권 보유자에 대한 분배와 관련된 것을 **제외**한다.

|정답| 40 X 41 X 42 X 43 X 44 X 45 X 46 O 47 X 48 X

✏️ 지문 수정하기

다음 문장을 읽고 옳은 설명에는 O, 옳지 않은 설명에는 X를 하고 올바른 문장으로 수정하시오.

49 자산, 부채 또는 자본의 정의를 충족하는 항목만이 재무상태표에 인식한다. O X

50 자산이나 부채의 정의를 충족하는 항목이 인식되지 않는다면, 기업은 해당항목에 대한 정보를 주석에 제공할 수 없다. O X

51 경제적 효익의 유입가능성이나 유출가능성이 낮다면, 자산이나 부채를 인식하는 것은 목적적합한 정보를 제공할 수 없다. O X

52 현행원가측정치는 적어도 부분적으로 자산, 부채 및 관련 수익과 비용을 발생시키는 거래나 그 밖의 사건의 가격에서 도출된 정도를 사용하여 자산, 부채 및 관련 수익과 비용에 관한 화폐적정보를 제공한다. O X

53 자산을 취득하거나 창출할 때의 역사적 원가는 자산의 취득 또는 창출로 인해 발생한 원가의 가치로서, 자산을 취득 또는 창출하기 위해 지급한 대가와 거래원가를 차감한다. O X

54 시장조건에 따른 거래에 따른 사건의 결과로 자산을 취득하는 경우 원가를 식별할 수 없거나 그 원가가 자산이나 부채에 관한 목적적합한 정보를 제공하지 못한다면 그 자산이나 부채의 역사적원가가 최초 인식시점에 간주원가로 사용되며, 그 간주원가는 역사적 원가로 후속 측정할 때의 시작점으로 사용된다. O X

OX 풀이

50 자산이나 부채의 정의를 충족하는 항목이 인식되지 않더라도 기업은 해당 항목에 대한 정보를 **주석에 제공해야 할 수도 있다**.

51 경제적 효익의 유입가능성이나 유출가능성이 낮다고 하더라도 자산이나 부채를 인식하는 것이 **목적적합한 정보를 제공할 수도 있다**.

52 역사적원가측정치는 적어도 부분적으로 자산, 부채 및 관련 수익과 비용을 발생시키는 거래나 그 밖의 사건의 가격에서 도출된 정도를 사용하여 자산, 부채 및 관련 수익과 비용에 관한 화폐적정보를 제공한다.

53 자산을 취득하거나 창출할 때의 역사적 원가는 자산의 취득 또는 창출로 인해 발생한 원가의 가치로서, 자산을 취득 또는 창출하기 위해 지급한 대가와 거래원가를 **포함**한다.

54 시장조건에 따른 **거래가 아닌** 사건의 결과로 자산을 취득하는 경우 원가를 식별할 수 없거나 그 원가가 자산이나 부채에 관한 목적적합한 정보를 제공하지 못한다면 그 자산이나 부채의 역사적원가가 최초 인식시점에 간주원가로 사용되며, 그 간주원가는 역사적 원가로 후속 측정할 때의 시작점으로 사용된다.

| 정답 | 49 O 50 X 51 X 52 X 53 X 54 X

• 다음 문장을 읽고 옳은 설명에는 O, 옳지 않은 설명에는 X를 하고 올바른 문장으로 수정하시오.

55 자산의 현행원가는 측정일 현재 동등한 자산의 원가로서 측정일에 지급할 대가로 그날에 발생할 거래원가는 포함하지 않는다. O X

56 공정가치는 자산을 취득할 때 발생한 거래원가로 인하여 증가할 수 있다. O X

57 사용가치는 측정일에 시장참여자들 사이의 정상거래에서 자산을 매도할 때 받거나 부채를 이전할 때 지급하게 될 가격이다. O X

58 사용가치와 이행가치는 공정가치와 달리 시장참여자의 가정보다는 기업 특유의 가정을 기반한다. O X

59 자본의 총장부금액인 총자본은 직접 측정하지 않는다. O X

60 실물자본유지개념을 사용하기 위해서는 역사적 원가기준에 따라 측정해야 한다. O X

61 재무제표 이용자들이 주로 명목상의 투하자본이나 투하자본의 구매력 유지에 관심이 있다면 실물적 자본을 채택하여야 한다. O X

62 실물자본유지개념 하에서 기업의 자산과 부채에 영향을 미치는 모든 가격 변동은 해당 기업의 실물생산능력에 대한 측정치의 변동으로 간주되어 이익으로 처리된다. O X

OX 풀이

55 자산의 현행원가는 측정일 현재 동등한 자산의 원가로서 측정일에 지급할 대가로 그날에 발생할 거래원가를 **포함한다**.
56 공정가치는 자산을 취득할 때 발생한 거래원가로 인하여 **증가하지 않으며**, 부채를 발생시키거나 인수할 때 발생하는 거래원가로 인해 감소하지 않는다. 또한 공정가치는 자산의 궁극적인 처분이나 부채의 이전 또는 결제에서 발생할 거래원가를 반영하지 않는다.
57 **공정가치**는 측정일에 시장참여자들 사이의 정상거래에서 자산을 매도할 때 받거나 부채를 이전할 때 지급하게 될 가격이다.
60 실물자본유지개념을 사용하기 위해서는 **현행원가기준**에 따라 측정해야 한다.
61 재무제표 이용자들이 주로 명목상의 투하자본이나 투하자본의 구매력 유지에 관심이 있다면 **재무적 자본**을 채택하여야 한다.
62 실물자본유지개념하에서의 이익은 해당 기간 중 실물생산능력의 증가액을 의미한다. 기업의 자산과 부채에 영향을 미치는 모든 가격 변동은 해당 기업의 실물생산능력에 대한 측정치의 변동으로 간주되어 **이익이 아니라 자본의 일부인 자본유지조정으로 처리된다**.

| 정답 | 55 X 56 X 57 X 58 O 59 O 60 X 61 X 62 X

3 공무원 5개년 기출 문제

정답 및 해설 p. 4

01 ▶ 2025. 국가직9급

재무보고를 위한 개념체계에 대한 설명으로 옳지 않은 것은?

① 보고기업의 경제적자원 및 청구권의 성격 및 금액에 대한 정보는 이용자들이 보고기업의 재무적 강점과 약점을 식별하는 데 도움을 줄 수 있다.
② 보고기업의 재무성과에 대한 정보는 그 기업의 경제적자원에서 해당 기업이 창출한 수익을 이용자들이 이해하는 데 도움을 준다.
③ 보고기업의 경제적 자원 및 청구권은 채무상품이나 지분상품의 발행과 같이 재무성과 외의 사유로는 변동되지 않는다.
④ 한 기간의 보고기업의 현금흐름에 대한 정보는 이용자들이 기업의 미래 순현금유입 창출 능력을 평가하고 기업의 경제적자원에 대한 경영진의 수탁책임을 평가하는 데에도 도움이 된다.

02 ▶ 2025. 지방직9급

재무보고를 위한 개념체계에서 수익과 비용에 대한 설명으로 옳지 않은 것은?

① 수익과 비용은 기업의 재무상태와 관련된 재무제표 요소이다.
② 자본청구권 보유자로부터의 출자는 수익이 아니며 자본청구권 보유자에 대한 분배는 비용이 아니다.
③ 수익은 자산의 증가 또는 부채의 감소로서 자본의 증가를 가져오며, 자본청구권 보유자의 출자와 관련된 것을 제외한다.
④ 수익과 비용의 서로 다른 특성별로 정보를 별도로 제공하면 재무제표이용자들이 기업의 재무성과를 이해하는 데 도움이 될 수 있다.

03 ▶ 2025. 지방직9급

재무보고를 위한 개념체계에서 유용한 재무정보의 질적 특성에 대한 설명으로 옳지 않은 것은?

① 중립적 서술은 재무정보의 선택이나 표시에 편의가 없는 것이다.
② 재무정보가 유용하기 위해서는 목적적합해야 하고 나타내고자 하는 바를 충실하게 표현해야 한다.
③ 완전한 서술은 필요한 기술과 설명을 포함하여 이용자가 서술되는 현상을 이해하는 데 필요한 모든 정보를 포함하는 것이다.
④ 오류가 없는 서술이란 현상의 기술에 오류나 누락이 없고, 재무보고 정보를 생산하는 데 사용되는 절차의 선택과 적용시 절차상 오류가 없으며, 서술의 모든 면이 완벽하게 정확하다는 것을 의미한다.

04 ▶ 2024. 국가직7급

자본 및 자본유지개념에 대한 설명으로 옳은 것은?

① 재무자본유지는 명목화폐단위 또는 불변구매력단위를 이용하여 측정할 수 있다.
② 실물자본유지개념을 사용하기 위해서는 역사적 원가기준에 따라 측정해야 한다.
③ 실물자본유지개념 하에서 기업의 자산과 부채에 영향을 미치는 모든 가격변동은 해당 기업의 실물생산능력에 대한 측정치의 변동으로 간주되어 이익으로 처리된다.
④ 재무자본유지개념을 사용하기 위해서는 역사적 원가기준에 의해서만 측정해야 한다.

05 ▶ 2024. 지방직9급

'재무보고를 위한 개념체계'에 대한 설명으로 옳지 않은 것은?

① 회계기준은 아니지만 어떠한 회계기준보다도 우선한다.
② 모든 이해관계자가 회계기준을 이해하고 해석하는 데 도움을 준다.
③ 한국회계기준위원회가 일관된 개념에 기반하여 「한국채택국제회계기준」을 제·개정하는데 도움을 준다.
④ 재무정보가 유용하기 위해서는 목적적합해야 하고 나타내고자 하는 바를 충실하게 표현해야 한다.

06 ▶ 2021. 국가직7급

일반목적재무보고에 대한 설명으로 옳지 않은 것은?

① 많은 현재 및 잠재적 투자자, 대여자 및 그 밖의 채권자는 정보를 제공하도록 보고기업에 직접 요구할 수 없다.
② 일반목적재무보고서는 현재 및 잠재적 투자자, 대여자와 그 밖의 채권자가 필요로 하는 모든 정보를 제공한다.
③ 일반목적재무보고서는 보고기업의 가치를 보여주기 위해 고안된 것이 아니다.
④ 경영진은 필요로 하는 재무정보를 내부에서 구할 수 있기 때문에 일반목적재무보고서에 의존할 필요가 없다.

07 ▶ 2023. 국가직7급

유용한 재무정보의 질적특성에 대한 설명으로 옳지 않은 것은?

① 재무정보가 과거 평가에 대해 피드백을 제공한다면(과거평가를 확인하거나 변경시킨다면) 확인가치를 갖는다.
② 계량화된 정보가 검증가능하기 위해서 단일 점추정치이어야 한다.
③ 측정불확실성이 높은 수준이더라도 그러한 추정이 무조건 유용한 재무정보를 제공하지 못하는 것은 아니다.
④ 완전한 서술은 필요한 기술과 설명을 포함하여 이용자가 서술되는 현상을 이해하는 데 필요한 모든 정보를 포함하는 것이다.

08 ▶ 2024. 관세직9급

유용한 재무정보의 질적 특성 중 보강적 특성에 대한 설명으로 옳지 않은 것은?

① 비교가능성은 이용자들이 항목 간의 유사점과 차이점을 식별하고 이해할 수 있게 하는 질적 특성이며, 일관성과는 구별된다.
② 검증가능성은 정보가 나타내고자 하는 경제적 현상을 충실히 표현하는지를 이용자들이 확인하는 데 도움을 주며, 검증은 간접으로도 이루어질 수 있다.
③ 적시성은 의사결정에 영향을 미칠 수 있도록 의사결정자가 정보를 제때에 이용가능하게 하는 것을 의미한다. 따라서 보고기간 말 후의 모든 정보는 적시성이 없다.
④ 정보를 명확하고 간결하게 분류하고, 특징지으며, 표시하는 것은 정보를 이해가능하게 한다.

09 ▶ 2023. 국가직9급

유용한 재무정보의 질적 특성에 대한 설명으로 옳지 않은 것은?

① 표현충실성은 모든 면에서 정확한 것을 의미하지는 않는다. 오류가 없다는 것은 현상의 기술에 오류나 누락이 없고, 보고정보를 생산하는 데 사용되는 절차의 선택과 적용 시 절차상오류가 없음을 의미한다.
② 비교가능성은 통일성이 아니다. 정보가 비교가능하기 위해서는 비슷한 것은 비슷하게 보여야 하고 다른 것은 다르게 보여야 한다.
③ 보강적 질적특성은 가능한 한 극대화되어야 한다. 그러나 보강적 질적특성은 정보가 목적적합하지 않거나 나타내고자 하는 바를 충실하게 표현하지 않으면 개별적으로든 집단적으로든 그 정보를 유용하게 할 수 없다.
④ 하나의 경제적 현상은 여러 가지 방법으로 충실하게 표현될 수 있어 동일한 경제적 현상에 대해 대체적인 회계처리방법을 허용하면 비교가능성이 증가한다.

10 ▶ 2021. 서울시7급

「재무보고를 위한 개념체계」에서 서술하고 있는 일반목적재무보고의 근본적 질적 특성에 대한 설명으로 옳은 것을 〈보기〉에서 모두 고른 것은?

〈보기〉
ㄱ. 중요성은 기업 특유의 목적적합성을 의미하므로 미리 획일적인 계량 임계치를 정할 수 없다.
ㄴ. 중립적 서술은 불확실한 상황에서 판단할 때 주의를 기울이는 신중성으로 뒷받침된다.
ㄷ. 기업의 재무정보는 다른 기업에 대한 유사한 정보와 비교될 수 있을 때 유용하다.
ㄹ. 재무정보는 오류가 없이 서술되어야 하므로 추정치에 포함된 측정불확실성은 정보의 유용성을 저해한다.

① ㄱ, ㄴ
② ㄴ, ㄷ
③ ㄱ, ㄴ, ㄷ
④ ㄱ, ㄴ, ㄹ

11 ▶ 2021. 지방직9급

재무보고를 위한 개념체계에서 재무정보의 질적 특성에 대한 설명으로 옳지 않은 것은?

① 재무정보에 예측가치, 확인가치 또는 이 둘 모두가 있다면 그 재무정보는 목적적합성을 가진다고 할 수 있다.
② 보강적 질적 특성은 근본적 특성을 보강시키는 특성으로 비교가능성, 검증가능성, 적시성, 이해가능성이 있다.
③ 동일한 경제현상에 대해 대체적인 회계처리방법을 허용하면 비교가능성은 증가한다.
④ 적시성은 의사결정에 영향을 미칠 수 있도록 의사결정자가 정보를 제때에 이용가능하게 하는 것을 의미한다.

12 ▶ 2021. 국가직7급

재무제표와 보고기업에 대한 설명으로 옳지 않은 것은?

① 보고기업은 단일의 실체이거나 어떤 실체의 일부일 수 있으며, 둘 이상의 실체로 구성될 수도 있으므로, 보고기업이 반드시 법적 실체일 필요는 없다.
② 보고기업이 지배기업 단독인 경우 그 보고기업의 재무제표를 '비연결재무제표'라고 부른다.
③ 보고기업이 지배-종속관계로 모두 연결되어 있지는 않은 둘 이상 실체들로 구성된다면, 그 보고기업의 재무제표를 '결합재무제표'라고 부른다.
④ 연결재무제표는 특정 종속기업의 자산, 부채, 자본, 수익 및 비용에 대한 별도의 정보를 제공하기 위해 만들어졌다.

13 ▶ 2021. 관세직9급

재무보고를 위한 개념체계에서 보고기업에 대한 설명으로 옳지 않은 것은?

① 보고기업은 재무제표를 작성해야 하거나 작성하기로 선택한 기업이다.
② 보고기업은 둘 이상의 실체로 구성될 수도 있다.
③ 보고기업은 반드시 법적 실체와 일치한다.
④ 보고기업이 지배기업과 종속기업으로 구성된다면 그 보고기업의 재무제표를 연결재무제표라고 한다.

14 ▶ 2022. 서울시7급

「재무보고를 위한 개념체계」상 부채의 정의에 대한 설명으로 가장 옳지 않은 것은?

① 부채가 존재하기 위해서는 기업에게 의무가 있어야 하며, 해당 의무는 항상 다른 당사자(또는 당사자들)에게 이행하여야 하는 의무이어야 한다.
② 새로운 법률이 제정되는 경우, 법률제정 그 자체만으로는 기업에 현재의무를 부여하기에 충분하지 않을 수 있다.
③ 부채가 존재하기 위한 경제적자원의 이전의무에는 불리한 조건으로 다른 당사자와 경제적자원을 교환할 의무도 포함된다.
④ 경제적자원의 이전 가능성이 낮다면 해당 의무가 부채의 정의를 충족하는 경우는 없다.

15 ▶ 2021. 국가직7급

부채의 정의에 대한 설명으로 옳은 것은?

① 의무는 항상 다른 당사자(또는 당사자들)에게 이행해야 하며, 다른 당사자(또는 당사자들)는 사람이나 또 다른 기업, 사람들 또는 기업들의 집단, 사회 전반이 될 수 있는데, 의무를 이행할 대상인 당사자(또는 당사자들)의 신원을 반드시 알아야 한다.
② 기업이 실무 관행, 공개한 경영방침, 특정 성명(서)과 상충되는 방식으로 행동할 실제 능력이 없는 경우, 기업의 그러한 실무관행, 경영방침이나 성명(서)에서 의무가 발생할 수도 있다.
③ 의무에는 기업이 경제적자원을 다른 당사자(또는 당사자들)에게 이전하도록 요구받게 될 잠재력이 있어야 하며, 그러한 잠재력이 존재하기 위해서는, 기업이 경제적 자원의 이전을 요구받을 것이 확실하거나 그 가능성이 높아야 한다.
④ 새로운 법률이 제정되는 경우에는 법률제정 그 자체만으로 기업에 현재의무를 부여하기에 충분하다.

16 ▶ 2021. 지방직9급

재무보고를 위한 개념체계에서 재무제표 기본요소의 인식에 대한 설명으로 옳지 않은 것은?

① 특정 자산과 부채를 인식하기 위해서는 측정을 해야 하며 많은 경우 그러한 측정은 추정될 수 없다.
② 자산, 부채 또는 자본의 정의를 충족하는 항목만이 재무상태표에 인식되며 그러한 요소 중 하나의 정의를 충족하는 항목이라고 할지라도 항상 인식되는 것은 아니다.
③ 거래나 그 밖의 사건에서 발생된 자산이나 부채의 최초 인식에 따라 수익과 관련된 비용을 동시에 인식할 수 있다.
④ 경제적효익의 유입가능성이나 유출가능성이 낮더라도 자산이나 부채가 존재할 수 있다.

17 ▶ 2024. 국가직9급

재무제표 요소의 측정에 대한 설명으로 옳지 않은 것은?

① 역사적 원가 측정치는 적어도 부분적으로 자산, 부채 및 관련 수익과 비용을 발생시키는 거래나 그 밖의 사건의 가격에서 도출된 정보를 사용하여 자산, 부채 및 관련 수익과 비용에 관한 화폐적 정보를 제공한다.
② 현행가치 측정치는 측정일의 조건을 반영하기 위해 갱신된 정보를 사용하여 자산, 부채 및 관련 수익과 비용의 화폐적 정보를 제공한다.
③ 공정가치는 측정일에 시장참여자 사이의 정상거래에서 자산을 매입할 때 지급하거나 부채를 차입할 때 수취하게 될 가격이다.
④ 자산의 현행원가는 측정일 현재 동등한 자산의 원가로서 측정일에 지급할 대가와 그 날에 발생할 거래원가를 포함한다.

18 ▶ 2022. 국가직9급

재무보고를 위한 개념체계에서 측정에 대한 설명으로 옳지 않은 것은?

① 자산을 취득하거나 창출할 때의 역사적 원가는 자산의 취득 또는 창출에 발생한 원가의 가치로서, 자산을 취득 또는 창출하기 위하여 지급한 대가와 거래원가를 포함한다.
② 사용가치와 이행가치는 시장참여자의 가정보다는 기업 특유의 가정을 반영한다.
③ 공정가치는 부채를 발생시키거나 인수할 때 발생한 거래원가로 인해 감소하며, 부채의 이전 또는 결제에서 발생할 거래원가를 반영한다.
④ 자산의 현행원가는 측정일 현재 동등한 자산의 원가로서 측정일에 지급할 대가와 그 날에 발생할 거래원가를 포함한다.

19 ▶ 2022. 지방직9급

재무보고를 위한 개념체계에서 측정기준에 대한 설명으로 옳지 않은 것은?

① 현행가치와 달리 역사적 원가는 자산의 손상이나 손실부담에 따른 부채와 관련되는 변동을 제외하고는 가치의 변동을 반영하지 않는다.
② 현행가치 측정기준은 공정가치, 자산의 사용가치 및 부채의 이행가치, 현행원가를 포함한다.
③ 공정가치로 자산과 부채를 측정하여 제공하는 정보는 예측가치를 가질 수 있다.
④ 사용가치와 이행가치는 기업이 자산을 궁극적으로 처분하거나 부채를 이행할 때 발생할 것으로 기대되는 거래원가의 현재가치를 포함하지 않는다.

20 ▶ 2024. 국가직9급

자본에 대한 설명으로 옳지 않은 것은?

① 기업의 자산에서 모든 부채를 차감한 후의 잔여지분이다.
② 자본을 투자된 화폐액 또는 투자된 구매력으로 보는 재무적 개념 하에서 자본은 기업의 순자산이나 지분과 동의어로 사용된다.
③ 재무제표이용자들이 주로 명목상의 투하자본이나 투하자본의 구매력 유지에 관심이 있다면 재무적 개념의 자본을 채택하여야 한다.
④ 자본개념을 실무적으로 적용하는 데 측정의 어려움이 있다면 선택된 자본개념에 따라 이익의 결정 목표가 무엇인지 알 수 없다.

4 실전 훈련 문제

01 ▶ 2023 보험계리사

재무회계와 경영자의 수탁책임과 관련한 설명으로 옳지 않은 것은?

① 소유경영기업은 대리인비용이 발생하지 않아 외부에 회계정보를 제공할 필요가 없다.
② 기업목적 달성을 위해 노력한 기업의 성과를 보고할 책임은 경영자에게 있다.
③ 경영자의 책임은 소극적 책임에서 적극적 책임으로 확대되는 추세이다.
④ 경영자의 수탁책임의 범위와 기업이 외부에 제공하는 회계정보량은 비례 관계이다.

03 ▶ 2023 경찰간부

외부감사인이 다음 각 경우에 표명하는 감사의견은?

> 가. 감사인은 충분하고 적합한 감사증거를 입수한 결과 왜곡표시가 재무제표에 개별적으로 또는 집합적으로 중요하며, 동시에 전반적이라고 결론을 내리는 경우
> 나. 감사인은 감사의견의 근거가 되는 충분하고 적합한 감사 증거를 입수할 수 없으며, 발견되지 아니한 왜곡표시가 있을 경우, 이것이 재무제표에 미칠 수 있는 영향이 중요하고 동시에 전반적일 수 있다고 결론을 내리는 경우

① 가: 부적정의견, 나: 의견거절
② 가: 부적정의견, 나: 한정의견
③ 가: 한정의견, 나: 부적정의견
④ 가: 의견거절, 나: 부적정의견

02 ▶ 2022 경찰간부

회계와 경영자의 수탁책임과 관련한 설명으로 옳은 것은?

① 기업목적 달성을 위해 노력한 기업의 성과를 보고할 책임은 최대주주에게 있다.
② 경영자의 책임은 소극적 책임에서 적극적 책임으로 확대되는 추세이다.
③ 소유경영기업은 대리인비용이 발생하지 않아 외부에 회계정보를 제공할 필요가 없다.
④ 경영자의 수탁책임의 범위와 기업이 외부에 제공하는 회계정보량은 반비례 관계이다.

04 ▶ 2022 주택관리사

외부회계감사에 관한 설명으로 옳지 않은 것은?

① 감사의 목적은 의도된 재무제표 이용자의 신뢰수준을 향상시키는 데 있다.
② 감사인이 충분하고 적합한 감사증거를 입수한 결과, 왜곡표시가 재무제표에 중요하나 전반적이지는 않으면 한정의견이 표명된다.
③ 회계감사를 수행하는 감사인은 감사대상 재무제표를 작성하는 기업이나 경영자와 독립적이어야 한다.
④ 재무제표가 중요성 관점에서 일반적으로 인정된 회계기준에 따라 작성되었다고 판단되면 적정의견이 표명된다.
⑤ 감사대상 재무제표는 기업의 경영진이 감사인의 도움 없이 작성하는 것이 원칙이나, 주석 작성은 감사인의 도움을 받을 수 있다.

05 ▶ 2023 감정평가사

재무보고를 위한 개념체계에 관한 설명으로 옳지 않은 것은?

① 개념체계는 특정 거래나 다른 사건에 적용할 회계기준이 없는 경우에 재무제표 작성자가 일관된 회계정책을 개발하는 데 도움을 준다.
② 개념체계의 어떠한 내용도 회계기준이나 회계기준의 요구사항에 우선하지 아니한다.
③ 일반목적재무보고의 목적을 달성하기 위해 회계기준위원회는 개념체계의 관점에서 벗어난 요구사항을 정하는 경우가 있을 수 있다.
④ 개념체계는 수시로 개정될 수 있으며, 개념체계가 개정되면 자동으로 회계기준이 개정된다.
⑤ 개념체계에 기반한 회계기준은 경영진의 책임을 묻기 위한 필요한 정보를 제공한다.

06 ▶ 2023 보험계리사

'개념체계'에서 제시한 '일반목적재무보고'에 관한 설명으로 옳지 않은 것은?

① 일반목적재무보고의 목적은 정보이용자가 기업에 자원을 제공하는 것과 관련된 의사결정을 할 때 유용한 보고기업 재무정보를 제공하는 것이다.
② 일반목적재무보고 이용자의 의사결정은 지분상품 및 채무상품을 매수, 매도 또는 보유하는 것과 대여 및 기타 형태의 신용을 제공 또는 결제하는 것을 포함한다.
③ 일반목적재무보고서는 보고기업의 가치를 보여주기 위해 고안된 것이 아니기 때문에, 정보이용자가 보고기업의 가치를 추정하는 데 도움이 되는 정보를 제공하지는 않는다.
④ 일반목적재무보고서는 이용자들이 필요로 하는 모든 정보를 제공할 수 없기 때문에, 그 이용자들은 정치적 사건과 정치 풍토 등과 같은 다른 원천에서 입수한 관련 정보를 고려할 필요가 있다.

07 ▶ 2025 보험계리사

일반목적재무보고서가 제공하는 정보에 관한 설명으로 옳지 않은 것은?

① 보고기업의 경제적자원 및 청구권의 성격 및 금액에 대한 정보는 이용자들이 보고기업의 재무적 강점과 약점을 식별하는 데 도움을 줄 수 있다.
② 보고기업의 경제적자원 및 청구권의 변동은 그 기업의 재무성과, 그리고 채무상품이나 지분상품의 발행과 같은 그 밖의 사건이나 거래에서 발생한다.
③ 한 기간의 보고기업의 현금흐름에 대한 정보는 이용자들이 기업의 미래 순현금유입 창출 능력을 평가하고 기업의 경제적자원에 대한 경영진의 수탁책임을 평가하는 데에도 도움이 된다.
④ 현금기준 회계는 거래와 그 밖의 사건 및 상황이 보고기업의 경제적자원 및 청구권에 미치는 영향을, 비록 그 결과로 발생하는 현금의 수취와 지급이 다른 기간에 이루어지더라도, 그 영향이 발생한 기간에 보여준다.

08 ▶ 2023 회계사

'일반목적재무보고의 목적'에 대한 다음 설명 중 옳지 않은 것은?

① 많은 현재 및 잠재적 투자자, 대여자 및 그 밖의 채권자는 정보를 제공하도록 보고기업에 직접 요구할 수 없고, 그들이 필요로 하는 재무정보의 많은 부분을 일반목적재무보고서에 의존해야만 한다.
② 회계기준위원회는 회계기준을 제정할 때 최대 다수의 주요 이용자 수요를 충족하는 정보를 제공하기 위해 노력할 것이다. 그러나 공통된 정보수요에 초점을 맞춘다고 해서 보고기업으로 하여금 주요이용자의 특정 일부집단에게 가장 유용한 추가 정보를 포함하지 못하게 하는 것은 아니다.
③ 보고기업의 경영진도 해당 기업에 대한 재무정보에 관심이 있다. 그러나 경영진은 필요로 하는 재무정보를 내부에서 구할 수 있기 때문에 일반목적재무보고서에 의존할 필요가 없다.
④ 보고기업의 경제적자원 및 청구권의 성격 및 금액에 대한 정보는 이용자들이 보고기업의 재무적 강점과 약점을 식별하는데 도움을 줄 수 있다.
⑤ 보고기업의 경제적자원 및 청구권은 재무성과 외의 사유로는 변동될 수 없다.

09 ▶ 2021 보험계리사

다음 중 재무보고를 위한 개념체계에 대한 설명으로 옳은 것은?

① 재무제표는 여러 이해관계자 중에서 주주의 관점을 우선적으로 고려하여 작성한다.
② 과거 평가를 확인하거나 변경시킴으로써 과거 평가에 대한 피드백을 제공하는 역할은 회계정보의 목적적합성과 관련이 높다.
③ 자산이나 수익을 인식하기 위해서는 부채나 비용을 인식할 때보다 더욱 설득력 있는 증거가 뒷받침되어야 한다.
④ 이용자들이 미래 결과를 예측하기 위해 사용하는 절차의 투입요소로 회계정보가 사용되는 역할은 회계정보의 표현충실성과 관련이 높다.

10 ▶ 2024 세무사

일반목적재무보고에 관한 설명으로 옳지 않은 것은?

① 일반목적재무보고의 목적은 현재 및 잠재적 투자자, 대여자와 그 밖의 채권자가 기업에 자원을 제공하는 것과 관련된 의사결정을 할 때 유용한 보고기업 재무정보를 제공하는 것이다.
② 일반목적재무보고서는 보고기업의 가치를 보여주기 위해 고안된 것이 아니지만 현재 및 잠재적 투자자, 대여자와 그 밖의 채권자가 보고기업의 가치를 추정하는 데 도움이 되는 정보를 제공한다.
③ 한 기간의 보고기업의 재무성과에 투자자와 채권자에게서 직접 추가 자원을 획득한 것이 아닌 경제적자원 및 청구권의 변동이 반영된 정보는 기업의 과거 및 미래 순현금유입 창출 능력을 평가하는 데 유용하다.
④ 많은 현재 및 잠재적 투자자, 대여자 및 그 밖의 채권자는 정보를 제공하도록 보고기업에 직접 요구하고, 그들이 필요로 하는 재무정보의 많은 부분을 일반목적재무보고서에 의존하는 것은 아니다.
⑤ 재무보고서는 정확한 서술보다는 상당 부분 추정, 판단 및 모형에 근거한다.

11 ▶ 2025 주택관리사

일반목적재무보고의 목적에 관한 설명으로 옳지 않은 것은?

① 일반목적재무보고서는 기업의 경제적자원 및 보고기업에 대한 청구권에 관한 정보를 제공한다.
② 보고기업의 재무성과에 대한 정보는 그 기업의 경제적자원에서 해당 기업이 창출한 수익을 이용자들이 이해하는 데 도움을 준다.
③ 보고기업의 경제적자원 및 청구권의 성격 및 금액에 대한 정보는 이용자들이 보고기업의 재무적 강점과 약점을 식별하는 데 도움을 줄 수 있다.
④ 보고기업의 한 기간의 재무성과에 대한 정보는 이용자들이 기업의 경제적자원에 대한 경영진의 수탁책임을 평가하는 데에도 도움을 줄 수 있다.
⑤ 보고기업의 과거 재무성과와 그 경영진이 수탁책임을 어떻게 이행했는지에 대한 정보는 기업의 경제적자원에서 발생하는 미래 수익을 예측하는 데 일반적으로 도움이 되지 않는다.

12 ▶ 2022 경찰간부

'개념체계'에서 제시한 '일반목적재무보고'에 관한 설명으로 옳지 않은 것은?

① 일반목적재무보고의 목적은 정보이용자가 기업에 자원을 제공하는 것과 관련된 의사결정을 할 때 유용한 보고기업 재무정보를 제공하는 것이다.
② 일반목적재무보고서는 보고기업의 가치를 보여주기 위해 고안된 것이 아니지만, 정보이용자가 보고기업의 가치를 추정하는 데 도움이 되는 정보를 제공한다.
③ 일반목적재무보고 이용자의 의사결정은 지분상품 및 채무상품을 매수, 매도 또는 보유하는 것과 대여 및 기타 형태의 신용을 제공 또는 결제하는 것을 포함한다.
④ 일반목적재무보고서의 이용자들은 경제적 의사결정을 위해 객관적이고, 중립적 정보가 필요하기 때문에, 정치적 사건과 정치풍토 등과 같은 정보는 고려되지 않는다.

13 ▶ 2022 주택관리사

일반목적재무보고에 관한 설명으로 옳지 않은 것은?

① 보고기업의 가치를 측정하여 제시하는 것을 주된 목적으로 한다.
② 현재 및 잠재적 투자자, 대여자 및 그 밖의 채권자가 주요 이용자이다.
③ 보고기업의 경제적 자원 및 보고기업에 대한 청구권에 관한 정보를 제공한다.
④ 한 기간의 보고기업의 현금흐름에 대한 정보는 이용자들이 기업의 미래 순현금유입창출 능력을 평가하는 데 도움이 된다.
⑤ 보고기업의 경제적 자원에 대한 경영진의 수탁책임을 평가하는 데에도 유용하다.

14

재무보고를 위한 개념체계에 관한 설명으로 옳지 않은 것은?

① 일반목적재무보고서는 현재 및 잠재적 투자자, 대여자 및 기타 채권자가 필요로 하는 모든 정보를 제공하지 않으며 제공할 수도 없다.
② 일반목적재무보고서는 보고기업의 가치를 보여주기 위해 고안된 것이 아니다.
③ 재무보고를 위한 개념체계는 외부정보이용자를 위한 재무보고의 기초가 되는 개념으로 한국채택국제회계기준에 포함된다.
④ 재무보고서는 정확한 서술보다는 상당 부분 추정, 판단 및 모형에 근거한다.

15

다음 중 재무보고를 위한 개념체계에 대한 설명으로 옳지 않은 것은?

① 일반목적재무보고의 목적을 달성하기 위해 회계기준위원회는 개념체계의 관점에서 벗어난 요구사항을 정하는 경우가 있다.
② 개념체계가 개정이 되었다고 자동으로 회계기준이 개정되는 것은 아니다.
③ 특정거래나 기타 사건 또는 상황에 대해 구체적으로 적용할 수 있는 한국채택국제회계기준이 없다고 하더라도 경영진이 회계정책을 개발 및 적용하여 회계정보를 작성해서는 안 된다.
④ 회계기준위원회의 공식임무는 전 세계 금융시장의 투명성, 책임성, 효율성을 제공하는 회계기준을 개발하는 것이다.

16 ▶ 2021 세무사 수정

일반목적재무보고서가 제공하는 정보에 관한 설명으로 옳지 않은 것은?

① 보고기업의 경제적 자원 및 청구권의 성격 및 금액에 대한 정보는 이용자들이 기업의 경제적 자원에 대한 경영진의 수탁책임을 평가하는 데 도움이 될 수 있다.
② 보고기업의 재무성과에 대한 정보는 그 기업의 경제적자원에서 해당 기업이 창출한 수익을 이용자들이 이해하는 데 도움을 준다.
③ 보고기업의 경제적 자원 및 청구권은 그 기업의 재무성과 그리고 채무상품이나 지분상품의 발행과 같은 그 밖의 사건이나 거래에서 발생한다.
④ 보고기업의 과거 재무성과와 그 경영진이 수탁책임을 어떻게 이행했는지에 대한 정보는 기업의 경제적 자원에서 발생하는 미래 수익을 예측하는 데 일반적으로 도움이 된다.

17 ▶ 2022 보험계리사

개념체계에 제시되어 있는 보고기업에 대한 설명으로 옳지 않은 것은?

① 보고기업은 재무제표를 작성해야 하거나 작성하기로 선택한 기업이다.
② 보고기업이 지배기업과 종속기업으로 구성된다면 그 보고기업의 재무제표는 '연결재무제표'이다.
③ 보고기업이 지배-종속관계로 모두 연결되어 있지는 않은 둘 이상 실체들로 구성된다면 그 보고기업의 재무제표는 '결합재무제표'이다.
④ 보고기업은 단일의 실체이거나 어떤 실체의 일부일 수 있으며 둘 이상의 실체로 구성될 수도 있으나, 반드시 법적 실체를 갖추고 있어야 한다.

18

다음은 재무보고를 위한 개념체계의 내용들로 옳지 않은 것은?

① 재무제표의 목적은 보고기업에 유입될 미래 순현금흐름에 대한 전망과 보고기업의 경제적 자원에 대한 경영진의 수탁책임을 평가하는 데 유용한 보고기업의 자산, 부채, 자본, 수익 및 비용에 대한 정보를 재무제표 이용자에게 제공하는 것이다.
② 재무보고를 위한 개념체계에서는 재무제표의 기본가정으로 발생기준과 계속기업을 규정하고 있다.
③ 보고기업의 경제적 자원과 청구권의 변동은 그 기업의 재무성과, 그리고 채무상품 또는 지분상품의 발행과 같은 그 밖의 사건 또는 거래에서 발생한다.
④ 보고기업은 재무제표를 작성하거나 작성하기로 선택한 기업으로, 반드시 법적 실체일 필요는 없다.

19 ▶ 2025 관세사

재무정보의 근본적 질적특성에 관한 설명으로 옳지 않은 것은?

① 중립적 정보는 목적이 없거나 행동에 대한 영향력이 없는 정보를 의미한다.
② 회계기준위원회는 중요성에 대한 획일적인 계량 임계치를 정하거나 특정한 상황에서 무엇이 중요한 것인지를 미리 결정할 수 없다.
③ 오류가 없다는 것은 현상의 기술에 오류나 누락이 없고 보고정보를 생산하는 데 사용되는 절차의 선택과 적용 시 절차 상 오류가 없음을 의미한다.
④ 목적적합한 재무정보는 이용자들의 의사결정에 차이가 나도록 할 수 있다.
⑤ 재무정보가 예측가치를 갖기 위해서 그 자체가 예측치 또는 예상치일 필요는 없다.

20 ▶ 2025 감정평가사

유용한 재무정보의 질적특성에 관한 설명으로 옳은 것은?

① 완벽한 표현충실성을 위해서 서술은 완전하고 중요하며 오류가 없어야 할 것이다.
② 재무정보가 예측가치를 갖기 위해서는 그 자체가 예측치 또는 예상치이어야 한다.
③ 나타내고자 하는 바를 충실하게 표현하는 가장 목적적합한 정보를 선택하려는 결정의 결과가 비대칭성인 경우라도 특정 회계기준에서 비대칭적인 요구사항을 포함할 수 없다.
④ 오류가 없다는 것은 현상의 기술에 오류나 누락이 없고 보고 정보를 생산하는 데 사용되는 측정과 절차 측면에서 완벽하게 정확하다는 것을 의미한다.
⑤ 합리적인 추정치의 사용은 재무정보의 작성에 필수적인 부분이며 추정치가 명확하고 정확하게 기술되고 설명되는 한 정보의 유용성을 저해하지 않는다.

21 ▶ 2025 보험계리사

재무정보의 질적특성 중 이해가능성에 대한 설명으로 옳지 않은 것은?

① 정보를 명확하고 간결하게 분류하고, 특징지으며, 표시하는 것은 정보를 이해가능하게 한다.
② 재무보고서는 사업활동과 경제활동에 대해 합리적인 지식이 있고, 부지런히 정보를 검토하고 분석하는 이용자들을 위해 작성된다.
③ 때로는 박식하고 부지런한 이용자들도 복잡한 경제적 현상에 대한 정보를 이해하기 위해 자문가의 도움을 받는 것이 필요할 수 있다.
④ 일부 현상은 본질적으로 복잡하여 이해하기 쉽지 않기 때문에 해당 정보를 재무보고서에서 제외하는 것이 재무보고서의 정보를 더 이해하기 쉽게 할 수 있다. 따라서 이해하기 어려운 복잡한 현상을 제외하는 것이 정보이용자에게 도움이 될 수 있다.

22 ▶ 2023 감정평가사

재무정보의 질적 특성에 관한 설명으로 옳지 않은 것을 모두 고른 것은?

> ㄱ. 오류가 없다는 것은 현상의 기술에 오류나 누락이 없고, 보고 정보를 생산하는 데 사용되는 절차의 선택과 적용 시 절차 상 완벽하게 정확하다는 것을 의미한다.
> ㄴ. 재무정보가 과거 평가에 대해 피드백을 제공한다면 확인가치를 갖는다.
> ㄷ. 회계기준위원회는 중요성에 대한 획일적인 계량 임계치를 정하거나 특정한 상황에서 무엇이 중요한 것인지를 미리 결정할 수 있다.
> ㄹ. 목적적합하고 충실하게 표현된 정보의 유용성을 보강시키는 질적 특성으로는 비교가능성, 검증가능성, 적시성 및 이해가능성이 있다.

① ㄱ, ㄴ
② ㄱ, ㄷ
③ ㄱ, ㄹ
④ ㄴ, ㄷ
⑤ ㄷ, ㄹ

23 ▶ 2023 보험계리사

'개념체계'에서 제시한 유용한 재무정보의 질적 특성에 대한 설명으로 옳지 않은 것은?

① 보강적 질적특성은 만일 어떤 두 가지 방법이 모두 현상에 대하여 동일하게 목적적합한 정보이고 동일하게 충실한 표현을 제공하는 것이라면 이 두 가지 방법 가운데 어느 방법을 그 현상의 서술에 사용해야 할지를 결정하는 데에도 도움을 줄 수 있다.
② 재무정보의 비교가능성은 비슷한 것을 달리 보이게 하여 보강되지 않는 것처럼, 비슷하지 않은 것을 비슷하게 보이게 한다고 해서 보강되지 않는다.
③ 비교가능성은 한 보고기업 내에서 기간 간 또는 같은 기간 동안에 기업 간, 동일한 항목에 대해 동일한 방법을 적용하는 것을 말한다. 일관성은 목표이고 비교가능성은 그 목표를 달성하는 데 도움을 준다.
④ 목적적합한 경제적 현상에 대한 표현충실성은 다른 보고기업의 유사한 목적적합한 경제적 현상에 대한 표현충실성과 어느 정도의 비교가능성을 자연히 가져야 한다.

24 ▶ 2024 경찰간부

재무보고를 위한 개념체계에서 비교가능성에 대한 내용으로 옳지 않은 것은?

① 다른 질적특성과 달리 비교가능성은 단 하나의 항목에 관련된 것이 아니기 때문에, 비교하려면 최소한 두 항목이 필요하다.
② 하나의 경제적 현상은 여러 가지 방법으로 충실하게 표현될 수 있으며, 동일한 경제적 현상에 대해 대체적인 회계처리방법을 허용하면 비교가능성이 증가한다.
③ 재무정보의 비교가능성은 비슷한 것을 달리 보이게 하여 보강되지 않는 것처럼, 비슷하지 않은 것을 비슷하게 보이게 한다고 해서 보강되지 않는다.
④ 목적적합한 경제적 현상에 대한 표현충실성은 다른 보고기업의 유사한 목적적합한 경제적 현상에 대한 표현충실성과 어느 정도의 비교가능성을 자연히 가져야 한다.

25 ▶ 2022 세무사

유용한 재무정보의 질적특성에 관한 설명으로 옳지 않은 것은?

① 재무보고서는 경제적 현상을 글과 숫자로 나타내는 것이다.
② 재무정보가 과거 평가에 대해 피드백을 제공한다면(과거 평가를 확인하거나 변경시킨다면) 확인가치를 갖는다.
③ 중립적 정보는 목적이 없거나 행동에 대한 영향력이 없는 정보를 의미한다.
④ 회계기준위원회는 중요성에 대한 획일적인 계량 임계치를 정하거나 특정한 상황에서 무엇이 중요한 것인지를 미리 결정할 수 없다.
⑤ 합리적인 추정치의 사용은 재무정보의 작성에 필수적인 부분이며, 추정이 명확하고 정확하게 기술되고 설명되는 한 정보의 유용성을 저해하지 않는다.

26 ▶ 2022 주택관리사

재무정보의 질적특성에 관한 설명으로 옳지 않은 것은?

① 근본적 질적특성은 목적적합성과 표현충실성이다.
② 목적적합한 재무정보는 이용자들의 의사결정에 차이가 나도록 할 수 있다.
③ 재무제표에 정보를 누락할 경우 주요 이용자들의 의사결정에 영향을 주면 그 정보는 중요한 것이다.
④ 재무정보가 과거 평가에 대해 피드백을 제공한다면 확인가치를 갖는다.
⑤ 완벽한 표현충실성을 위해서는 서술에 완전성과 중립성 및 적시성이 요구된다.

27 ▶ 2023 관세사

다음 설명과 관련된 유용한 재무정보의 질적특성은?

재무정보에 예측가치, 확인가치 또는 이 둘 모두가 있다면 그 재무정보는 의사 결정에 차이가 나도록 할 수 있다.

① 비교가능성
② 이해가능성
③ 검증가능성
④ 표현충실성
⑤ 목적적합성

28 ▶ 2022 관세사

다음에서 설명하는 의미와 관련된 유용한 재무정보의 질적특성은?

• 정보가 나타내고자 하는 경제적 현상을 충실히 표현하는지를 이용자들이 확인하는 데 도움을 준다.
• 합리적인 판단력이 있고 독립적인 서로 다른 관찰자가 어떤 서술이 표현충실성에 있어, 비록 반드시 완전히 의견이 일치하지는 않더라도 합의에 이를 수 있다.

① 중요성
② 비교가능성
③ 이해가능성
④ 적시성
⑤ 검증가능성

29 ▶ 2021 감정평가사 수정

유용한 재무정보의 질적특성에 관한 설명으로 옳은 것은?

① 표현충실성에서 오류가 없다는 것은 모든 면에서 완벽하게 정확하다는 것을 의미한다.
② 보고기간이 지난 정보는 더 이상 적시성을 갖지 않는다.
③ 정보가 비교가능하기 위해서는 비슷한 것은 다르게 보여야 하고 다른 것은 비슷하게 보여야 한다.
④ 목적적합한 재무정보는 이용자들의 의사결정에 차이가 나도록 할 수 있다.

30 ▶ 2020 감정평가사 수정

재무보고를 위한 개념체계 중 재무정보의 질적특성에 관한 설명으로 옳지 않은 것은?

① 유용한 재무정보의 질적특성은 그 밖의 방법으로 제공되는 재무정보뿐만 아니라 재무제표에서 제공되는 재무제표에도 적용된다.
② 중요성은 기업 특유 관점의 목적적합성을 의미하므로 회계기준위원회는 중요성에 대한 획일적인 계량 임계치를 정하거나 특정 상황에서 무엇이 중요한 것인지를 미리 결정하여야 한다.
③ 재무정보의 예측가치와 확인가치는 상호 연관되어 있다. 예측가치를 갖는 정보는 확인가치도 갖는 경우가 많다.
④ 근본적 질적특성을 충족하면 어느 정도의 비교가능성은 달성될 수 있다.

31 ▶ 2020 세무사 수정

유용한 재무정보의 질적특성에 관한 설명으로 옳지 않은 것은?

① 하나의 경제적 현상은 여러가지 방법으로 충실하게 표현될 수 있으나, 동일한 경제적 현상에 대해 대체적인 회계처리 방법을 허용하면 비교가능성은 감소한다.
② 목적적합하지 않은 현상에 대한 표현충실성과 목적적합한 현상에 대한 충실하지 못한 표현 모두 이용자들이 좋은 결정을 내리는 데 도움이 되지 않는다.
③ 회계기준위원회는 중요성에 대해 획일적인 계량 임계치를 정하거나 특정한 상황에서 무엇이 중요한 것인지를 미리 결정할 수 없다.
④ 보강적 질적특성은 정보가 목적적합하지 않거나 나타내고자 하는 바를 충실하게 표현하지 않더라도 그 정보를 유용하게 만들 수 있다.

32

회계정보의 질적특성은 서로 상충될 수 있다. 목적적합성이 높은 정보가 표현의 충실성을 상실할 수도 있고, 표현의 충실성이 높은 정보가 목적적합성을 상실할 수도 있다. 질적특성이 서로 상충되는 예로 적절한 설명이 아닌 것은?

① 유형자산을 원가모형을 적용하여 측정하면 표현의 충실성은 제고되고 목적적합성은 저하될 수 있다.
② 시장성 없는 유가증권을 역사적 원가로 평가하면 표현의 충실성은 높으나, 예측가치가 저하되어 목적적합성을 상실할 수 있다.
③ 중간재무제표는 적시성 있는 정보를 제공하므로 목적적합성이 높으나 비용의 자의적인 배분이 수반되므로 연차재무제표에 비하여 표현의 충실성이 저하될 수 있다.
④ 기업실체의 재무상태에 중대한 영향을 미칠 것으로 예상되는 진행 중인 손해배상소송에 대한 정보는 표현의 충실성 있는 정보일 수 있으나 소송결과를 확실히 예측할 수 없는 상황에서 그 금액을 재무제표에 인식하는 것은 목적적합성을 저해할 수 있다.

33 ▶ 2022 감정평가사

재무제표 요소에 관한 설명으로 옳지 않은 것은?

① 자산은 과거사건의 결과로 기업이 통제하는 현재의 경제적 자원이다.
② 부채는 과거사건의 결과로 기업이 경제적 자원을 이전해야 하는 현재의무이다.
③ 수익은 자본청구권 보유자로부터의 출자를 포함하며, 자본청구권 보유자에 대한 분배는 비용으로 인식한다.
④ 기업이 발행한 후 재매입하여 보유하고 있는 채무상품이나 지분상품은 기업의 경제적 자원이 아니다.
⑤ 자본청구권은 기업의 자산에서 모든 부채를 차감한 후의 잔여지분에 대한 청구권이다.

34 ▸ 2022 보험계리사

다음 중 경제적 효익을 창출할 잠재력을 지닌 권리로 볼 수 없는 것은?

① 지적재산 사용권
② 리스제공자산의 잔존가치에서 효익을 얻을 권리
③ 기업이 발행한 후 재매입하여 보유하고 있는 자기주식
④ 유리한 조건으로 다른 당사자와 경제적 자원을 교환할 권리

35 ▸ 2021 관세사 수정

재무제표 요소에 관한 설명으로 옳지 않은 것은?

① 자산은 과거사건의 결과로 기업이 통제하는 현재의 경제적 자원이다.
② 수익과 비용은 자본청구권 보유자에 대한 출자 및 분배와 관련된 것을 포함한다.
③ 부채는 과거사건의 결과로 기업이 경제적 자원을 이전해야 하는 현재의무이다.
④ 경제적 효익을 창출할 가능성이 낮더라도 권리가 경제적 자원의 정의를 충족할 수 있다면 자산이 될 수 있다.

36 ▸ 2021 주택관리사 수정

재무제표 요소의 정의에 관한 설명으로 옳은 것은?

① 자산은 현재사건의 결과로 기업이 통제하는 미래의 경제적 자원이다.
② 부채는 과거사건의 결과로 기업이 경제적 자원을 이전해야 하는 과거의무이다.
③ 자본은 기업의 자산에서 모든 부채를 차감한 후의 잔여지분이다.
④ 수익은 자산의 감소 또는 부채의 증가로서 자본의 증가를 가져온다.

37

다음 중 재무보고를 위한 개념체계상의 자산에 대한 설명으로 옳지 않은 것은?

① 자산은 과거사건의 결과로 기업이 통제하는 현재의 경제적 자원이다.
② 기업은 기업 스스로부터 경제적 효익을 획득하는 권리를 가질 수 없다.
③ 경제적 효익을 창출할 가능성이 낮은 경우 자산이 될 수 없다.
④ 본인이 통제하는 경제적 자원을 대리인이 관리하고 있는 경우, 그 경제적 자원은 대리인의 자산이 아니다.

38 ▸ 2025 세무사

재무보고를 위한 개념체계 중 인식기준에 관한 설명으로 옳지 않은 것은?

① 자산이나 부채를 인식할 때 효익을 초과하지 않는 원가로 재무제표이용자들에게 유용한 정보를 제공하게 되는 시점을 정확하게 정하는 것은 불가능하다.
② 자산이나 부채의 정의를 충족하는 항목이 인식되지 않더라도, 기업은 해당 항목에 대한 정보를 주석에 제공해야 할 수도 있다.
③ 자산, 부채, 자본, 수익과 비용에 대한 정보는 재무제표이용자들에게 목적적합하나, 특정 자산이나 부채의 인식과 이에 따른 결과로 발생하는 수익, 비용 또는 자본변동을 인식하는 것이 항상 목적적합한 정보를 제공하는 것은 아닐 수 있다.
④ 경제적효익의 유입가능성이 낮다면, 그 자산에 대해 가장 목적적합한 정보는 발생가능한 유입의 크기, 발생가능한 시기 및 발생가능성에 영향을 미치는 요인에 대한 정보이더라도 이러한 정보는 주석으로 기재하지 않는다.
⑤ 특정 자산이나 부채를 인식하는 것은 목적적합한 정보를 제공할 뿐만 아니라 해당 자산이나 부채 및 이에 따른 결과로 발생하는 수익, 비용 또는 자본변동에 대한 충실한 표현을 제공할 경우에 적절하다.

39 ▶ 2023 회계사

'재무보고를 위한 개념체계'에서 인식과 제거에 대한 다음 설명 중 옳지 않은 것은?

① 인식은 자산, 부채, 자본, 수익 또는 비용과 같은 재무제표 요소 중 하나의 정의를 충족하는 항목을 재무상태나 재무성과표에 포함하기 위하여 포착하는 과정이다.
② 거래나 그 밖의 사건에서 발생된 자산이나 부채의 최초 인식에 따라 수익과 관련 비용을 동시에 인식할 수 있다. 수익과 관련 비용의 동시 인식은 때때로 수익과 관련 원가의 대응을 나타낸다.
③ 재무제표이용자들에게 자산이나 부채 그리고 이에 따른 결과로 발생하는 수익, 비용 또는 자본변동에 대한 목적적합한 정보와 충실한 표현 중 어느 하나를 제공하는 경우 자산이나 부채를 인식한다.
④ 자산은 일반적으로 기업이 인식한 자산의 전부 또는 일부에 대한 통제를 상실하였을 때 제거하고, 부채는 일반적으로 기업이 인식한 부채의 전부 또는 일부에 대한 현재의무를 더 이상 부담하지 않을 때 제거한다.
⑤ 제거에 대한 회계 요구사항은 제거를 초래하는 거래나 그 밖의 사건 후의 잔여 자산과 부채, 그리고 그 거래나 그 밖의 사건으로 인한 기업의 자산과 부채의 변동 두 가지를 모두 충실히 표현하는 것을 목표로 한다.

40

재무보고를 위한 개념체계에 대한 설명으로 옳지 않은 것은?

① 자산, 부채 또는 자본의 정의를 충족하는 항목만이 재무상태표에 인식된다.
② 재무제표 요소의 정의를 만족하는 항목이 목적적합한 정보를 제공하면서, 충실한 표현을 제공할 수 있다면 재무제표에 인식되어야 한다.
③ 개념체계에서는 자산과 부채의 측정기준으로 역사적원가, 현행원가, 공정가치와 자산의 사용가치 및 부채의 이행가치로 규정하고 있다.
④ 재무제표 요소의 정의를 만족하는 항목이 경제적 효익의 유입가능성이나 유출가능성이 낮은 경우에는 절대로 재무제표에 인식될 수 없다.

41 ▶ 2023 관세사

다음에서 설명하고 있는 측정기준은?

> 기업이 접근할 수 있는 시장의 참여자 관점을 반영한다. 시장참여자가 경제적으로 최선의 행동을 한다면 자산의 가격을 결정할 때 사용할 가정과 동일한 가정을 사용하여 그 자산을 측정한다.

① 공정가치 ② 사용가치
③ 이행가치 ④ 역사적원가
⑤ 현행원가

42 ▶ 2023 경찰간부

재무보고를 위한 개념체계 중 측정에 관한 내용으로 옳지 않은 것은?

① 역사적 원가 측정기준을 사용할 경우, 다른 시점에 취득한 동일한 자산이나 발생한 동일한 부채가 재무제표에 다른 금액으로 보고될 수 있다.
② 공정가치는 자산을 취득할 때 발생한 거래원가로 인해 증가하지 않으며, 또한 자산의 궁극적인 처분에서 발생할 거래원가를 반영하지 않는다.
③ 이행가치는 부채가 이행될 경우보다는 특히 이전되거나 협상으로 결제될 때 예측가치를 가진다.
④ 역사적 원가는 자산의 손상이나 손실부담에 따른 부채와 관련되는 변동을 제외하고는 가치의 변동을 반영하지 않는다.

43 ▶ 2023 보험계리사

자산과 부채의 평가와 관련한 설명으로 옳지 않은 것은?

① 역사적원가와 현행원가는 유입가치이고, 공정가치와 사용가치는 유출가치이다.
② 역사적원가는 검증가능성이 높다는 장점이 있지만, 현재시점의 가치를 반영하지 못한다는 단점이 있다.
③ 모든 자산을 현행원가로 평가한다면, 미실현보유손익을 인식하지 않기 때문에 영업이익과 보유손익을 구분할 수 없다.
④ 모든 자산을 공정가치로 평가한다면, 현재시점의 가치를 반영하여 재무상태 정보는 유용할 수 있지만, 미실현보유손익의 반영으로 경영성과 정보는 왜곡될 수 있다.

44 ▶ 2024 주택관리사

재무보고를 위한 개념체계에서 제시한 측정기준에 관한 설명으로 옳은 것은?

① 공정가치는 자산을 취득할 때 발생한 거래원가로 인해 증가할 수 있다.
② 공정가치와 역사적원가는 유입가치에 해당한다.
③ 사용가치는 기업 특유의 가정보다는 시장참여자의 가정을 반영한다.
④ 자산의 현행원가는 측정일 현재 동등한 자산의 원가로서 측정일에 지급할 대가와 그 날에 발생할 거래원가를 포함한다.
⑤ 역사적 원가를 기반으로 한 이익은 현행원가를 기반으로 한 이익보다 미래 이익을 예측하는 데 더 유용하다.

45 ▶ 2022 감정평가사

재무제표 요소의 측정기준에 관한 설명으로 옳은 것은?

① 공정가치는 측정일 현재 동등한 자산의 원가로서 측정일에 지급할 대가와 그 날에 발생할 거래원가를 포함한다.
② 현행원가는 자산을 취득 또는 창출할 때 발생한 원가의 가치로서 자산을 취득 또는 창출하기 위하여 지급한 대가와 거래원가를 포함한다.
③ 사용가치는 기업이 자산의 사용과 궁극적인 처분으로 얻을 것으로 기대하는 현금흐름 또는 그 밖의 경제적 효익의 현재가치이다.
④ 이행가치는 측정일에 시장참여자 사이의 정상거래에서 부채를 이전할 때 지급하게 될 가격이다.
⑤ 역사적 원가는 측정일 현재 자산의 취득 또는 창출을 위해 이전해야 하는 현금이나 그 밖의 경제적 자원의 현재가치이다.

46 ▶ 2020 세무사 수정

자산의 인식과 측정에 관한 설명으로 옳지 않은 것은?

① 자산의 정의를 충족하는 항목만이 재무상태표에 자산으로 인식된다.
② 합리적인 추정의 사용은 재무정보 작성의 필수적인 부분이며 추정치를 명확하고 정확하게 기술하고 설명한다면 정보의 유용성을 훼손하지 않는다.
③ 사용가치는 기업이 자산의 사용과 궁극적인 처분으로 얻을 것으로 기대하는 현금흐름 또는 그 밖의 경제적 효익의 현재가치이다.
④ 경제적 효익의 유입가능성이 낮으면 자산으로 인식해서는 안 된다.

47

다음 중 재무보고를 위한 개념체계에서 서술하는 부채에 대한 설명으로 옳지 않은 것은?

① 부채는 과거사건의 결과로 기업이 경제적 자원을 이전해야 하는 현재의무이다.
② 한 당사자가 부채를 인식하고 이를 특정 금액으로 측정해야 한다는 요구사항은 다른 당사자가 자산을 인식하거나 동일한 금액으로 측정해야 한다는 것을 의미한다.
③ 현재의무는 법적인 의무뿐만 아니라 실무 관행, 경영방침이나 성명서에서 의무가 발생할 수 있는 현재의무를 포함한다.
④ 경제적 자원의 이전 가능성이 낮더라도 의무가 부채의 정의를 충족할 수 있다.

48 ▶ 2024 감정평가사

재무보고를 위한 개념체계에 관한 설명으로 옳지 않은 것은?

① 경제적효익의 유입가능성이나 유출가능성이 낮더라도 자산이나 부채가 존재할 수 있다.
② 부채가 발생하거나 인수할 때의 역사적 원가는 발생시키거나 인수하면서 수취한 대가에서 거래원가를 가산한 가치이다.
③ 매각이나 소비되는 자산의 원가에 대한 정보와 수취한 대가에 대한 정보는 예측가치를 가질 수 있다.
④ 가격 변동이 유의적일 경우, 현행원가를 기반으로 한 이익은 역사적 원가를 기반으로 한 이익보다 미래 이익을 예측하는데 더 유용할 수 있다.
⑤ 합리적인 추정의 사용은 재무정보 작성의 필수적인 부분이며 추정치를 명확하고 정확하게 기술하고 설명한다면 정보의 유용성을 훼손하지 않는다.

49

재무제표 요소의 측정속성에 관한 설명으로 옳지 않은 것은?

① 인식은 자산, 부채, 자본, 수익 또는 비용과 같은 재무제표 요소 중 하나의 정의를 충족하는 항목을 재무상태표나 재무성과표에 포함하기 위하여 포착하는 과정이다.
② 하나의 항목의 인식은 다른 하나의 항목의 인식 또는 제거가 필요하다.
③ 자산이나 부채의 정의를 충족하는 항목이 인식되지 않더라도, 기업은 해당 항목에 대한 정보를 주석에 제공해야 할 수도 있다.
④ 합리적 추정은 재무정보의 작성에 필수적인 부분이지만 추정치를 명확하고 정확하게 기술한다고 하더라도 정보의 유용성을 훼손할 수 있다.

50 ▶ 2021 회계사

재무보고를 위한 개념체계 중 측정에 관한 다음의 설명 중 옳지 않은 것은?

① 역사적 원가 측정기준을 사용할 경우, 다른 시점에 취득한 동일한 자산이나 발생한 동일한 부채가 재무제표에 다른 금액으로 보고될 수 있다.
② 공정가치는 자산을 취득할 때 발생한 거래원가로 인해 증가하지 않으며, 또한 자산의 궁극적인 처분에서 발생할 거래원가를 반영하지 않는다.
③ 자산의 현행원가는 측정일 현재 동등한 자산의 원가로서 측정일에 지급할 대가와 그 날에 발생할 거래원가를 포함한다.
④ 현행가치와 달리 역사적 원가는 자산의 손상이나 손실부담에 따른 부채와 관련된 변동을 제외하고는 가치의 변동을 반영하지 않는다.
⑤ 이행가치는 부채가 이행될 경우보다 이전되거나 협상으로 결제될 때 특히 예측가치를 가진다.

51 ▶ 2021 세무사

측정기준에 관한 설명으로 옳지 않은 것은?

① 자산을 취득하거나 창출할 때의 역사적 원가는 자산의 취득 또는 창출에 발생한 원가의 가치로서, 자산을 취득 또는 창출하기 위하여 지급한 대가와 거래원가를 포함한다.
② 부채가 발생하거나 인수할 때의 역사적 원가는 발생시키거나 인수하면서 수취한 대가에서 거래원가를 차감한 가치이다.
③ 공정가치는 측정일에 시장참여자 사이의 정상거래에서 자산을 매도할 때 받거나 부채를 이전할 때 지급하게 될 가격이다.
④ 사용가치와 이행가치는 자산을 취득하거나 부채를 인수할 때 발생하는 거래원가를 포함한다.
⑤ 자산의 현행원가는 측정일 현재 동등한 자산의 원가로서 측정일에 지급할 대가와 그 날에 발생할 거래원가를 포함한다.

52. 2021 주택관리사 수정

보강적 질적특성 중 비교가능성은 측정기준의 선택에 영향을 미친다. 다음 중 기업 간 비교가능성을 높이거나 향상시킬 수 있는 측정기준을 모두 고른 것은?

- ㄱ. 역사적 원가
- ㄴ. 공정가치
- ㄷ. 사용가치
- ㄹ. 이행가치
- ㅁ. 현행원가

① ㄱ, ㄴ
② ㄴ, ㄷ
③ ㄴ, ㅁ
④ ㄷ, ㄹ

53. 2020 주택관리사

유입가치를 반영하는 측정기준을 모두 고른 것은?

- ㄱ. 역사적 원가
- ㄴ. 공정가치
- ㄷ. 사용가치
- ㄹ. 이행가치
- ㅁ. 현행원가

① ㄱ, ㄷ
② ㄱ, ㅁ
③ ㄴ, ㄷ
④ ㄱ, ㄷ, ㄹ
⑤ ㄴ, ㄹ, ㅁ

54. 2025 관세사

측정기준에 관한 설명으로 옳지 않은 것은?

① 자산을 취득하거나 창출할 때의 역사적 원가는 자산의 취득 또는 창출에 발생한 원가의 가치로서, 자산을 취득 또는 창출하기 위하여 지급한 대가와 거래원가를 포함한다.
② 공정가치는 측정일에 시장참여자 사이의 정상거래에서 자산을 매도할 때 받거나 부채를 이전할 때 지급하게 될 가격이다.
③ 사용가치와 이행가치는 미래현금흐름에 기초하기 때문에 자산을 취득하거나 부채를 인수할 때 발생하는 거래원가는 포함하지 않는다.
④ 자산의 현행원가는 측정일 현재 동등한 자산의 원가로서 측정일에 지급할 대가와 그 날에 발생할 거래원가를 포함한다.
⑤ 이행가치는 기업이 자산의 사용과 궁극적인 처분으로 얻을 것으로 기대하는 현금흐름 또는 그 밖의 경제적효익의 현재가치이다.

55. 2021 관세사 수정

측정기준에 관한 설명으로 옳지 않은 것은?

① 현행가치는 자산의 손상이나 손실부담에 따른 부채와 관련된 변동을 제외하고는 가치의 변동을 반영하지 않는다.
② 부채의 현행원가는 측정일 현재 동등한 부채에 대해 수취할 수 있는 대가에서 그 날에 발생할 거래원가를 차감한다.
③ 사용가치와 이행가치는 미래현금흐름에 기초하기 때문에 자산을 취득하거나 부채를 인수할 때 발생하는 거래원가는 포함하지 않는다.
④ 자산의 현행원가는 측정일 현재 동등한 자산의 원가로서 측정일에 지급할 대가와 그 날에 발생할 거래원가를 포함하여 측정한다.
⑤ 이행가치는 기업이 부채를 이행할 때 이전해야 하는 현금이나 그 밖의 경제적 자원의 현재가치이다.

56 ▶ 2020 보험계리사

재무제표 요소의 측정에 관한 설명으로 옳지 않은 것은?

① 공정가치가 활성시장에서 직접 관측되지 않는 경우에는 현금흐름기준 측정법 등을 사용하여 간접적으로 결정된다.
② 가격 변동이 유의적일 경우, 현행원가를 기반으로 한 이익은 역사적 원가를 기반으로 한 이익보다 미래이익을 예측하는 데 더 유용할 수 있다.
③ 사용가치와 이행가치는 미래현금흐름에 기초하기 때문에 자산을 취득하거나 부채를 인수할 때 발생하는 거래원가는 포함하지 않는다.
④ 역사적 원가는 자산의 손상이나 손실부담에 따른 부채와 관련된 변동과 같은 가치의 변동을 반영하지 않는다.

57

다음 중 재무보고를 위한 개념체계에서 규정하는 재무제표 요소의 측정 기준에 대한 설명으로 옳지 않은 것은?

① 역사적 원가를 측정하는 것은 보다 더 단순하고 비용이 적게 들며, 이해가능성이 높고 검증가능성도 높다.
② 공정가치로 자산과 부채를 측정하여 제공하는 정보는 예측가치를 가질 수 있다.
③ 현행원가로 측정하는 경우 보고기업의 기간 간 그리고 같은 기업 간의 비교가능성을 향상시킬 수 있다.
④ 사용가치와 이행가치를 사용하게 되면 개별 기업의 관점을 반영하는 것이 아니라 시장에서 인정된 객관적인 판단기준을 사용하므로 기업 간의 비교가능성이 향상 될 수 있다.

58 ▶ 2025 회계사

다음은 '재무보고를 위한 개념체계'에 대한 설명이다. 옳지 않은 것은?

① 재무보고서는 정확한 서술보다는 상당 부분 추정, 판단 및 모형에 근거한다. 개념체계는 그 추정, 판단 및 모형의 기초가 되는 개념을 정하며 이 개념은 회계기준위원회와 재무보고서의 작성자가 노력을 기울이는 목표이다.
② 측정기준 중 사용가치와 이행가치는 미래현금흐름에 기초하기 때문에 자산을 취득하거나 부채를 인수할 때 발생하는 거래원가는 포함하지 않는다. 그러나 사용가치와 이행가치에는 기업이 자산을 궁극적으로 처분하거나 부채를 이행할 때 발생할 것으로 기대되는 거래원가의 현재가치가 포함된다.
③ 개념체계는 회계기준위원회의 공식 임무에 기여한다. 이 임무는 전 세계 금융시장에 투명성, 책임성, 효율성을 제공하는 회계기준을 개발하는 것이다. 회계기준위원회의 업무는 세계 경제에서의 신뢰, 성장, 장기적 금융안정을 조성함으로써 공공이익에 기여하는 것이다.
④ 재무제표는 기업의 현재 및 잠재적 투자자, 대여자와 그 밖의 채권자 중 특정 집단의 관점이 아닌 보고기업 전체의 관점에서 거래 및 그 밖의 사건에 대한 정보를 제공한다. 많은 현재 및 잠재적 투자자, 대여자 및 그 밖의 채권자는 정보를 제공하도록 보고기업에 직접 요구할 수 없고, 그들이 필요로 하는 재무정보의 많은 부분을 일반목적재무보고서에 의존해야만 한다.
⑤ 일반목적재무보고서는 보고기업의 가치를 보여주기 위해 고안된 것이다. 따라서 그것은 현재 및 잠재적 투자자, 대여자와 그 밖의 채권자가 보고기업의 가치를 추정하는 데 도움이 되는 정보를 제공한다.

59

재무보고를 위한 개념체계에 대한 설명으로 옳지 않은 것은?

① 원가는 재무보고로 제공될 수 있는 정보의 포괄적 제약요인이다. 재무정보의 보고에는 원가가 소요되고, 해당 정보 보고의 효익이 그 원가를 정당화한다는 것이 중요하다.
② 실물자본유지개념을 사용하기 위해서는 현행원가 기준에 따라 측정해야 한다.
③ 재무자본유지개념에서의 이익은 해당 기간 동안 소유주에게 분배하거나 소유주가 출연한 부분을 포함하여 기말 순자산의 재무적인 측정금액이 기초 순자산의 재무적 측정금액을 초과하는 경우에만 발생한다.
④ 재무정보의 이용자가 주로 명목상의 투하자본이나 투하자본의 구매력 유지에 관심이 있다면, 재무적 개념의 자본을 채택하고, 기업의 조업능력의 유지에 있다면 실물적 자본의 개념을 사용하게 될 것이다.

60 ▶ 2025 보험계리사

자본 및 자본유지개념과 관련된 설명으로 옳지 않은 것은?

① 재무자본유지 개념 하에서 이익은 해당 기간 동안 소유주에게 배분하거나 소유주가 출연한 부분을 제외하고 기말 순자산의 재무적 측정금액(화폐금액)이 기초 순자산의 재무적 측정금액(화폐금액)을 초과하는 경우에만 발생한다.
② 재무제표 이용자의 주된 관심이 기업의 조업능력 유지에 있다 하더라도 실무적으로 적용하는 데는 측정의 어려움이 있기 때문에 재무적 개념의 자본을 사용하여야 한다.
③ 자본을 조업능력으로 보는 자본의 실물적 개념 하에서는 자본은 예를 들어, 1일 생산수량과 같은 기업의 생산능력으로 간주된다.
④ 재무자본유지는 명목화폐단위 또는 불변구매력단위를 이용하여 측정할 수 있다.

CHAPTER 02 재무제표

1 이론 정리 및 이해 확인

독한훈련

01 전체 재무제표

① 전체 재무제표는 다음과 같다.
- ㉠ _____ 재무상태표
- ㉡ _____ 포괄손익계산서
- ㉢ _____ 자본변동표
- ㉣ _____ 현금흐름표
- ㉤ 주석
- ㉥ 소급하여 재작성하는 경우 기초 _____

② 각각의 재무제표는 전체 재무제표에서 (다른 / 동등한) 비중으로 표시한다.
③ 재무제표의 명칭을 다르게 사용할 수 (있다 / 없다).

02 공정한 표시와 한국채택국제회계기준의 준수

① _____ 에 따라 작성된 재무제표는 공정하게 표시된 재무제표로 본다.
② 재무제표가 한국채택국제회계기준의 요구사항을 일부 충족한 경우 한국채택국제회계기준을 준수하여 작성하였다고 기재할 수 (있다 / 없다).
③ 한국채택국제회계기준을 준수하여 작성된 재무제표는 _____ 을(를) 준수하여 작성된 재무제표임을 주석으로 공시할 수 있다.

01 전체 재무제표

① 전체 재무제표는 다음을 모두 포함한다.

> ㉠ 기말 재무상태표
> ㉡ 기간 포괄손익계산서
> ㉢ 기간 자본변동표
> ㉣ 기간 현금흐름표
> ㉤ 주석(유의적인 회계정책 및 그 밖의 설명으로 구성)
> ㉥ 재무제표를 소급하여 작성하거나 재무제표의 항목을 소급하여 재작성 또는 재분류하는 경우, 가장 이른 비교기간의 기초 재무상태표

② 각각의 재무제표는 전체 재무제표에서 동등한 비중으로 표시한다.
③ 위 명칭 외의 다른 명칭을 사용할 수 있다.

02 공정한 표시와 한국채택국제회계기준의 준수

① 재무제표는 기업의 재무상태, 재무성과 및 현금흐름을 공정하게 표시해야 한다.
② 한국채택국제회계기준(K-IFRS)에 따라 작성된 재무제표는 공정하게 표시된 재무제표로 본다.
③ 재무제표가 한국채택국제회계기준의 요구사항을 모두 충족한 경우가 아니라면 한국채택국제회계기준을 준수하여 작성되었다고 기재해서는 아니 된다.
④ 한국채택국제회계기준을 준수하여 작성된 재무제표는 국제회계기준을 준수하여 작성된 재무제표임을 주석으로 공시할 수 있다.

정답 01 1. ① ㉠ 기말 ㉡ 기간 ㉢ 기간 ㉣ 기간 ㉥ 재무상태표 ② 동등한 ③ 있다 02 ① 한국채택국제회계기준(K-IFRS) ② 없다 ③ 국제회계기준

⑤ 부적절한 회계정책은 이에 대하여 공시나 주석 또는 보충자료를 통해 설명하더라도 정당화될 수 없다.
⑥ 극히 드문 상황에서 한국채택국제회계기준의 요구사항을 준수하는 것이 오히려 개념체계에서 정한 재무제표 목적과 상충되는 경우, 관련 규정에서 이러한 요구사항으로부터의 일탈을 의무화하거나 금지하지 않고 있는 경우에 한하여 한국채택국제회계기준을 달리 적용할 수 있다.

03 계속기업

① 경영진이 기업을 청산하거나 경영활동을 중단할 의도를 가지고 있지 않거나, 청산 또는 경영활동의 중단 외의 다른 현실적인 대안이 없는 경우가 아니면 계속기업을 전제로 재무제표를 작성한다.
② 계속기업으로서의 존속능력에 유의적인 의문이 제기될 수 있는 사건이나 상황과 관련된 중요한 불확실성을 알게 된 경우, 경영진은 그러한 불확실성을 공시하여야 한다.
③ 재무제표가 계속기업의 기준하에 작성되지 않는 경우에는 그 사실과 함께 재무제표가 작성된 기준 및 그 기업을 계속기업으로 보지 않는 이유를 공시해야 한다.
④ 계속기업의 가정이 적절한지의 여부를 평가할 때 경영진은 적어도 보고기간 말로부터 향후 12개월 기간에 대하여 이용가능한 모든 정보를 고려한다.
⑤ 기업이 상당 기간 계속영업이익을 보고하였고, 보고기간 말 현재 경영에 필요한 재무자원을 확보하고 있는 경우에는 자세한 분석이 없이도 계속기업을 전제로 한 회계처리가 적절하다는 결론을 내릴 수 있다.

04 발생기준 회계

① 기업은 현금흐름 정보를 제외하고는 발생기준 회계를 사용하여 재무제표를 작성한다.
② 발생주의는 현금의 유입과 유출이 없더라도 수익과 비용의 발생을 거의 확실하게 하는 결정적인 사건이 발생했을 때 수익과 비용을 인식하는 회계원칙이다.
③ 현금주의는 영업활동과 관련된 현금의 유입과 유출이 있을 때 현금의 유입은 수익으로 인식하고 현금의 유출은 비용으로 인식하는 회계원칙이다.

🗣 독한훈련

④ 부적절한 회계정책은 이에 대하여 공시나 주석 또는 보충자료를 통해 설명하면(설명하더라도) 정당화될 수 (있다 / 없다).
⑤ 한국채택국제회계기준의 요구사항을 준수하는 것이 오히려 개념체계에서 정한 재무제표 목적과 상충되는 경우 한국채택국제회계기준을 달리 적용할 수 (있다 / 없다).

03 계속기업

① 경영진이 기업을 청산하거나 경영활동을 중단할 의도를 가지고 있는 경우에 계속기업을 전제로 재무제표를 작성할 수 (있다 / 없다).
② 계속기업으로서의 존속능력에 유의적인 의문이 제기될 수 있는 사건이나 상황과 관련된 중요한 불확실성을 알게 된 경우, 경영진은 그러한 불확실성을 공시 (하여야 한다 / 할 필요가 없다).
③ 재무제표가 계속기업의 기준하에 작성되지 않는 경우에는 그 사실과 함께 재무제표가 작성된 기준 및 그 기업을 계속기업으로 보지 않는 이유를 공시 (해야 한다 / 할 필요가 없다).
④ 계속기업의 가정이 적절한지의 여부를 평가할 때 경영진은 적어도 보고기간 말로부터 향후 _____ 개월 기간에 대하여 이용가능한 모든 정보를 고려한다.
⑤ 기업이 상당 기간 계속영업이익을 보고하였고, 보고기간 말 현재 경영에 필요한 재무자원을 확보하고 있는 경우 계속기업을 전제로 한 회계처리가 적절하다는 결론을 위해 자세한 분석이 (반드시 필요하다 / 없이도 가능하다).

04 발생기준 회계

① 기업은 _____ 정보를 제외하고는 발생기준 회계를 사용하여 재무제표를 작성한다.
② _____ 은(는) 현금의 유입과 유출이 없더라도 수익과 비용의 발생을 거의 확실하게 하는 결정적인 사건이 발생했을 때 수익과 비용을 인식하는 회계원칙이다.
③ 현금주의는 영업활동과 관련된 현금의 유입과 유출이 있을 때 현금의 유입은 _____ (으)로 인식하고 현금의 유출은 _____ (으)로 인식하는 회계원칙이다.

정답 ④ 없다 ⑤ 있다 **03** ① 없다 ② 하여야 한다 ③ 해야 한다 ④ 12 ⑤ 없이도 가능하다 **04** ① 현금흐름 ② 발생주의 ③ 수익, 비용

독한훈련

05 중요성과 통합표시

① 유사한 항목은 중요성 분류에 따라 재무제표에 (통합 / 구분)하여 표시한다. 상이한 성격이나 기능을 가진 항목은 (통합 / 구분)하여 표시한다. 다만, 중요하지 않은 항목은 성격이나 기능이 유사한 항목과 (통합 / 구분)하여 표시할 수 있다.

② 개별적으로 중요하지 않은 항목은 상기 재무제표나 주석의 다른 항목과 (통합 / 구분)한다.

③ 재무제표상에서 중요하지 않아 구분하여 표시하지 않았다면, 주석에서는 구분표시할 수 (있다 / 없다).

④ 중요하지 않은 정보일 경우 한국채택국제회계기준에서 요구하는 특정 공시를 제공(할 필요가 없다 / 해야 한다).

06 상계

① 한국채택국제회계기준에서 요구하거나 허용하지 않는 한 자산과 부채 그리고 수익과 비용은 상계(하지 않는다 / 할 수 있다).

② 재고자산에 대한 재고자산평가충당금과 매출채권에 대한 대손충당금과 같은 평가충당금을 차감하여 관련 자산을 (순액 / 총액)으로 측정하는 것은 상계표시에 해당하지 아니한다.

③ 부수적인 거래에서 발생하는 수익과 관련 비용의 상계표시가 거래나 그 밖의 사건의 ▨▨▨▨을(를) 반영하다면 그러한 거래의 결과는 상계하여 표시한다.

④ ㉠ 투자자산 및 영업용 자산을 포함한 비유동자산의 처분손익은 처분대금에서 그 자산의 장부금액과 관련 처분비용을 (차감 / 가산)하여 표시한다.
㉡ 충당부채와 관련된 지출을 제3자와의 계약관계에 따라 보전받는 경우, 당해 지출과 보전받는 금액은 상계하여 표시할 수 (있다 / 없다).
㉢ 외환손익 또는 단기매매금융상품에서 발생하는 손익과 같이 유사한 거래의 집합에서 발생하는 차익과 차손은 (총액 / 순액)으로 표시한다. 그러나 그러한 차익과 차손이 중요한 경우에는 (구분하여 표시한다 / 상계한다).

05 중요성과 통합표시

① 유사한 항목은 중요성 분류에 따라 재무제표에 구분하여 표시한다. 상이한 성격이나 기능을 가진 항목은 구분하여 표시한다. 다만, 중요하지 않은 항목은 성격이나 기능이 유사한 항목과 통합하여 표시할 수 있다.

② 개별적으로 중요하지 않은 항목은 상기 재무제표나 주석의 다른 항목과 통합한다.

③ 재무제표상에는 중요하지 않아 구분하여 표시하지 않은 항목이라도 주석에서는 구분표시해야 할 만큼 충분히 중요할 수 있다.

④ 중요하지 않은 정보일 경우 한국채택국제회계기준에서 요구하는 특정 공시를 제공할 필요가 없다. 이는 한국채택국제회계기준에 특정 요구사항이 열거되어 있거나 최소한의 요구사항으로 기술되어 있더라도 그러하다.

06 상계

① 한국채택국제회계기준에서 요구하거나 허용하지 않는 한 자산과 부채 그리고 수익과 비용은 상계하지 않는다.

② 재고자산에 대한 재고자산평가충당금과 매출채권에 대한 대손충당금과 같은 평가충당금을 차감하여 관련 자산을 순액으로 측정하는 것은 상계표시에 해당하지 아니한다.

③ 기업은 통상적인 영업활동 과정에서 수익을 창출하지 않지만, 주요 수익창출활동에 부수적인 그 밖의 거래를 할 수 있다. 부수적인 거래에서 발생하는 수익과 관련 비용의 상계표시가 거래나 그 밖의 사건의 실질을 반영한다면 그러한 거래의 결과는 상계하여 표시한다.

④ 상계표시의 허용

> ㉠ 비유동자산 처분이익: 투자자산 및 영업용 자산을 포함한 비유동자산의 처분손익은 처분대금에서 그 자산의 장부금액과 관련 처분비용을 차감하여 표시한다.
> ㉡ 충당부채대리변제손익: 기업회계기준서 제1037호 '충당부채, 우발부채 및 우발자산'에 따라 인식한 충당부채와 관련된 지출을 제3자와의 계약관계(예 공급자의 보증약정)에 따라 보전받는 경우, 당해 지출과 보전받는 금액은 상계하여 표시할 수 있다.
> ㉢ 자산의 평가손익: 외환손익 또는 단기매매금융상품에서 발생하는 손익과 같이 유사한 거래의 집합에서 발생하는 차익과 차손은 순액으로 표시한다. 그러나 그러한 차익과 차손이 중요한 경우에는 구분하여 표시한다.

정답
05 ① 구분, 구분, 통합 ② 통합 ③ 있다 ④ 할 필요가 없다
06 ① 하지 않는다 ② 순액 ③ 실질 ④ ㉠ 차감 ㉡ 있다 ㉢ 순액, 구분하여 표시한다

07 보고빈도

① 전체 재무제표는 적어도 1년을 보고빈도로 하여 작성한다.
② 보고기간 종료일을 변경하여 재무제표의 보고기간이 1년을 초과하거나 미달하는 경우 재무제표 해당 기간뿐만 아니라 보고기간이 1년을 초과하거나 미달하게 된 이유와 재무제표에 표시된 금액이 불완전하여 비교가능하지 않다는 사실을 추가로 공시하여야 한다.

08 비교정보

① 한국채택국제회계기준이 달리 허용하거나 요구하는 경우를 제외하고는 당기 재무제표에 보고되는 모든 금액에 대해 전기 비교정보를 표시한다.
② 당기 재무제표를 이해하는 데 목적적합하다면 서술형 정보의 경우에도 비교정보를 포함한다.
③ 회계정책을 소급하여 적용하거나 재무제표 항목을 소급하여 재작성 또는 재분류하고 이러한 소급적용, 소급재작성 또는 소급재분류가 전기 기초 재무상태표의 정보에 중요한 영향을 미치는 경우에는 최소한의 비교재무제표에 추가하여 전기 기초를 기준으로 다음 세 가지의 재무상태표를 표시한다.

> ㉠ 당기 말   ㉡ 전기 말   ㉢ 전기 초

다만, 각 시점의 세 개의 재무상태표를 표시하되, 전기 기초의 개시 재무상태표와 관련된 주석을 표시할 필요는 없다.
④ 재무제표 항목의 표시나 분류를 변경하는 경우 실무적으로 적용할 수 없는 것이 아니라면 비교금액도 재분류해야 한다. 비교금액을 재분류할 때 다음 사항을 공시한다.

> ㉠ 재분류의 성격
> ㉡ 재분류된 개별 항목이나 항목군의 금액
> ㉢ 재분류의 이유

09 표시의 계속성

① 재무제표 항목의 표시와 분류는 다음의 경우를 제외하고는 매기 동일해야 한다.

> ㉠ 사업내용의 유의적인 변화나 재무제표를 검토한 결과, 다른 표시나 분류방법이 더 적절할 것이 명백한 경우
> ㉡ 한국채택국제회계기준에서 표시방법의 변경을 요구하는 경우

② 변경된 표시방법이 재무제표 이용자에게 신뢰성 있고 더욱 목적적합한 정보를 제공하며, 변경된 구조가 지속적으로 유지될 가능성이 높아 비교가능성을 저해하지 않을 것으로 판단할 때에만 재무제표 표시방법을 변경할 수 있다.

독한훈련

07 보고빈도

① 전체 재무제표는 적어도 ___년을 보고빈도로 하여 작성한다.
② 보고기간 종료일을 변경하여 재무제표의 보고기간이 1년을 초과하거나 미달하는 경우 재무제표 해당 기간뿐만 아니라 보고기간이 1년을 초과하거나 미달하게 된 이유와 재무제표에 표시된 금액이 불완전하여 ___하지 않다는 사실을 추가로 공시하여야 한다.

08 비교정보

① 한국채택국제회계기준이 달리 허용하거나 요구하는 경우를 제외하고는 당기 재무제표에 보고되는 모든 금액에 대해 ___ 비교정보를 표시한다.
② 당기 재무제표를 이해하는 데 목적적합하다면 서술형 정보의 경우 비교정보를 (포함 / 제외)한다.
③ 회계정책을 소급하여 적용하거나 재무제표 항목을 소급하여 재작성 또는 재분류하고 이러한 소급적용, 소급재작성 또는 소급재분류가 전기 기초 재무상태표의 정보에 중요한 영향을 미치는 경우에는 최소한의 비교재무제표에 추가하여 ___을(를) 기준으로 당기 말, 전기 말, 전기 초 세 가지의 재무상태표를 표시한다.
④ 세 개의 재무상태표를 비교정보로 공시하는 경우 전기 기초의 개시 재무상태표와 관련된 주석을 표시(해야 한다 / 할 필요 없다).
⑤ 재무제표 항목의 표시나 분류를 변경하는 경우 실무적으로 적용할 수 있다면 비교금액을 재분류(해야 한다 / 할 필요가 없다).

09 표시의 계속성

① 한국채택국제회계기준에서 표시방법을 변경하는 경우 외에 기업이 자의적으로 표시방법을 변경하는 것이 (가능하다 / 불가능하다).

② 변경된 표시방법이 재무제표 이용자에게 신뢰성 있고 더욱 목적적합한 정보를 제공하며, 변경된 구조가 지속적으로 유지될 가능성이 높아 ___을(를) 저해하지 않을 것으로 판단할 때에만 재무제표 표시방법을 변경할 수 있다.

정답 **07** ① 1 ② 비교가능 **08** ① 전기 ② 포함 ③ 전기 기초 ④ 할 필요 없다 ⑤ 해야 한다 **09** ① 가능하다 ② 비교가능성

10 재무제표의 식별

① 재무제표는 동일한 문서에 포함되어 공표되는 그 밖의 정보와 명확하게 구분되고 식별되어야 한다.
② 한국채택국제회계기준은 오직 재무제표에만 적용하며, 연차보고서, 감독기구 제출서류 또는 다른 문서에 포함되는 그 밖의 정보에 반드시 적용되어야 하는 것은 아니다.
③ 재무제표의 표시통화를 천 단위나 백만 단위로 표시할 때 더욱 이해가능성이 제고될 수 있다. 이러한 표시는 금액 단위를 공시하고 중요한 정보가 누락되지 않는 경우에 허용될 수 있다.

11 재무상태표

1 표시

① 재무제표 표시의 기준서(제1001호)는 단순히 재무상태표에 구분표시하기 위해 성격이나 기능 면에서 명확하게 상이한 항목명을 제시할 뿐, 표시되어야 할 항목의 순서나 형식을 규정하지 아니한다.
② 기업의 재무상태를 이해하는 데 목적적합한 경우 재무상태표에 항목, 제목 및 중간합계를 추가하여 표시한다.
③ 기업이 재무상태표에 유동자산과 비유동자산, 그리고 유동부채와 비유동부채로 구분하여 표시하는 경우, 이연법인세자산(부채)은 유동자산(부채)으로 분류하지 아니한다.
④ 유동성 순서에 따른 표시방법이 신뢰성 있고 더욱 목적적합한 정보를 제공하는 경우를 제외하고는 자산과 부채를 유동항목과 비유동항목으로 구분하여 표시한다.
⑤ 유동성 순서에 따른 표시방법을 적용할 경우 모든 자산과 부채는 유동성의 순서에 따라 표시한다.
⑥ 금융회사와 같은 일부 기업의 경우에는 오름차순이나 내림차순의 유동성 순서에 따른 표시방법으로 자산과 부채를 표시하는 것이 유동·비유동 구분법보다 신뢰성 있고 더욱 목적적합한 정보를 제공한다.
⑦ 신뢰성 있고 더욱 목적적합한 정보를 제공한다면 자산과 부채의 일부는 유동·비유동 구분법으로, 나머지는 유동성 순서에 따른 표시방법으로 표시하는 것이 허용된다.
⑧ 기업이 명확히 식별 가능한 영업주기 내에서 재화나 용역을 제공하는 경우, 재무상태표에 유동자산과 비유동자산 및 유동부채와 비유동부채를 구분하여 표시한다.

❷ 유동자산

다음의 경우 유동자산으로 분류한다.

> ① 정상영업주기 내에 실현될 것으로 예상되거나, 판매·소비될 의도가 있다.
> ② 주로 단기매매 목적으로 보유하고 있다.
> ③ 보고기간 후 12개월 이내에 실현될 것으로 예상된다.
> ④ 현금이나 현금성자산으로서, 교환이나 부채상환 목적으로의 사용에 대한 제한기간이 보고기간 후 12개월 이상이 아니다.

❸ 정상영업주기

① 포괄손익계산서의 영업주기는 영업활동을 위한 자산의 취득시점부터 그 자산이 현금이나 현금성자산으로 실현되는 시점까지 소요되는 기간이다.
② 정상영업주기를 명확히 식별할 수 없는 경우에는 그 기간이 12개월인 것으로 가정한다.
③ 재고자산 및 매출채권과 같이 정상영업주기의 일부로서 판매, 소비 또는 실현되는 자산의 경우에는 보고기간 후 12개월 이내에 실현될 것으로 예상되지 않는 경우에도 유동자산으로 분류한다.

❹ 유동부채

다음의 경우 유동부채로 분류한다.

> ① 정상영업주기 내에 결제될 것으로 예상된다.
> ② 주로 단기매매 목적으로 보유하고 있다.
> ③ 보고기간 후 12개월 이내에 결제하기로 되어 있다.
> ④ 보고기간 후 12개월 이상 부채의 결제를 연기할 수 있는 권리를 가지고 있지 않다.

❺ 운전자본

매입채무 그리고 종업원 및 그 밖의 영업원가에 대한 미지급비용과 같은 유동부채는 기업의 정상영업주기 내에 사용되는 운전자본의 일부이므로, 이러한 항목은 보고기간 후 12개월 후에 결제일이 도래한다 하더라도 유동부채로 분류한다.

❻ 장기성 채무

① 원래의 결제기간이 12개월을 초과하는 경우라도 보고기간 후 12개월 이내에 결제일이 도래하면 이를 유동부채로 분류한다.

💬 독한훈련

2. 유동자산

다음의 경우 유동자산으로 분류한다.
① _____ 내에 실현될 것으로 예상되거나, 판매·소비될 의도가 있다.
② 주로 _____ 목적으로 보유하고 있다.
③ 보고기간 후 _____ 개월 이내에 실현될 것으로 예상된다.
④ _____(으)로서, 교환이나 부채상환 목적으로의 사용에 대한 제한기간이 보고기간 후 12개월 이상이 아니다.

3. 정상영업주기

① 포괄손익계산서의 _____ 은(는) 영업활동을 위한 자산의 취득시점부터 그 자산이 현금이나 현금성자산으로 실현되는 시점까지 소요되는 기간이다.
② 정상영업주기를 명확히 식별할 수 없는 경우에는 그 기간이 _____ 개월인 것으로 가정한다.
③ 재고자산 및 매출채권과 같이 정상영업주기의 일부로서 판매, 소비 또는 실현되는 자산의 경우에는 보고기간 후 12개월 이내에 실현될 것으로 예상되지 않는 경우에도 (유동자산/비유동자산)으로 분류한다.

4. 유동부채

다음의 경우 유동부채로 분류한다.
① _____ 내에 결제될 것으로 예상된다.
② 주로 _____ 목적으로 보유하고 있다.
③ 보고기간 후 _____ 개월 이내에 결제하기로 되어 있다.
④ 보고기간 후 12개월 이상 부채의 결제를 연기할 수 있는 권리를 가지고 (있다/있지 않다).

5. 운전자본

_____ 그리고 종업원 및 그 밖의 영업원가에 대한 미지급비용과 같은 유동부채는 기업의 정상영업주기 내에 사용되는 운전자본의 일부이므로, 이러한 항목은 보고기간 후 12개월 후에 결제일이 도래한다 하더라도 (유동부채/비유동부채)로 분류한다.

6. 장기성 채무

① 원래의 결제기간이 12개월을 초과하는 경우라도 보고기간 후 12개월 이내에 결제일이 도래하면 이를 (유동부채/비유동부채)로 분류한다.

정답 2. ① 정상영업주기 ② 단기매매 ③ 12 ④ 현금이나 현금성자산 3. ① 영업주기 ② 12 ③ 유동자산
4. ① 정상영업주기 ② 단기매매 ③ 12 ④ 있지 않다 5. 매입채무, 유동부채 6. ① 유동부채

독한훈련

② 보고기간 후 재무제표 발행승인일 이전에 장기로 차환하는 계약 또는 지급기일을 장기로 재조정하는 계약이 체결된 경우라도 보고기간 후 12개월 이내에 결제일이 도래하면 이를 (**유동부채** / 비유동부채)로 분류한다.

7. 만기연장 가능한 단기성 채무

① 기업의 기존의 대출계약조건에 따라 보고기간 후 적어도 12개월 이상 부채를 연장할 권리가 있다면 보고기간 후 12개월 이내에 만기가 도래한다 하더라도 (유동부채 / **비유동부채**)로 분류한다.

② 기업에 12개월 이상 부채를 연장할 권리가 없다면 차환가능성을 고려(하여 / **하지 않고**), (**유동부채** / 비유동부채)로 분류한다.

8. 약정위반채무

① 보고기간 말 이전에 장기차입약정을 위반했을 때 대여자가 즉시 상환을 요구할 수 있는 채무는 보고기간 후 재무제표 발행승인일 전에 대여자가 약정위반을 이유로 상환을 요구하지 않기로 합의하더라도 (**유동부채** / 비유동부채)로 분류한다.

② 대여자가 보고기간 말 이전에 보고기간 후 적어도 12개월 이상의 유예기간을 주는 데 합의하여 그 유예기간 내에 기업이 위반사항을 해소할 수 있고, 또 그 유예기간 동안에는 대여자가 즉시 상환을 요구할 수 없다면 그 부채는 (유동부채 / **비유동부채**)로 분류한다.

12 포괄손익계산서

1. 표시

① '재무제표 표시'의 기준서에서는 포괄손익계산서상의 (형식을 규정하고 있다 / **포함할 최소한의 항목을 제시한다**).

② 수익과 비용의 어느 항목도 포괄손익계산서 또는 주석에 _____ 항목으로 별도로 표시할 수 없다.

2. 포괄손익계산서 표시 방법

① 기업은 당기손익과 기타포괄손익을 하나의 포괄손익계산서에 작성하거나 이를 분리하여 두 개의 포괄손익계산서를 작성하는 방법을 선택할 수 (**있다** / 없다).

② 기업은 포괄손익계산서에 영업이익을 구분하여 표시 (**하여야 한다** / 할 필요가 없다).

③ 포괄손익계산서 상 영업손익은 영업의 특수성을 고려할 필요가 있는 경우나 비용을 (**성격별** / 기능별)로 분류하는 경우에는 영업수익에서 영업비용을 차감한 영업이익을 포괄손익계산서에 구분하여 표시할 수 있다.

---

② 보고기간 후 재무제표 발행승인일 이전에 장기로 차환하는 계약 또는 지급기일을 장기로 재조정하는 계약이 체결된 경우라도 보고기간 후 12개월 이내에 결제일이 도래하면 이를 유동부채로 분류한다.

7 만기연장 가능한 단기성 채무

① 기업의 기존 대출계약조건에 따라 보고기간 후 적어도 12개월 이상 부채를 연장할 권리가 있다면, 보고기간 후 12개월 이내에 만기가 도래한다 하더라도 비유동부채로 분류한다.

② 만약 기업에 그러한 권리가 없다면, 차환가능성을 고려하지 않고 유동부채로 분류한다.

8 약정위반채무

① 보고기간 말 이전에 장기차입약정을 위반했을 때 대여자가 즉시 상환을 요구할 수 있는 채무는 보고기간 후 재무제표 발행승인일 전에 대여자가 약정위반을 이유로 상환을 요구하지 않기로 합의하더라도 유동부채로 분류한다.

② 대여자가 보고기간 말 이전에 보고기간 후 적어도 12개월 이상의 유예기간을 주는 데 합의하여 그 유예기간 내에 기업이 위반사항을 해소할 수 있고, 또 그 유예기간 동안에는 대여자가 즉시 상환을 요구할 수 없다면 그 부채는 비유동부채로 분류한다.

12 포괄손익계산서

1 표시

① 한국채택국제회계기준 제1001호 '재무제표 표시'에서는 구체적인 포괄손익계산서의 형식을 규정하고 있지 않다. 다만, 포괄손익계산서에 포함할 최소한의 항목을 제시하고 있을 뿐이다.

② 수익과 비용의 어느 항목도 포괄손익계산서 또는 주석에 특별손익항목으로 별도로 표시할 수 없다.

2 포괄손익계산서 표시방법

① 기업은 당기손익과 기타포괄손익을 하나의 포괄손익계산서에 작성할 수 있으며, 이를 분리하여 두 개의 포괄손익계산서를 작성할 수도 있다.

② 한국채택국제회계기준은 매출액에서 매출원가 및 판매비와 관리비를 차감한 영업이익을 포괄손익계산서에 구분하여 표시하도록 규정하였다. 다만, 기업의 특수성을 고려할 필요가 있는 경우 즉, 매출원가를 구분하기가 어려운 경우나 비용을 성격별로 분류하는 경우에는 영업수익에서 영업비용을 차감하여 영업이익을 포괄손익계산서에 구분하여 표시할 수 있다.

정답 ② 유동부채 **7.** ① 비유동부채 ② 하지 않고, 유동부채 **8.** ① 유동부채 ② 비유동부채
12 1. ① 포함할 최소한의 항목을 제시한다 ② 특별손익 **2.** ① 있다 ② 하여야 한다 ③ 성격별

❸ 비용의 분류방법

① 기업은 비용의 성격별 또는 기능별 분류방법 중에서 신뢰성 있고 더욱 목적적합한 정보를 제공할 수 있는 방법을 적용하여 당기손익으로 인식한 비용의 분석내용을 표시한다.

② 비용을 기능별로 분류하는 방식은 성격별 분류보다 더욱 목적적합한 정보를 제공할 수 있지만 비용을 기능별로 분류하는 데 자의적인 배분과 상당한 정도의 판단이 개입될 수 있다.

③ 비용을 기능별로 분류하는 기업은 비용의 성격에 대한 추가정보를 공시한다.

④ 비용의 성격에 대한 정보가 미래현금흐름을 예측하는 데 유용하기 때문에 비용을 기능별로 분류하는 경우에는 추가 공시가 필요하다.

❹ 기타포괄손익의 성격별 구분표시

① 기타포괄손익의 항목(재분류조정을 포함)과 관련한 법인세비용금액은 포괄손익계산서나 주석에 공시한다.

② 기타포괄손익은 당기손익으로 재분류하는 항목과 재분류하지 않는 항목으로 구분하여 다음 중 하나의 방법으로 표시할 수 있다. 관련 법인세 효과를 차감한 순액으로 표시하는 방법과 기타포괄손익의 구성요소와 관련된 법인세 효과 반영 전 금액으로 표시하고, 각 항목들에 관련된 법인세 효과는 단일 금액으로 합산하여 표시하는 방법 중 기업이 선택하여 공시할 수 있다.

③ 어떠한 경우에도 재무상태표에는 관련 법인세 효과를 차감한 후의 순액으로 표시한다.

④ 기타포괄손익의 재분류조정은 당기나 과거기간에 인식한 기타포괄손익을 당기손익으로 재분류한 금액이다.

⑤ 재분류조정대상 기타포괄손익은 해당 기타포괄손익거래가 실현되는 경우 당기순손익으로 재분류조정을 수행한다.

⑥ 재분류조정대상 기타포괄손익은 다음과 같다.

> ㉠ 기타포괄손익-공정가치 측정 채무상품에 대한 투자에서 발생하는 손익
> ㉡ 해외사업장환산손익
> ㉢ 기타포괄손익-공정가치 측정항목으로 지정한 지분상품에 대한 위험회계에서 위험회피에 효과적인 부분
> ㉣ 파생상품인 옵션계약에서 옵션시간가치의 변동
> ㉤ 파생상품인 선도계약에서 외화 베이시스 스프레드 가치 변동

🗣️ 독한훈련

3. 비용의 분류방법

① 기업은 비용의 _____ 또는 기능별 분류방법 중에서 신뢰성 있고 더욱 목적적합한 정보를 제공할 수 있는 방법을 적용하여 당기손익으로 인식한 비용의 분석내용을 표시한다.

② 비용을 기능별로 분류하는 방식은 성격별 분류보다 더욱 목적적합한 정보를 제공할 수 있지만 비용을 (기능별 / 성격별)로 분류하는 데 자의적인 배분과 상당한 정도의 판단이 개입될 수 있다.

③ 비용을 (기능별 / 성격별)로 분류하는 기업은 비용의 (기능 / 성격)에 대한 추가정보를 공시한다.

④ 비용의 (성격 / 기능)에 대한 정보가 미래현금흐름을 예측하는 데 유용하기 때문에 비용을 기능별로 분류하는 경우에는 추가 공시가 필요하다.

4. 기타포괄손익의 성격별 구분표시

① 기타포괄손익의 항목(재분류조정을 포함)과 관련한 법인세비용금액은 _____(이)나 _____에 공시한다.

② 기타포괄손익은 포괄손익계산서상에 재분류조정대상 항목과 재분류조정하지 않는 항목으로 구분하여 표시(한다 / 할 필요가 없다).

③ 기타포괄손익은 관련 법인세 효과를 차감한 순액으로 표시하는 방법과 기타포괄손익의 구성요소와 관련된 법인세 효과 반영 전 금액으로 표시하고, 각 항목들에 관련된 법인세 효과는 단일 금액으로 합산하여 표시하는 방법 중 기업이 선택하여 공시할 수 (있다 / 없다).

④ 재무상태표상에는 기타포괄손익과 관련된 법인세 효과를 (각각 구분하여 총액 / 차감한 순액)으로 표시한다.

⑤ 기타포괄손익의 _____ 조정은 당기나 과거기간에 인식한 기타포괄손익을 당기손익으로 재분류한 금액이다.

⑥ 재분류조정대상 기타포괄손익은 해당 기타포괄손익거래가 실현되는 경우 (이익잉여금 / 당기순손익)으로 재분류조정을 수행한다.

정답 3. ① 성격별 ② 기능별 ③ 기능별, 성격 ④ 성격 4. ① 포괄손익계산서, 주석 ② 한다 ③ 있다 ④ 차감한 순액 ⑤ 재분류 ⑥ 당기순손익

독한훈련

⑦ 다음 중 재분류조정대상인 기타포괄손익 항목을 모두 고르시오.
  a. 유·무형자산의 재평가잉여금의 변동손익
  b. 기타포괄손익-공정가치 측정 채무상품에 대한 투자에서 발생하는 손익
  c. 확정급여채무의 재측정요소
  d. 기타포괄손익-공정가치 측정 지분상품에 대한 투자에서 발생하는 손익
  e. 해외사업장환산손익

⑧ 재분류조정대상이 아닌 기타포괄손익은 최초에 기타포괄손익으로 인식하고 후속기간에 당기손익으로 재분류(하며/하지 않으며), 이익잉여금으로 (직접 대체할 수 있다/대체하지 않는다).

13 주석

주석에 재무제표에 적용한 유의적인 회계정책의 요약이 한국채택국제회계기준을 준수하였다는 사실보다 (먼저/나중에) 기록된다.

14 중간재무보고

1. 중간재무보고

한 회계기간보다 짧은 회계기간을 기준으로 회계보고를 하는데, 이를 _____(이)라고 한다.

2. 중간재무보고서 내용

중간재무보고서에 포함하게 될 재무제표를 모두 고르시오.
  a. 요약재무상태표
  b. 요약포괄손익계산서
  c. 요약자본변동표
  d. 요약현금흐름표
  e. 요약이익잉여금처분계산서
  f. 선별적 주석

---

⑦ 재분류조정대상이 아닌 기타포괄손익은 최초에 기타포괄손익으로 인식하고 후속기간에 당기손익으로 재분류하지 않으며, 이익잉여금으로 직접 대체할 수 있다.

⑧ 재분류조정대상이 아닌 기타포괄손익은 다음과 같다.

> ㉠ 유·무형자산의 재평가잉여금의 변동손익
> ㉡ 확정급여채무의 재측정요소
> ㉢ 기타포괄손익-공정가치 측정 지분상품에 대한 투자에서 발생하는 손익
> ㉣ 당기손익-공정가치 측정항목으로 지정한 금융부채의 신용위험 변동으로 인한 공정가치 변동손익

13 주석

주석에 일반적으로 표시하는 내용과 순서는 다음과 같다.
① 한국채택국제회계기준을 준수하였다는 사실
② 적용한 유의적인 회계정책의 요약
③ 재무상태표, 포괄손익계산서, 별개의 손익계산서, 자본변동표 및 현금흐름표에 표시된 항목에 대한 보충정보, 재무제표의 배열 및 각 재무제표에 표시된 개별 항목의 순서에 따라 표시
④ 다음을 포함한 기타 공시

> ㉠ 우발부채와 재무제표에서 인식하지 아니한 계약상 약정사항
> ㉡ 기업의 재무위험관리목적과 정책 등 비재무적 공시항목

14 중간재무보고

❶ 중간재무보고

한 회계기간보다 짧은 회계기간을 기준으로 회계보고를 하는데, 이를 중간재무보고라고 한다(거래소 상장법인 및 기타 대통령이 정하는 법인은 반기보고서와 분기보고서를 금융위원회와 증권거래소 등에 제출하도록 의무화하고 있다).

❷ 중간재무보고서 내용

① 요약재무상태표
② 다음 중 하나로 표시되는 요약포괄손익계산서

> ㉠ 단일 요약포괄손익계산서
> ㉡ 별개의 요약손익계산서와 요약포괄손익계산서

③ 요약자본변동표
④ 요약현금흐름표
⑤ 선별적 주석

정답 ⑦ b, e ⑧ 하지 않으며, 직접 대체할 수 있다 13 나중에 14 1. 중간재무보고 2. a, b, c, d, f

❸ 중간재무보고서의 내용

① 전체 재무제표를 중간재무보고서에 포함하는 경우, 이러한 재무제표는 기업회계기준서 제1001호에서 정한 전체 재무제표의 형식과 내용에 부합하여야 한다.

② 요약재무제표를 중간재무보고서에 포함하는 경우, 이러한 재무제표는 최소한 직전 연차재무제표에 포함되었던 제목, 소계 및 이 기준서에서 정하는 선별적 주석을 포함하여야 한다. 단, 추가적인 항목이나 다른 주석들이 생략될 경우 요약중간재무제표가 재무제표이용자의 오해를 유발할 수 있다면 그러한 항목이나 주석은 추가되어야 한다.

③ 별개의 손익계산서에 당기순손익의 구성요소를 표시하는 경우에는 별개의 손익계산서에 기본주당이익과 희석주당이익을 표시한다.

④ 직전 연차재무보고서를 연결기준으로 작성하였다면 중간재무보고서도 연결기준으로 작성해야 한다.

⑤ 중간재무보고서를 작성할 때 인식, 측정, 분류 및 공시와 관련된 중요성의 판단은 해당 중간기간의 재무자료에 근거하여 이루어져야 한다.

⑥ 중간재무제표는 연차재무제표에 적용하는 회계정책과 동일한 회계정책을 적용하여 작성한다.

⑦ 계절적, 주기적 또는 일시적으로 발생하는 수익은 연차보고기간 말에 미리 예측하여 인식하거나 이연하는 것이 적절하지 않은 경우 중간보고기간 말에도 미리 예측하여 인식하거나 이연하여서는 아니 된다.

⑧ 연중 고르지 않게 발생하는 원가는 연차보고기간 말에 미리 비용으로 예측하여 인식하거나 이연하는 것이 타당한 방법으로 인정되는 경우에 한하여 중간재무보고서에서도 동일하게 처리한다.

❹ 중간재무제표에 제시되어야 하는 기간

재무제표	대상기간	비교대상
재무상태표	당해 중간보고기간 말	직전 회계연도 말
포괄손익계산서	당해 중간기간과 누적기간	직전 회계연도 동일기간
현금흐름표와 자본변동표	당해 누적기간	직전 회계연도 동일기간

예

구 분	당기(20X2년)	전기(20X1년)
재무상태표	20X2. 6. 30.	20X1. 12. 31.
포괄손익계산서	20X2. 4. 1.~20X2. 6. 30. 20X2. 1. 1.~20X2. 6. 30.	20X1. 4. 1.~20X1. 6. 30. 20X1. 1. 1.~20X1. 6. 30.
자본변동표, 현금흐름표	20X2. 1. 1.~20X2. 6. 30.	20X1. 1. 1.~20X1. 6. 30.

> **독한훈련**

3. 중간재무보고서의 내용

① 전체 재무제표를 중간재무보고서에 포함하는 경우, 이러한 재무제표는 기업회계기준서 제1001호에서 정한 전체 재무제표의 형식과 내용에 부합(해야 한다 / 할 필요는 없다).

② 요약재무제표를 중간재무보고서에 포함하는 경우, 이러한 재무제표는 최소한 직전 연차재무제표에 포함되었던 제목, 소계 및 이 기준서에서 정하는 선별적 주석을 포함(하여야 한다 / 할 필요는 없다).

③ 중간재무보고서에는 기본주당이익과 희석주당이익을 (생략한다 / 표시한다).

④ 직전 연차재무보고서를 연결기준으로 작성하였다면 중간재무보고서를 연결기준으로 작성(해야 한다 / 할 필요는 없다).

⑤ 중간재무보고서를 작성할 때 인식, 측정, 분류 및 공시와 관련된 중요성의 판단은 해당 (중간기간 / 연차보고기간)의 재무자료에 근거하여 이루어져야 한다.

⑥ 중간재무제표는 연차재무제표에 적용하는 회계정책과 동일한 회계정책을 적용(해야 한다 / 할 필요는 없다).

⑦ 계절적, 주기적 또는 일시적으로 발생하는 수익은 연차보고기간 말에 미리 예측하여 인식하거나 이연하는 것이 적절하지 않은 경우 중간보고기간 말에는 미리 예측해서 보고할 수 (있다 / 없다).

⑧ 연중 고르지 않게 발생하는 원가는 연차보고기간 말에 미리 비용으로 예측하여 인식하거나 이연하는 것이 타당한 방법으로 인정되는 경우(라 하더라도 인식할 수 없다 / 에 한하여 인식할 수 있다).

4. 중간재무제표에 제시되어야 하는 기간

중간재무제표에 제시되어야할 기간을 채워 넣으시오

① 재무상태표: 당해 _____ 와(과) _____ 을(를) 비교

② 포괄손익계산서: 당해 _____ 와(과) 당해 회계연도 _____ 을(를) 직전 회계연도 동일기간과 비교

③ 자본변동표: 당해 _____ 와(과) 직전 회계연도 동일기간과 비교

④ 현금흐름표: 당해 _____ 와(과) 직전 회계연도 동일기간과 비교

💡 **정답** 3. ① 해야 한다 ② 하여야 한다 ③ 표시한다 ④ 해야 한다 ⑤ 중간기간 ⑥ 해야 한다 ⑦ 없다 ⑧ 에 한하여 인식할 수 있다
4. ① 중간보고기간 말, 직전 회계연도 말 ② 중간기간, 누적기간 ③ 누적기간 ④ 누적기간

15 보고기간후사건

❶ 의미
보고기간후사건은 보고기간 말과 재무제표 발행승인일 사이에 발생한 사건을 의미한다.

❷ 재무제표 발행승인일
① 재무제표 발행승인일은 주주총회에서 주주가 승인한 날이 아니라, 주주총회에 제출하기 위한 재무제표를 이사회가 검토하고 발행하도록 승인한 날이다.
② 별도의 감독이사회(비집행이사로만 구성)의 승인을 얻기 위하여 재무제표를 발행하는 경우, 경영진이 감독이사회에 재무제표를 제출하기 위하여 승인한 날이 재무제표 발행승인일이다.

❸ 수정을 요하는 보고기간후사건
수정을 요하는 보고기간후사건이 발생하면 이미 재무제표에 인식한 금액은 수정하고, 재무제표에 인식하지 않은 항목은 새로 인식한다.
① 보고기간 말에 존재하였던 현재의무가 보고기간 후에 소송사건의 확정에 의해 확인되는 경우
② 보고기간 말에 이미 자산손상이 발생되었음을 나타내는 정보를 보고기간 후에 입수하는 경우나 이미 손상차손을 인식한 자산에 대하여 손상차손금액의 수정이 필요한 정보를 보고기간 후에 입수하는 경우

> ⑦ 보고기간 후의 매출처 파산은 일반적으로 보고기간 말에 고객의 신용이 손상되었음을 확인해준다.
> ⓒ 보고기간 후의 재고자산 판매는 보고기간 말의 순실현가능가치에 대한 증거를 제공할 수 있다.

③ 보고기간 말 이전에 구입한 자산의 취득원가나 매각한 자산의 대가를 보고기간 후에 결정하는 경우
④ 보고기간 말 이전 사건의 결과로서 보고기간 말에 종업원에게 지급하여야 할 법적 의무나 의제의무가 있는 이익분배나 상여금지급금액을 보고기간 후에 확정하는 경우
⑤ 재무제표가 부정확하다는 것을 보여주는 부정이나 오류를 발견한 경우

📢 독한훈련

15 보고기간후사건

1. 의미

보고기간후사건은 보고기간 말과 재무제표 _____ 사이에 발생한 사건을 의미한다.

2. 재무제표 발행승인일

① 재무제표 발행승인일은 _____ 에서 재무제표를 검토하고 발행하도록 승인한 날이다.

② 별도의 감독이사회(비집행이사로만 구성)의 승인을 얻기 위하여 재무제표를 발행하는 경우, _____ 이(가) 감독이사회에 재무제표를 제출하기 위하여 승인한 날이 재무제표 발행승인일이다.

3~4. 수정을 요하는 보고기간후사건과 수정을 요하지 않는 보고기간후사건

다음 중 수정을 요하는 사건과 수정을 요하지 않는 사건으로 구분하시오. 수정을 요하는 사건은 'O', 그렇지 않은 사건은 '×'로 구분하시오

사건	O / ×
a. 보고기간 말에 존재하였던 현재의무가 보고기간 후에 소송사건의 확정에 의해 확인되는 경우	
b. 보고기간 말 이전에 구입한 자산의 취득원가나 매각한 자산의 대가를 보고기간 후에 결정하는 경우	
c. 보고기간 후에 발생한 주요 사업결합 또는 주요 종속기업의 처분	
d. 재무제표가 부정확하다는 것을 보여주는 부정이나 오류를 발견한 경우	
e. 보고기간 후에 발생한 자산 가격이나 환율의 비정상적 변동	
f. 보고기간 후에 발생한 사건에만 관련되어 제기된 주요한 소송의 개시	
g. 보고기간 말 이전 사건의 결과로서 보고기간 말에 종업원에게 지급하여야 할 법적 의무나 의제의무가 있는 이익분배나 상여금지급금액을 보고기간 후에 확정하는 경우	

정답 15 1. 발행승인일 2. ① 이사회 ② 경영진 3~4. • O: a, b, d, g • ×: c, e, f

❹ 수정을 요하지 않는 보고기간후사건

수정을 요하지 않는 보고기간후사건을 반영하기 위하여 재무제표에 인식된 금액을 수정하지 아니한다.
① 보고기간 후에 발생한 주요 사업결합 또는 주요 종속 기업의 처분
② 영업중단계획의 발표
③ 자산의 주요 구입, 기업회계기준서 제1105호 '매각예정비유동자산과 중단영업'에 따라 자산을 매각예정으로 분류, 자산의 기타 처분, 정부에 의한 주요 자산의 수용
④ 보고기간 후에 발생한 화재로 인한 주요 생산설비의 파손
⑤ 주요한 구조조정계획의 공표나 이행착수
⑥ 보고기간 후에 발생한 주요한 보통주 거래와 잠재적 보통주 거래
⑦ 보고기간 후에 발생한 자산 가격이나 환율의 비정상적 변동
⑧ 당기법인세 자산과 부채 및 이연법인세 자산과 부채에 유의적인 영향을 미치는 세법이나 세율에 대한 보고기간 후의 변경 또는 변경 예고
⑨ 유의적인 지급보증 등에 의한 우발부채의 발생이나 유의적인 약정의 체결
⑩ 보고기간 후에 발생한 사건에만 관련되어 제기된 주요한 소송의 개시

❺ 배당 선언

보고기간 후에 지분상품 보유자에 대해 배당을 선언한 경우, 그 배당금을 보고기간 말의 부채로 인식하지 아니한다.

❻ 계속기업가정

경영진이 보고기간 후에 기업을 청산하거나 경영활동을 중단할 의도를 가지고 있거나, 청산 또는 경영활동의 중단 외에 다른 현실적 대안이 없다고 판단하는 경우에는 계속기업의 기준에 따라 재무제표를 작성해서는 아니 된다.

> 🗨️ 독한훈련

5. 배당 선언
보고기간 후에 지분상품 보유자에 대해 배당을 선언한 경우, 그 배당금을 보고기간 말의 부채로 인식(한다 / 하지 아니한다).

6. 계속기업가정
경영진이 보고기간 후에 기업을 청산하거나 경영활동을 중단할 의도를 가지고 있거나, 청산 또는 경영활동의 중단 외에 다른 현실적 대안이 없다고 판단하는 경우에는(도) 계속기업 기준에 따라 재무제표를 작성할 수 (있다 / 없다).

💡 정답 5. 하지 아니한다 6. 없다

2 OX 강훈련

✎ 지문 수정하기

⁞ 다음 문장을 읽고 옳은 설명에는 O, 옳지 않은 설명에는 X를 하고 올바른 문장으로 수정하시오.

01 한국채택국제회계기준에 따라 재무제표는 재무상태표, 포괄손익계산서, 자본변동표, 현금흐름표, 이익잉여금처분계산서, 주석을 포함한다. [O X]

02 재무제표 중에서 재무상태표는 특정시점의 상태를 나타내지만 나머지 재무제표들은 특정기간의 변동을 나타낸다. [O X]

03 재무제표 표시에 대한 기준에서 제시한 각각의 재무제표들은 전체 재무제표에서 동등한 비중으로 표시해야 하며 기준에서 사용하는 명칭 외의 다른 명칭을 사용할 수 없다. [O X]

04 재무제표는 기업의 재무상태, 재무성과 및 현금흐름을 공정하게 표시해야 한다. 공정한 표시를 위해서는 '재무보고를 위한 개념체계'에서 정한 자산, 부채, 수익 및 비용에 대한 정의와 인식요건에 따라 거래, 그 밖의 사건과 상황의 효과를 충실하게 표현해야 한다. [O X]

05 한국채택국제회계기준의 규정과 일치하지 않는 부적절한 회계정책은 이에 대해 공시나 주석을 통해 설명한다면 정당화될 수 있다. [O X]

06 재무제표가 한국채택국제회계기준을 일부 준수한 경우에도 한국채택국제회계기준을 준수하였다고 기재할 수 있다. [O X]

07 재무제표가 계속기업을 전제로 작성되지 않은 경우 그 사실과 함께 재무제표가 작성된 기준 및 그 기업을 계속기업으로 보지 않는 이유를 공시해야 한다. [O X]

OX 풀이

01 한국채택국제회계기준에 따라 재무제표는 재무상태표, 포괄손익계산서, 자본변동표, 현금흐름표, 주석을 포함한다. **이익잉여금처분계산서**는 상법에서 요구하는 경우 주석에 기재할 뿐 기준에서 요구하는 **주재무제표에는 해당하지 않는다.**

03 재무제표 표시에 대한 기준에서 제시한 각각의 재무제표들은 전체 재무제표에서 동등한 비중으로 표시해야 하며 기준에서 사용하는 명칭 외의 **다른 명칭을 사용할 수 있다.**

05 한국채택국제회계기준의 규정과 일치하지 않는 부적절한 회계정책은 이에 대해 공시나 주석을 통해 설명한다 하더라도 **정당화될 수 없다.**

06 재무제표가 한국채택국제회계기준의 요구사항을 **모두 충족한 경우에만** 한국채택국제회계기준을 준수하였다고 기재할 수 있다.

|정답| 01 X 02 O 03 X 04 O 05 X 06 X 07 O

✏️ 지문 수정하기

○ 다음 문장을 읽고 옳은 설명에는 O, 옳지 않은 설명에는 X를 하고 올바른 문장으로 수정하시오.

08 계속기업가정이 적절한지 여부를 평가할 때 경영진은 적어도 보고기간 말로부터 6개월 기간에 대하여 이용가능한 모든 정보를 고려한다. O X

09 모든 재무제표는 발생기준 회계를 적용하여 작성된다. O X

10 재무제표상에서 중요하지 않아 구분표시하지 않은 항목은 주석에서도 구분표시할 수 없다. O X

11 유사한 항목은 통합하여 표시하고 상이한 성격이나 기능을 가진 항목은 구분하여 표시한다. O X

12 중요하지 않은 정보의 경우에는 한국채택국제회계기준에서 요구하는 특정공시를 제공할 필요가 있다. O X

13 한국채택국제회계기준에서 요구하는 경우에는 자산과 부채 그리고 수익과 비용을 상계할 수 있다. O X

14 재고자산 및 영업용 자산을 포함한 비유동자산의 처분손익은 처분대금에서 그 자산의 장부금액과 관련 처분비용을 차감하여 표시하며 상계표시의 예이다. O X

15 외환손익 또는 단기매매금융상품에서 발생하는 손익과 같이 유사한 거래의 집합에서 발생하는 차익과 차손은 총액으로 표시한다. O X

16 외환손익 또는 단기매매금융상품에서 발생하는 손익과 같이 유사한 거래의 집합에서 발생하는 차익과 차손은 중요한 경우 순액으로 표시한다. O X

OX 풀이

08 계속기업가정이 적절한지 여부를 평가할 때 경영진은 적어도 보고기간 말로부터 **12개월** 기간에 대하여 이용가능한 모든 정보를 고려한다.
09 **현금흐름의 정보를 제외**하고는 모두 발생주의에 따라 재무제표를 작성한다.
10 재무제표상에서 중요하지 않아 구분표시하지 않은 항목이라도 **주석에서는 구분표시해야 할 만큼 중요할 수 있다.**
11 유사한 항목은 **중요성 분류에 따라 재무제표에 구분하여 표시**하며, 상이한 성격이나 기능을 가진 항목은 구분하여 표시한다.
12 중요하지 않은 정보의 경우에는 한국채택국제회계기준에서 요구하는 특정공시를 제공할 필요가 **없다.**
14 **투자자산** 및 영업용 자산을 포함한 비유동자산의 처분손익은 처분대금에서 그 자산의 장부금액과 관련 처분비용을 차감하여 표시하며 상계표시의 예이다.
15 외환손익 또는 단기매매금융상품에서 발생하는 손익과 같이 유사한 거래의 집합에서 발생하는 차익과 차손은 **순액**으로 표시한다.
16 외환손익 또는 단기매매금융상품에서 발생하는 손익과 같이 유사한 거래의 집합에서 발생하는 차익과 차손은 중요한 경우 **총액**으로 표시한다.

| 정답 | 08 X 09 X 10 X 11 X 12 X 13 O 14 X 15 X 16 X

✏️ 지문 수정하기

다음 문장을 읽고 옳은 설명에는 O, 옳지 않은 설명에는 X를 하고 올바른 문장으로 수정하시오.

17 재고자산에 대한 재고자산평가충당금과 매출채권에 대한 대손충당금과 같은 평가충당금을 차감하여 관련 자산을 순액으로 측정하는 것은 상계표시에 해당한다. ⓞ Ⓧ

18 전체재무제표(비교정보를 포함)는 적어도 1년마다 작성해야 하므로, 보고기간 종료일을 변경하는 경우라도 재무제표의 보고기간은 1년을 초과할 수 없다. ⓞ Ⓧ

19 한국채택국제회계기준이 달리 허용하거나 요구하는 경우를 제외하고는 당기재무제표에 보고되는 모든 금액에 대해 전기 말과 전기 초의 비교정보를 표시한다. ⓞ Ⓧ

20 재무제표를 이해하는 데 목적적합하다 하더라도 서술형 정보의 경우는 비교정보를 표시할 수 없다. ⓞ Ⓧ

21 재무제표 항목의 표시나 분류를 변경하는 경우 실무적으로 적용할 수 없는 것이 아니라면 비교금액도 재분류해야 하며, 비교금액을 재분류할 때 재분류의 성격, 재분류된 개별 항목이나 항목군의 금액, 재분류의 이유를 공시한다(전전기 기초 포함). ⓞ Ⓧ

22 회계기준에서 표시방법의 변경을 요구하는 경우에도 재무제표의 표시와 분류는 매기 동일하여야 한다. ⓞ Ⓧ

OX 풀이

17 재고자산에 대한 재고자산평가충당금과 매출채권에 대한 대손충당금과 같은 평가충당금을 차감하여 관련 자산을 순액으로 측정하는 것은 상계표시에 **해당하지 않는다.**

18 전체 재무제표는 적어도 1년을 보고빈도로 하여 작성한다. 그러나 보고기간 종료일을 변경하여 재무제표의 **보고기간이 1년을 초과하거나 미달하는 경우가 있을 수 있다.** 그러한 경우, 재무제표 해당기간 뿐만 아니라 보고기간이 1년을 초과하거나 미달하게 된 이유와 재무제표에 표시된 금액이 완전하게 비교가능하지 않다는 사실을 추가로 공시한다.

19 한국채택국제회계기준이 달리 허용하거나 요구하는 경우를 제외하고는 당기 재무제표에 보고되는 모든 금액에 대해 **전기** 비교정보를 표시한다. 전기말과 전기 초의 삼단비교는 회계의 정책의 변경이나 오류수정 등으로 인해 소급적용되었을 때 재무제표를 재작성하는 경우에 해당한다.

20 재무제표를 이해하는 데 목적적합하다면 서술형 정보의 경우도 비교정보를 표시할 수 **있다.**

21 재무제표 항목의 표시나 분류를 변경하는 경우 실무적으로 적용할 수 없는 것이 아니라면 비교금액도 재분류해야 하며, 비교금액을 재분류할 때 재분류의 성격, 재분류된 개별 항목이나 항목군의 금액, 재분류의 이유를 공시한다(**전기 기초 포함**).

22 재무제표 항목의 표시는 계속성을 유지하여야 하지만, 한국채택국제회계기준에서 표시방법의 변경을 요구하는 경우 **재무제표 표시방법을 변경할 수 있다.**

| 정답 | 17 X 18 X 19 X 20 X 21 X 22 X

다음 문장을 읽고 옳은 설명에는 O, 옳지 않은 설명에는 X를 하고 올바른 문장으로 수정하시오.

23. 재무제표 표시통화를 천 단위나 백만 단위로 표시할 때 중립성이 제고될 수 있으며, 이러한 표시는 금액 단위를 공시하고 중요한 정보가 누락되지 않는 경우에 허용될 수 있다. O X

24. 한국채택국제회계기준 제1001호 '재무제표 표시'는 표시되어야 할 순서나 형식에 대해서 규정하고 구분표시해야 할 상이한 항목들을 제시하고 있다. O X

25. 재무상태표를 작성할 때 유동과 비유동으로 구분해야 한다. O X

26. 재무상태표를 작성할 때 유동성 순서에 따르는 경우 유동자산과 비유동자산, 유동부채와 비유동부채를 구분하여 작성한다. O X

27. 재무상태표를 유동과 비유동으로 구분하는 경우 유동자산과 유동부채를 비유동자산과 비유동부채보다 먼저 표시한다. O X

28. 기업이 재무상태표에 유동자산과 비유동자산, 그리고 유동부채와 비유동부채로 구분표시하는 경우 이연법인세자산(부채)은 유동자산(부채)으로 분류한다. O X

29. 현금성자산으로 교환이나 부채상환목적으로의 사용에 대한 제한기간이 보고기간 후 12개월 이상인 경우 유동자산으로 분류한다. O X

30. 재고자산 및 매출채권과 같이 정상영업주기의 일부로서 판매, 소비 또는 실현되는 자산이라 하더라도 보고기간 후 12개월 이내에 실현될 것으로 예상되지 않는 경우에는 비유동자산으로 표시한다. O X

OX 풀이

23. 재무제표 표시통화를 천 단위나 백만 단위로 표시할 때 **이해가능성**이 제고될 수 있으며, 이러한 표시는 금액 단위를 공시하고 중요한 정보가 누락되지 않는 경우에 허용될 수 있다.
24. 한국채택국제회계기준 제1001호 '재무제표 표시'는 표시되어야 할 순서나 형식에 대해서 **규정하지 않고** 구분표시해야 할 상이한 항목들을 제시하고 있다.
25. 재무상태표를 작성할 때 유동과 비유동으로 구분할 수 있을 뿐만 아니라 **유동성 순서에 따라 표시할 수도 있고 이 둘을 혼합하여 표시할 수도 있다.**
26. 재무상태표를 작성할 때 유동성 순서에 따르는 경우 반드시 유동자산과 비유동자산, 유동부채와 비유동부채를 **구분하여 작성할 필요는 없다.**
27. 유동·비유동 구분법에서 유동과 비유동의 **우선순위는 제시되어 있지 않다.**
28. 기업이 재무상태표에 유동자산과 비유동자산, 그리고 유동부채와 비유동부채로 구분표시하는 경우 이연법인세자산(부채)은 **비유동자산(부채)**으로 분류한다.
29. 현금성자산으로 교환이나 부채상환목적으로의 사용에 대한 제한기간이 보고기간 후 12개월 이상인 경우 **비유동자산**으로 분류한다.
30. 재고자산 및 매출채권과 같이 정상영업주기의 일부로서 판매, 소비 또는 실현되는 자산이면 보고기간 후 12개월 이내에 실현될 것으로 예상되지 않는 경우라고 하더라도 **유동자산**으로 표시한다.

| 정답 | 23 X 24 X 25 X 26 X 27 X 28 X 29 X 30 X

● 다음 문장을 읽고 옳은 설명에는 O, 옳지 않은 설명에는 X를 하고 올바른 문장으로 수정하시오.

31 포괄손익계산서의 영업주기는 영업활동을 위한 자산의 취득시점부터 처분시점까지 소요되는 기간을 의미한다. O X

32 보고기간 후 12개월 이상 부채의 결제를 연기할 수 있는 권리를 가지고 있는 경우 유동부채로 표시한다. O X

33 단기차입금 그리고 종업원 및 그 밖의 영업원가에 대한 미지급비용과 같은 유동부채는 기업의 정상영업주기 내에 사용되는 운전자본의 일부이므로, 이러한 항목은 보고기간 후 12개월 후에 결제일이 도래한다 하더라도 유동부채로 분류한다. O X

34 원래의 결제기간이 12개월을 초과하는 경우라면 보고기간 후 12개월 이내에 결제일이 도래한다 하더라도 이를 비유동부채로 분류한다. O X

35 보고기간 후 재무제표 발행승인일 이전에 장기로 차환하는 계약 또는 지급기일을 장기로 재조정하는 계약이 체결된 경우 보고기간 후 12개월 이내에 결제일이 도래하면 이를 비유동부채로 분류한다. O X

36 보고기간 말 이전에 장기차입약정을 위반했을 때 대여자가 즉시 상환을 요구할 수 있는 채무는 보고기간 후 재무제표 발행승인일 전에 대여자가 약정위반을 이유로 상환을 요구하지 않기로 합의하더라도 비유동부채로 분류한다. O X

OX 풀이

31 포괄손익계산서의 영업주기는 영업활동을 위한 자산의 취득시점부터 **그 자산이 현금이나 현금성자산으로 실현되는 시점**까지 소요되는 기간을 의미한다.
32 보고기간 후 12개월 이상 부채의 결제를 연기할 수 있는 권리를 가지고 있는 경우 **비유동부채**로 표시한다.
33 **매입채무** 그리고 종업원 및 그 밖의 영업원가에 대한 미지급비용과 같은 유동부채는 기업의 정상영업주기 내에 사용되는 운전자본의 일부이므로, 이러한 항목은 보고기간 후 12개월 후에 결제일이 도래한다 하더라도 유동부채로 분류한다.
34 원래의 결제기간이 12개월을 초과하는 경우라 하더라도 보고기간 후 12개월 이내에 결제일이 도래한다면 이를 **유동부채**로 분류한다.
35 보고기간 후 재무제표 발행승인일 이전에 장기로 차환하는 계약 또는 지급기일을 장기로 재조정하는 계약이 체결된 경우 보고기간 후 12개월 이내에 결제일이 도래하면 이를 **유동부채**로 분류한다.
36 보고기간 말 이전에 장기차입약정을 위반했을 때 대여자가 즉시 상환을 요구할 수 있는 채무는 보고기간 후 재무제표 발행승인일 전에 대여자가 약정위반을 이유로 상환을 요구하지 않기로 합의하더라도 **유동부채**로 분류한다.

| 정답 | 31 X 32 X 33 X 34 X 35 X 36 X

: 다음 문장을 읽고 옳은 설명에는 O, 옳지 않은 설명에는 X를 하고 올바른 문장으로 수정하시오.

37 대여자가 보고기간 말 이전에 보고기간 후 적어도 12개월 이상의 유예기간을 주는 데 합의하여 그 유예기간 내에 기업이 위반사항을 해소할 수 있고, 또 그 유예기간 동안에는 대여자가 즉시 상환을 요구할 수 없다면 그 부채는 유동부채로 분류한다. (O X)

38 수익과 비용의 어느 항목도 포괄손익계산서에는 특별손익항목으로 별도로 표시할 수 없으나 주석에는 표시할 수 있다. (O X)

39 한 회계기간에 인식되는 모든 수익과 비용 항목은 한국채택국제회계기준이 달리 정하지 않는 한 당기손익으로 인식한다. (O X)

40 당기손익과 기타포괄손익은 단일 포괄손익계산서에 두 부분으로 나누어 표시할 수 있지만, 당기손익 부분을 별개의 손익계산서로 표시할 수 없다. (O X)

41 기타포괄손익은 당기손익으로 재분류하는 항목과 재분류하지 않는 항목으로 구분하여 관련 법인세 효과를 차감한 순액으로 표시해야만 한다. (O X)

42 재분류조정대상이 아닌 기타포괄손익은 최초에 기타포괄손익으로 인식하고 후속기간에 당기손익으로 재분류조정하여 이익잉여금으로 인식한다. (O X)

43 기타포괄손익의 항목은 재분류조정항목을 제외하고 관련된 법인세비용 금액을 포괄손익계산서나 주석에 공시한다. (O X)

OX 풀이

37 대여자가 보고기간 말 이전에 보고기간 후 적어도 12개월 이상의 유예기간을 주는 데 합의하여 그 유예기간 내에 기업이 위반사항을 해소할 수 있고, 또 그 유예기간 동안에는 대여자가 즉시 상환을 요구할 수 없다면 그 부채는 **비유동부채**로 분류한다.
38 수익과 비용의 어느 항목도 포괄손익계산서나 주석에 특별손익항목으로 별도로 **표시할 수 없다**.
40 당기손익과 기타포괄손익을 하나의 포괄손익계산서에 표기하는 경우, 이 두 부분은 당기손익 부분을 먼저 표시하고 바로 이어서 기타포괄손익 부분을 표시함으로써 함께 표시한다. 두개의 포괄손익계산서를 작성하는 경우 당기손익 부분을 **별개의 손익계산서에 표시한다**.
41 기타포괄손익은 당기손익으로 재분류하는 항목과 재분류하지 않는 항목으로 구분하여 관련 법인세 효과를 차감한 순액으로 표시하거나 **기타포괄손익의 구성요소와 관련된 법인세 효과 반영 전 금액으로 표시하고, 각 항목들에 관련된 법인세 효과는 단일 금액으로 합산하여 표시하는 방법** 중 기업이 **선택하여 공시**할 수 있다.
42 재분류조정대상이 아닌 기타포괄손익은 최초에 기타포괄손익으로 인식하고 후속기간에 당기손익으로 **재분류조정하지 않고**, 이익잉여금에 직접 대체할 수 있다.
43 기타포괄손익의 항목은 재분류조정항목을 **포함**하여 관련된 법인세비용 금액을 포괄손익계산서나 주석에 공시한다.

| 정답 | 37 X 38 X 39 O 40 X 41 X 42 X 43 X

- 다음 문장을 읽고 옳은 설명에는 O, 옳지 않은 설명에는 X를 하고 올바른 문장으로 수정하시오.

44 비용을 기능별로 분류하는 방식은 성격별 분류보다 더욱 목적적합한 정보를 제공할 수 있지만 비용을 성격별로 분류하는 데 자의적인 배분과 상당한 정도의 판단이 개입될 수 있다. O X

45 비용을 성격별로 분류하는 기업은 비용의 기능에 대한 추가 정보를 공시한다. O X

46 중간재무제표는 연차재무제표에 적용하는 회계정책과 동일한 회계정책을 적용하여 작성한다. O X

47 중간재무보고서에는 주당이익과 희석주당이익을 생략한다. O X

48 직전 연차재무보고서를 연결기준으로 작성했다고 하더라도 중간재무보고서를 연결기준으로 작성할 필요는 없다. O X

49 중간재무보고서를 작성할 때 인식, 측정, 분류 및 공시와 관련된 중요성의 판단은 연차보고기간의 재무자료에 근거하여 이루어져야 한다. O X

50 재무제표를 발행한 이후에 주주에게 승인을 받기 위하여 제출하는 경우 재무제표 발행승인일은 재무제표를 발행한 날이 아니라 주주가 재무제표를 승인한 날이다. O X

51 보고기간 후부터 재무제표 발행승인일 전 사이에 배당을 선언한 경우, 보고기간말에 부채로 인식한다. O X

OX 풀이

44 비용을 기능별로 분류하는 방식은 성격별 분류보다 더욱 목적적합한 정보를 제공할 수 있지만 비용을 **기능별**로 분류하는 데 자의적인 배분과 상당한 정도의 판단이 개입될 수 있다.

45 비용을 **기능별**로 분류하는 기업은 비용의 **성격**에 대한 추가 정보를 공시한다.

47 별개의 손익계산서에 당기순손익의 구성요소를 표시하는 경우에는 중간재무보고 시 별개의 손익계산서에 기본주당이익과 희석주당이익을 **표시한다**.

48 직전 연차재무보고서를 연결기준으로 작성했다면 중간재무보고서를 **연결기준으로 작성해야 한다**.

49 중간재무보고서를 작성할 때 인식, 측정, 분류 및 공시와 관련된 중요성의 판단은 **중간보고기간**의 재무자료에 근거하여 이루어져야 한다.

50 재무제표를 발행한 이후에 주주에게 승인을 받기 위하여 제출하는 경우 재무제표 발행승인일은 **재무제표를 발행한 날이다**.
경영진이 별도의 감독이사회(비집행이사로만 구성)의 승인을 얻기 위하여 재무제표를 발행하는 경우 경영진이 감독이사회에 재무제표를 제출하기 위하여 승인한 날이다.

51 보고기간 후부터 재무제표 발행승인일 전 사이에 배당을 선언한 경우, 보고기간말에 부채로 **인식하지 않는다**.

|정답| 44 X 45 X 46 O 47 X 48 X 49 X 50 X 51 X

3. 공무원 5개년 기출 문제

01 ▶ 2025 관세직9급
재무제표 표시에 대한 설명으로 옳지 않은 것은?

① 「한국채택국제회계기준」에서 요구하거나 허용하지 않는 경우 자산과 부채 그리고 수익과 비용은 상계하지 않는다.
② 포괄손익계산서 상 영업손익은 영업의 특수성을 고려할 필요가 있는 경우나 비용을 성격별로 분류하는 경우를 제외하고는 영업수익에서 영업비용을 차감하여 산출한다.
③ 매입채무 그리고 종업원 및 그 밖의 영업원가에 대한 미지급비용과 같은 유동부채는 기업의 정상영업주기 내에 사용되는 운전자본의 일부이다. 이러한 항목은 보고기간 후 12개월 후에 결제일이 도래한다 하더라도 유동부채로 분류한다.
④ 기업은 현금흐름 정보를 제외하고는 발생기준 회계를 적용하여 재무제표를 작성한다.

02 ▶ 2024 국가직7급
재무제표 표시에 대한 설명으로 옳지 않은 것은?

① 부적절한 회계정책은 이에 대하여 공시나 주석 또는 보충자료를 통해 설명된다면 정당화될 수 있다.
② 한국채택국제회계기준에서 요구하거나 허용하지 않는 한 자산과 부채 그리고 수익과 비용은 상계하지 아니한다.
③ 유사한 항목은 중요성 분류에 따라 재무제표에 구분하여 표시한다. 상이한 성격이나 기능을 가진 항목은 구분하여 표시한다. 다만 중요하지 않은 항목은 성격이나 기능이 유사한 항목과 통합하여 표시할 수 있다.
④ 재무제표는 기업의 재무상태, 재무성과 및 현금흐름을 공정하게 표시해야 한다. 공정한 표시를 위해서는 '재무보고를 위한 개념체계'에서 정한 자산, 부채, 수익 및 비용에 대한 정의와 인식요건에 따라 거래, 그 밖의 사건과 상황의 효과를 충실하게 표현해야 한다.

03 ▶ 2024 국가직7급
유동부채에 대한 설명으로 옳지 않은 것은?

① 매입채무 그리고 종업원 및 그 밖의 영업원가에 대한 미지급비용과 같은 유동부채는 기업의 정상영업주기 내에 사용되는 운전자본의 일부이다. 이러한 항목은 보고기간 후 12개월 후에 결제일이 도래한다 하더라도 유동부채로 분류한다.
② 기업이 보고기간말 현재 기존의 대출계약조건에 따라 보고기간 후 적어도 12개월 이상 부채를 연장할 권리가 있다면, 보고기간 후 12개월 이내에 만기가 도래한다 하더라도 비유동부채로 분류한다. 만약 기업에 그러한 권리가 없다면, 차환가능성을 고려하지 않고 유동부채로 분류한다.
③ 대여자가 보고기간말 이전에 보고기간 후 적어도 12개월 이상의 유예기간을 주는 데 합의하여 그 유예기간 내에 기업이 위반사항을 해소할 수 있고, 또 그 유예기간 동안에는 대여자가 즉시 상환을 요구할 수 없다면 그 부채는 비유동부채로 분류한다.
④ 보고기간말 이전에 장기차입약정을 위반했을 때 대여자가 즉시 상환을 요구할 수 있는 채무는 보고기간 후 재무제표 발행승인일 전에 채권자가 약정위반을 이유로 상환을 요구하지 않기로 합의한다면 비유동부채로 분류한다.

04　2024 국가직9급

재무제표 표시에 대한 설명으로 옳지 않은 것은?

① 경영진은 재무제표를 작성할 때 계속기업으로서의 존속가능성을 평가해야 한다.
② 기업은 현금흐름 정보를 제외하고는 발생기준 회계를 사용하여 재무제표를 작성한다.
③ 당기 재무제표를 이해하는 데 목적적합하다면 서술형 정보의 경우에도 비교정보를 포함한다.
④ 회계기준에서 표시방법의 변경을 요구하는 경우에도 재무제표의 표시와 분류는 매기 동일하여야 한다.

05　2023 국가직7급

재무제표 표시의 일반사항에 대한 설명으로 옳지 않은 것은?

① 「한국채택국제회계기준」에 따라 작성된 재무제표(필요에 따라 추가공시한 경우 포함)는 공정하게 표시된 재무제표로 본다.
② 「한국채택국제회계기준」을 준수하여 재무제표를 작성하는 기업은 그러한 준수 사실을 주석에 명시적으로 기재할 필요는 없다.
③ 거의 모든 상황에서 공정한 표시는 관련 「한국채택국제회계기준」을 준수함으로써 달성된다.
④ 부적절한 회계정책은 이에 대하여 공시나 주석 또는 보충자료를 통해 설명하더라도 정당화될 수 없다.

06　2023 국가직9급

재무제표의 표시에 대한 설명으로 옳지 않은 것은?

① 당기손익과 기타포괄손익은 단일의 포괄 손익계산서에 두 부분으로 나누어 표시할 수 있지만 당기손익 부분을 별개의 손익계산서로 표시할 수 없다.
② 「한국채택국제회계기준」에 따라 작성된 재무제표(필요에 따라 추가공시한 경우 포함)는 공정하게 표시된 재무제표로 본다.
③ 「한국채택국제회계기준」에서 요구하거나 허용하지 않는 한 자산과 부채 그리고 수익과 비용은 상계하지 아니한다.
④ 재무제표가 「한국채택국제회계기준」의 요구사항을 모두 충족한 경우가 아니라면 주석에 「한국채택국제회계기준」을 준수하여 작성되었다고 기재하여서는 아니 된다.

07　2021 국가직7급

재무제표 표시에 대한 설명으로 옳지 않은 것은?

① 상이한 성격이나 기능을 가진 항목은 구분하여 표시하며, 다만 중요하지 않은 항목은 성격이나 기능이 유사한 항목과 통합하여 표시할 수 있다.
② 재무제표의 표시통화를 천 단위나 백만 단위로 표시할 때 중립성이 제고될 수 있으며, 이러한 표시는 금액 단위를 공시하고 중요한 정보가 누락되지 않는 경우에 허용될 수 있다.
③ 전체 재무제표(비교정보를 포함)는 적어도 1년마다 작성하며, 보고기간종료일을 변경하여 재무제표의 보고기간이 1년을 초과하거나 미달하는 경우 재무제표 해당 기간뿐만 아니라 보고기간이 1년을 초과하거나 미달하게 된 이유와 재무제표에 표시된 금액이 완전하게 비교가능하지는 않다는 사실을 추가로 공시한다.
④ 재무제표 항목의 표시나 분류를 변경하는 경우 실무적으로 적용할 수 없는 것이 아니라면 비교금액도 재분류해야 하며, 비교금액을 재분류할 때 재분류의 성격, 재분류된 개별 항목이나 항목군의 금액, 재분류의 이유를 공시한다(전기 기초 포함).

08 ▶ 2023 지방직9급

재무제표 표시에 대한 설명으로 옳지 않은 것은?

① 유동성 순서에 따른 표시방법을 적용할 경우 모든 자산과 부채는 유동성의 순서에 따라 표시한다.
② 금융회사와 같은 일부 기업의 경우에는 오름차순이나 내림차순의 유동성 순서에 따른 표시방법으로 자산과 부채를 표시하는 것이 유동/비유동 구분법보다 신뢰성 있고 더욱 목적적합한 정보를 제공한다.
③ 기업이 명확히 식별 가능한 영업주기 내에서 재화나 용역을 제공하는 경우, 재무상태표에 유동자산과 비유동자산 및 유동부채와 비유동부채를 구분하여 표시한다.
④ 기업이 기존의 대출계약조건에 따라 보고기간 후 적어도 12개월 이상 부채를 차환하거나 연장할 것으로 기대하고 있고, 그런 재량권이 있더라도, 보고기간 후 12개월 이내에 만기가 도래한다면 유동부채로 분류한다.

09 ▶ 2021 지방직9급

「한국채택국제회계기준」에서 제시된 '상계'에 대한 설명으로 옳지 않은 것은?

① 외환손익 또는 단기매매 금융상품에서 발생하는 손익과 같이 유사한 거래의 집합에서 발생하는 차익과 차손은 중요성을 고려하지 않고 순액으로 표시한다.
② 확정급여제도의 초과적립액을 다른 제도의 확정급여채무를 결제하는 데 사용할 수 있는 법적으로 집행가능한 권리가 있고, 순액기준으로 확정급여채무를 결제할 의도가 있거나, 동시에 제도의 초과적립액을 실현하고 다른 제도의 확정급여채무를 결제할 의도가 있다면, 확정급여제도와 관련한 자산은 다른 확정급여제도와 관련된 부채와 상계한다.
③ 투자자산 및 영업용자산을 포함한 비유동자산의 처분손익은 처분대가에서 그 자산의 장부금액과 관련처분비용을 차감하여 표시한다.
④ 충당부채와 관련하여 포괄손익계산서에 인식한 비용은 제삼자의 변제와 관련하여 인식한 금액과 상계하여 표시할 수 있다.

10 ▶ 2024 국가직9급

재무상태표와 포괄손익계산서에 대한 설명으로 옳지 않은 것은?

① 기업이 재무상태표에 유동자산과 비유동자산, 그리고 유동부채와 비유동부채로 구분하여 표시하는 경우, 이연법인세자산(부채)은 유동자산(부채)으로 분류하지 아니한다.
② 영업주기는 영업활동을 위한 자산의 취득시점부터 그 자산이 현금이나 현금성자산으로 실현되는 시점까지 소요되는 기간이다.
③ 수익과 비용의 어느 항목도 당기손익이나 기타포괄손익을 표시하는 보고서 또는 주석에 특별손익 항목으로 표시할 수 없다.
④ 기타포괄손익의 구성요소와 관련된 재분류조정은 공시할 필요가 없다.

11 ▶ 2022 지방직9급

재무제표 표시에 대한 설명으로 옳지 않은 것은?

① 보고기간 말 이전에 장기차입약정을 위반했을 때 대여자가 즉시 상환을 요구할 수 있는 채무는 보고기간 후 재무제표 발행승인일 전에 채권자가 약정위반을 이유로 상환을 요구하지 않기로 합의하더라도 유동부채로 분류한다.
② 기타포괄손익의 항목(재분류조정 포함)과 관련한 법인세비용 금액은 포괄손익계산서나 주석에 공시한다.
③ 비용의 성격별 분류는 기능별 분류보다 재무제표이용자에게 더욱 목적적합한 정보를 제공할 수 있지만 비용을 성격별로 배분하는데 자의적인 배분과 상당한 정도의 판단이 개입될 수 있다.
④ 재분류조정은 포괄손익계산서나 주석에 표시할 수 있으며, 재분류조정을 주석에 표시하는 경우에는 관련 재분류조정을 반영한 후에 기타포괄손익의 항목을 표시한다.

12 2023 국가직7급

보고기간후사건에 대한 설명으로 옳지 않은 것은?

① 보고기간 말에 존재하였던 상황에 대한 정보를 보고기간 후에 추가로 입수한 경우에는 그 정보를 반영하여 공시내용을 수정한다.
② 경영진이 보고기간 후에, 기업을 청산하거나 경영활동을 중단할 의도를 가지고 있거나, 청산 또는 경영활동의 중단 외에 다른 현실적 대안이 없다고 판단하는 경우에는 계속기업의 기준에 따라 재무제표를 작성해서는 아니 된다.
③ 보고기간 후부터 재무제표 발행승인일 전 사이에 배당을 선언한 경우, 보고기간 말에 부채로 인식한다.
④ 수정을 요하지 않는 보고기간후사건을 반영하기 위하여 재무제표에 인식된 금액을 수정하지 아니한다.

13 2022 국가직7급

보고기간후사건에 대한 설명으로 옳지 않은 것은?

① 재무제표를 발행한 이후에 주주에게 승인을 받기 위하여 제출하는 경우 재무제표 발행승인일은 재무제표를 발행한 날이 아니라 주주가 재무제표를 승인한 날이다.
② 경영진은 별도의 감독이사회(비집행이사로만 구성)의 승인을 얻기 위하여 재무제표를 발행하는 경우가 있다. 그러한 경우, 경영진이 감독이사회에 재무제표를 제출하기 위하여 승인한 날이 재무제표 발행승인일이다.
③ 보고기간후사건은 이익이나 선별된 재무정보를 공표한 후에 발생하였더라도, 재무제표 발행승인일까지 발생한 모든 사건을 포함한다.
④ 보고기간 후에 지분상품 보유자에 대해 배당을 선언한 경우, 그 배당금을 보고기간말의 부채로 인식하지 아니한다.

4 실전 훈련 문제

정답 및 해설 p. 12

01 ▶ 2024 주택관리사
재무제표의 작성과 표시에 적용되는 일반사항에 관한 설명으로 옳지 않은 것은?
① 경영진은 재무제표를 작성할 때 계속기업으로서의 존속가능성을 평가해야 한다.
② 부적절한 회계정책은 이에 대하여 공시나 주석 또는 보충자료를 통해 설명하더라도 정당화될 수 없다.
③ 전체 재무제표(비교정보를 포함)는 적어도 1년마다 작성한다.
④ 한국채택국제회계기준에서 요구하거나 허용하지 않는 한 자산과 부채 그리고 수익과 비용은 상계하지 아니한다.
⑤ 모든 재무제표는 발생기준 회계를 사용하여 작성해야 한다.

02 ▶ 2023 감정평가사
재무제표 표시에 관한 일반사항으로 옳지 않은 것은?
① 서술형 정보는 당기 재무제표를 이해하는 데 목적적합하더라도 비교정보를 표시하지 아니한다.
② 재무제표가 계속기업 기준으로 작성되지 않을 경우, 그 사실과 함께 재무제표 작성기준과 계속기업으로 보지 않는 이유를 공시하여야 한다.
③ 기업은 현금흐름 정보를 제외하고는 발생기준 회계를 사용하여 재무제표를 작성한다.
④ 중요하지 않은 항목은 성격이나 기능이 유사한 항목과 통합하여 표시할 수 있다.
⑤ 한국채택국제회계기준을 준수하여 작성된 재무제표는 공정하게 표시된 재무제표로 본다.

03 ▶ 2023 보험계리사
'재무제표의 표시'에서 제시한 '일반사항'에 대한 설명으로 옳은 것은?
① 회계기준의 요구에 따라 공시되는 정보가 중요하지 않다면 그 공시를 제공할 필요는 없다.
② 경영활동을 중단할 의도를 가진 경우에도 재무제표는 계속기업을 전제로 작성된다.
③ 일반적으로 인정된 회계관습에 따라 작성된 재무제표는 공정하게 표시된 재무제표로 본다.
④ 기업은 현금흐름 정보를 포함하여 발생기준 회계를 사용하여 재무제표를 작성한다.

04 ▶ 2023 주택관리사
재무제표 표시에 관한 설명으로 옳지 않은 것은?
① 재무제표가 한국채택국제회계기준의 요구사항을 모두 충족한 경우가 아니라면 한국채택국제회계기준을 준수하여 작성되었다고 기재하여서는 아니 된다.
② 한국채택국제회계기준에서 요구하거나 허용하지 않는 한 자산과 부채 그리고 수익과 비용은 상계하지 아니한다.
③ 기업은 현금흐름 정보를 제외하고는 발생기준 회계를 사용하여 재무제표를 작성한다.
④ 부적절한 회계정책은 이에 대해 공시나 주석 또는 보충 자료를 통해 설명한다면 정당화될 수 있다.
⑤ 유사한 항목은 중요성 분류에 따라 재무제표에 구분하여 표시한다.

05 ▶ 2023 경찰간부

재무보고를 위한 개념체계와 재무제표 표시에서 중요성에 관한 내용으로 옳지 않은 것은?

① 유사한 항목은 중요성 분류에 따라 재무제표에 구분하여 표시하고, 상이한 성격이나 기능을 가진 항목은 구분하여 표시한다.
② 중요하지 않은 항목은 성격이나 기능이 유사한 항목과 통합하여 표시할 수 있다.
③ 중요성은 개별 기업 재무보고서 관점에서 해당 정보와 관련된 항목의 성격이나 규모 또는 이 둘 다에 근거하여 해당 기업에 특유한 측면의 목적적합성을 의미한다.
④ 회계기준위원회는 중요성에 대한 획일적인 계량 임계치를 정하거나 특정한 상황에서 무엇이 중요한 것인지를 미리 결정할 수 있다.

06 ▶ 2025 감정평가사

재무제표 표시에 관한 설명으로 옳지 않은 것은?

① 기업이 재무상태표에 유동자산과 비유동자산, 그리고 유동부채와 비유동부채로 구분하여 표시하는 경우, 이연법인세부채는 유동부채로 분류한다.
② 기업이 명확히 식별 가능한 영업주기 내에서 재화나 용역을 제공하는 경우, 재무상태표에 유동자산과 비유동자산 및 유동부채와 비유동부채를 구분하여 표시한다.
③ 기업이 보고기간말 현재 기존의 대출계약조건에 따라 보고기간 후 적어도 12개월 이상 부채를 연장할 권리가 있다면, 보고기간 후 12개월 이내에 만기가 도래한다 하더라도 비유동부채로 분류한다.
④ 영업주기는 영업활동을 위한 자산의 취득시점부터 그 자산이 현금이나 현금성자산으로 실현되는 시점까지 소요되는 기간을 의미하며, 정상영업주기를 명확히 식별할 수 없는 경우에는 그 기간이 12개월인 것으로 가정한다.
⑤ 매입채무 그리고 종업원 및 그 밖의 영업원가에 대한 미지급비용과 같은 유동부채는 기업의 정상영업주기 내에 사용되는 운전자본의 일부이므로, 이러한 항목은 보고기간 후 12개월 후에 결제일이 도래한다 하더라도 유동부채로 분류한다.

07 ▶ 2025 관세사

재무제표 표시에 관한 설명으로 옳은 것은?

① 동일 거래에서 발생하는 수익과 관련비용의 상계표시가 거래나 그 밖의 사건의 실질을 반영한다면 그러한 거래의 결과는 상계하여 표시한다.
② 부적절한 회계정책을 사용한 경우에도 이에 대하여 주석 또는 보충 자료를 통해 충분히 설명하는 경우에는 정당화될 수 있다.
③ 기업이 재무상태표에 유동자산과 비유동자산으로 구분하여 표시하는 경우, 보고기간 후 12개월 이내에 소멸될 것으로 예상되는 이연법인세자산은 유동자산으로 분류한다.
④ 총포괄손익이란 소유주로서의 자격을 행사하는 소유주와의 거래로 인한 자본의 변동을 포함한 거래나 그 밖의 사건으로 인한 기간 중 자본의 변동을 말한다.
⑤ 일반목적 재무제표란 특정 필요에 따른 특수보고서의 작성을 기업에 요구할 수 있는 위치에 있는 재무제표이용자의 정보요구를 충족시키기 위해 작성되는 재무제표를 말한다.

08 ▶ 2025 세무사

재무제표 표시에 관한 설명으로 옳지 않은 것은?

① 한국채택국제회계기준에서 요구하거나 허용하지 않는 한 자산과 부채 그리고 수익과 비용은 상계하지 아니한다.
② 재무제표의 목적은 광범위한 정보이용자의 경제적 의사결정에 유용한 기업의 재무상태, 재무성과와 재무상태변동에 관한 정보를 제공하는 것이다.
③ 부적절한 회계정책은 이에 대하여 공시나 주석 또는 보충 자료를 통해 설명하더라도 정당화될 수 없다.
④ 계속기업의 가정이 적절한지의 여부를 평가할 때 경영진은 적어도 보고기간말로부터 향후 12개월 기간에 대하여 이용가능한 모든 정보를 고려한다.
⑤ 일부 한국채택국제회계기준에서는 재무제표(주석 포함)에 포함하도록 요구하는 정보를 명시하고 있으므로, 한국채택국제회계기준의 요구에 따라 공시되는 정보가 중요하지 않더라도 그 공시를 제공해야 한다.

09 ▶ 2025 보험계리사

다음에 해당하는 금액의 항목이 존재한다면, 재무상태표에 필수적으로 구분 표시해야 하는 항목만을 옳게 고른 것은?

> ㄱ. 수취채권
> ㄴ. 유가증권
> ㄷ. 무형자산
> ㄹ. 지분법 회계처리 투자자산
> ㅁ. 재고자산
> ㅂ. 가상자산
> ㅅ. 수권주식
> ㅇ. 자본에 표시된 비지배지분

① ㄱ, ㄴ, ㄷ, ㄹ
② ㄴ, ㄷ, ㅁ, ㅂ
③ ㄷ, ㄹ, ㅁ, ㅇ
④ ㄹ, ㅁ, ㅂ, ㅅ, ㅇ

10 ▶ 2025 보험계리사

포괄손익계산서에 대한 설명으로 옳지 않은 것은?

① 기타포괄손익의 구성요소와 관련된 재분류조정을 공시한다.
② 재평가잉여금의 변동은 자산이 사용되는 후속 기간 또는 자산이 제거될 때 재분류조정될 수 있다.
③ 한 기간에 인식되는 모든 수익과 비용 항목은 한국채택국제회계기준이 달리 정하지 않는 한 당기손익으로 인식한다.
④ 기업의 재무성과를 이해하는 데 목적적합한 경우에는 당기손익과 기타포괄손익을 표시하는 보고서에 항목, 제목 및 중간합계를 추가하여 표시한다.

11 ▶ 2025 보험계리사

자본변동표에 대한 설명으로 옳지 않은 것은?

① 기업의 자산에서 모든 부채를 차감한 후의 잔여지분의 변동을 나타내는 재무제표이다.
② 지배기업의 소유주와 비지배지분에게 각각 귀속되는 금액으로 구분하여 해당 기간의 총포괄손익을 표시한다.
③ 자본의 각 구성요소별로, 회계변경이나 오류수정에 따라 인식된 소급적용이나 소급재작성의 영향을 표시한다.
④ 자본의 각 구성요소별로 기초시점과 기말시점의 장부금액 조정내역을 표시할 때, 소유주와의 거래를 제외하고, 당기순손익과 기타포괄손익 각 항목에 따른 변동액을 구분하여 표시한다.

12 ▶ 2025 주택관리사

재무제표 표시에 관한 설명으로 옳지 않은 것은?

① 각각의 재무제표는 전체 재무제표에서 동등한 비중으로 표시한다.
② 당기손익과 기타포괄손익은 단일의 포괄손익계산서에 두 부분으로 나누어 표시할 수 있다.
③ 재무제표는 동일한 문서에 포함되어 함께 공표되는 그 밖의 정보와 명확하게 구분되고 식별되어야 한다.
④ 재무제표 항목의 표시나 분류를 변경하는 경우 실무적으로 적용할 수 없는 것이 아니라면 비교금액도 재분류해야 한다.
⑤ 재무제표가 한국채택국제회계기준의 요구사항을 모두 충족한 경우가 아니라도 한국채택국제회계기준을 준수하여 작성되었다고 기재한다.

13 ▶ 2024 감정평가사

재무제표 표시에 관한 설명으로 옳은 것은?

① 기업이 재무상태표에 유동자산과 비유동자산, 그리고 유동부채와 비유동부채로 구분하여 표시하는 경우, 이연법인세자산은 유동자산으로 분류한다.
② 한국채택국제회계기준을 준수하여 작성된 재무제표는 국제회계기준을 준수하여 작성된 재무제표임을 주석으로 공시할 수 있다.
③ 환경 요인이 유의적인 산업에 속해 있는 경우나 종업원이 재무제표이용자인 경우 재무제표 이외에 환경보고서나 부가가치보고서도 한국채택국제회계기준을 적용하여 작성한다.
④ 부적절한 회계정책은 이에 대하여 공시나 주석 또는 보충자료를 통해 설명하여 정당화될 수 있다.
⑤ 당기손익과 기타포괄손익은 별개의 손익계산서가 아닌 단일의 포괄손익계산서로 작성되어야 한다.

14 ▶ 2024 경찰간부

재무제표 표시에 관한 내용으로 옳지 않은 것은?

① 한국채택국제회계기준의 요구에 따라 공시되는 정보가 중요하지 않아도 그 공시를 제공할 필요가 있다.
② 동일 거래에서 발생하는 수익과 관련비용의 상계표시가 거래나 그 밖의 사건의 실질을 반영한다면 그러한 거래의 결과는 상계하여 표시한다.
③ 한국채택국제회계기준은 오직 재무제표에만 적용하며 연차보고서, 감독기구 제출서류 또는 다른 문서에 표시되는 그 밖의 정보에 반드시 적용하여야 하는 것은 아니다.
④ 합리적인 추정치의 사용은 재무정보의 작성에 필수적인 부분이며, 추정치가 명확하고 정확하게 기술되고 설명되는 한 정보의 유용성을 저해하지 않는다.

15 ▶ 2024 관세사

재무제표 표시에 관한 설명으로 옳지 않은 것은?

① 경영진은 재무제표를 작성할 때 계속기업으로서의 존속가능성을 평가해야 한다.
② 한국채택국제회계기준에서 요구하거나 허용하지 않는 한 자산과 부채 그리고 수익과 비용은 상계하지 아니한다.
③ 기업이 명확히 식별 가능한 영업주기 내에서 재화나 용역을 제공하는 경우, 재무상태표에 유동자산과 비유동자산 및 유동부채와 비유동부채를 구분하여 표시한다.
④ 자산과 부채의 실현 예정일에 대한 정보는 기업의 유동성과 부채 상환능력을 평가하는 데 유용하다.
⑤ 대여자가 즉시 상환을 요구할 수 있는 채무는 보고기간 후 재무제표 발행승인일 전에 상환을 요구하지 않기로 합의하면 비유동부채로 분류한다.

16 ▶ 2022 주택관리사

재무제표 표시에 관한 설명으로 옳지 않은 것을 모두 고른 것은?

> ㄱ. 모든 재무제표는 발생기준 회계를 적용하여 작성한다.
> ㄴ. 한국채택국제회계기준이 달리 허용하거나 요구하는 경우를 제외하고는 당기 재무제표에 보고되는 모든 금액에 대해 전기 비교정보를 표시한다.
> ㄷ. 부적절한 회계정책은 이에 대하여 공시나 주석 또는 보충 자료를 통해 설명함으로써 정당화될 수 있다.
> ㄹ. 상이한 성격이나 기능을 가진 항목은 구분하여 표시한다. 다만 중요하지 않은 항목은 성격이나 기능이 유사한 항목과 통합하여 표시할 수 있다.
> ㅁ. 수익과 비용의 어느 항목도 당기손익과 기타포괄손익을 표시하는 보고서에 특별손익 항목으로 표시할 수 없다.

① ㄱ, ㄴ
② ㄱ, ㄷ
③ ㄴ, ㅁ
④ ㄷ, ㄹ
⑤ ㄹ, ㅁ

17 ▶ 2022 경찰간부

'재무제표의 표시'에서 제시한 '일반사항'에 대한 설명으로 옳지 않은 것은?

① 경영활동을 중단할 의도를 가진 경우에도 재무제표는 계속기업을 전제로 작성된다.
② 회계기준의 요구에 따라 공시되는 정보가 중요하지 않다면 그 공시를 제공할 필요는 없다.
③ 기업은 현금흐름 정보를 제외하고는 발생기준 회계를 사용하여 재무제표를 작성한다.
④ 회계기준에 따라 작성된 재무제표(필요에 따라 추가공시한 경우 포함)는 공정하게 표시된 재무제표로 본다.

18 ▶ 2022 관세사

재무제표 표시의 일반사항에 관한 설명으로 옳지 않은 것은?

① 재고자산평가충당금과 대손충당금과 같은 평가충당금을 차감하여 관련 자산을 순액으로 측정하는 것은 상계표시에 해당한다.
② 한국채택국제회계기준을 준수하여 작성된 재무제표는 국제회계기준을 준수하여 작성된 재무제표임을 주석으로 공시할 수 있다.
③ 기업은 현금흐름 정보를 제외하고는 발생기준 회계를 사용하여 재무제표를 작성한다.
④ 부적절한 회계정책은 이에 대하여 공시나 주석 또는 보충자료를 통해 설명하더라도 정당화될 수 없다.
⑤ 한국채택국제회계기준이 달리 허용하거나 요구하는 경우를 제외하고는 당기 재무제표에 보고되는 모든 금액에 대해 전기 비교정보를 표시한다.

19 ▶ 2023 관세사

재무제표 표시에 관한 설명으로 옳은 것은?

① 자산을 유동자산과 비유동자산으로 구분하여 표시하는 경우, 이연법인세자산은 유동자산으로 분류한다.
② 영업주기는 현금회수여부와 상관없이 영업활동을 위한 자산의 취득시점부터 판매시점까지 소요되는 기간이다.
③ 수익과 비용 항목을 당기손익과 기타포괄손익으로 표시하는 보고서에 특별손익 항목도 표시할 수 있다.
④ 비용을 성격별로 분류하는 기업은 비용의 기능에 대한 추가 정보를 공시하여야 한다.
⑤ 주석은 실무적으로 적용 가능한 한 체계적인 방법으로 표시한다.

20 ▶ 2023 세무사

재무제표 표시에 관한 설명으로 옳은 것은?

① 포괄손익계산서에 기타포괄손익의 항목은 관련 법인세 효과를 차감한 순액으로 표시할 수 있다.
② 한국채택국제회계기준은 재무제표 이외에도 연차보고서 및 감독기구 제출서류에 반드시 적용한다.
③ 서술형 정보의 경우에는 당기 재무제표를 이해하는 데 목적적합 하더라도 비교정보를 포함하지 않는다.
④ 재무상태표에 자산과 부채는 유동자산과 비유동자산, 그리고 유동부채와 비유동부채로 구분하여 표시하며, 유동성순서에 따른 표시방법은 허용하지 않는다.
⑤ 한국채택국제회계기준의 요구에 따라 공시되는 정보가 중요하지 않더라도 그 공시를 제공하여야 한다.

21 ▶ 2022 세무사

재무제표 표시에 관한 설명으로 옳지 않은 것은?

① 비용을 기능별로 분류하는 기업은 감가상각비, 기타 상각비와 종업원급여비용을 포함하여 비용의 성격에 대한 추가 정보를 공시한다.
② 수익과 비용의 어느 항목도 당기손익과 기타포괄손익을 표시하는 보고서 또는 주석에 특별손익 항목으로 표시할 수 없다.
③ 비용의 기능별 분류 정보가 비용의 성격에 대한 정보보다 미래현금흐름을 예측하는 데 유용하다.
④ 동일 거래에서 발생하는 수익과 관련비용의 상계표시가 거래나 그 밖의 사건의 실질을 반영한다면 그러한 거래의 결과는 상계하여 표시한다.
⑤ 기업이 재무상태표에 유동자산과 비유동자산, 그리고 유동부채와 비유동부채로 구분하여 표시하는 경우, 이연법인세자산(부채)은 유동자산(부채)으로 분류하지 아니한다.

22 ▶ 2022 회계사

기업회계기준서 제1001호 '재무제표 표시'에 대한 다음 설명 중 옳지 않은 것은?

① 한국채택국제회계기준에서 요구하거나 허용하지 않는 한 자산과 부채 그리고 수익과 비용은 상계하지 아니한다.
② 계속기업의 가정이 적절한지의 여부를 평가할 때 기업이 상당기간 계속 사업이익을 보고하였고 보고기간 말 현재 경영에 필요한 재무자원을 확보하고 있는 경우에도, 자세한 분석을 의무적으로 수행하여야 하며 이용가능한 모든 정보를 고려하여 계속기업을 전제로 한 회계처리가 적절하다는 결론을 내려야 한다.
③ 기업은 비용의 성격별 또는 기능별 분류방법 중에서 신뢰성 있고 더욱 목적적합한 정보를 제공할 수 있는 방법을 적용하여 당기손익으로 인식한 비용의 분석내용을 표시한다.
④ 유사한 항목은 중요성 분류에 따라 재무제표에 구분하여 표시하고, 상이한 성격이나 기능을 가진 항목은 구분하여 표시한다. 다만 중요하지 않은 항목은 성격이나 기능이 유사한 항목과 통합하여 표시할 수 있다.
⑤ 재무제표 항목의 표시나 분류를 변경하는 경우 실무적으로 적용할 수 없는 것이 아니라면 비교금액도 재분류해야 한다.

23 ▶ 2021 감정평가사 수정

재무제표의 표시에 관한 설명으로 옳지 않은 것은?

① 재무제표가 한국채택국제회계기준의 요구사항을 모두 충족한 경우가 아니라면 한국채택국제회계기준을 준수하여 작성되었다고 기재하여서는 안 된다.
② 기업이 재무상태표에 유동자산과 비유동자산으로 구분하여 표시하는 경우, 이연법인세자산은 유동자산으로 분류하지 아니한다.
③ 비용을 기능별로 분류하는 기업은 감가상각비, 기타상각비와 종업원급여비용을 포함하여 비용의 성격에 대한 추가 정보를 공시한다.
④ 수익과 비용의 어느 항목은 포괄손익계산서 또는 주석에 특별손익항목으로 별도 표시한다.

24 ▶ 2020 감정평가사 수정

재무제표 표시에 관한 설명으로 옳은 것은?

① 비용을 성격별로 분류하는 경우에는 적어도 매출원가를 다른 비용과 분리하여 공시해야 한다.
② 기타포괄손익의 항목(재분류조정 포함)과 관련한 법인세비용 금액은 포괄손익계산서에 직접 표시해야 하며 주석을 통한 공시는 허용하지 않는다.
③ 한국채택국제회계기준에서 별도로 허용하지 않는 한, 중요하지 않은 항목이라도 유사한 항목과 통합하여 표시해서는 안 된다.
④ 경영진은 재무제표를 작성할 때 계속기업으로서의 존속가능성을 평가해야 한다.

25 ▶ 2021 세무사 수정

재무제표 표시에 관한 설명으로 옳은 것은?

① 재무제표는 동일한 문서에 포함되어 함께 공표되는 그 밖의 정보와 명확하게 구분되고 식별되어야 한다.
② 각각의 재무제표는 전체 재무제표에서 중요성에 따라 상이한 비중으로 표시한다.
③ 상이한 성격이나 기능을 가진 항목은 구분하여 표시하므로 중요하지 않은 항목이라도 성격이나 기능이 유사한 항목과 통합하여 표시할 수 없다.
④ 동일 거래에서 발생하는 수익과 관련비용의 상계표시가 거래나 그 밖의 사건의 실질을 반영하더라도 그러한 거래의 결과는 상계하여 표시하지 않는다.

26 ▶ 2021 관세사 수정

재무제표 표시에 관한 설명으로 옳은 것은?

① 각각의 재무제표는 전체 재무제표에서 동등한 비중으로 표시한다.
② 한국채택국제회계기준을 준수하여 작성된 재무제표는 국제회계기준을 준수하여 작성된 재무제표임을 주석으로 공시할 수 없다.
③ 환경 요인이 유의적인 산업에 속해 있는 기업이 제공하는 환경보고서는 한국채택국제회계기준의 적용범위에 해당한다.
④ 부적절한 회계정책이라도 공시나 주석 또는 보충 자료를 통해 설명하면 정당화될 수 있다.

27

재무제표의 표시에 관한 설명으로 옳지 않은 것은?

① 충당부채와 관련된 지출을 제3자와의 계약관계에 따라 보전 받는 경우, 지출과 보전 받는 금액을 상계할 수 있다.
② 한국채택국제회계기준서는 재무제표에 표시되어야 할 순서와 형식을 규정하지 아니한다.
③ 회계정책을 적용하는 과정에서 추정과 관련된 공시와는 별도로, 재무제표에 인식되는 금액에 유의적인 영향을 미친 경영진이 내린 판단은 유의적인 회계정책 또는 기타 주석사항과 함께 표시한다.
④ 기업이 기존의 대출계약 조건에 따라 보고기간 후 적어도 12개월 이상 연장할 권리가 없으나 차환가능성이 있다면 비유동부채로 분류한다.

28

재무제표 표시에 관한 설명으로 옳지 않은 것은?

① 기업은 비용의 성격별 또는 기능별 분류 방법 중에서 신뢰성 있고 더욱 목적적합한 정보를 제공할 수 있는 방법을 적용하여 당기손익으로 인식한 비용의 분석내용을 표시한다.
② 상법 등 관련 법규에서 이익잉여금처분계산서의 작성을 요구하는 경우에는 재무상태의 이익잉여금에 대한 보충정보로서 이익잉여금처분계산서를 주석으로 공시한다.
③ 이익의 분배에 대해 서로 다른 권리를 가지는 보통주 종류별로 이에 대한 기본주당순이익과 희석주당순이익을 포괄손익계산서에 표시한다. 그러나 기본주당순이익과 희석주당순이익이 부의 금액(즉, 주당 손실)인 경우에는 표시하지 아니한다.
④ 영업이익에 포함되지 않는 항목 중 기업의 영업성과를 반영하는 그 밖의 수익 또는 비용 항목이 있다면 이러한 항목을 추가하여 조정영업이익 등의 명칭을 사용하여 주석으로 공시할 수 있다.

29

한국채택국제회계기준에 따른 재무제표 표시에 대한 설명으로 옳지 않은 것은?

① 회계정책을 소급하여 적용하거나, 재무제표의 항목을 소급하여 재작성 또는 재분류하는 경우 가장 이른 비교기간의 기초 재무상태표를 작성해야 한다.
② 한국채택국제회계기준에서 요구하거나 허용하지 않는 한 자산과 부채 그리고 수익과 비용은 상계하지 않는다.
③ 확정급여제도의 재측정요소나 기타포괄손익인식 공정가치 측정 지분상품이 평가손익과 같은 기타포괄손익은 후속기간에 재분류조정으로 당기손익으로 재분류한다.
④ 비용을 기능별로 분류하는 기업은 감가상각비, 기타 상각비와 종업원급여비용을 포함하여 비용의 성격에 대한 추가 정보를 공시한다.

30 ▶ 2025. 회계사

기업회계기준서 제1001호 '재무제표 표시' 내용 중 자산과 부채의 유동 및 비유동 구분에 대한 설명이다. 다음 설명 중 옳지 않은 것을 모두 고른 것은?

(가) 보고기간말 이전에 장기차입약정의 약정사항을 위반했을 때 대여자가 즉시 상환을 요구할 수 있는 채무는 보고기간 후 재무제표 발행승인일 전에 대여자가 약정위반을 이유로 상환을 요구하지 않기로 합의한다면 비유동부채로 분류한다.
(나) 기업이 재무상태표에 유동자산과 비유동자산, 그리고 유동부채와 비유동부채로 구분하여 표시하는 경우, 이연법인세자산(부채)은 유동자산(부채)으로 분류한다.
(다) 유동자산은 보고기간 후 12개월 이내에 실현될 것으로 예상되지 않는 경우에도 재고자산과 매출채권과 같이 정상영업주기의 일부로서 판매, 소비 또는 실현되는 자산을 포함한다.
(라) 유동자산은 주로 단기매매목적으로 보유하고 있는 자산과 비유동금융자산의 유동성 대체 부분을 포함한다.
(마) 원래의 결제기간이 12개월을 초과하는 경우나 보고기간 후 재무제표 발행승인일 전에 장기로 차환하는 약정 또는 지급기일을 장기로 재조정하는 약정이 체결된 경우라 하더라도 금융부채가 보고기간 후 12개월 이내에 결제일이 도래하면 이를 유동부채로 분류한다.

① (가), (나) ② (가), (마)
③ (나), (다) ④ (가), (라), (마)
⑤ (나), (다), (라)

31 ▶ 2022 관세사

유동자산에 관한 설명으로 옳지 않은 것은?

① 지분상품은 원칙적으로 현금성자산에서 제외하나, 상환일이 정해져 있고 취득일로부터 상환일까지의 기간이 단기인 우선주와 같이 실질적인 현금성 자산인 경우에는 예외적으로 포함될 수 있다.
② 보고기간 후 12개월 이내에 기한이 도래하지 않으면서 사용목적이 제한되어 있거나 혹은 일상적인 기업의 영업활동과정에서 지급수단으로 사용할 수 없는 예금은 유동자산으로 분류할 수 있다.
③ 금융기관이 취급하는 예금 중에서 기업이 단기적인 자금운용을 목적으로 하거나 보고기간 후 12개월 이내에 만기가 도래하는 정기예금, 정기적금 또는 보고기간 후 12개월 이상이 아닌 기간의 사용이 제한되어 있는 단기예금은 유동자산으로서 단기금융자산에 포함시킨다.
④ 현금성자산이란 유동성이 매우 높은 단기 투자자산으로서 확정된 금액의 현금으로 전환이 용이하고 가치변동의 위험이 경미한 자산을 말한다.
⑤ 정형화된 금융상품이라고 하더라도 취득 시 만기가 3개월 이내에 도래하여 유동성이 매우 높은 금융상품은 현금성자산으로 분류한다.

32 ▶ 2022 경찰간부

'재무제표 표시'의 부채에 대한 설명으로 옳지 않은 것은?

① 매입채무 그리고 종업원 및 그 밖의 영업원가에 대한 미지급비용과 같은 유동부채는 기업의 정상영업주기 내에 사용되는 운전자본의 일부이다. 이러한 항목은 보고 기간 후 12개월 후에 결제일이 도래한다 하더라도 유동부채로 분류한다.
② 원래의 결제기간이 12개월을 초과하는 경우 및 보고기간 후 재무제표 발행승인일 전에 장기로 차환하는 약정 또는 지급기일을 장기로 재조정하는 약정이 체결된 경우라 하더라도 금융부채가 보고기간 후 12개월 이내에 결제일이 도래하면 이를 유동부채로 분류한다.
③ 보고기간 말 이전에 장기차입약정을 위반했을 때 대여자가 즉시 상환을 요구할 수 있는 채무는 보고기간 후 재무제표 발행승인일 전에 채권자가 약정위반을 이유로 상환을 요구하지 않기로 합의하더라도 비유동부채로 분류한다.
④ 기업이 기존의 대출계약조건에 따라 보고기간 후 적어도 12개월 이상 부채를 차환하거나 연장할 것으로 기대하고 있고, 그런 재량권이 있다면, 보고기간 후 12개월 이내에 만기가 도래한다 하더라도 비유동부채로 분류한다. 그러나 기업에게 부채의 차환이나 연장에 대한 재량권이 없다면 차환가능성을 고려하지 않고 유동부채로 분류한다.

33

다음은 재무상태표에 대한 설명이다 이 중 적절하지 않은 것은?

① 기업이 재무상태표에 유동자산과 비유동자산, 그리고 유동부채와 비유동부채로 구분하여 표시하는 경우, 이연법인세자산(부채)은 유동자산(부채)으로 분류하지 아니한다.
② 유동성 순서에 따른 표시방법이 신뢰성 있고 더욱 목적적합한 정보를 제공하는 경우를 제외하고는 유동자산과 비유동자산, 유동부채와 비유동부채로 재무상태표에 구분하여 표시한다.
③ 기업의 정상영업순환주기가 1년을 초과하는 경우 보고기간 말로부터 1년 6개월 후 만기가 도래하는 차입금은 유동부채로 분류하게 된다.
④ 기업의 재무상태를 이해하는 데 목적적합한 경우 재무상태표에 항목, 제목 및 중간합계를 추가하여 표시한다.

34

다음 중 보고기간말이 20X1년 12월 31일인 (주)한국의 재무상태표에 비유동부채로 공시되는 항목은 무엇인가? (단, 20X1년 회계기간에 대한 재무제표의 발행승인일은 20X2년 2월 20일이다.)

① 차입금의 만기일이 20X2년 6월 30일인 경우
② 차입금의 만기일은 20X3년 6월 30일이나 20X1년 12월 중 차입약정을 위반하여 채권자가 즉시 상환을 요구할 수 있는 경우
③ 차입금의 만기일은 20X3년 6월 30일이나 20X1년 12월 중 차입약정을 위반하여 채권자가 즉시 상환을 요구할 수 있는 상황이 되어, 회사가 20X2년 1월 중 차입약정위반상황을 해소한 경우
④ 차입금의 만기일은 20X2년 9월 1일이나 회사가 기존의 대출계약조건에 따라 추가로 1년을 연장할 재량권이 있는 경우

35

다음 중 재무제표의 표시와 작성에 대한 설명으로 옳은 것은?

① 재무상태표에 표시되는 자산과 부채는 반드시 유동자산과 비유동자산, 유동부채와 비유동부채로 구분하여 표시해야 한다.
② 자본의 구성요소인 기타포괄손익누계액과 자본잉여금은 포괄손익계산서와 재무상태표를 연결시키는 역할을 한다.
③ 손익계산서는 당기손익을 구성하는 요소와 기타포괄손익을 구성하는 요소로 구분표시하여 반드시 하나의 보고서로 작성하여야 한다.
④ 재평가잉여금은 당기나 과거 기간에 인식한 기타포괄손익으로 향후 당기손익으로 재분류되지 아니한다.

36 ▶ 2023 보험계리사

포괄손익계산서에 대한 설명으로 옳지 않은 것은?

① 당기손익과 기타포괄손익은 단일의 포괄손익계산서에 두 부분으로 나누어 표시할 수 있다.
② 수익과 비용의 어느 항목도 당기손익과 기타포괄손익을 표시하는 보고서 또는 주석에 특별손익 항목으로 표시할 수 없다.
③ 기타포괄손익의 항목(재분류조정 포함)과 관련한 법인세비용 금액은 포괄손익계산서나 주석에 공시한다.
④ 비용의 기능에 대한 정보가 미래현금흐름을 예측하는 데 유용하기 때문에, 비용을 성격별로 분류하는 경우에는 추가 공시가 필요하다.

37

포괄손익계산서에 관한 설명으로 옳은 것은?

① 수익에서 매출원가 및 판매비와관리비를 차감한 영업이익은 포괄손익계산서 본문이 아닌 주석으로 공시한다.
② 기업의 현금및현금성자산 창출능력과 기업의 현금흐름 사용 필요성에 대한 평가의 기초를 재무제표이용자에게 제공한다.
③ 비용의 기능에 대한 정보가 미래현금흐름을 예측하는 데 유용하기 때문에, 비용을 성격별로 분류하는 경우에는 추가 공시가 필요하다.
④ 기타포괄손익의 구성요소(재분류조정 포함)와 관련한 법인세비용 금액은 포괄손익계산서나 주석에 공시한다.

38 ▶ 2021 관세사 수정

포괄손익계산서에 관한 설명으로 옳지 않은 것은?

① 기타포괄손익의 항목과 관련한 법인세비용 금액은 포괄손익계산서나 주석에 공시한다.
② 비용을 기능별로 분류하는 기업은 감가상각비, 기타 상각비와 종업원급여비용을 포함하여 비용의 성격에 대한 추가 정보를 공시한다.
③ 재분류조정은 해외사업장을 매각할 때와 위험회피예상거래가 당기손익에 영향을 미칠 때 발생한다.
④ 기타포괄손익으로 인식한 재평가잉여금의 변동은 후속 기간에 재분류하지 않으며, 자산이 제거될 때 이익잉여금으로 대체될 수 없다.

39

기타포괄손익에 관한 설명으로 옳지 않은 것은?

① 재평가잉여금의 변동은 기타포괄손익으로 인식된 후, 자산이 사용되는 후속기간에 당기손익으로 재분류한다.
② 기타포괄손익의 구성요소는 법인세효과를 차감한 순액으로 표시할 수 있다.
③ 기타포괄손익 공정가치측정 채무상품인 금융자산의 미실현손익으로 기타포괄손익에 인식되었던 금액은 그 자산의 처분시에 기타포괄손익에서 차감되어야 한다.
④ 기타포괄손익은 주주와의 자본거래를 제외한 거래나 사건으로 인하여 회계기간동안 발생한 자본의 변동 중 당기손익에 포함하지 않는 손익항목이다.

40 ▶ 2022 경찰간부

재무상태표의 기타포괄손익누계액 항목 중 후속적으로 당기손익으로 재분류조정될 수 없는 항목은?

① 기타포괄손익공정가치측정(FVOCI) 채무상품 평가손익
② 기타포괄손익공정가치측정(FVOCI)으로 선택한 지분상품 평가손익
③ 해외사업장의 재무제표 환산으로 인한 외화환산손익
④ 현금흐름위험회피 파생상품의 평가손익 중 위험회피에 효과적인 부분

41. 2023 주택관리사

포괄손익계산서에 표시되는 당기손익으로 옳지 않은 것은?

① 최초 인식된 토지재평가손실
② 기타포괄손익-공정가치측정 금융자산으로 분류된 지분상품의 평가손익
③ 원가모형을 적용하는 유형자산의 손상차손환입
④ 투자부동산평가손익
⑤ 사업결합시 발생한 염가매수차익

42. 2024 세무사

중간재무보고에 관한 설명으로 옳지 않은 것은?

① 직전 연차재무보고서를 연결기준으로 작성하였다면 중간재무보고서도 연결기준으로 작성해야 한다.
② 중간재무보고서에 포함해야 하는 최소한의 구성요소는 요약재무상태표, 요약된 하나 또는 그 이상의 포괄손익계산서, 요약자본변동표, 요약현금흐름표이다.
③ 중간재무보고서에는 직전 연차보고기간말 후 발생한 재무상태와 경영성과의 변동을 이해하는 데 유의적인 거래나 사건에 대한 설명을 포함한다.
④ 중요성을 평가하는 과정에서 중간기간의 측정은 연차재무자료의 측정에 비하여 추정치에 의존하는 정도가 크다는 점을 고려하여야 한다.
⑤ 계절적, 주기적 또는 일시적으로 발생하는 수익은 연차보고기간말에 미리 예측하여 인식하거나 이연하는 것이 적절하지 않은 경우 중간보고기간말에도 미리 예측하여 인식하거나 이연하여서는 아니된다.

43. 2023 경찰간부

중간재무보고에 관한 내용으로 옳지 않은 것은?

① 중간재무보고서에는 직전 연차보고기간 말 후 발생한 재무상태와 경영성과의 변동을 이해하는 데 유의적인 거래나 사건에 대한 설명을 포함한다.
② 중간재무보고서를 작성할 때 인식, 측정, 분류 및 공시와 관련된 중요성의 판단은 해당 중간기간의 재무자료에 근거하여 이루어져야 한다.
③ 특정 중간기간에 보고된 추정금액이 최종 중간기간에 중요하게 변동하였지만 최종 중간기간에 대하여 별도의 재무보고를 하지 않는 경우, 추정치의 변동 내용과 금액을 해당 회계연도의 연차재무제표에 주석으로 공시하여야 한다.
④ 직전 연차재무보고서에 이미 보고된 정보에 대한 갱신사항이 상대적으로 경미하더라도 중간재무보고서에 주석으로 보고하여야 한다.

44 ▶ 2022 회계사

기업회계기준서 제1034호 '중간재무보고'에 대한 다음 설명 중 옳지 않은 것은?

① 중간재무보고서는 최소한 요약재무상태표, 요약된 하나 또는 그 이상의 포괄손익계산서, 요약자본변동표, 요약현금흐름표 그리고 선별적 주석을 포함하여야 한다.
② 중간재무보고서에는 직전 연차보고기간 말 후 발생한 재무상태와 경영성과의 변동을 이해하는 데 유의적인 거래나 사건에 대한 설명을 포함한다.
③ 특정 중간기간에 보고된 추정금액이 최종 중간기간에 중요하게 변동하였지만 최종 중간기간에 대하여 별도의 재무보고를 하지 않는 경우에는, 추정의 변동 성격과 금액을 해당 회계연도의 연차재무제표에 주석으로 공시하지 않는다.
④ 중간재무보고서를 작성할 때 인식, 측정, 분류 및 공시와 관련된 중요성의 판단은 해당 중간기간의 재무자료에 근거하여 이루어져야 한다.
⑤ 중간재무제표는 연차재무제표에 적용하는 회계정책과 동일한 회계정책을 적용하여 작성한다. 다만 직전 연차보고기간 말 후에 회계정책을 변경하여 그 후의 연차재무제표에 반영하는 경우에는 변경된 회계정책을 적용한다.

45 ▶ 2020 세무사 수정

중간재무보고에 관한 설명으로 옳은 것은?

① 한국채택국제회계기준에 따라 중간재무보고서를 작성한 경우, 그 사실을 공시할 필요는 없다.
② 중간재무보고서상 재무상태표는 당해 중간보고기간 말과 직전연도 동일기간 말을 비교하는 형식으로 작성한다.
③ 중간재무보고서상의 포괄손익계산서는 당해 중간기간과 당해 회계연도 누적기간을 직전 회계연도의 동일기간과 비교하는 형식으로 작성한다.
④ 중간재무보고서상의 재무제표는 연차재무제표보다 더 많은 정보를 제공하므로 신뢰성이 높고, 적시성은 낮다.

46

다음 중 중간재무보고에 대한 설명으로 옳지 않은 것은?

① 중간재무보고서는 요약 재무상태표와 요약 포괄손익계산서, 그리고 요약 자본변동표와 요약 현금흐름표를 포함하고 주석은 보고할 필요 없다.
② 요약재무제표를 중간재무보고서에 포함하는 경우, 이러한 재무제표는 최소한 직전 연차재무제표에 포함되었던 제목, 소계 및 이 기준서에서 정하는 선별적 주석을 포함하여야 한다.
③ 기본주당이익과 희석주당이익은 기업이 기업회계기준서 제1033호 '주당이익'의 적용범위에 해당하는 경우에 중간기간의 당기순손익의 구성요소를 표시하는 재무제표에 표시한다.
④ 직전 연차재무보고서를 연결기준으로 작성하였다면 중간재무보고서도 연결기준으로 작성해야 한다.

47

다음 중 중간재무보고에 대한 설명으로 옳지 않은 것은?

① 당해 중간재무보고는 당해 중간기간과 당해 회계연도 누적기간을 직전 회계연도의 동일기간과 비교하는 형식으로 작성한 포괄손익계산서를 포함한다.
② 당해 중간재무보고는 당해 중간보고기간 말과 직전 연차 보고기간 말을 비교하는 형식으로 작성한 재무상태표를 포함한다.
③ 중간재무보고서를 작성할 때 인식, 측정, 분류 및 공시와 관련된 중요성의 판단은 해당 연차기간의 재무자료에 근거하여 이루어져야 한다.
④ 중간재무제표는 연차재무제표에 적용하는 회계정책과 동일한 회계정책을 적용하여 작성한다.

48 ▶ 2024 관세사

다음 중 수정을 요하는 보고기간후사건을 모두 고른 것은?

ㄱ. 보고기간말과 재무제표 발행승인일 사이에 투자자산의 공정가치 하락
ㄴ. 영업중단계획의 발표
ㄷ. 보고기간말에 존재하였던 현재의무가 보고기간 후에 소송사건의 확정에 의해 확인되는 경우
ㄹ. 보고기간 후에 발생한 화재로 인한 주요 생산설비의 파손
ㅁ. 재무제표가 부정확하다는 것을 보여주는 부정이나 오류를 발견한 경우

① ㄱ, ㄴ　　② ㄱ, ㅁ　　③ ㄴ, ㄹ
④ ㄷ, ㄹ　　⑤ ㄷ, ㅁ

49 ▶ 2025 회계사

기업회계기준서 제1010호 '보고기간후사건'에 대한 다음 설명 중 옳지 않은 것은?

① 보고기간후사건은 보고기간말에 존재하였던 상황에 대해 증거를 제공하는 사건과 보고기간 후에 발생한 상황을 나타내는 사건으로 구분한다.
② 보고기간말에 존재하였던 상황에 대한 정보를 보고기간 후에 추가로 입수한 경우에는 그 정보를 반영하여 공시 내용을 수정한다.
③ 경영진이 보고기간 후에 청산 또는 경영활동의 중단 외에 다른 현실적 대안이 없다고 판단하는 경우에는 계속기업의 기준에 따라 재무제표를 작성해서는 아니 된다.
④ 재무제표의 발행승인일과 승인자를 공시한다. 재무제표 발행승인일 후에 발생한 사건의 영향은 재무제표에 반영하지 않으므로 재무제표 발행승인일의 공시는 이용자에게 중요한 정보가 된다.
⑤ 보고기간 후에 지분상품 보유자에 대해 배당을 선언한 경우, 그 배당금은 보고기간말의 부채로 인식한다.

50 ▶ 2020 세무사 수정

보고기간후사건에 관한 설명으로 옳은 것은?

① 보고기간 후에 발생한 상황을 나타내는 사건을 반영하기 위하여, 재무제표에 인식된 금액을 수정한다.
② 보고기간 말과 재무제표 발행승인일 사이에 투자자산의 공정가치가 하락한다면, 재무제표에 투자자산으로 인식된 금액을 수정한다.
③ 보고기간 후에 지분상품 보유자에 대한 배당을 선언한 경우, 그 배당금을 보고기간 말의 부채로 인식하지 아니한다.
④ 경영진이 보고기간 후에, 기업을 청산하거나 경영활동을 중단할 의도를 가지고 있거나, 청산 또는 경영활동의 중단 외에 다른 현실적인 대안이 없다고 판단하는 경우에도 계속기업의 기준에 따라 재무제표를 작성할 수 있다.

51 ▶ 2020 관세사 수정

다음 중 수정을 요하지 않는 보고기간후사건은?

① 보고기간 말과 재무제표 발행승인일 사이에 투자자산의 공정가치가 하락한 경우
② 보고기간 말 이전에 구입한 자산의 취득원가가 매각한 자산의 대가를 보고기간 후에 결정하는 경우
③ 보고기간 말에 존재하였던 현재의무가 보고기간 후에 소송사건의 확정에 의해 확인되는 경우
④ 재무제표가 부정확하다는 것을 보여주는 부정이나 오류를 발견한 경우

52

다음 중 '수정을 요하는 보고기간후사건'이 아닌 것은?

① 재무제표가 부정확하다는 것을 보여주는 부정이나 오류를 발견한 경우
② 보고기간 말에 존재하였던 현재의무가 보고기간 후에 소송사건의 확정에 의해 확인되는 경우
③ 유의적인 지급보증 등에 의한 우발부채의 발생이나 유의적인 약정의 체결
④ 보고기간 말에 이미 자산손상이 발생되었음을 나타내는 정보를 보고기간 후에 입수하는 경우나 이미 손상차손을 인식한 자산에 대하여 손상차손금액의 수정이 필요한 정보를 보고기간 후에 입수하는 경우

03 현금 및 수취채권과 지급채무

1 이론 정리 및 이해 확인

🗨️ 독한훈련

01 현금및현금성자산의 범위

1. 현금

다음 중 현금및현금성자산에 포함되어야 할 항목을 고르시오
a. 보통예금
b. 당좌차월
c. 우편환증서
d. 배당금지급통지표
e. 선일자수표
f. 일람출급어음
g. 만기도래한 어음
h. 차용증서
i. 취득일로부터 만기 3개월 이내에 도래하는 채권
j. 취득일로부터 만기 3개월 이내에 도래하는 상환우선주
k. 6개월 이내에 환매조건부로 취득한 환매채

2. 요구불예금

당좌예금은 _____(으)로 보고하고, 당좌차월은 _____(으)로 보고하며, 둘은 상계하여 표시할 수 (있다 / 없다).

01 현금및현금성자산의 범위

❶ 현금
① 통화
② 통화대용증권
  ㉠ 타인발행한 수표와 송금수표
  ㉡ 우편환증서
  ㉢ 배당금지급통지표
  ㉣ 지급기일이 도래한 공·사채이자표
  ㉤ 만기도래한 어음
  ㉥ 일람출급어음
  ㉦ 공장·지점 전도금
③ 통화대용증권이 아닌 것
  ㉠ 어음: 매출채권
  ㉡ 선일자수표: 매출채권
  ㉢ 수입인지, 우표: 소모품 or 선급비용
  ㉣ 직원가불금, 차용증서: 단기대여금

❷ 요구불예금
① 보통예금
② 당좌예금
  ㉠ 당좌예금: 현금및현금성자산
  ㉡ 당좌차월: 단기차입금

💡 **정답** 01 1. a, c, d, f, g, i, j 2. 현금및현금성자산, 단기차입금, 없다

③ 현금성자산

① 현금성자산은 다음의 요건을 만족해야 한다.

> ㉠ 큰 거래비용 없이 현금으로의 전환이 용이
> ㉡ 이자율 변동에 따른 가치변동 위험이 중요하지 않은 금융상품
> ㉢ 취득 당시 만기(또는 상환일)가 3개월 이내에 도래하는 것

② 금융회사가 발행하는 정형화된 금융상품들, 즉 정기예금, 정기적금, 환매채, 양도성예금증서 등은 취득일로부터 만기가 3개월 이내인 경우에는 현금및현금성자산으로 분류한다.

③ 사용이 제한되어 있는 금융상품은 현금성자산으로 분류될 수 없다.

02 금융상품

① 단기적인 자금운용을 목적으로 취득하거나 만기가 보고기간 말로부터 1년 이내에 도래하는 금융상품은 단기금융상품으로 하여 유동자산으로 분류한다.

② 금융상품 중 보고기간 말로부터 1년 이후에 만기가 도래하는 금융상품은 장기금융상품으로 하여 비유동자산으로 분류한다.

③ 금융상품 중에서 사용이 제한되어 있는 경우가 있는데, 사용제한이 보고기간 후 12개월 이내인 경우에는 현금및현금성자산이 아닌 단기금융자산으로 분류하고, 사용제한기간이 12개월 이상인 경우에는 장기금융자산으로 분류한다.

03 장기성 채권·채무의 현재가치 평가

① 장기연불조건의 매매거래, 장기금전대차거래 또는 이와 유사한 거래에서 발생하는 장기성 채권·채무는 원칙적으로 적절한 할인율로 평가하여 당해 채권·채무가 공정가치로 재무제표에 최초로 인식되도록 한다.

② 기업회계기준서 제1115호 '고객과의 약속에서 생기는 수익'에서는 기업이 고객에게 약속한 재화나 용역을 이전하는 시점과 고객이 그에 대한 대가를 지급하는 시점 간의 기간이 1년 이내일 것이라고 예상한다면 유의적인 금융요소를 반영하여 대가를 조정하지 않는 실무적인 간편법을 쓸 수 있다.

즉, 단기성 채권·채무는 금융요소인 이자를 분리하지 않고 송장에 있는 원본금액으로 측정한다.

③ 장기성 채권·채무에 대한 현재가치는 당해 미래현금흐름의 총수취(지급)액을 적절한 이자율로 할인하여 측정한다. 이때, 적절한 이자율은 당해 거래의 내재이자율을 적용한다.

독한훈련

3. 현금성자산

① 현금성자산은 (취득일로부터 / 보고기간 종료일로부터) 만기가 3개월 이내에 도래하는 금융자산이다.

② 금융회사가 발행하는 정형화된 금융상품들, 즉 정기예금, 정기적금, 환매채, 양도성예금증서 등은 취득일로부터 만기가 3개월 이내인 경우에는 (현금및현금성자산 / 단기금융상품)으로 분류한다.

③ 사용이 제한되어 있는 금융상품은 (현금및현금성자산 / 장·단기금융상품)으로 분류된다.

02 금융상품

① 단기적인 자금운용을 목적으로 취득하거나 만기가 보고기간 말로부터 1년 이내에 도래하는 금융상품은 (단기 / 장기)금융상품으로 하여 (유동 / 비유동)자산으로 분류한다.

② 금융상품 중 보고기간 말로부터 1년 이후에 만기가 도래하는 금융상품은 (단기 / 장기)금융상품으로 하여 (유동 / 비유동)자산으로 분류한다.

③ 금융상품 중에서 사용이 제한되어 있는 경우가 있는데, 사용제한이 보고기간 후 12개월 이내인 경우에는 (현금및현금성자산 / 단기금융자산 / 장기금융자산)으로 분류한다.

03 장기성 채권·채무의 현재가치 평가

① 장기연불조건의 매매거래, 장기금전대차거래 또는 이와 유사한 거래에서 발생하는 장기성 채권·채무는 원칙적으로 적절한 할인율로 평가하여 당해 채권·채무가 _____(으)로 재무제표에 최초로 인식되도록 한다.

② 단기성 채권·채무는 금융요소인 이자를 분리하지 않고 송장에 있는 원본금액으로 측정할 수 (있다 / 없다).

③ 장기성 채권·채무에 대한 현재가치는 당해 미래현금흐름의 총수취(지급)액을 _____ 이자율로 할인하여 측정한다.

정답 3. ① 취득일로부터 ② 현금및현금성자산 ③ 장·단기금융상품 **02** ① 단기, 유동 ② 장기, 비유동 ③ 단기금융자산
03 ① 공정가치 ② 있다 ③ 내재

04 매출채권 제거(금융자산의 양도)

1 매출채권 제거조건

① 매출채권의 제거조건은 다음과 같다.

> ㉠ 금융자산의 현금흐름에 대한 계약상의 권리가 소멸한다.
> ㉡ 금융자산에 대한 양도가 이루어지고, 그 양도가 제거조건을 충족한 경우이다.

② 양도자가 금융자산의 소유에 따른 위험과 보상의 대부분을 이전하는 경우, 금융자산의 매각거래로 보고 금융자산을 즉시 제거한다.

③ 양도자가 금융자산의 소유에 따른 위험과 보상의 대부분을 보유한 경우, 금융자산의 차입거래로 보고 금융자산을 제거하지 않고 계속 인식하며, 수취한 대가는 금융부채(단기차입금)로 인식한다.

2 양도자가 위험과 보상의 대부분을 보유하지도 이전하지도 않은 경우

① 양도자가 위험과 보상의 대부분을 보유하지도 이전하지도 않은 경우 양도자는 금융자산을 통제하고 있는지에 따라 금융자산 제거 여부를 결정한다.

② 양도자가 금융자산을 통제하고 있지 아니하면, 금융자산을 제거한다.

③ 양도자가 금융자산을 계속 통제하고 있다면, 당해 금융자산에 지속적으로 관여하는 정도까지 당해 금융자산을 계속 인식하고, 수취한 대가를 금융부채로 인식한다.

3 양도자가 위험과 보상의 대부분을 이전

다음의 경우에는 양도자가 위험과 보상의 대부분을 이전한 것으로 판단한다.

① **조건없는 매도**
  금융자산을 아무런 조건 없이 매도한 경우

② **공정가치 재매입조건**
  양도자가 매도한 금융자산을 재매입시점의 공정가치로 재매입할 수 있는 권리를 보유하는 경우

③ **내가격 상태가 될 가능성이 매우 낮은 콜옵션과 풋옵션의 보유**
  양도자가 매도한 금융자산에 대한 콜옵션을 보유하고 있거나 양수자가 당해 금융자산에 대한 풋옵션을 보유하고 있지만, 당해 콜옵션이나 풋옵션이 깊은 외가격 상태이기 때문에 만기 이전에 당해 옵션이 내가격 상태가 될 가능성이 매우 낮은 경우

독한훈련

04 매출채권 제거(금융자산의 양도)

1. 매출채권 제거조건

① 금융자산의 현금흐름에 대한 계약상의 권리가 소멸하거나, 금융자산에 대한 양도가 이루어지고 그 양도가 _____ 조건을 충족한 경우에 금융자산은 장부에서 제거된다.

② 양도자가 금융자산의 소유에 따른 위험과 보상의 대부분을 이전하는 경우, 금융상품을 장부에서 제거할 수 (있다 / 없다).

③ 양도자가 금융자산의 소유에 따른 위험과 보상의 대부분을 보유한 경우, 금융자산의 차입거래로 보고 금융자산을 제거(하며 / 하지 않고), 수취한 대가는 _____ (으)로 인식한다.

2. 양도자가 위험과 보상의 대부분을 보유하지도 이전하지도 않은 경우

양도자가 위험과 보상의 대부분을 보유하지도 이전하지도 않은 경우 양도자는 금융자산을 _____ 하고 있는지에 따라 금융자산 제거 여부를 결정한다.

3. 양도자가 위험과 보상의 대부분을 이전

양도자가 매도한 금융자산을 재매입시점의 공정가치로 재매입할 수 있는 권리를 보유하는 경우 양도자는 위험과 보상의 대부분을 (이전 / 보유)하는 것으로 판단한다.

정답 04 1. ① 제거 ② 있다 ③ 하지 않고, 금융부채(단기차입금) 2. 통제 3. 이전

❹ 양도자가 위험과 보상의 대부분을 보유

다음의 경우에는 양도자가 위험과 보상의 대부분을 보유하는 것으로 판단한다.

① **확정가격 재매입조건**

양도자가 매도 후 미리 정한 가격 또는 매도가격에 양도자에게 금전을 대여하였더라면 그 대가로 받았을 이자수익을 더한 금액으로 양도자산을 재매입하는 거래의 경우

② **외가격 상태가 될 가능성이 매우 낮은 콜옵션과 풋옵션을 보유**

양도자가 매도한 금융자산에 대한 콜옵션을 보유하고 있거나 양수자가 당해 금융자산에 대한 풋옵션을 보유하고 있으며, 당해 콜옵션이나 풋옵션이 깊은 내가격 상태이기 때문에 만기 이전에 당해 옵션이 외가격 상태가 될 가능성이 매우 낮은 경우

③ **대손의 보증**

양도자가 양수자에게 발생가능성이 높은 대손의 보상을 보증하면서 단기 수취채권을 매도한 경우

> 🗣️ **독한훈련**
>
> **4. 양도자가 위험과 보상의 대부분을 보유**
>
> 양도자가 매도 후 미리 정한 가격 또는 매도가격에 양도자에게 금전을 대여하였더라면 그 대가로 받았을 이자수익을 더한 금액으로 양도자산을 재매입하는 거래의 경우 양도자는 위험과 보상의 대부분을 (이전/보유)하는 것으로 판단한다.

💡 **정답** 4. 보유

2 OX 강훈련

> 다음 문장을 읽고 옳은 설명에는 O, 옳지 않은 설명에는 X를 하고 올바른 문장으로 수정하시오.

01 현금성자산은 큰 거래비용 없이 현금으로의 전환이 용이하고 가치변동 위험이 중요하지 않은 자산을 말한다. [O X]

02 당좌차월은 당좌예금계정과 상계하여 표시한다. [O X]

03 취득 당시 만기가 보고기간 말로부터 3개월 이내에 도래하는 금융상품은 현금성자산으로 분류한다. [O X]

04 사용이 제한되어 있는 금융상품은 현금성자산으로 분류될 수 있다. [O X]

05 보고기간 말로부터 1년 이내에 만기가 도래하는 금융상품은 언제나 단기금융상품으로 분류한다. [O X]

06 금융자산의 양도자가 금융자산의 소유에 따른 위험과 보상의 대부분을 보유하는 경우, 금융자산을 즉시 제거하고 제거에 따른 매출채권처분손익을 인식한다. [O X]

07 금융자산의 양도자가 위험과 보상의 대부분을 보유하지도 않고 이전하지도 않은 경우, 양도자가 금융자산을 여전히 통제하고 있다면 장부에서 금융자산을 제거한다. [O X]

08 양도자가 금융자산을 아무런 조건 없이 매도한 경우 양도자는 위험과 보상의 대부분을 보유한 것으로 판단한다. [O X]

OX 풀이

02 재무상태표 항목은 원칙적으로 **상계하지 않는다**. 따라서 당좌차월은 단기차입금으로 보고하고, 당좌예금은 현금및현금성자산으로 보고한다.

03 보고기간 종료일로부터가 아니라 **취득일로부터 만기가 3개월 이내**에 도래하는 금융상품을 현금성자산으로 분류한다.

04 사용이 제한되어 있는 금융상품은 현금성자산으로 분류될 수 **없다**.

05 보고기간 말로부터 1년 이내에 만기가 도래하는 금융상품은 일반적으로 단기매매금융자산으로 보고하나, **취득일로부터 만기가 3개월 이내인 금융상품은 현금및현금성자산**으로 보고한다.

06 금융자산의 양도자가 금융자산의 소유에 따른 위험과 보상의 대부분을 보유하는 경우에는 금융자산을 담보로 차입한 것으로 하여 **금융자산을 제거하지 않고 단기차입금으로 인식**한다.

07 금융자산의 양도자가 위험과 보상의 대부분을 보유하지도 않고 이전하지도 않은 경우, 양도자가 금융자산을 여전히 통제하고 있다면 금융자산의 제거조건을 만족하지 않은 것으로서 **단기차입금으로 처리**한다.

08 양도자가 금융자산을 아무런 조건 없이 매도한 경우 양도자는 위험과 보상의 대부분을 **이전한 것**으로 판단한다.

| 정답 | 01 O 02 X 03 X 04 X 05 X 06 X 07 X 08 X

3 실전 훈련 문제

정답 및 해설 p.16

01 ▶ 2021 감정평가사 수정

현금및현금성자산으로 재무상태표에 표시될 수 없는 것을 모두 고른 것은? (단, 지분상품은 현금으로 전환이 용이하다.)

> ㉠ 부채상환을 위해 12개월 이상 사용이 제한된 요구불예금
> ㉡ 사용을 위해 구입한 수입인지와 우표
> ㉢ 상환일이 정해져 있고 취득일로부터 상환일까지 기간이 2년인 회사채
> ㉣ 취득일로부터 1개월 내에 처분할 예정인 상장기업의 보통주
> ㉤ 재취득한 자기지분상품

① ㉠, ㉡, ㉣
② ㉠, ㉢, ㉣
③ ㉡, ㉢, ㉤
④ ㉠, ㉡, ㉢, ㉣, ㉤

02

한국채택국제회계기준에 따라 현금및현금성자산으로 분류하지 않는 항목은?

① 보고기간 종료일로부터 만기가 1개월 남은 금융상품
② 취득일로부터 만기가 3개월 이내에 도래하는 상환우선주
③ 상품매출을 통해 입수한 당좌수표
④ 90일 환매조건의 환매채

03 ▶ 2008 회계사 응용

당좌자산의 분류기준 및 적정성 확인에 대한 다음 설명 중 타당한 것은?

① 재무상태표일 현재 만기일(또는 상환일)이 4개월 남아 있는 금융상품은 현금및현금성자산으로 분류한다.
② 만기가 결산일로부터 1년 이내에 도래하는 정기예금이 단기차입금의 담보로 제공되어 사용이 제한되어 있는 경우, 이 정기예금을 단기투자금융자산으로 분류한다.
③ 당좌예금에 대한 은행계정조정표를 작성하는 목적은 일정 기간의 은행 측과 회사 측의 입·출금 내역을 일치시키기 위한 것이다.
④ 상품매출과 관련하여 받은 타인발행 당좌수표는 매출채권으로 분류한다.

04

(주)한국은 보유 중인 매출채권을 금융기관에 양도하였다. 다음 중 한국채택국제회계기준에 근거하여 양도한 매출채권의 회계처리에 대한 설명으로 옳지 않은 것은?

① 매출채권의 실질적인 양도거래와 차입거래 모두 당기손익에 미치는 영향은 동일하다.
② (주)한국이 매도한 매출채권을 미리 정한 가격으로 재매입할 수 있는 권리를 보유하고 있다면 (주)한국은 매출채권을 장부에서 제거할 수 없다.
③ 매출채권의 소유와 관련된 위험과 보상의 대부분을 보유하지도 않고 이전하지도 않았지만, 당해 매출채권에 대한 통제권을 상실하였다면 매출채권을 담보로 한 차입거래로 보고 금융부채를 인식한다.
④ 실질적인 위험과 보상의 대부분을 보유한 경우 매출채권은 제거하지 않고 장부에 차입금을 인식하게 되어 부채비율은 증가하게 된다.

05 ▶ 2022 보험계리사

다음 중 금융자산의 양도자가 소유에 따른 위험과 보상의 대부분을 이전하는 경우에 해당하는 것은?

① 양도자가 매도한 금융자산을 재매입시점의 공정가치로 재매입할 수 있는 권리를 보유하고 있는 경우
② 시장위험 익스포저를 양도자에게 다시 이전하는 총수익스왑 체결과 함께 금융자산을 매도한 경우
③ 양도자가 발생 가능성이 높은 신용손실의 보상을 양수자에게 보증하면서 단기 수취채권을 매도한 경우
④ 양도자가 매도한 금융자산에 대한 콜옵션을 보유하고 있으며, 해당 콜옵션이 현재까지 깊은 내가격 상태이기 때문에 만기 이전에 해당 옵션이 외가격 상태가 될 가능성이 매우 낮은 경우

CHAPTER 04 금융자산

1 이론 정리 및 이해 확인

독한훈련

01 금융상품의 정의

1. 정의

금융상품은 거래당사자 일방에게는 금융자산을 발생시키고 동시에 다른 거래상대방에게는 ⬚⬚⬚(이)나 ⬚⬚⬚을(를) 발생시키는 모든 계약을 의미한다.

2. 다음 중 금융상품에 해당하는 것을 모두 고르시오.

a. 선급비용　　　b. 미수금
c. 당기법인세부채　d. 리스자산
e. 투자사채　　　f. 대여금
g. 제품보증충당부채　h. 선수금

02 금융자산의 분류

① 금융자산은 ⬚⬚⬚ 측정 금융자산, ⬚⬚⬚ 측정 금융자산, ⬚⬚⬚ 측정 금융자산으로 분류한다.
② 금융자산의 보유목적이 계약상 현금흐름을 수취하는 것을 목적으로 하는 사업모형하에 보유하는 기간 동안 원리금의 지급만으로 구성된 현금흐름이 발생하면 ⬚⬚⬚ 측정 금융자산으로 분류한다.
③ 금융자산의 보유목적이 계약상 현금흐름을 수취하면서 동시에 매도하는 것을 목적으로 하는 사업모형하에 보유하는 기간 동안 원리금의 지급만으로 구성된 현금흐름이 발생하면 ⬚⬚⬚ 측정 금융자산으로 분류한다.

01 금융상품의 정의

1 정의

금융상품은 거래당사자 일방에게는 금융자산을 발생시키고 동시에 다른 거래상대방에게는 금융부채나 지분상품을 발생시키는 모든 계약을 의미한다.

2 금융상품이 아닌 경우

다음의 항목은 금융자산과 금융부채로 분류하지 않는다.
① 실물자산인 재고자산, 생물자산, 유형자산, 무형자산, 투자부동산, 리스자산
② 금융자산·부채로 결제되지 않는 선급금, 선급비용, 선수금, 선수수익
③ 계약에 의하지 않는 법인세부채(당기법인세부채)와 의제의무에 따른 부채(충당부채)

02 금융자산의 분류

① 금융자산은 상각후원가 측정 금융자산, 기타포괄손익-공정가치 측정 금융자산, 당기손익-공정가치 측정 금융자산으로 분류한다.
② 금융자산의 보유목적이 계약상 현금흐름을 수취하는 것을 목적으로 하는 사업모형하에 보유하는 기간 동안 원리금의 지급만으로 구성된 현금흐름이 발생하면 상각후원가 측정 금융자산으로 분류한다.
③ 금융자산의 보유목적이 계약상 현금흐름을 수취하면서 동시에 매도하는 것을 목적으로 하는 사업모형하에 보유하는 기간 동안 원리금의 지급만으로 구성된 현금흐름이 발생하면 기타포괄손익-공정가치 측정 금융자산으로 분류한다.

정답 01 1. 금융부채, 지분상품　2. b, e, f
02 ① 상각후원가, 기타포괄손익 - 공정가치, 당기손익 - 공정가치　② 상각후원가　③ 기타포괄손익 - 공정가치

④ 금융자산을 상각후원가 측정이나 기타포괄손익-공정가치 측정으로 측정하는 경우가 아니라면 당기손익-공정가치 측정 금융자산으로 분류한다.

⑤ 당기손익-공정가치로 측정되는 지분상품의 경우 일정요건*을 만족하는 경우 최초 인식시점에 기타포괄손익-공정가치 측정 금융자산으로 분류하기로 선택했다면, 지분상품의 경우도 기타포괄손익-공정가치 측정 금융자산으로 분류할 수 있다. 이러한 선택(지정)은 이후에 취소할 수 없다.

* 일정요건
  ㉠ 단기매매항목이 아니다.
  ㉡ 사업결합에서 취득자가 인식하는 조건부 대가가 아니다.

⑥ 금융자산을 최초 인식시점에 당기손익-공정가치 측정 금융자산으로 선택(지정)할 수 있다. 이러한 선택은 한번 선택(지정)하면 취소할 수 없다.

금융상품별 분류

구 분	채무상품	지 분
상각후원가 측정	계약상 현금흐름 수취 사업모형	n/a
기타포괄손익 - 공정가치 측정	계약상 현금흐름 수취 + 매도 사업모형	최초 인식시점에 지정*
당기손익 - 공정가치 측정	나머지 모두	원칙

*단기매매항목이나 사업결합의 조건부 대가는 제외한다.

03 지분상품

1 지분상품의 분류

① 투자목적으로 취득한 지분상품은 모두 당기손익-공정가치 측정 금융자산으로 분류하는 것이 원칙이다.
② 단기매매목적 이외의 목적으로 취득한 지분상품 중 후속적인 공정가치 변동을 기타포괄손익으로 인식하기로 선택한 경우 기타포괄손익-공정가치 측정 금융자산으로 분류할 수 있다. 다만, 이러한 선택은 최초 인식시점에만 가능하며, 이후에 취소할 수 없다.

2 취득

2-1 당기손익-공정가치 측정 금융자산

최초 인식 시 공정가치로 평가한다. 취득 시 발생하는 거래원가는 당기비용으로 인식한다.

> **독한훈련**
>
> ④ 금융자산을 상각후원가 측정이나 기타포괄손익-공정가치 측정으로 측정하는 경우가 아니라면 _____ 측정 금융자산으로 분류한다.
>
> ⑤ 당기손익-공정가치로 측정되는 (지분 / 채무)상품의 경우 일정요건을 만족하는 경우 최초 인식시점에 기타포괄손익-공정가치 측정 금융자산으로 분류하기로 선택했다면, (지분 / 채무)상품의 경우도 기타포괄손익-공정가치 측정 금융자산으로 분류할 수 있으나, 이러한 선택(지정)은 이후에 취소할 수 (있다 / 없다).
>
> ⑥ 금융자산을 최초 인식시점에 당기손익-공정가치 측정 금융자산으로 선택(지정)할 수 있으며, 한번 선택(지정)하면 취소할 수 (있다 / 없다).
>
> **03 지분상품**
>
> **1. 지분상품의 분류**
>
> ① 지분상품은 _____ 측정 금융자산과 _____ 측정 금융자산으로 분류한다.
> ② 지분상품이 단기매매목적인 경우 기타포괄손익-공정가치 측정 금융자산으로 분류할 수 (있다 / 없다).
> ③ 단기매매목적 이외의 목적으로 취득한 지분상품 중 후속적인 공정가치 변동을 기타포괄손익으로 인식하기로 선택하는 것은 최초 취득 이후 시점에 (가능하다 / 불가능하다).
> ④ 단기매매목적 이외의 목적으로 취득한 지분상품 중 후속적인 공정가치 변동을 기타포괄손익으로 인식하기로 선택한 경우 이후에 취소할 수 (있다 / 없다).
>
> **2. 취득**
> **2-1 당기손익-공정가치 측정 금융자산**
>
> 지분상품의 취득원가는 금융자산의 (공정가치 / 장부금액)를 (을) 원칙으로 한다.

정답 ④ 당기손익-공정가치 ⑤ 지분, 지분, 없다 ⑥ 없다 **03** 1. ① 당기손익-공정가치, 기타포괄손익-공정가치 ② 없다 ③ 불가능하다 ④ 없다
2-1 공정가치

독한훈련

2-2 기타포괄손익-공정가치 측정 금융자산

당기손익-공정가치 측정 금융자산을 취득하는 과정에서 발생하는 거래원가는 (당기비용 / 취득원가)(으)로 처리하고, 기타포괄손익-공정가치 측정 금융자산의 거래원가는 (당기비용 / 취득원가)(으)로 처리한다.

3. 평가

3-1 당기손익-공정가치 측정 금융자산

당기손익-공정가치 측정 금융자산은 매 보고기간 말 공정가치로 평가하며, 평가에 따른 미실현보유손익을 (당기손익 / 기타포괄손익)으로 인식한다.

3-2 기타포괄손익-공정가치 측정 금융자산

기타포괄손익-공정가치 측정 금융자산은 매 보고기간 말 공정가치로 평가하며, 평가에 따른 미실현보유손익을 (당기손익 / 기타포괄손익)으로 인식한다.

4. 처분

4-1 당기손익-공정가치 측정 금융자산

당기손익-공정가치 측정 금융자산의 양도가 금융자산의 제거조건을 만족한 경우에는 수취한 대가와 해당 금융자산의 (공정가치 / 장부금액)의 차이를 (당기손익 / 기타포괄손익)으로 인식한다.

4-2 기타포괄손익-공정가치 측정 금융자산

① 지분상품인 기타포괄손익-공정가치 측정 금융자산은 처분하는 시점에 장부금액으로부터 처분대가만큼 (당기손익인 처분손익 / 기타포괄손익인 평가손익)을 인식한다.
② 지분상품인 기타포괄손익-공정가치 측정 금융자산의 처분손익은 (당기손익으로 인식한다 / 없다).
③ 지분상품인 기타포괄손익-공정가치 측정 금융자산은 처분과 관련된 직접 거래비용이 없다면 포괄손익계산서에 인식되는 처분손익은 (있다 / 없다).
④ 지분상품인 기타포괄손익-공정가치 측정 금융자산은 처분 시 기타포괄손익에 대해 재분류조정(한다 / 하지 않는다).

5. 손상

지분상품은 신용위험의 유의적인 증가가 발생한 경우 손상차손을 인식(한다 / 하지 않는다).

2-2 기타포괄손익-공정가치 측정 금융자산

최초 인식 시 공정가치로 평가한다. 취득 시 발생하는 거래원가는 취득원가로 인식한다.

❸ 평가

3-1 당기손익-공정가치 측정 금융자산

당기손익-공정가치 측정 금융자산은 매 보고기간 말 공정가치로 평가하며, 평가에 따른 미실현보유손익을 당기손익으로 인식한다.

3-2 기타포괄손익-공정가치 측정 금융자산

기타포괄손익-공정가치 측정 금융자산은 매 보고기간 말 공정가치로 평가하며, 평가에 따른 미실현보유손익을 기타포괄손익으로 인식한다.

❹ 처분

4-1 당기손익-공정가치 측정 금융자산

당기손익-공정가치 측정 금융자산의 양도가 금융자산의 제거조건을 만족한 경우에는 수취한 대가와 해당 금융자산의 장부금액의 차이를 당기손익으로 인식한다.

4-2 기타포괄손익-공정가치 측정 금융자산

① 기타포괄손익-공정가치 측정 금융자산은 처분하는 시점에 처분 직전 장부금액으로부터 처분대가만큼 금융자산의 평가손익(기타포괄손익)을 인식한다.
② 처분손익은 수취한 대가와 금융자산의 장부금액의 차이이다. 그러므로 포괄손익계산서에 인식되는 **처분손익은 없다**.
③ 기타포괄손익누계액(평가손익누적액)은 해당 금융자산을 제거하는 시점에 이익잉여금으로 대체할 수 있다. 그러므로 지분상품인 기타포괄손익-공정가치 측정 금융자산은 기타포괄손익에 대하여 **재분류대상이 아니다**.
④ 처분 시 처분과 관련된 직접 거래비용이 발생하면 처분손실이 발생할 수 있다.

❺ 손상

지분상품은 손상을 인식하지 않는다.
계약상 현금흐름에 대한 신용손실에 위험이 있는 경우에만 인식하므로 지분상품은 손상차손의 회계처리 대상이 아니다.

정답 2-2 당기비용, 취득원가 3-1 당기손익 3-2 기타포괄손익
4-1 장부금액, 당기손익 4-2 ① 기타포괄손익인 평가손익 ② 없다 ③ 없다 ④ 하지 않는다 5. 하지 않는다

❻ 보유기간 중 배당수익

① 지분상품에 대한 배당금 수익은 배당금을 받을 권리와 금액이 확정되는 시점인 배당선언일에 인식한다.
② 현금배당금을 수령하는 경우 배당선언일에 배당예정금액만큼 미수배당금(자산)으로 인식하고, 실제 수령하는 날 미수배당금과 상계한다.
③ 주식배당을 수령하는 경우 배당선언일에 전체적인 주식의 가치에는 영향이 없으므로 추가로 분개는 인식하지 않고 주식수만 조정한다.

04 채무상품

❶ 채무상품의 분류

① 채무상품은 상각후원가 측정 금융자산, 기타포괄손익-공정가치 측정 금융자산, 당기손익-공정가치 측정 금융자산으로 분류한다.
② 채무상품은 최초 인식시점에 당기손익-공정가치 측정 항목으로 지정할 수 있으나, 한번 지정하면 취소할 수 없다.

❷ 취득

2-1 상각후원가 측정 금융자산

상각후원가 측정 금융자산으로 분류되는 채무상품은 최초 인식 시 공정가치로 인식한다. 취득 시 발생하는 거래원가는 최초 인식시점에 취득원가로 인식한다.

2-2 기타포괄손익-공정가치 측정 금융자산

기타포괄손익-공정가치 측정 금융자산으로 분류되는 채무상품은 최초 인식 시 공정가치로 인식한다. 취득 시 발생하는 거래원가는 최초 인식시점에 취득원가로 인식한다.

2-3 당기손익-공정가치 측정 금융자산

당기손익-공정가치 측정 금융자산으로 분류되는 채무상품은 최초 인식 시 공정가치로 인식한다. 취득 시 발생하는 거래원가는 최초 인식시점에 당기손익으로 인식한다.

❸ 평가

3-1 상각후원가 측정 금융자산

상각후원가 측정 금융자산으로 분류되는 채무상품은 상각후원가로 재무상태표에 표시한다.

독한훈련

6. 보유기간 중 배당수익

① 지분상품에 대한 배당금 수익은 배당금을 받을 권리와 금액이 확정되는 시점인 (보고기간 말 / 배당기준일 / 배당선언일 / 배당지급일)에 인식한다.
② 현금배당금을 수령하는 경우 배당선언일에 배당예정금액만큼 배당수익을 인식(하고 / 하지 않고), 이를 (미수배당금 / 미지급배당금)으로 인식한다.
③ 주식배당을 수령하는 경우 배당선언일에 배당수익을 인식(한다 / 하지 않는다).

04 채무상품

1. 채무상품의 분류

① 채무상품은 _____ 측정 금융자산, _____ 측정 금융자산, _____ 측정 금융자산으로 분류한다.
② 채무상품은 최초 인식시점에 _____ 측정 항목으로 지정할 수 있으나, 한번 지정하면 취소할 수 (있다 / 없다).

2. 취득

2-1 상각후원가 측정 금융자산

상각후원가 측정 금융자산으로 분류되는 채무상품은 최초 인식 시 (장부금액 / 공정가치)(으)로 인식한다. 취득 시 발생하는 거래원가는 최초 인식시점에 (당기비용 / 취득원가)(으)로 인식한다.

2-2 기타포괄손익-공정가치 측정 금융자산

기타포괄손익-공정가치 측정 금융자산으로 분류되는 채무상품은 최초 인식 시 (장부금액 / 공정가치)(으)로 인식한다. 취득 시 발생하는 거래원가는 최초 인식시점에 (당기비용 / 취득원가)(으)로 인식한다.

2-3 당기손익-공정가치 측정 금융자산

당기손익-공정가치 측정 금융자산으로 분류되는 채무상품은 최초 인식 시 (장부금액 / 공정가치)(으)로 인식한다. 취득 시 발생하는 거래원가는 최초 인식시점에 (당기손익 / 취득원가)(으)로 인식한다.

3. 평가

3-1 상각후원가 측정 금융자산

상각후원가 측정 금융자산으로 분류되는 채무상품은 (상각후원가 / 공정가치)로 재무상태표에 표시한다.

정답 6. ① 배당선언일 ② 하고, 미수배당금 ③ 하지 않는다 04 1. ① 상각후원가, 기타포괄손익-공정가치, 당기손익-공정가치 ② 당기손익-공정가치, 없다 2-1 공정가치, 취득원가 2-2 공정가치, 취득원가 2-3 공정가치, 당기손익 3-1 상각후원가

💡 독한훈련

3-2 기타포괄손익-공정가치 측정 금융자산
① 기타포괄손익-공정가치 측정 금융자산으로 분류되는 채무상품은 후속 측정 시 (상각후원가 / 공정가치)를 재무상태표가액으로 한다.
② 기타포괄손익-공정가치 측정 금융자산으로 분류되는 채무상품은 (이자수익 인식 / 공정가치 평가)을(를) 먼저 적용하고, (이자수익 인식 / 공정가치 평가손익)을 다음으로 인식한다.
③ 기타포괄손익-공정가치 측정 금융자산으로 분류되는 채무상품의 공정가치 평가에 따른 미실현보유손익은 (당기손익 / 기타포괄손익)으로 인식한다.

3-3 당기손익-공정가치 측정 금융자산
① 당기손익-공정가치 측정 금융자산으로 분류되는 채무상품은 매 보고기간 말 (상각후원가 / 공정가치)로 측정하며, 평가에 따른 미실현보유손익은 (당기손익 / 기타포괄손익)으로 인식한다.
② 당기손익-공정가치 측정 채무상품은 이자수익을 인식할 때 (액면이자율법 / 유효이자율법)을 적용한다.

4. 처분
4-1 상각후원가 측정 금융자산
상각후원가 측정 금융자산의 양도가 금융자산의 제거조건을 만족하는 경우에는 수취한 순대가와 해당 금융자산의 (상각후원가 / 공정가치)와의 차액을 (처분손익(당기손익) / 기타포괄손익)으로 인식한다.

4-2 기타포괄손익-공정가치 측정 금융자산
① 기타포괄손익-공정가치 측정 금융자산의 양도가 금융자산의 제거조건을 만족하는 경우에는 수취한 순대가와 해당 금융자산의 (상각후원가 / 공정가치)와의 차액을 (처분손익(당기손익) / 기타포괄손익)으로 인식한다.
② 기타포괄손익-공정가치 측정 금융자산은 처분시점에 누적된 기타포괄손익누계액에 대해 (이익잉여금으로 대체할 수 있다 / 당기손익으로 재분류조정한다).
③ 기타포괄손익 - 공정가치 측정 금융자산과 상각후원가 측정 금융자산의 처분손익은 (다르다 / 동일하다).

4-3 당기손익-공정가치 측정 금융자산
당기손익-공정가치 측정 금융자산의 양도가 금융자산의 제거조건을 만족하는 경우에는 수취한 (대가 / 순대가)와 해당 금융자산의 장부금액의 차액을 (처분손익(당기손익) / 기타포괄손익)으로 인식한다.

3-2 기타포괄손익-공정가치 측정 금융자산
① 기타포괄손익-공정가치 측정 금융자산으로 분류되는 채무상품은 후속 측정 시 공정가치를 재무상태표가액으로 한다.
② 이때 상각후원가법에 따른 이자수익 인식을 먼저 적용하고, 공정가치 평가손익을 인식한다.
③ 공정가치 평가에 따른 미실현보유손익은 기타포괄손익으로 인식한다.

3-3 당기손익-공정가치 측정 금융자산
① 당기손익-공정가치 측정 금융자산으로 분류되는 채무상품은 매 보고기간 말 공정가치로 측정하며, 평가에 따른 미실현보유손익은 당기손익으로 인식한다.
② 당기손익-공정가치 측정 채무상품은 이자수익을 인식할 때 유효이자율법을 적용하지 않고 액면이자율법을 적용한다.

4 처분
4-1 상각후원가 측정 금융자산
상각후원가 측정 금융자산의 양도가 금융자산의 제거조건을 만족하는 경우에는 수취한 순대가와 해당 금융자산의 상각후원가와의 차액을 처분손익(당기손익)으로 인식한다.

4-2 기타포괄손익-공정가치 측정 금융자산
① 기타포괄손익-공정가치 측정 금융자산의 양도가 금융자산의 제거조건을 만족하는 경우에는 수취한 순대가와 해당 금융자산의 상각후원가와의 차액을 처분손익(당기손익)으로 인식한다.
② 기타포괄손익-공정가치 측정 금융자산은 처분시점에 누적된 기타포괄손익누계액에 대해 당기손익으로 재분류조정한다.
③ 기타포괄손익-공정가치 측정 금융자산과 상각후원가 측정 금융자산의 처분손익은 동일한 금액이 된다.

4-3 당기손익-공정가치 측정 금융자산
당기손익-공정가치 측정 금융자산의 양도가 금융자산의 제거조건을 만족하는 경우에는 수취한 순대가와 해당 금융자산의 장부금액의 차액을 처분손익(당기손익)으로 인식한다.

정답 3-2 ① 공정가치 ② 이자수익 인식, 공정가치 평가손익 ③ 기타포괄손익 3-3 ① 공정가치, 당기손익 ② 액면이자율법
4-1 상각후원가, 처분손익(당기손익) 4-2 ① 상각후원가, 처분손익(당기손익) ② 당기손익으로 재분류조정한다 ③ 동일하다
4-3 순대가, 처분손익(당기손익)

5 손상

5-1 상각후원가 측정 금융자산
① 신용이 손상되지 않은 경우에도 기대(예상)신용손실을 추정하여 금융자산의 장부금액을 감액하고 이를 손상차손(당기손익)으로 인식한다.
② 금융자산의 신용위험이 유의적으로 증가하지 않은 경우에는 12개월 기대신용손실에 해당하는 금액을 손상차손(당기손익)으로 인식한다.
③ 금융자산의 신용위험이 유의적으로 증가한 경우에는 전체기간 기대신용손실에 해당하는 금액을 손상차손(당기손익)으로 인식한다.
④ 금융자산의 신용이 손상된 경우에는 전체기간 기대신용손실에 해당하는 금액을 손상차손(당기손익)으로 인식한다.

5-2 기타포괄손익-공정가치 측정 금융자산
① 신용이 손상되지 않은 경우에도 기대(예상)신용손실을 추정하여 금융자산의 장부금액을 감액하고 이를 손상차손(당기손익)으로 인식한다.
② 상각후원가 측정 금융자산과 기타포괄손익-공정가치 측정 금융자산의 손상차손은 동일하다.

5-3 당기손익-공정가치 측정 금융자산
당기손익-공정가치 측정 금융자산은 손상차손을 인식하지 않는다.

6 이자수익
채무상품에 대한 이자수익은 유효이자율법을 적용하여 발생주의 기준에 따라 인식한다.

05 재분류

1 재분류의 조건
① 금융자산은 취득시점에 현금흐름의 특성과 금융자산관리를 위한 사업모형을 변경하는 경우에만 영향받는 모든 금융자산을 재분류한다.
② 사업모형이 없는 지분상품과 파생상품은 재분류가 불가능하다.
③ 금융자산을 재분류하는 경우 재분류를 초래하는 사업모형의 변경 후 첫 번째 보고기간의 첫 번째 날에 수행하며, 재분류일부터 전진적으로 적용한다.
④ 재분류 전에 인식한 손익(손상차손이나 손상환입을 포함)이나 이자는 수정하지 않는다.

독한훈련

5. 손상
5-1 상각후원가 측정 금융자산
① 상각후원가 측정 금융자산은 (신용이 손상되었을 경우에만 / 신용이 손상되지 않은 경우에도) 손상차손(당기손익)으로 인식한다.
② 금융자산의 신용위험이 유의적으로 증가하지 않은 경우에는 (12개월 / 전체기간) 기대신용손실에 해당하는 금액을 손상차손(당기손익)으로 인식한다.
③ 금융자산의 신용위험이 유의적으로 증가한 경우에는 (12개월 / 전체기간) 기대신용손실에 해당하는 금액을 손상차손(당기손익)으로 인식한다.
④ 금융자산의 신용이 손상된 경우에는 (12개월 / 전체기간) 기대신용손실에 해당하는 금액을 손상차손(당기손익)으로 인식한다.

5-2 기타포괄손익-공정가치 측정 금융자산
다른 조건이 동일할 경우, 상각후원가 측정 금융자산과 기타포괄손익-공정가치 측정 금융자산으로 분류된 채무상품의 손상차손으로 인식할 금액은 (동일하다 / 다르다).

5-3 당기손익-공정가치 측정 금융자산
당기손익-공정가치 측정 금융자산으로 분류된 채무상품의 손상차손은 (인식하지 않는다 / 당기손익으로 인식한다).

6. 이자수익
채무상품에 대한 이자수익은 (액면이자율법 / 유효이자율법)을 적용하여 (현금주의 / 발생주의) 기준에 따라 인식한다.

05 재분류
1. 재분류의 조건
① 금융자산은 취득시점에 현금흐름의 특성과 금융자산관리를 위한 사업모형을 변경하는 경우에만 영향받는 모든 금융자산을 재분류하므로 (지분상품 / 채무상품)은 재분류 대상이 아니다.
② 최초 인식시점에 당기손익-공정가치 측정 금융자산으로 분류할 것을 선택한 경우 다른 금융자산으로 재분류할 수 (있다 / 없다).
③ 금융자산을 재분류하는 경우 재분류를 초래하는 사업모형의 변경 후 (당해 / 첫 번째)보고기간의 첫 번째 날에 수행하며, 재분류일부터 (소급적 / 전진적)으로 적용한다.
④ 금융상품을 재분류하는 경우 이전에 인식한 손익은 수정 (한다 / 하지 않는다).

정답 5-1 ① 신용이 손상되지 않은 경우에도 ② 12개월 ③ 전체기간 ④ 전체기간 5-2 동일하다 5-3 인식하지 않는다 6. 유효이자율법, 발생주의
05 1. ① 지분상품 ② 없다 ③ 첫 번째, 전진적 ④ 하지 않는다

독한훈련

2. 당기손익-공정가치 측정 금융자산에서 다른 금융자산으로 재분류

2-1 당기손익-공정가치 측정 ⇨ 상각후원가 측정
① 당기손익-공정가치 측정 금융자산에서 상각후원가 측정 금융자산으로 재분류하는 경우 재분류일의 (장부금액 / 공정가치)이(가) 새로운 총장부금액이 된다.
② 당기손익-공정가치 측정 금융자산에서 상각후원가 측정 금융자산으로 재분류하는 경우 유효이자율은 (최초 취득 시의 유효이자율 / 재분류일의 현행시장이자율)이다.

2-2 당기손익-공정가치 측정 ⇨ 기타포괄손익-공정가치 측정
당기손익-공정가치 측정 금융자산에서 기타포괄손익-공정가치 측정 금융자산으로 재분류하는 경우 재분류일의 (장부금액 / 공정가치)이(가) 새로운 총장부금액이고, 유효이자율은 (최초 취득 시의 유효이자율 / 재분류일의 현행시장이자율)이다.

3. 기타포괄손익-공정가치 측정 금융자산에서 다른 금융자산으로 재분류

3-1 기타포괄손익-공정가치 측정 ⇨ 당기손익-공정가치 측정
① 기타포괄손익-공정가치 측정 금융자산에서 당기손익-공정가치 측정 금융자산으로 분류변경하는 경우 계속 (상각후원가 / 공정가치)로 측정하므로, 재분류일의 (장부금액 / 공정가치)이(가) 새로운 금융자산의 장부금액이 된다.
② 기타포괄손익-공정가치 측정 금융자산에서 당기손익-공정가치 측정 금융자산으로 분류변경하는 경우 재분류일에 누적되어 있는 기타포괄손익누계액은 재분류일에 재분류조정을 통해 자본에서 (당기손익 / 이익잉여금)으로 재분류한다.

3-2 기타포괄손익-공정가치 측정 ⇨ 상각후원가 측정
① 기타포괄손익-공정가치 측정 금융자산에서 상각후원가 측정 금융자산으로 재분류하는 경우 재분류일의 (장부금액 / 공정가치)(으)로 재분류한다.
② 기타포괄손익-공정가치 측정 금융자산에서 상각후원가 측정 금융자산으로 재분류하는 경우 재분류 전에 인식한 (당기손익 / 기타포괄손익)은 자본에서 제거하고 재분류일의 금융자산의 공정가치에서 조정한다.
③ 기타포괄손익-공정가치 측정 금융자산에서 상각후원가 측정 금융자산으로 재분류하는 경우 재분류시점의 유효이자율이나 기대신용손실 측정치를 (조정한다 / 조정하지 않는다).

❷ 당기손익-공정가치 측정 금융자산에서 다른 금융자산으로 재분류

2-1 당기손익-공정가치 측정 ⇨ 상각후원가 측정
① 재분류일의 공정가치가 새로운 총장부금액이 된다.
② 유효이자율은 재분류일의 현행시장이자율과 같다.

2-2 당기손익-공정가치 측정 ⇨ 기타포괄손익-공정가치 측정
① 계속 공정가치로 측정하므로, 재분류일의 공정가치가 새로운 총장부금액이 된다.
② 유효이자율은 재분류일의 현행시장이자율과 같다.

❸ 기타포괄손익-공정가치 측정 금융자산에서 다른 금융자산으로 재분류

3-1 기타포괄손익-공정가치 측정 ⇨ 당기손익-공정가치 측정
① 계속 공정가치로 측정하므로, 재분류일의 공정가치가 새로운 당기손익-공정가치 측정 금융자산의 장부금액이 된다.
② 재분류일 현재 누적되어 있는 기타포괄손익누계액은 재분류일에 재분류조정으로 자본에서 당기손익으로 재분류한다.

3-2 기타포괄손익-공정가치 측정 ⇨ 상각후원가 측정
① 재분류일의 공정가치로 측정한다.
② 재분류 전에 인식한 기타포괄손익누계액은 자본에서 제거하고 재분류일의 금융자산의 공정가치에서 조정한다. 즉, 최초 인식시점부터 상각후원가로 측정했던 것처럼 측정할 수 있도록 그동안의 평가손익을 취소한다.
③ 재분류시점의 유효이자율이나 기대신용손실 측정치는 조정하지 않는다.

정답 2-1 ① 공정가치 ② 재분류일의 현행시장이자율 2-2 공정가치, 재분류일의 현행시장이자율
3-1 ① 공정가치, 공정가치 ② 당기손익 3-2 ① 공정가치 ② 기타포괄손익 ③ 조정하지 않는다

❹ 상각후원가 측정 금융자산에서 다른 금융자산으로 재분류

4-1 상각후원가 측정 ⇨ 당기손익-공정가치 측정
① 재분류일의 공정가치로 측정한다.
② 재분류 전 상각후원가와 공정가치의 차이에 따른 손익을 당기손익으로 인식한다.

4-2 상각후원가 측정 ⇨ 기타포괄손익-공정가치 측정
① 재분류일의 공정가치로 측정한다.
② 재분류 전 상각후원가와 공정가치의 차이에 따른 손익을 기타포괄손익으로 인식한다.
③ 재분류시점에 유효이자율이나 기대신용손실 측정치는 조정되지 않는다.

> 📢 **독한훈련**

4. 상각후원가 측정 금융자산에서 다른 금융자산으로 재분류

4-1 상각후원가 측정 ⇨ 당기손익-공정가치 측정
① 상각후원가 측정 금융자산에서 당기손익-공정가치 측정 금융자산으로 재분류하는 경우 재분류일의 (장부금액 / 공정가치)(으)로 재분류한다.
② 상각후원가 측정 금융자산에서 당기손익-공정가치 측정 금융자산으로 재분류하는 경우 재분류 전 상각후원가와 공정가치 차이에 따른 손익을 (당기손익 / 기타포괄손익)으로 인식한다.

4-2 상각후원가 측정 ⇨ 기타포괄손익-공정가치 측정
① 상각후원가 측정 금융자산에서 기타포괄손익-공정가치 측정 금융자산으로 재분류하는 경우 재분류일의 (장부금액 / 공정가치)(으)로 재분류한다.
② 상각후원가 측정 금융자산에서 기타포괄손익-공정가치 측정 금융자산으로 재분류하는 경우 재분류 전 상각후원가와 공정가치의 차이에 따른 손익을 (당기손익 / 기타포괄손익)으로 인식한다.
③ 상각후원가 측정 금융자산에서 기타포괄손익-공정가치 측정 금융자산으로 재분류하는 경우 재분류시점에 유효이자율이나 기대신용손실 측정치는 (조정된다 / 조정되지 않는다).

💡 **정답** 4-1 ① 공정가치 ② 당기손익 4-2 ① 공정가치 ② 기타포괄손익 ③ 조정되지 않는다

2 OX 강훈련

✏️ 지문 수정하기

● 다음 문장을 읽고 옳은 설명에는 O, 옳지 않은 설명에는 X를 하고 올바른 문장으로 수정하시오.

01 당기손익-공정가치 측정 금융자산으로 분류되는 지분상품에 대한 특정 투자에 대해서는 최초 인식 후 후속적인 공정가치 변동을 기타포괄손익으로 표시하도록 추후 변동할 수 있다. O X

02 지분상품에 대해 단기매매목적인 경우 최초 인식시점에 공정가치 변동손익을 기타포괄손익으로 측정하도록 선택할 수 있으며, 추후 취소가 불가능하다. O X

03 원리금 지급만으로 구성된 현금흐름이 발생하며, 계약상 현금흐름을 수취하면서 동시에 매도목적으로 하는 사업모형하에 해당 금융자산을 보유하는 경우에는 기타포괄손익-공정가치 측정 금융자산으로 분류한다. O X

04 원리금 지급만으로 구성된 현금흐름이 발생하며, 계약상 현금흐름을 수취할 목적인 경우 최초 인식시점에 당기손익-공정가치 측정 금융자산으로 분류할 수 있으며, 이는 추후 취소가 가능하다. O X

05 지분상품은 상각후원가 측정, 기타포괄손익-공정가치 측정, 당기손익-공정가치 측정 금융자산으로 분류할 수 있다. O X

06 원리금 지급만으로 구성된 현금흐름이 발생하며, 매도만을 목적으로 보유하는 경우 기타포괄손익-공정가치 측정 금융자산으로 분류한다. O X

OX 풀이

01 지분상품은 최초 인식 후 **분류변경이 불가능**하다.
02 단기매매목적인 경우에는 지분상품의 경우 기타포괄손익-공정가치 측정 금융자산으로 선택할 수 **없다**.
04 원리금 지급만으로 구성된 현금흐름이 발생하며, 계약상 현금흐름을 수취할 목적인 경우 원칙은 상각후원가 측정 금융자산이다. 그러나 이를 회계불일치 등을 해소할 목적으로 당기손익-공정가치 측정 금융자산으로 분류할 것을 선택할 수 있으나, 이러한 선택은 **취소가 불가능하다**.
05 지분상품은 원칙적으로 당기손익-공정가치 측정 금융자산으로 분류한다. 다만, 단기매매목적 외의 경우 최초 인식시점에 선택한다면 기타포괄손익-공정가치 측정 금융자산으로 분류할 수 있다. **상각후원가 측정 금융자산으로는 어떠한 경우에도 분류할 수 없다**.
06 원리금 지급만으로 구성된 현금흐름이 발생하며, 매도만을 목적으로 보유하는 경우 **당기손익-공정가치 측정 금융자산**으로 분류한다.

|정답| 01 X 02 X 03 O 04 X 05 X 06 X

🔹 다음 문장을 읽고 옳은 설명에는 O, 옳지 않은 설명에는 X를 하고 올바른 문장으로 수정하시오.

07 당기손익-공정가치 측정 금융자산의 취득과 관련된 거래원가는 취득원가로 처리한다. O X

08 상각후원가 측정 금융자산은 최초 인식 후 상각후원가로 측정하고, 공정가치 평가손익을 인식하지 않는다. O X

09 당기손익-공정가치 측정 금융자산은 매 보고기간 말 공정가치로 측정하며, 평가에 따른 미실현보유손익을 포괄손익계산서상 기타포괄손익으로 인식한다. O X

10 기타포괄손익-공정가치 측정 금융자산으로 분류된 지분상품은 처분 시 처분손익을 인식하지 않는다. O X

11 기타포괄손익-공정가치 측정 금융자산으로 분류된 지분상품은 처분 시 평가손익의 누적부분을 당기손익으로 재분류조정한다. O X

12 기타포괄손익-공정가치 측정 금융자산으로 분류된 지분상품은 처분 시 기타포괄손익 누계액으로 인식된 평가손익누적액을 이익잉여금으로 재분류해야 한다. O X

13 지분상품은 기대신용을 예측하여 손상차손을 당기손익으로 인식한다. O X

14 당기손익-공정가치 측정 채무상품은 유효이자율법에 따라 이자수익을 인식한다. O X

15 기타포괄손익-공정가치 측정 금융자산으로 분류된 채무상품은 공정가치 평가 후 유효이자율법에 따른 이자수익을 인식한다. O X

OX 풀이

07 당기손익-공정가치 측정 금융자산의 취득과 관련된 거래원가는 발생 즉시 **당기비용**으로 처리한다.
09 당기손익-공정가치 측정 금융자산은 매 보고기간 말 공정가치로 측정하며, 평가에 따른 미실현보유손익을 포괄손익계산서상 **당기손익**으로 인식한다.
11 기타포괄손익-공정가치 측정 금융자산으로 분류된 지분상품은 처분 시 처분가액과 장부금액의 차이를 평가손익으로 인식하고 **누적액은 재분류조정하지 않는다**. 그러므로 처분 시 **처분손익은 인식하지 않는다**.
12 이익잉여금으로 대체할 수 있다고 하였으므로, **반드시 대체해야 하는 것은 아니다**.
13 지분상품은 **손상차손을 인식하지 않는다**.
14 당기손익-공정가치 측정 채무상품은 **액면이자율법**을 적용한다.
15 유효이자율법에 따른 **이자수익 인식 후 공정가치 평가손익**을 인식한다.

| 정답 | 07 X 08 O 09 X 10 O 11 X 12 X 13 X 14 X 15 X

- 다음 문장을 읽고 옳은 설명에는 O, 옳지 않은 설명에는 X를 하고 올바른 문장으로 수정하시오.

16 기타포괄손익-공정가치 측정 금융자산으로 분류된 채무상품은 매 보고기간 말 공정가치로 측정하며, 평가에 따른 미실현보유손익을 포괄손익계산서상 기타포괄손익으로 인식한다. O X

17 기타포괄손익-공정가치 측정 금융자산으로 분류된 채무상품은 처분 시 누적평가손익을 당기손익으로 재분류조정한다. O X

18 당기손익-공정가치 측정 금융자산으로 분류된 채무상품은 신용이 손상되지 않은 경우에도 기대신용손실을 당기손실로 인식한다. O X

19 금융상품은 신용이 손상되지 않은 경우에도 기대신용손실을 추정하여 금융자산의 장부금액을 감액하고 이를 손상차손으로 인식한다. O X

20 금융자산의 신용이 손상된 경우에는 전체기간 기대신용손실에 해당하는 금액을 손상차손으로 인식한다. O X

21 기타포괄손익-공정가치 측정 금융자산으로 분류된 채무상품의 경우 신용이 손상된 경우 손상차손을 인식하기 전에 공정가치 변동손익을 기타포괄손익으로 인식하고, 이후 기타포괄손익 중 신용의 손상으로 인한 손상차손의 효과는 이익잉여금으로 대체한다. O X

22 금융자산은 지분상품과 채무상품 모두 보유목적이 변경된 경우 재분류할 수 있다. O X

23 금융자산을 재분류하는 경우 재분류일로부터 소급적용한다. O X

24 당기손익-공정가치 측정 금융자산에서 상각후원가 측정 금융자산으로 재분류할 수 있으며, 재분류일의 공정가치가 새로운 장부금액이 되므로 유효이자율은 최초 금융자산 인식시점의 유효이자율을 사용한다. O X

OX 풀이

18 당기손익-공정가치 측정 금융자산은 **손상차손을 인식하지 않는다**.
21 이익잉여금으로 대체하지 않고 **당기손익**으로 대체한다.
22 금융자산은 취득시점에 현금흐름의 특성과 금융자산 관리를 위한 사업모형을 변경하는 경우에만 영향받는 모든 금융자산을 재분류하므로 **지분상품은 재분류할 수 없고**, 채무상품의 경우만 재분류한다.
23 재분류일로부터 **전진적용**한다.
24 유효이자율은 **재분류일의 현행시장이자율**과 같다.

| 정답 | 16 O 17 O 18 X 19 O 20 O 21 X 22 X 23 X 24 X

: 다음 문장을 읽고 옳은 설명에는 O, 옳지 않은 설명에는 X를 하고 올바른 문장으로 수정하시오.

25 기타포괄손익-공정가치 측정 금융자산에서 당기손익-공정가치 측정 금융자산으로 재분류할 수 있다. (O X)

26 기타포괄손익-공정가치 측정 금융자산에서 당기손익-공정가치 측정 금융자산으로 재분류하는 경우 공정가치 평가로 인한 평가손익누계액은 재분류일에 재분류조정을 통해 당기손익으로 재분류한다. (O X)

27 기타포괄손익-공정가치 측정 금융자산에서 상각후원가 측정 금융자산으로 재분류하는 경우 재분류일의 장부금액으로 재분류한다. (O X)

28 상각후원가 측정 금융자산에서 당기손익-공정가치 측정 금융자산으로 재분류하는 경우 재분류일의 공정가치로 측정하고, 재분류 전의 상각후원가와 공정가치 차이에 따른 손익은 기타포괄손익으로 인식한다. (O X)

29 상각후원가 측정 금융자산에서 기타포괄손익-공정가치 측정 금융자산으로 재분류하는 경우 재분류일의 장부금액으로 재분류한다. (O X)

30 상각후원가 측정 금융자산에서 기타포괄손익-공정가치 측정 금융자산으로 재분류하는 경우 재분류 전 상각후원가와 공정가치의 차이에 따른 손익을 당기손익으로 인식한다. (O X)

31 상각후원가 측정 금융자산에서 기타포괄손익-공정가치 측정 금융자산으로 재분류하는 경우 재분류시점에 유효이자율과 기대신용손실의 측정치를 조정한다. (O X)

OX 풀이

27 재분류일의 **공정가치**로 재분류한다.
28 상각후원가와 공정가치 차이에 따른 손익은 **당기손익**으로 인식한다.
29 상각후원가 측정 금융자산에서 기타포괄손익-공정가치 측정 금융자산으로 재분류하는 경우 재분류일의 **공정가치**로 재분류한다.
30 재분류 전 상각후원가와 공정가치의 차이에 따른 손익을 **기타포괄손익**으로 인식한다.
31 상각후원가 측정 금융자산에서 기타포괄손익-공정가치 측정 금융자산으로 재분류하는 경우 재분류시점에 유효이자율과 기대신용손실의 측정치는 **조정되지 않는다.**

| 정답 | 25 O 26 O 27 X 28 X 29 X 30 X 31 X

3 공무원 5개년 기출 문제

정답 및 해설 p. 17

01 ▶ 2022. 서울시7급

금융자산의 회계처리에 대한 설명으로 타당한 것을 〈보기〉에서 모두 고른 것은?

〈보기〉
ㄱ. 지분상품에 대해서는 신용위험의 유의적 증가여부와 상관없이 손상을 인식하지 않는다.
ㄴ. 당기손익–공정가치 측정 금융자산은 취득 시 발생하는 거래원가를 공정가치에 가산한다.
ㄷ. 채무상품의 경우 신용위험이 유의적으로 증가하지 않았다고 판단되는 경우에는 손상을 인식하지 않는다.
ㄹ. 채무상품 중 기타포괄손익–공정가치 측정 금융자산으로 분류된 경우 후속기간 동안 공정가치로 평가하여 보고한다.

① ㄱ, ㄴ
② ㄱ, ㄹ
③ ㄴ, ㄷ
④ ㄷ, ㄹ

02 ▶ 2022. 관세직9급

금융자산에 대한 설명으로 옳은 것은?

① 금융자산은 상각후원가로 측정하거나 기타포괄손익 공정가치로 측정하는 경우가 아니라면, 당기손익 공정가치로 측정한다.
② 계약상 현금흐름을 수취하기 위해 보유하는 것이 목적인 사업모형 하에서 금융자산을 보유하고, 계약 조건에 따라 특정일에 원금과 원금잔액에 대한 이자 지급만으로 구성되어 있는 현금흐름이 발생한다면 금융자산을 기타포괄손익 공정가치로 측정한다.
③ 계약상 현금흐름의 수취와 금융자산의 매도 둘 다를 통해 목적을 이루는 사업모형하에서 금융자산을 보유하고, 계약조건에 따라 특정일에 원리금 지급만으로 구성되어 있는 현금흐름이 발생한다면 금융자산을 상각후원가로 측정한다.
④ 당기손익 공정가치로 측정되는 지분상품에 대한 특정투자에 대하여는 후속적인 공정가치 변동을 기타포괄손익으로 표시하도록 최초 인식시점에 선택할 수도 있다. 다만, 한번 선택했더라도 이를 취소할 수 있다.

03 ▶ 2022. 국가직7급

금융자산의 재분류에 대한 설명으로 옳지 않은 것은?

① 금융자산을 기타포괄손익–공정가치 측정 범주에서 당기손익–공정가치 측정 범주로 재분류하는 경우에 계속 공정가치로 측정하며, 재분류 전에 인식한 기타포괄손익 누계액은 재분류일에 재분류조정으로 자본에서 당기손익으로 재분류한다.
② 금융자산을 기타포괄손익–공정가치 측정 범주에서 상각후원가 측정 범주로 재분류하는 경우에 재분류일의 공정가치로 측정하며, 재분류 전에 인식한 기타포괄손익 누계액은 자본에서 제거하고 재분류일의 금융자산의 공정가치에서 조정한다.
③ 금융자산을 상각후원가 측정 범주에서 기타포괄손익–공정가치 측정 범주로 재분류하는 경우에 재분류 전 상각후원가와 공정가치의 차이에 따른 손익은 기타포괄손익으로 인식하며, 유효이자율과 기대신용손실 측정치는 재분류로 인해 조정한다.
④ 금융자산을 당기손익–공정가치 측정 범주에서 상각후원가 측정 범주로 재분류하는 경우에 재분류일의 공정가치가 새로운 총장부금액이 된다.

04 ▶ 2021. 서울시7급

금융자산 손상차손 인식에 대한 설명으로 가장 옳은 것은?

① 당기손익–공정가치 측정 금융자산으로 지정한 채무상품의 손상차손은 당기손익으로 보고한다.
② 기타포괄손익–공정가치 측정 금융자산으로 분류한 지분상품의 손상차손은 당기손익으로 보고한다.
③ 신용이 손상된 기타포괄손익–공정가치 측정 금융상품은 채무불이행이 발생한 상태이므로 즉시 장부에서 제거한다.
④ 상각후원가 측정 금융상품의 신용위험이 유의적으로 증가하였다면 전체 기간 기대신용손실을 측정한다.

4 실전 훈련 문제

01 ▶ 2023 감정평가사 수정
금융상품에 관한 설명으로 옳지 않은 것은?
① 종류별로 금융상품을 공시하는 경우에는 공시하는 정보의 특성에 맞게, 금융상품의 특성을 고려하여 금융상품을 종류별로 분류하여야 한다.
② 기타포괄손익-공정가치로 측정하는 금융자산의 장부금액은 손실충당금에 의해 감소되지 않는다.
③ 당기손익-공정가치로 측정되는 지분상품은 후속적 공정가치 변동을 기타포괄손익으로 표시하도록 최초 인식시점에 선택할 수 있다.
④ 상각후원가측정 금융자산은 신용위험 발생으로 인한 손상의 경우 손실충당금을 인식한 이후의 이자수익은 손상 후 상각후원가인 순장부금액에 유효이자율을 적용해야 한다.
⑤ 금융자산의 회수를 합리적으로 예상할 수 없는 경우에는 해당 금융자산의 총장부금액을 직접 줄인다.

02 ▶ 2021 보험계리사
다음 중 금융자산에 대한 설명으로 옳지 않은 것은?
① 금융자산은 거래상대방에게서 현금 등 금융자산을 수취할 계약상 권리를 포함한다.
② 당기손익-공정가치 측정 금융자산의 최초인식은 공정가치로 한다.
③ 기대신용손실모형을 적용하는 경우 채무불이행이나 연체 같은 계약 위반을 신용의 손상으로 볼 수 있다.
④ 계약상 현금흐름의 수취와 금융자산의 매도 둘 다를 통해 목적을 이루는 사업모형의 경우 금융자산을 상각후원가 측정으로 분류한다.

03 ▶ 2022 관세사
금융상품에 관한 설명으로 옳지 않은 것은?
① 금융상품이란 거래당사자 어느 한쪽에게는 금융자산이 생기게 하고 거래상대방에게 금융부채나 지분상품이 생기게 하는 모든 계약을 의미한다.
② 잠재적으로 유리한 조건으로 거래상대방과 금융자산이나 금융부채를 교환하기로 한 계약상 권리는 금융자산에 해당한다.
③ 거래상대방에게 현금 등 금융자산을 인도하기로 한 계약상 의무는 금융부채에 해당한다.
④ 금융상품의 발행자는 계약의 실질과 금융부채, 금융자산, 지분상품의 정의에 따라 최초 인식시점에 금융상품이나 금융상품의 구성요소를 금융부채, 금융자산, 지분상품으로 분류해야 한다.
⑤ 기업이 자기지분상품을 재취득하는 경우에는 이러한 지분상품은 금융자산으로 인식한다.

04
한국채택국제회계기준에 따라 지분상품에 대해 분류할 수 있는 항목으로 옳지 않은 것은?
① 상각후원가 측정 금융자산
② 당기손익인식-공정가치 측정 금융자산
③ 기타포괄손익-공정가치 측정 금융자산
④ 관계기업투자지분상품

05

한국채택국제회계기준에 따라 채무상품의 분류에 대한 설명으로 옳지 않은 것은?

① 계약상 현금흐름의 구성이 원금과 이자로 구성되어 있으며, 원리금을 수취할 목적으로 채무상품을 취득하는 경우 상각후원가 측정 금융자산으로 분류한다.
② 계약상 현금흐름의 구성이 원금과 이자로 구성되어 있으며, 원리금을 수취함과 동시에 해당 채무상품을 매도할 목적으로 취득하는 경우에는 기타포괄손익-공정가치 측정 금융자산으로 분류한다.
③ 매도목적으로만 취득한 채무상품은 어떠한 경우에도 당기손익-공정가치 측정 금융자산으로 분류한다.
④ 최초 인식 시 당기손익-공정가치 측정 금융자산으로 지정한 경우, 추후 보유목적이 변경된 경우 이를 다른 금융자산으로 재분류할 수 있다.

06

다음의 두 가지 조건을 만족하는 경우 금융자산을 무엇으로 분류해야 하나?

> A. 금융자산의 계약 조건에 따라 특정일에 원리금 지급만으로 구성되어 있는 현금흐름을 가지고 있다.
> B. 계약상 현금흐름의 수취와 금융자산의 매도 둘 다를 통해 목적을 이루는 사업모형 하에 금융자산을 보유하고 있다.

① 상각후원가 측정 금융자산
② 기타포괄손익-공정가치 측정 금융자산
③ 당기손익-공정가치 측정 금융자산
④ 관계기업 투자주식

07

금융자산의 분류에 대한 설명으로 옳지 않은 것은?

① 단기매매목적으로 보유하는 지분상품의 경우 공정가치 변동손익을 기타포괄손익으로 인식하기로 선택한 경우 기타포괄손익-공정가치 측정 금융자산으로 분류한다.
② 원리금 수취와 매도의 목적을 동시에 가지고 있는 경우 금융자산을 기타포괄손익-공정가치 측정 금융자산으로 분류한다.
③ 원리금만을 수취할 목적으로 보유하고 있는 채무상품에 대해 최초 인식시점에 당기손익-공정가치 측정 금융자산으로 분류할 것을 선택할 수 있다.
④ 지분상품은 어떠한 경우에도 상각후원가 측정 금융자산으로 분류할 수 없다.

08 ▶ 2022 감정평가사

금융상품에 관한 설명으로 옳지 않은 것은?

① 금융자산의 정형화된 매입 또는 매도는 매매일이나 결제일에 인식하거나 제거한다.
② 당기손익-공정가치 측정 금융 자산이 아닌 경우 해당 금융자산의 취득과 직접 관련되는 거래원가는 최초 인식시점의 공정가치에 가산한다.
③ 금융자산의 계약상 현금흐름이 재협상되거나 변경되었으나 그 금융자산이 제거되지 아니하는 경우에는 해당 금융자산의 총 장부금액을 재계산하고 변경손익을 당기손익으로 인식한다.
④ 금융자산 양도의 결과로 금융자산 전체를 제거하는 경우에는 금융자산의 장부금액과 수취한 대가의 차액을 당기손익으로 인식한다.
⑤ 최초 발생시점이나 매입할 때 신용이 손상되어 있는 상각후원가 측정 금융자산의 이자수익은 최초 인식시점부터 총 장부금액에 유효이자율을 적용하여 계산한다.

09

금융자산의 회계처리에 대한 설명으로 옳지 않은 것은?

① 사업모형의 목적이 계약상 현금흐름을 수취하기 위해 금융자산을 보유한다면 금융상품을 만기까지 보유해야만 한다.
② 지분상품을 최초 인식시점에 기타포괄손익-공정가치 측정 금융자산으로 분류되도록 선택했다면 추후 이를 취소할 수 없다.
③ 금융자산을 최초 인식시점에 당기손익-공정가치 측정 금융자산으로 분류되도록 지정했다면 추후 이를 취소할 수 없다.
④ 기타포괄손익-공정가치 측정 금융자산으로 선택한 지분상품을 매도한 경우 과거에 기타포괄손익으로 인식했던 금융자산평가손익은 당기손익으로 재분류하지 않는다.

10

금융상품에 대한 회계처리로 옳지 않은 것은?

① 당기손익-공정가치 측정 금융자산이 아닌 경우에 금융자산과 관련된 취득 시 부대비용은 최초의 공정가치에 가산한다.
② 당기손익-공정가치 측정 금융자산은 손상차손을 인식하지 않는다.
③ 공정가치 평가손익을 기타포괄손익으로 인식하는 채무상품의 경우 보유목적이 변경된 경우 당기손익-공정가치 측정 금융자산으로 분류변경할 수 없다.
④ 기타포괄손익-공정가치 측정 금융자산에서 인식한 기타포괄손익은 매도시점에 당기손익으로 재분류하지만, 기타포괄손익-공정가치 측정 금융자산으로 선택한 금융자산의 경우에는 당기손익으로 재분류하지 않는다.

11

다음 중 손상차손을 인식하는 금융자산에 해당하는 것은?

① 당기손익-공정가치 측정 채무상품
② 당기손익-공정가치 측정 지분상품
③ 기타포괄손익-공정가치 측정 채무상품
④ 기타포괄손익-공정가치 측정 지분상품

12

다음 중 지분상품에 대한 회계처리 방법 중 옳지 않은 것은?

① 지분상품은 원칙적으로 당기손익-공정가치 측정 금융자산으로 분류한다.
② 최초 인식시점에 지분상품의 공정가치 평가손익을 기타포괄손익으로 인식하기로 선택한 경우 공정가치 평가손익을 기타포괄손익으로 인식할 수 있으나 추후 취소가 불가능하다.
③ 기타포괄손익-공정가치 측정 금융자산의 처분손익은 처분시점에 처분대가와 취득원가와의 차이로 당기손익으로 인식한다.
④ 지분상품에 대한 손상차손은 인식하지 않는다.

13

금융상품의 보유 기간 동안 배당과 이자에 대한 회계처리로 옳지 않은 것은?

① 지분상품에 대한 배당금 수익은 현금배당을 받을 권리와 금액이 확정된 시점인 배당 선언일에 인식한다.
② 지분상품에 대해 주식배당을 받는 경우 배당 선언일에 배당수익을 인식한다.
③ 상각후원가 측정으로 분류한 채무상품에 대한 이자수익은 유효이자율을 적용하여 발생기준에 따라 인식한다.
④ 당기손익–공정가치 측정 금융자산으로 분류한 채무상품의 이자수익은 액면이자율법을 적용하여 이자수익을 인식한다.

14

금융자산의 손상회계에 대한 설명으로 옳지 않은 것은?

① 금융자산은 상각후원가 측정 금융자산과 기타포괄손익–공정가치 측정 금융자산(지분상품 제외)만 손상차손을 인식한다.
② 신용이 손상되지 않은 경우에도 기대신용손실을 추정하여 당기손익을 조기에 인식하도록 규정하고 있다.
③ 금융상품의 신용위험이 유의적으로 증가하지 않은 경우 전체기간의 기대신용손실을 추정하여 손실충당금으로 인식하고, 이를 손상차손으로 당기손익에 인식한다.
④ 신용이 손상된 경우 전체기간 기대신용손실을 손상차손으로 인식한다.

15 ▶ 2022 세무사

다음은 금융자산의 분류 및 재분류 등에 관한 설명이다. 옳은 설명을 모두 고른 것은?

> ㄱ. 계약상 현금흐름을 수취하기 위해 보유하는 것이 목적인 사업모형하에서 금융자산을 보유하고, 금융자산의 계약 조건에 따라 특정일에 원금과 원금잔액에 대한 이자 지급만으로 구성되어 있는 현금흐름이 발생하는 금융자산은 상각후원가로 측정한다.
> ㄴ. 계약상 현금흐름의 수취와 금융자산의 매도 둘 다를 통해 목적을 이루는 사업모형하에서 금융자산을 보유하고, 금융자산의 계약 조건에 따라 특정일에 원금과 원금잔액에 대한 이자 지급만으로 구성되어 있는 현금흐름이 발생하는 금융자산은 당기손익–공정가치로 측정한다.
> ㄷ. 서로 다른 기준에 따라 자산이나 부채를 측정하거나 그에 따른 손익을 인식한 결과로 발생한 인식이나 측정의 불일치를 제거하거나 유의적으로 줄이는 경우에는 최초 인식시점에 해당 금융자산을 당기손익–공정가치 측정항목으로 지정할 수 있다.
> ㄹ. 금융자산을 기타포괄손익–공정가치 측정 범주에서 당기손익–공정가치 측정 범주로 재분류하는 경우, 재분류 전에 인식한 기타포괄손익누계액은 재분류일에 자본의 다른 항목으로 직접 대체한다.

① ㄱ, ㄴ
② ㄱ, ㄷ
③ ㄴ, ㄷ
④ ㄴ, ㄹ
⑤ ㄷ, ㄹ

16 ▶ 2020 관세사 수정

금융자산의 재분류에 관한 설명으로 옳지 않은 것은?

① 금융자산을 상각후원가 측정 범주에서 당기손익-공정가치 측정 범주로 재분류하는 경우에 재분류일의 공정가치로 측정하고, 금융자산의 재분류 전 상각후원가와 공정가치의 차이에 따른 손익은 당기손익으로 인식한다.
② 금융자산을 당기손익-공정가치 측정 범주에서 상각후원가 측정 범주로 재분류하는 경우에 재분류일의 공정가치가 새로운 총장부금액이 된다.
③ 금융자산을 기타포괄손익-공정가치 측정 범주에서 상각후원가 측정 범주로 재분류하는 경우에 재분류일의 공정가치로 측정하고, 재분류 전에 인식한 기타포괄손익누계액은 재분류일에 당기손익으로 인식한다.
④ 금융자산을 상각후원가 측정 범주에서 기타포괄손익-공정가치 측정 범주로 재분류하는 경우에 재분류일의 공정가치로 측정하고, 금융자산의 재분류 전 상각후원가와 공정가치의 차이에 따른 손익은 기타포괄손익으로 인식한다.

17

금융자산의 재분류에 대한 설명으로 옳지 않은 것은?

① 금융자산은 현금흐름의 특성과 금융자산 관리를 위한 사업모형을 변경하는 경우에만 영향받는 모든 금융자산을 재분류하므로 지분상품과 파생상품은 재분류가 불가능하다.
② 금융자산을 재분류하는 경우 재분류일부터 전진적으로 적용한다.
③ 기타포괄손익-공정가치 측정 금융자산을 상각후원가 측정 금융자산으로 재분류하는 경우 재분류일의 공정가치로 재분류한다.
④ 상각후원가 측정 금융자산을 기타포괄손익-공정가치 측정 금융자산으로 재분류하는 경우 재분류일의 공정가치로 측정하고, 재분류 전의 상각후원가와 공정가치의 차이에 따른 손익은 당기손익으로 인식한다.

CHAPTER 05 재고자산

1 이론 정리 및 이해 확인

📖 독한훈련

01 재고자산의 취득

1. 재고자산의 범위
① 재고자산은 정상적인 영업활동 과정에서 (사용 / 판매)하기 위해 보유하고 있는 자산이나 제품의 생산 또는 서비스 과정 중에 있거나 생산을 위해 보유중인 자산을 말한다.
② 생산이나 용역제공에 사용될 원재료나 소모품은 재고자산에 해당(한다 / 하지 않는다).
③ 금융기관이 보유하고 있는 유가증권은 재고자산으로 분류(되지 않고 / 되고), 부동산 회사가 판매를 위해 보유하고 있는 건물 및 토지 등도 (유형자산 / 재고자산)으로 분류된다.

2. 취득원가
다음 자료 중 재고자산의 취득원가에 포함하거나 제외할 요소를 구분하시오.

요소	포함 / 제외
a. 매입가격	
b. 환급받을 수 있는 제세금	
c. 매입운임	
d. 하역료	
e. 매입할인	
f. 리베이트	
g. 수입관세	
h. 제조간접원가배부액	
i. 완성된 제품의 보관료	
j. 직접제조원가	
k. 비정상적으로 낭비된 원가	

01 재고자산의 취득

❶ 재고자산의 범위
① 재고자산은 정상적인 영업활동 과정에서 판매하기 위해 보유하고 있는 자산이나 제품의 생산 또는 서비스 과정 중에 있거나 생산을 위해 보유중인 자산을 말한다.
② 생산이나 용역제공에 사용될 원재료나 소모품은 재고자산에 해당한다.
③ 완성품을 만들기 위한 모든 중간과정의 자산이 재고자산으로 분류되므로, 생산 공정 중에 있는 재공품도 재고자산이며, 바로 판매가 가능한 제품도 재고자산이다.
④ 외부에서 매입하여 재판매하기 위해 보유하는 상품은 재고자산에 해당한다.
⑤ 금융기관이 보유하고 있는 유가증권은 재고자산으로 분류되고, 부동산 회사가 판매를 위해 보유하고 있는 건물 및 토지 등도 재고자산으로 분류된다.

❷ 취득원가
재고자산의 취득원가는 매입원가, 전환원가 및 재고자산을 현재의 장소에 현재의 상태로 이르게 하는 데 발생한 기타 원가 모두를 포함한다.

💡 **정답** 01 1. ① 판매 ② 한다 ③ 되고, 재고자산 2. • 포함: a, c, d, g, h, j • 제외: b, e, f, i, k

③ 상품의 취득원가

① 재고자산의 매입원가는 매입가격에 수입관세와 제세금(과세당국으로부터 추후 환급받을 수 있는 금액은 제외), 매입운임, 하역료 그리고 완제품, 원재료 및 용역의 취득과정에 직접 관련된 기타 원가를 가산한 금액이다. 매입할인, 리베이트 및 기타 유사한 항목은 매입원가를 결정할 때 차감한다.

② 선적지 인도조건으로 매입한 경우, 운임은 매입자의 재고자산 가액에 포함되어야 한다.

③ 도착지 인도조건으로 매입한 경우, 운임은 판매자가 부담하므로 판매자의 비용으로 처리한다.

④ 제품의 취득원가

① 재고자산의 전환원가는 직접노무원가 등 생산량과 직접 관련된 원가를 포함한다. 또한 원재료를 완제품으로 전환하는 데 발생하는 고정 및 변동제조간접원가의 체계적인 배부액을 포함한다.

② 고정제조간접원가: 생산설비의 정상조업도에 기초하여 전환원가에 배부하는데, 실제조업도가 정상조업도와 유사한 경우에는 실제조업도를 사용할 수 있다.

③ 변동제조간접원가: 생산설비의 실제 사용에 기초하여 각 생산단위에 배부한다.

④ 하나의 생산과정을 통해 연산품이 생산되거나 주산물과 부산물이 생산되는 경우 전환원가를 합리적인 방법으로 각 제품에 배분한다.

> ㉠ 각 제품을 분리하여 식별가능한 시점이나 완성시점에 상대적 판매가치를 기준으로 배부할 수 있다.
> ㉡ 부산물이 중요하지 않은 경우에는 부산물을 순실현가능가치로 측정하여 주산물의 원가에서 차감한다.

⑤ 기업이 원가시스템으로 표준원가를 채택하고 있는 경우 표준원가에 의해 재고자산을 평가한 결과가 실제원가와 유사하다면 편의상 사용가능하다.

⑤ 발생기간 비용으로 인식할 원가

① 재료원가, 노무원가 및 기타 제조원가 중 비정상적으로 낭비된 부분
② 후속 생산단계에 투입하기 전에 보관이 필요한 경우 이외의 보관원가
③ 재고자산을 현재의 장소에 현재의 상태로 이르게 하는 데 기여하지 않은 관리간접원가
④ 판매원가

💬 독한훈련

3. 상품의 취득원가

① 선적지 인도조건으로 매입한 경우 매입운임은 매입자의 (**재고자산 가액에 포함한다** / 당기비용으로 처리한다).

② 도착지 인도조건으로 매입한 경우 매입운임은 판매자의 (재고자산 가액에 포함한다 / **당기비용으로 처리한다**).

4. 제품의 취득원가

① 고정제조간접원가는 생산설비의 (실제 / **정상**)조업도에 기초하여 전환원가에 배부하는데, 실제조업도가 정상조업도와 유사한 경우에는 (**실제** / 정상)조업도를 사용할 수 있다.

② 변동제조간접원가는 생산설비의 (**실제** / 정상) 사용에 기초하여 각 생산단위에 배부한다.

③ 하나의 생산과정을 통해 연산품이 생산되는 경우 전환원가는 분리점에서 (순실현가치 / **상대적 판매가치**)에 따라 배부한다.

④ 기업이 원가시스템으로 표준원가를 채택하고 있는 경우 표준원가에 의해 재고자산을 평가한 결과가 실제원가와 유사하다면 외부보고 목적으로 표준원가를 사용할 수 (**있다** / 없다).

5. 발생기간 비용으로 인식할 원가

재고자산의 취득원가에 포함할 수 없으며 발생기간의 _____(으)로 인식하여야 하는 원가의 예는 다음과 같다.

① 재료원가, 노무원가 및 기타 제조원가 중 (정상적 / **비정상적**)으로 낭비된 부분
② 후속 생산단계에 투입하기 전에 보관이 필요한 (경우의 / **경우 이외의**) 보관원가
③ 재고자산을 현재의 장소에 현재의 상태로 이르게 하는 데 기여하지 않은 관리(직접 / **간접**)원가
④ (생산 / **판매**)원가

정답 3. ① 재고자산 가액에 포함한다 ② 당기비용으로 처리한다 4. ① 정상, 실제 ② 실제 ③ 상대적 판매가치 ④ 있다
5. 비용 ① 비정상적 ② 경우 이외의 ③ 간접 ④ 판매

독한훈련

6. 차입원가
재고자산을 의도된 용도로 사용하거나 판매가능한 상태에 이르게 하는 데 (단기간 / 상당한 기간)을 필요로 하는 경우, 이와 직접 관련된 차입원가는 (자산 / 비용)으로 처리한다.

7. 적송운임
위탁판매에서 위탁자가 수탁자에게 판매대행을 위해 적송하는 과정에서 발생하는 운임은 (위탁자 / 수탁자)의 (당기비용 / 재고자산의 원가)(으)로 처리한다.

02 재고자산의 평가

1. 수량결정방법

① 기말재고자산의 수량을 계산하는 방법에는 _____ 와(과) _____ 이(가) 있다.

② _____ 은(는) 상품이 입고(매입) 또는 출고될 때마다 상품계정을 증가 또는 감소시키는 기록을 하는 방법이다.

③ _____ 은(는) 회계기간 중 보유재고에 대해 파악할 수 있다는 장점이 있으나 도난, 파손 등을 이유로 실제 재고수량과 장부상 재고수량의 차이가 발생하는 감소수량에 대해 재무제표에 계상하지 못하는 단점이 있다.

④ _____ 에 의해 매출원가를 산정하기 위해서는 반드시 기말수정분개를 해야 한다.

⑤ 실지재고조사법을 적용할 경우 수정전시산표상 재고자산 금액은 재무상태표상 (기초/기말)재고자산금액과 동일하다.

⑥ (감모 / 평가)손실을 인식하기 위해서는 반드시 계속기록법과 실지재고조사법을 병행해야 하며, (감모 / 평가)손실은 실지재고조사법을 통해서 산정할 수 있다.

---

6 차입원가
① 재고자산을 의도된 용도로 사용하거나 판매가능한 상태에 이르게 하는 데 상당한 기간을 필요로 하는 경우, 이와 직접 관련된 차입원가는 재고자산의 취득원가에 산입해야 한다.
② 단기간 내에 생산되거나 제조되는 재고자산에 대한 차입원가는 취득원가에 산입하지 않고 즉시 금융비용으로 인식한다.

7 적송운임
적송운임은 취득원가에 포함하여 인식한다.

02 재고자산의 평가

1 수량결정방법
기말재고자산의 수량을 계산하는 방법에는 계속기록법과 실지재고조사법이 있다.

① 계속기록법은 상품이 입고(매입) 또는 출고될 때마다 상품계정을 증가 또는 감소시키는 기록을 하는 방법이다.
② 계속기록법은 회계기간 중 보유재고에 대해 파악할 수 있다는 장점이 있으나 도난, 파손 등을 이유로 실제 재고수량과 장부상 재고수량의 차이가 발생하는 감소수량에 대해 재무제표에 계상하지 못하는 단점이 있다.
③ 실지재고조사법은 결산일에 보유하고 있는 재고자산을 실사를 통해 보유 중인 재고자산의 수량을 확인하는 방법이다.
④ 실지재고조사법에 의해 매출원가를 산정하기 위해서는 반드시 기말수정분개를 해야 한다.
⑤ 실지재고조사법을 적용할 경우 수정전시산표상 재고자산 금액은 재무상태표상 기초재고자산금액과 동일하다.
⑥ 감모손실을 인식하기 위해서는 반드시 계속기록법과 실지재고조사법을 병행해야 하며, 평가손실은 실지재고조사법을 통해서 산정할 수 있다.

정답 6. 상당한 기간, 자산 7. 위탁자, 재고자산의 원가 02 1.① 계속기록법, 실지재고조사법 ② 계속기록법 ③ 계속기록법 ④ 실지재고조사법 ⑤ 기초 ⑥ 감모, 평가

❷ 단가결정방법

① 통상적으로 상호 교환될 수 없는 재고자산항목의 원가와 특정 프로젝트별로 생산되고 분리되는 재화 또는 용역의 원가는 개별법을 사용하여 결정한다.
② 개별법을 적용하지 않는 경우, 재고자산의 단위원가는 선입선출법이나 가중평균법을 사용하여 결정한다. 성격과 용도면에서 유사한 재고자산에는 동일한 단위원가결정방법을 적용하여야 하며, 성격이나 용도면에서 차이가 있는 재고자산에는 서로 다른 단위원가결정방법을 적용할 수 있다.
③ 선입선출법은 먼저 매입 또는 생산된 재고자산이 먼저 판매되고 결과적으로 기말에 재고로 남아 있는 항목은 가장 최근에 매입 또는 생산된 항목이라고 가정하는 방법이다.
④ 후입선출법은 한국채택국제회계기준에서 인정되지 않는다.
⑤ 가중평균법은 기초재고자산과 회계기간 중에 매입 또는 생산된 재고자산의 원가를 가중평균하여 재고항목의 단위원가를 결정하는 방법이다.

- 계속기록법 + 평균법 = 이동평균법
- 실지재고조사법 + 평균법 = 총평균법

❸ 원가흐름 가정에 따른 크기 비교

물가가 지속적으로 상승하고, 재고청산이 없는 경우를 가정할 때 원가흐름의 가정에 따른 기말재고자산과 당기순이익 및 현금흐름의 크기는 다음과 같다.

구 분	크기 비교
기말재고자산	선입선출법 > 이동평균법 > 총평균법 > 후입선출법
매출원가	선입선출법 < 이동평균법 < 총평균법 < 후입선출법
당기순이익	선입선출법 > 이동평균법 > 총평균법 > 후입선출법
법인세	선입선출법 > 이동평균법 > 총평균법 > 후입선출법
현금흐름	선입선출법 < 이동평균법 < 총평균법 < 후입선출법

원가흐름의 가정과 현금흐름은 무관하다. 그러나 법인세가 있는 경우에는 당기순이익이 크다면 법인세부담액이 증가하므로 현금흐름은 감소한다.

🗨️ 독한훈련

2. 단가결정방법

① 통상적으로 상호 교환될 수 없는 재고자산항목의 원가와 특정 프로젝트별로 생산되고 분리되는 재화 또는 용역의 원가는 _____을(를) 사용하여 결정한다.
② 성격이나 용도에서 차이가 있는 경우 서로 다른 원가결정방법을 사용하는 것은 (가능 / 불가능)하고, 과세방식 등의 차이로 인해 서로 다른 원가결정방법을 사용하는 것은 (가능 / 불가능)하다.
③ (후입선출법 / 선입선출법)은 먼저 매입 또는 생산된 재고자산이 먼저 판매되고 결과적으로 기말에 재고로 남아 있는 항목은 가장 최근에 매입 또는 생산된 항목이라고 가정하는 방법이다.
④ (후입선출법 / 선입선출법)은 한국채택국제회계기준에서 인정되지 않는다.
⑤ 계속기록법과 평균법이 결합하면 (총평균법 / 이동평균법)이다.

3. 원가흐름 가정에 따른 크기 비교

부등호(<, >)와 등호(=)를 사용하여 단가결정방법의 크기를 비교하시오.

구 분	크기 비교
① 기말재고자산	선입선출법 ☐ 이동평균법 ☐ 총평균법 ☐ 후입선출법
② 매출원가	선입선출법 ☐ 이동평균법 ☐ 총평균법 ☐ 후입선출법
③ 당기순이익	선입선출법 ☐ 이동평균법 ☐ 총평균법 ☐ 후입선출법
④ 법인세	선입선출법 ☐ 이동평균법 ☐ 총평균법 ☐ 후입선출법
⑤ 현금흐름	선입선출법 ☐ 이동평균법 ☐ 총평균법 ☐ 후입선출법
⑥ 법인세 무시한 현금흐름	선입선출법 ☐ 이동평균법 ☐ 총평균법 ☐ 후입선출법

💡 **정답** 2. ① 개별법 ② 가능, 불가능 ③ 선입선출법 ④ 후입선출법 ⑤ 이동평균법
3. ① >, >, > ② <, <, < ③ >, >, > ④ >, >, > ⑤ <, <, < ⑥ =, =, =

독한훈련

4. 기말 재고

기말 시점에 창고에 보유하지 않은 재고자산에 대한 기말재고자산 포함 여부를 결정하시오.

조건	포함 / 불포함
a. 선적지 인도조건 매입	
b. 선적지 인도조건 판매	
c. 도착지 인도조건 매입	
d. 도착지 인도조건 판매	
e. 시송품(매입의사표시)	
f. 적송품(수탁자 판매분)	
g. 저당상품(타처 보관)	
h. 반품률 높은 재고 (반품가능성 추정 가능)	
i. 할부판매	
j. 재구매조건부 판매	
k. 특별주문상품	
l. 주거용 부동산	

03 재고자산의 감모손실

1. 순서

재고자산의 평가손실과 감모손실 중에서 _____ 을(를) 먼저 적용한다.

2. 감모손실 인식

재고자산의 장부상의 수량과 실제 수량의 차이를 재고자산감모손실이라고 하며, 이를 (당기비용 / 기타포괄손실)(으)로 인식한다.

3. 회계처리

재고자산감모손실은 실제 수량이 부족한 것이므로 재고자산에서 (직접 / 간접) 차감한다.

04 재고자산의 평가손실

1. 저가평가

① 상품, 제품, 재공품은 _____ 을(를) 기준으로 저가평가한다.
② 순실현가능가치는 통상적인 영업과정의 예상판매가격에서 예상되는 추가 완성원가와 _____ 을(를) 차감한 금액으로 측정한다.

④ 기말 재고

기말 시점에 창고에 보유하지 않은 재고자산에 대한 기말재고자산 포함 여부는 다음과 같다.

구 분	기말재고자산 포함 항목
미착상품	선적지 인도조건으로 매입한 상품, 도착지 인도조건으로 판매한 상품
시송품	매입의사를 표시하지 않은 상품
적송품	수탁자의 미판매 상품
저당상품	저당권이 실행되지 않은 상품
반품가능판매상품	반품률 추정과 무관하게 재고자산에 포함하지 않음.
할부판매상품	인도되었다면 재고자산에 포함하지 않음.
재구매조건부 판매	판매된 것으로 볼 수 없으므로 재고자산에 포함
특별주문상품	완성 시에 판매된 것으로 보고 재고자산에서 제외
주거용 부동산	미인도된 부동산(예 아파트)

03 재고자산의 감모손실

① 순서

재고자산에 대한 감모손실에 대해서 먼저 인식을 하여야 하고 그 다음으로 재고자산의 순실현가능가치를 구하여 평가손실을 인식해야 한다.

② 감모손실 인식

장부상의 수량과 실제 수량의 차이를 재고자산감모손실이라고 하며, 이를 당기비용으로 인식해야 한다.

③ 회계처리

재고자산감모손실은 실제 수량이 부족한 것이므로 재고자산에서 직접 차감한다.

04 재고자산의 평가손실

① 저가평가

상품의 최종판매가치에서 판매과정에서 발생할 추가비용을 차감한 금액이 재고자산의 취득원가보다 낮은 경우 하락한 금액만큼 손실로 인식해야 한다.
① 상품, 제품, 재공품은 순실현가능가치를 기준으로 저가평가한다.
② 순실현가능가치는 통상적인 영업과정의 예상판매가격에서 예상되는 추가 완성원가와 판매비용을 차감한 금액으로 측정한다.

정답 4. • 포함: a, d, g, j, l • 불포함: b, c, e, f, h, i, k 03 1. 감모손실 2. 당기비용 3. 직접 04 1. ① 순실현가능가치 ② 판매비용

③ 공정가치는 측정일에 시장 참여자 사이의 정상거래에서 자산을 매도할 때 받거나 부채를 이전할 때 지급하는 가격을 의미한다.
④ 순실현가능가치는 기업특유의 가치이지만 공정가치는 거래상의 가치이므로 재고자산의 순실현가능가치가 순공정가치와 일치하는 것은 아니다.
⑤ 재료가격이 하락하여 제품의 원가가 순실현가능가치를 초과할 것으로 예상된다면 해당 원재료를 순실현가능가치로 감액한다. 이 경우 원재료의 현행대체원가는 순실현가능가치에 대한 최선의 이용가능한 측정치가 될 수 있다.
⑥ 완성될 제품이 원가 이상으로 판매될 것으로 예상되는 경우에는 그 생산에 투입하기 위해 보유하는 원재료 및 기타 소모품을 감액하지 아니한다.
⑦ 원재료 가격이 하락하여 제품의 원가가 순실현가능가치를 초과할 것으로 예상된다면 해당 원재료를 순실현가치로 감액한다.
⑧ 확정판매계약이나 용역계약을 이행하기 위해 보유하는 재고자산의 순실현가능가치는 계약가격에 기초한다.
⑨ 보유하고 있는 재고자산의 수량이 확정판매계약의 이행에 필요한 수량을 초과하였다면 그 초과수량의 순실현가능가치는 일반 판매가격에 기초한다.

❷ 평가단위

① 재고자산을 순실현가능가치로 감액하는 저가법은 항목별로 적용한다.
② 경우에 따라서는 서로 유사하거나 관련 있는 항목들을 통합하여 조별로 적용하는 것이 적절할 수 있다.
③ 재고자산 전체의 순실현가능가치와 취득원가를 비교하여 평가하는 총계기준은 불가능하다.

❸ 평가손실 인식

재고자산을 순실현가능가치로 감액하여 인식한 평가손실에 대해서는 당기비용(매출원가)으로 처리한다.

독한훈련

③ _____은(는) 측정일에 시장 참여자 사이의 정상거래에서 자산을 매도할 때 받거나 부채를 이전할 때 지급하는 가격을 의미한다
④ (순실현가능가치 / 공정가치)는 기업특유의 가치이지만 (순실현가능가치 / 공정가치)는 거래상의 가치이므로 재고자산의 순실현가능가치가 순공정가치와 일치하는 것은 아니다.
⑤ 원재료의 _____은(는) 순실현가능가치에 대한 최선의 이용가능한 측정치가 될 수 있다.
⑥ 원재료의 경우 완성될 제품이 원가 이상으로 판매될 것으로 예상되는 경우에 원재료를 감액(한다 / 하지 아니한다).
⑦ 원재료 가격이 하락하여 제품의 원가가 순실현가능가치를 초과할 것으로 예상된다면(되는 경우에도) 해당 원재료를 순실현가치로 감액(한다 / 하지 않는다).
⑧ 확정판매계약이나 용역계약을 이행하기 위해 보유하는 재고자산의 순실현가능가치는 (취득원가 / 현행대체원가 / 계약가격)에 기초한다.
⑨ 보유하고 있는 재고자산의 수량이 확정판매계약의 이행에 필요한 수량을 초과하였다면 그 초과수량의 순실현가능가치는 (취득원가 / 계약가격 / 일반 판매가격)에 기초한다.

2. 평가단위

① 재고자산을 순실현가능가치로 감액하는 저가법은 (항목별 / 총계)로 적용한다.
② 경우에 따라서는 서로 유사하거나 관련 있는 항목들을 통합하여 (조별 / 총계)로 적용하는 것이 적절할 수 있다.
③ 재고자산 전체의 순실현가능가치와 취득원가를 비교하여 평가하는 (총계기준 / 조별기준)은 불가능하다.

3. 평가손실 인식

재고자산을 (공정가치 / 순실현가능가치)로 감액하여 인식한 평가손실에 대해서는 당기비용(매출원가)으로 처리한다.

정답 ③ 공정가치 ④ 순실현가능가치, 공정가치 ⑤ 현행대체원가 ⑥ 하지 아니한다 ⑦ 한다 ⑧ 계약가격 ⑨ 일반 판매가격
2. ① 항목별 ② 조별 ③ 총계기준 **3.** 순실현가능가치

독한훈련

4. 회계처리
재고자산평가손실은 재고자산에서 (직접 / 간접) 차감하여 표시한다.

5. 환입
① 재고자산평가손실 환입은 인정(된다 / 되지 않는다).

② 재고자산의 감액을 초래했던 상황이 해소되거나 경제상황의 변동으로 순실현가능가치가 상승한 명백한 증거가 있는 경우에는 (평가손실을 인식한 한도 / 최초의 장부금액을 초과하지 않는 범위) 내에서 평가손실을 환입한다.

05 재고자산의 추정

1. 매출총이익률법
매출총이익률법은 _____을(를) 사용하여 재고자산을 추정하는 방법으로 한국채택국제회계기준에서 인정(한다 / 하지 않는다).

2. 소매재고법
① 소매재고법은 마트나 백화점과 같이 다양한 원가를 가진 상품의 기말재고자산을 계산하는 방법으로 한국채택국제회계기준에서 인정(한다 / 하지 않는다).
② 소매재고법은 판매가와 원가를 비교하여 산정한 _____을(를) (원가 / 판매가)를 기준으로 산정한 기말재고자산금액에 적용하여 기말재고자산가액을 추정하는 것이다.

---

④ 회계처리
재고자산평가손실은 재고자산에서 직접 차감하였던 재고자산감모손실과는 달리 재고자산평가손실충당금의 과목으로 하여 재고자산의 차감계정으로 표시한다.

⑤ 환입
① 순실현가능가치의 상승으로 인한 재고자산평가손실의 환입은 환입이 발생한 기간의 비용으로 인식된 재고자산 금액(매출원가)의 차감액으로 인식한다.
② 재고자산의 감액을 초래했던 상황이 해소되거나 경제상황의 변동으로 순실현가능가치가 상승한 명백한 증거가 있는 경우에는 최초의 장부금액을 초과하지 않는 범위 내에서 평가손실을 환입한다.

05 재고자산의 추정

❶ 매출총이익률법
매출총이익률법은 매출총이익률을 사용하여 재고자산을 추정하는 방법으로 취득원가주의에 위배되어 한국채택국제회계기준에서 규정하고 있는 평가방법은 아니다.

❷ 소매재고법
① 소매재고법은 마트나 백화점과 같이 다양한 원가를 가진 상품의 기말재고자산을 계산하는 방법으로 한국채택국제회계기준에서 인정하는 방법이다.
② 소매재고법은 판매가와 원가를 비교하여 산정한 원가율을 판매가를 기준으로 산정한 기말재고자산금액에 적용하여 기말재고자산가액을 추정하는 것이다.

정답 **4.** 간접 **5.** ① 된다 ② 최초의 장부금액을 초과하지 않는 범위 **05 1.** 매출총이익률, 하지 않는다 **2.** ① 한다 ② 원가율, 판매가

2 OX 강훈련

✏️ 지문 수정하기

❗ 다음 문장을 읽고 옳은 설명에는 O, 옳지 않은 설명에는 X를 하고 올바른 문장으로 수정하시오.

01 토지와 건물은 기업의 주된 영업활동이 부동산 매매업이라고 하더라도 재고자산이 아닌 유형자산 회계처리에 따른다. O X

02 실지재고조사법을 적용할 경우, 기중에도 재고자산의 수량과 단가를 상시적으로 파악할 수 있다. O X

03 실지재고조사법을 적용할 경우, 재고자산 관련 기말 수정분개는 필요 없다. O X

04 실지재고조사법을 적용할 경우, 수정전시산표 상 재고자산 금액은 재무상태표 상 기초 재고자산 금액과 동일하다. O X

05 물가가 지속적으로 상승하고 기말재고수량이 기초재고수량보다 증가하는 경우 당기순이익은 '후입선출법 > 평균법 > 선입선출법'의 순서가 된다. O X

06 완성될 제품이 원가 이상으로 판매될 것으로 예상하는 경우에는 그 생산에 투입하기 위해 보유하는 원재료 및 기타 소모품을 감액하지 아니한다. O X

07 재고자산의 순실현가능가치가 취득원가보다 하락한 경우에 적용하는 저가법은 항목별, 조별 및 총계기준 중 선택하여 적용할 수 있다. O X

OX 풀이

01 토지와 건물 등의 부동산은 부동산 매매업의 경우 **판매를 목적으로 보유한다면 재고자산으로 분류한다.** 재고자산은 기업의 주된 영업활동이 무엇인지에 따라 우선적으로 분류된다.

02 **계속기록법**을 적용할 경우, 기중에도 재고자산의 수량과 단가를 상시적으로 파악할 수 있다. 실지재고조사법은 기말에 한번 기말 재고수량을 확인하므로 기중에 상시적인 파악이 어렵다.

03 **계속기록법**을 적용할 경우, 재고자산 관련 기말 수정분개는 필요하지 않다. 판매가 될 때 마다 매출원가를 인식하므로 기말 수정분개를 통해 매출원가를 인식하지 않아도 된다.

05 '**선입선출법** > 평균법 > **후입선출법**'의 순서이다.

07 재고자산의 순실현가능가치가 취득원가보다 하락한 경우에 적용하는 저가법은 **총계기준을 인정하지 않는다.**

| 정답 | 01 X 02 X 03 X 04 O 05 X 06 O 07 X

- 다음 문장을 읽고 옳은 설명에는 O, 옳지 않은 설명에는 X를 하고 올바른 문장으로 수정하시오.

08 법인세가 없는 경우 현금흐름의 크기는 재고자산평가방법에 관계없이 모두 동일하다. ☐ O ☒ X

09 소매재고법은 취득원가주의에 기초한 방법이 아니므로 한국채택국제회계기준에서는 인정하지 않는다. ☐ O ☒ X

10 고정제조간접원가는 생산설비의 정상조업도에 기초하여 전환원가에 배부하는데, 실제조업도가 정상조업도와 차이가 큰 경우에는 실제조업도를 사용하여야 한다. ☐ O ☒ X

11 재고자산의 과세방식이 다를 경우에는 동일한 재고자산에 다른 단위원가결정방법을 적용할 수 있다. ☐ O ☒ X

12 성격이나 용도면에서 차이가 있는 재고자산에는 서로 다른 단위원가결정방법을 적용할 수 있다. ☐ O ☒ X

13 재고자산은 취득원가와 순실현가능가치 중 낮은 금액으로 측정한다. ☐ O ☒ X

14 미착상품은 법률적인 소유권의 유무에 따라 재고자산의 포함 여부를 결정하므로 F.O.B 선적지 인도조건의 경우에는 판매자의 재고자산에 포함된다. ☐ O ☒ X

15 통상적으로 상호 교환될 수 없는 제품이나 특정 프로젝트별로 생산되는 제품 또는 서비스는 개별법을 사용하여 원가를 결정한다. ☐ O ☒ X

16 기말재고자산의 실제 수량이 장부상 수량과 일치하지 않는 경우, 수량 부족분에 대한 취득원가는 당기비용으로 인식하고 재고자산에서 직접 차감한다. ☐ O ☒ X

OX 풀이

09 **유통업의 경우에는 소매재고법을 사용할 수 있다.**
10 실제조업도가 정상조업도와 유사한 경우에 실제조업도를 **사용할 수 있다.**
11 재고자산의 지역별 위치나 과세방식이 다르다는 이유만으로 동일한 재고자산에 다른 단위원가결정방법을 적용하는 것은 **정당화될 수 없다.**
14 F.O.B 선적지 인도조건의 경우에는 판매자의 재고자산에 포함하지 않고 **구매자**의 재고자산에 포함한다.

| 정답 | 08 O 09 X 10 X 11 X 12 O 13 O 14 X 15 O 16 O |

✏️ 지문 수정하기

:::
다음 문장을 읽고 옳은 설명에는 O, 옳지 않은 설명에는 X를 하고 올바른 문장으로 수정하시오.
:::

17 반품권이 부여된 재고자산의 경우 반품가능성이 예측가능한 경우에는 매출로 인식할 수 없으므로 판매자의 재고자산에 포함시킨다. ⃝ ☒

18 기말재고자산의 수량을 산정하는 방법에는 개별법, 가중평균법, 선입선출법이 있다. ⃝ ☒

19 재고자산의 매입원가는 매입가격에 수입관세와 제세금, 매입운임, 하역료 그리고 완제품, 원재료 및 용역의 취득과정에 직접 관련된 기타원가를 가산한 금액이다. ⃝ ☒

20 매입할인, 리베이트 및 기타 유사한 항목도 매입원가를 결정할 때 가산한다. ⃝ ☒

21 자가건설한 유형자산의 구성요소로 사용되는 재고자산처럼 재고자산의 원가를 다른 자산계정에 배분하는 경우도 있다. 이처럼 다른 자산에 배분된 재고자산원가는 해당 자산의 내용연수 동안 비용으로 인식한다. ⃝ ☒

OX 풀이

17 반품권이 부여된 재고자산의 판매의 경우 반품가능성 측정 여부와 무관하게 재고자산에서 **제외**한다.
18 기말재고자산의 수량을 산정하는 방법에는 **계속기록법과 실지재고조사법**이 있다.
20 매입할인, 리베이트 및 기타 유사한 항목은 매입원가를 결정할 때 **차감**한다.

| 정답 | 17 X 18 X 19 O 20 X 21 O

3 공무원 5개년 기출 문제

정답 및 해설 p.19

01 ▶ 2025 국가직9급

재고자산에 대한 설명으로 옳지 않은 것은?

① 통상적인 영업과정에서 판매를 위하여 보유 중이거나 생산 중인 자산은 재고자산에 해당한다.
② 생산이나 용역제공에 사용될 원재료나 소모품은 재고자산에 해당한다.
③ 외부에서 매입하여 재판매하기 위해 보유하는 상품은 재고자산에 해당하지 않는다.
④ 토지도 기업의 주된 영업활동에 따라 재고자산에 해당될 수 있다.

02 ▶ 2025 관세직9급

상품매매기업의 재고자산에 대한 설명으로 옳지 않은 것은? (단, 재고자산에 대한 감모(평가)손실, 매입할인은 없다)

① 계속기록법을 적용할 경우, 재고자산 관련 기말 수정분개는 필요 없다.
② 실지재고조사법을 적용할 경우, 수정전시산표상 재고자산 금액은 재무상태표상 기초 재고자산 금액과 동일하다.
③ 계속기록법을 적용할 경우, 기중에도 재고자산의 수량과 단가를 상시적으로 파악할 수 있다.
④ 실지재고조사법을 적용할 경우, 매입계정을 재고자산 취득 시 차변에 기록하고 재고자산 판매 시 대변에 기록한다.

03 ▶ 2024 국가직9급

재고자산에 대한 설명으로 옳지 않은 것은?

① 재고자산은 취득원가와 순실현가능가치 중 낮은 금액으로 측정하고, 취득원가는 매입원가, 전환원가 및 재고자산을 현재의 장소에 현재의 상태로 이르게 하는 데 발생한 기타 원가 모두를 포함한다.
② 재고자산을 순실현가능가치로 감액하는 저가법은 항목별로 적용한다. 그러나 경우에 따라서는 서로 비슷하거나 관련된 항목들을 통합하여 적용하는 것이 적절할 수 있다.
③ 재고자산의 순실현가능가치가 상승한 증거가 명백한 경우 최초의 장부금액을 초과하지 않는 범위 내에서 평가손실을 환입한다. 그 결과 새로운 장부금액은 취득원가와 수정된 순실현가능가치 중 큰 금액이 된다.
④ 순실현가능가치의 상승으로 인한 재고자산 평가손실의 환입은 환입이 발생한 기간의 비용으로 인식된 재고자산 금액의 차감액으로 인식한다.

04 ▶ 2022 국가직7급

재고자산의 순실현가능가치에 대한 설명으로 옳지 않은 것은?

① 순실현가능가치를 추정할 때에는 재고자산으로부터 실현가능한 금액에 대하여 추정일 현재 사용가능한 가장 신뢰성 있는 증거에 기초하여야 한다.
② 순실현가능가치를 추정할 때 재고자산의 보유 목적도 고려하여야 하는데, 예를 들어 확정판매계약 또는 용역계약을 이행하기 위하여 보유하는 재고자산의 순실현가능가치는 계약가격에 기초한다.
③ 완성될 제품이 원가 이상으로 판매될 것으로 예상하는 경우에는 그 생산에 투입하기 위해 보유하는 원재료 및 기타 소모품을 감액하지 아니하며, 원재료 가격이 하락하여 제품의 원가가 순실현가능가치를 초과할 것으로 예상되더라도 해당 원재료를 순실현가능가치로 감액하지 않는다.
④ 매 후속기간에 순실현가능가치를 재평가하며, 재고자산의 감액을 초래했던 상황이 해소되거나 경제상황의 변동으로 순실현가능가치가 상승한 명백한 증거가 있는 경우에는 최초의 장부금액을 초과하지 않는 범위 내에서 평가손실을 환입한다.

4 실전 훈련 문제

정답 및 해설 p. 20

01 ▶ 2024 보험계리사

다음 중 재고자산의 인식 및 측정에 관한 설명으로 옳은 것은?

① 재고자산의 취득원가는 매입원가로 한정하며, 전환원가 및 재고자산을 현재의 장소에 현재의 상태로 이르게 하는 데 발생한 기타 원가는 제외한다.
② 통상적으로 상호 교환될 수 없는 재고자산항목의 원가와 특정 프로젝트별로 생산되고 분리되는 재화 또는 용역의 원가는 선입선출법이나 가중평균법을 사용하여 결정한다.
③ 재고자산은 외부에서 매입하여 재판매하기 위해 보유하는 상품, 토지와 그 밖의 자산을 포함하며, 생산 중인 재공품이나 생산에 투입되는 원재료와 소모품은 재고자산에서 제외한다.
④ 소매재고법에서 재고자산의 원가는 재고자산의 판매가격을 적절한 총이익률을 반영하여 환원하는 방법으로 결정하며, 이때 적용되는 이익률은 일반적으로 판매부문별 평균이익률을 사용한다.

02 ▶ 2023 관세사

재고자산에 관한 설명으로 옳지 않은 것은?

① 재고자산은 정상적인 영업활동을 통하여 판매할 목적으로 보유하는 자산이라는 점에서 사용할 목적으로 보유하는 유형자산과는 구별된다.
② 선입선출법, 평균법 등의 평가방법은 실제 물량흐름과 상관없이 일정한 가정을 전제로 정의된 것이다.
③ 재고자산의 취득원가는 매입가격 이외에도 재고자산을 현재의 상태에 이르기까지 소요된 부대비용을 포함하여 인식한다.
④ 기업이 선택한 방법에 의하여 측정한 재고자산의 원가보다 순실현가치가 낮은 경우 저가법을 선택한 경우에 한하여 재고자산평가손실을 계상할 수 있다.
⑤ 수입한 재고자산의 취득원가에는 수입관세(과세당국으로부터 추후 환급받을 수 있는 금액은 제외)가 포함된다.

03 ▶ 2024 세무사

재고자산 회계처리에 관한 설명으로 옳은 것은?

① 재고자산의 매입원가는 매입가격에 수입관세와 제세금, 매입운임, 하역료 그리고 완제품, 원재료 및 용역의 취득과정에 직접 관련된 기타 원가, 리베이트 및 기타 유사한 항목을 가산한 금액이다.
② 재고자산을 후불조건으로 취득할 때 그 계약이 실질적인 금융요소를 포함하고 있다면, 정상신용조건의 매입가격과 실제 지급액 간의 차이는 재고자산의 취득원가에 가산한다.
③ 확정판매계약 또는 용역계약만을 이행하기 위하여 보유하는 재고자산의 순실현가능가치는 일반 판매가격에 기초하여 추정한다.
④ 원재료 가격이 하락하여 원재료 원가가 순실현가능가치를 초과할 것으로 예상된다면 완성될 제품이 원가 이상으로 판매되더라도 해당 원재료를 현행대체원가로 측정된 순실현가능가치로 감액한다.
⑤ 재고자산의 감액을 초래했던 상황이 해소되거나 경제상황의 변동으로 순실현가능가치가 상승한 명백한 증거가 있는 경우 최초의 장부금액을 초과하지 않는 범위 내에서 평가손실을 환입한다.

04 ▶ 2024 주택관리사

재고자산에 관한 설명으로 옳은 것은?

① 재고자산은 취득원가와 순실현가능가치 중 높은 금액으로 측정한다.
② 개별법이 적용되지 않는 재고자산의 단위원가는 선입선출법, 가중평균법 및 후입선출법을 사용하여 결정한다.
③ 재고자산의 수량결정방법 중 실지재고조사법만 적용 시 파손이나 도난이 있는 경우 매출원가가 과소평가 될 수 있는 문제점이 있다.
④ 부동산매매를 주된 영업활동으로 하는 부동산매매기업이 보유하고 있는 판매목적의 건물과 토지는 재고자산으로 분류되어야 한다.
⑤ 물가가 지속적으로 상승하고 재고청산이 발생하지 않는 경우, 선입선출법의 매출원가가 다른 방법에 비해 가장 크게 나타난다.

05 ▶ 2023 세무사

재고자산의 회계처리에 관한 설명으로 옳지 않은 것은?

① 재료원가, 노무원가 및 기타 제조원가 중 비정상적으로 낭비된 부분은 재고자산의 취득원가에 포함할 수 없다.
② 성격과 용도 면에서 유사한 재고자산에는 동일한 단위원가 결정방법을 적용하여야 하며, 성격이나 용도 면에서 차이가 있는 재고자산에는 서로 다른 단위원가 결정방법을 적용할 수 있다.
③ 순실현가능가치를 추정할 때 재고자산의 보유 목적은 고려하지 않는다.
④ 자가건설한 유형자산의 구성요소로 사용되는 재고자산처럼 재고자산의 원가를 다른 자산계정에 배분하는 경우, 다른 자산에 배분된 재고자산 원가는 해당 자산의 내용연수 동안 비용으로 인식한다.
⑤ 통상적으로 상호 교환될 수 없는 재고자산항목의 원가와 특정 프로젝트별로 생산되고 분리되는 재화 또는 용역의 원가는 개별법을 사용하여 결정한다.

06 ▶ 2023 회계사

기업회계기준서 제1002호 '재고자산'에 대한 다음 설명 중 옳지 않은 것은?

① 공정가치에서 처분부대원가를 뺀 금액으로 측정한 일반상품 중개기업의 재고자산에 대해서는 저가법을 적용하지 않는다.
② 순실현가능가치는 재고자산의 주된 (또는 가장 유리한) 시장에서 시장참여자 사이에 일어날 수 있는 정상거래의 가격에서 처분 부대원가를 뺀 금액으로 측정하기 때문에 기업특유의 가치가 아니다.
③ 생물자산에서 수확한 농림어업 수확물로 구성된 재고자산은 공정가치에서 처분부대원가를 뺀 금액으로 측정하여 수확 시점에 최초로 인식한다.
④ 재고자산의 감액을 초래했던 상황이 해소되거나 경제상황의 변동으로 순실현가능가치가 상승한 명백한 증거가 있는 경우에는 최초의 장부금액을 초과하지 않는 범위 내에서 평가손실을 환입한다.
⑤ 성격과 용도 면에서 유사한 재고자산에는 동일한 단위원가 결정 방법을 적용하여야 하며, 성격이나 용도 면에서 차이가 있는 재고자산에는 서로 다른 단위원가 결정방법을 적용할 수 있다.

07 ▶ 2019 관세사

재고자산에 관한 설명으로 옳지 않은 것은?

① 재고자산은 취득원가와 순실현가능가치 중 낮은 금액으로 측정한다.
② 재고자산의 취득원가는 매입원가, 전환원가 및 재고자산을 현재의 장소에 현재의 상태로 이르게 하는 데 발생한 기타 원가 모두를 포함한다.
③ 재료원가, 노무원가 및 기타 제조원가 중 비정상적으로 낭비된 부분은 재고자산의 취득원가에 포함할 수 없으며 발생기간의 비용으로 인식하여야 한다.
④ 표준원가법에 의한 원가 측정방법은 그러한 방법으로 평가한 결과가 실제 원가와 유사한 경우에도 사용할 수 없다.
⑤ 매입할인, 리베이트 및 기타 유사한 항목은 재고자산의 매입원가를 결정할 때 차감한다.

08 ▶ 2021 관세사

재고자산의 취득원가에 포함하는 것은?

① 재료원가, 노무원가 및 기타 제조원가 중 비정상적으로 낭비된 부분
② 후속 생산단계에 투입하기 전에 보관이 필요한 경우 이외의 보관원가
③ 적격자산에 해당하는 재고자산의 제조에 직접 관련된 차입원가
④ 취득과정에 직접 관련되어 있으며 과세당국으로부터 추후 환급받을 수 있는 제세금
⑤ 재고자산을 현재의 장소에 현재의 상태로 이르게 하는 데 기여하지 않은 관리간접원가

09 ▶ 2021 세무사

재고자산에 관한 설명으로 옳지 않은 것은?

① 재고자산의 취득원가는 매입원가, 전환원가 및 재고자산을 현재의 장소에 현재의 상태로 이르게 하는 데 발생한 기타 원가 모두를 포함한다.
② 완성될 제품이 원가 이상으로 판매될 것으로 예상하는 경우에는 그 생산에 투입하기 위해 보유하는 원재료 및 기타 소모품을 감액하지 아니한다.
③ 후속 생산단계에 투입하기 전에 보관이 필요한 경우 이외의 보관원가는 재고자산의 취득원가에 포함한다.
④ 통상적으로 상호교환 가능한 대량의 재고자산 항목에 개별법을 적용하는 것은 적절하지 아니하다.
⑤ 성격과 용도 면에서 유사한 재고자산에는 동일한 단위원가 결정방법을 적용하여야 하며, 성격이나 용도 면에서 차이가 있는 재고자산에는 서로 다른 단위원가 결정방법을 적용할 수 있다.

10 ▶ 2021 회계사

기업회계기준서 제1002호 '재고자산'에 관한 다음의 설명 중 옳지 않은 것은?

① 재고자산의 지역별 위치나 과세방식이 다르다는 이유만으로 동일한 재고자산에 다른 단위원가 결정방법을 적용하는 것은 정당화된다.
② 통상적으로 상호 교환될 수 없는 재고자산항목의 원가와 특정 프로젝트별로 생산되고 분리되는 재화 또는 용역의 원가는 개별법을 사용하여 결정한다.
③ 재고자산의 전환원가는 원재료를 완제품으로 전환하는 데 드는 고정 및 변동 제조간접원가의 체계적인 배부액도 포함한다.
④ 보유하고 있는 재고자산의 수량이 확정판매계약의 이행에 필요한 수량을 초과하는 경우에는 그 초과 수량의 순실현가능가치는 일반 판매가격에 기초한다.
⑤ 원재료 가격이 하락하여 제품의 원가가 순실현가능가치를 초과할 것으로 예상된다면 해당 원재료를 순실현가능가치로 감액한다.

11

재고자산 회계처리에 대한 설명으로 옳지 않은 것은?

① 후속생산단계에 투입하기 전에 보관이 필요한 경우 이외의 보관원가는 재고자산의 취득원가에 포함할 수 없으며 발생기간의 비용으로 인식한다.
② 완성될 제품이 원가 이상으로 판매될 것으로 예상된다고 하더라도 생산에 투입하기 위해 보유한 원재료 가격이 현행대체원가보다 하락한다면 평가손실을 인식한다.
③ 재고자산을 후불조건으로 취득하는 경우 계약이 실질적으로 금융요소를 포함하고 있다면, 해당 금융요소는 금융이 이루어지는 기간 동안 이자비용으로 인식한다.
④ 재고자산을 순실현가능가치로 감액한 평가손실과 모든 감모손실은 감액이나 감모가 발생한 기간에 비용으로 인식한다.

12

재고자산과 관련된 회계처리로 옳지 않은 것은?

① 재고자산의 매입원가는 매입가격에 수입관세와 제세금, 매입운임, 하역료 그리고 용역의 취득과정에서 직접 관련된 기타 원가를 가산한 금액이다.
② 금융기관 등으로부터 자금을 차입하고 그 담보로 제공된 저당상품의 경우 저당이 설정되는 시점에서 담보제공자의 재고자산에서 제외한다.
③ 재고자산의 취득원가는 전환원가를 포함한다. 전환원가는 직접노무원가 등 생산량과 직접 관련된 원가를 포함한다. 또한 원재료를 완제품으로 전환하는데 발생하는 고정 및 변동 제조간접원가의 체계적인 배부액을 포함한다.
④ 재고자산의 순실현가능가치가 상승한 명백한 증거가 있는 경우에는 최초의 장부금액을 초과하지 않는 범위 내에서 평가손실을 환입한다.

13

재고자산에 관한 설명으로 옳지 않은 것은?

① 재고자산이란 정상적인 영업활동과정에서 판매를 목적으로 소유하고 있거나 판매할 자산을 제조하는 과정에 있거나 제조과정에 사용될 자산을 말한다.
② 후입선출법은 재고자산의 원가결정방법으로 허용되지 않는다.
③ 재고자산의 매입원가는 매입가에 수입관세와 매입운임, 하역료, 매입할인, 리베이트 등을 가산한 금액이다.
④ 재고자산의 취득원가는 매입원가, 전환원가 및 재고자산을 현재의 장소에 현재의 상태로 이르게 하는 데 발생한 기타 원가 모두를 포함한다.

14

다음 중 상품매입과 매출에 대한 회계처리방법인 계속기록법과 실지재고조사법에 관련된 설명으로 옳지 않은 것은?

① 계속기록법에서는 판매가 이루어질 때마다 판매시점에서의 매출원가를 계산한다.
② 계속기록법에서는 기중에도 재고자산금액을 파악할 수 있다.
③ 실지재고조사법에서는 기말에 실제로 남아있는 재고금액을 조사하여 매출원가를 구한다.
④ 계속기록법에서는 상품 관련 계정의 결산정리분개가 요구된다.

15 ▶ 2022 주택관리사

재고자산의 회계처리에 관한 설명으로 옳지 않은 것은?

① 재고자산은 취득원가와 순실현가능가치 중 낮은 금액으로 측정한다.
② 통상적으로 상호 교환될 수 없는 재고자산항목의 원가와 특정 프로젝트별로 생산되고 분리되는 재화의 원가는 개별법을 사용하여 결정한다.
③ 재고자산의 취득원가는 매입원가, 전환원가 및 재고자산을 현재의 장소에 현재의 상태로 이르게 하는 데 발생한 기타 원가 모두를 포함한다.
④ 완성될 제품이 원가 이상으로 판매될 것으로 예상하는 경우에는 그 생산에 투입하기 위해 보유하는 원재료 및 기타 소모품을 감액하지 아니한다.
⑤ 재고자산의 매입원가는 매입가격에 매입할인, 리베이트 및 기타 유사한 항목을 가산한 금액이다.

16 ▶ 2022 감정평가사

재고자산 회계처리에 관한 설명으로 옳지 않은 것은?

① 생산에 투입하기 위해 보유하는 원재료 및 기타 소모품은 제품의 원가가 순실현가능가치를 초과할 것으로 예상되더라도 감액하지 아니한다.
② 생물자산에서 수확한 농림어업 수확물로 구성된 재고자산은 공정가치에서 처분부대원가를 뺀 금액으로 수확시점에 최초 인식한다.
③ 재고자산을 현재의 장소에 현재의 상태로 이르게 하는데 기여하지 않은 관리간접원가는 재고자산의 취득원가에 포함할 수 없다.
④ 매입할인이나 매입금액에 대해 수령한 리베이트는 매입원가에서 차감한다.
⑤ 개별법이 적용되지 않는 재고자산의 단위원가는 선입선출법이나 가중평균법을 사용하여 결정한다.

17

재고자산은 취득원가와 순실현가능가치 중 낮은 금액인 저가법으로 측정한다. 저가법 적용에 대한 한국채택국제회계기준의 규정과 일치하지 않는 것은?

① 제품과 재공품의 현행대체원가는 순실현가치에 대한 최선의 이용가능한 측정치가 될 수 있다.
② 완성될 제품이 원가 이상으로 판매될 것으로 예상하는 경우에는 그 생산에 투입하기 위해 보유하는 원재료는 감액하지 않는다.
③ 저가법 적용은 항목별로 적용하는 것을 원칙으로 하되, 서로 유사하거나 관련 있는 항목들을 통합하여 조별로 저가법을 적용할 수 있다.
④ 순실현가능가치는 정상적인 영업과정의 판매예상가격에서 예상되는 추가완성원가와 판매비용을 차감한 금액이다.

18

다음은 재고자산의 취득원가와 관련된 설명이다. 한국채택국제회계기준서 제1002호 '재고자산'의 규정과 다른 것은?

① 도착지 인도기준의 미착상품에 대한 운송비, 보험료 등을 판매자가 부담하는 경우 매입자는 회계처리하지 않는다.
② 선적지 인도기준의 미착상품에 대한 운송비, 보험료 등을 매입자가 부담한 경우 이를 매입단가에 포함시켜 재고자산에 가산한다.
③ 자가제조한 재고자산의 취득원가는 전환원가이다.
④ 취득과정에 상당한 기간을 필요로 하는 경우 적격자산의 취득, 건설 또는 제조와 관련된 차입원가는 재고자산의 취득원가에 산입한다.

19 ▶ 2020 보험계리사

재고자산의 회계처리에 관한 설명으로 옳지 않은 것은?

① 표준원가법이나 소매재고법 등의 원가 측정방법은 그러한 방법으로 평가한 결과가 실제 원가와 유사한 경우에 편의상 사용할 수 있다.
② 생물자산에서 수확한 농림어업 수확물로 구성된 재고자산은 공정가치에서 처분부대원가를 뺀 금액으로 측정하여 수확시점에 최초로 인식한다.
③ 통상적으로 상호 교환될 수 없는 재고자산항목의 원가와 특정 프로젝트별로 생산되고 분리되는 재화 또는 용역의 원가는 개별법을 사용하여 결정한다.
④ 완성될 제품이 원가 이상으로 판매될 것으로 예상하는 경우에도 그 생산에 투입하기 위해 보유하는 원재료 및 기타 소모품을 감액한다.

20 ▶ 2020 관세사

재고자산의 저가법 평가에 관한 설명으로 옳지 않은 것은?

① 재고자산은 취득원가와 순실현가능가치 중 낮은 금액으로 측정한다.
② 저가법은 항목별로 적용하되, 경우에 따라서는 재고자산의 분류나 특정영업부문에 속하는 모든 재고자산에 기초하여 저가법을 적용하는 것도 적절하다.
③ 재고자산의 감액을 초래했던 상황이 해소되거나 경제상황의 변동으로 순실현가능가치가 상승한 명백한 증거가 있는 경우에는 최초 장부금액을 초과하지 않는 범위 내에서 평가손실을 환입한다.
④ 재고자산을 순실현가능가치로 감액한 평가손실과 모든 감모손실은 감액이나 감모가 발생한 기간에 비용으로 인식한다.
⑤ 저가법은 자산의 장부금액이 판매나 사용으로부터 실현될 것으로 기대되는 금액을 초과하여서는 아니 된다는 견해와 일관성이 있다.

21

재고자산과 관련된 설명으로 옳지 않은 것은?

① 회사가 실지재고조사법만을 사용하더라도 재고자산의 평가손실을 파악할 수 있다.
② 보유하고 있는 재고자산이 확정판매계약의 이행을 위한 것이라면 동 재고자산의 순실현가능가치는 그 계약가격을 기초로 한다.
③ 보유하고 있는 재고자산의 순실현가능가치의 총합계액이 취득원가의 총합계액을 초과하더라도 재고자산평가손실은 계상될 수 있다.
④ 물가가 지속적으로 상승하는 경우 선입선출법하에서의 기말재고자산금액은 평균법하에서의 기말재고자산의 금액보다 작다.

22

재고자산의 회계처리에 대한 설명으로 옳지 않은 것은?

① 자가건설한 유형자산의 구성요소로 사용되는 재고자산처럼 재고자산의 원가를 다른 자산계정에 배분하는 경우에는 다른 자산에 배분된 재고자산의 원가는 해당 자산의 내용연수 동안 비용으로 인식한다.
② 완성될 제품이 원가 이상으로 판매될 것으로 예상하는 경우에는 그 생산에 투입하기 위해 보유하는 원재료 및 기타 소모품을 감액하지 아니한다.
③ 재고자산을 순실현가능가치로 감액한 평가손실과 모든 감모손실은 감액이나 감모가 발생하는 기간에 비용으로 인식한다.
④ 재고자산의 순실현가능가치가 회복되었을 때 회복된 순실현가능가치를 한도 없이 장부금액으로 인식할 수 있다.

CHAPTER 06 유형자산

1 이론 정리 및 이해 확인

🗣️ 독한훈련

01 유형자산의 특징과 분류

1. 유형자산의 특징

① 정의	재화나 용역의 생산이나 제공, 타인에 대한 임대 또는 관리활동에 _____(으)로 보유하는 _____이(가) 있는 자산으로서 한 회계기간을 초과하여 사용할 것으로 예상되는 자산
② 사용할 목적에 따른 구분	• 판매목적으로 보유하는 자산: _____ • 임대수익이나 시세차익을 목적으로 보유하는 자산: _____
③ 물리적 실체	물리적 실체가 없는 _____와(과) 구분
④ 한 회계기간을 초과하여 사용	소모품, 재고자산 등과 구분

2. 상각자산과 비상각자산
건설 중인 자산은 상각(한다 / 하지 않는다).

3. 최초 인식

3-1 유형자산의 인식요건
유형자산은 정의를 충족하고, 자산으로부터 발생하는 경제적 효익이 기업에 유입될 가능성이 _____, 원가를 신뢰성 있게 _____할 수 있을 때 인식한다.

3-2 예비부품과 수선용구의 인식
예비부품, 대기성 장비 및 수선용구와 같은 항목은 한 회계기간 내에 사용되는 경우 일반적으로 _____(으)로 인식하고, 사용시점에 당기손익으로 인식한다. 그러나 한 회계기간 이상 사용될 것이 예상되면서 _____의 정의를 충족한다면 _____(으)로 인식한다.

01 유형자산의 특징과 분류

1 유형자산의 특징
① 유형자산은 물리적 실체를 가지고 있는 자산이다.
② 유형자산은 영업활동에 사용할 목적으로 취득한 자산이다.
③ 유형자산은 장기간에 걸쳐 영업활동에 사용하여야 한다.

2 상각자산과 비상각자산
① 유형자산은 상각자산과 비상각자산으로 구분된다.
② 토지와 건설 중인 자산은 상각하지 않는다.

3 최초 인식

3-1 유형자산의 인식요건
① 유형자산의 정의를 충족한다.
② 자산으로부터 발생하는 경제적 효익이 기업에 유입될 가능성이 높다.
③ 자산의 원가를 신뢰성 있게 측정할 수 있다.

3-2 예비부품과 수선용구의 인식
① 예비부품, 대기성 장비 및 수선용구와 같은 항목은 일반적으로 한 회계기간 이내에 사용되므로 재고자산으로 인식하고, 사용되는 시점에 당기손익으로 인식한다.
② 한 회계기간 이상 사용될 것으로 예상되면서 유형자산의 정의를 충족한다면 이를 유형자산으로 인식한다.

정답 01 1. ① 사용할 목적, 물리적 실체 ② 재고자산, 투자부동산 ③ 무형자산 2. 하지 않는다
3-1 높고, 측정 3-2 재고자산, 유형자산, 유형자산

3-3 유형자산 항목의 통합

금형, 공구 및 틀 등과 같이 개별적으로 경미한 항목은 통합하여 그 전체 가치에 대하여 인식기준을 적용하는 것이 적절하다.

3-4 규제상 취득하는 자산의 인식

안전 또는 환경상의 이유로 취득하는 유형자산은 관련 자산으로부터 미래경제적 효익을 더 많이 얻을 수 있게 해주기 때문에 자산으로 인식할 수 있다.

02 유형자산의 취득

① 취득원가에 포함되는 항목

유형자산을 취득하기 위하여 제공한 모든 자산의 공정가치를 유형자산의 취득원가로 한다. 따라서 유형자산의 취득 또는 사용가능한 상태로 준비하는 과정과 직접 관련된 지출이 모두 취득원가를 구성하는데 다음과 같이 구성된다.

① 취득 시 발생하는 세금 가산, 매입할인과 리베이트 차감
② 유형자산의 매입 또는 건설과 직접적으로 관련되어 발생한 종업원급여
③ 설치장소 준비원가
④ 최초의 운송 및 취득 관련 원가
⑤ 설치원가 및 조립원가
⑥ 유형자산이 정상적으로 작동되는지 여부를 시험하는 과정에서 발생한 원가. 단, 시험과정에서 생산한 재화(예 장비의 시험과정에서 생산된 시제품)의 순매각금액은 당기손익으로 인식
⑦ 전문가에게 지급하는 수수료
⑧ 자산을 해체, 제거하거나 부지를 복구하는 데 소요될 것으로 최초에 추정되는 원가

② 취득원가에 포함되지 않는 항목

① **다른 활동의 원가**: 새로운 시설을 개설하는 데 소요되는 원가
② **광고원가**: 새로운 상품과 서비스를 소개하는 데 소요되는 원가 (예 광고 및 판촉활동 관련 원가)
③ **영업원가**: 새로운 지역이나 고객층을 상대로 영업하는 데 소요되는 원가(예 직원 교육훈련비)
④ **간접원가**: 관리 및 기타 일반간접원가

🗨️ 독학훈련

3-3 유형자산 항목의 통합

금형, 공구 및 틀 등과 같이 개별적으로 경미한 항목은 _____하여 그 전체 가치에 대하여 인식기준을 적용하는 것이 적절하다.

3-4 규제상 취득하는 자산의 인식

안전 또는 환경상의 이유로 취득하는 유형자산은 자산으로 인식할 수 (있다 / 없다).

02 유형자산의 취득

1. 취득원가에 포함되는 항목

유형자산을 취득하기 위하여 제공한 모든 자산의 (장부가액 / 공정가치)을(를) 유형자산의 취득원가로 한다.

2~3. 취득원가에 포함되지 않는 항목과 취득 완료 후 원가

다음 유형자산의 취득원가에 대한 항목들을 '포함'과 '불포함'으로 구분하여 '포함'의 경우는 ○으로, '불포함'의 경우는 ×로 표시하시오.

구분	O/×
a. 매입할인	
b. 리베이트	
c. 설치장소 준비원가	
d. 수선유지비	
e. 운송비	
f. 복구원가의 현재가치	
g. 시운전비	
h. 보유기간의 화재보험료	
i. 자본화 대상 차입원가	
j. 재산세	
k. 취득세	
l. 새로운 시설을 개설하는 데 소요되는 원가	
m. 새로운 상품과 서비스를 소개하는 데 소요되는 원가	
n. 영업의 전부 또는 일부를 재배치하거나 재편성하는 과정에서 발생하는 원가	
o. 유형자산과 관련된 산출물에 대한 수요가 형성되는 과정에서 발생하는 가동손실과 같은 초기 가동손실	
p. 관리 및 기타 일반간접원가	

💡 정답 3-3 통합 3-4 있다 02 1. 공정가치 2~3. • ○: c, e, f, g, i, k • ×: a, b, d, h, j, l, m, n, o, p

❸ 취득 완료 후 원가

취득이 완료되어 유형자산이 경영진이 의도하는 방식으로 가동될 수 있는 장소와 상태에 이른 후 발생하는 원가도 유형자산의 원가에 포함하지 않는다.
① 사용가능일 이후 발생원가: 유형자산이 경영진이 의도하는 방식으로 가동될 수 있으나 아직 실제로 사용되지는 않고 있는 경우 또는 가동수준이 완전조업도 수준에 미치지 못하는 경우에 발생하는 원가
② 초기 가동손실: 유형자산과 관련된 산출물에 대한 수요가 형성되는 과정에서 발생하는 가동손실과 같은 초기 가동손실
③ 재설치 관련 원가: 기업의 영업 전부 또는 일부를 재배치하거나 재편성하는 과정에서 발생하는 원가

❹ 유형자산의 건설 개발과 관련하여 부수적인 영업활동의 발생 (당기손익으로 인식)

건설이 시작되기 전에 건설용지를 주차장 용도로 사용함에 따라 획득된 수익과 관련 비용은 당기손익으로 처리한다.

03 취득 후 발생 지출

❶ 자산의 인식요건을 충족하는 후속원가

자산의 인식요건을 충족하는 후속원가는 관련 자산의 장부금액에 가산하며, 당해 지출이 발생한 날부터 감가상각하여 비용으로 배분한다.
① 주요 부품이나 구성요소의 정기적인 교체를 위한 지출은 해당 유형자산의 장부금액에 포함하여 인식하고 교체된 부분의 장부금액은 재무상태표상에서 제거해야 한다.
② 정기적인 종합검사과정에서 발생하는 원가가 자산 인식기준을 충족한다면 유형자산의 일부가 대체되는 것으로 보아 해당 유형자산의 장부금액에 포함하여 인식한다.

❷ 자산의 인식요건을 충족하지 아니하는 후속원가

일상적인 수선·유지와 관련하여 발생하는 원가는 해당 유형자산의 장부금액에 포함하여 인식하지 않고 발생시점에 당기손익으로 인식한다.

🗣 독한훈련

4. 유형자산의 건설 개발과 관련하여 부수적인 영업활동의 발생(당기손익으로 인식)

건설이 시작되기 전에 건설용지를 주차장 용도로 사용함에 따라 발생하는 수익은 (유형자산의 취득원가에 가산 / 당기손익으로 인식)한다.

03 취득 후 발생 지출

1. 자산의 인식요건을 충족하는 후속원가
① 자산의 인식요건을 충족하는 후속원가는 관련 자산의 장부금액에 가산하며, 당해 (지출이 발생한 날 / 보고기간 기초 시점)부터 감가상각하여 비용으로 배분한다.
② 주요 부품이나 구성요소의 정기적인 교체를 위한 지출은 (당기비용으로 / 해당 유형자산의 장부금액에 포함하여) 처리한다.
③ 정기적인 종합검사과정에서 발생하는 원가가 자산 인식기준을 충족한다면 (해당 유형자산의 장부금액에 포함 / 새로운 유형자산의 취득원가로 인식)한다.

2. 자산의 인식요건을 충족하지 아니하는 후속원가
① 일상적인 수선·유지와 관련하여 발생하는 원가는 (유형자산의 장부금액에 포함 / 당기비용으로 처리)한다.
② 다음 중 자산으로 처리할 지출과 비용으로 처리할 지출을 구분하시오.
  a. 용광로의 일정기간 후 내화 벽돌의 교체 ( )
  b. 항공기의 좌석이나 취사실 등 내부설비의 교체 ( )
  c. 건물의 엘리베이터 증설 ( )
  d. 건물 외벽의 도장 ( )
  e. 건물의 냉·난방시설 설치 ( )
  f. 건물 전구 등의 소모품 교체 ( )

💡 **정답** 4. 당기손익으로 인식 03 1. ① 지출이 발생한 날 ② 해당 유형자산의 장부금액에 포함하여 ③ 해당 유형자산의 장부금액에 포함
2. ① 당기비용으로 처리 ② • 자산: a, b, c, e • 비용: d, f

04 유형별 취득원가

1 토지의 취득금액
① 구입가격+취득부대비용(취득세, 등록세, 취득 관련 제세공과금, 중개수수료, 법률비용)
② 구획정리비용, 토지정지비, 개발부담금, 하수종말처리장 분담금 등 직접관련원가
③ 진입도로개설, 도로포장, 조경공사 등으로 인한 추가지출

구 분	처 리
회사의 유지·보수책임이 없는 경우 (영구적인 지출)	토지원가에 가산
회사의 유지·보수책임이 있는 경우	구축물로 계상 ⇨ 감가상각

2 건물의 취득금액
① 외부구입: 구입가격+제세공과금 등의 취득부대비용
② 위탁하여 신축: 도급금액+인·허가비용, 설계비용, 감리비용, 취·등록세, 건물 관련 보험료, 담당자급여
③ 계약상 완성일자보다 조기에 완성되어 상대방에게 지급하는 장려금은 취득원가에 가산, 늦게 완성되어 상대방으로부터 수령하는 지체상금은 취득원가에서 차감
④ 건설관련 차입원가는 취득원가에 가산

3 토지+건물 일괄구입
① 각각 사용하는 경우에는 각 유형자산의 공정가치를 기준으로 배분한다.
② 구입자산들의 공정가치 중 일부 자산들의 공정가치만 알 수 있는 경우에는 공정가치를 알 수 있는 자산의 공정가치를 먼저 배분하고, 잔액은 남은 유형자산에 배분한다.
③ 구입 후 기존 건물을 철거하는 경우에는 토지와 건물 모두 토지의 원가로 인식하고, 철거하는 과정에서 발생하는 폐자재 처분수입은 토지의 원가에서 차감한다.
④ 사용 중이던 건물을 철거하는 경우에는 기존 건물의 잔여 장부금액과 순철거원가를 모두 유형자산처분손실(비용)로 인식한다.

🗣 독한훈련

04 유형별 취득원가

1. 토지의 취득금액
다음 토지의 취득원가에 대한 항목들을 '포함'과 '불포함'으로 구분하여 '포함'의 경우는 ○로, '불포함'의 경우는 ×로 표시하시오.

항목	○/×
a. 취득세	
b. 등록세	
c. 구획정리비용	
d. 재산세	
e. 개발부담금	
f. 하수종말처리장 분담금	
g. 회사의 유지·보수책임이 있는 진입도로 개설 공사비	
h. 회사의 유지·보수책임이 없는 조경공사 비용	

2. 건물의 취득금액
다음 건물의 취득원가에 대한 항목들을 '포함'과 '불포함'으로 구분하여 '포함'의 경우는 ○로, '불포함'의 경우는 ×로 표시하시오.

항목	○/×
a. 위탁하여 신축하는 경우 도급금액	
b. 지체상금	
c. 건설 관련 차입원가	

3. 토지+건물 일괄구입
① 토지와 건물을 일괄구입하여 각각 사용하는 경우 (각각 안분하여 / 전액 토지로) 계상한다.
② 유형자산을 일괄구입하여 각각 사용하는 경우 각각의 유형자산은 (공정가치 / 장부금액)(으)로 안분한다.
③ 토지와 건물을 일괄구입하여 기존의 건물을 철거하는 경우 일괄구입원가를 (전액 비용 / 전액 토지의 원가)(으)로 처리한다.
④ 사용 중이던 건물을 철거하는 경우 건물의 장부금액은 (당기비용 / 새로운 건물의 취득원가)(으)로 처리한다.

정답 04 1. • ○: a, b, c, e, f, h • ×: d, g 2. • ○: a, c • ×: b 3. ① 각각 안분하여 ② 공정가치 ③ 전액 토지의 원가 ④ 당기비용

📣 독한훈련

4. 자가건설

① 자가건설 취득원가는 건설과정에서 투입된 직접재료원가, 직접노무원가 및 제조간접원가의 합계액으로 ▨▨▨▨(으)로 계상하였다가 완성 시에 해당 유형자산 계정으로 대체한다.
② 자가건설에 따른 내부이익은 자가건설원가에 (포함한다 / 포함하지 않는다).
③ 자가건설과정에서 원재료, 인력 및 기타 자원의 낭비로 인한 비정상적인 원가는 자가건설원가에 (포함한다 / 포함하지 않는다).
④ 고정제조간접원가의 배부액은 자가건설원가에 (포함한다 / 포함하지 않는다).
⑤ 건물 신축을 위한 토지 굴착비용은 자가건설원가에 (포함한다 / 포함하지 않는다).

5. 저가구입, 고가구입, 무상취득

① 유형자산을 취득하는 과정에서 특수관계인 거래상대방으로부터 저가로 구입한 경우 유형자산의 취득원가는 (거래원가 / 공정가치)로 인식하고, 구입가격과 공정가치의 차이는 (당기비용 / 당기수익)으로 인식한다.
② 유형자산을 취득하는 과정에서 특수관계인 거래상대방으로부터 고가로 구입한 경우 유형자산의 취득원가는 (거래원가 / 공정가치)로 인식하고, 구입가격과 공정가치의 차이는 (당기비용 / 당기수익)으로 인식한다.
③ 유형자산을 무상으로 구입한 경우 유형자산의 취득원가는 (장부가치 / 공정가치)로 인식하고 전액 (당기수익 / 기타포괄손익)으로 인식한다.

6. 현물출자

현물출자로 취득한 유형자산의 취득원가는 (취득하는 자산 / 제공한 주식)의 공정가치로 인식한다.

7. 장기연불조건의 구입

장기연불조건으로 유형자산을 구입하는 경우 인식시점의 (현금지출액 / 현금가격상당액)을 취득원가로 인식한다.

8. 국·공채의 의무매입

유형자산 취득 시 불가피하게 취득하는 국·공채의 (매입가격 / 매입가격과 공정가치의 차액)을 유형자산의 취득원가에 가산한다.

---

4 자가건설

① 자가건설 취득원가는 건설과정에서 투입된 직접재료원가, 직접노무원가 및 제조간접원가의 합계액으로 건설 중인 자산으로 계상하였다가 완성 시에 해당 유형자산 계정으로 대체한다.
② 자가건설에 따른 내부이익은 자가건설원가에 포함하지 않는다.
③ 자가건설과정에서 원재료, 인력 및 기타 자원의 낭비로 인한 비정상적인 원가는 자가건설원가에 포함하지 않는다.
④ 고정제조간접원가의 배부액은 자가건설원가에 포함한다.
⑤ 건물 신축을 위한 토지 굴착비용은 자가건설원가에 포함한다.

5 저가구입, 고가구입, 무상취득

① 전제: 거래상대방과 특수관계에 있거나 법률상 특권이 있는 경우
② 거래: 거래상대방으로부터 저가로 구입하거나 고가로 구입하는 경우, 그리고 무상으로 취득하는 경우
③ 취득원가: 유형자산의 공정가치를 취득원가로 결정하고, 차액은 자산수증이익(수익)이나 기부금(비용)으로 처리한다.

6 현물출자

① 현물출자로 취득한 유형자산은 증여나 무상으로 취득한 유형자산과 마찬가지로 취득하는 당시 자산의 공정가치를 취득원가로 한다.
② 취득하는 자산의 공정가치가 명확하지 않은 경우에는 예외적으로 발행하는 주식의 공정가치를 주식의 발행가액으로 한다.

7 장기연불조건의 구입

유형자산을 장기연불조건으로 구입하거나, 대금지급기간이 일반적인 신용기간보다 긴 경우 원가는 인식시점의 현금가격상당액으로 한다.

8 국·공채의 의무매입

국·공채의 매입가격과 국·공채의 공정가치의 차액은 환불이 불가능한 취득 관련 세금으로 보아 유형자산의 원가에 가산한다.

정답 4. ① 건설 중인 자산 ② 포함하지 않는다 ③ 포함하지 않는다 ④ 포함한다 ⑤ 포함한다 5. ① 공정가치, 당기수익 ② 공정가치, 당기비용 ③ 공정가치, 당기수익 6. 취득하는 자산 7. 현금가격상당액 8. 매입가격과 공정가치의 차액

9 교환취득

① 상업적 실질이 있는 경우: 제공한 자산의 공정가치를 기준으로 취득원가를 구하고 처분손익을 인식한다. 다만, 제공자산보다 취득자산의 공정가치가 더 명백한 경우 취득한 자산의 공정가치를 기준으로 한다.
② 상업적 실질이 없는 경우: 제공한 자산의 장부금액을 기준으로 취득원가를 구하고 처분손익은 인식하지 않는다.
③ 취득한 자산과 제공한 자산 모두의 공정가치를 신뢰성 있게 측정할 수 없는 경우에는 취득한 유형자산의 원가를 제공한 자산의 장부금액으로 측정한다.

05 원가모형

① 한국채택국제회계기준에서는 기업이 원가모형과 재평가모형 중 하나를 회계정책으로 선택할 수 있도록 규정하고 있다.
② 일부 항목에 대하여만 원가모형이나 재평가모형을 쓸 수 없으며, 전체를 하나의 모형으로 적용해야 한다.
③ 원가모형을 적용할 경우는 감가상각과 손상차손에 대하여 인식하여야 한다.

1 감가상각

① 자산의 사용에 따라 수익이 창출되는 기간에 그에 대응하는 비용을 인식하는 것을 회계적 감가상각이라고 한다.
② 유형자산의 공정가치가 장부금액을 초과하더라도 감가상각액을 계속 인식해야 하며, 유형자산을 수선하고 유지하는 활동을 하더라도 감가상각의 필요성이 부인되는 것은 아니다.

1-1 잔존가치

① 잔존가치란 유형자산을 처분하였을 경우 처분대가로 받을 수 있는 금액으로 추정치를 사용한다.
② 잔존가치는 매 회계연도 말에 재검토하고, 재검토 결과 추정치가 종전의 추정치와 다르다면 그 차이는 회계추정의 변경으로 처리한다.

🗣 독한훈련

9. 교환취득

유형자산의 교환거래는 다음과 같이 인식한다.
① 상업적 실질이 있는 경우: 제공한 자산의 (장부금액 / 공정가치)
② 상업적 실질이 있는 경우에 처분손익을 인식(한다 / 하지 않는다).
③ 상업적 실질이 없는 경우: 제공한 자산의 (장부금액 / 공정가치)
④ 상업적 실질이 없는 경우에 처분손익을 인식(한다 / 하지 않는다).
⑤ 취득한 자산과 제공한 자산 모두의 공정가치를 신뢰성 있게 측정할 수 없는 경우 취득원가: (취득한 자산의 장부금액 / 제공한 자산의 장부금액)

05 원가모형

① 한국채택국제회계기준에서는 기업이 _____ 모형과 _____ 모형 중 하나를 회계정책으로 선택할 수 있도록 규정하고 있다.
② 일부 항목에 대하여만 원가모형이나 재평가모형을 쓸 수 (있다 / 없다).
③ 원가모형을 적용하는 경우 감가상각을 인식(하고 / 하지 않고), 손상차손을 인식(한다 / 하지 않는다).

1. 감가상각

유형자산의 공정가치가 장부금액을 (미달 / 초과)하더라도 감가상각액을 계속 인식해야 하며, 유형자산을 수선하고 유지하는 활동을 하면(하더라도) 감가상각은 (하지 않아도 된다 / 해야한다).

1-1 잔존가치

① 잔존가치란 유형자산을 처분하였을 경우 처분대가로 받을 수 있는 금액으로 (확정금액 / 추정치)을(를) 사용한다.
② 잔존가치는 (주기적으로 / 매 회계연도 말에) 재검토하고, 재검토 결과 추정치가 종전의 추정치와 다르다면 그 차이는 회계(정책 / 추정)의 변경으로 처리한다.

정답 9. ① 공정가치 ② 한다 ③ 장부금액 ④ 하지 않는다 ⑤ 제공한 자산의 장부금액
05 ① 원가, 재평가 ② 없다 ③ 하고, 한다 1. 초과, 해야한다 1-1 ① 추정치 ② 매 회계연도 말에, 추정

> **독한훈련**
>
> **1-2 내용연수**
> 내용연수도 (주기적으로 / 매 회계연도 말에) 재검토하고, 재검토 결과 추정치가 종전의 추정치와 다르다면 그 차이는 회계(정책 / 추정)의 변경으로 회계처리한다.
>
> **1-3 감가상각방법**
> ① 감가상각방법에 대해서는 (주기적으로 / 매 회계연도 말에) 재검토하고, 기업의 환경에 변화가 있다면 합리적인 방법으로 변경하고, 변경은 회계(정책 / 추정)의 변경으로 회계처리한다.
> ② 초기에 감가상각을 많이 인식하는 방법을 순서대로 나열하시오.
>
> > 정액법, 연수합계법, 이중체감법, 정률법
>
> ③ 이중체감법과 정률법은 _____을(를) 기준으로 상각하고, 연수합계법과 정액법은 _____을(를) 기준으로 상각한다.
>
> **1-4 감가상각비 회계처리**
> 감가상각비는 다른 자산의 제조와 관련된 경우에는 관련 (당기비용 / 자산의 제조원가)(으)로, 그 밖의 경우에는 (당기비용 / 자산의 제조원가)(으)로 인식한다.
>
> **1-5 감가상각의 시작과 중단**
> ① 유형자산의 감가상각은 자산이 (취득한 때 / 사용가능한 때 / 사용하기 시작한 때)부터 시작한다.
> ② 유형자산에 대한 감가상각은 운휴 중인 경우 감가상각을 중단(한다 / 하지 않는다).
> ③ 유형자산의 감가상각은 자산이 매각예정으로 분류되는 경우에는 (중지한다 / 중지하지 않는다).
> ④ 유형자산의 잔존가치에 대한 추정치가 해당 자산의 장부금액과 같거나 (큰 / 작은) 금액으로 증가하는 경우에는 자산의 잔존가치가 장부금액보다 (큰 / 작은) 금액으로 감소할 때까지 유형자산의 감가상각을 중단한다.

1-2 내용연수
① 내용연수는 합리적으로 유형자산을 사용할 수 있을 것으로 기대되는 기간을 의미한다. 그러나 유형자산의 물리적 사용연수를 의미하는 것이 아니며, 기업의 경제적 요건을 고려하여 유형자산을 사용하려고 의도하는 기간을 의미한다.
② 내용연수도 매 회계연도 말에 재검토하고, 재검토 결과 추정치가 종전의 추정치와 다르다면 그 차이는 회계추정의 변경으로 회계처리한다.

1-3 감가상각방법
① 감가상각방법에 대해서는 매 회계연도 말에 재검토하고, 기업의 환경에 변화가 있다면 합리적인 방법으로 변경한다. 변경은 회계추정의 변경으로 회계처리한다.
② 초기에 감가상각을 가장 많이 인식하는 방법의 순서는 다음과 같다.

> 이중체감법 > 정률법 > 연수합계법 > 정액법

③ 이중체감법과 정률법은 장부금액을 기준으로 상각하고, 연수합계법과 정액법은 감가상각대상 금액(취득원가 - 잔존가치)을 기준으로 상각한다.

1-4 감가상각비 회계처리
감가상각비는 다른 자산의 제조와 관련된 경우에는 관련 자산의 제조원가로, 그 밖의 경우에는 당기비용으로 인식한다.

1-5 감가상각의 시작과 중단
① 유형자산을 기중에 취득하는 경우 월할 상각이 원칙이다.
② 유형자산의 감가상각은 자산이 사용가능한 때부터 시작한다.
③ 유형자산에 대한 감가상각은 당해 유형자산이 재무제표에서 제거되지 않는 한, 운휴 중이거나 적극적인 사용상태가 아니더라도 감가상각이 완전히 이루어지기 전까지는 중단하지 않는다.
④ 유형자산의 감가상각은 자산이 매각예정으로 분류되는 경우에는 중지한다.
⑤ 유형자산의 잔존가치에 대한 추정치가 해당 자산의 장부금액과 같거나 큰 금액으로 증가할 수도 있다. 이 경우에는 자산의 잔존가치가 장부금액보다 작은 금액으로 감소할 때까지 유형자산의 감가상각을 중단한다.

정답 **1-2** 매 회계연도 말에, 추정 **1-3** ① 매 회계연도 말에, 추정 ② 이중체감법 > 정률법 > 연수합계법 > 정액법 ③ 장부금액, 감가상각대상금액
1-4 자산의 제조원가, 당기비용 **1-5** ① 사용가능한 때 ② 하지 않는다 ③ 중지한다 ④ 큰, 작은

❷ 손상

① 유형자산의 가치가 중요하게 하락한 경우 회수가능금액을 한도로 손상차손을 인식해야 한다.

> ㉠ 손상차손 = 장부금액 - 회수가능액
> ㉡ 회수가능액 = Max[사용가치, 순공정가치]

② 감가상각을 먼저 인식하고 손상을 인식한다.
③ 손상 인식 후
   회수가능액으로 추정된 장부금액을 기준으로 잔존내용연수에 걸쳐 감가상각비를 인식한다.
④ 손상차손환입 인식

> ㉠ 손상차손을 인식한 후 회수가능금액이 증가한 경우 유형자산손상차손환입으로 당기손익을 인식한다.
> ㉡ 한도: 유형자산이 손상되지 않았을 경우 장부금액을 초과할 수 없다.

06 재평가모형

❶ 유형자산의 일부만 재평가모형을 적용할 수 없으며, 전체를 주기적으로 검토해야 한다.

❷ 재평가 최초 적용 시
  ① 재평가이익: 재평가잉여금(기타포괄손익)
  ② 재평가손실: 재평가손실(당기손실)

❸ 재평가 이후 평가
  ① 원가 이상: 재평가잉여금(기타포괄손익)
  ② 원가 이하: 재평가손실(당기손실)

❹ 재평가잉여금의 처리
  ① 처분 시 이익잉여금에 대체한다(재분류조정 아님).
  ② 감가상각을 통해 이익잉여금에 대체한다(임의규정).
  ③ 유형자산 제거 시에도 대체하지 않고 그대로 둔다.

❺ 손상 및 환입
  ① 재평가를 우선 적용하고, 손상을 인식한다.
  ② 재평가잉여금을 우선 상계하고, 추가손상분을 당기비용으로 인식한다.
  ③ 손상차손환입(수익) 후 재평가잉여금을 인식한다.

🗨️ 독한훈련

2. 손상

① 유형자산의 손상을 인식하는 시점에서의 회수가능액은 _____와(과) _____ 중에서 큰 값으로 한다.
② 유형자산의 손상을 인식할 때 감가상각과 손상차손 중 _____을(를) 먼저 인식한다.
③ 원가모형의 유형자산의 손상차손 인식 후 장부에 인식된 회수가능액을 기준으로 감가상각을 인식(한다 / 하지 않는다).
④ 원가모형의 유형자산의 손상에 대한 회복을 인식할 때 손상을 인식하지 않았을 경우 인식하게 될 장부금액을 초과할 수 (있다 / 없다).

06 재평가모형

1. 유형자산의 일부만 재평가모형을 적용할 수 (있으며 / 없으며), 전체를 (매년 말 / 주기적으로) 검토해야 한다.

2. 재평가 최초 적용 시
  ① 재평가이익: 재평가잉여금(_____)
  ② 재평가손실: 재평가손실(_____)

3. 재평가 이후 평가
  ① 원가 이상: 재평가잉여금(_____)
  ② 원가 이하: 재평가손실(_____)

4. 재평가잉여금의 처리
  ① 처분 시 이익잉여금에 대체: 재분류조정에 해당(한다 / 하지 않는다).
  ② 감가상각을 통해 이익잉여금에 대체: (임의 / 강제)규정
  ③ 유형자산 제거 시에도 대체하지 않고 그대로 둘 수 (있다 / 없다).

5. 재평가 시 손상 및 환입
  ① 재평가와 손상 중 _____을(를) 우선 적용한다.
  ② 재평가잉여금을 우선 상계하고, 추가손상분을 (당기수익 / 당기비용)으로 인식한다.
  ③ 손상차손환입(수익) 후 _____을(를) 인식한다.

💡 **정답** 2. ① 사용가치, 순공정가치 ② 감가상각 ③ 한다 ④ 없다 06 1. 없으며, 주기적으로 2. ① 기타포괄손익 ② 당기손실 3. ① 기타포괄손익 ② 당기손실 4. ① 하지않는다 ② 임의 ③ 있다 5. ① 재평가 ② 당기비용 ③ 재평가잉여금

독한훈련

07 복구비용

1. 최초인식

유형자산의 복구시점에 발생할 비용의 (지출예상액 / 현재가치)을(를) 유형자산의 (취득원가에 가산 / 당기비용으로 인식)한다.

2. 보고기간 말

복구비용충당부채를 미래에 발생할 총비용을 추정하여 현재가치로 할인하였으므로, 기간의 경과에 따라 할인된 부분을 (정액법 / 유효이자율법)에 따라 (취득원가 / 이자비용)(으)로 인식하여야 한다.

3. 복구시점

내용연수가 종료되어 실제 복구공사를 하는 경우, 복구충당부채와 실제 지불액을 비교하여 차액을 (유형자산의 취득원가 / 당기손익)(으)로 인식하여야 한다.

08 정부보조금

1. 인식

정부보조금은 부수되는 조건의 준수와 보조금 수취에 대한 합리적인 _____이(가) 있을 경우에만 인식한다.

2. 수익관련보조금

① 비용보전 목적의 수익관련보조금은 관련원가를 비용으로 인식하는 기간에 보조금을 (기타포괄손익 / 당기손익)으로 인식한다.

② 이미 발생한 비용이나 손실에 대한 보전 또는 향후의 관련원가 없이 기업에 제공되는 즉각적인 금융지원으로 수취하는 정부보조금은 정부보조금을 (수취할 때 / 수취할 권리가 발생하는 기간에) 당기손익으로 인식한다.

3. 자산관련보조금

① _____은(는) 자산의 차감계정으로 계상을 하였다가 회사에서 감가상각비를 인식하는 금액에서 정부보조금의 금액만큼을 감가상각비에서 상계하는 방법이다.

② _____은(는) 부채로 계상하고 내용연수에 걸쳐 체계적이고 합리적인 방법으로 당기손익을 인식하는 방법이다.

---

07 복구비용

1 최초인식

유형자산의 내용연수 종료시점의 추정비용에 대해 현재가치로 할인한 금액을 복구충당부채로 계산하고 취득원가에 가산한다.

2 보고기간 말

복구비용충당부채를 미래에 발생할 총비용을 추정하여 현재가치로 할인하였으므로, 기간의 경과에 따라 할인된 부분을 유효이자율법에 따라 이자비용으로 인식하여야 한다.

3 복구시점

내용연수가 종료되어 실제 복구공사를 하는 경우, 복구충당부채와 실제 지불액을 비교하여 차액을 복구공사손익으로 인식하여야 한다.

08 정부보조금

1 인식

정부보조금에 부수되는 조건의 준수와 보조금 수취에 대한 합리적인 확신이 있을 경우에만 인식한다.

2 수익관련보조금

① 비용보전 목적의 수익관련보조금은 관련원가를 비용으로 인식하는 기간에 보조금을 당기손익으로 인식한다.

② 이미 발생한 비용이나 손실에 대한 보전 또는 향후의 관련원가 없이 기업에 제공되는 즉각적인 금융지원으로 수취하는 정부보조금은 정부보조금을 수취할 권리가 발생하는 기간에 당기손익으로 인식한다.

③ 수익인식법과 비용차감법 두 가지 방법 모두 인정된다.

3 자산관련보조금

① 감가상각과 관련된 자산관련보조금은 당해 자산이 감가상각되는 기간과 비율에 따라 당기손익으로 인식한다.

② 자산차감법: 자산의 차감계정으로 계상을 하였다가 회사에서 감가상각비를 인식하는 금액에서 정부보조금의 금액만큼을 감가상각비에서 상계하는 방법이다.

③ 이연수익법: 부채로 계상하고 내용연수에 걸쳐 체계적이고 합리적인 방법으로 당기손익을 인식하는 방법이다.

정답 **07** 1. 현재가치, 취득원가에 가산 2. 유효이자율법, 이자비용 3. 당기손익 **08** 1. 확신 2. ① 당기손익 ② 수취할 권리가 발생하는 기간에 3. ① 자산차감법 ② 이연수익법

09 차입원가

❶ 의미
차입원가의 자본화는 적격자산의 취득기간 중에 발생한 차입원가 중에서 일정금액을 자산의 원가로 인식하는 것을 말한다.

❷ 적격자산
적격자산은 의도된 용도로 사용하거나 판매가능한 상태에 이르게 하는 데 상당한 기간을 필요로 하는 자산을 의미한다. 다음과 같은 자산이 그 예이다.

> ① 재고자산 ② 제조설비자산
> ③ 전력생산자산 ④ 무형자산
> ⑤ 투자부동산

❸ 자본화
적격자산의 취득, 건설 또는 제조와 관련된 차입원가는 당해 자산의 원가의 일부로 자본화하도록 규정하고 있으며, 적격자산과 관련이 없는 기타 차입원가는 발생기간 비용으로 인식하도록 규정하고 있다.

❹ 자본화 개시
차입원가의 자본화는 다음의 조건을 모두 충족하는 날에 개시된다.

> ① 적격자산에 대하여 지출하고 있다.
> ② 차입원가를 발생시키고 있다.
> ③ 적격자산을 의도된 용도로 사용하거나 판매가능한 상태에 이르게 하는 데 필요한 활동을 수행하고 있다.

❺ 자본화 중단
적격자산에 대한 적극적인 개발활동을 중단한 기간에는 자본화를 중단하여야 한다.

❻ 자본화 종료
의도된 용도로 사용하거나 판매가능한 상태에 이르게 하는 데 필요한 대부분의 활동이 완료된 시점에서 차입원가의 자본화를 종료한다.

독한훈련

09 차입원가

1. 의미
차입원가의 자본화는 적격자산의 취득기간 중에 발생한 차입원가 중에서 일정금액을 (당기 금융비용 / 자산의 원가)(으)로 인식하는 것을 말한다.

2. 적격자산
① _____은(는) 의도된 용도로 사용하거나 판매가능한 상태에 이르게 하는 데 상당한 기간을 필요로 하는 자산을 의미한다.
② 다음 중 적격자산에 해당하는 것만 고르시오.

> 취득까지 상당 기간 소요되는 재고자산, 생물자산, 리스자산, 무형자산, 전력생산자산, 투자부동산, 금융자산

( )

3. 자본화
적격자산의 취득, 건설 또는 제조와 관련된 차입원가는 당해 자산의 원가의 일부로 자본화(할 수 있도록 / 하도록) 규정하고 있으며, 적격자산과 관련이 없는 기타 차입원가는 (자산 / 발생기간 비용)으로 인식하도록 규정하고 있다.

4. 자본화 개시
차입원가의 자본화는 다음 세 가지 조건을 모두 충족시키는 날에 개시된다.
① 적격자산에 대해 _____하고 있다.
② _____을(를) 발생시키고 있다.
③ 적격자산을 의도된 용도로 사용하거나 판매가능한 상태에 이르게 하는 데 필요한 _____을(를) 수행하고 있다.

5. 자본화 중단
적격자산에 대한 적극적인 개발활동을 중단한 기간에는 자본화를 중단(하여야 한다 / 할 수 없다).

6. 자본화 종료
차입원가의 자본화 종료시점은 (자산의 취득이 완료된 / 금융비용 발생이 종료된) 시점이다.

정답 09 1. 자산의 원가 2. ① 적격자산 ② 취득까지 상당 기간 소요되는 재고자산, 무형자산, 전력생산자산, 투자부동산 3. 하도록, 발생기간 비용 4. ① 지출 ② 차입원가 ③ 활동 5. 하여야 한다 6. 자산의 취득이 완료된

독한훈련

7. 자본화할 차입원가＝특정차입금＋일반차입금

① 특정차입금과 일반차입금 중에서 _____ 차입금을 우선 자본화한다.
② _____ 은(는) 자본화기간 중에 발생한 차입원가만을 자본화하며, 회계기간 동안 그 차입금으로부터 실제 발생한 차입원가에서 당해 차입금의 일시적 운영에서 생긴 투자수익을 차감한 금액을 자본화한다.
③ _____ 의 자본화할 차입원가는 회계기간 동안 실제 발생한 차입원가를 초과할 수 없으며, 일시적 운용으로 발생한 수익은 자본화할 차입원가에서 차감하지 아니한다.

❼ 자본화할 차입원가＝특정차입금＋일반차입금

① 특정차입금: 적격자산을 취득할 목적으로 직접 차입한 자금이다.
② 일반차입금: 일반적인 목적으로 차입한 차입금 중 적격자산의 취득에 소요되었다고 볼 수 있는 자금을 의미한다.
③ 특정차입금에서 발생한 차입원가를 우선 자본화하고, 일반차입금에서 발생한 차입원가를 다음으로 자본화한다.
④ 특정차입금은 자본화기간 중에 발생한 차입원가만을 자본화하며, 회계기간 동안 그 차입금으로부터 실제 발생한 차입원가에서 당해 차입금의 일시적 운영에서 생긴 투자수익을 차감한 금액을 자본화한다.
⑤ 일반차입금의 자본화할 차입원가는 회계기간 동안 실제 발생한 차입원가를 초과할 수 없으며, 일시적 운용으로 발생한 수익은 자본화할 차입원가에서 차감하지 아니한다.

정답 **7.** ① 특정 ② 특정차입금 ③ 일반차입금

2 OX 강훈련

> 다음 문장을 읽고 옳은 설명에는 O, 옳지 않은 설명에는 X를 하고 올바른 문장으로 수정하시오.

01 안전 또는 환경상의 이유로 취득하는 유형자산은 그 자체로는 직접적인 미래경제적 효익을 얻을 수 없으므로 자산으로 인식할 수 없다. [O X]

02 유형자산의 일부를 대체할 때 발생하는 원가는 인식기준을 충족하는 경우 당해 유형자산의 장부금액에 포함하여 인식하고 대체되는 부분의 장부금액은 제거한다. [O X]

03 유형자산과 관련된 산출물에 대한 수요가 형성되는 과정에서 발생하는 가동손실과 같은 초기 가동손실은 유형자산의 원가에 포함한다. [O X]

04 유형자산을 직접 제작·건설하는 경우에는 당해 유형자산의 제작·건설에 사용된 재료원가, 노무원가, 제조간접원가를 합한 금액을 원가로 하되, 고정제조간접원가 배부액은 제외한다. [O X]

05 상업적 실질이 있는 교환거래를 통하여 취득한 자산의 원가는 제공한 자산의 공정가치로 하되, 제공한 자산의 공정가치가 불확실한 경우에는 제공한 자산의 장부금액으로 한다. [O X]

06 유형자산의 취득과 관련된 정부보조금은 당해 자산에서 차감하는 형식으로 재무상태표에 표시하고 당해 자산의 감가상각비를 감소시키는 방법으로만 수익을 인식한다. [O X]

OX 풀이

01 관련 자산으로부터 미래경제적 효익을 더 많이 얻을 수 있게 해주기 때문에 자산으로 인식할 수 **있다**.
03 경영진이 의도하는 방식으로 가동하는 데 필요한 장소와 상태에 이르게 하기 위해 필요한 활동이 아니므로 **원가가 아니다**.
04 고정제조간접원가 배부액을 **포함**한다.
05 제공한 자산의 공정가치가 불확실한 경우에는 **취득한 자산의 공정가치**로 한다.
06 자산 관련 보조금은 **이연수익으로 처리할 수도 있다**.

| 정답 | 01 X 02 O 03 X 04 X 05 X 06 X

✎ 지문 수정하기

: 다음 문장을 읽고 옳은 설명에는 O, 옳지 않은 설명에는 X를 하고 올바른 문장으로 수정하시오.

07 유형자산의 취득과 관련된 정부보조금은 자산에서 차감하는 방법과 이연수익으로 처리하는 방법을 선택적으로 적용할 수 있다. O X

08 감가상각방법은 해당 자산에 내재되어 있는 미래경제적 효익의 소비행태를 가장 잘 반영하는 방법을 선택하므로 기업이 임의로 선택할 수 없다. O X

09 유형자산이 가동되지 않거나 유휴상태가 되는 경우에는 감가상각을 중단하고 감가상각액을 인식하지 않을 수 있다. O X

10 유형자산은 원가모형과 재평가모형을 선택적으로 사용할 수 있으며, 재평가모형을 사용하는 경우에는 보고기간 말의 공정가치로 평가하며 감가상각은 하지 않는다. O X

11 재평가모형에서 발생한 재평가손익은 포괄손익계산서에 기타포괄손익으로 보고한다. O X

12 재평가모형에서 재평가잉여금으로 인식한 금액은 당해 자산을 사용함에 따라 일부 금액을 이익잉여금으로 대체할 수 있다. O X

13 재평가모형을 적용하는 유형자산의 회수가능액이 회복되면 회복액 중 과거에 당기손익으로 인식한 손상차손에 해당하는 부분까지는 당기손익으로 처리한다. O X

14 재평가자산의 손상차손은 해당 자산에서 생긴 재평가잉여금에 해당하는 금액까지는 기타포괄손익으로 인식한다. O X

15 유형자산 결함에 대한 정기적인 종합검사에서 발생하는 원가는 발생연도의 비용으로 인식한다. O X

OX 풀이

09 **매각예정으로 분류되거나 제거되는 경우에만** 감가상각을 중단한다.
10 **재평가모형도** 감가상각을 **해야 한다.**
11 재평가손실은 **당기손익**으로 보고한다.
15 정기적인 종합검사과정에서 발생하는 원가가 **자산의 인식기준을 충족하는 경우**에는 유형자산의 일부가 대체되는 것으로 보아 해당 **유형자산의 장부금액에 포함**하여 인식한다.

| 정답 | 07 O 08 O 09 X 10 X 11 X 12 O 13 O 14 O 15 X

다음 문장을 읽고 옳은 설명에는 O, 옳지 않은 설명에는 X를 하고 올바른 문장으로 수정하시오.

16 유형자산을 재평가할 때 토지만 재평가하고 그 이외의 다른 유형자산은 재평가를 하지 않을 수 있다. (O X)

17 유형자산의 잔존가치, 내용연수 및 감가상각방법은 적어도 매 회계연도 말에 재검토하고, 이를 변경할 경우에는 회계정책의 변경에 따라 회계처리한다. (O X)

18 재평가모형을 적용한 자산에 대한 손상차손은 이미 인식한 재평가잉여금을 감소시키고, 초과액을 당기비용으로 인식한다. (O X)

19 손상차손을 인식한 후에 수정된 장부금액에서 잔존가치를 뺀 금액을 자산의 남은 내용연수에 걸쳐 체계적인 방법으로 배분하기 위하여, 자산의 감가상각액이나 상각액을 미래 기간에 조정한다. (O X)

20 토지만을 사용할 목적으로 토지와 건물을 일괄구입하는 경우 일괄구입대가는 모두 토지의 취득원가로 처리하며, 건물의 철거비용은 당기비용으로 처리한다. (O X)

21 감가상각하는 유형자산의 원가모형에서 손상차손을 환입하는 경우 환입한도는 취득원가이다. (O X)

22 유형자산의 재평가모형을 적용하는 기업은 매 보고기간 말에 재평가한다. (O X)

23 유형자산을 정률법으로 감가상각할 때 감가상각대상자산은 취득원가에서 잔존가치를 차감한 잔액이다. (O X)

OX 풀이

17 **회계추정**의 변경으로 보아 이에 따라 회계처리한다.
20 토지만을 사용할 목적으로 토지와 건물을 일괄구입하는 경우 일괄구입대가는 모두 토지의 취득원가로 처리하며, 건물의 철거비용도 **토지의 취득원가**로 처리한다.
21 유형자산의 원가모형에서 손상차손을 환입하는 경우 환입한도는 **손상을 인식하기 전 감가상각 후 장부금액**이다.
22 유형자산의 재평가모형을 적용하는 기업은 보고기간 말이 아닌 **주기적으로** 재평가한다.
23 유형자산을 정률법으로 감가상각할 때 감가상각대상자산은 취득원가에서 **감가상각누계액을 차감한 기초장부금액**이다.

| 정답 | 16 O 17 X 18 O 19 O 20 X 21 X 22 X 23 X

다음 문장을 읽고 옳은 설명에는 O, 옳지 않은 설명에는 X를 하고 올바른 문장으로 수정하시오.

24 기업은 원가모형이나 재평가모형 중 하나를 회계정책으로 선택하여 유형자산 분류별로 동일하게 적용할 수 있다. [O X]

25 차입원가를 자본화하는 적격자산에는 재고자산이 포함되지 않는다. [O X]

26 일반적인 목적으로 차입한 자금도 적격자산 취득을 위해 사용하였다면 관련 차입원가를 자본화하되, 차입금의 일시적 운용으로 인한 투자수익은 자본화 차입원가에서 차감한다. [O X]

OX 풀이

25 단기간 내에 제조되거나 다른 방법으로 생산되는 재고자산이 아니라면 **적격자산이 될 수 있다**.
26 일시적 운용으로 인한 투자수익은 **특정목적 차입금의 자본화 차입원가에서만** 차감한다.

| 정답 | 24 O 25 X 26 X

3. 공무원 5개년 기출 문제

정답 및 해설 p. 22

01 ▶ 2024 국가직 9급

유형자산에 대한 설명으로 옳지 않은 것은?

① 유형자산의 일상적인 수선·유지와 관련하여 발생하는 원가는 해당 유형자산의 장부금액에 포함하여 인식하지 아니한다.
② 안전 또는 환경상의 이유로 취득하는 유형자산은 다른 자산에서 미래경제적 효익을 얻기 위해 필요한 경우에도 그 자체로는 미래 경제적 효익을 얻을 수 없으므로 자산으로 인식하지 아니한다.
③ 유형자산으로 인식되기 위해서는 자산으로부터 발생하는 미래경제적 효익이 기업에 유입될 가능성이 높아야 한다.
④ 유형자산으로 인식되기 위해서는 자산의 원가를 신뢰성 있게 측정할 수 있어야 한다.

02 ▶ 2023 관세직 9급

유형자산에 대한 후속 원가의 예로 그 성격이 다른 것은? (단, 후속원가는 신뢰성 있게 측정할 수 있다)

① 기계장치의 생산량을 증가시킬 것으로 기대되는 부품의 부착
② 내용연수를 연장시킬 것으로 기대되는 기존 부품의 교체
③ 기계설비의 성능을 증가시킬 것으로 기대되는 핵심 부품의 교체
④ 자동차의 성능을 유지시킬 것으로 기대되는 윤활유의 교체

03 ▶ 2022 지방직 9급

유형자산의 원가를 구성하는 것은?

① 새로운 시설을 개설하는 데 소요되는 원가
② 경영진이 의도한 방식으로 유형자산을 가동할 수 있는 장소와 상태에 이르게 하는 동안에 재화가 생산된다면 그러한 재화를 판매하여 얻은 매각금액과 그 재화의 원가
③ 유형자산이 경영진이 의도하는 방식으로 가동될 수 있으나 아직 실제로 사용되지는 않고 있는 경우 또는 가동수준이 완전조업도 수준에 미치지 못하는 경우에 발생하는 원가
④ 자산을 해체, 제거하거나 부지를 복구하는 데 소요될 것으로 최초에 추정되는 원가

04 ▶ 2022 국가직 7급

정부보조금의 회계처리와 정부지원의 공시에 대한 설명으로 옳은 것은?

① 정부보조금의 회계처리는 보조금을 당기손익 이외의 항목으로 인식하는 수익접근법과 보조금을 하나 이상의 회계기간에 걸쳐 당기손익으로 인식하는 자본접근법이 있다.
② 이미 발생한 비용이나 손실에 대한 보전으로 수취하는 정부보조금은 정부보조금을 수취할 권리가 발생하는 기간에 기타포괄손익으로 인식한다.
③ 자산의 취득과 관련된 보조금의 수취는 기업의 현금흐름에 중요한 변동을 일으키므로 재무상태표에 보조금이 관련 자산에서 차감하여 표시되는지와 관계없이 자산의 총투자를 보여주기 위해 이러한 변동을 주석에 별도 항목으로 표시한다.
④ 정부보조금에 부수되는 조건의 준수와 보조금 수취에 대한 합리적인 확신이 있을 경우에만 정부보조금을 인식하며, 보조금의 수취 자체가 보조금에 부수되는 조건이 이행되었거나 이행될 것이라는 결정적인 증거를 제공하지는 않는다.

05 ▶ 2022 국가직 9급

유형자산 재평가모형에 대한 설명으로 옳지 않은 것은?

① 최초 인식 후에 공정가치를 신뢰성 있게 측정할 수 있는 유형자산은 재평가일의 공정가치에서 이후의 감가상각누계액과 손상차손누계액을 차감한 재평가금액을 장부금액으로 한다.
② 자산의 장부금액이 재평가로 인하여 증가된 경우에 그 증가액은 기타포괄손익으로 인식하고 재평가잉여금의 과목으로 자본에 가산한다. 그러나 동일한 자산에 대하여 이전에 당기손익으로 인식한 재평가감소액이 있다면, 그 금액을 한도로 재평가 증가액만큼 당기손익으로 인식한다.
③ 자산의 장부금액이 재평가로 인하여 감소된 경우에 그 감소액은 기타포괄손익으로 인식한다. 그러나 그 자산에 대한 재평가잉여금의 잔액이 있다면 그 금액을 한도로 재평가감소액을 당기손익으로 인식한다.
④ 특정 유형자산을 재평가할 때, 해당 자산이 포함되는 유형자산의 유형 전체를 재평가한다.

06 ▶ 2024 관세직 9급

차입원가에 대한 설명으로 옳지 않은 것은?

① 물리적인 제작 전에 각종 인허가를 얻기 위한 활동은 적격자산을 의도된 용도로 사용가능하게 하는 데 필요한 활동에 포함된다.
② 건설목적으로 취득한 토지를 개발활동 없이 보유하는 동안 발생한 차입원가는 자본화 대상에 해당한다.
③ 적격자산이 물리적으로 완성된 경우라면 일상적인 건설 관련 후속 관리업무 등이 진행되고 있더라도 일반적으로 당해 자산을 의도된 용도로 사용가능한 것으로 본다.
④ 회계기간 중 자본화된 차입원가의 금액과 자본화가능차입원가를 산정하기 위하여 사용된 자본화이자율을 재무제표의 주석으로 공시한다.

07 ▶ 2023 지방직 9급

차입원가에 대한 설명으로 옳지 않은 것은?

① 적격자산이 물리적으로 완성된 경우라면 일상적인 건설 관련 후속 관리업무 등이 진행되고 있더라도 일반적으로 당해 자산을 의도된 용도로 사용(또는 판매)가능한 것으로 본다.
② 적격자산을 의도된 용도로 사용(또는 판매) 가능하게 하는 데 필요한 활동은 당해 자산의 물리적인 제작활동을 포함하나 그 이전단계에서 이루어진 기술 및 관리상의 활동은 포함하지 않는다.
③ 적격자산의 건설활동을 여러 부분으로 나누어 완성하고, 남아있는 부분의 건설활동을 계속 진행하고 있더라도 이미 완성된 부분이 사용 가능하다면, 당해 부분을 의도된 용도로 사용(또는 판매) 가능하게 하는 데 필요한 대부분의 활동을 완료한 시점에 차입원가의 자본화를 종료한다.
④ 적격자산에 대한 지출은 현금의 지급, 다른 자산의 제공 또는 이자부 부채의 발생 등에 따른 지출액을 의미한다. 적격자산과 관련하여 수취하는 정부보조금과 건설 등의 진행에 따라 수취하는 금액은 적격자산에 대한 지출액에서 차감한다.

4 실전 훈련 문제

01
유형자산의 취득원가 결정에 관한 다음 설명 중 옳지 않은 것은?

① 자산의 취득, 건설, 개발에 따른 복구비용에 대한 충당부채는 유형자산을 취득하는 시점에서 해당 유형자산의 취득원가에 반영한다.
② 대금 지급이 일반적인 신용기간을 초과하여 이연되는 경우에는 인식시점의 현금가격상당액을 원가로 하고, 현금가격상당액과 실제 총 지급액과의 차액은 자본화하지 않는 한 신용기간에 걸쳐 이자로 인식한다.
③ 유형자산이 경영진이 의도하는 방식으로 자산을 가동하는 데 필요한 장소와 상태에 이른 후에는 더 이상 원가를 인식하지 않는다. 그러나 유형자산을 이전 재배치하는 과정에서 발생하는 원가는 당해 유형자산의 장부가액에 포함한다.
④ 현물출자·증여·기타 무상으로 취득한 자산의 가액은 공정가치를 취득원가로 한다.

02
유형자산의 취득원가 결정에 관한 설명 중 옳지 않은 것은?

① 측량비, 정지비 등은 토지원가이고, 기초공사를 위한 굴착비용은 신축 건물의 원가이다.
② 유형자산을 교환에 의하여 취득하는 경우 취득한 자산이나 제공한 자산의 공정가치를 신뢰성 있게 결정할 수 있다면, 취득한 자산의 공정가치가 더 명백한 경우를 제외하고는 제공한 자산의 공정가치를 취득한 자산의 원가로 측정한다.
③ 건물을 신축하기 위하여 사용 중인 기존건물을 철거하는 경우의 철거비용은 토지의 원가에 산입하고 폐자재 처분가치는 토지원가에서 차감한다.
④ 현물출자로 취득한 자산의 가액은 공정가액을 취득원가로 한다.

03
유형자산의 취득원가를 결정하는 경우에 적합하지 않은 설명은 무엇인가?

① 유형자산을 자가건설하는 경우 자가건설에 따른 내부이익과 자가건설 과정에서 원재료, 인력 및 기타자원의 낭비로 인한 비정상적인 원가는 자산의 원가에 포함하지 않는다.
② 기계장치를 취득한 경우 이 기계를 의도한 용도에 사용할 수 있는 상태로 만들기 위해 지출한 시운전비는 기계장치의 취득원가에 가산한다.
③ 정부보조금 등에 의해 유형자산을 무상 또는 공정가치보다 낮은 대가로 취득한 경우 그 유형자산의 취득원가는 취득일의 공정가치로 한다.
④ 건물을 신축할 목적으로 구건물이 있는 토지를 취득한 경우 구건물의 철거비용은 새로 신축할 건물의 취득원가에 산입한다.

04
유형자산의 취득과 관련하여 경영진이 의도하는 방식으로 자산을 가동하는 데 필요한 장소와 상태에 이르게 하는 데 직접 관련되는 원가가 아닌 것은?

① 설치원가 및 조립원가
② 유형자산의 건설과 직접적으로 관련되어 발생한 종업원급여
③ 관리 및 기타일반간접원가
④ 설치장소 및 준비원가

05 ▶ 2023 주택관리사

유형자산에 관한 설명으로 옳지 않은 것은?

① 새로운 시설을 개설하는 데 소요되는 원가는 유형자산의 취득원가에 포함되지 않는다.
② 기업의 영업 전부를 재배치하는 과정에서 발생하는 원가는 유형자산의 장부금액에 포함하지 않는다.
③ 유형자산의 감가상각액은 다른 자산의 장부금액에 포함될 수 있다.
④ 사용중인 유형자산의 정기적인 종합검사에서 발생하는 원가는 모두 당기비용으로 처리한다.
⑤ 유형자산에 내재된 미래경제적효익의 예상 소비형태가 유의적으로 달라졌다면 감가상각방법을 변경한다.

06 ▶ 2023 관세사

유형자산에 관한 설명으로 옳은 것을 모두 고른 것은?

ㄱ. 자가사용 부동산의 경우 그 부동산에서 창출된 현금흐름이 생산이나 공급과정을 통해 다른 자산에도 귀속되는 속성이 있으므로 유형자산으로 분류한다.
ㄴ. 유형자산의 교환거래로서 상업적 실질이 결여된 경우라면 취득한 자산의 원가는 제공한 자산의 공정가치로 인식한다.
ㄷ. 유형자산의 사용 후 원상복구 의무를 부담하는 경우에 예상되는 복구원가는 조건 없이 해당 유형자산의 원가에 가산한다.
ㄹ. 감가상각자산의 취득과 관련하여 정부보조금(상환의무 없음)을 수령한 경우 그 보조금은 해당 자산이 감가상각되는 기간과 비율에 따라 당기손익으로 인식한다.

① ㄱ, ㄴ ② ㄱ, ㄹ
③ ㄴ, ㄷ ④ ㄴ, ㄹ
⑤ ㄷ, ㄹ

07 ▶ 2022 보험계리사

다음 중 유형자산에 대한 회계처리 내용으로 옳지 않은 것은?

① 자산의 사용을 포함하는 활동에서 창출되는 수익은 일반적으로 자산의 경제적효익의 소비 외의 요소를 반영하기 때문에 수익에 기초한 감가상각방법을 적용하는 것은 적절하다.
② 유형자산의 공정가치가 장부금액을 초과하더라도 잔존가치가 장부금액을 초과하지 않는 한 감가상각액을 계속 인식한다.
③ 유형자산의 감가상각대상금액을 내용연수 동안 체계적으로 배부하기 위해 다양한 방법을 사용할 수 있으며, 이러한 감가상각방법에는 정액법, 체감잔액법과 생산량비례법이 있다.
④ 유형자산의 감가상각방법은 적어도 매 회계연도 말에 재검토하며, 자산에 내재된 미래경제적 효익의 예상되는 소비형태가 유의적으로 달라졌다면, 달라진 소비형태를 반영하기 위하여 감가상각방법을 변경한다.

08 ▶ 2021 세무사

유형자산의 감가상각에 관한 설명으로 옳은 것은?

① 감가상각이 완전히 이루어지기 전이라도 유형자산이 운휴 중이거나 적극적인 사용상태가 아니라면 상각방법과 관계없이 감가상각을 중단해야 한다.
② 유형자산의 잔존가치와 내용연수는 매 3년이나 5년마다 재검토하는 것으로 충분하다.
③ 유형자산의 전체원가에 비교하여 해당 원가가 유의적이지 않은 부분은 별도로 분리하여 감가상각할 수 없다.
④ 자산의 사용을 포함하는 활동에서 창출되는 수익에 기초한 감가상각방법은 적절하지 않다.
⑤ 유형자산의 공정가치가 장부금액을 초과하는 상황이 발생하면 감가상각액을 인식할 수 없다.

09 2012 감정평가사

유형자산의 감가상각에 관한 설명으로 옳지 않은 것은?

① 유형자산을 구성하는 일부의 원가가 당해 유형자산의 전체 원가에 비교하여 유의적이라면, 해당 유형자산을 감가상각할 때 그 부분은 별도로 구분하여 감가상각한다.
② 유형자산의 전체원가에 비교하여 해당 원가가 유의적이지 않은 부분도 별도로 분리하여 감가상각할 수 있다.
③ 각 기간의 감가상각액은 다른 자산의 장부금액에 포함되는 경우가 아니라면 당기손익으로 인식한다.
④ 유형자산의 잔존가치와 내용연수는 적어도 매 회계연도 말에 재검토한다.
⑤ 감가상각방법은 해당 자산의 공정가치 감소형태에 따라 선택한다.

10 2016 관세사

유형자산의 감가상각에 관한 설명으로 옳지 않은 것은?

① 잔존가치와 내용연수는 적어도 매 회계기간 말에 재검토한다.
② 채석장이나 매립지 등을 제외하고 토지의 내용연수는 무한하므로 감가상각을 하지 아니한다.
③ 유형자산이 운휴중이거나 적극적인 사용상태가 아닐 경우 감가상각을 중단해야 한다.
④ 감가상각방법은 적어도 매 회계연도 말에 재검토한다.
⑤ 감가상각방법은 자산의 미래경제적 효익이 소비될 것으로 예상되는 형태를 반영한다.

11

유형자산의 감가상각에 관한 설명으로 옳지 않은 것은?

① 유형자산의 감가상각은 자산을 취득한 시점과 사용가능한 시점 중 빠른날로 한다.
② 유형자산의 감가상각방법은 자산의 미래경제적 효익이 소비되는 형태를 반영한다.
③ 유형자산의 감가상각은 자산이 매각예정자산으로 분류되는 날과 자산이 제거되는 날 중 이른 날에 중지한다.
④ 매 회계기간 말 재검토 결과 자산에 내재된 미래경제적 효익의 예상되는 소비행태에 유의적인 변동이 있다면, 변동된 소비행태를 반영하기 위하여 감가상각방법을 변경한다.

12

유형자산의 감가상각방법에 대한 다음 설명 중 옳지 않은 것은?

① 감가상각 대상 금액은 유형자산의 원가에서 잔존가치를 차감한 금액이다.
② 유형자산의 잔존가치와 내용연수는 적어도 매 회계연도 말에 재검토하고, 재검토결과 추정치가 종전과 다른 경우에는 회계추정의 변경으로 회계처리한다.
③ 감가상각이란 유형자산의 현재가치를 평가하는 과정이다.
④ 정액법은 일반적으로 후반기로 갈수록 수선유지비가 증가하는 현실과는 괴리가 있는 감가상각방법이다.

13

유형자산에 관한 설명으로 옳지 않은 것은?

① 유형자산의 공정가치가 장부금액을 초과하더라도 감가상각액을 계속하여 인식한다.
② 유형자산이 손상된 경우 장부금액과 회수가능액의 차액은 기타포괄손익으로 처리하고 유형자산에서 직접 차감한다.
③ 건물을 재평가모형으로 평가하는 경우 감가상각을 하고 보고기간 말의 공정가치를 재무상태표에 보고한다.
④ 유형자산의 감가상각대상금액을 내용연수 동안 체계적으로 배부하기 위해 다양한 감가상각방법을 사용할 수 있다.

14

유형자산의 측정, 평가 및 손상에 관한 설명으로 옳지 않은 것은?

① 현물출자 받은 유형자산의 취득원가는 공정가치 기준으로 결정한다.
② 과거기간에 인식한 손상차손은 직전 손상차손의 인식시점 이후 회수가능액을 결정하는 데 사용된 추정치에 변화가 있는 경우에만 환입한다.
③ 유형자산의 장부금액이 순공정가치보다 크지만 사용가치보다 작은 경우 손상차손을 인식한다.
④ 유형자산의 취득 이후 발생한 지출로 인해 동 자산의 미래 경제적 효익이 증가한다면, 해당 원가는 자산의 장부금액에 포함한다.

15

다음은 한국채택국제회계기준서 제1036호 '자산손상'의 규정 중에서 유형자산과 관련된 부분의 설명이다. 기준서의 내용과 일치하지 않는 것은?

① 자산의 회수가능액이 장부금액에 미달하는 경우 자산의 장부금액을 회수가능액으로 감소시키고 당해 감소액은 손상차손으로 당기손익에 반영한다.
② 손상차손을 인식한 후에 별도의 감가상각절차를 수행할 필요가 없다.
③ 원가모형을 적용하는 유형자산은 손상차손을 인식한 이후 회수가능액이 회복되면 과거에 손상차손을 인식하기 전 장부금액의 감가상각 후 잔액을 한도로 손상차손환입을 인식할 수 있다.
④ 재평가모형을 적용하는 경우 손상차손환입은 과거에 손상차손으로 당기손실을 인식했던 부분만큼 당기이익으로 인식하고, 이를 초과하는 금액은 기타포괄이익으로 인식한다.

16

유형자산 손상에 대한 다음 설명 중 옳지 않은 것은?

① 원가모형에 따라 유형자산을 측정하는 경우 해당 유형자산의 손상차손은 즉시 당기손익으로 인식한다.
② 손상차손인식 시 고려되는 회수가능가액이란 유형자산의 순공정가치와 사용가치 중 큰 금액을 말한다.
③ 유형자산에 대하여 매 보고기간 말마다 회수가능액을 추정하고 손상검사를 실시하여야 한다.
④ 원가모형하에서 손상차손을 인식한 유형자산의 손상차손환입으로 증가된 장부금액은 과거에 손상차손을 인식하기 전 장부금액의 감가상각 후 잔액을 초과할 수 없다.

17

다음 유형자산에 대한 한국채택국제회계기준의 설명 중 타당한 내용으로만 묶인 것은?

㉠ 유형자산의 제거로 발생하는 손익은 매각금액과 장부금액의 차이로 결정한다.
㉡ 토지의 원가에 해체, 제거 및 복구원가가 포함된 경우에는 그러한 원가를 관련 경제적 효익이 유입되는 기간에 감가상각한다.
㉢ 유형자산의 공정가치가 장부금액을 초과하더라도 잔존가치가 장부금액을 초과하지 않는 한 감가상각액을 계속 인식한다.
㉣ 건설이 시작되기 전에 건설용지를 주차장 용도로 사용함에 따라 발생하는 수익과 비용은 유형자산을 경영진이 의도하는 방식으로 가동하는 데 필요한 장소와 상태에 이르게 하는 활동이 아니므로 유형자산의 취득원가에 전혀 영향을 주지 못한다.
㉤ 잔존가치는 자산이 이미 오래되어 내용연수 종료시점에 도달하였다는 가정하에 자산의 처분으로부터 현재 획득할 금액에서 추정 처분부대원가를 차감하지 않은 금액을 의미한다.
㉥ 유형자산이란 재화나 용역의 생산이나 제공, 타인에 대한 임대 또는 관리활동에 사용할 목적으로 보유하는 물리적 형태가 있는 자산으로 한 회계기간을 초과하여 사용할 것이 예상되는 자산을 의미한다.

① ㉡, ㉢, ㉣, ㉥
② ㉠, ㉡, ㉣, ㉥
③ ㉢, ㉣, ㉤, ㉥
④ ㉠, ㉢, ㉣, ㉤

18 ▶ 2025 경찰간부

유형자산 재평가에 대한 내용으로 옳지 않은 것은?

① 재평가의 빈도는 재평가되는 유형자산의 공정가치 변동에 따라 달라지며, 재평가된 자산의 공정가치가 장부금액과 중요하게 차이가 나는 경우에는 추가적인 재평가가 필요하다.
② 동일한 유형 내의 유형자산은 선택적 재평가를 하거나 서로 다른 기준일에 재평가한다.
③ 동일한 자산에 대하여 이전에 당기손익으로 인식한 재평가 감소액이 있다면 그 금액을 한도로 재평가증가액만큼 당기손익으로 인식한다.
④ 재평가잉여금을 이익잉여금으로 대체하는 경우 그 금액은 당기손익으로 인식하지 않는다.

19 ▶ 2023 보험계리사

다음 중 유형자산의 재평가모형에 대한 회계처리 내용으로 옳지 않은 것은?

① 최초 인식 후에 공정가치를 신뢰성 있게 측정할 수 있는 유형자산은 재평가일의 공정가치에서 이후의 감가상각누계액과 손상차손누계액을 차감한 재평가금액을 장부금액으로 한다.
② 자산의 장부금액이 재평가로 인하여 감소된 경우에 그 감소액은 당기손익으로 인식한다. 그러나 그 자산에 대한 재평가잉여금의 잔액이 있다면 그 금액을 한도로 재평가감소액을 기타포괄손익으로 인식한다.
③ 재평가는 보고기간말에 자산의 장부금액이 공정가치와 중요하게 차이가 나지 않도록 주기적으로 수행하며, 특정 유형자산을 재평가할 때, 해당 자산이 포함되는 유형자산의 유형 전체를 재평가한다.
④ 어떤 유형자산 항목과 관련하여 자본에 계상된 재평가잉여금은 그 자산이 제거될 때 이익잉여금으로 직접 대체하거나 기업이 그 자산을 사용함에 따라 재평가잉여금의 일부를 당기손익으로 재분류할 수도 있다.

20 ▶ 2022 경찰간부

유형자산의 손상 인식과 비교할 때, 유형자산의 재평가에 대한 설명으로 옳지 않은 것은?

① 손상차손은 당기손익에 반영되지만, 자산재평가손익은 기타포괄손익에 반영된다.
② 공정가치의 하락만이 아닌 상승 시에도 기존의 장부금액과의 중요한 차이 금액을 인식한다.
③ 손상차손 인식은 의무사항이지만 자산재평가 모형의 적용은 선택사항이다.
④ 재평가의 빈도는 공정가치 변동에 따라 달라지기 때문에 변동이 경미한 경우, 3년 또는 5년마다 수행하는 것도 가능하다.

21

다음 중 유형자산의 재평가모형을 적용하는 경우 관련된 설명으로 옳지 않은 것은?

① 특정 유형자산을 재평가할 때, 해당 자산이 포함되는 유형자산 분류 전체를 재평가한다.
② 최초 인식 후에 공정가액을 신뢰성 있게 측정할 수 있는 유형자산은 재평가일의 공정가액에서 이후의 감가상각누계액과 손상차손누계액을 차감한 재평가금액을 장부가액으로 한다.
③ 유형자산의 장부금액이 재평가로 인하여 감소된 경우에 그 감소액은 전액 기타포괄손익으로 인식한다.
④ 재평가는 재평가일에 자산의 장부가액이 공정가액과 중요하게 차이가 나지 않도록 주기적으로 수행한다.

22 ▶ 2024 주택관리사

유형자산의 회계처리에 관한 설명으로 옳은 것은?

① 자산을 해체, 제거하거나 부지를 복구하는 의무를 부담하게 되는 경우 의무 이행에 소요될 것으로 최초에 추정되는 원가를 취득 시 비용으로 처리한다.
② 정기적인 종합검사과정에서 발생하는 원가가 인식기준을 충족하더라도 유형자산의 일부가 대체되는 것은 해당 유형자산의 장부금액에 포함하지 않는다.
③ 적격자산의 취득, 건설 또는 생산과 직접 관련된 차입원가는 발생기간에 비용으로 인식하여야 한다.
④ 재평가모형을 적용하는 유형자산의 손상차손은 해당 자산에서 생긴 재평가잉여금에 해당하는 금액까지는 기타포괄손익으로 인식한다.
⑤ 상업적 실질이 결여된 교환거래에서 취득한 자산의 취득원가는 제공한 자산의 공정가치로 측정한다.

23 ▶ 2018 세무사 수정

유형자산의 회계처리에 대한 설명으로 옳지 않은 것은?

① 토지의 원가에 해체, 제거 및 복구원가가 포함된 경우에는 그러한 원가를 관련 경제적 효익이 유입되는 기간에 감가상각한다.
② 사용 정도에 따라 감가상각하는 경우가 아니라면, 감가상각은 자산이 매각예정자산으로 분류되는 날과 제거되는 날 중 이른 날에 중단한다.
③ 유형자산의 장부금액은 처분하는 때 또는 사용이나 처분을 통하여 미래경제적 효익이 기대되지 않을 때에 제거한다.
④ 손상, 소실 또는 포기된 유형자산에 대해 제3자로부터 받을 보상금은 취득시점의 추정금액을 취득원가에서 조정한다.

24

다음 중 차입원가 자본화의 적격자산에 해당하여 차입원가를 반드시 자본화하여야 하는 자산에 해당되는 것은?

① 금융자산   ② 재고자산
③ 생물자산   ④ 제조설비자산

25 ▶ 2022 주택관리사

취득과 직접 관련된 차입원가를 자본화하여야 하는 적격자산이 아닌 것은?

① 금융자산   ② 무형자산
③ 투자부동산   ④ 제조설비자산
⑤ 전력생산설비

26 ▶ 2022 보험계리사

다음 중 차입원가 회계처리에 대한 설명으로 옳지 않은 것은?

① 적격자산에 대한 적극적인 개발활동을 중단한 기간에는 차입원가의 자본화를 중단한다.
② 적격자산을 의도된 용도로 사용(또는 판매) 가능하게 하는 데 필요한 대부분의 활동이 완료된 시점에 차입원가의 자본화를 종료한다.
③ 적격자산의 장부금액 또는 예상최종원가가 회수가능액 또는 순실현가능가치를 초과하는 경우 다른 한국채택국제회계기준서의 규정에 따라 자산손상을 기록한다.
④ 일반적인 목적으로 차입한 자금의 경우 회계기간동안 그 차입금으로부터 실제 발생한 차입원가에서 당해 차입금의 일시적 운용에서 생긴 투자수익을 차감한 금액을 자본화가능 차입원가로 결정한다.

27

한국채택국제회계기준에 비추어 볼 때 차입원가의 자본화에 대한 설명으로 옳은 것은?

① 단기간 대량, 반복적으로 생산되거나 경상적으로 제조되는 재고자산에 대한 차입원가는 자본화하여야 한다.
② 차입원가 자본화 대상 적격자산에는 일반적으로 취득에 1년 이상이 소요되는 재고자산과 유형자산, 무형자산 및 투자자산이 포함된다.
③ 차입금에 대한 연체이자도 이자비용이므로 자본화대상 차입원가에 포함시키는 것이 타당하다.
④ 일반차입금의 자본화 이자율은 특정차입금의 이자율과 일치시키기 위하여 특정차입금 이자율로 자본화할 차입원가를 산정한다.

28 ▶ 2019 관세사

차입원가의 회계처리와 관련하여 적격자산에 관한 설명으로 옳지 않은 것은?

① 적격자산의 취득, 건설 또는 생산과 직접 관련된 차입원가는 당해 적격자산과 관련된 지출이 발생하지 아니하였다면 부담하지 않았을 차입원가이다.
② 금융자산과 단기간 내에 제조되거나 다른 방법으로 생산되는 재고자산은 적격자산에 해당하지 아니한다.
③ 적격자산을 의도된 용도로 사용(또는 판매) 가능하게 하는 데 필요한 활동은 당해 자산의 물리적인 제작뿐만 아니라 그 이전단계에서 이루어진 기술 및 관리상의 활동도 포함한다.
④ 적격자산에 대한 적극적인 개발활동을 중단한 기간에는 차입원가의 자본화를 중단한다.
⑤ 적격자산을 취득하기 위한 목적으로 특정하여 차입한 자금에 한하여, 회계기간동안 그 차입금으로부터 실제 발생한 차입원가에서 당해 차입금의 일시적 운용에서 생긴 투자수익을 가산한 금액을 자본화가능 차입원가로 결정한다.

29

차입원가 회계처리에 대한 설명으로 옳지 않은 것은?

① 일반적인 목적으로 차입한 자금을 적격자산 취득에 사용했다면 관련 차입원가를 자본화하되, 동 차입금과 관련하여 자본화 기간 내에 발생한 일시적 투자수익을 자본화가능한 차입원가에서 차감한다.
② 적격자산에 대한 적극적인 개발활동을 중단한 기간에는 차입원가의 자본화를 중단한다.
③ 적격자산을 의도된 용도로 사용하거나 판매 가능한 상태에 이르게 하는 데 필요한 대부분의 활동이 완료된 시점에 차입원가의 자본화를 종료한다.
④ 일반적인 목적으로 차입한 자금의 자본화 차입원가를 결정할 때, 적용되는 자본화이자율은 회계기간 동안 차입한 자금(적격자산을 취득하기 위해 특정목적으로 차입한 자금 제외)으로부터 발생한 차입원가를 가중평균하여 산정한다.

CHAPTER 07 투자부동산

1 이론 정리 및 이해 확인

독한훈련

01 투자부동산의 분류

1. 정의

2~3. 투자부동산으로 분류하는 것과 투자부동산으로 분류하지 않는 것

다음 중 투자부동산으로 분류할 수 있는 것은 O, 그렇지 않은 것은 ×로 구분하시오.

구분	O/×
a. 장래 사용목적을 결정하지 못한 채로 보유하고 있는 토지	
b. 운용리스로 제공하기 위하여 보유하고 있는 미사용 건물	
c. 종업원이 시장요율로 임차료를 지급하고 있는 종업원이 사용하고 있는 부동산	
d. 장기 시세차익을 얻기 위하여 보유하고 있는 토지	
e. 자가사용부동산	
f. 통상적인 영업과정에서 판매하기 위한 부동산이나 이를 위하여 건설 또는 개발 중인 부동산	
g. 운용리스로 제공한 부동산	
h. 직접 소유 또는 금융리스를 통해 보유하고 운용리스로 제공하고 있는 건물	
i. 처분예정인 자가사용부동산	

01 투자부동산의 분류

① 정의

투자부동산은 기업이 임대수익이나 시세차익 또는 두 가지 모두를 얻기 위하여 보유하고 있는 부동산이다.

② 투자부동산으로 분류하는 것

① 장기 시세차익을 얻기 위하여 보유하고 있는 토지
② 장래 사용목적을 결정하지 못한 채로 보유하고 있는 토지
③ 직접 소유 또는 금융리스를 통해 보유하고 운용리스로 제공하고 있는 건물
④ 운용리스로 제공하기 위하여 보유하고 있는 미사용 건물
⑤ 미래에 투자부동산으로 사용하기 위하여 건설 또는 개발 중인 부동산

③ 투자부동산으로 분류하지 않는 것

① 통상적인 영업과정에서 판매하기 위한 부동산이나 이를 위하여 건설 또는 개발 중인 부동산.
   예를 들면 가까운 장래에 판매하거나 개발하여 판매하기 위한 목적으로만 취득한 부동산이 있다.
② 자가사용부동산
   미래에 자가사용하기 위한 부동산, 미래에 개발 후 자가사용할 부동산, 종업원이 사용하고 있는 부동산(종업원이 시장요율로 임차료를 지급하고 있는지는 관계없음), 처분 예정인 자가사용부동산을 포함한다.
③ 금융리스로 제공한 부동산

정답 01 ▶ 2~3. • O: a, b, d, g, h • ×: c, e, f, i

❹ 특수한 경우

① 일부만 투자부동산인 경우 분리매각이 가능하다면, 각각 투자부동산과 유형자산으로 분리하여 계상한다.
② 분리매각이 불가능하다면, 투자부동산의 비중을 따져 투자부동산 또는 유형자산으로 계상한다.
③ 부동산 소유자가 부수적인 용역을 제공할 경우, 용역의 비중이 경미하다면 투자부동산으로 분류한다(예 사무실 건물의 소유주가 관리용역을 제공하는 경우).
④ 부동산 소유자가 부수적인 용역을 제공할 경우, 용역이 유의적이라면 자가사용부동산으로 분류한다(예 호텔).
⑤ 지배기업 또는 다른 종속기업에게 부동산을 리스하는 경우 연결재무제표에는 유형자산으로 분류한다. 그러나 부동산을 소유하고 있는 개별기업의 재무제표에서는 투자부동산으로 분류한다.

02 투자부동산의 인식과 측정

❶ 취 득

① 투자부동산도 유형자산과 동일하게 최초 인식시점에 원가로 측정한다. 거래원가는 최초 측정에 포함한다. 구입한 투자부동산의 원가는 구입금액과 구입에 직접 관련이 있는 지출로 구성된다.
② 투자부동산을 최초로 인식한 후 당해 자산에 대하여 공정가치모형과 원가모형 중 하나를 선택하여 모든 투자부동산에 적용한다.
③ 보고기간 말에 보유하고 있는 일부 투자부동산에 대하여는 공정가치모형을 적용하고, 다른 일부 투자부동산에 대하여는 원가모형을 적용할 수 없다.

❷ 원가모형

① 원가모형을 적용할 경우 내용연수에 걸쳐 감가상각을 하여야 한다.
② 원가모형은 공정가치 평가를 하지 않는다.

❸ 공정가치모형

① 공정가치모형을 적용할 경우 모든 투자부동산에 대하여 감가상각을 수행하지 않고 공정가치로 평가하여 측정한다.
② 공정가치 평가손익은 당기손익으로 인식한다.

독한훈련

4. 특수한 경우

다음 각각의 상황에 대해 투자부동산 또는 자가사용부동산으로 구분하시오.
① 분리매각이 불가능하며 투자부동산의 비중이 더 큰 경우
  (   )
② 부동산 소유자가 용역을 제공하는 경우(제공된 용역이 경미함)   (   )
③ 부동산 소유자가 용역을 제공하는 경우(제공된 용역이 유의적임)   (   )
④ 지배기업 또는 다른 종속기업에게 부동산을 리스하는 경우 연결재무제표에는 (투자부동산/ 유형자산)으로 분류하지만, 부동산을 소유하는 개별기업의 재무제표에서는 (투자부동산/ 유형자산)으로 분류한다.

02 투자부동산의 인식과 측정

1. 취 득

① 투자부동산은 최초 인식시점에 구입금액에 거래원가를 (포함/제외)한다.

② 투자부동산을 최초로 인식한 후 당해 자산에 대하여 ▨▨▨▨ 와(과) ▨▨▨▨ 중 하나를 선택하여 모든 투자부동산에 적용한다.
③ 보고기간 말에 보유하고 있는 일부 투자부동산에 대하여는 공정가치모형을 적용하고, 다른 일부 투자부동산에 대하여는 원가모형을 적용할 수 (있다 / 없다).

2. 원가모형

원가모형을 적용할 경우 내용연수에 걸쳐 감가상각을 (하여야 한다 / 하지 않는다).

3. 공정가치모형

① 공정가치모형을 적용할 경우 모든 투자부동산에 대하여 감가상각을 수행(하고 / 하지 않고) 공정가치로 평가하여 측정한다.
② 투자부동산의 공정가치 변동으로 발생하는 손익은 발생한 기간의 (기타포괄손익/ 당기손익)에 반영한다.

정답 4. ① 투자부동산 ② 투자부동산 ③ 자가사용부동산 ④ 유형자산, 투자부동산
02 1. ① 포함 ② 공정가치모형, 원가모형 ③ 없다 2. 하여야 한다 3. ① 하지 않고 ② 당기손익

03 투자부동산의 대체

❶ 원가모형
투자부동산에 대하여 원가모형을 적용하는 경우에는 대체가 이루어지기 전 장부금액을 자가사용부동산, 재고자산, 투자부동산으로 승계한다.

❷ 공정가치모형
① 투자부동산에 대하여 공정가치모형을 적용하는 경우 사용목적 변경시점의 공정가치로 분류변경한다.

② 사용목적의 변경으로 공정가치로 평가한 투자부동산을 자가사용부동산(유형자산)이나 재고자산으로 대체하는 경우, 사용목적 변경시점의 공정가치로 분류변경한다. 분류변경에 따른 손익은 투자부동산에서 발생한 손익이므로 당기손익으로 반영한다.

③ 자가사용부동산(유형자산)을 공정가치로 평가하는 투자부동산으로 대체하는 경우, 사용목적 변경시점까지 감가상각한 후 유형자산의 장부금액과 공정가치의 차액은 유형자산에서 발생한 손익이므로 유형자산의 재평가모형의 방법을 그대로 적용한다.

④ 재고자산을 공정가치로 평가하는 투자부동산으로 대체하는 경우, 재고자산의 장부금액과 대체시점의 공정가치의 차액은 재고자산에서 발생한 손익이므로 재고자산을 매각하는 경우와 동일하게 당기손익으로 인식한다.

⑤ 건설이나 개발이 완료되어 건설 중인 자산을 공정가치로 평가하는 투자부동산으로 대체하는 경우에도 부동산의 장부금액과 대체시점의 공정가치 차액은 당기손익으로 인식한다.

🗨️ 독한훈련

03 투자부동산의 대체

1. 원가모형
투자부동산에 대하여 원가모형을 적용하는 경우에는 대체가 이루어지기 전 (장부금액 / 공정가치)을(를) 자가사용부동산, 재고자산, 투자부동산으로 승계한다.

2. 공정가치모형
① 투자부동산에 대하여 공정가치모형을 적용하는 경우 사용목적 변경시점의 (장부금액 / 공정가치)(으)로 분류변경한다.

② 사용목적의 변경으로 공정가치로 평가한 투자부동산을 자가사용부동산(유형자산)이나 재고자산으로 대체하는 경우, 사용목적 변경시점의 (장부금액 / 공정가치)(으)로 분류변경한다. 분류변경에 따른 손익은 투자부동산에서 발생한 손익이므로 (기타포괄손익 / 당기손익)으로 반영한다.

③ 자가사용부동산(유형자산)을 공정가치로 평가하는 투자부동산으로 대체하는 경우, 사용목적 변경시점까지 감가상각한 후 유형자산의 장부금액과 공정가치의 차액은 유형자산에서 발생한 손익이므로 (당기손익 / 기타포괄손익 / 유형자산의 재평가모형)으로 인식한다.

④ 재고자산을 공정가치로 평가하는 투자부동산으로 대체하는 경우, 재고자산의 장부금액과 대체시점의 공정가치의 차액은 재고자산에서 발생한 손익이므로 재고자산을 매각하는 경우와 동일하게 (기타포괄손익 / 당기손익)으로 인식한다.

⑤ 건설이나 개발이 완료되어 건설 중인 자산을 공정가치로 평가하는 투자부동산으로 대체하는 경우에도 부동산의 장부금액과 대체시점의 공정가치 차액은 (기타포괄손익 / 당기손익)으로 인식한다.

💡 **정답** **03** 1. 장부금액 2. ① 공정가치 ② 공정가치, 당기손익 ③ 유형자산의 재평가모형 ④ 당기손익 ⑤ 당기손익

2 OX 강훈련

> 다음 문장을 읽고 옳은 설명에는 O, 옳지 않은 설명에는 X를 하고 올바른 문장으로 수정하시오.

01 장래 사용목적을 결정하지 못한 채로 보유하고 있는 토지는 투자부동산으로 분류한다. (O X)

02 투자부동산은 공정가치모형만 적용하며, 공정가치 변동으로 발생하는 손익은 당기손익으로 인식한다. (O X)

03 재고자산이나 자가사용부동산을 공정가치로 평가하는 투자부동산으로 대체하는 경우 당해 자산의 장부금액과 공정가치의 차이는 당기손익으로 인식한다. (O X)

04 정상적인 영업과정에서 단기간에 판매하기 위하여 보유하는 토지는 투자부동산으로 분류되어야 한다. (O X)

05 직접 소유 또는 금융리스를 통해 보유하고 금융리스로 제공하고 있는 건물은 투자부동산으로 분류되어야 한다. (O X)

06 보고기간 말에 보유하고 있는 일부 투자부동산에 대하여는 공정가치모형을 적용하고, 다른 일부 투자부동산에 대하여는 원가모형을 적용할 수 있다. (O X)

07 사용목적의 변경으로 공정가치로 평가한 투자부동산을 자가사용부동산이나 재고자산으로 대체할 경우, 사용목적 변경시점의 공정가치로 분류변경한다. (O X)

08 자가사용부동산을 공정가치로 평가하는 투자부동산으로 대체하는 경우, 사용목적 변경시점의 부동산 장부금액과 공정가치의 차액은 기존 유형자산이 재평가된 것으로 보아 회계처리한다. (O X)

OX 풀이

02 원가모형과 공정가치모형 중 **선택**하며, 공정가치를 신뢰성 있게 결정하기 어려운 경우에는 **원가모형**을 적용한다.
03 재고자산 대체의 경우에는 차이를 당기손익으로 인식하지만, **자가사용부동산의 대체의 경우**에는 유형자산의 재평가회계처리를 적용하므로 **재평가잉여금을 인식**하는 경우가 발생한다.
04 정상적인 영업과정에서 단기간에 판매하기 위하여 보유하는 토지는 **재고자산**으로 분류되어야 한다.
05 직접 소유 또는 금융리스를 통해 보유하고 **운용**리스로 제공하고 있는 건물은 투자부동산으로 분류되어야 한다.
06 보고기간 말에 보유하고 있는 일부 투자부동산에 대하여는 공정가치모형을 적용하고, 다른 일부 투자부동산에 대하여는 원가모형을 적용할 수 **없다**.

| 정답 | 01 O 02 X 03 X 04 X 05 X 06 X 07 O 08 O

3 공무원 5개년 기출 문제

01 ▶ 2022 국가직 9급

자산별 회계처리에 대한 설명으로 옳지 않은 것은?

① 무형자산의 상각방법은 자산의 경제적 효익이 소비될 것으로 예상되는 형태를 반영한 방법이어야 한다. 다만, 그 형태를 신뢰성 있게 결정할 수 없는 경우에는 정액법을 사용한다.
② 부동산 보유자가 부동산 사용자에게 부수적인 용역을 제공하는 경우가 있다. 전체 계약에서 그러한 용역의 비중이 경미하다면 부동산 보유자는 당해 부동산을 자가사용부동산으로 분류한다.
③ 정기적인 종합검사과정에서 발생하는 원가가 인식기준을 충족하는 경우에는 유형자산의 일부가 대체되는 것으로 보아 해당 유형자산의 장부금액에 포함하여 인식한다.
④ 재고자산을 순현실가능가치로 감액한 평가손실과 모든 감모손실은 감액이나 감모가 발생한 기간에 비용으로 인식한다.

02 ▶ 2022 관세직 9급

투자부동산에 대한 설명으로 옳지 않은 것은?

① 장기 시세차익을 얻기 위하여 보유하고 있는 토지는 투자부동산으로 분류되나, 통상적인 영업과정에서 단기간에 판매하기 위하여 보유하는 토지는 투자부동산에서 제외한다.
② 재고자산을 공정가치로 평가하는 투자부동산으로 대체하는 경우, 재고자산의 장부금액과 대체시점의 공정가치의 차액은 당기손익으로 인식한다.
③ 투자부동산에 대하여 공정가치모형을 선택한 경우 감가상각하지 않으며, 공정가치 변동으로 발생하는 손익은 기타포괄손익으로 분류한다.
④ 장래 용도를 결정하지 못한 채로 보유하고 있는 토지는 투자부동산으로 분류한다.

4 실전 훈련 문제

정답 및 해설 p. 25

01 ▶ 2025 감정평가사

투자부동산에 해당하는 것을 모두 고른 것은?

ㄱ. 장래 용도를 결정하지 못한 채로 보유하고 있는 토지
ㄴ. 금융리스로 제공한 부동산
ㄷ. 직접 소유하고 운용리스로 제공하는 건물
ㄹ. 종업원이 사용하고 있는 부동산
ㅁ. 운용리스로 제공하기 위하여 보유하는 미사용 건물

① ㄴ
② ㄱ, ㄷ
③ ㄴ, ㄹ
④ ㄱ, ㄷ, ㅁ
⑤ ㄴ, ㄹ, ㅁ

02 ▶ 2023 주택관리사

투자부동산에 해당하는 것을 모두 고른 것은?

ㄱ. 통상적인 영업과정에서 판매목적이 아닌, 장기 시세차익을 얻기 위하여 보유하고 있는 토지
ㄴ. 미래에 자가사용하기 위한 토지
ㄷ. 장래 용도를 결정하지 못한 채로 보유하고 있는 토지
ㄹ. 금융리스로 제공한 토지

① ㄱ, ㄴ
② ㄱ, ㄷ
③ ㄴ, ㄹ
④ ㄱ, ㄷ, ㄹ
⑤ ㄴ, ㄷ, ㄹ

03 ▶ 2023 감정평가사

투자부동산의 분류에 관한 설명으로 옳지 않은 것은?

① 미사용부동산을 운용리스로 제공한 경우에는 투자부동산으로 분류한다.
② 리스계약에 따라 이전 받은 부동산을 다시 제3자에게 임대한다면 리스이용자는 해당 사용권자산을 투자부동산으로 분류한다.
③ 지배기업이 다른 종속기업에게 자가사용 건물을 리스하는 경우 당해 건물은 연결재무제표에 투자부동산으로 분류할 수 없다.
④ 건물 소유자가 그 건물의 사용자에게 제공하는 부수적 용역의 비중이 경미하면 해당 건물을 투자부동산으로 분류한다.
⑤ 처분예정인 자가사용부동산은 투자부동산으로 분류한다.

04 ▶ 2022 세무사

투자부동산의 분류에 관한 설명으로 옳은 것은?

① 통상적인 영업과정에서 가까운 장래에 개발하여 판매하기 위해 취득한 부동산은 투자부동산으로 분류한다.
② 토지를 자가사용할지 통상적인 영업과정에서 단기간에 판매할지를 결정하지 못한 경우 자가사용부동산으로 분류한다.
③ 호텔을 소유하고 직접 경영하는 경우 투숙객에게 제공하는 용역이 전체 계약에서 유의적인 비중을 차지하므로 투자부동산으로 분류한다.
④ 지배기업 또는 다른 종속기업에게 부동산을 리스하는 경우 당해 부동산을 연결재무제표에 투자부동산으로 분류할 수 없고 자가사용부동산으로 분류한다.
⑤ 사무실 건물의 소유자가 그 건물을 사용하는 리스이용자에게 경미한 비중의 보안과 관리용역을 제공하는 경우 부동산 보유자는 당해 부동산을 자가사용부동산으로 분류한다.

05 ▶ 2019 감정평가사

투자부동산에 관한 설명으로 옳지 않은 것은?

① 미래에 투자부동산으로 사용하기 위하여 건설 또는 개발 중인 부동산은 투자부동산에 해당한다.
② 소유 투자부동산은 최초 인식시점에 원가로 측정하며, 거래원가는 최초 측정치에 포함한다.
③ 통상적인 영업과정에서 판매하기 위한 부동산이나 이를 위하여 건설 또는 개발 중인 부동산은 투자부동산에 해당하지 않는다.
④ 투자부동산을 개발하지 않고 처분하기로 결정하는 경우에는 재고자산으로 재분류한다.
⑤ 투자부동산에 대하여 공정가치모형을 선택한 경우, 투자부동산의 공정가치 변동으로 발생하는 손익은 발생한 기간의 당기손익에 반영한다.

06

투자부동산의 분류에 대한 다음의 설명 중 옳지 않은 것은?

① 부동산 중 일부는 시세차익을 얻기 위하여 보유하고, 일부분은 재화의 생산에 사용하기 위하여 보유할 경우 부분별로 매각할 수 없다면 전체 부동산을 투자부동산으로 분류한다.
② 사무실 건물의 소유자가 그 건물을 사용하는 리스이용자에게 보안과 관리용역을 제공하는 경우 당해 부동산은 투자부동산으로 분류한다.
③ 소유자가 직접 경영하는 호텔은 투자부동산이 아니라 자가사용부동산으로 분류한다.
④ 제3자를 위하여 건설 또는 개발 중인 부동산은 투자부동산에 해당되지 않는다.

07 ▶ 2023 관세사

투자부동산에 관한 설명으로 옳지 않은 것은?

① 임대수익이나 시세차익을 얻기 위하여 보유하는 부동산은 투자부동산으로 분류된다.
② 투자부동산은 최초 인식시점에서 원가로 측정한다.
③ 투자부동산을 개발하지 않고 처분하기로 결정하는 경우에는 재고자산으로 재분류하지 않는다.
④ 투자부동산의 공정가치 변동으로 발생하는 손익은 발생한 기간의 당기손익에 반영한다.
⑤ 투자부동산의 인식 후 측정에 있어서 자산의 분류별로 공정가치모형과 원가모형 중 선택하여 적용할 수 있다.

08 ▶ 2024 세무사

투자부동산의 회계처리에 관한 설명으로 옳지 않은 것은?

① 투자부동산의 손상, 멸실 또는 포기로 제3자에게서 받는 보상은 받을 수 있게 되는 시점에 당기손익으로 인식한다.
② 투자부동산을 후불조건으로 취득하는 경우의 원가는 취득시점의 현금가격상당액으로 하고, 현금가격상당액과 실제 총지급액의 차액은 신용기간 동안의 이자비용으로 인식한다.
③ 지배기업이 보유하고 있는 건물을 종속기업에게 리스하여 종속기업의 본사 건물로 사용하는 경우 그 건물은 지배기업의 연결재무제표상에서 투자부동산으로 분류할 수 없다.
④ 부동산 중 일부는 시세차익을 얻기 위하여 보유하고, 일부분은 재화의 생산에 사용하기 위하여 보유하고 있으나, 이를 부분별로 나누어 매각할 수 없다면, 재화의 생산에 사용하기 위하여 보유하는 부분이 중요하다고 하더라도 전체 부동산을 투자부동산으로 분류한다.
⑤ 투자부동산을 공정가치로 측정해 온 경우라면 비교할만한 시장의 거래가 줄어들거나 시장가격 정보를 쉽게 얻을 수 없게 되더라도, 당해 부동산을 처분할 때까지 또는 자가사용부동산으로 대체하거나 통상적인 영업과정에서 판매하기 위하여 개발을 시작하기 전까지는 계속하여 공정가치로 측정한다.

09 ▶ 2023 세무사

투자부동산의 회계처리에 관한 설명으로 옳지 않은 것은?

① 지배기업 또는 다른 종속기업에게 부동산을 리스하는 경우, 이러한 부동산은 연결재무제표에 투자부동산으로 분류한다.
② 부동산의 용도가 변경되는 경우에만 다른 자산에서 투자부동산으로 또는 투자부동산에서 다른 자산으로 대체한다.
③ 투자부동산의 손상, 멸실 또는 포기로 제3자에게서 받는 보상은 받을 수 있게 되는 시점에 당기손익으로 인식한다.
④ 재고자산을 공정가치로 평가하는 투자부동산으로 대체하는 경우, 재고자산의 장부금액과 대체시점의 공정가치의 차액은 당기손익으로 인식한다.
⑤ 부동산 보유자가 부동산 사용자에게 부수적인 용역을 제공하는 경우, 전체 계약에서 그러한 용역의 비중이 경미하다면 부동산 보유자는 당해 부동산을 투자부동산으로 분류한다.

10 ▶ 2021 감정평가사

투자부동산에 관한 설명으로 옳지 않은 것은?

① 소유 투자부동산은 최초 인식시점에 원가로 측정한다.
② 투자부동산을 후불조건으로 취득하는 경우의 원가는 취득시점의 현금가격상당액으로 한다.
③ 투자부동산의 평가방법으로 공정가치모형을 선택한 경우, 감가상각을 수행하지 아니한다.
④ 공정가치로 평가하게 될 자가건설 투자부동산의 건설이나 개발이 완료되면 해당일의 공정가치와 기존 장부금액의 차액은 기타포괄손익으로 인식한다.
⑤ 재고자산을 공정가치로 평가하는 투자부동산으로 대체하는 경우, 재고자산의 장부금액과 대체시점의 공정가치의 차액은 당기손익으로 인식한다.

11 ▶ 2020 관세사

투자부동산에 관한 설명으로 옳지 않은 것은?

① 소유 투자부동산은 최초 인식시점에 원가로 측정한다. 이때 발생한 거래원가는 당기비용으로 처리한다.
② 투자부동산에 대하여 공정가치 모형을 선택한 경우에는 최초 인식 후 모든 투자부동산을 공정가치로 측정한다.
③ 투자부동산의 폐기나 처분으로 생기는 손익은 순처분금액과 장부금액의 차액이며 폐기하거나 처분한 기간에 당기손익으로 인식한다.
④ 투자부동산을 포함한 특정 자산군의 공정가치와 연동하는 수익 또는 그 자산군에서 얻는 수익으로 상환하는 부채와 연계되어 있는 모든 투자부동산은 공정가치 모형 또는 원가모형을 선택하여 평가한다.
⑤ 투자부동산을 후불조건으로 취득하는 경우의 원가는 취득시점의 현금가격상당액으로 하며 현금가격상당액과 실제 총지급액의 차액은 신용기간 동안의 이자비용으로 인식한다.

12 ▶ 2020 회계사

기업회계기준서 제1040호 '투자부동산'에 대한 다음 설명 중 옳지 않은 것은?

① 소유 투자부동산은 최초 인식시점에 원가로 측정하며, 거래원가는 최초 측정치에 포함한다.
② 계획된 사용수준에 도달하기 전에 발생하는 부동산 운용손실은 투자부동산의 원가에 포함한다.
③ 투자부동산을 후불조건으로 취득하는 경우의 원가는 취득시점의 현금가격상당액으로 하고, 현금가격상당액과 실제 총지급액의 차액은 신용기간 동안의 이자비용으로 인식한다.
④ 투자부동산을 공정가치로 측정해 온 경우라면 비교할 만한 시장의 거래가 줄어들거나 시장가격정보를 쉽게 얻을 수 없게 되더라도, 당해 부동산을 처분할 때까지 또는 자가사용부동산으로 대체하거나 통상적인 영업과정에서 판매하기 위하여 개발을 시작하기 전까지는 계속하여 공정가치로 측정한다.
⑤ 공정가치모형을 적용하는 경우 투자부동산의 공정가치 변동으로 발생하는 손익은 발생한 기간의 당기손익에 반영한다.

13 ▶ 2018 세무사

투자부동산의 분류에 대한 설명으로 옳지 않은 것은?

① 통상적인 영업과정에서 단기간에 판매하기 위하여 보유하지 않고 장기 시세차익을 얻기 위하여 보유하고 있는 토지는 투자부동산으로 분류한다.
② 종업원으로부터 시장가격에 해당하는 임차료를 받고 있는 경우에도 종업원이 사용하는 부동산은 자가사용부동산이며 투자부동산으로 분류하지 않는다.
③ 장래 자가사용할지 또는 통상적인 영업과정에서 단기간에 판매할지를 결정하지 못한 토지는 자가사용부동산이며 투자부동산으로 분류하지 않는다.
④ 건물의 소유자가 그 건물 전체를 사용하는 리스이용자에게 보안과 관리용역을 제공하는 경우에는 당해 건물을 투자부동산으로 분류한다.
⑤ 투자부동산을 개발하지 않고 처분하기로 결정하는 경우에는 그 부동산이 제거될 때까지 투자부동산으로 계속 분류한다.

14

다음 중 투자부동산에 대한 설명 중 옳지 않은 것은?

① 투자부동산의 회계정책으로 공정가치모형을 선택한 경우에는 회계기간 말에 공정가치로 평가하여 평가손익을 당기손익에 반영한다.
② 투자부동산의 회계정책으로 공정가치모형을 선택한 경우, 최초 측정 시에는 원가로 기록한 후 감가상각을 하지 않는다.
③ 임대수익이나 시세차익 또는 두 가지 모두를 얻기 위하여 개발 중인 부동산을 개발이 완료되기 전에는 건설 중인 자산으로 분류하고, 개발이 완료된 후에 투자부동산으로 분류한다.
④ 투자부동산은 임대수익이나 시세차익 또는 두 가지 모두를 얻기 위하여 소유자가 보유하고 있는 부동산을 말한다.

15

투자부동산의 계정대체에 관한 설명으로 옳지 않은 것은?

① 재고자산을 공정가치모형 적용 투자부동산으로 계정대체 시, 재고자산의 장부금액과 대체 시점의 공정가치차액을 당기손익으로 인식한다.
② 자가사용부동산을 제3자에게 운용리스로 제공하는 경우에는 당해 부동산을 투자부동산으로 대체한다.
③ 자가사용부동산을 공정가치로 평가하는 투자부동산으로 대체하는 시점까지 그 부동산을 감가상각하고 발생한 손상차손은 인식하지 않는다.
④ 투자부동산을 원가모형으로 평가하는 경우에만 투자부동산, 자가사용부동산, 재고자산 사이에 대체가 발생할 때에 대체 전 자산의 장부가액으로 승계한다.

16

다음 중 한국채택국제회계기준에서 규정하고 있는 투자부동산에 대한 내용으로 옳지 않은 것은?

① 투자부동산의 후속측정은 공정가치모형과 원가모형 중 하나를 선택하여 모든 투자부동산에 적용하는 것을 원칙으로 한다.
② 투자부동산에 대하여 공정가치 모형을 선택한 경우 최초 인식 후 모든 투자부동산의 감가상각 후 장부금액을 공정가치로 재측정한다.
③ 투자부동산에 대하여 원가모형을 선택한 경우 일반유형자산과 동일한 회계처리를 수행한다.
④ 유형자산을 공정가치로 평가하는 투자부동산으로 대체하는 경우, 사용목적 변경시점의 장부금액과 공정가치의 차액은 재평가회계처리와 동일한 방법으로 회계처리한다.

17 ▶ 2016 감정평가사

투자부동산의 계정대체와 평가에 관한 설명으로 옳지 않은 것은?

① 투자부동산을 원가모형으로 평가하는 경우에는 투자부동산, 자가사용부동산, 재고자산 사이에 대체가 발생할 때에 대체 전 자산의 장부금액을 승계한다.
② 자가사용부동산을 공정가치로 평가하는 투자부동산으로 대체하는 경우, 사용목적 변경시점까지 그 부동산을 감가상각하고 발생한 손상차손을 인식한다.
③ 재고자산을 공정가치로 평가하는 투자부동산으로 대체하는 경우, 재고자산의 장부금액과 대체시점의 공정가치의 차액은 기타포괄손익으로 인식한다.
④ 공정가치로 평가하게 될 자가건설 투자부동산의 건설이나 개발이 완료되면 해당일의 공정가치와 기존 장부금액의 차액은 당기손익으로 인식한다.
⑤ 공정가치로 평가한 투자부동산을 자가사용부동산이나 재고자산으로 대체하는 경우, 후속적인 회계를 위한 간주원가는 사용목적 변경시점의 공정가치가 된다.

CHAPTER 08 무형자산

1 이론 정리 및 이해 확인

독한훈련

01 무형자산의 정의

무형자산은 물리적 형체가 없지만 _____ 가능한 자산을 의미한다.

1. 무형자산의 분류

① 컴퓨터로 제어되는 기계장치가 특정 컴퓨터 소프트웨어가 없으면 가동이 불가능한 경우 그 소프트웨어는 (무형자산 / 유형자산)으로 본다.
② 관련된 하드웨어의 일부가 아닌 소프트웨어는 (무형자산 / 유형자산)으로 처리한다.
③ 무형자산의 창출과정에서 물리적 형체(예 시제품)가 있는 자산이 만들어지는 경우 관련 자산은 (유형자산 / 무형자산)으로 처리한다.

2. 정의

2-1 식별가능성

다음 중 무형자산의 정의에 해당하는 것만 고르시오.
a. 식별가능성
b. 법적 소유권
c. 통제가능성
d. 미래경제적 효익
e. 경제적 지출 수반

2-2 통제가능성

① 숙련된 종업원이나 교육훈련을 통해 습득된 기술향상 등은 무형자산을 인식할 수 (있다 / 없다).
② 고객관계나 고객충성도를 지속할 수 있는 법적 권리나 그것을 통제할 기타 방법이 없는 경우에도 무형자산을 인식할 수 (있다 / 없다).

01 무형자산의 정의

무형자산은 물리적 형체가 없지만 식별가능한 자산을 의미한다.

❶ 무형자산의 분류

① 컴퓨터로 제어되는 기계장치가 특정 컴퓨터 소프트웨어가 없으면 가동이 불가능한 경우 그 소프트웨어를 관련된 하드웨어의 일부로 보아 유형자산으로 처리한다.
② 관련된 하드웨어의 일부가 아닌 소프트웨어는 무형자산으로 처리한다.
③ 무형자산의 창출과정에서 물리적 형체(예 시제품)가 있는 자산이 만들어지더라도 그 자산의 물리적 요소는 무형자산으로 본다.

❷ 정의

2-1 식별가능성

자산이 분리가능하거나 계약상 권리 또는 기타 법적 권리로부터 발생해야 한다.

2-2 통제가능성

① 무형자산의 미래경제적 효익을 확보할 수 있어야 하고, 그 효익에 대하여 타인의 접근을 제한할 수 있어야 한다.
② 숙련된 종업원이나 교육훈련을 통해 습득된 기술향상 등은 무형자산을 인식하기에 충분한 통제를 가지고 있다고 볼 수 없으므로 무형자산의 정의를 충족할 수 없다.
③ 고객관계나 고객충성도를 지속할 수 있는 법적 권리나 그것을 통제할 기타 방법이 없다면, 무형자산의 정의에 충족하기에 기업이 충분한 통제를 가지고 있지 않다.

정답 01 식별 1.① 유형자산 ② 무형자산 ③ 무형자산 2-1 a, c, d 2-2 ① 없다 ② 없다

2-3 미래경제적 효익

무형자산을 통해 추가적인 매출이나 용역수익을 얻을 수 있거나 원가절감 등의 효익을 얻을 수 있는 경우를 의미한다.

02 무형자산 취득원가

❶ 개별취득
① 무형자산을 취득하기 위하여 제공한 모든 자산의 공정가치를 무형자산의 취득원가로 한다.
② 무형자산의 취득원가의 인식은 그 자산을 경영자가 의도하는 방식으로 운용될 수 있는 상태에 이르면 중단한다.
③ 무형자산을 사용하거나 재배치하는 데 발생하는 원가는 자산의 장부금액에 포함하지 않는다.

❷ 사업결합으로 취득
① 사업결합으로 취득하는 무형자산의 취득원가는 취득일의 공정가치로 한다.
② 사업결합에 따라 자산의 공정가치를 신뢰성 있게 측정할 수 있다면, 사업결합 전에 그 자산을 피취득자가 인식하였는지 여부와 관계없이 취득자는 취득일에 무형자산을 영업권과 분리하여 인식한다.

03 무형자산의 상각

❶ 상각대상금액 = 무형자산 취득금액 − 잔존가치(일반적으로 '₩0')
① 일반적으로 무형자산의 활성시장이 없고 물리적 실체가 없어 잔존가치가 없는 것으로 한다.
② 내용연수 종료시점에 구입약정이 있거나 잔존가치에 대한 활성시장이 형성되어 가치를 결정할 수 있을 경우 잔존가치를 인정하여 반영한다.

❷ 내용연수
① 내용연수가 유한한 경우

> 무형자산 내용연수 = Min[경제적 내용연수, 법적 내용연수]

💬 독한훈련

2-3 미래경제적 효익

무형자산으로 인식되기 위해서 요구되는 미래경제적 효익은 추가적인 매출이나 용역수익을 얻을 수 있거나 [____] 등의 효익을 얻을 수 있는 경우를 의미한다.

02 무형자산 취득원가

1. 개별취득
① 무형자산을 취득하기 위해 제공한 모든 자산의 (장부금액 / 공정가치)을(를) 무형자산의 취득원가로 인식한다.
② 무형자산을 사용하거나 재배치하는 데 발생하는 원가는 자산의 장부금액에 포함 (한다 / 하지 않는다).

2. 사업결합으로 취득
① 사업결합으로 취득하는 무형자산의 취득원가는 취득일의 (장부금액 / 공정가치)(으)로 한다.
② 사업결합에 따라 자산의 공정가치를 신뢰성 있게 측정할 수 있다면, 피취득자가 인식하지 않았을 경우 취득자는 취득일에 그 자산을 영업권과 분리하여 인식할 수 (있다 / 없다).

03 무형자산의 상각

1. 상각대상금액 = 무형자산 취득금액 − 잔존가치(일반적으로 '₩0')

무형자산의 내용연수 종료시점에 구입약정이 있거나 잔존가치에 대한 활성시장이 형성되어 가치를 결정할 수 있을 경우 잔존가치를 인정 (한다 / 하지 않는다).

2. 내용연수
① 무형자산의 내용연수가 유한한 경우 무형자산의 내용연수는 경제적 내용연수와 법적 내용연수 중 (최솟값 / 최댓값)으로 한다.

정답 2-3 원가절감　02 1.① 공정가치 ② 하지 않는다　2.① 공정가치 ② 있다　03 1. 한다　2.① 최솟값

독한훈련

② 무형자산의 내용연수가 비한정인 경우 (상각하여 상각비로 / 상각하지 않고 손상차손으로) 인식한다.

③ 비한정 내용연수의 무형자산은 내용연수가 비한정이라는 평가를 계속해서 정당화할 수 있는지를 (주기적으로 / 매년) 평가한다.

④ 비한정 내용연수를 유한으로 변경하는 것은 회계(정책 / 추정)의 변경으로 회계처리한다.

⑤ 비한정 내용연수를 유한 내용연수로 재평가하는 것은 그 자산의 손상을 시사하는 하나의 징후가 될 수 (있다 / 없다).

3. 상각방법

① 무형자산의 내용연수를 합리적인 방법으로 신뢰성 있게 정할 수 없는 경우는 (정액법 / 정률법)을 사용한다.

② 무형자산은 (사용하기 시작한 때 / 사용가능한 때 / 취득한 때)부터 상각한다.

4. 무형자산의 손상

① (주기적으로 / 매 보고기간 말마다) 자산손상을 시사하는 징후가 있는지 검토하고, 만약 그러한 징후가 있다면 당해 무형자산의 회수가능액을 추정하여 손상검사를 한다.

② 내용연수가 (한정인 / 비한정인) 무형자산 또는 아직 사용할 수 없는 무형자산에 대해서는 자산손상을 시사하는 징후가 있는지에 관계없이 매년 회수가능액을 추정하여 손상검사를 한다.

③ 사업결합으로 취득한 영업권은 (1년에 한 번은 / 손상이 발생했을 때만) 손상검사를 수행해야 한다.

5. 무형자산의 손상회복

① 무형자산은 손상차손의 환입을 인식 (한다 / 하지 않는다).

② 자산의 손상차손환입으로 증가된 장부금액은 과거에 손상차손을 인식하기 전 장부금액의 상각후원가를 초과할 수 (있다 / 없다).

③ 사업결합으로 취득한 영업권은 손상차손환입을 인식할 수 (있다 / 없다).

---

② 내용연수가 비한정인 경우
상각을 하지 않는 대신 매년 그리고 손상을 시사하는 징후가 있을 때마다 자산의 가치가 손상되었는지 여부를 검토하여 손상차손으로 인식한다.

③ 상각하지 않는 무형자산에 대해서는 사건과 상황이 그 자산의 내용연수가 비한정이라는 평가를 계속해서 정당화하는 지를 매 회계기간에 검토한다.

④ 비한정 내용연수를 유한으로 변경하는 것은 회계추정의 변경으로 회계처리한다.

⑤ 비한정 내용연수를 유한 내용연수로 재평가하는 것은 그 자산의 손상을 시사하는 하나의 징후가 된다.

❸ 상각방법

① 합리적인 방법으로 상각한다.
② 합리적인 방법을 신뢰성 있게 정할 수 없는 경우는 정액법을 사용한다.
③ 무형자산의 상각은 자산이 사용가능한 때부터 시작한다.
④ 당해 자산이 매각예정으로 분류되는 날과 재무상태표에서 제거되는 날 중 이른 날에 중지한다.

❹ 무형자산의 손상

① 매 보고기간 말마다 자산손상을 시사하는 징후가 있는지 검토하고, 만약 그러한 징후가 있다면 당해 무형자산의 회수가능액을 추정하여 손상검사를 한다.
② 내용연수가 비한정인 무형자산 또는 아직 사용할 수 없는 무형자산에 대해서는 자산손상을 시사하는 징후가 있는지에 관계없이 매년 회수가능액을 추정하여 손상검사를 한다.
③ 사업결합으로 취득한 영업권은 1년에 한 번은 손상검사를 수행해야 한다.

❺ 무형자산의 손상회복

① 매 보고기간 말마다 자산에 대해 회복가능성을 검토하고 징후가 있는 경우 자산의 회수가능액과 장부금액의 차이를 손상차손환입으로 처리한다.
② 자산의 손상차손환입으로 증가된 장부금액은 과거에 손상차손을 인식하기 전 장부금액의 상각후원가를 초과할 수 없다.
③ 사업결합으로 취득한 영업권은 손상차손환입을 인식할 수 없다.

정답 ② 상각하지 않고 손상차손으로 ③ 매년 ④ 추정 ⑤ 있다 **3.** ① 정액법 ② 사용가능한 때 **4.** ① 매 보고기간 말마다 ② 비한정인 ③ 1년에 한 번은 **5.** ① 한다 ② 없다 ③ 없다

6 무형자산의 재평가

① 무형자산은 유형자산과 동일하게 회계정책으로 원가모형과 재평가모형을 선택할 수 있다.
② 재평가모형을 적용하는 경우, 같은 분류의 기타 모든 자산도 그에 대한 활성거래시장이 없는 경우를 제외하고는 유형자산과 동일한 방법을 적용하여 회계처리한다.
③ 무형자산의 활성거래시장이 없어서 재평가를 할 수 없는 경우에는 원가에서 상각누계액과 손상차손누계액을 차감한 금액을 표시한다.

04 내부적으로 창출한 무형자산

1 연구단계와 개발단계의 구분

1-1 연구단계

새로운 과학적·기술적 지식이나 이해를 얻기 위해 수행하는 독창적이고 계획적인 탐구활동

① 새로운 지식을 얻고자 하는 활동
② 연구결과나 기타 지식을 탐색, 평가, 최종 선택, 응용하는 활동
③ 재료, 장치, 제품, 공정, 시스템이나 용역에 대한 여러 가지 대체안을 탐색하는 활동
④ 새롭거나 개선된 재료, 장치, 제품, 공정, 시스템이나 용역에 대한 여러 가지 대체안을 제안, 설계, 평가, 최종 선택하는 활동

1-2 개발단계

상업적인 생산이나 사용 전에 연구결과나 관련 지식을 새롭거나 현저히 개량된 재료, 장치, 제품, 공정, 시스템이나 용역의 생산을 위한 계획이나 설계에 적용하는 활동

① 생산이나 사용 전의 시제품과 모형을 설계, 제작, 시험하는 활동
② 새로운 기술과 관련된 공구, 지그, 주형, 금형 등을 설계하는 활동
③ 상업적 생산 목적으로 실현가능한 경제적 규모가 아닌 시험공장을 설계, 건설, 가동하는 활동
④ 신규 또는 개선된 재료, 장치, 제품, 공정, 시스템이나 용역에 대하여 최종적으로 선정된 안을 설계, 제작, 시험하는 활동

독한훈련

6. 무형자산의 재평가
① 무형자산은 회계정책으로 (원가모형 / 재평가모형 / 원가모형 또는 재평가모형)을 적용할 수 있다.
② 무형자산이 재평가모형을 적용하는 경우 활성거래시장이 없는 경우를 (포함하여 / 제외하고) 유형자산과 동일한 방법을 적용한다.
③ 무형자산의 _____이(가) 없어서 재평가를 할 수 없는 경우에는 원가에서 _____누계액과 _____차손누계액을 차감한 금액을 표시한다.

04 내부적으로 창출한 무형자산

1. 연구단계와 개발단계의 구분
1-1 연구단계~1-2 개발단계

다음을 연구단계와 개발단계로 구분하시오
a. 새로운 지식을 얻고자 하는 활동
b. 재료, 장치, 제품, 공정, 시스템이나 용역에 대한 여러 가지 대체안을 탐색하는 활동
c. 연구결과나 기타 지식을 탐색, 평가, 최종 선택, 응용하는 활동
d. 생산이나 사용 전의 시제품과 모형을 설계, 제작, 시험하는 활동
e. 상업적 생산 목적으로 실현가능한 경제적 규모가 아닌 시험공장을 설계, 건설, 가동하는 활동
f. 새롭거나 개선된 재료, 장치, 제품, 공정, 시스템이나 용역에 대한 여러 가지 대체안을 제안, 설계, 평가, 최종 선택하는 활동
g. 새로운 기술과 관련된 공구, 지그, 주형, 금형 등을 설계하는 활동
h. 연구단계와 개발단계를 구분할 수 없는 경우

정답 6. ① 원가모형 또는 재평가모형 ② 제외하고 ③ 활성거래시장, 상각, 손상 **04** 1. 연구단계: a, b, c, f, h • 개발단계: d, e, g

독한훈련

2. 회계처리
① 연구단계에서 발생하는 지출은 (당기비용 / 자산)으로 인식한다.
② 개발단계에서 발생한 지출은 무조건 자산으로 인식할 수 (있다 / 없다).
③ 연구단계와 개발단계를 구분할 수 없는 경우 (연구 / 개발) 단계로 간주한다.
④ 이미 비용으로 인식한 지출은 추후 자산성이 만족되었을 때 무형자산의 취득원가로 인식할 수 (있다 / 없다).

3. 내부적으로 창출한 브랜드 등
① 내부적으로 창출한 브랜드, 제호, 출판표제, 고객목록과 이와 실질이 유사한 항목은 무형자산으로 (인식할 수 있다 / 인식할 수 없다).
② 브랜드, 제호, 출판표제나 고객목록 등은 외부에서 대가를 지급하고 구입하는 경우 무형자산으로 (인식할 수 있다 / 인식할 수 없다).
③ 브랜드, 제호, 출판표제나 고객목록, 그리고 이와 실질이 유사한 항목은 외부에서 취득하였는지 또는 내부적으로 창출하였는지에 관계없이 취득이나 완성 후의 지출은 발생시점에 항상 _____ (으)로 인식한다.

4. 산업재산권
① 개발활동 결과, 산업재산권을 취득한 경우 개발비와 산업재산권을 산업재산권의 원가로 인식할 수 (있다 / 없다).
② 개발비 미상각잔액은 산업재산권으로 대체할 수 (있다 / 없다).

❷ 회계처리
① 연구단계에서 발생하는 지출은 연구비(당기비용)로 처리한다.
② 개발단계에서 발생한 지출
  ㉠ 자산성을 만족하지 않은 경우: 경상개발비(비용)
  ㉡ 자산성을 만족한 경우: 개발비(자산)
③ 연구단계와 개발단계를 구분할 수 없는 경우에는 연구단계로 간주(당기비용으로 인식)한다.
④ 이미 비용으로 인식한 지출은 추후 자산성이 만족되었을 때 무형자산의 취득원가로 인식할 수 없다.

❸ 내부적으로 창출한 브랜드 등
① 내부적으로 창출한 브랜드, 제호, 출판표제, 고객목록과 이와 실질이 유사한 항목은 무형자산으로 인식하지 않는다. 이러한 지출은 사업을 전체적으로 개발하는 데 발생한 원가와 구별할 수 없기 때문이다.
② 브랜드, 제호, 출판표제나 고객목록 등은 외부에서 대가를 지급하고 구입하는 경우에는 원가를 구별할 수 있기 때문에 무형자산으로 인식한다.
③ 브랜드, 제호, 출판표제나 고객목록, 그리고 이와 실질이 유사한 항목은 외부에서 취득하였는지 또는 내부적으로 창출하였는지에 관계없이 취득이나 완성 후의 지출은 발생시점에 항상 당기손익으로 인식한다. 이는 취득이나 완성 후의 지출액을 전체적으로 개발하기 위한 지출과 구별할 수 없기 때문이다.

❹ 산업재산권
① 개발활동 결과, 산업재산권을 취득한 경우에는 산업재산권 취득을 위하여 직접 지출된 금액만을 산업재산권의 원가로 인식한다.
② 개발비 미상각잔액은 산업재산권으로 대체할 수 없다.

정답 2. ① 당기비용 ② 없다 ③ 연구 ④ 없다 3. ① 인식할 수 없다 ② 인식할 수 있다 ③ 당기손익 4. ① 없다 ② 없다

05 영업권

1 정의
① 기업이 가진 영업비밀, 브랜드가치 등으로 다른 기업 대비 초과수익력을 가지고 있는 경우이다.
② 내부적으로 창출된 영업권은 취득원가를 신뢰성 있게 측정할 수 없으며, 기업이 통제하고 식별가능한 자산도 아니므로 무형자산으로 인식할 수도 없다.
③ 한국채택국제회계기준에서는 다른 기업의 합병, 영업양수도 등을 통하여 유상으로 취득하는 경우만 영업권으로 인식하도록 하고 있다.

2 인식

> 취득대가 - 순자산의 공정가치

결과가 음수이면 염가매수차익으로 인식하고 당기손익으로 처리한다.

3 상각
상각하지 않는다(손상 여부를 매 회계연도 말에, 그리고 손상을 시사하는 징후가 있을 때 검토한다).

4 회복
영업권은 손상의 회복을 인식하지 않는다.

5 사업결합 시 발생하는 취득관련 원가
사업결합 시 발생하는 취득관련원가는 원가가 발생하고 용역을 제공받은 기간에 비용으로 인식한다. 다만, 사업결합으로 채무증권이나 지분증권의 등록·발행원가는 해당 채무증권과 지분증권의 발행금액에서 차감한다. 피취득자의 토지나 건물 등의 소유권을 이전하기 위한 취득세 등 특정자산의 취득에 따른 부대원가는 특정자산과 직접 관련된 원가이므로 해당 자산의 취득원가로 처리한다. 그러므로 해당 지출은 영업권 산정과 무관하다.

독한훈련

05 영업권

1. 정의
① 영업권은 기업이 가진 영업비밀, 브랜드가치 등으로 다른 기업 대비 _____ 을(를) 가지고 있는 경우이다.
② 내부적으로 창출된 영업권은 무형자산으로 인식할 수 (있다 / 없다).
③ 한국채택국제회계기준에서는 다른 기업의 합병, 영업양수도 등을 통하여 (유상 / 무상)으로 취득하는 경우만 영업권으로 인식하도록 하고 있다.

2. 인식
다른 기업의 취득대가가 그 기업의 순자산의 공정가치보다 작은 경우 (영업권 / 염가매수차익)으로 인식하고 당해 (자산 / 당기손익)으로 처리한다.

3. 상각
① 영업권은 상각 (한다 / 하지 않는다).
② 영업권의 손상 여부의 판단은 (매 회계연도 말에 / 손상을 시사하는 징후가 있을 때 / 매 회계연도 말 그리고 손상을 시사하는 징후가 있을 때 모두의 경우에) 인식한다.

4. 회복
영업권은 손상차손의 회복을 인식 (한다 / 하지 않는다).

5. 사업결합 시 발생하는 취득관련 원가
① 사업결합 시 발생하는 취득관련원가는 원가가 발생하고 용역을 제공받은 기간에 (비용 / 영업권)으로 인식한다.
② 사업결합으로 채무증권이나 지분증권의 등록·발행원가는 해당 채무증권과 지분증권의 발행금액에서 (가산 / 차감)한다.

정답 05 1. ① 초과수익력 ② 없다 ③ 유상 2. 염가매수차익, 당기손익
3. ① 하지 않는다 ② 매 회계연도 말 그리고 손상을 시사하는 징후가 있을 때 모두의 경우에 4. 하지 않는다 5. ① 비용 ② 차감

2 OX 강훈련

✎ 지문 수정하기

다음 문장을 읽고 옳은 설명에는 O, 옳지 않은 설명에는 X를 하고 올바른 문장으로 수정하시오.

01 무형자산을 사용하거나 재배치하는 데 발생하는 원가는 무형자산의 장부금액에 포함한다. [O X]

02 사업결합과정에서 피취득회사가 수행하는 연구·개발 프로젝트는 별도의 무형자산으로 인식하지 않는다. [O X]

03 내부적으로 창출한 영업권은 자산으로 인식한다. [O X]

04 계약상 권리 또는 기타 법적 권리로부터 발생하는 무형자산의 내용연수는 그러한 계약상 권리 또는 법적 권리의 기간을 초과할 수 없지만, 더 짧을 수는 있다. [O X]

05 당초에 내용연수가 비한정이라고 평가한 무형자산에 대해서 이후 내용연수가 유한하다고 변경할 수 있으며, 이러한 경우에는 회계정책의 변경으로 회계처리한다. [O X]

06 내용연수가 유한한 무형자산은 그 자산을 더 이상 사용하지 않을 때에도 상각을 중지하지 않는다. [O X]

07 무형자산의 내용연수가 유한한 경우에는 당해 자산이 사용가능한 시점부터 상각하며, 내용연수가 비한정인 경우에는 상각하지 않고 손상평가만을 한다. [O X]

08 영업권에서 발생한 손상차손은 추후 회복할 수 있다. [O X]

OX 풀이

01 무형자산을 사용하거나 재배치하는 데 발생하는 원가는 무형자산의 장부금액에 **포함되지 않는다.**
02 피취득회사가 진행하고 있는 연구·개발 프로젝트가 **무형자산의 정의를 충족하고,** 식별가능하다면 이를 공정가치로 측정하여 영업권과 분리하여 **인식한다.**
03 내부적으로 창출한 영업권은 취득원가를 신뢰성 있게 측정할 수 없고, 기업이 통제하고 있는 식별가능한 자원이 아니기 때문에 **무형자산으로 인식하지 않는다.**
05 회계**추정**의 변경으로 회계처리한다.
08 영업권에서 발생한 손상차손은 추후 회복할 수 **없다.**

| 정답 | 01 X 02 X 03 X 04 O 05 X 06 O 07 O 08 X

: 다음 문장을 읽고 옳은 설명에는 O, 옳지 않은 설명에는 X를 하고 올바른 문장으로 수정하시오.

09 무형자산은 형태가 없고 잔존가액의 회수가 곤란하므로 일반적으로 잔존가액을 '₩0'으로 한다. [O X]

10 무형자산의 상각기간은 20년을 초과할 수 없다. [O X]

11 내부적으로 창출한 무형자산 원가는 자산인식요건을 모두 충족한 이후에 발생한 지출액만을 포함한다. [O X]

12 숙련된 종업원, 교육훈련, 특정 경영능력이나 기술적 재능으로부터 발생하는 미래경제적 효익을 기대할 수 있다. 그러나 이는 일반적으로 무형자산의 정의를 충족하기에는 충분한 통제를 가지고 있지 않기 때문에 무형자산으로 인식할 수 없다. [O X]

13 무형자산을 창출하기 위한 내부 프로젝트를 연구단계와 개발단계로 구분할 수 없는 경우에는 그 프로젝트에서 발생한 지출은 모두 개발단계에서 발생한 것으로 본다. [O X]

14 최초에 비용으로 인식한 무형항목에 대한 지출은 그 이후에 내부적으로 창출한 무형자산이 무형자산의 정의를 충족하는 경우에는 무형자산의 원가로 인식할 수 있다. [O X]

15 개발활동의 결과, 산업재산권을 취득한 경우 산업재산권의 취득을 위해 직접 지출된 금액과 개발비 미상각잔액을 합하여 산업재산권으로 인식한다. [O X]

OX 풀이

10 무형자산의 상각기간은 경제적 내용연수와 법적 내용연수 중 **짧은 기간으로 한다**.
13 무형자산을 창출하기 위한 내부 프로젝트를 연구단계와 개발단계로 구분할 수 없는 경우에는 그 프로젝트에서 발생한 지출은 모두 **연구**단계에서 발생한 것으로 본다.
14 최초에 비용으로 인식한 무형항목에 대한 지출은 그 이후에 무형자산의 원가로 인식할 수 **없다**.
15 산업재산권의 취득을 위해 **직접 지출된 금액만**을 산업재산권의 원가로 인식한다. **개발비 미상각잔액은 산업재산권으로 대체할 수 없다**.

| 정답 | 09 O 10 X 11 O 12 O 13 X 14 X 15 X

3 공무원 5개년 기출 문제

정답 및 해설 p. 27

01 ▶ 2025 국가직 9급

다음 중 무형자산으로 인식하는 것만을 모두 고르면?

> ㄱ. 개별 취득한 특허권
> ㄴ. 내부적으로 창출한 영업권
> ㄷ. 연구단계에서 발생하는 지출
> ㄹ. 내부적으로 창출한 브랜드, 고객 목록

① ㄱ
② ㄱ, ㄷ
③ ㄴ, ㄹ
④ ㄴ, ㄷ, ㄹ

02 ▶ 2024 국가직 7급

자산손상에 대한 설명으로 옳지 않은 것은?

① 내용연수가 비한정인 무형자산을 처음 인식한 경우에는 해당 회계연도 말 전에 손상검사를 하며, 이후 회계기간에는 손상징후와 관계없이 손상검사를 하지 않는다.
② 재평가자산의 손상차손은 해당 자산에서 생긴 재평가잉여금에 해당하는 금액까지는 기타포괄손익으로 인식한다.
③ 손상차손을 인식한 후에 수정된 장부금액에서 잔존가치를 뺀 금액을 자산의 남은 내용연수에 걸쳐 체계적인 방법으로 배분하기 위하여, 자산의 감가상각액이나 상각액을 미래 기간에 조정한다.
④ 영업권에 인식한 손상차손은 후속 기간에 환입하지 아니한다.

03 ▶ 2024 국가직 9급

무형자산에 대한 설명으로 옳은 것은?

① 무형자산의 회계처리는 내용연수에 따라 다르다. 내용연수가 유한한 무형자산은 상각하고, 내용연수가 비한정인 무형자산은 상각하지 아니한다.
② 무형자산을 창출하기 위한 내부 프로젝트를 연구단계와 개발단계로 구분할 수 없는 경우에는 그 프로젝트에서 발생한 지출은 모두 개발단계에서 발생한 것으로 본다.
③ 무형자산의 내용연수는 자산의 내용연수를 추정하는 시점에 평가된 표준적인 성능수준을 유지하기 위하여 필요한 지출을 초과하는 계획된 미래지출이 예상되는 경우 비한정으로 판단한다.
④ 내용연수가 유한한 무형자산은 그 자산을 더 이상 사용하지 않을 때에는 상각을 중지한다.

04 ▶ 2023 국가직 7급

내부적으로 창출한 무형자산의 개발활동이 아닌 것은?

① 생산이나 사용 전의 시제품과 모형을 설계, 제작, 시험하는 활동
② 새로운 기술과 관련된 공구, 지그, 주형, 금형 등을 설계하는 활동
③ 상업적 생산 목적으로 실현가능한 경제적 규모가 아닌 시험공장을 설계, 건설, 가동하는 활동
④ 새롭거나 개선된 재료, 장치, 제품, 공정, 시스템이나 용역에 대한 여러 가지 대체안을 제안, 설계, 평가, 최종 선택하는 활동

05 ▶ 2023 관세직 9급

무형자산에 대한 설명으로 옳지 않은 것은?

① 생산이나 사용 전의 시제품과 모형을 설계, 제작, 시험하는 활동과 같은 개발단계의 지출은 일정요건을 충족하면 무형자산으로 인식한다.
② 새로운 지식을 얻고자 하는 활동과 같은 연구단계의 지출은 발생시점에 비용으로 인식한다.
③ 내부적으로 창출된 영업권은 원가를 신뢰성 있게 측정할 수 없고 기업이 통제하고 있는 식별가능한 자원이 아니기 때문에 자산으로 인식하지 아니한다.
④ 무형자산을 창출하기 위한 내부 프로젝트를 연구단계와 개발단계로 구분할 수 없는 경우에는 모두 개발단계에서 발생한 것으로 본다.

06 ▶ 2022 관세직 9급

무형자산에 대한 설명으로 옳지 않은 것은?

① 내부적으로 창출한 브랜드, 제호, 출판표제, 고객 목록과 이와 실질이 유사한 항목은 무형자산으로 인식한다.
② 계약상 권리 또는 기타 법적 권리로부터 발생하는 무형자산의 내용연수는 그러한 계약상 권리 또는 기타 법적 권리의 기간을 초과할 수는 없지만, 자산의 예상 사용기간에 따라 더 짧을 수는 있다.
③ 무형자산의 상각방법은 자산의 경제적 효익이 소비될 것으로 예상되는 형태를 반영한 방법이어야 한다. 다만, 그 형태를 신뢰성 있게 결정할 수 없는 경우에는 정액법을 사용한다.
④ 새로운 제품이나 용역의 홍보원가 그리고 새로운 계층의 고객을 대상으로 사업을 수행하는 데서 발생하는 원가는 무형자산의 원가에 포함하지 않는 지출이다.

4 실전 훈련 문제

정답 및 해설 p. 28

01 ▶ 2023 관세사

무형자산에 관한 설명으로 옳지 않은 것은?
① 내용연수가 비한정인 무형자산은 상각하지 아니한다.
② 무형자산을 최초로 인식할 때에는 원가로 측정한다.
③ 내부적으로 창출한 영업권은 자산으로 인식하지 아니한다.
④ 최초에 비용으로 인식한 무형항목에 대한 지출은 그 이후에 무형자산의 원가로 인식할 수 없다.
⑤ 무형자산의 경제적 효익이 소비될 것으로 예상되는 형태를 반영한 방법을 신뢰성 있게 결정할 수 없을 경우 상각방법은 정률법을 사용한다.

02 ▶ 2024 감정평가사

무형자산의 회계처리에 관한 설명으로 옳은 것을 모두 고른 것은?

> ㄱ. 경영자가 의도하는 방식으로 운용될 수 있으나 아직 사용하지 않고 있는 기간에 발생한 원가는 무형자산의 장부금액에 포함한다.
> ㄴ. 자산을 사용가능한 상태로 만드는데 직접적으로 발생하는 종업원 급여와 같은 직접 관련되는 원가는 무형자산의 원가에 포함한다.
> ㄷ. 최초에 비용으로 인식한 무형항목에 대한 지출은 그 이후에 무형자산의 원가를 신뢰성 있게 측정할 수 있다면 무형자산으로 인식할 수 있다.
> ㄹ. 새로운 지역에서 또는 새로운 계층의 고객을 대상으로 사업을 수행하는데서 발생하는 원가 등은 무형자산 원가에 포함하지 않는다.

① ㄱ, ㄴ
② ㄱ, ㄷ
③ ㄱ, ㄹ
④ ㄴ, ㄷ
⑤ ㄴ, ㄹ

03 ▶ 2025 감정평가사

무형자산에 관한 설명으로 옳은 것은?
① 내용연수가 비한정인 무형자산으로 최초 인식한 경우 그 이후에 비한정 내용연수를 유한 내용연수로 변경할 수 없다.
② 원가모형과 달리 무형자산에 재평가모형을 적용하는 경우에는 원가가 아닌 금액으로 무형자산을 최초로 인식하는 것을 허용한다.
③ 계약상 권리 또는 기타 법적 권리로부터 발생하는 무형자산의 내용연수는 자산의 예상 사용기간에 따라 그러한 계약상 권리 또는 기타 법적 권리의 기간을 초과할 수 있다.
④ 제조과정에서 사용된 무형자산의 상각은 일반적으로 당기손익으로 인식한다.
⑤ 자산에서 발생하는 미래경제적효익이 기업에 유입될 가능성이 높고 자산의 원가를 신뢰성 있게 측정할 수 있는 경우에만 무형자산을 인식한다.

04 ▶ 2024 세무사

무형자산의 회계처리에 관한 설명으로 옳지 않은 것은?
① 무형자산의 미래경제적효익은 제품의 매출, 용역수익, 원가절감 또는 자산의 사용에 따른 기타 효익의 형태로 발생할 수 있다.
② 내부적으로 창출한 영업권은 원가를 신뢰성 있게 측정할 수 없고 기업이 통제하고 있는 식별가능한 자원이 아니기 때문에 자산으로 인식하지 아니한다.
③ 자산의 사용에서 발생하는 미래경제적효익의 유입에 대한 확실성 정도에 대한 평가는 무형자산을 최초로 인식하는 시점에서 이용 가능한 증거에 근거하며, 외부 증거에 비중을 더 크게 둔다.
④ 계약상 권리 또는 기타 법적 권리로부터 발생하는 무형자산의 내용연수는 그러한 계약상 권리 또는 기타 법적 권리의 기간을 초과할 수는 없지만, 자산의 예상사용기간에 따라 더 짧을 수는 있다.
⑤ 개별 취득하는 무형자산의 원가는 그 자산을 경영자가 의도하는 방식으로 운용될 수 있는 상태에 이를 때까지 인식하므로 무형자산을 사용하거나 재배치하는 데 발생하는 원가도 자산의 취득원가에 포함한다.

05 2025 관세사

무형자산에 관한 설명으로 옳은 것은?

① 내용연수가 비한정인 무형자산을 유한 내용연수로 재평가하는 것은 그 자산의 손상을 시사하는 하나의 징후에 해당하지 않는다.
② 연구결과를 최종 선택하는 활동과 관련된 지출은 내부적으로 창출된 무형자산의 취득원가에 포함한다.
③ 아직 사용할 수 없는 무형자산에 대해서는 손상검사를 하지 않는다.
④ 내부적으로 창출한 브랜드는 내용연수가 비한정인 무형자산으로 인식한다.
⑤ 내용연수가 유한한 무형자산을 내용연수 종료 시점에 제3자가 구입하기로 약정한 경우, 그 무형자산의 잔존가치는 영(0)으로 보지 않는다.

06 2023 감정평가사

무형자산에 관한 설명으로 옳지 않은 것은?

① 무형자산은 손상의 징후가 있거나 그 자산을 사용하지 않을 때에 상각을 중지한다.
② 무형자산의 인식기준을 충족하지 못해 비용으로 인식한 지출은 그 이후에 무형자산의 원가로 인식할 수 없다.
③ 내부적으로 창출한 영업권은 자산으로 인식하지 아니한다.
④ 개별취득 무형자산은 자산에서 발생하는 미래경제적효익의 유입가능성이 높다는 인식 기준을 항상 충족한다.
⑤ 무형자산으로 정의되려면 식별가능성, 자원에 대한 통제와 미래경제적효익의 존재를 충족하여야 한다.

07 2023 경찰간부

무형자산에 관한 내용으로 옳은 것은?

① 무형자산의 식별가능성은 자산이 계약상 권리 또는 기타 법적 권리로부터 발생한다. 이 경우 그러한 권리가 이전가능한지 여부 또는 기업이나 기타 권리와 의무에서 분리가 능한지 여부를 고려한다.
② 무형자산의 미래경제적효익에 대한 통제능력은 일반적으로 법원에서 강제할 수 있는 법적 권리에서 나오며, 법적 권리가 없는 경우에는 통제를 제시하기 어렵기 때문에 권리의 법적 집행가능성이 통제의 필요조건이다.
③ 자산의 사용에서 발생하는 미래경제적효익의 유입에 대한 확실성 정도에 대한 평가는 무형자산을 최초로 인식하는 시점에서 이용 가능한 증거에 근거하며, 내부 증거에 비중을 더 크게 둔다.
④ 무형자산은 자산에서 발생하는 미래경제적효익이 기업에 유입될 가능성이 높고 자산의 원가를 신뢰성 있게 측정할 수 있을 때 인식한다.

08 2023 보험계리사

다음 중 무형자산에 대한 회계처리 내용으로 옳지 않은 것은?

① 컴퓨터로 제어되는 기계장치가 특정 컴퓨터소프트웨어가 없으면 가동이 불가능한 경우에는 그 기계장치를 관련된 소프트웨어의 일부로 보아 무형자산으로 회계처리한다.
② 연구와 개발활동으로 인하여 물리적 형체(예: 시제품)가 있는 자산이 만들어지더라도, 그 자산의 물리적 요소는 무형자산 요소 즉, 그 자산이 갖는 지식에 부수적인 것으로 본다.
③ 내용연수가 비한정인 무형자산은 상각하지 아니하며, 매년 혹은 무형자산의 손상을 시사하는 징후가 있을 때 회수가능액과 장부금액을 비교하여 손상검사를 수행하여야 한다.
④ 사업결합 전에 그 자산을 피취득자가 인식하였는지 여부에 관계없이, 취득자는 취득일에 피취득자의 무형자산을 영업권과 분리하여 인식한다.

09 ▶ 2023 회계사

무형자산의 인식과 측정에 대한 다음 설명 중 옳지 않은 것은?

① 개별 취득하는 무형자산과 사업결합으로 취득하는 무형자산은 무형자산 인식조건 중 자산에서 발생하는 미래경제적효익이 기업에 유입될 가능성이 높다는 조건을 항상 충족하는 것은 아니다.
② 무형자산을 최초로 인식할 때에는 원가로 측정하며, 사업결합으로 취득하는 무형자산의 원가는 취득일 공정가치로 한다.
③ 사업결합으로 취득하는 자산이 분리가능하거나 계약상 또는 기타 법적 권리에서 발생한다면, 그 자산의 공정가치를 신뢰성 있게 측정하기에 충분한 정보가 존재한다.
④ 내부적으로 창출한 영업권과 내부 프로젝트의 연구단계에서 발생한 지출은 자산으로 인식하지 않는다.
⑤ 내부적으로 창출한 무형자산의 원가는 그 자산의 창출, 제조 및 경영자가 의도하는 방식으로 운영될 수 있게 준비하는데 필요한 직접 관련된 모든 원가를 포함한다.

10 ▶ 2022 감정평가사

무형자산의 회계처리에 관한 설명으로 옳지 않은 것은?

① 무형자산의 잔존가치는 해당 자산의 장부금액과 같거나 큰 금액으로 증가할 수도 있다.
② 브랜드, 제호, 출판표제, 고객목록, 그리고 이와 실질이 유사한 항목(외부에서 취득하였는지 또는 내부적으로 창출하였는지에 관계없이)에 대한 취득이나 완성 후의 지출은 발생시점에 항상 당기손익으로 인식한다.
③ 무형자산의 상각방법은 자산의 경제적 효익이 소비될 것으로 예상되는 형태를 반영한 방법이어야 하지만, 그 형태를 신뢰성 있게 결정할 수 없는 경우에는 정액법을 사용한다.
④ 내용연수가 비한정적인 무형자산은 상각하지 않고, 무형자산의 손상을 시사하는 징후가 있을 경우에 한하여 손상검사를 수행한다.
⑤ 내부적으로 창출한 브랜드, 제호, 출판표제, 고객목록과 이와 실질이 유사한 항목은 무형자산으로 인식하지 아니한다.

11 ▶ 2022 세무사

무형자산 회계처리에 관한 설명으로 옳은 것은?

① 내용연수가 비한정인 무형자산의 비한정 내용연수를 유한 내용연수로 변경하는 것은 회계정책의 변경이다.
② 자산을 운용하는 직원의 교육훈련과 관련된 지출은 내부적으로 창출한 내용연수가 비한정인 무형자산의 원가에 포함한다.
③ 내부적으로 창출한 브랜드, 제호, 출판표제, 고객목록과 이와 실질이 유사한 항목은 내용연수가 비한정인 무형자산으로 인식한다.
④ 내용연수가 유한한 무형자산을 내용연수 종료 시점에 제3자가 구입하기로 약정한 경우, 잔존가치는 영(0)으로 보지 않는다.
⑤ 경제적 효익이 소비될 것으로 예상되는 형태를 신뢰성 있게 결정할 수 없는 내용연수가 비한정인 무형자산은 정액법을 적용하여 상각한다.

12. 2021 회계사

기업회계기준서 제1038호 '무형자산'에 관한 다음 설명 중 옳지 않은 것은?

① 개별 취득하는 무형자산의 원가는 그 자산을 경영자가 의도하는 방식으로 운용될 수 있는 상태에 이를 때까지 인식하므로 무형자산을 사용하거나 재배치하는 데 발생하는 원가도 자산의 장부금액에 포함한다.
② 미래경제적 효익이 기업에 유입될 가능성은 무형자산의 내용연수 동안의 경제적 상황에 대한 경영자의 최선의 추정치를 반영하는 합리적이고 객관적인 가정에 근거하여 평가하여야 한다.
③ 자산의 사용에서 발생하는 미래경제적 효익의 유입에 대한 확실성 정도에 대한 평가는 무형자산을 최초로 인식하는 시점에서 이용 가능한 증거에 근거하며, 외부 증거에 비중을 더 크게 둔다.
④ 무형자산의 미래경제적 효익은 제품의 매출, 용역수익, 원가절감 또는 자산의 사용에 따른 기타 효익의 형태로 발생할 수 있다.
⑤ 내부적으로 창출한 영업권은 원가를 신뢰성 있게 측정할 수 없고 기업이 통제하고 있는 식별가능한 자원이 아니기 때문에 자산으로 인식하지 아니한다.

13. 2019 감정평가사

무형자산의 회계처리에 관한 설명으로 옳은 것을 모두 고른 것은?

ㄱ. 내용연수가 비한정적인 무형자산은 상각하지 않고 무형자산의 손상을 시사하는 징후가 있을 경우에 한하여 손상검사를 수행해야 한다.
ㄴ. 무형자산을 창출하기 위한 내부 프로젝트를 연구단계와 개발단계로 구분할 수 없는 경우에는 그 프로젝트에서 발생한 지출은 모두 연구단계에서 발생한 것으로 본다.
ㄷ. 브랜드, 제호, 출판표제, 고객목록 및 이와 실질이 유사한 항목은 그것을 외부에서 창출하였는지 또는 내부적으로 창출하였는지에 관계없이 취득이나 완성 후의 지출은 발생시점에 무형자산의 원가로 인식한다.
ㄹ. 내용연수가 유한한 무형자산의 잔존가치는 적어도 매 회계연도 말에는 검토하고, 잔존가치의 변동은 회계추정의 변경으로 처리한다.
ㅁ. 무형자산은 처분하는 때 또는 사용이나 처분으로부터 미래경제적 효익이 기대되지 않을 때 재무상태표에서 제거한다.

① ㄱ, ㄴ, ㄷ
② ㄱ, ㄷ, ㄹ
③ ㄱ, ㄹ, ㅁ
④ ㄴ, ㄷ, ㅁ
⑤ ㄴ, ㄹ, ㅁ

14 ▶ 2016 보험계리사

무형자산에 대한 설명으로 옳은 것은?

① 내부적으로 창출한 브랜드, 제호, 출판표제, 고객목록은 개발하는 데 발생한 원가를 전체 사업과 구별할 수 없더라도 무형자산으로 인식한다.
② 무형자산에 대한 대금지급기간이 일반적인 신용기간보다 긴 경우 무형자산의 원가는 실제 총지급액이 된다.
③ 개별 취득하는 무형자산은 자산에서 발생하는 미래경제적효익이 기업에 유입될 가능성이 높다는 발생가능성 인식기준을 항상 충족하는 것으로 본다.
④ 내용연수가 유한한 무형자산의 잔존가치는 해당 자산의 장부금액과 같을 수는 있으나, 장부금액보다 더 클 수는 없다.

15

무형자산과 관련된 다음 설명 중 옳지 않은 것은?

① 무형자산을 최초로 인식할 때에는 원가로 측정한다.
② 최초의 비용으로 인식한 무형자산에 대한 지출은 그 이후에 무형자산의 인식요건을 만족하게 된 경우에 한하여 무형자산의 원가로 다시 인식할 수 있다.
③ 계약상 권리 또는 기타 법적 권리로부터 발생하는 무형자산의 내용연수는 그러한 계약상 권리 또는 기타 법적권리의 기간을 초과할 수는 없지만, 자산의 예상 사용기간에 따라 더 짧을 수는 있다.
④ 무형자산으로부터의 미래경제적 효익은 제품의 매출, 용역수익, 원가 절감 또는 자산의 사용에 따른 기타 효익의 형태로 발생할 수 있다.

16 ▶ 2011 관세사

무형자산의 회계처리에 관한 설명으로 옳지 않은 것은?

① 기업이 사업결합에서 피취득자가 진행하고 있는 연구·개발 프로젝트를 취득한 경우 사업결합 전에 그 자산을 피취득자가 인식하였는지 여부에 관계없이 무형자산의 정의를 충족한다면 이를 영업권과 분리하여 별도의 자산으로 인식한다.
② 연구(또는 내부 프로젝트의 연구단계)에 대한 지출은 발생시점에 비용으로 인식한다.
③ 재평가한 무형자산과 같은 분류 내의 무형자산을 그 자산에 대한 활성시장이 없어서 재평가할 수 없는 경우에는 원가에서 상각누계액과 손상차손누계액을 차감한 금액으로 표시한다.
④ 기업이 외부에서 현금을 지급하고 취득한 개별 고객목록에 대한 취득 후의 지출은 고객목록의 장부금액에 포함한다.
⑤ 내부적으로 창출한 브랜드는 무형자산으로 인식하지 아니한다.

17 ▶ 2012 관세사

무형자산의 상각 및 손상회계에 관한 설명으로 옳지 않은 것은?

① 내용연수가 비한정인 무형자산의 내용연수를 유한으로 변경하는 것은 회계추정의 변경으로 회계처리 한다.
② 내용연수가 비한정인 무형자산은 상각하지 아니하며, 자산손상을 시사하는 징후가 있을 때에 한하여 손상검사를 수행한다.
③ 내용연수가 유한한 무형자산의 상각은 자산이 사용가능한 때부터 시작하며, 상각기간과 상각방법은 적어도 매 회계연도 말에 검토한다.
④ 무형자산의 잔존가치는 해당 자산의 장부금액과 같거나 큰 금액으로 증가할 수도 있다.
⑤ 계약상 권리 또는 기타 법적 권리로부터 발생하는 무형자산의 내용연수는 그러한 계약상 권리 또는 기타 법적권리의 기간을 초과할 수 없지만, 자산의 예상사용기간에 따라 더 짧을 수는 있다.

18 ▶ 2014 관세사

무형자산의 회계처리에 관한 설명으로 옳지 않은 것은?

① 기업이 터널이나 교량을 건설하여 정부에 기부하는 대가로 취득하는 용역운영권은 무형자산의 일종이다.
② 사업개시활동에 대한 지출, 교육훈련비에 대한 지출은 무형자산으로 인식할 수 없다.
③ 시장에 대한 지식에서 미래경제적 효익이 발생하고 이것이 법적 권리에 의해서 보호된다면 그러한 지식은 무형자산으로 인식할 수 있다.
④ 계약상 또는 기타 법적 권리가 갱신가능한 한정된 기간 동안 부여된다면, 유의적인 원가 없이 기업에 의해 갱신될 것이 명백한 경우에만 그 갱신기간을 무형자산의 내용연수에 포함한다.
⑤ 내용연수가 유한한 무형자산의 잔존가치가 장부금액을 초과할 경우에는 과거 무형자산 상각액을 소급하여 수정한다.

19

무형자산의 인식 및 측정에 관한 설명으로 옳은 것은?

① 개별 취득하는 무형자산은 자산에서 발생하는 미래경제적 효익이 기업에 유입될 가능성이 높다는 발생가능성 인식기준을 항상 충족하는 것으로 본다.
② 새로운 지역에서 또는 새로운 계층의 고객을 대상으로 사업을 수행하는 데서 발생하는 원가는 무형자산의 원가에 포함한다.
③ 무형자산에 대한 대금 지급기간이 일반적인 신용기간보다 긴 경우 무형자산의 원가는 실제 총지급액이 된다.
④ 새롭거나 개선된 재료, 장치, 제품, 공정, 시스템이나 용역에 대한 여러가지 대체안을 최종 선택하는 활동은 개발활동의 예로서 해당 지출은 무형자산으로 인식한다.

20 ▶ 2020 관세사

유·무형자산에 관한 설명으로 옳지 않은 것은?

① 무형자산은 자산에서 발생하는 미래경제적 효익이 기업에 유입될 가능성이 높고, 자산의 원가를 신뢰성 있게 측정할 수 있는 경우에만 인식한다.
② 내부적으로 창출한 무형자산이 인식기준을 충족하는 지를 평가하기 위하여 무형자산의 창출과정을 연구단계와 개발단계로 구분한다.
③ 유형자산에 대한 재평가의 빈도는 재평가되는 유형자산의 공정가치 변동에 따라 달라진다.
④ 특정 유형자산을 재평가할 때, 해당 자산이 포함되는 유형자산 유형 전체를 재평가한다.
⑤ 무형자산에 대해 재평가모형을 적용할 경우에는 매 보고기간 말에 공정가치로 측정한다.

21

무형자산에 대한 설명으로 옳지 않은 것은?

① 무형자산은 물리적 실체는 없지만 식별가능한 비화폐성자산이다.
② 무형자산의 상각방법은 자산의 미래경제적 효익이 소비되는 형태를 반영한 합리적인 방법을 적용한다.
③ 내부적으로 창출한 브랜드와 이와 실질이 유사한 항목은 무형자산으로 인식하지 아니한다.
④ 연구단계에서 발생한 지출은 자산의 요건을 충족하는 지를 합리적으로 판단하여 무형자산으로 인식 또는 발생한 기간의 비용으로 처리한다.

22

무형자산에 관한 설명으로 옳지 않은 것은?

① 무형자산은 미래경제적 효익이 기업에 유입될 가능성이 높고 취득원가를 신뢰성 있게 측정할 수 있을 때 인식한다.
② 내용연수가 유한한 무형자산의 잔존가치는 영(₩0)으로 보고 무형자산의 구입 시점부터 정액법으로 상각한다.
③ 무형자산은 물리적 실체는 없지만 식별가능한 비화폐성자산이다.
④ 내용연수가 유한한 무형자산의 상각대상금액은 내용연수 동안 체계적인 방법으로 배분하여야 한다.

23

무형자산의 회계처리에 대한 설명으로 옳지 않은 것은?

① 사업결합 전에 그 자산을 피취득자가 인식하였는지 여부에 관계없이, 취득자는 취득일에 피취득자의 무형자산을 영업권과 분리하여 인식한다.
② 영업권의 용역 잠재력은 언젠가는 소멸될 것이므로 영업권을 내용연수에 걸쳐서 상각한다.
③ 내용연수가 비한정인 무형자산은 상각하지 않지만, 내용연수가 비한정이라는 평가를 계속하여 정당화할 수 있는지 매 보고기간에 검토해야 한다.
④ 내부 프로젝트의 연구단계에서 발생한 지출은 발생시점에 비용으로 인식한다.

24 ▶ 2016 관세사

자산의 손상징후에 관한 설명으로 옳지 않은 것은?

① 내용연수가 비한정인 무형자산이나 아직 사용할 수 없는 무형자산은 일 년에 한 번은 손상검사를 한다.
② 자산의 매입에 드는 현금이나 자산의 운영·관리에 쓰는 후속적인 현금이 당초 예상 수준보다 유의적으로 많은 경우 자산손상 징후 증거에 해당한다.
③ 사업결합으로 취득한 영업권의 경우 손상징후 유무에 관계없이 일 년에 한 번은 손상검사를 한다.
④ 당기 실적치와 미래 예상치를 합산한 결과, 자산에 대한 순현금유출이나 영업손실이 생길 것으로 예상되는 경우 자산손상 징후 증거에 해당한다.
⑤ 순자산 장부금액이 시가총액보다 작은 경우 손상징후에 해당한다.

25

내부적으로 창출한 무형자산의 취득원가에 포함할 수 없는 것은?

① 무형자산의 창출을 위하여 발생한 종업원 급여
② 무형자산을 운용하는 직원의 교육훈련과 관련된 지출
③ 법적 권리를 등록하기 위한 수수료
④ 무형자산의 창출에 사용된 특허권과 라이선스 상각비

26 ▶ 2022 경찰간부

무형자산으로 인식할 수 있는 개발활동으로 옳은 것은?

① 연구결과나 기타 지식의 응용
② 개선된 제품에 대한 여러 가지 대체안 평가
③ 신규 판매 확정 제품에 대한 사내 개발부서 직원들의 브랜드 개발
④ 상업적 생산 목적으로 실현가능한 경제적 규모가 아닌 시험공장의 설계

27

무형자산과 관련하여 연구 및 개발활동에 대한 사례 중 그 성격이 다른 활동은?

① 상업적 생산 목적으로 실현가능한 경제적 규모가 아닌 시험공장을 설계, 건설, 가동하는 활동
② 새롭거나 개선된 재료, 장치, 제품, 공정, 시스템이나 용역에 대한 여러 가지 대체안을 제안, 설계, 평가, 최종 선택하는 활동
③ 신규 또는 개선된 재료, 장치, 제품, 공정, 시스템이나 용역에 대하여 최종적으로 선정된 안을 설계, 제작, 시험하는 활동
④ 생산이나 사용 전의 시제품과 모형을 설계, 제작, 시험하는 활동

28 ▶ 2021 감정평가사

다음의 특징을 모두 가지고 있는 자산은?

- 개별적으로 식별하여 별도로 인식할 수 없다.
- 손상징후와 관계없이 매년 손상검사를 실시한다.
- 손상차손환입을 인식할 수 없다.
- 사업결합 시 이전대가가 피취득자 순자산의 공정가치를 초과한 금액이다.

① 특허권 ② 회원권
③ 영업권 ④ 라이선스
⑤ 가상화폐

CHAPTER 09 금융부채

1 이론 정리 및 이해 확인

독한훈련

01 금융부채의 분류

1. 금융부채는 _____ 와(과) 기타금융부채로 분류한다.

2. 상환우선주
   의무상환조건으로 발행한 상환우선주는 (지분상품 / 금융부채)(으)로 분류한다.

3. 다음 중 금융부채에 해당하지 않는 것을 모두 고르시오.
   a. 매입채무   b. 선수금
   c. 미지급금   d. 당기법인세부채
   e. 차입금   f. 사채
   g. 충당부채

02 금융부채의 인식

1. 당기손익인식금융부채
   당기손익인식금융부채는 (상각후원가 / 공정가치)로 측정하고 발생손익은 (당기손익 / 기타포괄손익)으로 인식한다.

2. 기타의 부채
   당기손익인식금융부채 외의 모든 기타부채는 (공정가치 / 상각후원가)로 측정한다.

01 금융부채의 분류

1 금융부채는 당기손익인식금융부채와 기타금융부채로 분류한다.
   ① 단기간 내에 매각하거나 재매입할 목적으로 취득하거나 부담한 경우 당기손익인식금융부채로 구분한다.
   ② 당기손익인식금융부채 이외의 금융부채는 상각후원가로 측정하는 기타부채로 구분한다.

2 상환우선주
   의무상환조건으로 발행한 상환우선주는 금융부채로 분류한다.

3 다음은 금융부채로 분류하지 않는다.
   ① 금융자산이나 금융부채로 결제되지 않는 선수금, 선수수익
   ② 계약에 의하지 않는 법인세부채
   ③ 의제의무에 따른 충당부채

02 금융부채의 인식

1 당기손익인식금융부채
   당기손익인식금융부채는 공정가치로 측정하고 공정가치 측정으로 발생하는 손익은 당기손익으로 인식한다.

2 기타의 부채
   그 외의 기타부채는 상각후원가로 측정한다.

정답 01 1. 당기손익인식금융부채 2. 금융부채 3. b, d, g 02 1. 공정가치, 당기손익 2. 상각후원가

03 사채

1 할인발행
① 기간이 경과함에 따라 사채의 장부금액은 증가한다.
② 기간이 경과함에 따라 사채의 이자비용은 증가한다.
③ 기간이 경과함에 따라 사채할인발행차금상각액은 증가한다.
④ 사채의 유효이자비용은 현금이자비용보다 크다.
⑤ 사채의 유효이자율이 액면이자율보다 높다면 할인발행된다.
⑥ 사채발행 시 발행비용이 발생하면 시장이자율보다 유효이자율이 더 크다.

2 할증발행
① 기간이 경과함에 따라 사채의 장부금액은 감소한다.
② 기간이 경과함에 따라 사채의 이자비용은 감소한다.
③ 기간이 경과함에 따라 사채할증발행차금상각액은 증가한다.
④ 사채의 유효이자비용은 현금이자비용보다 작다.
⑤ 사채의 유효이자율이 액면이자율보다 낮다면 할증발행된다.
⑥ 사채발행 시 발행비용이 발생하면 시장이자율보다 유효이자율이 더 크다.

3 상환
① 사채를 만기 때 상환하면 상환손익이 발생하지 않는다.
② 사채를 상환하는 시점의 시장이자율이 발행 시의 시장이자율보다 높다면 사채상환이익이 발생한다.
③ 사채를 상환하는 시점의 시장이자율이 발행 시의 시장이자율보다 낮다면 사채상환손실이 발생한다.

🗨️ 독한훈련

03 사채

1. 사채를 할인발행할 때
① 기간이 경과함에 따라 사채의 장부금액은 (증가/감소)한다.
② 기간이 경과함에 따라 사채의 이자비용은 (증가/감소)한다.
③ 기간이 경과함에 따라 사채할인발행차금상각액은 (증가/감소)한다.
④ 사채의 유효이자비용은 현금이자비용보다 (크다/작다).
⑤ 사채의 유효이자율이 액면이자율보다 높다면 (할인/할증)발행된다.
⑥ 사채발행 시 발행비용이 발생하면 시장이자율보다 유효이자율이 더 (크다/작다).

2. 사채를 할증발행할 때
① 기간이 경과함에 따라 사채의 장부금액은 (증가/감소)한다.
② 기간이 경과함에 따라 사채의 이자비용은 (증가/감소)한다.
③ 기간이 경과함에 따라 사채할증발행차금상각액은 (증가/감소)한다.
④ 사채의 유효이자비용은 현금이자비용보다 (크다/작다).
⑤ 사채의 유효이자율이 액면이자율보다 낮다면 (할인/할증)발행된다.
⑥ 사채발행 시 발행비용이 발생하면 시장이자율보다 유효이자율이 더 (크다/작다).

3. 상환
① 사채를 만기 때 상환하면 상환의 손익이 발생(한다/하지 않는다).
② 사채를 상환하는 시점의 시장이자율이 발행 시의 시장이자율보다 높다면 (사채상환이익/사채상환손실)이 발생한다.

정답 03 1. ①증가 ②증가 ③증가 ④크다 ⑤할인 ⑥크다 2. ①감소 ②감소 ③증가 ④작다 ⑤할증 ⑥크다
3. ①하지 않는다 ②사채상환이익

2 OX 강훈련

: 다음 문장을 읽고 옳은 설명에는 O, 옳지 않은 설명에는 X를 하고 올바른 문장으로 수정하시오.

01 사채의 표시이자율이 발행일의 시장이자율보다 낮은 경우 당해 사채는 할증발행된다. O X

02 유효이자율법을 적용하는 경우 사채할인발행차금상각액은 시간의 경과에 따라 증가하지만, 사채할증발행차금상각액은 시간의 경과에 따라 감소한다. O X

03 사채발행비가 발생하는 경우 유효이자율은 시장이자율보다 작다. O X

04 사채의 유효이자율은 발행자가 사채의 구매자에게 지불하기로 약정한 이자율이다. O X

05 사채의 표시이자율과 시장이자율이 동일한 경우에는 사채의 발행시점과 관계없이 액면금액으로 발행된다. O X

06 사채의 상환기간 동안 시장이자율이 변동하는 경우에도 사채발행자가 부담하는 이자율은 변동하지 않는다. O X

07 사채의 중도상환 시 상환일의 시장이자율이 발행일의 시장이자율보다 상승하게 되면 사채상환으로 손실이 발생한다. O X

OX 풀이

01 사채의 표시이자율이 발행일의 시장이자율보다 낮은 경우 당해 사채는 **할인발행된다**.
02 유효이자율법을 적용하는 경우 사채할인발행차금상각액과 사채할증발행차금상각액은 시간의 경과에 따라 **증가한다**.
03 사채발행비가 발생하는 경우 유효이자율은 시장이자율보다 **크다**.
04 사채의 유효이자율은 사채와 관련된 미래현금흐름의 현재가치와 발행가액을 일치시켜 주는 **실효이자율이다**.
07 사채의 중도상환 시 상환일의 시장이자율이 발행일의 시장이자율보다 상승하게 되면 사채상환으로 **이익이 발생한다**.

| 정답 | 01 X   02 X   03 X   04 X   05 O   06 O   07 X

✏️ 지문 수정하기

:
다음 문장을 읽고 옳은 설명에는 O, 옳지 않은 설명에는 X를 하고 올바른 문장으로 수정하시오.

08 사채발행 시 사채할증발행차금은 재무상태표의 사채의 액면금액에서 차감된다. ⓞ Ⓧ

09 사채할인발행차금을 유효이자율법으로 상각할 경우 이자비용은 기간 경과와 함께 증가한다. ⓞ Ⓧ

10 동일한 일자에 동일한 조건으로 회사채를 발행하는 경우에는 발행금액이 회사에 관계없이 동일하다. ⓞ Ⓧ

11 이자지급일 사이에 사채를 발행하는 경우 사채발행일의 현금유입액은 명목상 발행일의 시장가격에 명목상 발행일부터 사채발행일까지의 경과이자를 가산한 금액이다. ⓞ Ⓧ

12 사채의 상환금액은 사채의 미래현금흐름을 현행시장이자율로 할인한 현재가치금액과 동일한 금액이 된다. ⓞ Ⓧ

OX 풀이

08 사채발행 시 할증발행은 재무상태표의 사채가액에 **가산된다**.
10 사채를 발행한 회사의 위험이 서로 다르므로 **발행금액이 다르다**.
11 사채발행일까지의 **실질이자**를 가산한 금액이다.

|정답| **08** X **09** O **10** X **11** X **12** O

2. OX 강훈련 **199**

3 공무원 5개년 기출 문제

정답 및 해설 p. 31

01 ▶ 2025 국가직 9급

사채의 회계처리와 관련하여 사채할인발행차금을 유효이자율법에 따라 상각할 때 재무상태에 미치는 영향으로 옳은 것은? (단, 유효이자율은 0보다 크다)

① 자본의 증가, 부채의 증가
② 자본의 증가, 부채의 감소
③ 자본의 감소, 부채의 증가
④ 자본의 감소, 부채의 감소

02 ▶ 2024 국가직 9급

사채에 대한 설명으로 옳지 않은 것은?

① 사채발행 시 시장이자율이 액면이자율보다 높은 경우 할인발행된다.
② 사채를 할인발행한 경우 매년 인식할 이자비용은 증가한다.
③ 사채할증발행차금 잔액은 매년 감소한다.
④ 사채할인발행차금 상각액은 매년 감소한다.

03 ▶ 2021 국가직 9급

상각후원가측정금융부채로 분류하는 사채의 회계처리에 대한 설명으로 옳지 않은 것은?

① 사채발행시 사채발행비가 발생한 경우의 유효이자율은 사채발행비가 발생하지 않는 경우보다 높다.
② 사채의 액면이자율이 시장이자율보다 낮은 경우 사채를 할인발행하게 된다.
③ 사채를 할증발행한 경우 사채의 장부금액은 시간이 흐를수록 감소한다.
④ 사채의 할인발행과 할증발행의 경우 사채발행차금상각액이 모두 점차 감소한다.

4 실전 훈련 문제

정답 및 해설 p.31

01 ▶ 2023 관세사

도매업을 영위하는 (주)관세의 거래 중 금융부채를 발생시키는 거래를 모두 고른 것은?

ㄱ. 상품 ₩1,000을 외상으로 구입하였다.
ㄴ. 건물 임대료 ₩1,000을 미리 수취하였다.
ㄷ. 상품을 판매하기로 하고 계약금 ₩1,000을 수취하였다.
ㄹ. 일반사채(액면금액 ₩1,000, 표시이자율 연 8%, 만기 3년, 매년 말 이자지급)를 액면발행하였다.

① ㄱ, ㄷ ② ㄱ, ㄹ
③ ㄴ, ㄷ ④ ㄴ, ㄹ
⑤ ㄷ, ㄹ

02 ▶ 2022 주택관리사

금융부채에 해당하지 않는 것은?

① 사채 ② 단기차입금
③ 미지급금 ④ 매입채무
⑤ 당기법인세부채

03

다음 중 금융부채에 해당하지 않는 것은?

① 매입채무 ② 사채
③ 상환우선주 ④ 충당부채

04 ▶ 2025 경찰간부

사채의 회계처리에 대한 설명으로 옳지 않은 것은?

① 사채의 액면이자율이 시장이자율보다 낮은 경우 사채를 할인발행하게 된다.
② 사채가 할증발행되고 유효이자율법에 의해 상각하는 경우 기간경과에 따라 매기 인식하는 할증발행차금의 상각액은 증가한다.
③ 사채를 할증발행할 때 사채발행비가 발생한다면 유효이자율은 사채발행비가 발생하지 않는 경우보다 낮다.
④ 사채가 할증발행된다면 기간경과에 따라 매기 인식하는 유효이자는 감소한다.

05 ▶ 2019 관세사

상각후원가로 후속 측정하는 일반사채에 관한 설명으로 옳지 않은 것은?

① 사채를 할인발행하고 중도상환 없이 만기까지 보유한 경우, 발행자가 사채발행시점부터 사채만기까지 포괄손익계산서에 인식한 이자비용의 총합은 발행시점의 사채할인발행차금과 연간 액면이자 합계를 모두 더한 값과 일치한다.
② 사채발행비가 존재하는 경우, 발행시점의 발행자의 유효이자율은 발행시점의 시장이자율보다 낮다.
③ 사채를 할증발행한 경우, 중도상환이 없다면 발행자가 포괄손익계산서에 인식하는 사채 관련 이자비용은 매년 감소한다.
④ 사채를 할인발행한 경우, 중도상환이 없다면 발행자가 재무상태표에 인식하는 사채의 장부금액은 매년 체증적으로 증가한다.
⑤ 사채를 중도상환할 때 거래비용이 없고 시장가격이 사채의 내재가치를 반영하는 경우, 중도상환시점의 시장이자율이 사채발행시점의 유효이자율보다 크다면 사채발행자 입장에서 사채상환이익이 발생한다.

06

다음 중 사채발행에 관한 설명으로 옳지 않은 것은?

① 사채할인발행차금 상각 시 이자비용은 상각액만큼 증가하므로 당기순이익은 감소하고 사채의 장부금액은 증가한다.
② 기발행된 사채할인발행차금상각액은 사채기간 동안의 시장이자율에 영향을 받지 않는다.
③ 사채할인발행차금을 유효이자율법으로 상각할 경우 이자비용은 기간의 경과에 따라 매년 증가한다.
④ 사채할증발행차금을 유효이자율법으로 상각할 경우 사채할증발행차금상각액은 기간의 경과에 따라 매년 감소한다.

07

사채에 대한 다음 설명 중 옳지 않은 것은?

① 자기사채는 사채의 취득목적에 관계없이 사채에서 직접 차감한다.
② 사채 발행 시의 시장이자율보다 상환 시의 시장이자율이 높으면 사채상환이익이 발생한다
③ 유효이자율법을 적용할 경우 할인 및 할증발행 모두 이자비용이 매년 감소한다.
④ 사채할인발행차금 상각액은 순이익을 감소시키지만, 사채의 장부금액은 증가시킨다.

08 ▶ 2021 보험계리사

다음 중 사채 전체기간의 총 이자비용이 표시이자 총액보다 큰 상황을 설명하는 것은?

① 사채장부가액이 매년 증가하는 경우
② 사채발행가액이 액면가액보다 큰 경우
③ 표시이자율이 유효이자율보다 큰 경우
④ 사채이자비용이 매년 감소하는 경우

09

사채와 관련된 다음의 설명으로 옳지 않은 것은?

① 한국채택국제회계기준에서는 사채발행차금의 상각은 유효이자율법에 따라 상각한다.
② 사채발행차금이 상각되면 할인발행의 경우 이자비용이 매년 증가하고, 할증발행의 경우 이자비용이 매년 감소한다.
③ 사채발행시점에서 사채발행비가 지출되는 경우 발행 당시의 유효이자율은 발행 당시의 시장이자율보다 낮다.
④ 사채할인발행차금을 유효이자율법으로 상각하는 경우, 사채할인발행차금상각액은 매년 증가한다.

10

사채의 할증발행에 관한 설명으로 옳지 않은 것은?

① 표시이자율보다 시장에서 요구하는 수익률이 낮은 경제상황에서 발생한다.
② 매기 현금이자지급액보다 낮은 이자비용이 인식된다.
③ 유효이자율법에 의해 상각할 경우 기간경과에 따라 할증발행차금상각액은 매기 증가한다.
④ 사채의 장부금액은 매기 할증발행차금의 상각액만큼 증가한다.

11

다음 중 사채상환이익이 발생하는 경우에 해당하는 것은?

① 사채발행 당시에 비하여 사채상환 시의 시장이자율이 하락한 경우의 만기상환
② 사채발행 당시에 비하여 사채상환 시의 시장이자율이 상승한 경우의 만기상환
③ 사채발행 당시에 비하여 사채상환 시의 시장이자율이 하락한 경우의 만기 전 상환
④ 사채발행 당시에 비하여 사채상환 시의 시장이자율이 상승한 경우의 만기 전 상환

12 ▶ 2022 보험계리사

다음 중 금융부채의 제거에 대한 설명으로 옳지 않은 것은?

① 기존 차입자와 대여자가 실질적으로 다른 조건으로 채무상품을 교환한 경우에 기존 금융부채는 유지한 상태에서 새로운 금융부채를 공정가치로 인식한다.
② 소멸하거나 제3자에게 양도한 금융부채의 장부금액과 지급한 대가의 차액은 당기손익으로 인식한다.
③ 금융부채는 계약상 의무가 이행, 취소, 만료 등으로 소멸된 경우에만 재무상태표에서 제거한다.
④ 금융부채의 일부를 재매입하는 경우에 종전 금융부채의 장부금액은 계속 인식하는 부분과 제거하는 부분에 대해 재매입일 현재 각 부분의 상대적 공정가치를 기준으로 배분한다.

10 충당부채와 종업원급여

1 이론 정리 및 이해 확인

독한훈련

01 충당부채

1. 부채의 정의

부채는 (과거 / 현재)사건에 의해서 발생하였으며 경제적 효익을 갖는 자원이 기업으로부터 유출됨으로써 이행될 것으로 기대되는 (과거 / 현재)의무이다.

2. 충당부채의 정의

과거사건에 의해서 발생한 (현재 / 미래)의 의무로 지출의 시기나 금액이 불확실한 부채를 (우발부채 / 충당부채)라고 한다.

3. 충당부채의 요건(모두 만족)

3-1 과거사건의 결과로 현재의무(법적 의무 또는 의제의무)가 존재한다.

① 충당부채로 인식하기 위해서는 과거사건의 결과 현재의무가 존재해야 하는데, 이때 현재의무는 _____ 또는 _____ 이다.

② 과거의 실무관행, 발표된 경영방침 또는 구체적이고 유효한 약속 등을 통하여 기업이 특정 책임을 부담하겠다는 것을 상대방에게 표명하고, 그 결과 기업이 당해 책임을 이행할 것이라는 정당한 기대를 상대방이 가지게 되었을 때 발생하는 의무를 _____ (이)라고 한다.

③ 미래 영업을 위하여 발생하게 될 비용에 대해서는 충당부채를 인식(할 수 있다 / 하지 않는다).

④ 불법적 환경오염으로 인한 범칙금은 충당부채 설정 (대상이다 / 대상이 아니다).

⑤ 환경기준을 충족하기 위하여 환경오염방지시설을 설치하는 등 공장운영방식을 바꾸는 것은 충당부채 설정 (대상이다 / 대상이 아니다).

01 충당부채

1 부채의 정의

부채는 과거사건에 의해서 발생하였으며 경제적 효익을 갖는 자원이 기업으로부터 유출됨으로써 이행될 것으로 기대되는 현재의무이다.

2 충당부채의 정의

과거사건에 의해서 발생한 현재의 의무로 지출의 시기나 금액이 불확실한 부채를 충당부채라고 한다.

3 충당부채의 요건(모두 만족)

3-1 과거사건의 결과로 현재의무[법적 의무 또는 의제의무]가 존재한다.

① 법적 의무는 명시적 또는 묵시적 조항에 따른 계약, 법률, 기타 법적 효력에 의하여 발생하는 의무이다.

② 의제의무는 과거의 실무관행, 발표된 경영방침 또는 구체적이고 유효한 약속 등을 통하여 기업이 특정 책임을 부담하겠다는 것을 상대방에게 표명하고, 그 결과 기업이 당해 책임을 이행할 것이라는 정당한 기대를 상대방이 가지게 되었을 때 발생하는 의무이다.

③ 미래 영업을 위하여 발생하게 될 비용에 대해서는 충당부채를 인식하지 않는다.

④ 불법적 환경오염으로 인한 범칙금은 기업의 미래행위에 관계없이 당해 의무를 이행하기 위하여 경제적 효익이 내재된 자원의 유출이 수반되므로 충당부채를 인식할 대상이다.

⑤ 환경기준을 충족하기 위하여 환경오염방지시설을 설치하는 등의 공장운영방식을 바꾸는 경우에는 미래의 지출을 피할 수 있으므로 충당부채 인식대상이 아니다.

정답 01 1. 과거, 현재 2. 현재, 충당부채 3-1 ① 법적 의무, 의제의무 ② 의제의무 ③ 하지 않는다 ④ 대상이다 ⑤ 대상이 아니다

3-2 해당 의무를 이행하기 위하여 경제적 효익이 있는 자원을 유출할 가능성이 높다.

3-3 해당 의무를 이행하기 위하여 필요한 금액을 신뢰성 있게 추정할 수 있다.

① 추정치를 사용하는 것 자체는 재무제표의 신뢰성을 손상시키지는 않으나 충당부채는 반드시 신뢰성 있는 추정이 필수적이다.
② 만약 금액의 추정이 불가능한 경우에는 부채로 인식할 수 없으며, 우발부채로 공시한다.

❹ 충당부채의 측정

① 충당부채로 인식하는 금액은 현재의무를 보고기간 말에 이행하기 위하여 소요되는 지출에 대한 최선의 추정치여야 한다.
② 충당부채에 대한 최선의 추정치를 산출할 때는 관련된 여러 사건과 상황에 따르는 불가피한 위험과 불확실성을 고려한다.
③ 충당부채는 미래 예상되는 지출이므로 화폐의 시간가치가 중요한 경우에는 현재가치로 평가한다.
④ 현재가치 평가 시 적용할 할인율은 부채 특유의 화폐의 시간가치에 대한 현행시장의 평가를 반영한 세전이자율이다.
⑤ 현재의무를 이행하기 위하여 소요되는 지출금액에 영향을 미치는 미래사건이 발생할 것이라는 충분하고 객관적인 증거가 있는 경우에는 그러한 미래사건을 고려하여 충당부채금액을 추정한다.
⑥ 관련 자산의 예상된 처분이익은 충당부채를 측정하는 데 고려하지 않는다.

❺ 충당부채의 변제와 변동

① 충당부채를 결제하기 위하여 필요한 지출액의 일부나 전부를 제3자가 변제할 것으로 예상되는 경우에는 기업이 의무를 이행한다면 변제를 받을 것이 거의 확실하게 되는 때에만 변제금을 별도의 자산으로 인식한다.
② 변제받을 자산으로 인식할 금액은 충당부채를 초과할 수 없다.
③ 충당부채와 관련하여 포괄손익계산서에 인식된 비용은 제3자의 변제와 관련하여 인식한 금액과 상계하여 표시할 수 있다.

> **독한훈련**
>
> **3-2** 해당 의무를 이행하기 위하여 경제적 효익이 있는 자원을 유출할 가능성이 높다.
>
> 충당부채의 인식요건으로 해당 의무를 이행하기 위하여 경제적 효익이 있는 자원을 유출할 가능성이 (매우 높다 / 높다 / 낮지 않다).
>
> **3-3** 해당 의무를 이행하기 위하여 필요한 금액을 신뢰성 있게 추정할 수 있다.
>
> ① 추정치를 사용하는 것 자체는 재무제표의 신뢰성을 손상시키지는 않으나 충당부채는 반드시 신뢰성 있는 추정이 (필수적이다 / 필수적인 것은 아니다).
> ② 해당 의무이행에 소요되는 금액을 신뢰성 있게 추정이 불가능한 경우에 재무제표 본문에 부채로 인식할 수 (있다 / 없다).
>
> **4. 충당부채의 측정**
>
> ① 충당부채로 인식하는 금액은 현재의무를 보고기간 말에 이행하기 위하여 소요되는 지출에 대한 _____ 여야 한다.
> ② 충당부채에 대한 최선의 추정치를 산출할 때는 관련된 여러 사건과 상황에 따르는 불가피한 _____ 와(과) _____ 을(를) 고려한다.
> ③ 충당부채를 인식할 때 화폐의 시간가치가 중요한 경우에는 현재가치로 평가(한다 / 하지 않는다).
> ④ 현재가치 평가 시 적용할 할인율은 부채 특유의 화폐의 시간가치에 대한 현행시장의 평가를 반영한 (세전 / 세후) 이자율이다.
> ⑤ 현재의무를 이행하기 위하여 소요되는 지출금액에 영향을 미치는 미래사건이 발생할 것이라는 충분하고 객관적인 증거가 있는 경우에는 충당부채를 추정하는 데 미래사건을 반영(한다 / 하지 않는다).
> ⑥ 충당부채를 추정하는 데 관련 자산의 예상된 처분이익은 고려(한다 / 하지 않는다).
>
> **5. 충당부채의 변제와 변동**
>
> ① 충당부채를 결제하기 위하여 필요한 지출액의 일부나 전부를 제3자가 변제할 것으로 예상되는 경우에는 기업이 의무를 이행한다면 변제를 받을 것이 거의 확실하게 되는 때에만 변제금을 별도의 (부채 / 자산)(으)로 인식한다.
> ② 변제받을 자산으로 인식할 금액은 충당부채를 초과할 수 (있다 / 없다).
> ③ 충당부채와 관련하여 포괄손익계산서에 인식된 비용은 제3자의 변제와 관련하여 인식한 금액과 상계하여 표시할 수 (있다 / 없다).

정답 3-2 높다 3-3 ① 필수적이다 ② 없다 4. ① 최선의 추정치 ② 위험, 불확실성 ③ 한다 ④ 세전 ⑤ 한다 ⑥ 하지 않는다
5. ① 자산 ② 없다 ③ 있다

독한훈련

④ 충당부채는 (추정치가 변경될 경우에 / 보고기간 말마다) 잔액을 검토하고, 보고기간 말 현재 최선의 추정치를 반영하여 조정한다.

⑤ 충당부채를 현재가치로 평가하여 표시한 경우에는 장부금액을 기간 경과에 따라 (증가 / 감소)시키고 해당 증가액은 (차입원가 / 당기수익)(으)로 인식한다.

⑥ 충당부채는 최초 인식과 관련 없는 지출에 대해서는 사용할 수 (있다 / 없다).

6. 충당부채의 종류

① 미래의 예상영업손실에 대해서 충당부채로 인식(한다 / 하지 않는다).

② 손실부담계약에 대해서는 충당부채로 인식(한다 / 하지 않는다).

③ 구조조정은 공식적으로 발표되어 구조조정을 이행할 것이라는 정당한 기대가 형성되고 그러한 계획에 의해 내용을 확인할 수 있는 경우 충당부채로 인식할 수 (있다 / 없다).

④ 다음 중 구조조정충당부채에 포함될 지출을 고르시오.
  a. 마케팅 관련 지출
  b. 계속 근무하는 직원에 대한 교육훈련과 재배치
  c. 구조조정과 관련하여 필수적으로 발생하는 지출
  d. 새로운 제도와 물류체계의 구축에 대한 투자지출

⑤ 구조조정을 완료하는 날까지 발생할 것으로 예상되는 영업손실은 충당부채로 인식(한다 / 하지 않는다).

⑥ 구조조정으로 인한 손실부담계약과 관련된 예상영업손실은 충당부채를 인식(한다 / 하지 않는다).

⑦ 구조조정의 일환으로 관련 자산을 매각할 때 예상처분이익은 구조조정충당부채를 측정하는 데 반영(한다 / 하지 않는다).

---

④ 충당부채는 보고기간 말마다 잔액을 검토하고, 보고기간 말 현재 최선의 추정치를 반영하여 조정한다.

⑤ 충당부채를 현재가치로 평가하여 표시한 경우에는 장부금액을 기간 경과에 따라 증가시키고 해당 증가액은 차입원가(이자비용)로 인식한다.

⑥ 충당부채는 최초 인식과 관련이 있는 지출에 대해서만 사용한다.

6 충당부채의 종류

① 미래의 예상영업손실은 충당부채로 인식하지 않는다.

② 손실부담계약은 계약상 의무이행에서 발생하는 회피불가능원가가 그 계약에 의해 받을 것으로 기대되는 경제적 효익을 초과하는 경우 충당부채로 인식한다.

③ 구조조정은 공식적으로 발표되어 구조조정을 이행할 것이라는 정당한 기대가 형성되고 그러한 계획에 의해 내용을 확인할 수 있는 경우 충당부채를 인식할 수 있다.

④ 구조조정충당부채에 인식할 수 있는 지출은 다음과 같다.

> ㉠ 구조조정과 관련하여 필수적으로 발생하는 지출
> ㉡ 기업의 계속적인 활동과 관련이 없는 지출

⑤ 구조조정충당부채에 인식할 수 없는 지출은 다음과 같다.

> ㉠ 계속 근무하는 직원에 대한 교육훈련과 재배치
> ㉡ 마케팅
> ㉢ 새로운 제도와 물류체계의 구축에 대한 투자

⑥ 구조조정을 완료하는 날까지 발생할 것으로 예상되는 영업손실은 충당부채로 인식하지 않는다.

⑦ 구조조정으로 인한 손실부담계약과 관련된 예상영업손실은 충당부채를 인식한다.

⑧ 구조조정의 일환으로 관련 자산을 매각할 때 예상처분이익은 구조조정충당부채를 측정하는 데 반영하지 않는다.

정답 ④ 보고기간 말마다 ⑤ 증가, 차입원가 ⑥ 없다 6. ① 하지 않는다 ② 한다 ③ 있다 ④ c ⑤ 하지 않는다 ⑥ 한다 ⑦ 하지 않는다

02 우발부채

❶ 우발부채의 정의
과거사건에 의하여 발생하였으나 기업이 전적으로 통제할 수 없는 하나 이상의 불확실한 미래사건의 발생 여부에 의하여서만 그 존재가 확인되는 잠재적 의무이다.

❷ 인식
① 우발부채는 경제적 효익의 유출가능성이 높지 않으므로 주석으로 공시한다.
② 경제적 효익의 유출가능성이 희박한 경우에는 공시하지 않는다.
③ 과거에 우발부채로 처리하였더라도 이후 충당부채의 인식조건을 충족하였다면 재무상태표에 충당부채를 인식한다.

03 우발자산

❶ 우발자산의 정의
과거사건에 의하여 발생하였으나 기업이 전적으로 통제할 수 없는 하나 이상의 불확실한 미래사건의 발생 여부에 의하여서만 그 존재가 확인되는 잠재적 자산이다.

❷ 인식
① 우발자산은 미래에 전혀 실현되지 않을 수 있으므로 재무상태표에 인식하지 않고 주석에 인식한다.
② 수익의 실현이 거의 확실하다면 이는 더 이상 우발자산이 아니며, 일반적인 자산으로 인식하여 회계처리한다.

04 종업원급여

❶ 구분
종업원급여는 단기종업원급여, 기타장기종업원급여, 해고급여 및 퇴직급여로 구분한다.

독한훈련

02 우발부채

1. 우발부채의 정의
우발부채는 과거사건에 의하여 발생하였으나 기업이 전적으로 통제할 수 없는 하나 이상의 불확실한 미래사건의 발생 여부에 의하여서만 그 존재가 확인되는 (과거 / 현재 / 잠재적) 의무이다.

2. 인식
① 우발부채는 경제적 효익의 유출가능성이 (높은 / 높지 않은 / 낮은) 경우에 (주석 / 재무제표 본문)에 인식한다.
② 경제적 효익의 유출가능성이 희박한 경우에는 우발부채는 주석에 공시(한다 / 하지 않는다).
③ 과거에 우발부채로 처리하였더라도 이후 충당부채의 인식조건을 충족하였다면 재무상태표에 충당부채를 인식(한다 / 할 수 없다).

03 우발자산

1. 우발자산의 정의
우발자산은 과거사건에 의하여 발생하였으나 기업이 전적으로 통제할 수 없는 하나 이상의 불확실한 미래사건의 발생 여부에 의하여서만 그 존재가 확인되는 (과거 / 현재 / 잠재적) 자산이다.

2. 인식
① 우발자산은 (주석 / 재무제표 본문)에 인식한다.
② 수익의 실현이 거의 확실하다면 (우발자산 / 일반적인 자산)으로 회계처리한다.

04 종업원급여

1. 구분
종업원급여는 단기종업원급여, 기타장기종업원급여, ▨▨▨▨▨ 및 퇴직급여로 구분한다.

정답 02 1. 잠재적 2. ① 높지 않은, 주석 ② 하지 않는다 ③ 한다   03 1. 잠재적 2. ① 주석 ② 일반적인 자산   04 1. 해고급여

독한훈련

2. 단기종업원급여

① 단기종업원급여에서 종업원이 관련 근무용역을 제공하는 연차보고기간 말 이후 12개월 이전에 전부 결제될 것으로 예상되는 (화폐성 / 비화폐성 / 화폐성과 비화폐성 모두의) 급여를 의미한다.

② 종업원이 특정기간 계속 근무하는 조건으로 이익을 분배받는 이익분배금도 단기종업원급여로 분류(한다 / 하지 않는다).

③ 기업이 별도의 상여금을 지급할 법적의무가 없음에도 관행적으로 상여금을 지급하는 경우, 기업은 상여금을 지급하는 방법 외에 다른 현실적인 대안이 없을 때 _____ 가 존재하는 것으로 보고 의제의무를 (부담한다 / 부담하지 않는다).

④ 단기종업원급여에서 누적유급휴가는 유급휴가가 아직 가득되지 않은 경우에도 근로용역을 제공한 때 관련 채무를 인식(한다 / 하지 않는다).

⑤ 누적 유급휴가의 예상원가는 보고기간 말 현재 (사용/미사용) 유급휴가가 누적되어 기업이 지급할 것으로 예상하는 추가 금액으로 측정한다.

⑥ 단기종업원급여에서 비누적유급휴가는 유급휴가가 사용되기 전에 관련 채무를 인식(한다 / 하지 않는다).

3. 해고급여

① _____ 은(는) 기업의 결정이나 제안에 의하여 종업원을 해고하는 대가로 제공되는 종업원급여를 말한다.

② 종업원의 요청에 의하여 퇴직을 하는 경우는 (해고급여 / 퇴직급여)이다.

4. 기타장기종업원급여

기타장기종업원급여는 종업원이 관련 근무용역을 제공하는 연차보고기간 말 이후 _____ 개월 이전에 전부 결제되지 않을 경우로 한정한다.

② 단기종업원급여

① 종업원이 관련 근무용역을 제공하는 연차보고기간 말 이후 12개월 이전에 전부 결제될 것으로 예상되는 화폐성, 비화폐성 모두의 급여를 의미한다.

> • 임금, 사회보장분담금
> • 유급연차휴가와 유급병가
> • 이익분배금과 상여금
> • 현직 종업원을 위한 비화폐성 급여(예 의료, 주택, 자동차, 무상 또는 일부 보조로 제공되는 재화와 용역)

② 종업원이 회계기간에 근무용역을 제공할 때, 그 대가로 지급이 예상되는 단기종업원급여는 할인하지 않은 금액으로 인식한다.

③ 종업원이 특정기간 계속 근무하는 조건으로 이익을 분배받는 이익분배제도의 경우 관련된 원가는 당기비용으로 인식한다.

④ 기업이 별도의 상여금을 지급할 법적의무가 없음에도 관행적으로 상여금을 지급하는 경우, 기업은 상여금을 지급하는 방법 외에 다른 현실적인 대안이 없을 때 현재의무가 존재하는 것으로 보고 의제의무를 부담한다.

⑤ 누적유급휴가는 종업원이 근무용역을 제공함에 따라 발생하므로 유급휴가가 아직 가득되지 않은 경우에도 관련 채무를 인식한다.

⑥ 누적 유급휴가의 예상원가는 보고기간 말 현재 미사용 유급휴가가 누적되어 기업이 지급할 것으로 예상하는 추가 금액으로 측정한다.

⑦ 비누적유급휴가는 종업원이 실제로 유급휴가를 사용하기 전에는 부채나 비용을 인식하지 않는다.

③ 해고급여

① 해고급여는 기업의 결정이나 제안에 의하여 종업원을 해고하는 대가로 제공되는 종업원급여를 말한다.

② 종업원의 요청에 의하여 퇴직을 하는 경우는 해고급여가 아닌 퇴직급여로 인식된다.

④ 기타장기종업원급여

기타장기종업원급여는 종업원이 관련 근무용역을 제공하는 연차보고기간 말 이후 12개월 이전에 전부 결제될 것으로 예상되지 않는 경우에 한정된다.

정답 2. ① 화폐성과 비화폐성 모두의 ② 한다 ③ 현재의무, 부담한다 ④ 한다 ⑤ 미사용 ⑥ 하지 않는다 3. ① 해고급여 ② 퇴직급여 4. 12

❺ 퇴직급여

종업원의 퇴직으로 지급하는 종업원급여를 의미하며, 퇴직급여제도에 따라 확정기여제도와 확정급여제도로 구분된다.

① 확정기여제도는 보험수리적 위험과 투자위험을 종업원이 부담하게 된다. 따라서 기업은 기여금을 납부함으로써 퇴직급여와 관련된 모든 의무가 종료된다.

② 확정급여제도는 보험수리적 위험과 투자위험을 기업이 부담하게 된다. 따라서 기업은 확정급여채무의 현재가치에서 사외적립자산의 공정가치를 차감한 금액을 재무상태표에 순확정급여부채(자산)로 보고한다.

③ 확정급여채무의 현재가치는 종업원이 당기와 과거기간에 제공한 근무용역의 대가로 획득한 급여에 대한 기업의 궁극적인 원가를 보험수리적 기법(예측단위적립방식)을 사용하여 신뢰성 있게 측정한 예상미래지급액의 현재가치를 말한다.

④ 현재가치를 측정하기 위한 할인율은 보고기간 말 현재 퇴직급여와 유사한 만기를 가진 우량회사채의 시장수익률을 참조하여 결정하며, 회사채에 대해 거래층이 두터운 시장이 없는 경우에는 국공채의 시장수익률을 사용한다.

⑤ 사외적립자산은 기업으로부터 기여금을 받아 이를 운용하여 종업원 퇴직 시 퇴직급여를 지급하는 기금이 보유하고 있는 자산을 의미한다.

⑥ 사외적립자산은 공정가치로 측정하며, 확정급여채무의 현재가치에서 차감하여 순확정급여부채(자산)의 과목으로 하여 재무상태표에 공시한다.

독한훈련

5. 퇴직급여

① 퇴직급여는 종업원의 퇴직으로 지급하는 종업원급여를 의미하며, 퇴직급여제도에 따라 _____제도와 _____제도로 구분된다.

② 확정기여제도는 보험수리적인 위험과 투자위험을 (종업원 / 기업)이 부담한다. 따라서 기업은 기여금을 납입할 때 (비용 / 부채)(으)로 인식한다.

③ 확정급여제도는 보험수리적 위험과 투자위험을 (종업원 / 기업)이 부담한다. 따라서 기업은 종업원에게 지급되어야 할 퇴직급여를 추산하여 재무제표에 (자산 / 부채)을(를) 인식해야 한다.

④ _____의 현재가치는 종업원이 당기와 과거기간에 제공한 근무용역의 대가로 획득한 급여에 대한 기업의 궁극적인 원가를 보험수리적 기법(예측단위적립방식)을 사용하여 신뢰성 있게 측정한 예상미래지급액의 현재가치를 말한다.

⑤ 현재가치를 측정하기 위한 할인율은 (국공채 / 기말 현재 퇴직급여와 유사한 만기를 가진 우량회사채)의 시장수익률을 사용한다.

⑥ _____은(는) 기업으로부터 기여금을 받아 이를 운용하여 종업원 퇴직 시 퇴직급여를 지급하는 기금이 보유하고 있는 자산을 의미한다.

⑦ 사외적립자산은 (장부금액 / 공정가치)(으)로 측정하며, 확정급여채무의 현재가치에서 (가산 / 차감)하여 순확정급여부채(자산)의 과목으로 하여 재무상태표에 공시한다.

정답 5. ① 확정기여, 확정급여 ② 종업원, 비용 ③ 기업, 부채 ④ 확정급여채무 ⑤ 기말 현재 퇴직급여와 유사한 만기를 가진 우량회사채 ⑥ 사외적립자산 ⑦ 공정가치, 차감

2 OX 강훈련

다음 문장을 읽고 옳은 설명에는 O, 옳지 않은 설명에는 X를 하고 올바른 문장으로 수정하시오.

01 미이행계약이더라도 동 계약이 손실부담계약이라면 충당부채를 인식한다. O X

02 충당부채를 인식해야 하는 의무는 법적 의무뿐만 아니라 의제의무도 포함되며, 충당부채를 인식하기 위해서는 해당 의무를 이행하기 위하여 경제적 효익이 있는 자원을 유출할 가능성이 매우 높아야 한다. O X

03 충당부채로 인식되기 위해서는 과거사건으로 인한 의무가 기업의 미래행위와 관련되어야 한다. O X

04 해당 의무의 이행을 위하여 경제적 효익이 있는 자원의 유출가능성이 희박한 경우라 하더라도 지급보증이나 계류 중인 소송사건은 주석으로 공시한다. O X

05 우발자산은 어떠한 경우에도 주석으로 공시하지 않는다. O X

06 예상되는 자산처분이 충당부채를 발생시킨 사건과 밀접하게 관련되었더라도 당해 자산의 예상처분이익은 충당부채를 측정하는 데 고려하지 않는다. O X

07 충당부채의 일부를 제3자가 변제할 것이 거의 확실시되는 경우 변제금액을 제외한 잔액에 대해서만 충당부채를 인식한다. O X

OX 풀이

02 충당부채를 인식하기 위해서는 해당 의무를 이행하기 위하여 경제적 효익이 있는 자원을 유출할 가능성이 **'매우 높을' 것이 아니라 '높을' 것**이라는 조건을 충족하면 된다.
03 충당부채로 인식되기 위해서는 과거사건으로 인한 의무가 기업의 미래행위와 **독립적**이어야 한다.
04 해당 의무의 이행을 위하여 경제적 효익이 있는 자원의 유출가능성이 희박한 경우에는 **공시하지 않는다.**
05 우발자산은 **경제적 효익의 유입가능성이 높은 경우에만 공시**한다. 또한 수익의 실현이 거의 확실시된다면 이는 더 이상 우발자산이 아니며, 일반적인 회계기준에 따라 자산을 인식한다.
07 **전체 의무를 충당부채로 인식**하고 변제할 것이 거의 확실시되는 금액은 **별도로 자산으로 처리**한다.

| 정답 | 01 O 02 X 03 X 04 X 05 X 06 O 07 X

: 다음 문장을 읽고 옳은 설명에는 O, 옳지 않은 설명에는 X를 하고 올바른 문장으로 수정하시오.

08 충당부채에 대한 화폐의 시간가치가 중요한 경우, 충당부채의 의무를 이행하기 위해 예상되는 지출액의 현재가치로 평가한다. ○ X

09 우발자산은 자원의 유입가능성이 높고, 그 금액을 신뢰성 있게 측정할 수 있는 경우에만 주석으로 공시한다. ○ X

10 매 보고기간 말마다 충당부채의 잔액을 검토하고, 보고기간 말 현재 최선의 추정치를 반영하여 조정한다. 의무이행을 위하여 경제적 효익이 있는 자원을 유출할 가능성이 더 이상 높지 아니한 경우에는 관련 충당부채를 환입한다. ○ X

11 사업매각의 경우 사업매각을 결정하고 그 결정을 대외에 공표하더라도 구속력 있는 매각약정을 체결하기 전에는 사업매각과 관련된 의무가 발생하지 않는다. ○ X

12 충당부채는 지출의 시기와 금액이 모두 불확실한 부채이다. ○ X

13 예상되는 자산처분이 충당부채를 발생시킨 사건과 밀접하게 관련되었다면 그 자산의 예상처분이익은 충당부채에서 차감한다. ○ X

14 미래에 영업손실이 예상되는 경우에는 충당부채를 인식한다. ○ X

15 충당부채의 특성상 재무상태표의 다른 항목보다 불확실성이 더 크므로 추정치의 사용은 필수적이며, 이러한 추정치의 사용은 재무제표의 신뢰성을 떨어뜨리지 않는다. ○ X

16 과거에 우발부채로 처리하였다면 미래경제적 효익의 유출가능성이 높아진 경우에도 충당부채로 인식할 수 없다. ○ X

OX 풀이

09 우발자산은 자원의 유입가능성이 높은 경우에 주석으로 공시한다. **신뢰성 있는 측정은** 우발자산을 공시하기 위한 **필요조건이 아니다.**
12 충당부채는 지출의 **시기 또는 금액**이 불확실한 부채이다.
13 예상되는 자산처분이 충당부채를 생기게 한 사건과 밀접하게 관련되었더라도 예상되는 자산처분이익은 충당부채를 측정하는 데 **고려하지 아니한다.**
14 미래의 예상영업손실은 충당부채로 **인식하지 아니한다.**
16 과거에 우발부채로 처리하였더라도 미래경제적 효익의 유출가능성이 **높아진 경우에는** 그러한 가능성의 변화가 생긴 기간의 재무제표에 충당부채로 **인식한다.**

| 정답 | 08 O 09 X 10 O 11 O 12 X 13 X 14 X 15 O 16 X

다음 문장을 읽고 옳은 설명에는 O, 옳지 않은 설명에는 X를 하고 올바른 문장으로 수정하시오.

17 화폐의 시간가치 효과가 중요한 경우 충당부채는 의무를 이행하기 위하여 예상되는 지출액의 현재가치로 평가하며, 현재가치 평가에 사용하는 할인율은 부채의 특유 위험과 화폐의 시간가치에 대한 현행시장의 평가를 반영한 세후이자율이다. O X

18 이익분배제도에 따라 기업이 부담하는 의무는 종업원이 제공하는 근무용역에서 발생하는 것이나 이익분배에 해당하므로 이익잉여금의 처분으로 회계처리한다. O X

19 확정기여제도는 보험수리적인 위험과 투자위험을 종업원이 부담하게 된다. O X

20 퇴직급여채무를 할인하기 위해 사용하는 할인율은 보고기간 말 현재 국공채의 시장수익률을 사용한다. O X

21 기타포괄손익에 인식되는 순확정급여부채(자산)의 재측정요소는 후속 기간에 당기손익으로 재분류한다. O X

OX 풀이

17 할인율은 **세전이자율**을 말한다.
18 이익분배제도에 따라 기업이 부담하는 의무는 종업원이 제공하는 근무용역에서 발생하는 것이므로 **당기 비용으로 처리**한다.
20 할인율은 **보고기간 말 현재 우량회사채의 시장수익률을 참조하여 결정**한다. 만약 그러한 회사채에 대해 거래층이 두터운 시장이 없는 경우에는 보고기간 말 현재 국공채의 시장수익률을 사용한다.
21 기타포괄손익에 인식되는 순확정급여부채(자산)의 재측정요소는 후속 기간에 당기손익으로 재분류조정하지 **않는다**.

| 정답 | 17 X 18 X 19 O 20 X 21 X |

3 공무원 5개년 기출 문제

정답 및 해설 p. 32

01 ▶ 2025 국가직 9급

충당부채의 인식에 대한 설명으로 옳지 않은 것은?

① 과거 사건의 결과로 현재 의무가 존재하여야 하며, 현재 의무에는 법적 의무뿐만 아니라 의제 의무도 포함한다.
② 기업의 미래 행위(미래 사업행위)와 관련하여 존재하는 과거사건에서 생긴 의무만을 충당부채로 인식한다.
③ 해당 의무를 이행하기 위하여 경제적 효익이 있는 자원의 유출가능성이 높다.
④ 해당 의무를 이행하기 위하여 필요한 금액을 신뢰성 있게 추정할 수 있다.

02 ▶ 2024 관세직 9급

충당부채, 우발부채 및 우발자산에 대한 설명으로 옳지 않은 것은?

① 충당부채는 결제에 필요한 미래 지출의 시기 또는 금액에 불확실성이 있다는 점에서 매입채무와 미지급비용과 같은 그 밖의 부채와 구별된다.
② 과거사건에 의하여 발생하였으나, 기업이 전적으로 통제할 수 없는 하나 이상의 불확실한 미래사건의 발생 여부에 의하여서만 그 존재가 확인되는 잠재적 의무는 충당부채로 처리한다.
③ 우발자산은 미래에 전혀 실현되지 않을 수도 있는 수익을 인식하는 결과를 가져올 수 있기 때문에 재무제표에 인식하지 아니한다.
④ 충당부채의 인식요건인 현재 의무는 법적의무뿐만 아니라 의제의무도 포함한다.

03 ▶ 2023 국가직 9급

충당부채, 우발부채 및 우발자산에 대한 설명으로 옳은 것은?

① 의무를 이행하기 위하여 경제적 효익이 있는 자원을 유출할 가능성이 희박하지 않다면, 우발부채를 재무제표에 인식한다.
② 예상되는 자산 처분이 충당부채를 생기게 한 사건과 밀접하게 관련되어 있다면, 예상되는 자산 처분이익은 충당부채를 측정하는데 고려한다.
③ 수익의 실현이 거의 확실하다면, 관련 자산은 우발자산이 아니므로 해당 자산을 재무제표에 인식하는 것이 타당하다.
④ 손실부담계약을 체결하고 있는 경우에는 관련된 현재의무를 우발부채로 인식하고 측정한다.

04 ▶ 2022 국가직 9급

충당부채에 대한 설명으로 옳지 않은 것은?

① 충당부채로 인식하는 금액은 현재의무를 보고기간 말에 이행하기 위하여 필요한 지출에 대한 최선의 추정치이어야 한다.
② 미래의 예상 영업손실은 충당부채로 인식하지 아니한다.
③ 현재의무를 이행하기 위하여 필요한 지출 금액에 영향을 미치는 미래 사건이 일어날 것이라는 충분하고 객관적인 증거가 있는 경우에도, 그 미래 사건을 고려하여 충당부채 금액을 추정하지 않는다.
④ 화폐의 시간가치 영향이 중요한 경우에 충당부채는 의무를 이행하기 위하여 예상되는 지출액의 현재가치로 평가한다.

05 ▶ 2021 국가직 7급

충당부채, 우발부채, 우발자산에 대한 설명으로 옳지 않은 것은?

① 제삼자와 연대하여 의무를 지는 경우에는 이행할 전체 의무 중 제삼자가 이행할 것으로 예상되는 부분을 우발부채로 처리한다.
② 관련 상황의 변화가 적절하게 재무제표에 반영될 수 있도록 우발자산을 지속적으로 평가하며, 상황 변화로 경제적 효익의 유입이 거의 확실하게 되는 경우에는 그러한 상황 변화가 일어난 기간의 재무제표에 그 자산과 관련 이익을 인식한다.
③ 현재 의무를 이행하기 위하여 필요한 지출 금액에 영향을 미치는 미래 사건이 일어날 것이라는 충분하고 객관적인 증거가 있는 경우에는 그 미래 사건을 고려하여 충당부채 금액을 추정한다.
④ 구조조정충당부채로 인식할 수 있는 지출은 구조조정에서 발생하는 직접비용과 간접비용을 포함하되, 구조조정 때문에 반드시 생기는 지출이며, 기업의 계속적인 활동과 관련 있는 지출이어야 한다.

4 실전 훈련 문제

정답 및 해설 p. 33

01
부채에 대한 설명으로 옳지 않은 것은?
① 충당부채의 명목가액과 현재가치의 차이가 중요한 경우에는 의무를 이행하기 위하여 예상되는 지출액의 현재가치로 평가한다.
② 우발부채도 유동부채와 비유동부채로 분류하여 재무상태표의 부채로 인식한다.
③ 제품보증판매에 따라 보증청구로 인한 자원이 유출될 가능성이 높고, 그 금액에 대한 신뢰성 있는 추정이 가능한 경우 제품보증판매에 따른 하자보상비를 충당부채로 인식한다.
④ 부채는 과거의 거래나 사건의 결과로 현재 기업실체가 부담하고 있고 미래에 자원의 유출 또는 사용이 예상되는 의무이다.

02 ▶ 2023 경찰간부
충당부채 측정에 관한 내용으로 옳지 않은 것은?
① 충당부채로 인식하는 금액은 현재의무를 보고기간 말에 이행하기 위하여 필요한 지출에 대한 최선의 추정치이어야 한다.
② 충당부채에 대한 최선의 추정치를 구할 때에는 관련된 여러 사건과 상황에 따르는 불가피한 위험과 불확실성을 고려한다.
③ 화폐의 시간가치 영향이 중요한 경우에 충당부채는 의무를 이행하기 위하여 예상되는 지출액의 현재가치로 평가한다.
④ 예상되는 자산 처분이익은 충당부채를 측정하는 데 고려하여야 한다.

03 ▶ 2024 경찰간부
충당부채와 우발부채에 대한 설명으로 옳지 않은 것은?
① 보고기간 말마다 충당부채의 잔액을 검토하고, 보고기간 말 현재 최선의 추정치를 반영하여 조정한다.
② 제삼자와 연대하여 의무를 지는 경우에는 이행할 전체 의무 중 제삼자가 이행할 것으로 예상되는 부분을 우발부채로 처리한다.
③ 구조조정충당부채로 인식할 수 있는 지출은 구조조정에서 발생하는 직접비용과 간접비용을 포함하되, 구조조정 때문에 반드시 생기는 지출이며, 기업의 계속적인 활동과 관련 있는 지출이어야 한다.
④ 현재의무를 이행하기 위하여 해당 금액을 신뢰성 있게 추정할 수 있고 경제적 효익이 있는 자원을 유출할 가능성이 높은 경우 충당부채로 인식한다.

04 ▶ 2023 세무사
충당부채와 우발부채에 관한 설명으로 옳지 않은 것은?
① 현재의무를 이행하기 위하여 필요한 지출 금액에 영향을 미치는 미래 사건이 일어날 것이라는 충분하고 객관적인 증거가 있는 경우에는 그 미래 사건을 고려하여 충당부채 금액을 추정한다.
② 우발부채는 의무를 이행하기 위하여 경제적 효익이 있는 자원을 유출할 가능성이 희박하지 않다면 주석으로 공시한다.
③ 충당부채와 관련하여 포괄손익계산서에 인식한 비용은 제삼자의 변제와 관련하여 인식한 금액과 상계하여 표시할 수 있다.
④ 당초에 다른 목적으로 인식된 충당부채를 그 목적이 아닌 다른 지출에 사용할 수 있다.
⑤ 충당부채를 현재가치로 평가하여 표시하는 경우에는 장부금액을 기간 경과에 따라 증액하고 해당 증가 금액은 차입원가로 인식한다.

05 ▶ 2022 주택관리사

충당부채, 우발부채, 우발자산에 관한 설명으로 옳은 것은?

① 경제적 효익의 유입가능성이 높지 않은 우발자산은 그 특성과 추정금액을 주석으로 공시한다.
② 과거에 우발부채로 처리한 경우에는 그 이후 기간에 미래 경제적 효익의 유출 가능성이 높아졌다고 하더라도 이를 충당부채로 인식할 수 없다.
③ 미래에 영업손실이 발생할 가능성이 높은 경우에는 그러한 영업손실의 예상 금액을 신뢰성 있게 추정하여 충당부채로 인식한다.
④ 충당부채는 화폐의 시간가치 영향이 중요하다고 하더라도 의무이행 시 예상되는 지출액을 할인하지 않은 금액으로 평가한다.
⑤ 충당부채는 최초 인식과 관련 있는 지출에만 사용한다.

06 ▶ 2025 감정평가사

충당부채, 우발부채 및 우발자산에 관한 설명으로 옳은 것은?

① 미래의 예상 영업손실은 충당부채로 인식하여야 한다.
② 손실부담계약을 체결하고 있는 경우에는 관련된 현재의무를 충당부채로 인식하지 않는다.
③ 보수주의 관점에서 우발자산은 재무제표에 인식하지 아니하나, 우발부채는 재무제표에 인식한다.
④ 충당부채와 관련하여 포괄손익계산서에 인식한 비용은 제삼자의 변제와 관련하여 인식한 금액과 상계하여 표시할 수 있다.
⑤ 예상되는 자산 처분이 충당부채를 생기게 한 사건과 밀접하게 관련되었다면, 예상되는 자산 처분이익은 충당부채를 측정하는 데 고려하여야 한다.

07 ▶ 2022 감정평가사

충당부채, 우발부채 및 우발자산에 관한 설명으로 옳지 않은 것은?

① 충당부채는 부채로 인식하는 반면, 우발부채는 부채로 인식하지 아니한다.
② 충당부채로 인식하는 금액은 현재의무를 보고기간 말에 이행하기 위하여 필요한 지출에 대한 최선의 추정치이어야 한다.
③ 충당부채에 대한 최선의 추정치를 구할 때에는 관련된 여러 사건과 상황에 따르는 불가피한 위험과 불확실성을 고려한다.
④ 예상되는 자산 처분이익은 충당부채를 생기게 한 사건과 밀접하게 관련되어 있다고 하더라도 충당부채를 측정함에 있어 고려하지 아니한다.
⑤ 충당부채는 충당부채의 법인세효과와 그 변동을 고려하여 세후 금액으로 측정한다.

08 ▶ 2022 보험계리사

다음 중 충당부채로 인식 가능한 것은?

① 자원 유출이 필요할 가능성이 높은 현재 의무가 존재한다.
② 자원 유출 가능성이 희박한 잠재적 의무 또는 현재의무가 존재한다.
③ 경제적 효익의 유입이 거의 확실하며, 현재의 권리가 명백하게 존재한다.
④ 자원 유출이 필요할 수는 있지만, 그렇지 않을 가능성이 높은 잠재적의무 또는 현재의무가 존재한다.

09 ▶ 2024 보험계리사

충당부채의 회계처리에 관한 설명으로 옳지 않은 것은?

① 화폐의 시간가치 영향이 중요한 경우에 충당부채는 의무를 이행하기 위하여 예상되는 지출액의 현재가치로 평가한다.
② 현재의무를 이행하기 위하여 필요한 지출 금액에 영향을 미치는 미래 사건이 일어날 것이라는 충분하고 객관적인 증거가 있는 경우에는 그 미래 사건을 고려하여 충당부채 금액을 추정한다.
③ 충당부채와 관련하여 포괄손익계산서에 인식한 비용은 제삼자의 변제와 관련하여 인식한 금액과 상계하여 표시할 수 있다.
④ 예상되는 자산 처분이 충당부채를 생기게 한 사건과 밀접하게 관련되었다면 예상되는 자산 처분이익은 충당부채에 반영하여 순액으로 측정한다.

10 ▶ 2022 관세사

충당부채와 우발부채에 관한 설명으로 옳지 않은 것은?

① 충당부채와 관련하여 포괄손익계산서에 인식한 비용은 제3자의 변제와 관련하여 인식한 금액과 상계하여 표시할 수 있다.
② 과거사건으로 생겼으나, 기업이 전적으로 통제할 수는 없는 하나 이상의 불확실한 미래사건의 발생 여부로만 그 존재 유무를 확인할 수 있는 잠재적의무는 우발채무이다.
③ 어떤 의무를 제3자와 연대하여 부담하는 경우에 이행하여야 하는 전체 의무 중에서 제3자가 이행할 것으로 예상되는 정도까지만 우발부채로 처리한다.
④ 충당부채는 과거사건의 결과로 현재의무가 존재하며, 의무 이행에 경제적 효익이 있는 자원의 유출가능성이 높고, 그 금액을 신뢰성 있게 추정할 수 있을 때 인식한다.
⑤ 예상되는 자산 처분이 충당부채를 생기게 한 사건과 밀접하게 관련된 경우에 예상되는 자산 처분이익은 충당부채를 측정하는 데에 차감한다.

11 ▶ 2018 감정평가사

충당부채, 우발부채 및 우발자산에 관한 설명으로 옳지 않은 것은?

① 충당부채는 현재의무이고 이를 이행하기 위하여 경제적 효익이 있는 자원을 유출할 가능성이 높고 해당 금액을 신뢰성 있게 추정할 수 있으므로 부채로 인식한다.
② 제품보증이나 이와 비슷한 계약 등 비슷한 의무가 다수 있는 경우에 의무 이행에 필요한 자원의 유출 가능성은 해당 의무 전체를 고려하여 판단한다.
③ 재무제표는 미래 시점의 예상 재무상태가 아니라 보고기간 말의 재무상태를 표시하는 것이므로, 미래 영업에서 생길 원가는 충당부채로 인식한다.
④ 손실부담계약은 계약상 의무의 이행에 필요한 회피 불가능한 원가가 그 계약에서 받을 것으로 예상되는 경제적 효익을 초과하는 계약을 말한다.
⑤ 우발자산은 과거사건으로 생겼으나, 기업이 전적으로 통제할 수 없는 하나 이상의 불확실한 미래 사건의 발생 여부로만 그 존재 유무를 확인할 수 있는 잠재적 자산을 말한다.

12 ▶ 2020 보험계리사

충당부채의 측정에 관한 설명으로 옳지 않은 것은?

① 화폐의 시간가치 효과가 중요한 경우 충당부채는 의무를 이행하기 위하여 예상되는 지출액의 현재가치로 평가한다.
② 현재가치 평가에 사용되는 할인율은 부채의 특유위험과 화폐의 시간가치에 대한 현행 시장의 평가를 반영한 세전 이율이다.
③ 현재가치 평가에 사용되는 할인율에 반영되는 위험에는 미래 현금흐름을 추정할 때 고려된 위험까지 반영한다.
④ 충당부채 금액에 영향을 미치는 미래사건이 발생할 것이라는 충분하고 객관적인 증거가 있는 경우에는 그러한 미래사건을 감안하여 충당부채 금액을 추정한다.

13

다음은 충당부채, 우발부채, 우발자산에 대한 설명이다. 적절하지 않은 것은?

① 우발자산은 수익의 실현이 거의 확실시되지 않으면 자산으로 인식할 수 없으며, 자원의 유입가능성이 높고 금액을 신뢰성 있게 추정할 수 있는 경우 주석으로 공시한다.
② 자원의 유출가능성이 아주 낮은 경우가 아니라면 우발부채는 주석으로 공시한다.
③ 과거사건으로 인해 기업이 미래에 이행해야 할 현재의무는 법적의무와 의제의무가 있다.
④ 충당부채로 인식할 금액은 최선의 추정치이며, 화폐의 시간가치가 중요한 경우 현재가치로 평가한다.

14

충당부채, 우발부채 및 우발자산에 관한 설명으로 옳지 않은 것은?

① 우발자산은 경제적 효익의 유입가능성이 높아지면 주석으로 공시한다.
② 손실부담계약을 체결하고 있는 경우에는 관련된 현재의무를 충당부채로 인식한다.
③ 충당부채를 현재가치로 평가하는 경우 적용될 할인율은 부채의 특유 위험과 화폐의 시간가치에 대한 현행시장의 평가를 반영한 세전 이율이다.
④ 충당부채와 관련하여 포괄손익계산서에 인식된 비용은 제3자의 변제와 관련하여 인식한 금액과 상계하여 표시할 수 없다.

15 ▶ 2024 감정평가사

충당부채를 인식할 수 있는 상황을 모두 고른 것은? (단, 금액은 모두 신뢰성 있게 측정할 수 있다.)

> ㄱ. 법률에 따라 항공사의 항공기를 3년에 한 번씩 정밀하게 정비하도록 하고 있는 경우
> ㄴ. 새로운 법률에 따라 매연 여과장치를 설치하여야 하는데, 기업은 지금까지 매연 여과장치를 설치하지 않은 경우
> ㄷ. 법적규제가 아직 없는 상태에서 기업이 토지를 오염시켰지만, 이에 대한 법률 제정이 거의 확실한 경우
> ㄹ. 기업이 토지를 오염시킨 후 법적의무가 없음에도 불구하고 오염된 토지를 정화한다는 방침을 공표하고 준수하는 경우

① ㄱ, ㄴ   ② ㄱ, ㄷ   ③ ㄴ, ㄷ
④ ㄴ, ㄹ   ⑤ ㄷ, ㄹ

16

충당부채, 우발부채 및 우발자산에 관한 설명으로 옳지 않은 것은?

① 우발부채는 경제적 효익이 있는 자원의 유출을 초래할 현재의무가 있는지의 여부가 아직 확인되지 아니한 잠재적 의무이다.
② 충당부채는 현재의무이고 이를 이행하기 위하여 경제적 효익이 있는 자원을 유출할 가능성이 높고, 해당 금액을 신뢰성 있게 추정할 수 있으므로 부채로 인식한다.
③ 미래에 전혀 실현되지 아니할 수도 있는 수익을 인식하는 결과를 초래할 수도 있기 때문에 우발자산은 재무제표에 인식하지 아니한다.
④ 소송이 진행 중인 경우는 보고기간 말에 현재의무가 존재하지 아니할 가능성이 높더라도 경제적 효익이 있는 자원의 유출가능성이 아주 낮지 않는 한 충당부채로 공시한다.

17 ▶ 2025 세무사

구조조정 관련 충당부채에 관한 설명으로 옳은 것은?

① 새로운 제도와 물류체계의 구축에 대한 투자원가는 구조조정충당부채에 포함한다.
② 구조조정의 일환으로 자산의 매각을 계획하는 경우 구조조정과 관련하여 예상되는 자산 처분이익은 구조조정충당부채 측정 시 구조조정충당부채로 인식할 수 있는 지출과 상계한다.
③ 기업의 계속적인 활동과 관련한 지출은 구조조정충당부채로 인식할 수 있는 지출에 포함한다.
④ 구조조정에서 생기는 간접비용은 구조조정충당부채로 인식할 수 있는 지출에 포함한다.
⑤ 구조조정을 완료하는 날까지 생길 것으로 예상되는 영업손실은 충당부채로 인식하지 않지만, 손실부담계약과 관련된 예상 영업손실은 충당부채로 인식한다.

18 ▶ 2022 세무사

다음 중 충당부채를 인식할 수 없는 상황은? (단, 금액은 모두 신뢰성 있게 측정할 수 있다.)

① 법률에 따라 항공사의 항공기를 3년에 한 번씩 정밀하게 정비하도록 하고 있는 경우
② 법적 규제가 아직 없는 상태에서 기업이 토지를 오염시켰지만, 이에 대한 법률 제정이 거의 확실한 경우
③ 보고기간 말 전에 사업부를 폐쇄하기 위한 구체적인 계획에 대하여 이사회의 동의를 받았고, 고객들에게 다른 제품 공급처를 찾아야 한다고 알리는 서한을 보냈으며, 사업부의 종업원들에게는 감원을 통보한 경우
④ 기업이 토지를 오염시킨 후 법적의무가 없음에도 불구하고 오염된 토지를 정화한다는 방침을 공표하고 준수하는 경우
⑤ 관련 법규가 제정되어 매연여과장치를 설치하여야 하나, 당해 연도 말까지 매연여과장치를 설치하지 않아 법규위반으로 인한 벌과금이 부과될 가능성이 그렇지 않은 경우보다 높은 경우

19 ▶ 2020 회계사 수정

충당부채, 우발부채, 우발자산과 관련된 다음의 회계처리 중 옳은 것은? (단, 각 설명에 제시된 금액은 최선의 추정치라고 가정한다.)

① 항공업을 영위하는 (주)대한은 3년에 한 번씩 항공기에 대해 정기점검을 수행한다. 20X1년 말 현재 (주)대한은 동 항공기를 1년 동안 사용하였으며, 20X1년 말 기준으로 측정한 2년 후 정기점검 비용 ₩10,000을 20X1년 충당부채로 인식하였다.
② (주)민국은 새로운 법률에 따라 20X1년 6월까지 매연여과장치를 공장에 설치해야 하며 미설치 시 벌과금이 부과된다. (주)민국은 20X1년 말까지 매연여과장치를 설치하지 않아 법규 위반으로 인한 벌과금이 부과될 가능성이 그렇지 않을 가능성보다 높으며, 벌과금은 ₩20,000으로 예상된다. (주)민국은 20X1년에 동 벌과금을 우발부채로 주석 공시하였다.
③ (주)민국이 판매한 제품의 폭발로 소비자가 크게 다치는 사고가 발생하였다. 해당 소비자는 (주)민국에 손해배상청구 소송을 제기하였으며, 20X1년 말까지 재판이 진행 중에 있다. (주)민국의 담당 변호사는 20X1년 재무제표 발행승인일까지 기업에 책임이 있다고 밝혀질 가능성이 높으나, (주)민국이 부담할 배상금액은 법적 다툼의 여지가 남아 있어 신뢰성 있게 추정하기가 어렵다고 조언하였다. (주)민국은 동 소송사건을 20X1년에 우발부채로 주석 공시하였다.
④ 제조업을 영위하는 (주)대한은 20X1년 12월 고객에게 제품을 판매하면서 1년간 확신유형의 제품보증을 하였다. 제조상 결함이 명백할 경우 (주)대한은 제품보증계약에 따라 수선이나 교체를 해준다. 과거 경험에 비추어 볼 때, 제품보증에 따라 일부가 청구될 가능성이 청구되지 않을 가능성보다 높을 것으로 예상된다. 20X1년 말 현재 ₩5,000의 보증비용이 발생할 것으로 추정되었으며, (주)대한은 해당 제품보증을 20X1년에 우발부채로 주석 공시하였다.

20 ▶ 2019 보험계리사

퇴직급여제도에 대한 설명으로 옳지 않은 것은?

① 확정기여제도에서 기업의 의무는 기업이 기금에 출연하기로 약정한 금액으로 한정된다.
② 확정기여제도에서 기업의 초과 기여금은 미래 지급액을 감소시키거나 환급된다면 자산으로 인식한다.
③ 기타포괄손익으로 인식되는 순확정급여부채의 재측정요소는 후속기간에 당기손익으로 재분류하지 않는다.
④ 확정급여제도에서 보험수리적위험과 투자위험은 실질적으로 종업원만 부담한다.

21 ▶ 2025 보험계리사

퇴직급여에 대한 설명으로 옳지 않은 것은?

① 확정기여제도(DC형)에서 기업의 의무는 기금에 출연하기로 약정한 금액으로 한정된다.
② 확정기여제도(DC형)에서 종업원이 받을 퇴직급여액은 기여금의 투자수익에 따라 달라진다.
③ 확정급여제도(DB형)에서 기업의 의무는 약정한 급여를 종업원에게 지급하는 것이다.
④ 확정급여제도(DB형)에서 보험수리적 가정의 변동에 따른 위험은 실질적으로 종업원이 부담한다.

22 ▶ 2024 보험계리사

단기종업원급여의 회계처리와 관련된 설명으로 옳지 않은 것은?

① 종업원이 회계기간에 근무용역을 제공할 때, 그 대가로 지급이 예상되는 단기종업원급여를 할인하지 않은 금액으로 인식한다.
② 누적 유급휴가의 예상원가는 보고기간 말 현재 미사용 유급휴가가 누적되어 기업이 지급할 것으로 예상하는 추가 금액으로 측정한다.
③ 종업원이 특정 기간 계속 근무하는 조건으로 이익을 분배받는 이익분배제도의 경우 관련된 원가는 당기 비용이 아닌 잔여 이익배당으로 인식한다.
④ 기업이 별도의 상여금을 지급할 법적의무가 없음에도 관행적으로 상여금을 지급하는 경우에는 기업은 상여금을 지급하는 방법 외에 다른 현실적인 대안이 없으므로 의제의무를 부담한다.

23 ▶ 2022 보험계리사

다음 중 퇴직급여 회계처리에 대한 설명으로 옳지 않은 것은?

① 기타포괄손익에 인식되는 순확정급여부채(자산)의 재측정요소는 후속 기간에 당기손익으로 재분류한다.
② 확정급여채무의 현재가치와 당기근무원가를 결정하기 위해서는 예측단위적립방식을 사용한다.
③ 퇴직급여채무를 할인하기 위해 사용하는 할인율은 보고기간 말 현재 우량회사채의 시장수익률을 참조하여 결정한다.
④ 사외적립자산의 공정가치는 과소적립액이나 초과적립액을 결정할 때 확정급여채무의 현재가치에서 차감한다.

24 ▶ 2024 관세사

퇴직급여제도에 관한 설명으로 옳지 않은 것은?

① 퇴직급여에는 퇴직연금과 퇴직일시금 등의 퇴직금, 퇴직후생명보험이나 퇴직후의료급여 등과 같은 그 밖의 퇴직급여가 포함된다.
② 확정기여제도에서 기업의 법적의무나 의제의무는 기업이 기금에 출연하기로 약정한 금액으로 한정된다.
③ 확정급여제도에서 기업의 의무는 약정한 급여를 전직·현직 종업원에게 지급하는 것이다.
④ 확정기여제도를 채택하는 경우에는 기업이 각 기간에 부담하는 채무나 비용을 측정하기 위해 보험수리적가정이 필요하다.
⑤ 확정급여채무의 현재가치와 당기근무원가를 결정하기 위해서는 예측단위적립방식을 사용하며, 적용할 수 있다면 과거근무원가를 결정할 때에도 동일한 방식을 사용한다.

25 ▶ 2025 세무사

종업원급여에 관한 설명으로 옳지 않은 것은?

① 단기종업원급여에 해당하는 누적 유급휴가의 예상원가는 종업원이 휴가를 실제로 사용할 때 인식한다.
② 이익분배제도와 상여금제도에 따라 기업이 부담하는 의무는 종업원이 제공하는 근무 용역에서 생기는 것이지 주주와의 거래에서 생기는 것은 아니므로, 이익분배제도와 상여금제도와 관련된 원가는 이익분배가 아닌 당기 비용으로 인식한다.
③ 퇴직급여채무를 할인하기 위해 사용하는 할인율은 보고기간 말 현재 우량회사채의 시장수익률을 참조하여 결정하되, 그러한 우량회사채에 대해 거래층이 두터운 해당 통화의 시장이 없는 경우에는 보고기간 말 현재 그 통화로 표시된 국공채의 시장수익률을 사용한다.
④ 자산인식상한효과의 이자는 순확정급여부채(자산)의 순이자에 포함되며, 당기손익으로 인식한다.
⑤ 퇴직급여가 아닌 기타장기종업원급여의 재측정요소는 기타포괄손익으로 인식하지 않는다.

26 ▶ 2023 회계사

'종업원급여'에 대한 다음 설명 중 옳지 않은 것은?

① 확정기여제도에서 가입자의 미래급여금액은 사용자나 가입자가 출연하는 기여금과 기금의 운영효율성 및 투자수익에 따라 결정된다.
② 확정급여제도에서 자산의 원가에 포함하는 경우를 제외한 확정급여원가의 구성요소 중 순확정급여부채의 재측정요소는 기타포괄손익으로 인식한다.
③ 확정급여제도에서 확정급여채무와 사외적립자산에 대한 순확정급여부채(자산)의 순이자는 당기손익으로 인식하나, 자산인식상한효과에 대한 순확정급여부채(자산)의 순이자는 기타포괄손익으로 인식한다.
④ 확정급여제도에서 보험수리적손익은 보험수리적 가정의 변동과 경험조정으로 인한 확정급여채무 현재가치의 증감에 따라 생긴다.
⑤ 퇴직급여가 아닌 기타장기종업원급여에서의 재측정요소는 기타포괄손익으로 인식하지 않고 당기손익으로 인식한다.

27 ▶ 2022 감정평가사

퇴직급여제도에 관한 설명으로 옳지 않은 것은?

① 확정기여제도에서는 종업원이 보험수리적위험(급여가 예상에 미치지 못할 위험)과 투자위험(투자자산이 예상급여액을 지급하는데 충분하지 못할 위험)을 실질적으로 부담한다.
② 확정기여제도에서는 기여금의 전부나 일부의 납입기일이 종업원이 관련 근무용역을 제공하는 연차보고기간 말 후 12개월이 되기 전에 모두 결제될 것으로 예상되지 않는 경우를 제외하고는 할인되지 않은 금액으로 채무를 측정한다.
③ 확정급여채무의 현재가치와 당기근무원가를 결정하기 위해서는 예측단위적립방식을 사용하며, 적용할 수 있다면 과거근무원가를 결정할 때에도 동일한 방식을 사용한다.
④ 확정급여제도에서 기업이 보험수리적위험(실제급여액이 예상급여액을 초과할 위험)과 투자위험을 실질적으로 부담하며, 보험수리적 실적이나 투자실적이 예상보다 저조하다면 기업의 의무가 늘어날 수 있다.
⑤ 퇴직급여채무를 할인하기 위해 사용하는 할인율은 보고기간 말 현재 그 통화로 표시된 국공채의 시장수익률을 참조하여 결정하고, 국공채의 시장수익률이 없는 경우에는 보고기간 말 현재 우량회사채의 시장수익률을 사용한다.

28 ▶ 2020 회계사

기업회계기준서 제1019호 '종업원급여' 중 확정급여제도에 대한 다음 설명 중 옳지 않은 것은?

① 확정급여채무의 현재가치와 당기 근무원가를 결정하기 위해서는 예측단위 적립방식을 사용하며, 적용할 수 있다면 과거 근무원가를 결정할 때도 동일한 방식을 사용한다.
② 보험수리적손익은 보험수리적 가정의 변동과 경험조정으로 인한 확정급여채무 현재가치의 증감에 따라 생긴다.
③ 과거 근무원가는 제도의 개정이나 축소로 생기는 확정급여채무 현재가치의 변동이다.
④ 기타포괄손익에 인식되는 순확정급여부채(자산)의 재측정요소는 후속기간에 당기손익으로 재분류되지 않으므로 기타포괄손익으로 인식된 금액을 자본 내에서 대체할 수 없다.
⑤ 순확정급여부채(자산)의 재측정요소는 보험수리적손익, 순확정급여부채(자산)의 순이자에 포함된 금액을 제외한 사외적립자산의 수익, 순확정급여부채(자산)의 순이자에 포함된 금액을 제외한 자산인식상한효과의 변동으로 구성된다.

CHAPTER 11 자본

1 이론 정리 및 이해 확인

독한훈련

01 자본의 의의

1. 자본의 정의
① 자본은 자산에서 부채를 차감하여 산정하며 _____(이)라고도 한다.
② 일반적으로 자본총액은 해당 기업이 발행한 주식의 시가총액과 일치(한다 / 하지 않는다).
③ 자본은 순자산 변동의 원천에 따라 _____와(과) _____(으)로 구분한다.
④ 자본거래자본은 자본금과 자본잉여금, 그리고 _____ 항목으로 구분하고, 손익거래자본은 기타포괄손익누계액과 _____(으)로 구분할 수 있다.

2. 자본의 분류
한국채택국제회계기준에서 자본은 _____와(과) 이익잉여금 및 기타자본구성요소로 구분된다.

3. 회계상의 거래
① 자본거래를 통해서 얻은 이익인 자본잉여금은 _____와(과) _____의 경우만 사용이 가능하다.
② 손익거래는 배당의 재원인 _____와(과) 주주와의 자본거래를 제외한 모든 거래나 사건에서 인식한 자본의 변동을 의미하는 _____(으)로 구성된다.

01 자본의 의의

1 자본의 정의
① 자본은 자산에서 부채를 차감하여 산정하며 '순자산(net asset)'이라고도 한다.
② 일반적으로 자본총액은 해당 기업이 발행한 주식의 시가총액과 일치하지 않는다.
③ 자본은 순자산 변동의 원천에 따라 자본거래자본과 손익거래자본으로 구분한다. 자본거래자본은 자본금과 자본잉여금, 그리고 자본조정항목으로 구분하고, 손익거래자본은 기타포괄손익누계액과 이익잉여금으로 구분할 수 있다.

2 자본의 분류
한국채택국제회계기준에서 자본은 납입자본과 이익잉여금 및 기타자본구성요소로 구분된다.
① 납입자본: 주주가 출자한 금액
② 이익잉여금: 손익거래를 통해 기업이 얻은 순이익의 합계에서 주주에게 배당한 금액을 차감한 금액
③ 기타자본구성요소: 손익의 인식을 유보한 손익거래와 주주와의 자본거래로 인한 자본의 증감

3 회계상의 거래
자산과 부채는 유동성에 따라 재무상태표에 표시하지만, 자본은 순자산의 변동 원천에 따라 크게 자본거래와 손익거래로 구분된다.
① 자본거래를 통해서 얻은 이익은 자본전입이나 결손보전 이외의 목적에는 사용할 수 없다.
② 손익거래는 배당의 재원인 이익잉여금과 주주와의 자본거래를 제외한 모든 거래나 사건에서 인식한 자본의 변동을 의미하는 기타포괄손익누계액으로 구성된다.

정답 01 1. ① 순자산(net asset) ② 하지 않는다 ③ 자본거래자본, 손익거래자본 ④ 자본조정, 이익잉여금 2. 납입자본
3. ① 자본전입, 결손보전 ② 이익잉여금, 기타포괄손익누계액

02 자본의 분류

한국채택 국제회계 기준	거래의 구분	기존의 기업회계 기준	항목
납입자본	자본 거래	자본금	보통주자본금, 우선주자본금(전환우선주, 누적적우선주, 참가적우선주. 단 상환우선주는 부채로 인식)
		자본 잉여금	주식발행초과금, 감자차익, 자기주식처분이익
기타자본 구성요소	손익 거래	자본조정 항목	주식할인발행차금(-), 감자차손(-), 자기주식처분손실(-), 자기주식(-), 미교부주식배당(+)
		기타포괄 손익 누계액	기타포괄손익인식 금융자산평가손익, 해외사업장환산손익, 현금흐름 위험회피 파생상품평가손익(위험회피에 효과적인 부분), 재평가이익, 확정급여제도의 재측정요소
이익 잉여금		이익 잉여금	이익준비금, 임의적립금(사업확장적립금, 감채적립금, 결손금보전적립금 등), 미처분이익잉여금

03 주식의 발행

① 자본금의 구성
① 자본금 = 발행주식수 × 액면금액
② 무액면 주식을 발행한 경우 자본금은 주식의 발행가액 중에서 이사회나 주주총회에서 자본금 항목으로 계상하기로 한 금액의 총액이다.

② 유상증자
① 액면금액 > 발행금액: 할인발행(주식할인발행차금 인식)
② 액면금액 < 발행금액: 할증발행(주식발행초과금 인식)
③ 주식발행초과금과 주식할인발행차금은 서로 상계, 주식할인발행차금이 더 많은 경우 이익잉여금으로 상계
④ 신주발행비 발생 시: 주식발행초과금 감소, 주식할인발행차금 증가
⑤ 자본금 증가(주식수 증가)
⑥ 자본총계 증가(현금유입액만큼)

독한훈련

02 자본의 분류

다음 중 자본을 자본금, 자본잉여금, 자본조정, 기타포괄손익누계액, 이익잉여금으로 구분하시오. (단, 부채로 인식할 항목이 있다면 부채로 분류한다.)

항목	분류
a. 상환우선주	
b. 주식발행초과금	
c. 자기주식처분손실	
d. 기타포괄손익인식 금융자산평가손익	
e. 이익준비금	
f. 확정급여제도의 재측정요소	
g. 사업확장적립금	
h. 결손금보전적립금	
i. 전환우선주	
j. 감자차익	
k. 미교부주식배당	
l. 자기주식	
m. 주식할인발행차금	
n. 감채적립금	
o. 자기주식처분이익	
p. 감자차손	
q. 미처분이익잉여금	
r. 해외사업장환산손익	
s. 재평가이익	

03 주식의 발행

1. 자본금의 구성
① 자본금 = 발행주식수 × ▢▢▢▢
② (액면 / 무액면) 주식을 발행한 경우 자본금은 주식의 발행가액 중에서 이사회나 주주총회에서 자본금 항목으로 계상하기로 한 금액의 총액이다.

2. 유상증자
① 액면금액과 발행금액의 차이는 주식발행초과금과 주식할인발행차금으로 인식하되, 주식발행초과금과 주식할인발행초과금은 상계(한다 / 하지 않는다).
② 주식의 발행비는 주식할인발행차금에 (가산 / 차감)한다.
③ 유상증자의 결과 자본금은 (증가 / 불변 / 감소)하고, 자본총계는 (증가 / 불변 / 감소)한다.

정답 2. • 자본금: i • 자본잉여금: b, j, o • 자본조정: c, k, l, m, p • 기타포괄손익누계액: d, f, r, s • 이익잉여금: e, g, h, n, q • 부채: a
03 1. ① 액면금액 ② 무액면 2. ① 한다 ② 가산 ③ 증가, 증가

독한훈련

3. 현물출자
① 현물출자의 (발행주식 / **취득하는 자산**)의 공정가치를 기준으로 발행된다.
② 현물출자의 결과 자본금은 (**증가** / 불변 / 감소)하고, 자본총계는 (**증가** / 불변 / 감소)한다.

4. 무상증자
① 무상증자는 _____와(과) 이익잉여금 중 _____을(를) 자본에 전입하여 주식을 발행하는 것이다.
② 무상증자의 결과 자본금은 (**증가** / 불변 / 감소)하고, 자본총계는 (증가 / **불변** / 감소)한다.

5. 출자전환
① 채무자가 채권자에게 지분상품을 발행하여 금융부채의 전부 또는 일부를 소멸시키는 것을 _____(이)라고 한다.
② 금융부채의 전부 또는 일부를 소멸시키기 위하여 채권자에게 발행한 지분상품을 최초에 인식하는 경우 지분상품의 (장부가치 / **공정가치**)로 인식한다.
③ 소멸되는 금융부채의 장부금액과 인식되는 지분상품의 공정가치의 차액은 (기타포괄손익 / **당기손익**)으로 인식한다.
④ 지분상품의 공정가치를 신뢰성 있게 측정할 수 없다면, 인식되는 지분상품은 제거되는 금융부채의 (장부가액 / **공정가치**)으로 측정한다.

04 감자

1. 유상감자
① 감자의 차손익은 감자의 대가와 주식의 (**액면금액** / 발행가액)의 차이로 인식한다.
② 감자의 차손익은 상계할 수 (**있다** / 없다).
③ 유상감자의 결과 자본금은 (증가 / 불변 / **감소**)하고, 자본총계는 (증가 / 불변 / **감소**)한다.

---

❸ 현물출자
① 주주로부터 현금 납입 대신 부동산, 주식 등 현물을 받는 것이다.
② 현물출자되는 자산의 공정가치를 주식의 발행금액으로 한다.
③ 자본금 증가(주식수 증가)
④ 자본총계 증가(현물의 공정가치만큼)

❹ 무상증자
① 자본잉여금과 이익잉여금 중 법정적립금을 자본에 전입하고 주식을 발행하는 것
② 자본금 증가(주식수 증가)
③ 자본총계 불변(현금의 유·출입이 없음)

❺ 출자전환
① 채무자가 채권자에게 지분상품을 발행하여 금융부채의 전부 또는 일부를 소멸시키는 것을 출자전환이라고 한다.
② 금융부채의 전부 또는 일부를 소멸시키기 위하여 채권자에게 발행한 지분상품을 최초에 인식하는 경우 지분상품의 공정가치로 인식한다.
③ 이 경우 소멸되는 금융부채의 장부금액과 인식되는 지분상품의 공정가치의 차액은 당기손익으로 인식한다.
④ 지분상품의 공정가치를 신뢰성 있게 측정할 수 없다면, 인식되는 지분상품은 제거되는 금융부채의 공정가치로 측정한다.

04 감자

❶ 유상감자
① 액면금액 - 감자대가(현금지불액) = 감자차손익
② 감자차익은 자본잉여금, 감자차손은 자본조정
③ 감자차익과 감자차손은 우선적으로 상계하고 감자차손이 더 많은 경우 이익잉여금과 상계
④ 자본금 감소(주식수 감소)
⑤ 자본총계 감소(현금유출액만큼)

정답 3. ① 취득하는 자산 ② 증가, 증가 4. ① 자본잉여금, 법정적립금 ② 증가, 불변 5. ① 출자전환 ② 공정가치 ③ 당기손익 ④ 공정가치
04 1. ① 액면금액 ② 있다 ③ 감소, 감소

② 무상감자
① 액면금액 - 감자대가(₩0) = 감자차익(액면금액이 모두 감자차익)
② 이월결손금을 줄이기 위해 자본금과 상계
③ 자본금 감소(주식수 감소)
④ 자본총계 불변(현금의 유·출입이 없음)

05 자기주식

① 자기주식의 취득
① 취득가액을 자본의 감소항목으로 인식(자본조정)
② 취득원가를 재무상태표가액으로 인식(당초 발행가액은 영향 없음)

② 자기주식의 처분
① 취득금액 - 처분가액 = 처분손익(자본잉여금 / 자본조정)
② 자기주식처분이익과 자기주식처분손실은 우선 상계하고, 자기주식처분손실이 더 많은 경우는 회사의 이익잉여금과 상계한다.
③ 자기주식의 처분손익은 자본거래이므로 당기손익에 반영하지 않고 자본잉여금에 반영한다.

③ 자기주식의 소각
감자와 동일(감자차손익 = 액면금액 - 자기주식취득금액)

④ 자본금과 자본총계의 변화
① 자기주식 취득 시 자본총계 감소(현금유출액만큼)
② 자기주식 처분 시 자본총계 증가(현금유입액만큼)
③ 자기주식 소각(감자) 시

> ㉠ 자본금 감소(주식수의 감소)
> ㉡ 자본총계 불변(현금의 유·출입이 없음)

독한훈련

2. 무상감자
① 무상감자는 감자차손이 발생할 수 (있다 / 없다).
② 무상감자의 결과 자본금은 (증가 / 불변 / 감소)하고, 자본총계는 (증가 / 불변 / 감소)한다.

05 자기주식

1. 자기주식의 취득
① 자기주식의 취득은 자본조정으로 인식하고 자본의 (가산 / 차감)항목이다.
② 자기주식을 취득했을 경우 자기주식의 취득원가는 자기주식의 (취득금액 / 발행가액 / 액면금액)으로 인식한다.

2. 자기주식의 처분
① 자기주식처분이익과 처분손실은 상계할 수 (있다 / 없다).
② 자기주식처분손익은 당기손익에 반영 (된다 / 되지 않는다).

3. 자기주식의 소각
자기주식을 소각하는 경우 감자차손익은 주식의 (액면금액 / 발행금액)과 취득금액의 차이로 인식한다.

4. 자본금과 자본총계의 변화
다음 중 자기주식과 관련하여 각 거래가 자본금과 자본총계에 어떤 영향을 미치는지 증가와 감소, 그리고 불변으로 구분하시오

거래		구분
자기주식의 취득	자본금	a
	자본총계	b
자기주식의 처분	자본금	c
	자본총계	d
자기주식의 소각	자본금	e
	자본총계	f

정답 2. ① 없다 ② 감소, 불변 **05** 1. ① 차감 ② 취득금액 2. ① 있다 ② 되지 않는다 3. 액면금액 4. a. 불변 b. 감소 c. 불변 d. 증가 e. 감소 f. 불변

06 주식분할과 주식병합

1 주식분할
① 주식수 증가, 액면가액 감소
② 자본금 불변
③ 자본총계 불변

2 주식병합
① 주식수 감소, 액면가액 증가
② 자본금 불변
③ 자본총계 불변

07 손익거래

1 이익잉여금

1-1 법정적립금(이익준비금)
① 회사 자본금의 2분의 1에 달할 때까지 이익배당액의 10분의 1 이상을 매 결산기마다 적립한다(연차배당과 중간배당 포함, 주식배당은 불포함).
② 법정적립금은 자본전입(무상증자)은 가능하고 배당은 불가능하다.

1-2 임의적립금
회사가 정관과 주총을 거쳐 자발적으로 적립해 놓은 유보이익으로, 향후 배당의 재원으로 사용할 수 있다.

2 배당
① 배당은 주식배당과 현금배당 및 현물배당으로 구성된다.
② 현금배당은 일반적으로 연말에 수익을 정산하여 다음 해 초에 배당하는 방법을 사용하는데, 이사회 결의로 영업연도 중 1회에 한하여 중간배당을 할 수 있다.
③ 중간배당으로 주식배당을 할 수 없다.
④ 배당선언일에 지급받을 권리와 지급할 의무가 생긴다.
⑤ 중간배당은 이사회의 결의로 한다는 면에서만 차이가 있고 이익준비금을 적립하는 등 현금배당과 동일 절차를 거친다.

독한훈련

06 주식분할과 주식병합
주식분할과 주식병합의 거래에 대해 각 사항의 증가와 감소, 불변을 구분하시오.

거래		구분
주식분할	주식수	a
	액면금액	b
	자본금	c
	자본총계	d
주식병합	주식수	e
	액면금액	f
	자본금	g
	자본총계	h

07 손익거래

1. 이익잉여금

1-1 법정적립금(이익준비금)
① 법정적립금 중 이익준비금은 회사 (자본 / 자본금)의 2분의 1에 달할 때까지 이익배당액의 10분의 1 이상을 매 결산기마다 적립한다.
② 이익준비금을 인식할 때 연차배당은 (포함 / 불포함)하고 중간배당은 (포함 / 불포함)하며, 주식배당은 (포함 / 불포함)한다.
③ 법정적립금을 자본에 전입하는 거래를 (무상증자 / 무상감자)라고 한다.
④ 법정적립금은 배당이 (가능 / 불가능)하다.

1-2 임의적립금
임의적립금은 회사가 정관과 주총을 거쳐 자발적으로 적립해 놓은 유보이익으로 향후 배당의 재원으로 사용할 수 (있다 / 없다).

2. 배당
① (배당기준일 / 배당선언일 / 배당지급일)에 배당을 지급받을 권리와 지급할 의무가 생긴다.
② 중간배당으로 주식배당을 할 수 (있고 / 없고), 중간배당은 이익준비금에 적립(한다 / 하지 않는다).

정답 **06** a. 증가 b. 감소 c. 불변 d. 불변 e. 감소 f. 증가 g. 불변 h. 불변 **07 1-1** ① 자본금 ② 포함, 포함, 불포함 ③ 무상증자 ④ 불가능 **1-2** 있다 **2.** ① 배당선언일 ② 없고, 한다

❸ 현물배당
① 회사가 창출한 이익을 주주들에게 비현금자산으로 배분하는 자본거래이다.
② 주주에게 배당으로 비현금자산을 분배해야 하는 부채는 분배될 비현금자산의 공정가치로 측정한다.
③ 보고기간 말과 결제일에 기업은 미지급현물배당의 장부금액을 검토하고 조정한다. 이때 미지급배당의 장부금액 변동은 분배금액에 대한 조정으로 자본(이익잉여금)에서 직접 인식한다.
④ 기업이 미지급배당을 결제할 때, 분배된 비현금자산의 장부금액과 미지급배당의 장부금액(현물의 공정가치)이 차이가 있다면 이를 당기손익으로 인식한다.

❹ 주식배당
① 주식배당은 회사가 창출한 이익을 주식을 발행하여 교부하는 자본거래이다.
② 배당 결의일에 배당 재원인 미처분이익잉여금을 차감하고, 배당금을 미교부주식의 계정으로 자본조정의 가산항목으로 계상한다.
③ 배당금액은 주식의 액면금액을 기준으로 결정한다.
④ 주식배당을 통해 자본금과 주식수는 증가하지만, 자본총계는 일정하다.

❺ 기타포괄손익누계액

5-1 재분류조정
기타포괄손익누계액은 차후 자산과 부채가 제거되면서 실현되어 당기손익에 영향을 주는 것을 의미한다.

5-2 재분류조정대상 기타포괄손익누계액
① 기타포괄손익-공정가치 측정 채무상품의 평가손익
② 해외사업장환산손익
③ 파생상품의 위험회피수단의 평가손익 중 효과적인 부분

5-3 재분류조정대상이 아닌 기타포괄손익누계액
① 재평가잉여금
② 순확정급여부채의 재측정요소(보험수리적인 손익)
③ 기타포괄손익-공정가치 측정 지분상품의 평가손익
④ 당기손익-공정가치 측정 지정한 금융부채의 신용위험 변동으로 인한 공정가치 변동손익

🗣 독한훈련

3. 현물배당
① 회사가 창출한 이익을 주주들에게 비현금자산으로 배분하는 자본거래를 _____(이)라고 한다.
② 주주에게 배당으로 비현금자산을 분배해야 하는 부채는 분배될 비현금자산의 (장부가액 / 공정가치)(으)로 측정한다.
③ 보고기간 말과 결제일에 기업은 미지급현물배당의 장부금액을 검토하고 조정하며, 미지급배당의 장부금액 변동은 분배금액에 대한 조정으로 (당기손익 / 이익잉여금)에서 직접 인식한다.
④ 기업이 미지급배당을 결제할 때, 분배된 비현금자산의 장부금액과 미지급배당의 장부금액(현물의 공정가치)이 차이가 있다면 이를 당기손익으로 (인식한다 / 인식하지 아니한다).

4. 주식배당
① _____은(는) 회사가 창출한 이익을 주식을 발행하여 교부하는 자본거래이다.
② 배당 결의일에 배당 재원인 미처분이익잉여금을 (가산 / 차감)하고, 배당금을 미교부주식의 계정으로 자본조정의 (가산 / 차감)항목으로 계상한다.
③ 배당금액은 주식의 (발행가액 / 액면금액)을 기준으로 결정한다.
④ 주식배당을 통해 자본금과 주식수는 (일정 / 증가)하지만, 자본총계는 (일정하다 / 증가한다).

5. 기타포괄손익누계액
다음 기타포괄손익누계액에 대해 재분류조정대상인 것과 아닌 것을 골라 ○와 ×로 표기하시오

구분	○ / ×
a. 해외사업환산손익	
b. 재평가잉여금	
c. 순확정급여부채의 재측정요소(보험수리적인 손익)	
d. 기타포괄손익-공정가치 측정 채무상품 평가손익	
e. 기타포괄손익-공정가치 측정 지분상품 평가손익	
f. 파생상품의 위험회피수단의 평가손익 중 효과적인 부분	

💡 **정답** 3. ① 현물배당 ② 공정가치 ③ 이익잉여금 ④ 인식한다 4. ① 주식배당 ② 차감, 가산 ③ 액면금액 ④ 증가, 일정하다
5. • ○ : a, d, f • × : b, c, e

2 OX 강훈련

✏️ 지문 수정하기

: 다음 문장을 읽고 옳은 설명에는 O, 옳지 않은 설명에는 X를 하고 올바른 문장으로 수정하시오.

01 주식배당과 주식분할의 공통점은 두 가지 모두 자본금이 변동되지 않는다는 점이다. [O X]

02 자본잉여금은 배당 등 사외유출로 사용할 수 없으며, 자본전입에만 사용할 수 있다. [O X]

03 자기주식의 처분과정에서 발생하는 손익은 당기손익으로 인식하지 않는다. [O X]

04 보고기간 말 재무상태표에 표시되는 이익잉여금은 처분 전 금액이며, 이익잉여금의 처분에 대한 회계처리는 주주총회에서 승인을 받은 날에 이루어진다. [O X]

05 누적적우선주 배당금은 배당이 선언되지 않는 경우에도 차기 이후에 최소배당률에 해당하는 금액을 반드시 지급해야 하므로 미지급배당금으로 인식한다. [O X]

06 발행자에게 상환의무가 있는 상환우선주는 금융부채로 분류하며 지급하는 배당금은 이자비용으로 인식한다. [O X]

07 신주발행비는 주식의 발행금액의 일부로 처리하므로 주식발행초과금에 가산하거나 주식할인발행차금에서 차감된다. [O X]

08 유상감자 시 감자차손익은 주식의 최초발행금액과 취득금액을 비교하여 계산한다. [O X]

OX 풀이

01 주식배당은 자본금이 증가하는 반면, **주식분할은 자본금이 변동되지 않는다.**
02 자본잉여금은 **자본전입 또는 결손보전**에만 사용할 수 있다.
05 배당을 선언하기 전에는 **부채로 인식할 수 없다.**
07 **주식발행초과금에서 차감**하거나 **주식할인발행차금에 가산**된다.
08 감자차손익은 **취득금액과 액면금액의 차액으로 계산**한다.

| 정답 | 01 X 02 X 03 O 04 O 05 X 06 O 07 X 08 X

✏️ 지문 수정하기

다음 문장을 읽고 옳은 설명에는 O, 옳지 않은 설명에는 X를 하고 올바른 문장으로 수정하시오.

09 포괄손익 중 미실현처리되는 기타포괄손익에는 기타포괄손익인식 금융자산평가손익, 해외사업장환산외환차익, 재평가잉여금, 확정급여제도하의 재측정손익 등이 있다. ⟮O X⟯

10 이익준비금은 매 결산기에 주식배당을 제외한 이익배당액의 10분의 1 이상을 자본의 2분의 1에 달할 때까지 적립한다. ⟮O X⟯

11 중간배당은 이사회의 결의에 의해 지급되며, 주식과 현금배당 모두 가능하고 이익준비금을 적립하여야 한다. ⟮O X⟯

12 자기주식을 소각한 경우 소각된 자기주식의 장부금액과 주식의 최초 발행가액의 차이를 감자차익(손)으로 처리한다. ⟮O X⟯

13 주식발행초과금을 상계한 이후의 주식할인발행차금은 부(-)의 자본으로 표시하여 자본잉여금의 처분으로 상각한다. ⟮O X⟯

14 재무상태표에 보고될 자본금은 주식을 발행하고 실제 입수한 주식의 취득가액으로 표시한다. ⟮O X⟯

15 무상증자는 자본거래의 결과로 발생한 잉여금이나 이익잉여금 중 배당 가능한 잉여금을 자본에 전입하여 주식을 발행·교부하는 것을 말한다. ⟮O X⟯

16 주주들에게 대가를 지급하지 않고 주당 액면금액을 감액시키거나 주식수를 일정비율로 감소시키는 것을 유상감자라고 한다. ⟮O X⟯

17 자기주식은 소각하거나 추후에 재발행할 목적으로 취득한 자기회사가 발행한 주식을 말한다. ⟮O X⟯

OX 풀이

10 자본이 아니라 **자본금**의 2분의 1에 달할 때까지 적립한다.
11 **주식배당은 불가능**하다.
12 주식의 최초발행가액이 아니라 **주식의 액면금액**이다.
13 주식발행초과금을 상계한 이후의 주식할인발행차금은 부(-)의 자본으로 표시하여 **이익잉여금의 처분으로 상각**한다.
14 재무상태표에 보고될 자본금은 주식을 발행하고 **실제 발행된 액면총액**으로 표시한다.
15 무상증자는 자본거래의 결과로 발생한 잉여금이나 이익잉여금 중 **배당불가능한 잉여금**을 자본에 전입하여 주식을 발행·교부하는 것을 말한다.
16 주주들에게 대가를 지급하지 않고 주당 액면금액을 감액시키거나 주식수를 일정비율로 감소시키는 것을 **무상감자**라고 한다.

| 정답 | **09** O **10** X **11** X **12** X **13** X **14** X **15** X **16** X **17** O

다음 문장을 읽고 옳은 설명에는 O, 옳지 않은 설명에는 X를 하고 올바른 문장으로 수정하시오.

18 임의적립금은 기업이 임의로 적립한 것으로 다시 처분 전의 상태로 이입하여 배당재원으로 사용할 수 있다. ⒪ ⓧ

19 주식배당은 배당선언일에 회계처리하고, 미교부주식배당의 과목으로 부채항목으로 분류한다. ⒪ ⓧ

20 기업이 비현금자산으로 미지급배당을 결제할 때, 분배된 자산의 장부금액과 미지급배당의 장부금액에 차이가 있다면 이를 당기손익으로 인식하지 않는다. ⒪ ⓧ

OX 풀이

19 주식배당은 배당선언일에 회계처리하고, 미교부주식배당의 과목으로 **자본항목으로 분류**한다.
20 기업이 비현금자산으로 미지급배당을 결제할 때, 분배된 자산의 장부금액과 미지급배당의 장부금액에 차이가 있다면 이를 **당기손익으로 인식**한다.

정답 | 18 O 19 X 20 X

3 공무원 5개년 기출 문제

정답 및 해설 p. 36

01 ▶ 2025 지방직9급

자본 거래가 발행주식수와 자본금에 미치는 영향에 대한 연결로 옳지 않은 것은?

	자본 거래	발행주식수	자본금
①	주식배당	증가	불변
②	무상감자	감소	감소
③	무상증자	증가	증가
④	주식분할	증가	불변

02 ▶ 2023 국가직7급

재무상태표상 자본총액이 증가하는 거래는?

① 액면금액 ₩5,000인 보통주를 주당 ₩4,000에 할인발행하였다.
② 자기주식처분이익 중 ₩10,000을 자본금으로 대체하였다.
③ 주주총회에서 주식배당 ₩6,000을 결의하였다.
④ 보통주 액면금액 ₩5,000을 ₩500으로 분할하였다.

03 ▶ 2022 지방직9급

소유주에 대한 비현금자산의 분배에 대한 설명으로 옳지 않은 것은?

① 기업은 분배를 선언하고 소유주에게 관련 자산을 분배할 의무를 부담할 때, 미지급배당을 부채로 인식하여야 한다.
② 소유주에게 배당으로 비현금자산을 분배해야하는 부채는 분배될 자산의 공정가치로 측정한다.
③ 각 보고기간말과 결제일에, 기업은 미지급배당의 장부금액을 검토하고 조정하며, 이 경우 미지급배당의 장부금액 변동은 분배금액에 대한 조정으로 자본에서 인식한다.
④ 기업이 미지급배당을 결제할 때, 분배된 자산의 장부금액과 미지급배당의 장부금액이 차이가 있다면 이를 당기손익으로 인식하지 않는다.

04 ▶ 2021 국가직9급

자본에 관한 설명 중 옳지 않은 것은?

① 자본조정은 당해 항목의 성격상 자본거래에 해당하지만, 자본의 차감 성격을 가지는 것으로 자본금이나 자본잉여금으로 처리할 수 없는 누적적 적립금의 성격을 갖는 계정이다.
② 상환우선주의 보유자가 발행자에게 상환을 청구할 수 있는 권리를 보유하고 있는 경우, 이 상환우선주는 자본으로 분류하지 않는다.
③ 자본잉여금은 납입된 자본 중에서 액면금액을 초과하는 금액 또는 주주와의 자본거래에서 발생하는 잉여금을 처리하는 계정이다.
④ 기타포괄손익누계액 중 일부는 당기손익으로의 재분류 조정 과정을 거치지 않고 직접 이익잉여금으로 대체할 수 있다.

05 ▶ 2021 지방직9급

무상증자, 주식배당, 주식분할, 주식병합에 대한 설명으로 옳지 않은 것은?

① 무상증자로 자본금은 변동하지 않는다.
② 주식배당은 발행주식수를 증가시킨다.
③ 주식분할은 발행주식수를 증가시킨다.
④ 주식병합으로 자본금은 변동하지 않는다.

4 실전 훈련 문제

01 ▶ 2023 세무사
자본항목에 관한 설명으로 옳지 않은 것은?
① 지분상품의 상환이나 차환은 자본의 변동으로 인식하지만, 지분상품의 공정가치 변동은 재무제표에 인식하지 않는다.
② 확정수량의 보통주로 전환되는 조건으로 발행된 전환우선주는 지분상품으로 회계처리한다.
③ 기업이 자기지분상품을 재취득하는 경우에는 자본에서 차감하며, 자기지분상품을 매입, 매도, 발행, 소각하는 경우의 손익은 당기손익으로 인식하지 않는다.
④ 액면주식을 액면발행한 경우, 발생한 주식발행 직접원가는 주식할인발행차금으로 차변에 기록된다.
⑤ 보유자가 발행자에게 특정일이나 그 후에 확정되었거나 결정 가능한 금액으로 상환해줄 것을 청구할 수 있는 권리가 있는 우선주는 지분상품으로 분류한다.

02 ▶ 2025 경찰간부
무상증자, 주식배당, 주식분할 및 주식병합에 대한 설명으로 옳지 않은 것은?
① 무상증자와 주식배당의 경우 자본금은 증가한다.
② 주식배당과 주식분할의 경우 자본잉여금은 변하지 않는다.
③ 주식배당의 경우 이익잉여금이 감소하지만 주식분할의 경우 이익잉여금은 변하지 않는다.
④ 무상증자, 주식배당, 주식분할 및 주식병합의 경우 발행주식수가 증가한다.

03 ▶ 2025 경찰간부
다음의 자본거래 중 당기의 자본총계를 감소시키는 것은?
① 전기에 취득한 자기주식을 당기에 소각하는 경우
② 전기에 취득한 자기주식을 당기에 취득원가 이하로 처분하는 경우
③ 당기에 신규 주식을 액면가치 이하로 할인 발행하는 경우
④ 당기에 자기주식을 발행가액으로 취득하고 원가법으로 처리하는 경우

04 ▶ 2023 관세사
자본의 감소를 가져오는 거래는?
① 주주총회에서 보통주에 대해 현금배당을 지급하기로 결의하였다.
② 자기주식을 재발행하고 자기주식처분이익을 인식하였다.
③ 보통주를 현금납입 받아 신주발행하였다.
④ 이월결손금을 보전하기 위하여 보통주자본금을 무상감자 하였다.
⑤ 주주총회에서 사업확장적립금을 별도적립금으로 대체하기로 결의하였다.

05
다음 중 자본거래에 대한 설명으로 옳지 않은 것은?
① 감자차익과 감자차손은 발생순서와 관계없이 서로 상계하여 표시한다.
② 주식분할과 주식배당은 자본총계에 영향을 미치지 않는다.
③ 누적적우선주에 대해 전기에 배당하지 못한 연체배당금은 배당할 의무가 있으므로 부채로 계상한다.
④ 무상감자와 무상증자는 자본총계에 영향을 미치지 않는다.

06 ▶ 2022 주택관리사
자본에 관한 설명으로 옳은 것을 모두 고른 것은?

ㄱ. 주식 발행과 직접 관련하여 발생한 거래원가는 자본에서 차감하지 않고 당기손익으로 인식한다.
ㄴ. 유상감자는 자본금의 감소로 소멸되는 주식의 대가를 주주에게 실질적으로 지급하는 것으로 실질적 감자에 해당한다.
ㄷ. 무상증자 시에는 납입자본과 자본총계가 모두 증가한다.
ㄹ. 임의적립금은 주주총회의 의결을 거쳐 미처분이익잉여금으로 이입한 후 배당재원으로 사용할 수 있다.
ㅁ. 이익준비금은 법정준비금이므로 그 금액만큼을 반드시 외부 금융기관에 예치해야 한다.

① ㄱ, ㄹ ② ㄱ, ㅁ ③ ㄴ, ㄷ
④ ㄴ, ㄹ ⑤ ㄷ, ㅁ

07 ▶ 2019 관세사

무상증자, 주식배당, 주식분할 및 주식병합 간의 비교로 옳지 않은 것은?

① 무상증자, 주식배당 및 주식병합의 경우 총자본은 변하지 않지만 주식분할의 경우 총자본은 증가한다.
② 무상증자와 주식배당의 경우 자본금은 증가한다.
③ 주식배당과 주식분할의 경우 자본잉여금은 변하지 않는다.
④ 주식배당의 경우 이익잉여금이 감소하지만 주식분할의 경우 이익잉여금은 변하지 않는다.
⑤ 무상증자, 주식배당 및 주식분할의 경우 발행주식수가 증가하지만 주식병합의 경우 발행주식수가 감소한다.

08

다음 각 항목이 재무상태표의 자본금, 이익잉여금 및 자본총계에 미치는 영향으로 옳지 않은 것은?

	항목	자본금	이익잉여금	자본총계
①	무상증자	증가	감소가능	불변
②	주식배당	증가	감소	불변
③	주식분할	불변	불변	불변
④	유상증자	증가	증가	증가

09 ▶ 2024 관세사

자본회계에 관한 설명으로 옳지 않은 것은?

① 주식의 할증발행 시 액면금액에 해당하는 금액은 자본금계정, 액면금액을 초과하는 금액은 주식발행초과금계정의 대변에 각각 기록한다.
② 주식의 발행과 관련하여 직접적으로 발생하는 신주발행비는 납입된 현금수취액에서 차감한다.
③ 자기주식의 취득 시 원가법으로 회계처리한 후 재발행하는 경우 재발행금액과 취득원가가 일치하지 않으면 자기주식처분손익이 발생한다.
④ 유상감자의 대가가 액면금액에 미달하는 경우 감자차익이 발생하고 이는 자본잉여금으로 분류한다.
⑤ 배당을 받을 권리가 있는 주주를 확정짓는 날인 배당기준일에 배당예상금액을 미지급배당금계정의 대변에 기록한다.

10

다음 중 자본에 대한 설명으로 옳지 않은 것은?

① 전환권대가는 전환사채의 발행가액에서 전환권이 없는 일반사채의 현재가치를 차감하여 계산한다.
② 자기발행주식을 취득한 경우에는 그 취득원가를 자기주식 계정으로 처리하여 자본총액에서 차감하는 형식으로 기재한다.
③ 자본전입, 주식배당, 전환사채의 전환, 전환주식의 전환 등으로 인한 증자는 형식적 증자에 해당한다.
④ 현물출자에 의하여 증자를 하는 경우에는 취득한 유형자산의 공정가치와 발행하여 교부한 주식의 공정가치 중 보다 명확히 측정할 수 있는 것을 납입자본으로 기입한다.

11

다음 중 자기주식의 회계처리에 관한 설명으로 옳지 않은 것은?

① 자기주식의 처분 시 손실이 발생하면 먼저 자기주식처분이익과 상계하고 잔액을 결손금처리에 준하여 회계처리한다.
② 자기주식의 취득 시 취득가액과 최초발행가액이 다르면 그 차액을 당기손익으로 처리한다.
③ 자기주식의 소각 시 액면가액과 취득가액의 차액 감자차익(차손)이 발행한다.
④ 자기주식은 재무상태표상 자본에 대한 차감적 평가계정으로 계상한다.

12

자본에 관한 설명 중에서 한국채택국제회계기준의 규정과 일치하지 않는 것은 무엇인가? (단, 한국채택국제회계기준에 명시적인 규정이 없는 경우 상법의 규정을 준용한다.)

① 감자차손은 감자차익과 우선 상계하고 그 잔액은 기타자본구성요소로 계상한 후 결손금의 처리순서에 따른다.
② 미교부주식배당금은 주식배당을 받은 주주들에게 주식을 교부해야 하는 것으로 미지급배당금과 마찬가지로 부채로 계상한다.
③ 감자차손은 감자 시 자본금의 액면금액을 초과하여 지급하는 경우 발생하며, 이는 자본에 대한 차감적 평가계정의 성격을 갖는다.
④ 자기주식처분손실은 자기주식을 매각할 때 처분가액이 취득원가보다 작은 경우 발생하며, 자기주식처분이익과 우선 상계한다.

CHAPTER 12 수익인식

1 이론 정리 및 이해 확인

독한훈련

01 수익인식의 일반론

1. 개념
① 수익은 자본참여자의 출자 관련 증가분을 (포함한 / 제외한) 자본의 증가를 수반하는 것으로 회계기간의 정상적인 활동에서 발생하는 경제적 효익의 총유입으로 정의한다.
② 수익은 차익을 포함 (한다 / 하지 않는다).

2. 고객
① 거래상대방이 고객이 아닌 경우에 한국채택국제회계기준 제1115호 '고객과의 계약에서 생긴 수익'의 규정을 따를 수 (있다 / 없다).
② _____ (이)란 기업이 통상적인 활동의 산출물인 재화나 용역을 대가와 교환하여 획득하기로 기업과 계약한 당사자를 의미한다.
③ 거래상대방이 어떤 활동이나 과정에 참여하기 위해 기업과 계약하였고, 이때 생기는 위험과 효익을 공유하는 경우 그 계약상대방은 고객 (이다 / 이 아니다).

3. 수익인식의 단계를 순서대로 나열하시오.
a. 수익인식
b. 거래가격의 산정
c. 계약의 식별
d. 거래가격의 배분
e. 수행의무의 식별

01 수익인식의 일반론

1 개념
① 수익은 자본참여자의 출자 관련 증가분을 제외한 자본의 증가를 수반하는 것으로 회계기간의 정상적인 활동에서 발생하는 경제적 효익의 총유입으로 정의한다.
② 수익은 기업의 정상적인 영업활동에서 발생하는 매출액에 수수료수익, 이자수익, 배당수익 등의 차익을 포함한다.

2 고객
① 거래상대방이 고객인 경우에만 한국채택국제회계기준 제1115호 '고객과의 계약에서 생긴 수익'의 규정을 따를 수 있다.
② 고객이란 기업이 통상적인 활동의 산출물인 재화나 용역을 대가와 교환하여 획득하기로 기업과 계약한 당사자를 의미한다.
③ 거래상대방이 어떤 활동이나 과정에 참여하기 위해 기업과 계약하였고, 이때 생기는 위험과 효익을 공유한다면 그 계약상대방은 고객이 아니다.

3 수익인식은 다음 다섯 가지 단계를 따른다.
① 계약의 식별
② 수행의무의 식별
③ 거래가격의 산정
④ 거래가격의 배분
⑤ 수익인식

정답 01 1. ① 제외한 ② 한다 2. ① 없다 ② 고객 ③ 이 아니다
3. c. 계약의 식별 ⇨ e. 수행의무의 식별 ⇨ b. 거래가격의 산정 ⇨ d. 거래가격의 배분 ⇨ a. 수익인식

02 수익의 인식과정

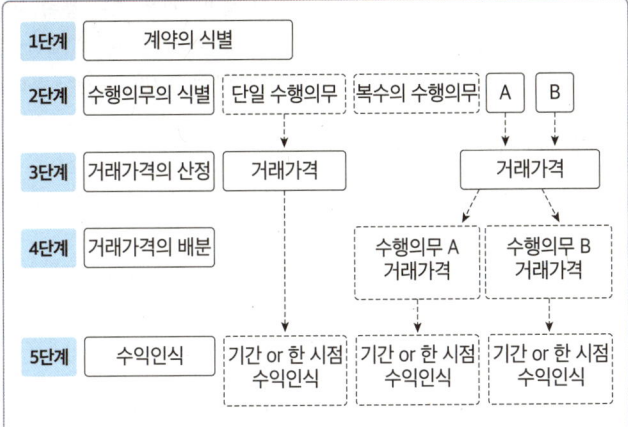

1단계: 계약의 식별

❶ 계약의 특성
① 계약은 둘 이상의 당사자 사이에 집행가능한 권리와 의무가 생기게 하는 합의를 의미한다.
② 계약은 서면으로, 구두로, 기업의 사업관행에 따라서 암묵적으로 체결할 수 있다.
③ 계약의 각 당사자가 전혀 수행하지 않은 계약에 대해 상대방에게 보상하지 않고 종료할 수 있는 집행가능한 권리를 갖는다면, 그 계약은 존재하지 않는다.

❷ 계약의 식별기준
다음 기준을 모두 충족하는 경우에만 고객과의 계약으로 회계처리한다.
① 계약당사자들이 계약을 승인하고 각자의 의무를 수행하기로 확약한다.
② 이전할 재화나 용역과 관련된 각 당사자의 권리를 식별할 수 있다.
③ 이전할 재화나 용역의 지급조건을 식별할 수 있다.
④ 계약에 상업적 실질이 있다.
⑤ 고객에게 이전할 재화나 용역에 대하여 받을 권리를 갖게 될 대가의 회수가능성이 높다. 대가의 회수가능성이 높은지를 평가할 때는 지급기일에 고객이 대가(금액)를 지급할 수 있는 능력과 지급할 의도만을 고려한다. 기업이 고객에게 가격할인을 제공할 수 있어서 대가가 변동될 수 있다면, 기업이 받을 권리를 갖게 될 대가는 계약에 표시된 가격보다 적을 수 있다.

📢 독한훈련

02 수익의 인식과정

1단계: 계약의 식별

1. 계약의 특성
① _____은(는) 둘 이상의 당사자 사이에 집행가능한 권리와 의무가 생기게 하는 합의를 의미한다.
② 계약은 서면이 아닌 구두나 사업관행에 따라 암묵적으로 체결할 수 (있다 / 없다).

2. 계약의 식별기준
다음의 조건을 모두 충족하는 경우에만 고객과의 계약으로 인식한다.
a. 계약당사자들이 계약을 승인하고 각자의 의무를 수행하기로 확약한다.
b. 이전할 재화나 용역과 관련된 각 당사자의 권리를 _____ 할 수 있다.
c. 이전할 재화나 용역의 지급조건을 식별할 수 있다.
d. 계약에 상업적 실질이 (있다 / 없다).
e. 고객에게 이전할 재화나 용역에 대하여 받을 권리를 갖게 될 대가의 회수가능성이 (매우 높다 / 높다 / 낮다). 대가의 회수가능성이 높은지를 평가할 때는 _____에 고객이 대가(금액)를 지급할 수 있는 능력과 지급할 의도만을 고려한다.

정답 02 1단계 1. ① 계약 ② 있다 2. b. 식별 d. 있다 e. 높다, 지급기일

독한훈련

3. 식별기준 재검토

고객과의 계약이 개시시점에 계약의 식별기준을 모두 충족하였다면 사실과 상황에 유의적인 변동이 없는 경우에 이러한 기준의 재검토를 (해야 한다 / 할 필요 없다).

4. 고객에게서 받은 대가

① 고객에게서 받은 대가는 수익으로 인식하기 전까지는 (자산 / 부채)(으)로 인식한다.

② 고객과의 계약이 판단을 충족하지는 못하였지만, 계약이 종료되었고 고객에게서 받은 대가는 환불되지 않는 경우 (수익으로 인식한다 / 부채로 인식한다).

5. 계약의 결합

① 일반적으로 수익인식은 _____ 계약별로 적용하는 것이 원칙이지만, 여러 계약을 하나의 계약으로 결합하여 식별한 후 회계처리하는 경우도 있다.

② 복수의 계약을 하나의 상업적 목적으로 일괄 협상한다면 고객과 동시에 또는 가까운 시기에 체결한 둘 이상의 계약을 결합하여 _____ 계약으로 회계처리한다.

2단계: 수행의무의 식별

1. 수행의무의 정의

_____(이)란 고객과의 계약에서 재화나 용역을 이전하기로 한 약속을 의미한다.

---

③ 식별기준 재검토

고객과의 계약이 개시시점에 계약의 식별기준을 모두 충족하였다면 사실과 상황에 유의적인 변동이 없는 한 이러한 기준의 재검토는 하지 않는다. 그러나 유의적인 변동이 있다면 재검토를 해야 한다.

④ 고객에게서 받은 대가

① 고객에게서 받은 대가는 수익으로 인식하기 전까지는 부채로 인식한다.

② 고객과의 계약이 판단을 충족하지는 못하였지만, 고객에게서 대가를 받은 경우에는 다음 사건 중 하나가 일어난 경우에만 받은 대가를 수익으로 인식한다.

> ㉠ 고객에게 재화나 용역을 이전해야 하는 의무는 남아 있지 않고, 고객이 약속한 대가를 모두 받았으며 그 대가는 환불되지 않는다.
> ㉡ 계약이 종료되었고 고객에게서 받은 대가는 환불되지 않는다.

⑤ 계약의 결합

일반적으로 수익인식은 식별된 계약별로 적용하는 것이 원칙이지만, 여러 계약을 하나의 계약으로 결합하여 식별한 후 회계처리하는 경우도 있다. 다음 기준 중 하나 이상을 충족한다면, 같은 고객과 동시에 또는 가까운 시기에 체결한 둘 이상의 계약을 결합하여 단일계약으로 회계처리한다.

> ① 복수의 계약을 하나의 상업적 목적으로 일괄 협상한다.
> ② 한 계약에서 지급하는 대가(금액)는 다른 계약의 가격이나 수행에 따라 달라진다.
> ③ 복수의 계약에서 약속한 재화나 용역은 단일 수행의무에 해당한다.

2단계: 수행의무의 식별

① 수행의무의 정의

수행의무란 고객과의 계약에서 재화나 용역을 이전하기로 한 약속을 의미한다.

정답 3. 할 필요 없다 4. ① 부채 ② 수익으로 인식한다 5. ① 식별된 ② 단일 2단계 1. 수행의무

❷ 수행의무의 구분

① 재화나 용역을 각각 구별할 수 있다면, 재화나 용역 각각을 별개의 수행의무로 인식하여 수익을 인식한다. 일반적으로 재화는 인도기준에 수익을 인식하고, 용역은 진행기준으로 수익을 인식한다.
② 고객과의 계약에서 식별되는 수행의무는 계약에 기재된 재화나 용역에만 한정되지 않을 수 있다. 즉, 의제의무도 고객에게 약속한 수행의무로 간주할 수 있다.
③ 계약을 이행하기 위해 수행해야 하지만 고객에게 재화나 용역을 이전하는 활동이 아니라면 그 활동은 수행의무에 포함하지 않는다. 즉, 계약준비활동은 수행의무가 아니다.
④ 일정기간에 같은 재화나 용역을 연속적으로 제공하는 상황으로 실질이 서로 같고 고객에게 이전하는 방식도 같은 일련의 구분되는 재화와 용역을 이전하는 약속은 기간에 걸쳐 수익을 인식한다.

3단계: 거래가격의 산정

❶ 거래가격의 정의

거래가격은 고객에게 약속한 재화나 용역을 이전하고 그 대가로 기업이 받을 권리를 갖게 될 것으로 예상하는 금액이며, 제3자를 대신하여 회수하는 금액(예 부가가치세)은 제외한다.

❷ 변동대가

① 기업이 대가를 받을 권리는 할인, 리베이트, 환불, 공제, 가격할인, 장려금, 성과보너스, 위약금 등과 같은 항목들이 발생하여 변동될 수 있다.
② 계약에서 약속한 대가에 변동금액이 포함된 경우에 고객에게 약속한 재화나 용역을 이전하고 그 대가로 받을 권리를 갖게 될 금액을 추정한다.
③ 변동대가는 기댓값과 가능성이 가장 높은 금액 중 대가를 더 잘 예측할 것으로 예상되는 방법을 사용하여 추정한다.
④ 변동대가의 추정치가 너무 불확실하고, 금액을 충실하게 나타낼 수 없는 경우 변동대가의 추정치는 거래가격에 포함시키지 않으며, 수익을 인식하지 않는다. 이를 평가할 때는 추정의 변경으로 인한 수익의 환원가능성 및 크기를 모두 고려해야 한다.
⑤ 변동대가의 추정에 대한 불확실성이 해소되면 추정치를 거래가격에 반영한다.
⑥ 변동대가와 관련된 불확실성이 나중에 해소될 때, 이미 인식한 누적 수익 금액 중 유의적인 부분을 되돌리지 않을 가능성이 매우 높은 정도까지만 추정된 변동대가의 일부나 전부를 거래가격에 포함한다.

💬 독한훈련

2. 수행의무의 구분

① 재화나 용역을 각각 구별할 수 있다면, 재화나 용역 (각각을 별개의 / 전체를 재화의 / 전체를 용역의) 수행의무로 인식하여 수익을 인식한다.
② 고객과의 계약에서 식별되는 수행의무는 계약에 기재된 재화나 용역에만 한정(된다 / 되지 않을 수 있다).
③ 계약에 기재되지 않은 의제의무는 고객에게 약속한 수행의무로 간주할 수 (있다 / 없다).
④ 계약준비활동과 같이 계약을 이행하기 위해 수행해야 하지만 고객에게 재화나 용역을 이전하는 활동이 아니라면 수행의무에 포함(한다 / 하지 않는다).
⑤ 일정기간에 같은 재화나 용역을 연속적으로 제공하는 상황(예 건설계약)으로 실질이 서로 같고 고객에게 이전하는 방식도 같은 일련의 구분되는 재화와 용역을 이전하는 약속은 (일시에 / 기간에 걸쳐) 수익을 인식한다.

3단계: 거래가격의 산정

1. 거래가격의 정의

□□□ 가격은 고객에게 약속한 재화나 용역을 이전하고 그 대가로 기업이 받을 권리를 갖게 될 것으로 예상하는 금액이며, 제3자를 대신하여 회수하는 금액(예 부가가치세)은 (포함 / 제외)한다.

2. 변동대가

① 계약에서 약속한 대가에 □□□ 금액이 포함된 경우에 고객에게 약속한 재화나 용역을 이전하고 그 대가로 받을 권리를 갖게 될 금액을 추정한다.
② 변동대가는 □□□ 와(과) 가능성이 가장 높은 금액 중 대가를 더 잘 예측할 것으로 예상되는 방법을 사용하여 추정한다.
③ 변동대가의 추정치가 너무 불확실하고, 금액을 충실하게 나타낼 수 없는 경우 변동대가의 추정치는 거래가격에 (포함 / 불포함)하고, 수익을 인식(한다 / 하지 않는다).
④ 변동대가의 추정에 대한 불확실성이 해소된 경우, 추정치를 거래가격에 반영(한다 / 할 수 없다).
⑤ 변동대가와 관련된 불확실성이 나중에 해소될 때, 이미 인식한 누적 수익 금액 중 유의적인 부분을 되돌리지 않을 가능성이 (높은 / 매우 높은) 정도까지만 추정된 변동대가의 일부나 전부를 거래가격에 (포함 / 제외)한다.

💡 정답
2. ① 각각을 별개의 ② 되지 않을 수 있다 ③ 있다 ④ 하지 않는다 ⑤ 기간에 걸쳐
3단계 1. 거래, 제외 **2.** ① 변동 ② 기댓값 ③ 불포함, 하지 않는다 ④ 한다 ⑤ 매우 높은, 포함

> 📢 **독한훈련**

3. 환불부채

고객에게서 받은 대가의 일부나 전부를 고객에게 환불할 것으로 예상하는 경우에는 _____을(를) 인식한다.

4. 계약에 유의적인 금융요소

① 거래가격을 산정할 때, 화폐의 시간가치가 미치는 영향이 중요하다면 화폐의 시간가치를 반영(한다 / 하지 않는다).

② 고객이 그 재화나 용역을 현금으로 결제했다면 지급하였을 가격을 반영하는 금액, 즉 _____(으)로 수익을 인식한다.

③ 기업이 고객에게 약속한 재화나 용역을 이전하는 시점과 고객이 그에 대한 대가를 지급한 시점 간의 기간이 1년 이내일 것이라고 예상한다면 유의적인 금융요소의 영향을 조정(하는 / 하지 않는) 실무적 간편법을 쓸 수 있다.

④ 계약 개시 후에는 이자율이나 그 밖의 상황이 달라지는 경우 그 할인율을 새로 (수정한다 / 수정하지 않는다).

⑤ 고객이 재화나 용역의 대가를 선급하였고, 그 재화나 용역의 이전 시점은 고객의 재량에 따르는 경우 계약에 유의적인 금융요소는 (있다 / 없다).

⑥ 고객이 약속한 대가 중 상당한 금액이 변동될 수 있으며, 그 대가의 금액과 시기는 고객이나 기업이 실질적으로 _____할 수 없는 미래사건의 발생 여부에 따라 달라지는 경우, 유의적인 금융요소는 없을 것이다.

❸ 환불부채

① 고객에게서 받은 대가의 일부나 전부를 고객에게 환불할 것으로 예상하는 경우에는 환불부채를 인식한다.
② 기업이 받았거나 받을 대가 중에서 권리를 갖게 될 것으로 예상하지 않는 금액은 거래가격에서 차감한다.

❹ 계약에 유의적인 금융요소

① 거래가격을 산정할 때, 거래당사자들 간에 합의한 지급시기 때문에 고객에게 재화나 용역을 이전하면서 유의적인 금융효익이 고객이나 기업에 제공되는 경우에는 화폐의 시간가치가 미치는 영향을 반영하여 약속된 대가를 조정한다.
② 고객이 그 재화나 용역을 현금으로 결제했다면 지급하였을 가격을 반영하는 금액(현금판매가격)으로 수익을 인식한다.
③ 기업이 고객에게 약속한 재화나 용역을 이전하는 시점과 고객이 그에 대한 대가를 지급한 시점 간의 기간이 1년 이내일 것이라고 예상한다면 유의적인 금융요소의 영향을 조정하지 않는 실무적 간편법을 쓸 수 있다.
④ 계약 개시 후에는 이자율이나 그 밖의 상황이 달라져도 그 할인율을 새로 수정하지 않는다.
⑤ 다음 중 어느 하나의 경우라면 유의적인 금융요소는 없을 것이다.

> ㉠ 대가의 선수+수행의무 이전 시점의 불확정
> 고객이 재화나 용역의 대가를 선급하였고, 그 재화나 용역의 이전 시점은 고객의 재량에 따른다.
> ㉡ 변동대가의 발생
> 고객이 약속한 대가 중 상당한 금액이 변동될 수 있으며, 그 대가의 금액과 시기는 고객이나 기업이 실질적으로 통제할 수 없는 미래사건의 발생 여부에 따라 달라진다.
> ㉢ 유의적인 금융요소 외의 차이 발생
> 약속한 대가와 재화나 용역의 현금판매가격 간의 차이가 고객이나 기업에 대한 금융제공 외의 이유로 생기며, 그 금액 차이는 그 차이가 나는 이유에 따라 달라진다.

💡 **정답** 3. 환불부채 4. ① 한다 ② 현금판매가격 ③ 하지 않는 ④ 수정하지 않는다 ⑤ 없다 ⑥ 통제

⑤ 비현금대가: 교환거래

① 고객이 현금 외의 형태로 대가를 약속한 계약의 경우에 거래가격을 산정하기 위하여 비현금대가를 공정가치로 측정한다.
② 비현금대가의 공정가치를 합리적으로 추정할 수 없는 경우에는, 그 대가와 교환하여 고객에게 약속한 재화나 용역의 개별 판매가액을 참조하여 간접적으로 그 대가를 측정한다.
③ 상업적 실질이 없는 성격과 가치가 유사한 재화나 용역의 교환은 계약으로 식별될 수 없으므로 수익이 발생하는 거래로 보지 않는다.
④ 상업적 실질이 있는 이종자산의 교환에서 제공받은 비현금대가의 공정가치를 측정할 수 없다면 제공한 대가의 공정가치를 수익으로 인식한다.

⑥ 고객에게 지급한 대가

① 고객에게 지급할 대가가 고객에게서 제공받을 재화나 용역에 대한 대가가 아닌 경우 거래가격인 수익에서 차감한다.
② 고객에게 지급할 대가가 고객에게서 제공받을 구별되는 재화나 용역에 대한 대가라면, 다른 공급자에게 구매한 경우와 같은 방법으로 회계처리한다.
③ 고객에게 지급할 대가 금액이 고객에게서 받은 구별되는 재화나 용역의 공정가치를 초과한다면, 그 초과액을 거래가격에서 차감하여 회계처리한다.
④ 고객에게서 받은 재화나 용역의 공정가치를 합리적으로 추정할 수 없다면, 고객에게 지급할 대가 전액을 거래가격에서 차감하여 회계처리한다.

4단계: 거래가격의 배분

❶ 거래가격의 배분

① 계약에 포함된 수행의무가 둘 이상인 경우에는 거래가격을 각 수행의무에 배분한다.
② 계약 개시시점에 계약상 수행의무의 대상인 구별되는 재화와 용역의 개별 판매가격을 산정하고, 이 개별 판매가격에 비례하여 거래가격을 배분한다.
③ 만약 개별 판매가격을 직접 관측할 수 없다면, 배분목적에 맞게 거래가격이 배분되도록 개별 판매가격을 추정하며, 합리적인 범위에서 구할 수 있는 모든 정보를 고려한다.

독한훈련

5. 비현금대가: 교환거래

① 고객이 현금 외의 형태로 대가를 약속한 계약의 경우에 거래가격을 산정하기 위하여 비현금대가를 (장부금액 / 공정가치)(으)로 측정한다.
② 상업적 실질이 없는 성격과 가치가 유사한 재화나 용역의 교환은 계약으로 식별될 수 없으므로 수익이 발생하는 거래로 (본다 / 보지 않는다).
③ 상업적 실질이 있는 이종자산의 교환에서 제공받은 비현금대가의 공정가치를 측정할 수 없다면 (제공받은 대가의 장부가치 / 제공한 대가의 공정가치)를 수익으로 인식한다.

6. 고객에게 지급한 대가

① 고객에게 지급할 대가가 고객에게서 제공받을 재화나 용역에 대한 대가가 아닌 경우 (거래가격인 수익에서 차감한다 / 별도 비용으로 인식한다).
② 고객에게 지급할 대가 금액이 고객에게서 받은 구별되는 재화나 용역의 공정가치를 초과한다면, 그 초과액을 (거래가격인 수익에서 차감한다 / 별도 비용으로 인식한다).
③ 고객에게서 받은 재화나 용역의 공정가치를 합리적으로 추정할 수 없다면, 고객에게 지급할 대가 전액을 (비용으로 처리한다 / 거래가격에서 차감한다).

4단계: 거래가격의 배분

1. 거래가격의 배분

① 계약 개시시점에 계약상 수행의무의 대상인 구별되는 재화와 용역의 _____을(를) 산정하고, 이 _____에 비례하여 거래가격을 배분한다.
② 만약 개별 판매가격을 직접 관측할 수 없다면, 배분목적에 맞게 거래가격이 배분되도록 개별 판매가격을 _____하며, 합리적인 범위에서 구할 수 있는 모든 정보를 고려한다.

💡 **정답** 5. ① 공정가치 ② 보지 않는다 ③ 제공한 대가의 공정가치   6. ① 거래가격인 수익에서 차감한다 ② 거래가격인 수익에서 차감한다 ③ 거래가격에서 차감한다   **4단계** 1. ① 개별 판매가격, 개별 판매가격 ② 추정

독한훈련

③ 개별 판매가격을 추정하는 방법은 시장평가조정 접근법, 예상원가 이윤가산 접근법, 잔여접근법 등이 있으며, 해당 방법들에 한정(된다 / 되지 않는다).

④ 개별 판매가격을 추정하는 방법 중 기업이 재화나 용역을 판매하는 시장을 평가하여 그 시장에서 고객이 그 재화나 용역에 대해 지급하려는 가격을 추정하는 방법은 _____ 접근법이다.

⑤ 개별 판매가격을 추정하는 방법 중 재화나 용역의 개별 판매가격은 총 거래가격에서 계약에서 약속한 그 밖의 재화나 용역의 관측가능한 개별 판매가격의 합계를 차감하여 추정하는 방법은 (예상원가 이윤가산 / 잔여) 접근법이다.

2. 거래가격의 후속변동

계약을 개시한 후의 개별 판매가격의 변동을 반영하기 위해 거래가격을 다시 배분(한다 / 하지는 않는다).

3. 계약의 변경

① 계약의 변경은 계약 당사자들이 승인한 계약의 _____ 나 계약 _____ 또는 이 둘 모두의 변경을 의미한다.

② 권리와 의무를 새로 _____ 하거나 기존의 집행가능한 권리와 의무를 변경하기로 _____ 할 때 계약의 변경이 존재한다.

③ 구별되는 재화와 용역이 추가되어 계약의 범위가 확장되고, 계약가격이 추가로 약속한 재화나 용역의 개별 판매가격에 특정 계약 상황을 반영하여 적절히 조정한 대가만큼 상승한 경우 계약의 변경은 (기존 계약의 일부로 / 별도의 계약으로) 회계처리한다.

④ 별도의 계약으로 처리하는 계약변경이 아니라면, 나머지 재화와 용역이 이전한 재화와 용역과 구별되는 경우 (기존의 계약의 일부로 / 새로운 계약을 체결한 것으로) 회계처리한다.

⑤ 재화와 용역이 구별되지 않아서 계약변경일에 부분적으로 이행된 단일 수행의무의 일부를 구성한다면, 그 계약변경은 (기존 계약의 일부로 / 새로운 계약의 체결로) 회계처리한다.

---

④ 개별 판매가격을 적절하게 추정하는 방법에는 다음과 같은 방법이 있지만, 이에 한정되지는 않는다.

> ㉠ 시장평가조정 접근법: 기업이 재화나 용역을 판매하는 시장을 평가하여 그 시장에서 고객이 그 재화나 용역에 대해 지급하려는 가격을 추정하는 방법
>
> ㉡ 예상원가 이윤가산 접근법: 수행의무를 이행하기 위한 예상원가를 예측하고 여기에 그 재화나 용역에 대한 적절한 이윤을 더하는 방법
>
> ㉢ 잔여 접근법: 재화나 용역의 개별 판매가격은 총 거래가격에서 계약에서 약속한 그 밖의 재화나 용역의 관측가능한 개별 판매가격의 합계를 차감하여 추정하는 방법

❷ 거래가격의 후속변동

하나의 계약에 여러 개의 수행의무가 포함되어 있는 경우 거래가격의 후속변동은 계약 개시시점과 같은 기준으로 계약상 수행의무에 배분한다. 따라서 계약을 개시한 후의 개별 판매가격의 변동을 반영하기 위해 거래가격을 다시 배분하지는 않는다.

❸ 계약의 변경

① 계약의 변경은 계약 당사자들이 승인한 계약의 범위나 계약가격 또는 이 둘 모두의 변경을 의미한다.

② 권리와 의무를 새로 설정하거나 기존의 집행가능한 권리와 의무를 변경하기로 승인할 때 계약의 변경이 존재한다.

③ 구별되는 재화와 용역이 추가되어 계약의 범위가 확장되고, 계약가격이 추가로 약속한 재화나 용역의 개별 판매가격에 특정 계약 상황을 반영하여 적절히 조정한 대가만큼 상승한 경우 계약의 변경은 별도의 계약으로 회계처리한다.

④ 별도의 계약으로 처리하는 계약변경이 아니라면, 나머지 재화와 용역이 이전한 재화와 용역과 구별되는 경우 기존의 계약을 종료하고 새로운 계약을 체결하는 것처럼 회계처리한다.

⑤ 재화와 용역이 구별되지 않아서 계약변경일에 부분적으로 이행된 단일 수행의무의 일부를 구성한다면, 그 계약변경은 기존 계약의 일부인 것처럼 회계처리한다.

정답 ③ 되지 않는다 ④ 시장평가조정 ⑤ 잔여 **2.** 하지는 않는다
3. ① 범위, 가격 ② 설정, 승인 ③ 별도의 계약으로 ④ 새로운 계약을 체결한 것으로 ⑤ 기존 계약의 일부로

5단계: 수익인식

❶ 수익인식 시점

고객에게 약속한 재화나 용역, 즉 자산을 이전함으로써 고객이 기업에게 제공받은 자산을 통제할 수 있다면 기업은 수행의무를 이행한 것이며, 이 시점에 수익을 인식하게 된다.

❷ 기간에 걸쳐 이행되는 수행의무: 진행기준

① 다음의 경우는 기간에 걸쳐 진행기준으로 수익을 인식한다.

> ㉠ 일반용역 제공: 고객은 기업이 수행하는 대로 제공된 효익을 동시에 얻고 소비한다.
> ㉡ 고객소유자산 제작: 기업이 수행하여 만들어지거나 가치가 높아지는 대로 고객이 통제하는 자산(예 재공품)을 기업이 만들거나 그 자산가치를 높인다.
> ㉢ 고객전용 주문제작: 기업이 수행하여 만든 자산이 기업 자체에는 대체용도가 없고, 지금까지 수행을 완료한 부분에 대해 집행가능한 지급청구권이 기업에 있다.

② 수행의무가 기간에 걸쳐 이행되는 것으로 판단되면 수행의무 각각에 대해 그 수행의무 완료까지 진행률을 측정하여 기간에 걸쳐 수익을 인식한다.
③ 진행률은 매 보고기간 말마다 다시 측정하며, 진행률의 변동은 회계추정의 변동으로 회계처리한다.
④ 진행률의 측정방법은 산출법과 투입법 두 가지가 있다.
⑤ 수행의무의 진행률을 합리적으로 측정할 수 있는 경우에만, 기간에 걸쳐 이행하는 수행의무에 대한 수익을 인식한다. 만일, 수행의무의 진행률을 합리적으로 측정할 수 없다면 수행의무의 산출물을 합리적으로 측정할 수 있을 때까지 발생원가 범위에서만 수익을 인식한다.

❸ 한 시점에 이행되는 수행의무: 인도기준

① 수행의무가 기간에 걸쳐 이행되지 않는다면, 기업은 재화나 용역에 대한 통제를 한 시점에 이전한 것으로 본다.
② 한 시점에 해당되는 수행의무는 고객이 약속된 자산을 통제하고 기업이 수행의무를 이행하는 시점에 인도기준으로 수익을 인식한다.

🗣️ 독한훈련

5단계: 수익인식

1. 수익인식 시점

고객에게 약속한 재화나 용역, 즉 자산을 이전함으로써 고객이 기업에게 제공받은 자산을 _____ 할 수 있다면 기업은 수행의무를 이행한 것이며, 이 시점에 수익을 인식하게 된다.

2. 기간에 걸쳐 이행되는 수행의무: 진행기준

다음 각각의 경우에 대해 진행기준을 적용할 사안과 인도기준을 적용할 사안을 구분하시오.(①~③)

① 기업이 수행하여 만들어지거나 가치가 높아지는 대로 고객이 통제하는 자산(예 재공품)을 기업이 만들거나 그 자산가치를 높이는 경우 ( )

② 기업이 수행하여 만든 자산이 기업 자체에는 대체용도가 없고, 지금까지 수행을 완료한 부분에 대해 집행가능한 지급청구권이 기업에 있는 경우 ( )
③ 수행의무가 한 시점에 이행되는 경우 ( )
④ 진행률은 매 보고기간 말마다 다시 측정하며, 진행률의 변동은 (회계추정 / 회계정책)의 변동으로 회계처리 한다.
⑤ 진행률의 측정방법은 _____ 와(과) _____ 두 가지가 있다.
⑥ (한 시점에 / 기간에 걸쳐) 이행하는 수행의무는 수행의무의 진행률을 합리적으로 측정할 수 있는 경우에만 수익을 인식한다.
⑦ 수행의무의 진행률을 합리적으로 추정할 수 없다면 (수익을 인식하지 않는다 / 발생원가 범위에서만 수익을 인식한다).

3. 한 시점에 이행되는 수행의무: 인도기준

① 수행의무가 (시점 / 기간)에 걸쳐 이행되지 않는다면, 기업은 재화나 용역에 대한 통제를 (한 시점에 / 기간에 걸쳐) 이전한 것으로 본다.
② 한 시점에 해당되는 수행의무는 고객이 약속된 자산을 통제하고 기업이 수행의무를 이행하는 시점에 (진행기준 / 인도기준)으로 수익을 인식한다.

💡 **정답** **5단계 1.** 통제 **2.** ① 진행기준 ② 진행기준 ③ 인도기준 ④ 회계추정 ⑤ 산출법, 투입법 ⑥ 기간에 걸쳐 ⑦ 발생원가 범위에서만 수익을 인식한다 **3.** ① 기간, 한 시점에 ② 인도기준

03 재무제표 표시

① 기업은 수행의무를 이행하면서 거래가격을 계약에 따른 수익으로 인식하며, 이를 포괄손익계산서에 당기손익으로 인식한다.
② 고객이 대가를 지급하기 전이나 지급기일 전에 기업이 고객에게 용역의 이전을 수행하는 경우 기업은 재무상태표에 계약자산을 인식한다.
③ 기업이 고객에게 재화나 용역을 이전하기 전에 고객이 대가를 지급하거나 기업이 대가를 받을 무조건적인 권리(수취채권)를 갖고 있는 경우에는 기업은 지급받은 때나 지급받기로 한 때에 그 계약을 재무상태표에 계약부채로 인식한다.
④ 계약자산 중 대가를 받을 무조건적인 권리를 갖게 된 금액을 수취채권으로 별도 표시한다.

04 형태별 수익인식

① 위탁판매

① 위탁판매의 경우 제품의 통제가 다른 당사자에게 위탁되지 않았으므로 다른 당사자가 제3자에게 제품에 대한 통제를 이전할 때 수익을 인식한다.
② 위탁판매 시 적송운임은 적송품을 판매가능한 상태로 만들기 위해 발생한 지출이므로 적송품의 원가로 인식한다.
③ 수탁자가 상품을 판매한 경우 위탁자는 이와 관련된 수익을 인식하며 관련 원가인 매출원가와 수수료를 인식한다. 수탁자도 판매와 관련된 수수료를 수익으로 인식한다.

❷ 시용판매

시용판매는 고객이 판매자에게 구입의사를 전달하였을 때 수익을 인식한다.

❸ 반품권이 있는 판매

① 반품기간에 언제라도 반품을 받기로 하는 기업의 약속은 환불할 의무에 더하여 별도의 수행의무로 회계처리하지 않는다.

② 반품가능성을 예측할 수 있는 경우 반품이 예상되지 않는 부분에 대하여는 고객에게 수행의무를 이행한 것으로 볼 수 있으므로, 수익과 비용으로 인식한다.

③ 반품가능성을 예측할 수 있는 경우 반품이 예상되는 제품에 대해서는 수행의무를 이행한 것으로 볼 수 없으므로, 고객에게 제품을 이전할 때 수익으로 인식하지 않고 환불부채로 인식한다.
이때, 제품을 회수할 권리에 대해 별도의 자산인 반환제품회수권으로 인식한다.

④ 매 보고기간 말마다 반품예상량의 변동에 따라 환불부채의 측정치를 새로 추정하며, 이에 따른 조정액은 수익인식에서 차감한다.

⑤ 반품가능성을 예측할 수 없는 경우 불확실성으로 인해 고객에게 제품에 대한 통제를 이전하는 경우에도 수익을 인식할 수 없다. 이 경우 수익은 반품권이 소멸되는 시점에 인식한다.

❹ 상품권

① 기업은 고객에게 상품권을 발행한 때에 현금수령액을 계약부채(선수금)로 인식하고, 향후 재화나 용역을 고객에게 이전하고 상품권을 회수하는 시점에 수익을 인식한다.

② 기업은 상품을 고객에게 인도하는 시점에 상품권의 액면금액은 수익으로 인식하고 상품권할인액은 매출에누리로 처리하여 수익에서 차감한다.

③ 상품권을 사용하지 않고 상품권에 명시된 유효기간 등이 경과하거나 상법상 소멸시효의 기간까지 행사하지 않게 될 경우 기업이 인식한 계약부채(선수금) 중에서 미행사될 것으로 예상되는 금액은 수익으로 인식한다.

🗣️ 독한훈련

2. 시용판매

시용판매는 고객이 (제품을 인도받았을 때 / 판매자에게 구입의사를 전달하였을 때) 수익을 인식한다.

3. 반품권이 있는 판매

① 반품기간에 언제라도 반품을 받기로 하는 기업의 약속은 환불할 의무에 더하여 별도의 수행의무로 회계처리(해야 한다 / 하지 않는다).

② 반품가능성을 예측할 수 있는 경우 반품이 예상되지 않는 부분은 수익과 비용으로 인식(한다 / 하지 않는다).

③ 반품가능성을 예측할 수 있는 경우 반품이 예상되는 제품에 대해서는 수행의무를 이행한 것으로 볼 수 없으므로, 고객에게 제품을 이전할 때 수익으로 인식(하고 / 하지 않고)(계약자산 / 환불부채)(으)로 인식한다.

④ 반품가능성을 예측할 수 있는 경우 반품이 예상되는 제품에 대해서는 (재고자산 / 반환제품회수권)으로 인식한다.

⑤ 매 보고기간 말마다 반품예상량의 변동에 따라 ▨▨▨▨의 측정치를 새로 추정하며, 이에 따른 조정액은 수익인식에서 차감한다.

⑥ 반품가능성을 예측할 수 없는 경우에는 고객에게 제품에 대한 통제를 이전하는 경우에도 수익을 인식할 수 (있다 / 없다).

4. 상품권

① 기업은 고객에게 상품권을 발행한 때에 현금수령액을 (수익 / 계약자산 / 계약부채)(으)로 인식한다.

② 기업은 (상품권을 판매하는 시점에 / 상품을 고객에게 인도하는 시점에) 상품권의 액면금액은 수익으로 인식하고 상품권할인액은 (수익에서 차감 / 별도의 비용으로 인식)한다.

③ 상품권을 사용하지 않고 상품권에 명시된 ▨▨▨▨ 등이 경과하거나 상법상 ▨▨▨▨의 기간까지 행사하지 않게 된 경우 기업이 인식한 계약부채(선수금) 중에서 미행사될 것으로 예상되는 금액은 수익으로 인식한다.

정답 2. 판매자에게 구입의사를 전달하였을 때 3. ① 하지 않는다 ② 한다 ③ 하지 않고, 환불부채 ④ 반환제품회수권 ⑤ 환불부채 ⑥ 없다
4. ① 계약부채 ② 상품을 고객에게 인도하는 시점에, 수익에서 차감 ③ 유효기간, 소멸시효

독한훈련

5. 보증의 제공: 제품보증조건부 판매
① 보증에 대하여 별도구매선택권이 있는 경우 약속한 보증을 별도의 수행의무로 (회계처리하고 / 회계처리하지 않고), 보증제공의무에 총거래가격의 일부를 배분(한다 / 하지 않는다).
② 보증에 대한 별도의 구매선택권이 없는 경우에, 별도의 보증용역을 제공한다면 해당 보증은 별도의 수행의무 (이므로 / 아니므로), 거래가격을 배분(한다 / 하지 않는다).
③ 보증에 대한 별도의 구매선택권이 없는 경우에, 별도의 보증용역을 제공하는 것이 아니라면 확신유형의 보증은 별도의 수행의무로 (보고 / 보지 않고) 예상원가를 ▒▒▒▒(으)로 인식한다.

6. 미인도청구판매
미인도청구판매는 기업이 제품을 물리적으로 점유하고 있더라도 고객이 제품을 통제하는 경우 수익을 인식(한다 / 할 수 없다).

7. 검사조건부 판매
① 검사조건부 판매의 경우 재화나 용역이 합의된 규격에 부합하는지 객관적으로 판단할 수 있는 경우에는 (고객이 인수하는 시점에 / 고객의 인수 여부와 관계없이) 수익을 인식한다.
② 재화나 용역이 합의된 규격에 부합하는지 객관적으로 판단할 수 없는 경우에는 (고객이 인수하는 시점 / 인수 여부와 무관하게 인도되었을 때)에 수익을 인식한다.
③ 시험·평가 목적으로 제품을 고객에게 인도하고 고객이 시험기간이 경과할 때까지 어떠한 대가도 지급하지 않기로 확약한 경우에 고객이 제품을 인수할 때나 시험기간이 경과할 때까지 수익을 인식할 수 (있다 / 없다).

8. 인도결제판매
인도결제판매는 ▒▒▒▒이(가) 완료되고 판매자나 판매자의 대리인이 현금을 수취할 때 수익을 인식한다.

---

❺ 보증의 제공: 제품보증조건부 판매
① 보증에 대하여 가격이 별도로 정해져 있고 협상 가능한 경우에는 고객에게 보증을 별도로 구매할 수 있는 선택권이 있는 것이므로 약속한 보증을 별도의 수행의무로 회계처리하고, 보증제공의무에 총거래가격의 일부를 배분한다.
② 고객에게 보증을 별도로 구매할 수 있는 선택권이 없는 경우에, 약속한 보증이 제품의 합의된 규격에 부합한다는 확신에 더하여 고객에게 용역을 제공한다면 해당 보증은 별도의 수행의무이므로, 거래가격을 제품 판매거래와 용역제공거래에 배분한다.
③ 고객에게 보증을 별도로 구매할 수 있는 선택권이 없는 경우에, 약속한 보증이 제품의 합의된 규격에 부합한다는 확신에 더하여 고객에게 용역을 제공하는 것이 아니라면, 제품 판매거래를 단일의 수행의무로 보고 확신유형의 보증은 별도의 수행의무로 보지 않고 예상원가를 충당부채로 인식한다.

❻ 미인도청구판매
미인도청구판매는 기업이 제품을 물리적으로 점유하고 있더라도 고객이 제품을 통제하는 경우에는 기업은 수행의무를 이행한 것으로 보고 수익을 인식한다.

❼ 검사조건부 판매
① 재화나 용역이 합의된 규격에 부합하는지 객관적으로 판단할 수 있는 경우에는 고객의 인수는 형식적인 것이므로 고객의 인수 여부와 관계없이 수익을 인식한다.
② 재화나 용역이 합의된 규격에 부합하는지 객관적으로 판단할 수 없는 경우에는 고객이 인수하는 시점에 수익을 인식한다.
③ 시험·평가 목적으로 제품을 고객에게 인도하고 고객이 시험기간이 경과할 때까지 어떠한 대가도 지급하지 않기로 확약한 경우에 고객이 제품을 인수할 때나 시험기간이 경과할 때까지 제품에 대한 통제는 고객에게 이전되지 않은 것으로 수익을 인식할 수 없다.

❽ 인도결제판매
인도결제판매는 인도가 완료되고 판매자나 판매자의 대리인이 현금을 수취할 때 수익을 인식한다.

💡 **정답** 5. ① 회계처리하고, 한다 ② 이므로, 한다 ③ 보지 않고, 충당부채 6. 한다
7. ① 고객의 인수 여부와 관계없이 ② 고객이 인수하는 시점 ③ 없다 8. 인도

2 OX 강훈련

다음 문장을 읽고 옳은 설명에는 O, 옳지 않은 설명에는 X를 하고 올바른 문장으로 수정하시오.

01 수익인식의 5단계는 계약의 식별, 수행의무의 식별, 거래가격의 배분, 거래가격의 산정과 수익의 인식이다. (O X)

02 고객에게 약속한 재화나 용역, 즉 자산을 이전하여 수행의무를 이행할 때 또는 기간에 걸쳐 이행하는 대로 수익을 인식한다. 자산은 고객이 그 자산을 통제할 때 또는 기간에 걸쳐 통제하게 되는 대로 이전한다. (O X)

03 고객과의 계약이 식별가능성 기준을 충족하지는 못하지만, 고객에게 대가를 미리 받은 경우에는 수익을 인식할 수 있다. (O X)

04 고객과의 계약에서 식별되는 의무는 계약에 기재한 재화나 용역에만 한정된다. (O X)

05 고객에게 재화나 용역을 이전하는 활동은 아니지만 계약을 이행하기 위해 준비해야 하는 계약준비활동도 수행의무에 포함한다. (O X)

06 수익을 인식하기 위해 거래가격을 산정할 때 제3자를 대신해서 회수한 금액은 거래가격에 포함된다. (O X)

07 거래가격을 산정할 때 계약에서 가능한 결과치가 두 가지뿐일 경우 변동대가의 적절한 추정치를 기댓값으로 사용한다. (O X)

OX 풀이

01 수익인식의 5단계는 계약의 식별, 수행의무의 식별, **거래가격의 산정, 거래가격의 배분**과 수익의 인식이다.
03 고객과의 계약이 식별가능성 기준을 충족하지는 못하지만, 고객에게 대가를 미리 받은 경우에는 **수익을 인식하지 않고 미리 받은 대가를 부채로 인식한다.**
04 고객과의 계약에서 식별되는 의무는 계약에 기재한 재화나 용역에만 **한정되지 않을 수 있다.** 계약의 기재된 내용뿐만 아니라 정당한 기대를 포함한 의제의무도 수행의무에 포함한다.
05 계약을 준비하기 위한 관리업무는 수행의무에 **포함하지 않는다.**
06 제3자를 대신해서 회수한 금액은 거래가격에 **포함되지 않는다.**
07 계약에서 가능한 결과치가 두 가지뿐일 경우에는 **가능성이 가장 높은 금액**이 변동대가의 적절한 추정치가 될 수 있다.

| 정답 | 01 X 02 O 03 X 04 X 05 X 06 X 07 X

> 다음 문장을 읽고 옳은 설명에는 O, 옳지 않은 설명에는 X를 하고 올바른 문장으로 수정하시오.

08 변동대가의 추정치가 너무 불확실하고, 금액을 충실하게 표현할 수 없을 경우에도 변동대가의 추정치를 거래가격에 포함할 수 있다. O X

09 고객에게서 대가의 일부나 전부를 환불할 것으로 예상되는 경우에는 거래가격에서 차감하지 않고 환불부채를 인식한다. O X

10 고객이 약속한 대가 중 상당한 금액이 변동될 수 있고, 그 대가의 금액과 시기는 고객이나 기업이 실질적으로 통제할 수 없는 미래 사건의 발생여부에 따라 달라진다면 계약의 유의적인 금융요소를 조정하여 거래가격을 산정한다. O X

11 고객이 현금 외의 형태로 대가를 약속한 계약의 경우에는 거래가격을 산정하기 위하여 제공받은 비현금대가를 장부금액으로 측정한다. O X

12 고객에게 지급할 대가가 고객에게서 제공받을 재화나 용역에 대한 대가인 경우에는 거래가격인 수익에서 차감하여 회계처리한다. O X

13 고객에게 지급할 대가가 고객에게서 제공받는 재화나 용역에 대한 대가이면서 제공받는 재화나 용역의 공정가치를 초과하여 지급하는 경우에는 별도의 비용으로 처리한다. O X

14 계약에서 식별될 각 수행의무에 거래가격을 배분하는 경우 상대적 개별 판매가격을 기준으로 배분하는 것이 원칙이다. O X

OX 풀이

08 변동대가의 추정치가 너무 불확실하고, 금액을 충실하게 표현할 수 없을 경우에는 변동대가의 추정치를 거래가격에 포함할 수 **없다**.
09 고객에게서 대가의 일부나 전부를 환불할 것으로 예상되는 경우에는 환불부채를 인식한다. 환불부채는 기업이 받았거나 받을 대가 중에서 권리를 갖게 될 것으로 예상하지 않은 금액으로 **거래가격에서 차감한다**.
10 고객이 약속한 대가 중 상당한 금액이 변동될 수 있고, 그 대가의 금액과 시기는 고객이나 기업이 실질적으로 통제할 수 없는 미래 사건의 발생여부에 따라 달라진다면 **계약의 유의적인 금융요소는 없는 것으로 본다**. 그러므로 계약의 유의적인 금융요소를 조정하지 않는다.
11 고객이 현금 외의 형태로 대가를 약속한 계약의 경우에는 거래가격을 산정하기 위하여 제공받은 비현금대가를 **공정가치로 측정**한다.
12 고객에게 지급할 대가가 고객에게서 제공받을 재화나 용역에 대한 대가가 **아닌 경우에는** 거래가격인 수익에서 차감하여 회계처리한다.
13 고객에게 지급할 대가가 고객에게서 제공받는 재화나 용역에 대한 대가이면서 제공받는 재화나 용역의 공정가치를 초과하여 지급하는 경우에는 초과액은 **거래가격에서 차감**한다.

| 정답 | 08 X   09 X   10 X   11 X   12 X   13 X   14 O

● 다음 문장을 읽고 옳은 설명에는 O, 옳지 않은 설명에는 X를 하고 올바른 문장으로 수정하시오.

15 기업이 수행하여 만들어지거나 가치가 높아지는 대로 고객이 통제하는 자산을 기업이 만들거나 그 자산의 가치를 높이는 경우에는 한 시점에서 수행의무가 이행되는 것으로 인도시점에 수익을 인식한다. O X

16 수행의무의 진행률을 산정할 때 진행률은 보고기간 말마다 다시 측정하며, 진행률의 변동은 회계정책의 변경으로 회계처리한다. O X

17 수행의무가 한 시점에 이행되는 경우가 아니라면 기업은 재화와 용역을 기간에 걸쳐 이행하는 것으로 본다. O X

18 기업의 수행 정도와 고객의 지급과의 관계에 따라 계약을 계약자산이나 계약부채로 재무상태표에 표시할 때 계약자산은 수취채권을 포함하여 표시한다. O X

19 기업이 고객에게 재화나 용역을 이전하기 전에 고객이 대가를 지급하거나 기업이 대가를 받을 무조건적인 권리를 갖고 있는 경우 기업은 지급을 받은 때나 지급을 받기로 한 때에 그 계약을 계약자산으로 표시한다. O X

20 위탁판매에서 위탁자가 수탁자에게 보내는 과정에서 발생하는 적송운임은 당기비용으로 처리한다. O X

21 시용판매의 경우 고객에게 발송한 시점에 수익을 인식한다. O X

OX 풀이

15 기업이 수행하여 만들어지거나 가치가 높아지는 대로 고객이 통제하는 자산을 기업이 만들거나 그 자산의 가치를 높이는 경우에는 **기간에 걸쳐** 이행되는 수행의무이므로 **진행기준으로** 수익을 인식한다.
16 수행의무에 대한 진행률을 산정할 때 진행률은 보고기간 말마다 다시 측정하며, 진행률의 변동은 **회계추정의 변경으로** 회계처리한다.
17 수행의무가 **기간에 걸쳐** 이행되는 경우가 아니라면 기업은 재화와 용역을 **한 시점에** 이행하는 것으로 본다.
18 계약자산과 수취채권은 **구분하여 표시**한다.
19 기업이 고객에게 재화나 용역을 이전하기 전에 고객이 대가를 지급하거나 기업이 대가를 받을 무조건적인 권리를 갖고 있는 경우 기업은 지급을 받은 때나 지급을 받기로 한 때에 그 계약을 **계약부채로 표시**한다.
20 적송운임은 적송품 **원가의 일부로 인식**한다.
21 시용판매는 고객이 **매입의사표시를 한 시점에서** 수익을 인식한다.

| 정답 | 15 X 16 X 17 X 18 X 19 X 20 X 21 X

: 다음 문장을 읽고 옳은 설명에는 O, 옳지 않은 설명에는 X를 하고 올바른 문장으로 수정하시오.

22 반품권이 있는 판매의 경우 반품가능성을 예측할 수 있다면 반품이 예상되는 제품은 판매자의 재고자산에 포함한다. O X

23 반품권이 있는 판매의 경우 반품가능성을 예측할 수 없다 하더라도 제품의 통제를 이전한 경우에는 수익을 인식할 수 있다. O X

24 상품권을 발행한 기업은 상품권의 발행시점에 수익을 인식한다. O X

25 미인도청구약정으로 제품을 판매했을 경우, 기업이 제품을 물리적으로 점유하고 있기 때문에 수익을 인식할 수 없다. O X

26 검사조건부 계약의 판매에서 재화나 용역이 합의한 규격에 따른 것인지를 객관적으로 판단할 수 있다면 고객이 인수를 수락한 시점에 수익을 인식한다. O X

OX 풀이

22 반품가능성이 완전히 소멸되기 전까지는 별도의 자산인 **반환제품회수권이라는 계정으로 인식**한다.
23 반품권이 있는 판매의 경우 반품가능성을 예측할 수 없다면 제품의 통제를 이전한 경우라 하더라도 수익을 인식할 수 **없다**.
24 상품권을 발행할 때에는 현금수령액을 계약부채로 인식하고, 향후 지정된 재화나 용역을 고객에게 이전하고 **상품권을 회수하는 시점에 수익을 인식**한다.
25 기업이 제품을 물리적으로 점유하고 있다고 하더라도 고객이 제품을 통제할 수 있으므로 기업은 **수익을 인식**한다.
26 검사조건부 계약의 판매에서 재화나 용역이 합의한 규격에 따른 것인지를 객관적으로 판단할 수 있다면 고객의 **인수수락 여부와 관계없이** 재화나 용역이 **이전되는 시점에 수익을 인식**한다.

|정답| 22 X 23 X 24 X 25 X 26 X

3 공무원 5개년 기출 문제

정답 및 해설 p. 37

01 ▶ 2025 국가직9급

고객과의 계약에서 생기는 수익에서 수행의무의 이행에 대한 설명으로 옳지 않은 것은?

① 고객에게 약속한 재화나 용역, 즉 자산을 이전하여 수행의무를 이행할 때(또는 기간에 걸쳐 이행하는 대로) 수익을 인식한다.
② 고객이 자산을 통제하는지를 판단할 때, 그 자산을 재매입하는 약정을 고려하지 않는다.
③ 수행의무가 기간에 걸쳐 이행되지 않는다면, 그 수행의무는 한 시점에 이행되는 것이다.
④ 수행의무의 진행률을 합리적으로 측정할 수 있는 경우에만, 기간에 걸쳐 이행하는 수행의무에 대한 수익을 인식한다.

02 ▶ 2025 지방직9급

고객과의 계약에서 생기는 수익에 대한 설명으로 옳지 않은 것은?

① 고객과의 계약에서 식별되는 수행의무는 계약에 분명히 기재한 재화나 용역에만 한정되지 않을 수 있다.
② 계약을 이행하기 위해 해야 하지만 고객에게 재화나 용역을 이전하는 활동이 아니라면 그 활동은 수행의무에 포함되지 않는다.
③ 수익인식 5단계 순서는 '수행의무 식별 → 고객과의 계약 식별 → 거래가격 산정 → 거래가격을 계약 내 수행의무에 배분 → 수행의무를 이행할 때 수익 인식'이다.
④ 거래가격은 고객에게 약속한 재화나 용역을 이전하고 그 대가로 기업이 받을 권리를 갖게 될 것으로 예상하는 금액이며, 제삼자를 대신해서 회수한 금액은 제외한다.

03 ▶ 2024 국가직7급

고객과의 계약에서 생기는 수익에 대한 설명으로 옳지 않은 것은?

① 계약의 각 당사자가 전혀 수행되지 않은 계약에 대해 상대방(들)에게 보상하지 않고 종료할 수 있는 일방적이고 집행 가능한 권리를 갖는다면, 그 계약은 존재하지 않는다고 본다.
② 하나의 계약은 고객에게 재화나 용역을 이전하는 여러 약속을 포함한다. 그 재화나 용역들이 구별된다면 약속은 수행의무이고 별도로 회계처리한다.
③ 일반적으로 고객과의 계약에는 기업이 고객에게 이전하기로 약속하는 재화나 용역을 분명히 기재한다. 그러나 고객과의 계약에서 식별되는 수행의무는 계약에 분명히 기재한 재화나 용역에만 한정되지 않을 수 있다.
④ 거래가격은 고객에게 약속한 재화나 용역을 이전하고 그 대가로 기업이 받을 권리를 갖게 될 것으로 예상하는 금액이며, 제삼자를 대신해서 회수한 금액(예 일부 판매세)도 포함한다.

04 ▶ 2024 국가직9급

'고객과의 계약에서 생기는 수익'에서 계약의 식별기준으로 옳지 않은 것은?

① 계약 당사자들이 계약을 승인하고 각자의 의무를 수행하기로 확약한다.
② 계약의 결과로 기업의 미래 현금흐름의 위험, 시기, 금액이 변동되지 않을 것으로 예상된다.
③ 이전할 재화나 용역과 관련된 각 당사자의 권리와 지급조건을 식별할 수 있다.
④ 고객에게 이전할 재화나 용역에 대하여 받을 권리를 갖게 될 대가의 회수 가능성이 높다.

05 ▶ 2023 국가직7급

고객과의 계약에서 생기는 수익의 거래가격 산정에 대한 설명으로 옳지 않은 것은?

① 유의적인 금융요소를 반영하여 약속한 대가를 조정할 때에는 계약 개시시점에 기업과 고객이 별도 금융거래를 한다면 반영하게 될 할인율을 사용한다.
② 유의적인 금융요소를 반영한 계약의 개시 후에 이자율이나 그 밖의 상황이 달라지는 경우, 할인율을 새로 수정한다.
③ 고객에게서 받은 대가의 일부나 전부를 고객에게 환불할 것으로 예상하는 경우에는 환불부채를 인식한다.
④ 고객에게 지급할 대가가 고객에게서 받은 구별되는 재화나 용역에 대한 지급이라면, 다른 공급자에게서 구매한 경우와 같은 방법으로 회계처리한다.

06 ▶ 2022 국가직9급

고객과의 계약에서 생기는 수익에서 측정에 대한 설명으로 옳지 않은 것은?

① 기업이 받을 권리를 갖게 될 변동대가(금액)에 미치는 불확실성의 영향을 추정할 때에는 그 계약 전체에 하나의 방법을 일관되게 적용한다.
② 거래가격은 고객에게 약속한 재화나 용역을 이전하고 그 대가로 기업이 받을 권리를 갖게 될 것으로 예상하는 금액이며, 제삼자를 대신해서 회수한 금액도 포함된다.
③ 거래가격을 산정하기 위하여 기업은 재화나 용역을 현행 계약에 따라 약속대로 고객에게 이전할 것이고 이 계약은 취소·갱신·변경되지 않을 것이라고 가정한다.
④ 계약에서 약속한 대가에 변동금액이 포함된 경우에 고객에게 약속한 재화나 용역을 이전하고 그 대가로 받을 권리를 갖게 될 금액을 추정한다.

4 실전 훈련 문제

01 ▶ 2024 주택관리사

고객과의 계약에서 생기는 수익에서 설명하는 다음 (   ) 에 공통으로 들어갈 용어는?

> • 수익인식 5단계: 계약의 식별 → (   )의 식별 → 거래가격을 산정 → 거래가격을 계약 내 (   )에 배분 → (   )의 이행에 따라 수익을 인식
> • (   ): 고객과의 계약에서 구별되는 재화나 용역 또는 실질적으로 서로 같고 고객에게 이전하는 방식도 같은 일련의 구별되는 재화나 용역을 고객에게 이전하기로 한 약속

① 환불부채   ② 계약자산   ③ 계약부채
④ 판매가격   ⑤ 수행의무

02 ▶ 2025 보험계리사

수행의무의 이행에 있어서, 기간에 걸쳐 수행의무를 이행하는 것으로 간주되는 조건으로 옳지 않은 것은?

① 기업은 자산에 대해 현재 지급청구권이 있다.
② 고객은 기업이 수행하는 대로 기업의 수행에서 제공하는 효익을 동시에 얻고 소비한다.
③ 기업이 수행하여 만들어지거나 가치가 높아지는 대로 고객이 통제하는 자산을 기업이 만들거나 그 자산가치를 높인다.
④ 기업이 수행하여 만든 자산이 기업 자체에는 대체 용도가 없고, 지금까지 수행을 완료한 부분에 대해 집행가능한 지급청구권이 기업에 있다.

03 ▶ 2024 관세사

고객과의 계약에서 생기는 수익에 관한 설명으로 옳지 않은 것은?

① 자산은 고객이 그 자산을 통제할 때 또는 기간에 걸쳐 통제하게 되는 대로 이전된다.
② 자산에 대한 통제란 자산을 사용하도록 지시하고 자산의 나머지 효익의 대부분을 획득할 수 있는 능력을 말한다.
③ 기간에 걸쳐 이행하는 수행의무의 진행률은 보고기간 말마다 다시 측정한다.
④ 기간에 걸쳐 이행하는 수행의무의 적절한 진행률 측정방법에는 산출법과 투입법이 포함된다.
⑤ 기업이 만든 자산이 기업에 대체 용도는 있지만 지급청구권은 없다면, 기간에 걸쳐 수익을 인식한다.

04 ▶ 2023 감정평가사

고객과의 계약에서 생기는 수익에 관한 설명으로 옳은 것은?

① 계약의 결과로 기업의 미래 현금흐름의 위험, 시기, 금액이 변동될 것으로 예상되지 않는 경우에도 고객과의 계약으로 회계처리할 수 있다.
② 계약은 서면으로, 구두로, 기업의 사업 관행에 따라 암묵적으로 체결할 수 있다.
③ 이전할 재화나 용역의 지급조건을 식별할 수 없는 경우라도 고객과의 계약으로 회계처리할 수 있다.
④ 계약변경은 반드시 서면으로만 승인될 수 있다.
⑤ 고객과의 계약에서 식별되는 수행의무는 계약에 분명히 기재한 재화나 용역에만 한정된다.

05 ▶ 2019 보험계리사

다음 중 고객과의 계약으로 회계처리하기 위한 충족기준에 해당되지 않는 것은?

① 계약 당사자들이 계약을 서면으로, 구두로, 그 밖의 사업 관행에 따라 승인하고 각자의 의무를 수행하기로 확약한다.
② 이전할 재화나 용역의 지급조건을 식별할 수 있다.
③ 고객에게 이전할 재화나 용역에 대하여 받을 권리를 갖게 될 대가의 회수 가능성이 높다.
④ 계약 당사자들이 그 활동이나 과정에서 생기는 위험과 효익을 공유한다.

06 ▶ 2021 감정평가사

고객과의 계약으로 식별하기 위한 기준에 관한 설명으로 옳지 않은 것은?

① 계약 당사자들이 계약을 서면으로, 구두로 또는 그 밖의 사업 관행에 따라 승인하고 각자의 의무를 수행하기로 확약한다.
② 이전할 재화나 용역과 관련된 각 당사자의 권리를 식별할 수 있다.
③ 이전할 재화나 용역의 지급조건을 식별할 수 있다.
④ 계약에 상업적 실질을 요하지는 않는다.
⑤ 고객에게 이전할 재화나 용역에 대하여 받을 권리를 갖게 될 대가의 회수가능성이 높다.

07 ▶ 2021 감정평가사 수정

고객과의 계약에서 생기는 수익에 관한 설명으로 옳지 않은 것은?

① 거래가격을 산정하기 위해서는 계약조건과 기업의 사업 관행을 참고하며, 거래가격에는 제3자를 대신해서 회수한 금액은 제외한다.
② 고객과의 계약에서 약속한 대가는 고정금액, 변동금액 또는 둘 다를 포함할 수 있다.
③ 변동대가의 추정이 가능한 경우, 계약에서 가능한 결과치가 두 가지뿐일 경우에는 기댓값이 변동대가의 적절한 추정치가 될 수 있다.
④ 기업이 받을 권리를 갖게 될 변동대가(금액)에 미치는 불확실성의 영향을 추정할 때에는 그 계약 전체에 하나의 방법을 일관되게 적용한다.

08 ▶ 2018 회계사

기업회계기준서 제1115호 '고객과의 계약에서 생기는 수익'에 대한 다음 설명 중 옳지 않은 것은?

① 계약이란 둘 이상의 당사자 사이에 집행 가능한 권리와 의무가 생기게 하는 합의이다.
② 하나의 계약은 고객에게 재화나 용역을 이전하는 여러 약속을 포함하며, 그 재화나 용역들이 구별된다면 약속은 수행의무이고 별도로 회계처리한다.
③ 거래가격은 고객이 지급하는 고정된 금액을 의미하며, 변동대가는 포함하지 않는다.
④ 거래가격은 일반적으로 계약에서 약속한 각 구별되는 재화나 용역의 상대적 개별 판매가격을 기준으로 배분한다.
⑤ 기업이 약속한 재화나 용역을 고객에게 이전하여 수행의무를 이행할 때(또는 기간에 걸쳐 이행하는 대로) 수익을 인식한다.

09 2021 회계사

기업회계기준서 제1115호 '고객과의 계약에서 생기는 수익'에 대한 다음 설명 중 옳지 않은 것은?

① 유형자산의 처분은 계약상대방이 기업회계기준서 제1115호에서 정의하고 있는 고객에 해당되지 않기 때문에 유형자산 처분손익에 포함되는 대가(금액)를 산정함에 있어 처분유형에 관계없이 동 기준서의 거래가격 산정에 관한 요구사항을 적용할 수 없다.
② 기업이 수행하여 만든 자산이 기업 자체에는 대체 용도가 없고, 지금까지 수행을 완료한 부분에 대해 집행 가능한 지급청구권이 기업에 있다면, 기업은 재화나 용역에 대한 통제를 기간에 걸쳐 이전하므로, 기간에 걸쳐 수행의무를 이행하는 것이고 기간에 걸쳐 수익을 인식한다.
③ 고객이 약속한 대가 중 상당한 금액이 변동될 수 있으며 그 대가의 금액과 시기는 고객이나 기업이 실질적으로 통제할 수 없는 미래 사건의 발생 여부에 따라 달라진다면, 그 계약에는 유의적인 금융요소가 없을 것이다.
④ 고객이 현금 외의 형태로 대가를 약속한 계약의 경우에 거래가격을 산정하기 위하여 비현금 대가(또는 비현금 대가의 약속)를 공정가치로 측정한다.
⑤ 고객에게 지급할 대가가 고객에게서 받은 구별되는 재화나 용역의 공정가치를 초과한다면, 그 초과액을 거래가격에서 차감하여 회계처리한다.

10 2020 회계사

기업회계기준서 제1115호 '고객과의 계약에서 생기는 수익'의 측정에 대한 다음 설명 중 옳은 것은?

① 거래가격의 후속 변동은 계약 개시시점과 같은 기준으로 계약상 수행의무에 배분된다. 따라서 계약을 개시한 후의 개별 판매가격 변동을 반영하기 위해 거래가격을 다시 배분해야 한다.
② 계약을 개시할 때 기업이 고객에게 약속한 재화나 용역을 이전하는 시점과 고객이 그에 대한 대가를 지급하는 시점 간의 기간이 1년 이내일 것이라고 예상한다면 유의적인 금융요소의 영향을 반영하여 약속한 대가를 조정하지 않는 실무적 간편법을 쓸 수 있다.
③ 고객이 현금 외의 형태의 대가를 약속한 계약의 경우, 거래가격은 그 대가와 교환하여 고객에게 약속한 재화나 용역의 개별 판매가격으로 측정하는 것을 원칙으로 한다.
④ 변동대가는 가능한 대가의 범위 중 가능성이 가장 높은 금액으로 측정하며 기댓값 방식은 적용할 수 없다.
⑤ 기업이 고객에게 대가를 지급하는 경우, 고객에게 지급할 대가가 고객에게서 받은 구별되는 재화와 용역에 대한 지급이 아니라면 그 대가는 판매비로 회계처리한다.

11 ▶ 2020 세무사

수익인식에 관한 설명으로 옳지 않은 것은?

① 거래가격은 고객에게 약속한 재화나 용역을 이전하고 그 대가로 기업이 받을 권리를 갖게 될 것으로 예상하는 금액이며, 제3자를 대신해서 회수한 금액(예 일부 판매세)은 제외한다.
② 약속한 재화나 용역이 구별되지 않는다면, 구별되는 재화나 용역의 묶음을 식별할 수 있을 때까지 그 재화나 용역을 약속한 다른 재화나 용역과 결합한다.
③ 변동대가(금액)는 기댓값 또는 가능성이 가장 높은 금액 중에서 고객이 받을 권리를 갖게 될 대가(금액)를 더 잘 예측할 것으로 예상하는 방법을 사용하여 추정한다.
④ 계약의 각 당사자가 전혀 수행하지 않은 계약에 대해 상대방(들)에게 보상하지 않고 종료할 수 있는 일방적이고 집행가능한 권리를 갖는다면, 그 계약은 존재하지 않는다고 본다.
⑤ 계약을 개시한 다음에는 계약 당사자들이 수행의무를 실질적으로 변경하는 계약변경을 승인하지 않는 한, 자산이 기업에 대체 용도가 있는지를 다시 판단하지 않는다.

12 ▶ 2023 보험계리사

수익인식단계 중 거래가격 산정에 관한 설명으로 옳지 않은 것은?

① 고객과의 계약에서 약속한 대가는 고정금액, 변동금액 또는 둘 다를 포함할 수 있다.
② 거래가격은 고객에게 약속한 재화나 용역을 이전하고 그 대가로 기업이 받을 권리를 갖게 될 것으로 예상하는 금액이며, 제삼자를 대신해서 회수한 금액은 제외한다.
③ 고객이 약속한 대가의 특성, 시기, 금액은 거래가격의 추정치에 영향을 미친다.
④ 계약에서 가능한 결과치가 두 가지뿐일 경우 '기댓값'은 변동대가(금액)의 적절한 추정치일 수 있다.

13 ▶ 2022 감정평가사

고객과의 계약에서 생기는 수익에 관한 설명으로 옳지 않은 것은?

① 고객과의 계약에서 약속한 대가에 변동금액이 포함된 경우 기업은 고객에게 약속한 재화나 용역을 이전하고 그 대가로 받을 권리를 갖게 될 금액을 추정한다.
② 고객이 재화나 용역의 대가를 선급하였고 그 재화나 용역의 이전 시점이 고객의 재량에 따라 결정된다면, 기업은 거래가격을 산정할 때 화폐의 시간가치가 미치는 영향을 고려하여 약속된 대가(금액)를 조정해야 한다.
③ 적절한 진행률 측정방법에는 산출법과 투입법이 포함되며, 진행률 측정방법을 적용할 때 고객에게 통제를 이전하지 않은 재화나 용역은 진행률 측정에서 제외한다.
④ 고객과의 계약체결 증분원가가 회수될 것으로 예상된다면 이를 자산으로 인식한다.
⑤ 고객이 기업이 수행하는 대로 기업의 수행에서 제공하는 효익을 동시에 얻고 소비한다면, 기업은 재화나 용역에 대한 통제를 기간에 걸쳐 이전하는 것이므로 기간에 걸쳐 수익을 인식한다.

14 2022 경찰간부

'고객과의 계약에서 생기는 수익'의 거래가격 배분에 대한 설명으로 옳지 않은 것은?

① 거래가격을 배분하는 목적은 기업이 고객에게 약속한 재화나 용역을 이전하고 그 대가로 받을 권리를 갖게 될 금액을 나타내는 금액으로 각 수행의무(또는 구별되는 재화나 용역)에 거래가격을 배분하는 것이다.
② 개별 판매가격의 최선의 증거는 기업이 비슷한 상황에서 비슷한 고객에게 별도로 재화나 용역을 판매할 때 그 재화나 용역의 관측 가능한 가격이다. 재화나 용역의 계약상 표시가격이나 정가는 그 재화나 용역의 개별 판매가격일 수 있지만, 개별 판매가격으로 간주되어서는 안 된다.
③ 개별 판매가격을 직접 관측할 수 없어 추정해야 할 때, 합리적인 범위에서 구할 수 있는 모든 정보를 고려한다. 이 때, 관측 가능한 투입변수들을 최대한 사용하고 비슷한 상황에서는 추정방법을 일관되게 적용한다. 개별 판매가격 추정방법에는 시장평가 조정접근법, 예상원가 이윤 가산 접근법, 잔여접근법 등이 포함된다.
④ 거래가격을 상대적 개별 판매가격에 기초하여 각 수행의무에 배분하기 위하여 계약 종료시점에 계약상 각 수행의무의 대상인 구별되는 재화나 용역의 개별 판매가격을 산정하고 이 개별 판매가격에 비례하여 거래가격을 배분한다.

15 2022 회계사

기업회계기준서 제1115호 '고객과의 계약에서 생기는 수익'에 대한 다음 설명 중 옳지 않은 것은?

① 일반적으로 고객과의 계약에는 기업이 고객에게 이전하기로 약속하는 재화나 용역을 분명히 기재한다. 그러나 고객과의 계약에서 식별되는 수행의무는 계약에 분명히 기재한 재화나 용역에만 한정되지 않을 수 있다.
② 계약을 이행하기 위해 해야 하지만 고객에게 재화나 용역을 이전하는 활동이 아니라면 그 활동은 수행의무에 포함되지 않는다.
③ 고객이 약속한 대가(판매대가) 중 상당한 금액이 변동될 수 있으며 그 대가의 금액과 시기가 고객이나 기업이 실질적으로 통제할 수 없는 미래 사건의 발생 여부에 따라 달라진다면 판매대가에 유의적인 금융요소는 없는 것으로 본다.
④ 적절한 진행률 측정방법에는 산출법과 투입법이 포함된다. 진행률 측정방법을 적용할 때, 고객에게 통제를 이전하지 않은 재화나 용역은 진행률 측정에서 제외하는 반면, 수행의무를 이행할 때 고객에게 통제를 이전하는 재화나 용역은 모두 진행률 측정에 포함한다.
⑤ 수익은 한 시점에 이행하는 수행의무 또는 기간에 걸쳐 이행하는 수행의무로 구분한다. 이러한 구분을 위해 먼저 통제 이전 지표에 의해 한 시점에 이행하는 수행의무인지를 판단하고, 이에 해당하지 않는다면 그 수행의무는 기간에 걸쳐 이행되는 것으로 본다.

16

다음 중 한국채택국제회계기준 제1115호 '고객과의 계약에서 생기는 수익'에서 규정하고 있는 수익인식에 대한 설명으로 옳은 것은?

① 고객과의 계약에서 식별되는 수행의무는 계약에 분명히 기재한 재화나 용역에만 한정되므로 기업이 재화나 용역을 고객에게 이전할 것이라는 정당한 기대를 하도록 한다고 해서 고객과의 계약에 포함될 수 있는 것은 아니다.
② 계약을 개시할 때 기업이 고객에게 약속한 재화나 용역을 이전하는 시점과 고객이 그에 대한 대가를 지급하는 시점 간의 기간이 1년 이내일 것이라고 예상하더라도 유의적인 금융요소가 포함된다면 화폐의 시간가치 영향을 조정하여야 한다.
③ 변동대가는 기댓값과 가능성이 가장 높은 금액 중에서 기업이 받을 권리를 갖게 될 대가를 더 잘 예측할 수 있을 것으로 예상되는 방법을 사용하여 추정한다.
④ 고객이 현금 이외의 형태로 대가를 약속한 계약의 경우에 거래가격을 산정하기 위하여 비현금대가를 현행원가로 측정한다.

17 ▶ 2019 회계사

기업회계기준서 제1115호 '고객과의 계약에서 생기는 수익'에 대한 다음 설명 중 옳은 것은?

① 일반적으로 고객과의 계약에는 기업이 고객에게 이전하기로 약속하는 재화나 용역을 분명히 기재한다. 따라서 고객과의 계약에서 식별되는 수행의무는 계약에 분명히 기재한 재화나 용역에만 한정된다.
② 고객에게 재화나 용역을 이전하는 활동은 아니지만 계약을 이행하기 위해 수행해야 한다면, 그 활동은 수행의무에 포함된다.
③ 수행의무를 이행할 때(또는 이행하는 대로), 그 수행의무에 배분된 거래가격(변동대가 추정치 중 제약받는 금액을 포함)을 수익으로 인식한다.
④ 거래가격은 고객에게 약속한 재화나 용역을 이전하고 그 대가로 기업이 받을 권리를 갖게 될 것으로 예상하는 금액이며, 제삼자를 대신해서 회수한 금액도 포함한다.
⑤ 거래가격의 후속 변동은 계약 개시시점과 같은 기준으로 계약상 수행의무에 배분한다. 따라서 계약을 개시한 후의 개별 판매가격 변동을 반영하기 위해 거래가격을 다시 배분하지는 않는다.

18

한국채택국제회계기준 제1115호 '고객과의 계약에서 생기는 수익'에서 규정하고 있는 사항으로 옳은 것은?

① 기업이 수행하여 만든 자산이 기업 자체에는 대체 용도가 없고, 지금까지 수행을 완료한 부분에 대해 집행가능한 지급청구권이 기업이 있다면 기간에 걸쳐 수익을 인식한다.
② 고객에게 지급할 대가는 고객이 기업에게 이전하는 구별되는 재화와 용역의 대가로 지급하는 경우에도 그 대가는 거래가격 즉 수익에서 차감하여 회계처리한다.
③ 고객이 권리를 행사하지 아니한 대가를 다른 당사자에게 납부하도록 요구받는 경우에는 받은 대가를 수익에서 차감한다.
④ 반품이 예상되는 제품에 대해서는 수익을 인식하지 않고 환불부채로 인식한다. 그리고 환불부채를 결제할 때는 고객에게서 제품을 회수할 기업의 권리에 대하여 자산을 인식한다. 반환제품회수권과 환불부채는 상계하여 표시한다.

19

다음 중 기준서 제1115호 '고객과의 계약에서 생기는 수익'의 기준서에서 규정하고 있는 고객에게 지급할 대가에 대한 설명으로 옳지 않은 것은?

① 고객에게 지급할 대가가 고객으로부터 받은 재화나 용역에 대한 대가가 아닌 경우에는 거래가격인 수익에서 차감하여 회계처리한다.
② 고객에게 지급할 대가가 고객으로부터 받은 재화나 용역의 공정가치를 초과하여 지급한 경우에는 초과액은 거래가격에서 차감한다.
③ 고객에게서 받은 재화나 용역의 공정가치를 합리적으로 추정할 수 없다면, 고객에게 지급할 대가 전액을 비용으로 인식한다.
④ 고객에게 지급할 대가가 고객에게서 제공받을 구별되는 재화나 용역에 대한 대가라면 다른 공급자에게 구매한 경우와 마찬가지로 별도 비용으로 처리한다.

20 ▶ 2020 보험계리사

다음 중 기간에 걸쳐 수익을 인식하기 위한 기준에 포함되지 않는 것은?

① 기업이 수행의무를 이행하거나 구별되는 재화나 용역을 이전하는 기업의 노력과 변동 지급조건이 명백하게 관련되어 있다.
② 고객은 기업이 수행하는 대로 기업의 수행에서 제공하는 효익을 동시에 얻고 소비한다.
③ 기업이 수행하여 만들어지거나 가치가 높아지는 대로 고객이 통제하는 자산을 기업이 만들거나 그 자산가치를 높인다.
④ 기업이 수행하여 만든 자산이 기업 자체에는 대체 용도가 없고, 지금까지 수행을 완료한 부분에 대해 집행가능한 지급청구권이 기업에 있다.

21 ▶ 2023 관세사

'고객과의 계약에서 생기는 수익'과 관련된 내용 중 기간에 걸쳐 수행의무를 이행하는 것은?

① 고객은 기업이 수행하는 대로 기업의 수행에서 제공하는 효익을 동시에 얻고 소비한다.
② 고객이 자산을 인수하였다.
③ 고객에게 자산의 법적 소유권이 있다.
④ 자산의 소유에 따른 유의적인 위험과 보상이 고객에게 있다.
⑤ 기업이 자산의 물리적 점유를 이전하였다.

CHAPTER 13 건설계약

1 이론 정리 및 이해 확인

독한훈련

01 건설계약의 기초

1. 계약수익

계약수익은 건설업자와 발주자 간의 건설계약금액에 근거하여 수령하였거나 수령할 대가의 _____(으)로 측정한다.

2. 계약원가

2-1 계약체결 증분원가

① 고객과의 계약을 체결하기 위하여 들인 원가로, 계약을 체결하지 않았다면 들지 않았을 원가를 (계약체결 증분원가 / 계약이행원가)라고 한다.
② 계약체결 증분원가가 회수될 것으로 예상된다면 이를 (비용 / 자산)으로 인식한다.
③ 계약체결 증분원가를 자산으로 인식하더라도 상각기간이 1년 이하라면 발생시점에 비용으로 인식할 수 (있다 / 없다).
④ 계약의 체결과 무관하게 발생하는 원가는 계약체결 증분원가로 인식(한다 / 하지 않는다).

2-2 계약이행원가

① 고객과의 계약을 체결한 이후 계약을 이행하는 데 발생하는 원가를 (계약이행원가 / 계약체결 증분원가)라고 한다.

---

01 건설계약의 기초

❶ 계약수익

계약수익은 건설업자와 발주자 간의 건설계약금액에 근거하여 수령하였거나 수령할 대가의 공정가치로 측정한다.

❷ 계약원가

2-1 계약체결 증분원가

① 고객과의 계약을 체결하기 위하여 들인 원가로, 계약을 체결하지 않았다면 들지 않았을 원가이다.
② 계약체결 증분원가가 회수될 것으로 예상된다면 이를 자산으로 인식한다.
③ 계약체결 증분원가를 자산으로 인식하더라도 상각기간이 1년 이하라면 발생시점에 바로 비용으로 인식하는 간편법을 사용할 수 있다.
④ 계약의 체결과 무관하게 발생하는 원가는 계약체결 증분원가가 아니다. 계약체결 담당부서의 업무추진비 등이 해당되며 발생시점에 비용으로 처리한다.

2-2 계약이행원가

① 계약이행원가는 고객과의 계약을 체결한 이후 계약을 이행하는 데 발생하는 원가를 의미한다.
② 계약이행원가는 다른 기업회계기준의 적용범위(예 기업회계기준서 제1002호 '재고자산', 제1016호 '유형자산', 제1038호 '무형자산')에 포함되지 않는다면 그 원가는 다음 기준을 모두 충족해야만 자산으로 인식한다.

정답 01 1. 공정가치 2-1 ① 계약체결 증분원가 ② 자산 ③ 있다 ④ 하지 않는다 2-2 ① 계약이행원가

㉠ **직접관련원가**: 원가나 계약이나 구체적으로 식별할 수 있는 예상계약에 직접 관련된다(기존 계약의 갱신에 따라 제공할 용역 관련 원가, 아직 승인되지 않은 특정계약에 따라 이전할 자산의 설계원가).

> ⓐ 직접노무원가와 직접재료원가
> ⓑ 계약이나 계약활동에 직접 관련되는 원가 배분
>   (예) 계약의 관리감독원가, 보험료, 계약의 이행에 사용되는 기기나 장비의 감가상각비)
> ⓒ 계약에 따라 고객에게 명백하게 청구할 수 있는 원가
> ⓓ 기업이 계약을 체결하였기 때문에 드는 그 밖의 원가
>   (예) 하도급자에게 지급하는 금액)

㉡ **미래 효익의 존재**: 원가가 미래의 수행의무를 이행(또는 계속 이행)할 때 사용할 기업의 자원을 창출하거나 가치를 높인다.
㉢ **회수가능성**: 원가는 회수될 것으로 예상된다.

2-3 다음은 발생시점에 비용으로 처리한다.
① 계약에 보상이 명시되지 않은 일반관리원가
② 계약을 이행하는 과정에서 낭비된 재료원가, 노무원가, 그 밖의 자원의 원가로 계약가격에 반영되지 않은 원가
③ 이미 이행한 계약상 수행의무와 관련된 원가
④ 이행하지 않은 수행의무와 관련된 원가인지 이미 이행한 수행의무와 관련된 원가인지 구분할 수 없는 원가

02 건설계약의 수익인식

1 수익인식방법
① 건설계약은 진행률을 합리적으로 측정할 수 있는 경우 보고기간 말 현재 계약활동의 진행률을 기준으로 각각 수익과 비용으로 인식한다.
② 건설계약은 진행률을 합리적으로 측정할 수 없는 경우에는 발생한 계약원가의 범위 내에서 회수가능한 금액을 수익으로 인식하고 계약원가는 발생한 기간에 비용으로 인식한다.

> **독한훈련**
> ② 다음 중 계약원가에 포함될 수 있는 항목을 고르시오.
>   a. 직접노무원가
>   b. 계약에 보상이 명시되지 않은 일반관리원가
>   c. 계약이나 계약활동에 직접 관련되는 원가 배분
>   d. 직접재료원가
>   e. 계약에 따라 고객에게 명백하게 청구할 수 있는 원가
>   f. 이미 이행한 계약상 수행의무와 관련된 원가
>   g. 계약을 이행하는 과정에서 낭비된 재료원가, 노무원가, 그 밖의 자원의 원가로 계약가격에 반영되지 않은 원가
>   h. 하도급자에게 지급하는 금액
>   i. 이행하지 않은 수행의무와 관련된 원가인지 이미 이행한 수행의무와 관련된 원가인지 구분할 수 없는 원가

> **02 건설계약의 수익인식**
> **1. 수익인식방법**
> ① 건설계약은 진행률을 합리적으로 측정할 수 있는 경우 (건설 완성시점에 / 계약활동의 진행률을 기준으로) 각각 수익과 비용으로 인식한다.
> ② 건설계약은 진행률을 합리적으로 측정할 수 없는 경우에는 진행기준을 적용(하고 / 할 수 없으며), 발생한 계약원가의 범위 내에서 _____ 금액을 수익으로 인식하고 계약원가는 발생한 기간에 비용으로 인식한다.

정답 ② a, c, d, e, h **02** 1. ① 계약활동의 진행률을 기준으로 ② 할 수 없으며, 회수가능한

독한훈련

2. 진행률
① 수행의무의 진행률은 보고기간 말마다 다시 측정하며, 진행률의 변동은 (회계정책 / **회계추정**)의 변경으로 회계처리한다.
② 진행률을 측정하는 방법은 (투입법 / 산출법 / **투입법과 산출법 둘 다**)을(를) 사용할 수 있다.
③ 진행률을 측정하는 방법으로 계약에서 약속한 재화나 용역의 나머지 부분의 가치와 비교하여 지금까지 이전한 재화나 용역이 고객에게 주는 가치의 직접 측정에 기초하여 산정하는 방법은 (**산출법** / 투입법)이다.

03 재무상태표 공시
① 미성공사가 진행청구액보다 큰 경우 차액은 _____ 과목으로 하여 (**자산** / 부채)(으)로 표시한다.
② 미성공사가 진행청구액보다 작은 경우 차액은 _____ 과목으로 하여 (자산 / **부채**)(으)로 표시한다.

04 공사손실이 예상되는 경우
① 총계약원가가 총계약수익을 초과할 가능성이 높은 경우 예상되는 손실을 _____ (으)로 인식한다.
② 공사손실이 예상되는 경우 예상손실은 당기 총계약손실예상액에 (발생 누적 진행률 / **잔여 진행률**)을 곱한 금액이다.
③ 공사손실이 예상되는 차기에 건설계약금액이나 총계약원가가 변동하지 않는다면 추가적으로 인식할 계약손익이 발생할 수 (있다 / **없다**).

② 진행률
① 기간에 걸쳐 수행의무를 이행하는 경우 수행의무 완료까지의 진행률을 측정하여 기간에 걸쳐 수익을 인식한다.
② 각 수행의무에는 하나의 진행률 측정방법을 적용하며 비슷한 상황에서의 비슷한 수행의무에는 그 방법을 일관되게 적용한다.
③ 수행의무의 진행률은 보고기간 말마다 다시 측정하며, 진행률의 변동은 회계추정의 변경으로 회계처리한다.
④ 진행률 측정은 산출법과 투입법 중 수행의무의 이행 비율을 적절하게 측정할 수 있는 방법을 선택하여 적용한다.

> ㉠ 산출법: 계약에서 약속한 재화나 용역의 나머지 부분의 가치와 비교하여 지금까지 이전한 재화나 용역이 고객에게 주는 가치의 직접 측정에 기초하여 산정하는 방법
> ㉡ 투입법: 해당 수행의무 이행에 예상되는 총투입물 대비 수행의무를 이행하기 위한 기업의 노력이나 투입물에 기초하여 산정하는 방법

03 재무상태표 공시

계약자산과 계약부채

상황	재무상태표 표시
미성공사 잔액 > 진행청구액	차액은 계약자산(미청구공사) 과목으로 하여 자산으로 표시
미성공사 잔액 < 진행청구액	차액은 계약부채(초과청구공사) 과목으로 하여 부채로 표시

04 공사손실이 예상되는 경우
① 총계약원가가 총계약수익을 초과할 가능성이 높은 경우 예상되는 손실을 계약손실충당부채로 인식한다.
② 이때 예상손실은 당기 총계약손실예상액에 잔여 진행률을 곱한 금액이다.
③ 손실이 예상되는 회계연도에 이미 예상손실을 인식하였으므로 건설계약금액이나 총계약원가가 변동하지 않는 이상 추가적으로 인식할 계약손익은 없다.

정답 2. ① 회계추정 ② 투입법과 산출법 둘 다 ③ 산출법
03 ① 계약자산(미청구공사), 자산 ② 계약부채(초과청구공사), 부채 04 ① 계약손실충당부채 ② 잔여 진행률 ③ 없다

05 진행률을 합리적으로 측정할 수 없는 경우

① 건설계약의 진행률을 합리적으로 측정할 수 없는 경우에는 계약수익은 발생원가 범위 내에서 회수가능성이 높은 금액만 인식하고, 계약원가는 발생한 기간의 비용으로 인식한다.
② 건설계약의 진행률을 합리적으로 측정할 수 없는 경우에는 이익은 인식하지 않고 손실만 인식한다.
③ 이미 계약수익으로 인식한 금액은 추후 회수가능성이 불확실해지는 경우에 이미 인식한 수익금액을 조정하지 않는다. 회수불가능한 금액이나 더 이상 회수가능성이 높다고 볼 수 없는 금액을 별도의 비용(대손상각비 등)으로 인식한다.
④ 계약의 결과를 신뢰성 있게 추정할 수 없게 했던 불확실성이 해소되는 경우에는 당해 건설계약과 관련된 수익과 비용은 다시 진행기준에 따라 인식한다.
⑤ 계약의 결과를 신뢰성 있게 추정할 수 없는 경우라도 총계약원가가 총계약수익을 초과할 가능성이 높은 경우에는 초과금액을 즉시 비용으로 인식한다.

06 특수한 계약원가

1 수주비
① 수주비는 견적서 작성비용 등 건설계약과 관련하여 지출되는 것으로 약속한 재화나 용역이 고객에게 이전되는 것이 아니므로 진행률 산정에 포함하지 않는다.
② 수주비는 선급공사원가의 과목으로 하여 자산으로 처리하고, 진행률에 따라 계약원가로 처리한다.

2 건설장비
① 건설장비의 감가상각비는 총공사예정원가에 포함시킴으로써 진행률 산정에 포함한다.
② 건설장비의 감가상각비는 당해 건설장비를 특정공사에만 사용하는 경우 계약원가 중 직접원가에 해당하므로 해당 건설계약공사의 원가로 처리하며, 여러 공사에 사용하는 경우 계약 공통원가에 해당하므로 합리적인 방법으로 관련 공사에 배분한다.

독한훈련

05 진행률을 합리적으로 측정할 수 없는 경우

① 건설계약의 진행률을 합리적으로 측정할 수 없는 경우에는 (회수기준 / 완성기준 / 진행기준)을 적용하여 계약수익과 계약원가를 인식한다.
② 건설계약의 진행률을 합리적으로 측정할 수 없지만 발생한 계약원가의 회수가능성이 (높지 않은 / 높은) 경우 발생한 계약원가의 범위 내에서 회수가능성이 높은 금액만을 수익으로 인식하고, 계약원가는 발생한 기간의 (부채 / 비용)(으)로 인식한다.
③ 이미 계약수익으로 인식한 금액에 대해서는 추후 회수가능성이 불확실해지는 경우에 이미 인식한 수익금액을 조정(한다 / 하지 않는다).
④ 추후에 계약의 결과를 신뢰성 있게 추정할 수 없게 했던 불확실성이 해소되는 경우에는 당해 건설계약과 관련된 수익과 비용을 다시 (회수가능기준 / 진행기준)으로 인식한다.
⑤ 건설계약의 결과를 신뢰성 있게 추정할 수 없고 발생한 계약원가의 회수가능성도 높지 않은 경우에는 수익을 인식(하고 / 하지 않고) 계약원가는 비용으로 인식(한다 / 하지 않는다).

06 특수한 계약원가

1. 수주비
수주비는 진행률 산정에 (포함 / 불포함)하고, ＿＿＿에 따라 계약원가로 처리한다.

2. 건설장비
① 건설장비는 진행률 산정에 (포함 / 불포함)하고, 계약원가에 포함시킨다.

정답 05 ① 회수기준 ② 높은, 비용 ③ 하지 않는다 ④ 진행기준 ⑤ 하지 않고, 한다   06 1. 불포함, 진행률   2. ① 포함

독한훈련

② 건설장비를 특정공사에만 사용하는 경우 건설장비의 경제적 내용연수와 건설기간의 (최솟값 / 최댓값)을 기준으로 감가상각한다.
③ 건설장비를 여러 건설에 사용하는 경우 (경제적 내용연수 / 건설기간)에 따라 합리적인 방법으로 관련 공사에 배분한다.

3. 차입원가
차입원가는 계약원가에 (포함 / 불포함)하고, 진행률 산정에 (포함 / 불포함)한다.

4. 하자보수예상액
① 하자보수예상액은 진행률 산정에 (포함 / 불포함)한다.
② 공사개시일 이후에 하자보수예상원가를 ▭▭▭▭▭에 따라 계약원가로 안분하고, 동 금액을 하자보수충당부채로 인식한다.
③ 하자보수충당부채로 인식한 금액보다 더 많은 하자보수비가 발생한다면 (과거에 인식한 계약원가를 수정하여 추가 / 발생한 연도에 비용)(으)로 인식한다.

③ 건설장비의 감가상각기간은 다음과 같다.

㉠ 특정 건설계약에만 사용이 가능한 경우

건설장비의 감가상각기간 = Min[경제적 내용연수, 건설기간]

㉡ 여러 건설계약에 사용하는 경우

건설장비의 감가상각기간 = 경제적 내용연수

❸ 차입원가

차입원가는 계약원가에는 포함하지만 진행률 산정에는 포함하지 않는다.

❹ 하자보수예상액

① 하자보수는 공사의 진행 정도와 관계가 없으므로 진행률 산정에는 포함되지 않는다.
② 공사개시일 이후에 하자보수예상원가를 진행률에 따라 계약원가로 안분하고, 동 금액을 하자보수충당부채로 인식한다.
③ 하자보수충당부채로 인식한 금액보다 더 많은 하자보수비가 발생한다면 발생한 연도에 하자보수비(비용)로 인식한다.

정답 ② 최솟값 ③ 경제적 내용연수 3. 포함, 불포함 4.① 불포함 ② 진행률 ③ 발생한 연도에 비용

2 OX 강훈련

✏️ 지문 수정하기

: 다음 문장을 읽고 옳은 설명에는 O, 옳지 않은 설명에는 X를 하고 올바른 문장으로 수정하시오.

01 계약체결 증분원가가 회수될 것으로 예상된다면 이를 자산으로 인식한다. ⓞ Ⓧ

02 이미 이행한 수행의무와 관련된 원가를 계약이행원가로 인식하여 계약이 진행되는 기간 동안 계약원가로 인식한다. ⓞ Ⓧ

03 계약에 직접 관련되며, 계약을 체결하는 과정에서 공사계약체결 전에 발생한 원가는 계약원가에 포함될 수 없다. ⓞ Ⓧ

04 계약수익과 달리 계약원가는 진행률을 적용하여 인식하지 아니한다. ⓞ Ⓧ

05 건설계약의 진행률을 신뢰성 있게 측정할 수 없고 회수가능성도 높지 않은 경우에는 발생원가를 비용으로 인식하고, 수익은 인식하지 않는다. ⓞ Ⓧ

06 총계약원가가 총계약수익을 초과할 가능성이 높은 경우에는 예상되는 손실을 즉시 비용으로 인식한다. ⓞ Ⓧ

07 공사손익은 미성공사에 반영하며, 미성공사 잔액이 진행청구액보다 크면 차액을 계약부채 과목으로 하여 재무상태표의 부채에 표시한다. ⓞ Ⓧ

OX 풀이

02 이미 이행한 계약상 수행의무와 관련된 원가는 **발생시점에 비용으로 인식한다.**
03 계약에 직접 관련되며, 계약을 체결하는 과정에서 공사계약체결 전에 발생한 원가 중 **개별적으로 식별이 가능하며 신뢰성 있게 측정가능하고, 계약의 체결가능성이 높은 경우에는 계약원가에 포함한다.**
04 계약수익뿐만 아니라 **계약원가도 진행률을 적용하여 인식한다.**
07 공사손익은 미성공사에 반영하며, 미성공사 잔액이 진행청구액보다 크면 차액을 **계약자산** 과목으로 하여 재무상태표의 **자산**에 표시한다.

|정답| 01 O 02 X 03 X 04 X 05 O 06 O 07 X

: 다음 문장을 읽고 옳은 설명에는 O, 옳지 않은 설명에는 X를 하고 올바른 문장으로 수정하시오.

08 건설계약의 수익을 인식할 때 진행률을 신뢰성 있게 측정할 수 있다면 진행기준을 적용하고, 신뢰성 있게 측정할 수 없다면 완성기준으로 인식한다. [O X]

09 미성공사계정의 금액이 진행청구액의 금액을 초과하는 경우 동 초과액은 계약자산으로 표시하며, 반대의 경우에는 계약부채로 표시한다. [O X]

10 건설계약 전 지출이 계약원가의 일부에 포함되는 경우에는 계약을 체결하는 과정에서 비용으로 인식한 경우에도 계약원가에 포함한다. [O X]

11 수주비는 진행률 산정에 포함하고, 발생 시 선급공사의 과목으로 하여 자산으로 인식하였다가 진행률에 따라 계약원가로 인식한다. [O X]

12 건설장비의 감가상각비는 총공사예정원가에는 포함하지만 진행률 산정에는 포함하지 않는다. [O X]

13 차입원가는 진행률 산정과 계약원가에 모두 포함하지 않는다. [O X]

14 누적발생계약원가를 기준으로 진행률을 결정하는 경우 하자보수비는 수행한 공사의 진행 정도를 반영하지 못하므로 진행률 산정 시 포함하지 않는다. [O X]

OX 풀이

08 건설계약의 수익을 인식할 때 수익을 신뢰성 있게 측정할 수 있다면 진행기준을 적용하고, 신뢰성 있게 측정할 수 없다면 **발생한 계약원가의 범위 내에서 회수가능한 금액을 수익으로 인식한다.**
10 계약을 체결하는 과정에서 비용으로 인식한 경우에는 계약원가에서 **제외한다.**
11 수주비는 진행률 산정에 **포함하지 않고**, 발생 시 선급공사의 과목으로 하여 자산으로 인식하였다가 진행률에 따라 계약원가로 인식한다.
12 건설장비의 감가상각비는 총공사예정원가에도 포함하고 **진행률 산정에도 포함**한다.
13 차입원가는 진행률 산정에는 포함하지 않지만 **계약원가에는 포함**한다.

| 정답 | 08 X 09 O 10 X 11 X 12 X 13 X 14 O

3 실전 훈련 문제

정답 및 해설 p. 40

01
다음 중 계약이행원가에 해당하지 않는 것은?
① 직접 노무원가
② 계약에 따라 고객에게 명백히 청구할 수 있는 원가
③ 계약을 이행하는 과정에서 낭비된 재료원가, 노무원가, 그 밖의 자원의 원가로 계약가격에 반영되지 않은 원가
④ 하도급자에게 지급하는 원가

02
다음 건설계약에 관한 내용으로 옳지 않은 것은?
① 계약수익은 수령하였거나 수령할 대가의 공정가치로 측정한다.
② 총계약원가가 총계약수익을 초과할 것으로 예상되는 경우 당해 초과액은 즉시 비용으로 인식한다.
③ 건설계약의 진행률을 측정할 수 없지만 회수가능성이 있는 경우 수익은 인식하지 않고 발생원가만 비용으로 인식한다.
④ 건설계약의 진행률을 측정할 수 없고 발생한 계약원가의 회수가능성도 높지 않은 경우에는 수익을 인식하지 않고 계약원가만 즉시 비용으로 인식한다.

03
다음 중 건설계약에 관한 내용으로 옳지 않은 것은?
① 계약에 직접 관련되었으며 계약을 체결하는 과정에서 공사 계약체결 전에 발생한 원가는 계약원가에 포함될 수 없다.
② 이미 계약수익으로 인식한 금액에 대해서는 추후에 회수가능성이 불확실해지는 경우에는 이미 인식한 수익금액을 조정하지 않는다.
③ 계약손실이 예상되는 건설의 경우 손실이 예상되는 회계연도에 이미 예상손실을 인식하였으므로 건설계약금액이나 총계약원가가 변동하지 않는 이상 추가적으로 인식할 계약손익은 없다.
④ 건설계약의 진행률을 측정할 수 없고 발생한 계약원가의 회수가능성도 높지 않은 경우에는 수익을 인식하지 않고 계약원가만 즉시 비용으로 인식한다.

04
다음 중 건설계약에 대한 회계처리 규정으로 옳지 않은 것은?
① 건설계약과 관련된 수주비는 건설계약의 진행률을 산정하는 데 포함하지 않고, 선급공사원가의 과목으로 하여 자산으로 처리하였다가 진행률에 따라 계약원가로 처리한다.
② 건설장비의 감가상각비는 총공사예정원가에 포함하며, 진행률 산정에도 포함한다.
③ 건설계약과 관련된 차입원가는 건설공사를 하는 데 필수적인 지출이므로 계약원가에 포함하지만 진행률 산정하는 데는 포함하지 않는다.
④ 건설계약과 관련된 하자보수비는 진행률 산정에는 포함하며, 공사개시일 이후에 하자보수예상원가를 진행률에 따라 계약원가로 안분한다.

CHAPTER 14 회계변경과 오류수정

1 이론 정리 및 이해 확인

📖 독한훈련

01 회계변경의 의의

1. 의의

회계정책을 일관성 있게 적용함으로써 재무제표의 기간별 _____을(를) 높일 수 있다.

2. 회계정책의 변경과 회계추정의 변경의 장단점 비교

회계정책의 변경과 추정의 변경 각각에 대해 비교가능성과 신뢰성을 비교하시오.
① 회계정책 변경
  • 비교가능성이 (높아진다 / 낮아진다).
  • 신뢰성이 (높아진다 / 낮아진다).
② 회계추정 변경
  • 비교가능성이 (높아진다 / 낮아진다).
  • 신뢰성이 (높아진다 / 낮아진다).

02 회계정책의 변경

1. 의미

(회계정책 / 회계추정)의 변경이란 기업이 적용하던 회계정책을 다른 회계정책으로 변경하는 것을 의미한다.

2. 회계정책 변경의 예

자산의 측정기준에 대한 변경은 회계(정책 / 추정)의 변경이다.

---

01 회계변경의 의의

1 의의

① 특정 범주별로 서로 다른 회계정책을 적용하도록 규정하거나 허용하는 경우를 제외하고는 유사한 거래, 기타 사건 및 상황에는 동일한 회계정책을 선택하여 일관성 있게 적용한다.
② 회계정책을 일관성 있게 적용함으로써 재무제표의 기간별 비교가능성을 높일 수 있다.
③ 기업이 현재 채택하고 있는 회계정책이나 회계추정을 변경하는 것이 더 유용한 회계정보를 제공할 수 있는 경우에는 다른 회계정책이나 추정으로 변경하는 것을 허용한다.

2 회계정책의 변경과 회계추정의 변경의 장단점 비교

구 분	정책 변경	추정 변경
장 점	비교가능성 높아짐	신뢰성 높아짐
단 점	신뢰성 저하	비교가능성 저하

02 회계정책의 변경

1 의미

회계정책의 변경이란 기업이 적용하던 회계정책을 다른 회계정책으로 변경하는 것을 의미한다.

2 회계정책 변경의 예

① 재고자산의 원가흐름의 가정을 선입선출법에서 평균법으로 변경
② 유·무형자산의 평가방법을 원가모형에서 재평가모형으로 변경 (측정기준 변경)

💡 정답 01 1. 비교가능성 2. ① 높아진다, 낮아진다 ② 낮아진다, 높아진다 02 1. 회계정책 2. 정책

③ 투자부동산의 평가방법을 원가모형에서 공정가치모형으로 변경 (측정기준 변경)

❸ 회계정책의 변경이 가능한 경우
① 한국채택국제회계기준에서 회계정책의 변경을 요구하는 경우
② 새로운 회계정책을 적용함으로써 회계정보의 신뢰성과 목적적합성을 향상시킬 수 있는 경우

❹ 회계정책의 변경이 아닌 경우(즉, 언제든 허용)
① 과거에 발생한 거래와 실질이 다른 거래, 기타 사건 또는 상황에 대하여 다른 회계정책을 적용하는 경우
② 과거에 발생하지 않았거나 발생하였어도 중요하지 않았던 거래, 기타 사건 또는 상황에 대하여 새로운 회계정책을 적용하는 경우

❺ 회계처리
① 소급적용: 회계정책의 변경으로 인한 특정 회계기간에 미치는 영향이나 누적효과를 실무적으로 결정할 수 있는 경우에는 변경된 새로운 회계정책은 소급하여 적용하는 것을 원칙으로 한다.
② 전진적용: 회계정책의 변경으로 인한 특정 기간에 미치는 영향이나 누적효과를 실무적으로 결정할 수 없는 경우에는 실무적으로 결정할 수 있는 가장 이른 날부터 새로운 회계정책을 전진적용한다.

03 회계추정의 변경

❶ 의미
회계추정의 변경이란 상황의 변화, 새로운 정보의 획득, 추가적인 경험의 축적 등에 따라 자산과 부채의 상태에 대한 기존의 회계적 추정치를 바꾸는 것을 말한다.

❷ 회계추정 변경의 예
① 유·무형자산의 경제적 내용연수, 잔존가치, 상각방법의 변경
② 재고자산의 진부화 정도에 대한 판단 변경
③ 금융자산에 대한 손상가능성 추정의 변경
④ 자산의 손상차손 추정 변경

🏋 독한훈련

3. 회계정책의 변경이 가능한 경우
새로운 회계정책을 적용함으로써 회계정보의 신뢰성과 _____을(를) 향상시킬 수 있는 경우 회계정책의 변경이 가능하다.

4. 회계정책의 변경이 아닌 경우(즉, 언제든 허용)
① 과거에 발생한 거래와 실질이 다른 거래, 기타 사건 또는 상황에 대하여 다른 회계정책을 적용하는 경우 회계정책의 (변경이다 / 변경이 아니다).
② 과거에 발생하였으나 중요하지 않았던 거래에 대해 새로운 회계정책을 정하는 경우 회계의 정책변경으로 처리할 수 (있다 / 없다).

5. 회계처리
① 회계정책 변경의 경우 (소급적용 / 전진적용)한다.
② 회계정책의 변경으로 인한 특정 기간에 미치는 영향이나 누적효과를 실무적으로 결정할 수 없는 경우에는 (당해 기초부터 적용한 것으로 / 실무적으로 결정할 수 있는 가장 이른 날부터) 새로운 회계정책을 _____ 적용한다.

03 회계추정의 변경

1. 의미
(회계정책 / 회계추정)의 변경이란 상황의 변화, 새로운 정보의 획득, 추가적인 경험의 축적 등에 따라 자산과 부채의 상태에 대한 기존의 회계적 추정치를 바꾸는 것을 말한다.

2. 회계추정 변경의 예
다음을 회계정책의 변경과 회계추정의 변경으로 구분하시오

a. 감가상각방법의 변경
b. 내용연수, 잔존가치의 변경
c. 재고자산의 원가흐름 가정의 변경
d. 금융자산에 대한 대손예상률의 변경
e. 유형자산의 측정기준을 원가모형에서 재평가모형으로 변경
f. 투자부동산의 측정기준을 원가모형에서 공정가치모형으로 변경
g. 재고자산의 반품예상률의 변경

💡 **정답** 3. 목적적합성 4. ① 변경이 아니다 ② 없다 5. ① 소급적용 ② 실무적으로 결정할 수 있는 가장 이른 날부터, 전진
03 1. 회계추정 2. • 회계정책의 변경: c, e, f • 회계추정의 변경: a, b, d, g

독한훈련

3. 회계처리
① 회계추정의 변경효과는 변경이 발생한 기간과 그 이후의 회계기간에 당기손익에 포함하여 (전진법 / 소급법)으로 처리한다.
② 회계추정 변경의 효과는 당해 회계연도의 (보고기간 종료일 / 개시일)부터 적용한다.

04 회계변경의 특수사항

1. 재평가회계처리
재평가하는 회계정책을 최초로 적용하는 경우에는 (소급적용 / 전진적용)하여 회계처리한다.

2. 정책변경효과와 추정변경효과를 구분할 수 없는 경우
회계정책변경효과와 추정변경효과를 구분할 수 없는 경우에는 (회계정책 / 회계추정)의 변경으로 한다.

05 오류수정

1. 회계변경과 오류수정의 차이
다음을 회계변경과 오류수정으로 구분하시오.

a. 매출채권 대손추정률을 2%에서 4%로 변경
b. 소송사건과 관련하여 충당부채로 인식했어야 했던 내용을 우발부채로 인식했음을 발견하고 충당부채로 인식
c. 유형자산의 원가모형에서 재평가모형으로 수정
d. 재고자산의 평가방법을 평균법으로 처리했어야 했는데 선입선출법으로 처리했음을 발견하고 재고자산의 평가방법 변경

2. 회계처리
전기오류는 오류의 영향 혹은 오류의 누적효과를 실무적으로 결정할 수 없는 경우를 제외하고는 (전진적용 / 소급재작성)하여 수정한다.

---

③ 회계처리
① 회계추정의 변경효과는 변경이 발생한 기간과 그 이후의 회계기간에 당기손익에 포함하여 전진적으로 적용한다.
② 회계추정 변경의 효과는 당해 회계연도의 개시일부터 적용한다.

04 회계변경의 특수사항

① 재평가회계처리
① 측정기준의 변경은 회계정책의 변경이다.
② 재평가하는 회계정책을 최초로 적용하는 경우에는 회계정책을 소급적용하지 않고 재평가 개시일부터 적용하여 회계처리한다.

② 정책변경효과와 추정변경효과를 구분할 수 없는 경우
회계추정의 변경(전진법)

05 오류수정

① 회계변경과 오류수정의 차이
오류수정은 잘못된 것을 수정하는 것이며, 회계변경은 그 당시에 적정하게 계상한 것을 다른 기준을 적용하여 변경하는 것이다.

② 회계처리
① 소급재작성
② 오류의 영향을 실무적으로 결정할 수 없는 경우: 실무적으로 결정가능한 가장 이른 회계기간까지 소급재작성

정답 3. ① 전진법 ② 개시일 04 1. 전진적용 2. 회계추정 05 1. • 회계변경(추정): a • 회계변경(정책): c • 오류수정: b, d 2. 소급재작성

2 OX 강훈련

다음 문장을 읽고 옳은 설명에는 O, 옳지 않은 설명에는 X를 하고 올바른 문장으로 수정하시오.

01 특정거래에 대해서 구체적으로 적용할 수 있는 한국채택국제회계기준이 없는 경우 경영진의 판단에 따라 회계정책을 개발 및 적용할 수 있다. [O X]

02 과거에 발생한 거래와 실질이 다른 거래에 대하여 다른 회계정책을 적용하는 경우 회계정책의 변경에 해당한다. [O X]

03 자발적인 회계정책의 변경은 비교표시되는 가장 이른 과거기간의 영향을 받는 자본의 각 구성요소의 기초금액과 비교공시되는 각 과거기간의 기타대응금액을 새로운 회계정책이 처음부터 적용된 것처럼 조정한다. [O X]

04 회계정책 변경에 대한 소급적용 시 비교표시되는 과거기간의 누적효과를 실무적으로 결정할 수 없는 경우 당기 및 당기 이후에 그 영향을 반영하는 전진법을 적용한다. [O X]

05 측정기준의 변경은 회계정책의 변경에 해당하며, 회계정책의 변경과 회계추정의 변경을 구분하기 어려운 경우에는 회계정책의 변경으로 본다. [O X]

06 회계추정의 변경에 대한 효과는 변경이 발생한 기간과 미래기간의 당기손익에 포함하여 전진적으로 인식한다. [O X]

07 중요한 전기오류를 발견한 경우에는 비교표시되는 과거기간의 재무제표를 소급재작성한다. [O X]

OX 풀이

02 과거에 발생한 거래와 실질이 다른 거래, 기타 사건 및 상황에 대하여 다른 회계정책을 적용하는 경우 회계정책의 변경에 **해당되지 않는다**.

04 **실무적으로 소급적용할 수 있는 가장 이른 회계기간**의 자산 및 부채의 기초장부금액에 새로운 회계정책을 적용하고, 그에 따라 변동하는 자본 구성요소의 기초금액을 조정한다.

05 회계정책의 변경과 회계추정의 변경을 구분하기 어려운 경우에는 **회계추정의 변경**으로 본다.

|정답| 01 O 02 X 03 O 04 X 05 X 06 O 07 O

다음 문장을 읽고 옳은 설명에는 O, 옳지 않은 설명에는 X를 하고 올바른 문장으로 수정하시오.

08 유형자산이나 무형자산에 대하여 재평가모형을 최초로 적용하는 경우는 회계정책의 변경에 해당하여 소급법을 적용한다. O X

09 당기 기초시점에 과거기간 전체에 대한 오류의 누적효과를 실무적으로 결정할 수 없는 경우에는 실무적으로 결정할 수 있는 가장 이른 날부터 전진적으로 오류를 수정하여 비교정보를 재작성한다. O X

10 과거에 발생하지 않았거나 발생하였어도 중요하지 않았던 거래, 기타 사건 또는 상황에 대하여 새로운 회계정책을 적용하는 경우는 회계정책의 변경에 해당한다. O X

11 한국채택국제회계기준에서 회계정책의 변경을 요구하는 경우뿐만 아니라, 기업이 자발적으로 회계정책을 변경하는 것도 가능하다. O X

12 재고자산의 회계처리방법을 선입선출법에서 평균법으로 변경한 경우는 회계변경에 따른 누적효과를 계산하여 회계변경연도의 전기이월이익잉여금에 반영하고, 비교재무제표상의 전년도 및 그 이전의 재무제표는 평균법으로 재작성하여 보고한다. O X

13 유형자산의 감가상각방법을 정률법에서 정액법으로 변경하는 경우는 회계정책의 변경에 해당하므로 누적효과를 계산하고 비교표시되는 전기재무제표를 재작성해야 한다. O X

14 회계추정의 변경은 새로운 정보의 획득, 새로운 상황의 전개 등에 따라 지금까지 사용해 오던 회계적 추정치를 바꾸는 것이며, 이는 오류수정에 해당한다. O X

OX 풀이

08 유형자산이나 무형자산에 대하여 재평가모형을 최초로 적용하는 경우는 회계정책의 변경에 해당하지만 유·무형자산의 기준서를 적용하여 소급법을 **적용하지 않는다.**
10 과거에 발생하지 않았거나 발생하였어도 중요하지 않았던 거래, 기타 사건 또는 상황에 대하여 새로운 회계정책을 적용하는 경우는 **회계정책의 변경에 해당하지 않는다.**
13 감가상각방법의 변경은 **회계추정의 변경**에 해당된다.
14 **회계추정의 변경과 오류수정은 다르다.** 추정의 변경은 기업회계기준이 인정하는 추정방법을 인정될 수 있는 다른 방법으로 변경하는 것을 의미하고, 오류수정은 기업회계기준이 인정하지 않는 방법을 인정되는 방법으로 바꾸는 것을 의미한다.

| 정답 | 08 X 09 O 10 X 11 O 12 O 13 X 14 X

: 다음 문장을 읽고 옳은 설명에는 O, 옳지 않은 설명에는 X를 하고 올바른 문장으로 수정하시오.

15 회계변경의 누적효과는 회계변경을 한 회계기간 초의 입장에서 변경 후의 방법을 처음부터 적용한다고 가정할 경우의 이익잉여금과 변경 전의 방법을 적용한 경우의 이익잉여금의 차이를 말한다. [O X]

16 소급법은 재무제표의 신뢰성은 상실되지만 재무제표의 기간 간 비교가능성은 제고된다는 장점이 있다. [O X]

17 회계정책을 변경하는 경우에는 항상 소급법만을 적용하며, 당기일괄처리법이나 전진법은 사용할 수 없다. [O X]

OX 풀이

17 회계변경의 누적효과를 실무적으로 결정할 수 없는 경우에는 **전진법을 적용**한다.

| 정답 | 15 O 16 O 17 X

3 공무원 5개년 기출 문제

01 ▶ 2023 지방직9급

회계정책, 회계추정의 변경 및 오류에 대한 설명으로 옳지 않은 것은?

① 투입변수나 측정기법의 변경이 회계추정치에 미치는 영향은 전기오류수정에서 비롯되지 않는 한 회계추정치 변경이다.
② 기업의 재무상태, 재무성과 또는 현금흐름을 특정한 의도대로 표시하기 위하여 중요하거나 중요하지 않은 오류를 포함하여 작성된 재무제표는 한국채택국제회계기준에 따라 작성되었다고 할 수 없다.
③ 회계추정의 변경효과가 변경이 발생한 기간과 미래기간에 모두 영향을 미치는 경우 발생한 기간에는 회계추정 변경 효과를 당기손익에 포함하여 전진적으로 인식하고, 미래기간에는 회계추정 변경 효과를 기타포괄손익으로 하여 전진적으로 인식한다.
④ 당기 중에 발견한 당기의 잠재적 오류는 재무제표의 발행승인일 전에 수정한다. 그러나 중요한 오류를 후속기간에 발견하는 경우, 이러한 전기오류는 해당 후속기간의 재무제표에 비교표시된 재무정보를 재작성하여 수정한다.

02 ▶ 2022 국가직7급

회계정책, 회계추정의 변경 및 오류에 대한 설명으로 옳지 않은 것은?

① 과거에 발생한 거래와 실질이 다른 거래, 기타 사건 또는 상황에 대하여 다른 회계정책을 적용하는 것은 회계정책의 변경에 해당하지 아니한다.
② 추정의 근거가 되었던 상황의 변화, 새로운 정보의 획득, 추가적인 경험의 축적이 있는 경우 추정의 수정이 필요할 수 있다. 성격상 추정의 수정은 과거기간과 연관되지 않으며 오류수정으로 보지 아니한다.
③ 당기 기초시점에 과거기간 전체에 대한 오류의 누적효과를 실무적으로 결정할 수 없는 경우, 실무적으로 적용할 수 있는 가장 이른 날부터 전진적으로 오류를 수정하여 비교정보를 재작성한다.
④ 전기오류의 수정은 오류가 발견된 기간의 당기손익으로 보고하고, 과거 재무자료의 요약을 포함한 과거기간의 정보는 실무적으로 적용할 수 있는 최대한 앞선 기간까지 소급재작성한다.

4 실전 훈련 문제

01
다음 중 회계 변경에 대한 설명으로 옳지 않은 것은?
① 회계정책 변경으로 인한 특정 회계기간에 미치는 영향이나 누적효과를 실무적으로 결정할 수 있는 경우에는 변경된 새로운 회계정책을 소급하여 적용하는 것을 원칙으로 한다.
② 과거에 발생한 거래나 실질이 다른 거래, 기타 사건 또는 상황에 대하여 다른 회계정책을 적용하는 경우에는 회계정책변경으로 보지 않는다.
③ 무형자산을 재평가하는 회계정책을 최초로 적용하는 경우에는 회계정책 변경을 소급적용하지 않고 재평가 개시일부터 적용하여 회계처리한다.
④ 원가모형을 적용하던 투자부동산을 공정가치로 평가하는 회계정책을 최초로 적용하는 경우에는 회계정책 변경을 소급적용하지 않고 재평가 개시일부터 적용하여 회계처리한다.

02
다음 중 회계정책의 변경이 아닌 것은?
① 재고자산의 수량 결정방법을 계속기록법에서 실지재고조사법으로 변경
② 유형자산의 측정기준을 재평가모형에서 원가모형으로 변경
③ 재고자산의 단위원가 결정방법을 선입선출법에서 가중평균법으로 변경
④ 재고자산을 순실현가치로 감액하는 저가법을 항목별기준에서 총액기준으로 변경

03 ▶ 2022 경찰간부
회계변경에 대한 설명으로 옳지 않은 것은?
① 기업은 한국채택국제회계기준에서 회계정책의 변경을 요구하는 경우이거나 회계정책의 변경을 반영한 재무제표가 거래, 기타 사건 또는 상황이 재무상태, 재무성과 또는 현금흐름에 미치는 영향에 대하여 신뢰성 있고 더 목적적합한 정보를 제공하는 경우에는 회계정책을 변경할 수 있다.
② 과거에 발생한 거래와 실질이 다른 거래, 기타 사건 또는 상황에 대하여 다른 회계정책을 적용하는 경우와 과거에 발생하지 않았거나 발생하였어도 중요하지 않았던 거래, 기타 사건 또는 상황에 대하여 새로운 회계정책을 적용하는 경우는 회계정책의 변경에 해당하지 아니한다.
③ 추정의 근거가 되었던 상황의 변화, 새로운 정보의 획득, 추가적인 경험의 축적이 있는 경우 추정의 수정이 필요할 수 있다. 성격상 추정의 수정은 과거기간과 연관되지 않으며 오류수정으로 보지 아니한다.
④ 측정기준의 변경은 회계추정의 변경이 아니라 회계정책의 변경에 해당한다. 회계정책의 변경과 회계추정의 변경을 구분하는 것이 어려운 경우에는 이를 회계정책의 변경으로 본다.

04 ▶ 2024 세무사

한국채택국제회계기준에서 인정하는 회계정책의 변경에 해당하는 것을 모두 고른 것은?

> ㄱ. 과거에 발생한 거래와 실질이 다른 거래, 기타 사건 또는 상황에 대하여 다른 회계정책을 적용하는 경우
> ㄴ. 한국채택국제회계기준의 요구에 따라 회계정책을 변경하는 경우
> ㄷ. 회계정책의 변경을 반영한 재무제표가 거래, 기타 사건 또는 상황이 재무상태, 재무성과 또는 현금흐름에 미치는 영향에 대하여 신뢰성 있고 더 목적적합한 정보를 제공하는 경우
> ㄹ. 과거에 발생하지 않았거나 발생하였어도 중요하지 않았던 거래, 기타 사건 또는 상황에 대하여 새로운 회계정책을 적용하는 경우
> ㅁ. 한국채택국제회계기준에서 인정되지 않는 회계정책을 적용하다가 이를 한국채택국제회계기준에서 허용하는 방법으로 변경하는 경우

① ㄱ, ㄴ ② ㄱ, ㅁ ③ ㄴ, ㄷ
④ ㄷ, ㄹ ⑤ ㄹ, ㅁ

06 ▶ 2020 관세사 수정

회계정책과 변경에 관한 설명으로 옳지 않은 것은?

① 회계정책의 변경을 반영한 재무제표가 거래, 기타 사건 또는 상황이 재무상태, 재무성과 또는 현금흐름에 미치는 영향에 대하여 신뢰성 있고 더 목적적합한 정보를 제공하는 경우 기업은 회계정책을 변경할 수 있다.
② 과거에 발생하지 않았거나 발생하였어도 중요하지 않았던 거래, 기타 사건 또는 상황에 대하여 새로운 회계정책을 적용하는 경우는 회계정책의 변경에 해당한다.
③ 회계정책이란 기업이 재무제표를 작성·표시하기 위하여 적용하는 구체적인 원칙, 근거, 관습, 규칙 및 관행을 의미한다.
④ 당기 기초시점에 과거기간 전체에 대한 새로운 회계정책 적용의 누적효과를 실무적으로 결정할 수 없는 경우, 실무적으로 결정할 수 있는 가장 이른 날부터 새로운 회계정책을 전진적용하여 비교정보를 재작성한다.

05 ▶ 2024 관세사

회계정책, 회계추정치 변경과 오류에 관한 설명으로 옳은 것은?

① 오류수정은 성격상 추가 정보가 알려지는 경우에 변경이 필요할 수도 있는 근사치인 회계추정치 변경과 구별된다.
② 새로운 회계정책을 과거기간에 적용하는 경우, 과거기간에 인식된 금액의 추정에 사후에 인지된 사실을 이용할 수 있다.
③ 거래 및 기타 사건에 대하여 적용할 수 있는 한국채택국제회계기준이 없는 경우, 경영진은 판단에 따라 회계정책을 적용하여 회계정보를 작성할 수 없다.
④ 과거에 발생한 거래와 실질이 다른 거래, 기타 사건 또는 상황에 대하여 다른 회계정책을 적용하는 경우에는 회계정책의 변경에 해당한다.
⑤ 과거에 발생하지 않았던 거래, 기타 사건에 대하여 새로운 회계정책을 적용하는 경우에는 회계정책의 변경에 해당한다.

07 ▶ 2025 경찰간부

회계변경과 오류수정에 대한 설명으로 옳지 않은 것은?

① 한국채택국제회계기준에서 회계정책의 변경을 요구하는 경우에는 회계정책을 변경할 수 있다.
② 과거에 발생한 거래와 실질이 다른 거래, 기타 사건 또는 상황에 대하여 다른 회계정책을 적용하는 경우는 회계정책의 변경에 해당하지 아니한다.
③ 전기오류는 특정기간에 미치는 오류의 영향이나 오류의 누적효과를 실무적으로 결정할 수 없는 경우에도 소급재작성에 의하여 수정한다.
④ 오류수정은 회계추정치 변경과 구별된다.

08 ▶ 2012 감정평가사

회계변경과 오류수정에 관한 설명으로 옳지 않은 것은?

① 기업은 회계정책의 변경을 반영한 재무제표가 거래, 기타 사건 또는 상황이 재무상태, 재무성과 또는 현금흐름에 미치는 영향에 대하여 신뢰성 있고 더욱 목적적합한 정보를 제공하는 경우 회계정책을 변경할 수 있다.
② 특정 범주별로 서로 다른 회계정책을 사용하도록 규정하거나 허용하는 경우를 제외하고는 유사한 거래, 기타 사건 및 상황에는 동일한 회계정책을 선택하여 일관성 있게 적용한다.
③ 과거에 발생한 거래와 실질이 다른 거래에 대하여 다른 회계정책을 적용하는 경우에 회계정책의 변경에 해당하지 않는다.
④ 당기 기초시점에 과거기간 전체에 대한 새로운 회계정책 적용의 누적효과를 실무적으로 결정할 수 없는 경우, 실무적으로 적용할 수 있는 가장 이른 날부터 새로운 회계정책을 소급적용하여 비교정보를 재작성한다.
⑤ 전기오류는 특정기간에 미치는 오류의 영향이나 오류의 누적효과를 실무적으로 결정할 수 없는 경우를 제외하고는 소급재작성에 의하여 수정한다.

09 ▶ 2015 관세사

회계변경과 오류수정에 관한 설명으로 옳지 않은 것은?

① 거래, 기타 사건 또는 상황에 대하여 구체적으로 적용할 수 있는 한국채택국제회계기준이 없는 경우, 경영진은 판단에 따라 회계정책을 개발 및 적용하여 회계정보를 작성할 수 있다.
② 한국채택국제회계기준에서 특정 범주별로 서로 다른 회계정책을 적용하도록 규정하거나 허용하는 경우를 제외하고는 유사한 거래, 기타 사건 및 상황에는 동일한 회계정책을 선택하여 일관성 있게 적용한다.
③ 기업은 한국채택국제회계기준에서 회계정책변경을 요구하는 경우에 회계정책을 변경할 수 있다.
④ 과거에 발생한 거래와 실질이 다른 거래, 기타 사건 또는 상황에 대하여 다른 회계정책을 적용하는 경우는 회계정책의 변경에 해당하지 아니한다.
⑤ 측정기준의 변경은 회계정책의 변경이 아니라 회계추정의 변경에 해당한다.

10

다음 중 회계변경과 오류수정에 대한 한국채택국제회계기준의 내용으로 옳지 않은 것은?

① 현금기준으로 회계 처리한 것을 발생기준으로 변경한 것은 오류수정에 해당한다.
② 회계정책의 변경효과와 회계추정의 변경효과로 구분하기 불가능한 경우에는 회계정책의 변경으로 본다.
③ 감가상각대상자산의 내용연수 변경은 회계추정의 변경이다.
④ 회계추정의 변경은 전진법으로 처리하고, 회계정책의 변경은 소급법으로 처리함을 원칙으로 한다.

11

회계변경과 오류수정에 관한 설명으로 옳지 않은 것은?

① 측정기준의 변경은 회계정책의 변경이 아니라 회계추정의 변경에 해당한다.
② 과거에 발생한 거래와 실질이 다른 거래, 기타 사건 또는 상황에 대하여 다른 회계정책을 적용하는 경우는 회계정책의 변경에 해당하지 아니한다.
③ 기업은 한국채택국제회계기준에서 회계정책의 변경을 요구하는 경우에 회계정책을 변경할 수 있다.
④ 한국채택국제회계기준에서 특정 범주별로 서로 다른 회계정책을 적용하도록 규정하거나 허용하는 경우를 제외하고는 유사한 거래, 기타 사건 및 상황에는 동일한 회계정책을 선택하여 일관성 있게 적용한다.

12

다음 중 회계정책, 회계추정의 변경 및 오류에 관한 설명으로 옳지 않은 것은?

① 당기의 영향을 미치는 회계추정의 변경효과는 당기손익으로 인식하고, 미래기간에 영향을 미치는 회계추정의 변경효과는 당기의 기타포괄손익으로 인식한다.
② 유형자산 측정기준의 변경은 회계정책의 변경이다.
③ 과거에 발생한 거래와 실질이 다른 거래, 기타 사건 또는 상황에 대해 다른 회계정책을 적용하는 경우에는 회계정책의 변경으로 보지 않는다.
④ 우발상황의 결과에 따라 인식되는 손익은 회계추정의 변경이다.

13

회계변경의 유형(또는 오류수정)과 전기재무제표의 재작성여부에 대한 다음의 문항 중 옳지 않은 것은? (단, 각 항목은 전기 및 당기의 재무제표에 중요한 영향을 준다고 가정)

	항 목	회계변경 or 오류수정	전기재무제표 재작성여부
①	패소의 가능성이 높고 손해배상금액의 합리적인 추정이 가능하였던 소송사건을 우발부채로 주석 공시하였다가 충당부채로 변경	회계추정의 변경	재작성 안 함.
②	보다 목적적합한 정보를 제공하기 위하여 새로운 회계처리방법을 선택하였으나 회계정책의 변경인지 추정의 변경인지 분명하지 않음.	회계추정의 변경	재작성 안 함.
③	유형자산의 감가상각방법을 정률법에서 정액법으로 변경	회계추정의 변경	재작성 안 함.
④	투자부동산의 측정기준을 원가모형에서 공정가치모형으로 변경	회계정책의 변경	재작성함.

14

다음 중 회계변경과 오류수정에 대한 기업회계기준서의 내용으로 옳지 않은 것은?

① 유형자산의 감가상각방법을 정률법에서 이중체감법으로 변경하는 것은 회계추정의 변경에 해당하고 전기재무제표를 재작성하지 않는다.
② 충당부채로 인식하여야 하는 항목을 우발부채로 처리한 후 나중에 충당부채로 인식하는 것은 오류수정에 해당되며, 전기재무제표는 재작성한다.
③ 원가흐름의 가정을 변경하는 것은 회계정책의 변경이며, 전기재무제표를 재작성한다.
④ 장기건설계약의 회계처리방법을 완성기준에서 진행기준으로 변경하는 것은 회계정책의 변경에 속하며 전기재무제표를 재작성하지 않는다.

15

'회계정책, 회계추정의 변경 및 오류'에 관한 설명으로 옳지 않은 것은?

① 한국채택국제회계기준에서 특정 범주별로 서로 다른 회계정책을 적용하도록 규정하거나 허용하는 경우를 제외하고는 유사한 거래, 기타 사건 및 상황에는 동일한 회계정책을 선택하여 일관성 있게 적용한다.
② 종전에는 발생하지 않았거나 발생하였어도 금액이 중요하지 않기 때문에 품질보증비용을 지출연도의 비용으로 처리하였다가, 취득하는 품목의 변화가 생겨 품질보증비용의 금액이 커지고 중요하게 되었기 때문에 충당부채를 인식하는 회계처리를 적용하기로 한 경우, 이는 회계정책의 변경에 해당하지 않는다.
③ 택배회사의 직원 출·퇴근용 버스를 새로 구입하여 운영하기로 한 경우, 이 버스에 적용될 감가상각 방법을 택배회사가 이미 보유하고 있는 배달용 트럭에 대한 감가상각방법과 달리 적용하는 경우는 이를 회계정책의 변경으로 본다.
④ 중요한 전기오류는 특정 기간에 미치는 오류의 영향이나 오류의 누적효과를 실무적으로 결정할 수 없는 경우를 제외하고는 소급재작성에 의하여 수정한다.

15 현금흐름표

1 이론 정리 및 이해 확인

독한훈련

01 현금의 개념

① 현금흐름표에서 현금이란 _____을(를) 의미한다.
② 투자자산이 현금성자산으로 분류되기 위해서는 확정된 금액의 현금으로 전환이 (복잡/용이)하고, 가치변동의 위험이 (중대/경미)해야 한다.
③ 모든 지분상품이 현금및현금성자산에서 제외(되는 것은 아니다/제외된다).
④ 금융회사의 요구에 따라 즉시 상환해야 하는 당좌차월은 현금및현금성자산의 구성요소를 포함(한다/하지 않는다).
⑤ 현금및현금성자산을 구성하는 항목 간의 이동은 현금흐름에서(포함/제외)한다.

02 현금흐름 활동의 구분

1~3 다음 각 활동을 영업·투자·재무활동으로 구분하시오.(단, 배당이나 이자와 관련하여 원칙을 따른다.)

a. 매출로 인한 유입	
b. 매입으로 인한 유출	
c. 유형자산의 취득	
d. 유상증자	
e. 사채의 발행	
f. 자기주식의 취득	
g. 당기손익-공정가치 측정 금융자산의 취득	
h. 기타포괄손익-공정가치 측정 금융자산의 처분	
i. 차입금의 상환	
j. 대여금의 상환	

01 현금의 개념

① 현금흐름표에서 현금이란 현금및현금성자산을 의미한다.
② 투자자산이 현금성자산으로 분류되기 위해서는 확정된 금액의 현금으로 전환이 용이하고, 가치변동의 위험이 경미해야 한다.
③ 투자자산은 일반적으로 만기일이 단기에 도래하는 경우(예를 들어, 취득일로부터 만기일이 3개월 이내인 경우)에만 현금성자산으로 분류된다. 지분상품은 현금성자산에서 제외한다.
④ 다만 상환일이 정해져 있고 취득일로부터 상환일까지의 기간이 단기인 우선주와 같이 실질적인 현금성자산인 경우에는 예외로 한다.
⑤ 금융회사의 요구에 따라 즉시 상환해야 하는 당좌차월은 기업의 현금흐름의 일부를 구성하므로 현금및현금성자산의 구성요소를 포함한다.
⑥ 현금및현금성자산을 구성하는 항목 간의 이동은 영업활동, 투자활동 및 재무활동의 일부가 아닌 현금관리의 일부이므로 현금흐름에서 제외한다.

02 현금흐름 활동의 구분

① 영업활동

① 기업의 주요 수익창출활동 그리고 투자활동이나 재무활동이 아닌 기타 활동으로 인한 현금흐름
② 단기매매목적으로 보유하는 계약에서 발생하는 현금의 유입과 유출

정답
01 ① 현금 및 현금성자산 ② 용이, 경미 ③ 되는 것은 아니다 ④ 한다 ⑤ 제외
02 1~3. • 영업활동: a, b, g • 투자활동: c, h, j • 재무활동: d, e, f, i

❷ 투자활동

① 투자자산의 취득이나 처분활동으로 인한 현금흐름의 변동
② 유·무형자산의 취득과 처분, 대여금의 대여와 상환, 상각후원가 측정 금융자산과 기타포괄손익-공정가치 측정 금융자산의 취득과 처분 등
③ 종속기업과 기타 사업에 대한 지배력의 획득 또는 상실에 따른 총현금흐름은 별도로 표시하고 투자활동으로 분류함

❸ 재무활동

① 납입자본과 차입금의 크기 및 구성내용의 변동을 가져오는 모든 활동으로 인한 현금흐름
② 주식의 발행(유상증자), 차입금의 차입과 상환, 사채의 발행과 상환, 자기주식의 취득과 처분 등

❹ 기타 고려사항

4-1 이자와 배당

구 분	원 칙	예 외
이자의 수취	영업활동	투자활동
이자의 지급	영업활동	재무활동
배당금의 수취	영업활동	투자활동
배당금의 지급	재무활동	영업활동

① (일반적으로) 금융회사의 경우 이자지급과 이자수입 및 배당금수입이 주요 영업활동이므로 영업활동현금흐름으로 분류한다.
② (일반적으로) 금융회사 이외의 다른 업종의 경우에는 영업활동의 결과로 수취하거나 지급하는 이자와 배당은 영업활동으로 분류하고, 투자활동이나 재무활동의 결과로 수취하거나 지급하는 이자와 배당은 각각 투자활동과 재무활동으로 분류한다.
③ 각 현금흐름은 매 기간 일관성 있게 분류해야 한다.
④ 한국채택국제회계기준에서는 이자와 배당의 활동을 회사가 선택하여 일관성 있게 적용하도록 규정하고 있다.

> **독한훈련**
>
> **4. 기타 고려사항**
>
> **4-1 이자와 배당**
>
> 다음 각 활동에 대해 원칙적으로 인식할 활동을 구분하여 영업·투자·재무활동으로 구분하시오. (단, 법인세의 경우 영업 관련활동만 있는 것으로 가정한다.)
>
> | | |
> |---|---|
> | a. 이자의 수취 | |
> | b. 배당금의 지급 | |
> | c. 법인세의 납부 | |
> | d. 이자의 지급 | |
> | e. 배당금의 수취 | |

정답 4-1 • 영업활동: a, c, d, e • 재무활동: b

독한훈련

4-2 법인세
① 법인세로 인한 현금흐름은 영업으로부터의 현금흐름에 (별도로 / 포함하여) 공시한다.
② 법인세로 인한 현금흐름은 재무활동과 투자활동에 명백히 관련되지 않는 한 _____ 현금흐름으로 분류한다.

4-3 미수금과 미지급금
① 미수금의 회수는 (영업 / 투자 / 재무) 활동으로 공시한다.
② 미지급금의 결제는 (영업 / 투자 / 재무) 활동으로 공시한다.

4-4 정부보조에 의한 자산의 취득
① 재무상태에 정부보조금이 관련 자산에서 차감되어 표시되지 않는 경우 현금흐름표에 별도의 항목으로 표시할 수 (있다 / 없다).
② 정부보조금은 유형자산을 취득하는 자금을 조달한 것으로 보아 (영업 / 투자 / 재무) 활동으로 분류한다.

4-5 비현금거래
현금및현금성자산의 유입과 유출이 발생하지 않지만 거래가 발생한 경우는 현금흐름표에 공시 (한다 / 하지 않는다).

03 현금흐름표의 작성방법

1. 영업활동현금흐름
① 현금흐름표의 직접법과 간접법의 작성양식은 _____ 에서만 차이가 있다.
② 직접법으로 현금흐름표를 작성할 때 영업활동현금흐름은 영업에서 창출된 현금을 (따로 / 포함하여) 표시한다.
③ 간접법으로 현금흐름표를 작성할 때 이자의 수취, 배당의 수취 등은 영업활동으로 분류한 경우 영업에서 창출된 (현금과 구분하여 따로 / 현금에 포함하여) 표시한다.

2. 투자활동현금흐름
투자활동현금흐름은 총현금유입액과 총현금유출액을 주요 항목별로 구분하여 (순액 / 총액)으로 표시하는 것을 원칙으로 한다.

4-2 법인세
법인세로 인한 현금흐름은 별도로 공시하며, 재무활동과 투자활동에 명백히 관련되지 않는 한 영업활동현금흐름으로 분류한다.

4-3 미수금과 미지급금
① 미수금의 회수는 투자활동으로, 미지급금의 결제는 재무활동으로 분류한다.
② 미수금과 미지급금의 증가는 유형자산과 무형자산의 처분 또는 취득과 관련되어 있으나 현금의 유입과 유출이 없는 거래에 해당한다.

4-4 정부보조에 의한 자산의 취득
① 재무상태에 정부보조금이 관련 자산에서 차감되어 표시되는지와 관계없이 자산의 총투자액을 보여주기 위해 현금흐름표에 별도의 항목으로 표시한다.
② 정부보조금은 유형자산을 취득하는 자금을 조달한 것으로 보아 재무활동으로 분류한다.

4-5 비현금거래
현금및현금성자산의 유입과 유출이 발생하지 않지만 거래가 발생한 경우는 현금흐름표에 공시하지 않는다. 다만, 이와 관련된 사항은 주석으로 공시한다.

03 현금흐름표의 작성방법

① 영업활동현금흐름
① 직접법: 매출로 인한 유입활동, 매입으로 인한 유출활동 등 직접 증감 표시
② 간접법: 법인세비용차감전 순이익에서 출발하여 손익과 재무상태표 항목을 조정하여 간접적으로 산출하고 영업에서 창출된 현금을 영업활동과 별개로 구분 표시
③ 이자의 지급, 이자의 수취, 배당의 수취, 배당의 지급, 법인세의 납부는 영업활동으로 분류한 경우 따로 표시

② 투자활동현금흐름
투자활동현금흐름은 총현금유입액과 총현금유출액을 주요 항목별로 구분하여 총액으로 표시하는 것을 원칙으로 한다.

정답 4-2 ① 별도로 ② 영업활동 4-3 ① 투자 ② 재무 4-4 ① 있다 ② 재무 4-5 하지 않는다
03 1. ① 영업활동 ② 따로 ③ 현금과 구분하여 따로 2. 총액

❸ 재무활동현금흐름

재무활동현금흐름은 총현금유입액과 총현금유출액을 주요 항목별로 구분하여 총액으로 표시하는 것을 원칙으로 한다.

💡 현금흐름표의 양식

현금흐름표

(주)한국   20X1년 1월 1일부터 20X1년 12월 31일까지

• 영업활동현금흐름	XXX
직접법	
간접법	
• 투자활동현금흐름	XXX
• 재무활동현금흐름	XXX
• 현금및현금성자산의 증감	XXX
• 기초 현금및현금성자산	XXX
• 기말 현금및현금성자산	XXX

> 📖 **독한훈련**
>
> **3. 재무활동현금흐름**
>
> 재무활동현금흐름은 총현금유입액과 총현금유출액을 주요 항목별로 구분하여 (순액 / 총액)으로 표시하는 것을 원칙으로 한다.

💡 정답 3. 총액

2 OX 강훈련

:: 다음 문장을 읽고 옳은 설명에는 O, 옳지 않은 설명에는 X를 하고 올바른 문장으로 수정하시오.

01 투자자산이 현금성자산으로 분류되기 위해서는 확정된 금액의 현금으로 전환이 용이하고, 가치변동의 위험이 중대해야 한다. O X

02 법인세의 납부 또는 환급과 관련된 현금흐름은 모두 영업활동으로 분류한다. O X

03 법인세로 인한 현금흐름은 별도로 공시하며, 재무활동과 투자활동에 명백히 관련되지 않는 한 영업활동현금흐름으로 분류한다. O X

04 단기매매목적으로 보유하는 유가증권의 취득과 판매에 따른 현금흐름은 영업활동으로 분류한다. O X

05 이자지급, 이자수입 및 배당금수입은 당기순손익의 결정에 영향을 미치므로 영업활동현금흐름으로만 분류한다. O X

06 배당금의 지급은 재무자원을 획득하는 비용이므로 영업활동현금흐름으로 분류한다. O X

07 현금흐름표상의 현금은 현금및현금성자산을 말한다. O X

08 종속기업과 기타 사업에 대한 지배력의 획득 또는 상실에 따른 총현금흐름은 별도로 표시하고 재무활동으로 분류한다. O X

OX 풀이

01 투자자산이 현금성자산으로 분류되기 위해서는 확정된 금액의 현금으로 전환이 용이하고, 가치변동의 위험이 **경미**해야 한다.
02 법인세의 납부 또는 환급은 영업활동으로 분류한다. **다만, 재무활동과 투자활동에 명백히 관련되는 것은 제외한다.**
05 이자지급, 이자수입 및 배당금수입은 당기순손익의 결정에 영향을 미치므로 영업활동현금흐름으로 **분류할 수 있다.** 대체적인 방법으로 이자지급, 이자수입 및 배당금수입은 재무자원을 획득하는 원가나 투자자산에 대한 수익으로 보아 각각 재무활동현금흐름이나 투자활동현금흐름으로 분류할 수도 있다.
06 배당금의 지급은 재무자원을 획득하는 비용이므로 **재무활동현금흐름**으로 분류할 수 있다. 대체적인 방법으로 재무제표이용자가 영업활동현금흐름에서 배당금을 지급할 수 있는 기업의 능력을 판단하는 데 도움을 주기 위하여 영업활동현금흐름의 구성요소로 분류할 수도 있다.
08 종속기업과 기타 사업에 대한 지배력의 획득 또는 상실에 따른 총현금흐름은 별도로 표시하고 **투자활동**으로 분류한다.

| 정답 | 01 X 02 X 03 O 04 O 05 X 06 X 07 O 08 X

: 다음 문장을 읽고 옳은 설명에는 O, 옳지 않은 설명에는 X를 하고 올바른 문장으로 수정하시오.

09 투자활동과 재무활동으로 인한 현금흐름을 보고하는 방법에는 직접법과 간접법이 있다. (O | X)

10 간접법에 따라 영업활동현금흐름을 작성하는 경우 감가상각비는 법인세비용차감전순이익에 가산하여 표시한다. (O | X)

11 간접법으로 영업으로부터 창출된 현금흐름을 작성하는 경우 이자비용은 어느 활동으로 분류되든지 관계없이 법인세비용차감전순이익에 가산한다. (O | X)

12 투자활동은 기업의 납입자본과 차입금의 크기 및 구성내용에 변동을 가져오는 활동이다. (O | X)

13 배당금의 지급과 이자의 지급은 영업활동 및 투자활동 중 기업이 선택할 수 있다. (O | X)

OX 풀이

09 **영업활동으로 인한 현금흐름을 보고하는 방법**에는 직접법과 간접법이 있다.
12 **재무활동**에 관한 설명이다.
13 배당금의 지급과 이자의 지급은 영업활동 및 **재무활동** 중 기업이 선택할 수 있다.

| 정답 | 09 X 10 O 11 O 12 X 13 X

3 공무원 5개년 기출 문제

정답 및 해설 p. 43

01 ▶ 2025 국가직9급

간접법에 따라 영업활동현금흐름 계산 시, 법인세비용차감전순이익에 차감하는 항목만을 모두 고르면?

> ㄱ. 감가상각비
> ㄴ. 재고자산 증가액
> ㄷ. 매출채권의 감소액
> ㄹ. 매입채무의 감소액

① ㄱ, ㄴ
② ㄱ, ㄷ
③ ㄴ, ㄹ
④ ㄷ, ㄹ

02 ▶ 2024 국가직7급

현금흐름표에 대한 설명으로 옳지 않은 것은?

① 이자와 차입금을 함께 상환하는 경우, 이자지급은 영업활동으로 분류될 수 있고 원금상환은 재무활동으로 분류된다.
② 종속기업과 기타 사업에 대한 지배력의 획득 또는 상실에 따른 총현금흐름은 별도로 표시하고 재무활동으로 분류한다.
③ 법인세로 인한 현금흐름은 별도로 공시하며, 재무활동과 투자활동에 명백히 관련되지 않는 한 영업활동 현금흐름으로 분류한다.
④ 투자자산이 현금성자산으로 분류되기 위해서는 확정된 금액의 현금으로 전환이 용이하고, 가치변동의 위험이 경미해야 한다.

03 ▶ 2023 서울시7급

현금흐름표의 회계처리에 대한 설명으로 옳은 것을 〈보기〉에서 모두 고른 것은?

〈보기〉
> ㄱ. 간접법을 적용하여 표시한 현금흐름은 직접법에 의한 현금흐름에서는 파악할 수 없는 정보를 제공하며, 미래현금흐름을 추정하는 데 보다 유용한 정보를 제공한다.
> ㄴ. 현금및현금성자산의 사용을 수반하지 않는 투자활동과 재무활동 거래는 현금흐름표에서 제외한다.
> ㄷ. 금융회사의 경우 금융회사 간의 예금이체 및 예금인출 활동에서 발생하는 현금흐름은 순증감액으로 표시할 수 있다.
> ㄹ. 법인세로 인한 현금흐름은 별도로 공시하지 않으며, 재무활동과 투자활동에 명백히 관련되지 않는 한 영업활동 현금흐름으로 분류한다.

① ㄱ, ㄴ
② ㄱ, ㄹ
③ ㄴ, ㄷ
④ ㄷ, ㄹ

04 ▶ 2023 국가직9급

현금흐름표에 관한 설명으로 옳지 않은 것은?

① 현금흐름표는 일정시점의 현금유입액과 현금유출액에 대한 정보를 제공하는 재무제표이다.
② 현금흐름표상의 현금흐름은 영업활동으로 인한 현금흐름, 투자활동으로 인한 현금흐름, 재무활동으로 인한 현금흐름으로 분류된다.
③ 현금흐름표는 다른 재무제표와 같이 사용되는 경우 순자산의 변화, 재무구조(유동성과 지급능력 포함), 그리고 변화하는 상황과 기회에 적응하기 위하여 현금흐름의 금액과 시기를 조절하는 능력을 평가하는 데 유용한 정보를 제공한다.
④ 역사적 현금흐름정보는 미래현금흐름의 금액, 시기 및 확실성에 대한 지표로 자주 사용된다. 또한 과거에 추정한 미래현금흐름의 정확성을 검증하고, 수익성과 순현금흐름 간의 관계 및 물가변동의 영향을 분석하는 데 유용하다.

4 실전 훈련 문제

정답 및 해설 p. 43

01 ▶ 2021 세무사
현금흐름표에 관한 설명으로 옳지 않은 것은?

① 영업활동현금흐름은 일반적으로 당기순손익의 결정에 영향을 미치는 거래나 그 밖의 사건의 결과로 발생한다.
② 법인세로 인한 현금흐름은 별도로 공시하며, 재무활동과 투자활동에 명백히 관련되지 않는 한 영업활동현금흐름으로 분류한다.
③ 현금및현금성자산의 사용을 수반하지 않는 투자활동과 재무활동 거래는 현금흐름표에서 제외한다.
④ 이자와 배당금의 수취 및 지급에 따른 현금흐름은 각각 별도로 공시한다. 각 현금흐름은 매 기간 일관성 있게 영업활동, 투자활동 또는 재무활동으로 분류한다.
⑤ 단기매매목적으로 보유하는 유가증권의 취득과 판매에 따른 현금흐름은 투자활동으로 분류한다.

02 ▶ 2022 관세사
현금흐름표에 관한 설명으로 옳지 않은 것은?

① 현금흐름표는 회계기간 동안 발생한 현금흐름을 영업활동, 투자활동 및 재무활동으로 분류하여 보고한다.
② 종속기업과 기타 사업에 대한 지배력의 획득 또는 상실에 따른 총현금흐름은 별도로 표시하고 재무활동으로 분류한다.
③ 외화거래에서 발생하는 현금흐름은 현금흐름 발생일의 기능통화와 외화 사이의 환율을 외화 금액에 적용하여 환산한 기능통화 금액으로 기록한다.
④ 재화의 판매와 용역 제공에 따른 현금유입은 영업활동현금흐름에 해당한다.
⑤ 현금및현금성자산의 사용을 수반하지 않는 투자활동과 재무활동 거래는 현금흐름표에서 제외한다.

03 ▶ 2025 관세사
영업활동 현금흐름의 예로 옳지 않은 것은?

① 재화의 판매와 용역 제공에 따른 현금유입
② 로열티, 수수료, 중개료 및 기타수익에 따른 현금유입
③ 재화와 용역의 구입에 따른 현금유출
④ 종업원과 관련하여 직·간접으로 발생하는 현금유출
⑤ 주식이나 기타 지분상품의 발행에 따른 현금유입

04 ▶ 2023 보험계리사
다음 중 영업활동 현금흐름으로 볼 수 없는 것은?

① 주식 발행에 따른 현금유입
② 재화의 판매와 용역 제공에 따른 현금유입
③ 로열티, 수수료, 중개료 및 기타수익에 따른 현금유입
④ 단기매매목적으로 보유하는 계약에서 발생하는 현금유출

05 ▶ 2025 보험계리사
재무활동으로 인한 현금흐름으로 볼 수 없는 것은?

① 장기차입금의 차입 및 상환
② 주식의 발행 및 자기주식의 취득
③ 전환사채의 발행
④ 장기대여금의 대여 및 회수

06

다음 중 현금흐름표의 재무활동현금흐름에 포함되는 항목은?

① 건물의 취득, 처분
② 현금의 대여, 회수
③ 유가증권의 취득, 처분
④ 차입금의 차입, 상환

07

한국채택국제회계기준에 따른 현금흐름표의 작성과 표시에 대한 설명으로 옳지 않은 것은?

① 법인세로 인한 현금흐름은 별도로 공시하지 않고 영업활동현금흐름으로 분류한다.
② 이자수입 및 배당금 수입은 투자활동 또는 영업활동으로 분류할 수 있다.
③ 배당금의 지급은 영업활동 또는 재무활동으로 분류할 수 있다.
④ 영업활동현금흐름은 직접법과 간접법 중 하나의 방법으로 보고한다.

08 ▶ 2011 관세사

'현금흐름표'의 작성에 관한 설명으로 옳지 않은 것은?

① 금융리스를 통하여 자산을 취득하는 경우는 비현금거래로 현금흐름표에서 제외한다.
② 리스이용자의 금융리스부채 상환에 따른 현금유출은 투자활동현금흐름이다.
③ 단기매매목적으로 보유하는 유가증권의 취득, 판매에 따른 현금흐름은 영업활동으로 분류한다.
④ 영업활동현금흐름을 직접법으로 보고하면 간접법에 비해 미래현금흐름을 추정하는 데 보다 유용한 정보를 제공한다.
⑤ 주식의 취득이나 상환에 따른 소유주에 대한 현금유출은 재무활동현금흐름이다.

09 ▶ 2025 세무사

현금흐름표에 관한 설명으로 옳은 것은?

① 역사적 현금흐름정보는 미래현금흐름의 금액, 시기 및 확실성에 대한 지표로 자주 사용되고, 과거에 추정한 미래현금흐름의 정확성을 검증하며, 수익성과 순현금흐름 간의 관계 및 물가 변동의 영향을 분석하는 데 유용하다.
② 현금흐름정보는 동일한 거래와 사건에 대하여 서로 다른 회계처리를 적용함에 따라 발생하는 영향을 제거하지만, 영업성과에 대한 기업 간의 비교가능성은 떨어진다.
③ 현금및현금성자산을 구성하는 항목 간 이동은 영업활동, 투자활동 및 재무활동의 일부이므로 이러한 항목 간의 변동은 현금흐름에 포함한다.
④ 역사적 영업현금흐름의 특정 구성요소에 대한 정보를 다른 정보와 함께 사용하면, 미래 영업현금흐름을 예측하는 데 유용하지 않다.
⑤ 기업은 단기매매목적으로 유가증권을 보유할 수 있으며, 이 때 유가증권은 판매를 목적으로 취득한 재고자산과 보유목적이 다르므로, 단기매매목적으로 보유하는 유가증권의 취득과 판매에 따른 현금흐름은 투자활동으로 분류한다.

10 ▶ 2013 관세사

현금흐름표에 관한 설명으로 옳지 않은 것은?

① 현금흐름표는 회계기간 동안 발생한 현금흐름을 영업활동, 투자활동 및 재무활동으로 분류하여 보고한다.
② 영업활동은 기업의 주요한 수익창출활동, 그리고 투자활동이나 재무활동이 아닌 기타의 활동을 말한다.
③ 투자활동은 유·무형자산, 다른 기업의 지분상품이나 채무상품 등의 취득과 처분활동, 제3자에 대한 대여 및 회수활동 등을 포함한다.
④ 재무활동은 기업의 납입자본과 차입금의 크기 및 구성내용에 변동을 가져오는 활동을 말한다.
⑤ 간접법을 적용하여 표시한 영업활동현금흐름은 직접법에 의한 영업활동현금흐름에서는 파악할 수 없는 정보를 제공하기 때문에 미래현금흐름을 추정하는 데 보다 유용한 정보를 제공한다.

11 2018 보험계리사

회계기준에 제시된 현금흐름표에 대한 설명으로 옳지 않은 것은?

① 하나의 거래에는 서로 다른 활동으로 분류되는 현금흐름이 포함될 수 있다.
② 재무상태표에 자산으로 인식되는 지출만이 투자활동으로 분류하기에 적합하다.
③ 역사적 영업현금흐름의 특정 구성요소에 대한 정보를 다른 정보와 함께 사용하면, 미래 영업현금흐름을 예측하는 데 유용하다.
④ 현금및현금성자산을 구성하는 항목 간의 이동은 영업활동, 투자활동 및 재무활동의 일부일 수 있으므로 이러한 항목 간의 변동은 현금흐름에 포함한다.

12 2018 보험계리사

비현금거래의 경우 당기에 현금흐름을 수반하지 않으므로 그 항목을 현금흐름표에서 제외하는 것은 현금흐름표의 목적에 부합한다. 이와 같은 비현금거래로 옳지 않은 것은?

① 채무의 지분전환
② 금융회사 간의 예금이체
③ 주식 발행을 통한 기업의 인수
④ 자산 취득 시 직접 관련된 부채를 인수하거나 금융리스를 통하여 자산을 취득하는 경우

13

(주)한국의 20X1년도 당기순이익은 영업활동현금흐름보다 적었다고 한다. 이에 대한 원인을 분석한 것으로 옳지 않은 것은?

① 가산할일시적차이가 크게 증가하였다.
② 현금매출이 크게 증가하였다.
③ 제품보증충당부채를 설정하면서 제품보증비를 인식하였다.
④ 건물의 회수가능액 하락분을 반영하였다.

16 기타회계

1 이론 정리 및 이해 확인

📣 독한훈련

Ⅰ. 법인세회계

01 법인세회계의 기본 개념

1. 회계상의 이익

회계기준에 의해 산정된 이익을 _____(이)라고 한다.

2. 세법상의 이익

법인세법에 따라 산정된 이익을 _____(이)라고 한다.

3. 법인세회계의 개념

세법 규정에 의한 _____에서 기초하여 당기법인세를 산정하더라도 포괄손익계산서에는 _____에 대응되는 법인세비용을 인식하고, 재무상태표에는 법인세 관련 자산과 부채를 적정하게 인식하는 과정이다.

4. 세무조정

회계이익에서 과세소득으로 익금·손금을 조정하는 것을 _____(이)라고 한다.

Ⅰ. 법인세회계

01 법인세회계의 기본 개념

① 회계상의 이익

회계기준에 의해 산정된 법인세비용차감전이익이다.

② 세법상의 이익

법인세법에 따라 산정된 이익이 과세소득이다.

③ 법인세회계의 개념

세법 규정에 의한 과세소득에서 기초하여 당기법인세를 산정하더라도 포괄손익계산서에는 회계이익에 대응되는 법인세비용을 인식하고, 재무상태표에는 법인세 관련 자산과 부채를 적정하게 인식하는 과정이다.

④ 세무조정

회계이익에서 과세소득으로 익금·손금을 조정하는 것을 세무조정이라고 한다.

💡 정답 Ⅰ. 01 1. 법인세비용차감전이익 2. 과세소득 3. 과세소득, 회계이익 4. 세무조정

02 이연법인세

❶ 이연법인세자산

① ___현 재___   ___미 래___
   가산한일시적차이 ⇨ 차감할일시적차이

② 이연법인세자산 = 차감할일시적차이 × 예상세율

③ 이연법인세자산의 장부금액은 매 보고기간 말에 자산성을 검토한다. 충분한 과세소득이 발생할 가능성이 높지 않다면 이연법인세자산을 감액하여야 한다.

④ 만약 상황의 변화로 이연법인세자산을 감액한 후 미래 과세소득이 발생할 가능성이 높아져 이연법인세자산의 실현가능성이 높아진 경우에는, 과거에 손상차손으로 인식했던 이연법인세자산을 환입시키고 이를 법인세 비용에서 차감하여 당기이익으로 즉시 인식한다.

❷ 이연법인세부채

① ___현 재___   ___미 래___
   차감한일시적차이 ⇨ 가산할일시적차이

② 이연법인세부채 = 가산할일시적차이 × 예상세율

❸ 현재가치 평가

이연법인세자산과 부채에 대해서는 현재가치평가를 적용하지 않는다.

03 재무제표 공시

❶ 상계표시

① 당기법인세자산과 당기법인세부채는 일정한 요건*을 충족하는 경우 상계하여 재무상태표에 유동자산이나 유동부채로 표시한다.

② 이연법인세자산이나 이연법인세부채는 일정한 요건**을 충족하는 경우 상계하여 재무상태표에 비유동자산이나 비유동부채로 표시한다.

> [일정요건]
> * ㉠ 상계권리(기업이 상계와 관련한 법적 권리가 있다.)
>   ㉡ 순액결제의도(기업이 순액으로 결제할 의도가 있다.)
> ** ㉠ 당기법인세의 상계권리를 가지고 있다.
>   ㉡ 동일한 과세당국에서 부과되는 법인세와 관련되어 있다.

독한훈련

02 이연법인세

1. 이연법인세자산

① 차감할일시적차이에 미래의 예상세율을 곱해서 산정한 법인세효과가 (이연법인세자산 / 이연법인세부채)이다.

② (이연법인세자산 / 이연법인세부채)은(는) 매 보고기간 말마다 자산성을 검토한다. 충분한 과세소득이 발생할 가능성이 높지 않다면 (이연법인세자산 / 이연법인세부채)을(를) 감액하여야 한다.

③ 감액한 이연법인세자산의 미래 과세소득이 발생할 가능성이 높아져 이연법인세자산의 실현가능성이 높아진 경우에는 손상차손을 환입할 수 (있다 / 없다).

2. 이연법인세부채

(이연법인세자산 / 이연법인세부채)은(는) 현재 차감한일시적차이에 대해 실현될 시점의 예상세율을 곱해서 산정한 법인세효과이다.

3. 현재가치 평가

이연법인세자산과 부채에 대해서는 현재가치평가를 적용 (한다 / 하지 않는다).

03 재무제표 공시

1. 상계표시

① 당기법인세자산·부채는 일정한 요건을 충족한 경우 상계할 수 (있고 / 없고) 재무상태표상에 (유동 / 비유동)으로 분류하여 표시한다.

② 이연법인세자산·부채는 일정한 요건을 충족한 경우 상계할 수 (있고 / 없고) 재무상태표상 (유동 / 비유동)으로 분류하여 표시한다.

정답 02 1. ① 이연법인세자산 ② 이연법인세자산, 이연법인세자산 ③ 있다 2. 이연법인세부채 3. 하지 않는다
03 1. ① 있고, 유동 ② 있고, 비유동

04 법인세 기간 내 배분

① 당기법인세 기간 내 배분
① 법인세법의 과세소득에 포함되는 자본항목은 법인세를 차감한 후의 순액으로 재무상태표에 공시한다.
② 회계이익과 관련된 법인세는 포괄손익계산서에 표시할 때 법인세를 차감하기 전의 금액과 구분하여 법인세비용의 과목으로 구분하여 표시한다.

② 중단영업손익 법인세효과 기간 내 배분
① 계속영업이익에 대한 법인세비용은 별도로 표시한다.
② 중단영업손익에 대한 법인세비용은 중단영업손익에 직접 가감하여 순액으로 표시한다.

③ 이연법인세 기간 내 배분
기타포괄손익과 관련된 법인세는 포괄손익계산서에 다음 중 하나의 방법으로 표시한다.
① 관련 법인세효과를 차감한 순액으로 표시한다.
② 기타포괄손익의 구성요소와 관련된 법인세효과 반영 전 금액으로 표시하고, 각 항목들에 관련된 법인세효과는 단일금액으로 합산하여 표시한다.

II. 환율변동효과

① 화폐성 항목과 비화폐성 항목의 구분

구 분	정 의	예
화폐성 항목	확정되었거나 결정가능한 화폐단위의 수량으로 회수(지급)하는 항목	현금및현금성자산, 금융상품, 매출채권, 미수금, 미수수익, 대여금, 매입채무, 미지급금, 미지급비용, 차입금, 사채 등
비화폐성 항목	확정되었거나 결정가능할 수 있는 화폐단위의 수량으로 받을 권리나 지급할 의무가 없는 항목	재고자산, 유형자산, 무형자산, 선급금, 선급비용, 선수금, 선수수익, 자본금 등

② 기능통화로 환산
① 거래일: 한국채택국제회계기준에 따라 거래의 인식요건을 최초로 충족하는 날
② 최초 적용환율: 기능통화의 현물환율을 외화금액에 적용

🔎 독학훈련

04 법인세 기간 내 배분

1. 당기법인세 기간 내 배분
① 법인세법의 과세소득에 포함되는 자본항목은 법인세를 (차감한 순액 / 포함한 총액)으로 재무상태표에 공시한다.
② 회계이익과 관련된 법인세는 포괄손익계산서에 표시할 때 회계이익과 법인세효과를 (포함하여 / 구분하여) 표시한다.

2. 중단영업손익 법인세효과 기간 내 배분
① 계속영업이익에 대한 법인세비용은 (손익으로부터 별도로 / 손익에 직접 가감하여) 표시한다.
② 중단영업손익에 대한 법인세비용은 (손익으로부터 별도로 / 손익에 직접 가감하여) 순액으로 표시한다.

3. 이연법인세 기간 내 배분
기타포괄손익과 관련된 법인세효과는 다음 중 하나의 방법으로 표시한다.
① 관련 법인세효과를 차감한 (총액 / 순액)으로 표시한다.
② 기타포괄손익의 구성요소와 관련된 법인세효과 반영 (전 / 후) 금액으로 표시하고, 각 항목들에 관련된 법인세효과는 단일금액으로 합산하여 표시한다.

II. 환율변동효과

1. 다음을 화폐성 항목과 비화폐성 항목으로 구분하시오.

항목	구분
a. 현금및현금성자산	
b. 무형자산	
c. 선급금	
d. 미수수익	
e. 선수금	
f. 매출채권	
g. 매입채무	
h. 선수수익	
i. 자본금	
j. 대여금	
k. 차입금	

2. 기능통화로 환산
① 기능통화를 보고기간 말에 환산할 때 화폐성 항목은 (마감환율 / 거래일의 환율)로 환산한다.
② 역사적원가로 측정하는 비화폐성 항목은 (마감환율 / 거래일의 환율)로 환산한다.

💡 **정답** 04 1. ① 차감한 순액 ② 구분하여 2. ① 손익으로부터 별도로 ② 손익에 직접 가감하여 3. ① 순액 ② 전
II. 1. • 화폐성 항목: a, d, f, g, j, k • 비화폐성 항목: b, c, e, h, i 2. ① 마감환율 ② 거래일의 환율

③ 보고기간 말 환산

구 분		최초인식	후속측정	환율변동손익인식
화폐성 외화항목		거래발생일 환율	보고기간 말 환율	당기손익
비화폐성 외화항목	공정가치 측정분	거래발생일 환율	공정가치 측정일 환율	당기손익 또는 기타포괄손익
	역사적원가 측정분	거래발생일 환율	거래발생일 환율	해당 사항 없음

❸ 해외사업장

보고기업과 해외사업장을 포함하는 재무제표(해외사업장이 종속기업인 경우의 연결재무제표)에서는 외환차이를 처음부터 기타포괄손익으로 인식하고 관련 순투자의 처분시점에 자본에서 당기손익으로 재분류한다.

Ⅲ. 생물자산

01 적용범위

❶ 생물자산과 수확물

① 기업회계기준서 제1041호 '농림어업'은 농림어업활동과 관련된 생산용식물을 제외한 생물자산과 생물자산에서 수확한 생산물인 수확시점의 수확물에 대한 회계처리를 적용한다.
② '생산용식물'은 생물자산이 아닌 유형자산으로 인식한다.
③ '생산용식물'은 다음과 같이 정의한다.

> ㉠ 수확물을 생산하거나 공급하는데 사용한다.
> ㉡ 한 회계기간을 초과하여 생산물을 생산할 것으로 예상한다.
> ㉢ 수확물로 판매될 가능성이 희박하다. (단, 부수적인 폐물로 판매하는 경우는 제외)

02 인식과 측정

❶ 인식요건(모두 만족)

① 과거사건의 결과로 자산을 통제한다.
② 자산과 관련된 미래 경제적 효익의 유입가능성이 높다.
③ 자산의 공정가치나 원가를 신뢰성 있게 측정할 수 있다.

독한훈련

③ 화폐성 항목의 환산손익은 (당기손익 / 기타포괄손익)으로 인식한다.
④ 비화폐성 항목의 환산손익은 (당기손익 / 기타포괄손익 / 당기손익 또는 기타포괄손익)으로 인식한다.

3. 해외사업장

해외사업장에서의 환산손익은 (당기손익 / 기타포괄손익)으로 인식하고 처분 시에 자본에서 당기손익으로 _____한다.

Ⅲ. 생물자산

01 적용범위

1. 생물자산과 수확물

① '농림어업'기준서는 농림어업활동과 관련된 생산용식물을 (포함한 / 제외한) 생물자산과 생물자산에서 수확한 생산물인 수확시점의 _____에 대한 회계처리를 적용한다.
② '생산용식물'은 생물자산이 아닌 _____(으)로 인식한다.

02 인식과 측정

1. 인식요건(모두 만족)

생물자산이나 수확물은 다음의 인식요건을 모두 충족한 경우에만 자산으로 인식한다.
① 과거사건의 결과로 자산을 _____한다.
② 자산과 관련된 미래 경제적 효익의 유입가능성이 (높다 / 매우 높다).
③ 자산의 _____(이)나 원가를 신뢰성 있게 측정할 수 있다.

💡 정답 ③당기손익 ④당기손익 또는 기타포괄손익 3. 기타포괄손익, 재분류
Ⅲ. 01 1.①제외한, 수확물 ②유형자산 02 1.①통제 ②높다 ③공정가치

독한훈련

2. 측정
① 생물자산은 최초 인식시점과 매 보고기간 말에 (공정가치 / 순공정가치)로 측정한다.
② 생물자산에서 수확된 수확물의 경우 수확시점에 순공정가치로 측정(한다 / 하지 않는다).
③ 순공정가치란 공정가치에서 _____ 을(를) 차감한 금액으로 결정한다.
④ 생물자산의 공정가치를 신뢰성 있게 측정할 수 없는 경우에는 취득원가에서 _____ 와(과) 손상차손누계액을 차감한 금액으로 측정하고, 이후 공정가치를 신뢰성 있게 측정할 수 있게 되면(된다고 하더라도) 순공정가치로 측정(한다 / 하지 않는다).
⑤ 수확시점의 수확물의 공정가치는 (항상 / 측정 가능할 때) 순공정가치로 측정한다.

03 평가손익 인식방법

1. 평가손익
① 생물자산을 최초 인식시점에 순공정가치로 인식하여 발생하는 평가손익과 생물자산의 순공정가치의 변동으로 발생하는 평가손익은 발생한 기간에 (당기손익 / 기타포괄손익)에 반영한다.
② 수확물을 최초 인식시점에 순공정가치로 인식하여 발생하는 평가손익은 발생한 기간에 _____ 에 반영하며, 수확의 결과로 수확물의 최초 인식시점에(는) 평가손익이 발생할 수 (있다 / 없다).
③ 생물자산의 최초 인식시점에 손실이 발생할 수 (있다 / 없다).

04 정부보조금

1. 순공정가치로 측정하는 생물자산과 관련된 정부보조금
① 순공정가치로 측정하는 생물자산과 관련된 정부보조금은 다른 조건이 없는 경우에는 (수취한 시점 / 수취할 수 있게 된 시점)에 수익으로 인식한다.
② 순공정가치로 측정하는 생물자산과 관련된 정부보조금에 조건이 있는 경우에는 (수취한 시점 / 그 조건을 충족하는 시점에) 수익으로 인식한다.

2. 상각후원가로 측정하는 생물자산과 관련된 정부보조금
상각후원가로 측정하는 생물자산과 관련된 정부보조금은 _____ 과 동일하게 정부보조금을 인식한다.

② 측정
① 생물자산은 최초 인식시점과 매 보고기간 말에 순공정가치로 측정한다.
② 생물자산에서 수확된 수확물의 경우에도 수확시점의 순공정가치로 측정한다.
③ 순공정가치란 공정가치에서 추정매각부대원가를 차감한 금액으로 결정한다
④ 생물자산의 공정가치를 신뢰성 있게 측정할 수 없는 경우에는 취득원가에서 감가상각누계액과 손상차손누계액을 차감한 금액으로 측정한다. 이후 공정가치를 신뢰성 있게 측정할 수 있게 되면 순공정가치로 측정한다.
⑤ 수확시점의 수확물의 공정가치는 항상 신뢰성 있게 측정가능하기 때문에 항상 순공정가치로 측정한다.

03 평가손익 인식방법

① 평가손익
① 생물자산을 최초 인식시점에 순공정가치로 인식하여 발생하는 평가손익과 생물자산의 순공정가치의 변동으로 발생하는 평가손익은 발생한 기간에 당기손익에 반영한다.
② 수확물을 최초 인식시점에 순공정가치로 인식하여 발생하는 평가손익은 발생한 기간에 당기손익에 반영하며, 수확의 결과로 수확물의 최초 인식시점에 평가손익이 발생할 수 있다.
③ 생물자산의 순공정가치를 산정할 때에 추정매각부대원가를 차감하기 때문에 생물자산의 최초 인식시점에 손실이 발생할 수 있다.

04 정부보조금

① 순공정가치로 측정하는 생물자산과 관련된 정부보조금
① 순공정가치로 측정하는 생물자산과 관련된 정부보조금은 다른 조건이 없는 경우에는 이를 수취할 수 있게 된 시점에 수익으로 인식한다.
② 정부보조금에 조건이 있는 경우에는 그 조건을 충족하는 시점에 수익으로 인식한다.

② 상각후원가로 측정하는 생물자산과 관련된 정부보조금
일반유형자산과 동일하게 정부보조금을 인식한다.

정답 2. ① 순공정가치 ② 한다 ③ 추정매각부대원가 ④ 감가상각누계액, 한다 ⑤ 항상
03 1. ① 당기손익 ② 당기손익, 있다 ③ 있다   04 1. ① 수취할 수 있게 된 시점 ② 그 조건을 충족하는 시점에   2. 유형자산

2 OX 강훈련

> 다음 문장을 읽고 옳은 설명에는 O, 옳지 않은 설명에는 X를 하고 올바른 문장으로 수정하시오.

01 법인세회계에서 가산할일시적차이는 당해 이연법인세자산으로 인식한다. ⓞ ⓧ

02 포괄손익계산서상에 인식할 법인세비용은 법인세부담액에 이연법인세자산과 부채의 증감을 반영하여 결정된다. ⓞ ⓧ

03 가산할일시적차이에 대한 세금효과는 실현가능성이 높은 경우 이연법인세자산으로 인식한다. ⓞ ⓧ

04 결손금이 이월공제되는 경우에는 차기 이후의 법인세부담액을 감소시키므로 실현가능성을 검토하여 이연법인세자산으로 인식한다. ⓞ ⓧ

05 이연법인세자산과 이연법인세부채는 상계요건을 충족하는 경우 서로 상계한 잔액을 재무상태표에 비유동자산(부채)으로 분류한다. ⓞ ⓧ

06 보고기간 말로부터 1년 이후에 소멸되는 일시적차이에 해당하는 이연법인세자산(부채)은 현재가치로 평가한다. ⓞ ⓧ

07 이연법인세자산의 일부 또는 전부에 대한 혜택이 사용되기에 충분한 과세소득이 발생할 가능성이 더 이상 높지 않다면 이연법인세자산의 장부금액을 감액시키며, 이후 감액된 금액은 사용되기에 충분한 과세소득이 발생할 가능성이 높아져도 환입하지 않는다. ⓞ ⓧ

08 일시적차이뿐만 아니라 영구적차이도 이연법인세회계의 대상이 된다. ⓞ ⓧ

OX 풀이

01 법인세회계에서 가산할일시적차이는 당해 이연법인세**부채**로 인식한다.
03 **차감할**일시적차이에 대한 설명이다.
06 이연법인세자산(부채)은 **현재가치로 평가하지 않는다**.
07 이연법인세자산의 일부 또는 전부에 대한 혜택이 사용되기에 충분한 과세소득이 발생할 가능성이 더 이상 높지 않다면 이연법인세자산의 장부금액을 감액시킨다. 이후 감액된 금액은 사용되기에 충분한 과세소득이 발생할 가능성이 높아질 경우 다시 **환입한다**.
08 **일시적차이만** 이연법인세회계의 대상이 된다.

| 정답 | 01 X 02 O 03 X 04 O 05 O 06 X 07 X 08 X |

지문 수정하기

09 이연법인세자산과 이연법인세부채는 재무상태표에 상계하여 표시한다. [O X]

10 화폐성 외화항목은 마감환율로 환산하고, 비화폐성 외화항목은 거래일의 환율로 환산한다. [O X]

11 미지급금, 선급비용, 선급금은 비화폐성 외화항목이다. [O X]

12 비화폐성항목에서 생긴 손익을 기타포괄손익 또는 당기손익으로 인식하는 경우 그 손익에 포함된 환율변동효과는 기타포괄손익으로 인식한다. [O X]

13 보고기업과 해외사업장을 포함하는 재무제표(해외사업장이 종속기업인 경우의 연결재무제표)에서는 외환차이를 처음부터 당기손익으로 인식한다. [O X]

14 생물자산의 공정가치를 신뢰성 있게 측정할 수 없는 경우에는 취득원가에서 감가상각누계액과 손상차손누계액을 차감한 금액으로 측정하고 이후 공정가치를 신뢰성 있게 측정할 수 있게 된다고 하더라도 순공정가치로 측정하지 않는다. [O X]

15 수확물을 최초 인식시점에 순공정가치로 인식하여 발생하는 평가손익은 발생한 기간의 당기손익에 반영하며, 수확의 결과로 수확물의 최초 인식시점에 평가손익이 발생할 수 있다. [O X]

16 생물자산의 최초 인식시점에 순공정가치로 측정하여 당기손익으로 인식하지만 당기손실이 발생할 수는 없다. [O X]

OX 풀이

09 **일정조건을 충족하는 경우에만** 상계하여 표시한다.
10 **비화폐성 외화항목은 공정가치로 측정한다면 공정가치가 결정된 날의 환율**로 환산하고, 역사적원가로 측정한다면 거래일의 환율로 환산한다.
11 미지급금은 **화폐성 외화항목**이다.
12 비화폐성항목에서 생긴 공정가치 평가손익을 기타포괄손익으로 인식하는 경우 환율변동효과도 기타포괄손익으로 인식하고, **당기손익으로 인식하는 경우 환율변동효과도 당기손익으로 인식한다.**
13 보고기업과 해외사업장을 포함하는 재무제표(해외사업장이 종속기업인 경우의 연결재무제표)에서는 외환차이를 처음부터 **기타포괄손익**으로 인식하고 관련 순투자의 처분시점에 자본에서 당기손익으로 재분류한다.
14 생물자산의 공정가치를 신뢰성 있게 측정할 수 없는 경우에는 취득원가에서 감가상각누계액과 손상차손누계액을 차감한 금액으로 측정하고 이후 공정가치를 신뢰성 있게 측정할 수 있게 된다면 순공정가치로 **측정한다.**
16 생물자산의 순공정가치를 산정할 때에 추정 매각부대원가를 차감하기 때문에 생물자산의 최초 인식시점에 **손실이 발생할 수 있다.**

| 정답 | 09 X 10 X 11 X 12 X 13 X 14 X 15 O 16 X

3 공무원 5개년 기출 문제

정답 및 해설 p. 44

01 ▶ 2024 서울시7급

법인세에 대한 설명으로 가장 옳지 않은 것은?

① 사업결합에서 발생한 영업권의 장부금액이 세무기준액보다 작을 경우에 그 차이로 이연법인세부채가 발생한다.
② 과세대상수익의 수준에 따라 적용되는 세율이 다른 경우에는 일시적차이가 소멸될 것으로 예상되는 기간의 과세소득(세무상결손금)에 적용될 것으로 기대되는 평균세율을 사용하여 이연법인세자산과 부채를 측정한다.
③ 매 보고기간 말에 인식되지 않은 이연법인세자산에 대하여 재검토한다.
④ 미사용 세액공제가 사용될 수 있는 미래 과세소득의 발생가능성이 높은 경우 그 범위 안에서 이월된 미사용 세액공제에 대하여 이연법인세자산을 인식한다.

02 ▶ 2023 국가직7급

법인세회계에 대한 설명으로 옳지 않은 것은?

① 이연법인세 자산과 부채는 할인하지 아니한다.
② 기업이 순액으로 결제하거나, 자산을 실현하는 동시에 부채를 결제할 의도가 없더라도 기업이 인식된 금액에 대한 법적으로 집행가능한 상계권리를 가지고 있는 경우 당기법인세자산과 당기법인세부채를 상계할 수 있다.
③ 이연법인세부채와 이연법인세자산을 측정할 때에는 보고기간 말에 기업이 관련 자산과 부채의 장부금액을 회수하거나 결제할 것으로 예상되는 방식에 따른 세효과를 반영한다.
④ 법인세비용은 당기법인세비용과 이연법인세비용으로 구성된다.

03 ▶ 2023 서울시7급

법인세에 대한 설명으로 가장 옳지 않은 것은?

① 과거 회계기간의 당기법인세에 대하여 소급공제가 가능한 세무상결손금과 관련된 혜택은 자산으로 인식한다.
② 영업권을 최초로 인식하는 경우, 이연법인세부채를 인식한다..
③ 기업이 인식된 금액에 대한 법적으로 집행가능한 상계권리를 가지고 있지 않다면, 당기법인세자산과 당기법인세부채를 상계하지 아니한다.
④ 이연법인세 자산과 부채는 할인하지 아니한다.

04 ▶ 2022 국가직7급

법인세에 대한 설명으로 옳지 않은 것은?

① 일시적차이는 재무상태표상 자산 또는 부채의 장부금액과 세무기준액의 차이이며, 가산할일시적차이와 차감할일시적차이로 구분된다.
② 자산의 세무기준액은 자산의 장부금액이 회수될 때 기업에 유입될 과세대상 경제적효익에서 세무상 차감될 금액을 말하며, 만약 그러한 경제적효익이 과세대상이 아니라면, 자산의 세무기준액은 장부금액과 일치한다.
③ 미사용 세무상결손금과 세액공제가 사용될 수 있는 미래 과세소득의 발생가능성이 높은 경우 그 범위 안에서 이월된 미사용 세무상결손금과 세액공제에 대하여 이연법인세자산을 인식한다.
④ 이연법인세자산의 일부 또는 전부에 대한 혜택이 사용되기에 충분한 과세소득이 발생할 가능성이 더 이상 높지 않다면 이연법인세자산의 장부금액을 감액시키며, 이후 감액된 금액은 사용되기에 충분한 과세소득이 발생할 가능성이 높아져도 환입하지 않는다.

05 ▶ 2021 서울시7급

법인세에 대한 설명으로 가장 옳지 않은 것은?

① 이연법인세부채는 가산할 일시적차이와 관련하여 미래 회계기간에 납부할 법인세 금액이다.
② 이연법인세자산과 부채는 신뢰성 있게 현재가치로 할인한다.
③ 이연법인세자산의 일부 또는 전부에 대한 혜택이 사용되기에 충분한 과세소득이 발생할 가능성이 더 이상 높지 않다면 이연법인세자산의 장부금액을 감액시킨다.
④ 이연법인세자산의 장부금액은 매 보고기간 말에 검토한다.

07 ▶ 2022 국가직7급

환율변동효과에 대한 설명으로 옳지 않은 것은?

① 기능통화가 분명하지 않은 경우에는 경영진이 판단하여 실제거래, 사건과 상황의 경제적 효과를 가장 충실하게 표현하는 기능통화를 결정한다.
② 비화폐성항목에서 생긴 손익을 기타포괄손익 또는 당기손익으로 인식하는 경우 그 손익에 포함된 환율변동효과는 기타포괄손익으로 인식한다.
③ 기능통화로 외화거래를 최초로 인식하는 경우에 거래일의 외화와 기능통화 사이의 현물환율을 외화금액에 적용하여 기록한다.
④ 매 보고기간말의 외화환산방법 중 역사적원가로 측정하는 비화폐성 외화항목은 거래일의 환율로 환산한다.

06 ▶ 2022 지방직9급

생물자산과 수확물의 인식과 측정에 대한 설명으로 옳지 않은 것은?

① 생물자산에서 수확된 수확물은 수확시점에 공정가치에서 처분부대원가를 뺀 금액으로 측정하여야 한다.
② 생물자산의 공정가치에서 처분부대원가를 뺀 금액을 산정할 때에 추정 매각부대원가를 차감하기 때문에 생물자산의 최초 인식시점에 손실이 발생할 수 있다.
③ 생물자산을 최초에 원가에서 감가상각누계액과 손상차손누계액을 차감한 금액으로 측정하고, 그 이후 그러한 생물자산의 공정가치를 신뢰성 있게 측정할 수 있더라도 최초 적용한 측정방법을 변경하지 않는다.
④ 공정가치에서 처분부대원가를 뺀 금액으로 측정하는 생물자산과 관련된 정부보조금에 다른 조건이 없는 경우에는 이를 수취할 수 있게 되는 시점에만 당기손익으로 인식한다.

4 실전 훈련 문제

정답 및 해설 p. 45

01

다음 중 법인세회계에 대한 설명으로 옳지 않은 것은?

① 일시적차이가 소멸될 것으로 예상되는 기간의 과세소득에 적용될 것으로 기대되는 평균세율을 적용하여 이연법인세자산·부채를 측정한다.
② 차감할일시적차이가 사용될 수 있는 미래과세소득의 발생가능성이 높은 경우에 이연법인세자산을 인식한다.
③ 모든 가산할일시적차이는 이연법인세부채로 계상한다.
④ 이연법인세에 적용할 법인세율은 일시적차이가 발생한 회계기간의 법인세율이다.

02 ▶ 2024 관세사

법인세에 관한 설명으로 옳은 것을 모두 고른 것은?

> ㄱ. 법인세비용(수익)은 당기법인세비용(수익)과 이연법인세비용(수익)으로 구성된다.
> ㄴ. 기업이 집행가능한 상계권리를 가지고 있는 경우 또는 기업이 순액으로 결제할 의도가 있는 경우에는 당기법인세자산과 당기법인세부채를 상계한다.
> ㄷ. 이연법인세자산의 장부금액은 매 보고기간 말에 검토한다.
> ㄹ. 기업 간 비교가능성을 높이기 위해 이연법인세자산과 이연법인세부채는 현재가치로 할인한다.

① ㄱ, ㄷ ② ㄱ, ㄹ ③ ㄴ, ㄷ
④ ㄴ, ㄹ ⑤ ㄷ, ㄹ

03 ▶ 2024 세무사

법인세회계에 관한 설명으로 옳지 않은 것은?

① 이연법인세자산은 차감할일시적차이, 미사용 세무상결손금의 이월액, 미사용 세액공제 등의 이월액과 관련하여 미래 회계기간에 회수될 수 있는 법인세 금액이다.
② 매 보고기간말에 인식되지 않은 이연법인세자산에 대하여 재검토하며, 미래 과세소득에 의해 이연법인세자산이 회수될 가능성이 높아진 범위까지 과거 인식되지 않은 이연법인세자산을 인식한다.
③ 당기법인세자산과 부채는 기업이 인식된 금액에 대한 법적으로 집행가능한 상계권리를 가지고 있는 경우 또는 순액으로 결제하거나, 자산을 실현하고 부채를 결제할 의도가 있는 경우에 상계한다.
④ 과세대상수익의 수준에 따라 적용되는 세율이 다른 경우에는 일시적차이가 소멸될 것으로 예상되는 기간의 과세소득(세무상결손금)에 적용될 것으로 기대되는 평균세율을 사용하여 이연법인세 자산과 부채를 측정한다.
⑤ 사업결합에서 발생한 영업권을 최초로 인식하는 경우에는 이연법인세부채를 인식하지 않는다.

04 ▶ 2023 세무사

법인세회계에 관한 설명으로 옳지 않은 것은?

① 자산의 세무기준액은 자산의 장부금액이 회수될 때 기업에 유입될 과세대상 경제적효익에 세무상 가산될 금액을 말한다.
② 과거기간에 이미 납부한 법인세 금액이 그 기간 동안 납부하여야 할 금액을 초과하였다면 그 초과금액은 자산으로 인식한다.
③ 사업결합에서 발생한 영업권을 최초로 인식하는 경우에는 이연법인세부채를 인식하지 않는다.
④ 이연법인세자산의 일부 또는 전부에 대한 혜택이 사용되기에 충분한 과세소득이 발생할 가능성이 더 이상 높지 않다면 이연법인세자산의 장부금액을 감액시킨다.
⑤ 이연법인세 자산과 부채는 현재가치로 할인하지 않는다.

05 ▶ 2022 관세사

법인세에 관한 설명으로 옳지 않은 것은?

① 과거 회계기간의 당기법인세에 대하여 소급공제가 가능한 세무상결손금과 관련된 혜택은 자산으로 인식한다.
② 자산의 장부금액이 세무기준액보다 크다면 당해 일시적차이는 미래 회계기간에 회수가능한 법인세만큼 이연법인세자산을 발생시킨다.
③ 미래의 과세소득에 가산할일시적차이로 인하여 미래 회계기간에 법인세를 납부하게 될 의무가 이연법인세부채이다.
④ 이연법인세 자산과 부채는 당해 자산이 실현되거나 부채가 결제될 회계기간에 적용될 것으로 기대되는 세율을 사용하여 측정한다.
⑤ 매 보고기간 말에 재검토를 통하여, 미래 과세소득에 의해 이연법인세자산이 회수될 가능성이 높아진 범위까지 과거 인식되지 않은 이연법인세자산을 인식한다.

06

한국채택국제회계기준서 제1021호 '환율변동효과'와 관련된 내용으로 기준서의 내용과 일치하지 않은 것은?

① 외화거래를 최초로 인식하는 경우에는 거래일의 외화에 당해 일자의 현물환율을 적용하여 기록한다.
② 보고기간 말 화폐성 외화항목은 보고기간 말의 마감환율을 적용하여 환산한다.
③ 보고기간 말 비화폐성 외화항목 중 역사적원가로 측정하는 항목은 당해 거래발생일의 기능통화환율을 적용하여 환산한다.
④ 보고기간 말 비화폐성 외화항목 중 공정가치로 측정하는 항목은 보고기간 말의 마감환율을 적용하여 환산한다.

07 ▶ 2011 감정평가사

기능통화에 의한 외화거래의 인식 및 측정으로 옳지 않은 것은?

① 기능통화로 외화거래를 최초로 인식하는 경우에 거래일의 외화와 기능통화 사이의 현물환율을 외화금액에 적용하여 기록한다.
② 거래일은 거래의 인식조건을 최초로 충족하는 날이다. 실무적으로는 거래일의 실제 환율에 근접한 환율을 자주 사용한다.
③ 공정가치로 측정하는 비화폐성 외화항목은 평균환율로 환산한다.
④ 역사적원가로 측정하는 비화폐성 외화항목은 거래일의 환율로 환산한다.
⑤ 비화폐성항목에서 생긴 손익을 기타포괄손익으로 인식하는 경우에 그 손익에 포함된 환율변동효과도 기타포괄손익으로 인식한다.

08 ▶ 2015 감정평가사

'농림어업'에 관한 회계처리로 옳지 않은 것은?

① 생물자산은 최초 인식시점과 매 보고기간 말에 공정가치에서 추정 매각부대원가를 차감한 금액(순공정가치)으로 측정해야 한다. 다만, 공정가치를 신뢰성 있게 측정할 수 없는 경우는 제외한다.
② 생물자산에 수확된 수확물은 수확시점에 순공정가치로 측정하여야 한다.
③ 생물자산은 최초 인식시점에 순공정가치로 인식하여 발생하는 평가손익과 생물자산의 순공정가치 변동으로 발생하는 평가손익은 발생한 기간의 당기손익에 반영한다.
④ 수확물을 최초 인식시점에 순공정가치로 인식하여 발생하는 평가손익은 발생한 기간에 기타포괄손익에 반영한다.
⑤ 순공정가치로 측정하는 생물자산과 관련된 정부보조금은 다른 조건이 없는 경우에는 이를 수취할 수 있게 되는 시점에만 당기손익으로 인식한다.

09 ▶ 2024 감정평가사

생물자산에 관한 설명으로 옳지 않은 것은?

① 어떠한 경우에도 수확시점의 수확물은 공정가치에서 처분부대원가를 뺀 금액으로 측정한다.
② 수확 후 조림지에 나무를 다시 심는 원가는 생물자산의 원가에 포함된다.
③ 최초의 원가 발생 이후에 생물적 변환이 거의 일어나지 않는 경우 원가가 공정가치의 근사치가 될 수 있다.
④ 생물자산이나 수확물을 미래 일정시점에 판매하는 계약을 체결할 때, 공정가치는 시장에 참여하는 구매자와 판매자가 거래하게 될 현행시장의 상황을 반영하기 때문에 계약가격이 공정가치의 측정에 반드시 목적적합한 것은 아니다.
⑤ 생물자산이나 수확물을 유의적인 특성에 따라 분류하면 해당 자산의 공정가치 측정이 용이할 수 있을 것이다.

10 ▶ 2025 세무사

생물자산의 인식과 측정에 관한 설명으로 옳지 않은 것은?

① 생물자산이나 수확물을 미래 일정시점에 판매하는 계약을 체결할 경우, 공정가치는 시장에 참여하는 구매자와 판매자가 거래하게 될 현행시장의 상황을 반영하기 때문에 계약가격이 공정가치의 측정에 반드시 목적적합한 것은 아니다.
② 생물자산의 공정가치에서 처분부대원가를 뺀 금액을 산정할 때에 추정 매각부대원가를 차감하기 때문에 생물자산의 최초 인식시점에 손실이 발생할 수 있다.
③ 당해 자산에 대한 자금 조달 또는 수확 후 생물자산의 복구 관련 현금흐름은 생물자산의 원가에 포함된다.
④ 생물자산을 최초 인식시점에 공정가치에서 처분부대원가를 뺀 금액으로 인식하여 발생하는 평가손익과 생물자산의 공정가치에서 처분부대원가를 뺀 금액의 변동으로 발생하는 평가손익은 발생한 기간의 당기손익에 반영한다.
⑤ 기업이 특정 농림어업활동에 종사하지 못하게 요구하는 경우를 포함하여 공정가치에서 처분부대원가를 뺀 금액으로 측정하는 생물자산과 관련된 정부보조금에 부수되는 조건이 있는 경우에는 그 조건을 충족하는 시점에만 당기손익으로 인식하되, 시간의 경과에 따라 보조금의 일부가 기업에 귀속될 경우에는 시간의 경과에 따라 그 정부보조금을 당기손익으로 인식한다.

11 ▶ 2018 감정평가사

생물자산에 관한 설명으로 옳지 않은 것은?

① 생물자산의 순공정가치를 산정할 때에 추정 매각부대원가를 차감하기 때문에 생물자산의 최초 인식시점에 손실이 발생할 수 있다.
② 수확시점의 수확물은 어떠한 경우에도 순공정가치로 측정한다.
③ 최초 인식 후 생물자산의 순공정가치 변동으로 발생하는 평가손익은 발생한 기간의 당기손익에 반영한다.
④ 순공정가치로 측정하는 생물자산과 관련된 정부보조금은 다른 조건이 없는 경우에는 이를 수취할 수 있게 되는 시점에 기타포괄손익으로 인식한다.
⑤ 생물자산을 최초로 인식하는 시점에 시장 공시가격을 구할 수 없고, 대체적인 공정가치 측정치가 명백히 신뢰성 없게 결정되는 경우에는 원가에서 감가상각누계액과 손상차손누계액을 차감한 금액으로 측정한다.

CHAPTER 17 원가관리회계

1 이론 정리 및 이해 확인

독한훈련

I. 원가회계

01 원가의 분류

1. 원가행태에 따른 분류

1-1~1-2 변동원가와 고정원가

조업도의 증가에 따른 변화를 알맞게 채워 넣으시오

변동원가	총원가	a
	단위당 원가	b
고정원가	총원가	c
	단위당 원가	d

1-3 준변동원가

조업도와 관계없이 발생하는 고정원가와 조업도의 변동에 비례하여 발생하는 변동원가의 두 부분으로 구성되며, 핸드폰요금의 원가구조에 해당하는 원가를 (준변동원가 / 준고정원가)라고 한다.

I. 원가회계

01 원가의 분류

① 원가행태에 따른 분류

1-1 변동원가

① 관련 범위 내에서 조업도의 변동에 직접적으로 비례하여 변동하는 원가
② 조업도의 증가에 따라 총변동원가는 증가한다.
③ 단위당 변동원가는 조업도의 변동에 관계없이 일정하다.

1-2 고정원가

① 관련 범위 내에서 조업도의 변동에 관계없이 총원가가 일정한 원가
② 총원가는 조업도 변동에 영향을 받지 않고 일정하다.
③ 단위당 고정원가는 조업도가 증가하면 감소하게 되고, 조업도가 감소하면 증가한다.

1-3 준변동원가

조업도와 관계없이 발생하는 고정원가와 조업도의 변동에 비례하여 발생하는 변동원가의 두 부분으로 구성된 원가(예 전기요금, 핸드폰 요금 등)

1-4 준고정원가

① 일정한 조업도 범위 내에서는 총원가가 일정하지만, 조업도가 그 범위를 벗어나면 총원가가 일정액만큼 증가 또는 감소하는 원가
② 계단원가로 표시한다.

정답 I. 01 1-1~1-2 a. 증가 b. 일정 c. 일정 d. 감소 1-3 준변동원가

❷ 추적가능성에 따른 분류

2-1 직접원가: 특정 원가대상에 직접 추적할 수 있는 원가

2-2 간접원가: 여러 원가대상에서 함께 소비한 원가로서 특정 원가대상에 추적할 수 없는 원가

❸ 제조활동에 따른 분류

3-1 제조원가
① 직접재료원가
② 직접노무원가
③ 제조간접원가(간접재료원가, 간접노무원가, 제조경비)
④ 기초원가: 직접재료원가+직접노무원가
⑤ 가공원가(전환원가): 직접노무원가+제조간접원가

3-2 비제조원가: 판매관리원가

❹ 통제가능성에 따른 분류

4-1 통제가능원가: 성과평가에 반영해야 한다.

4-2 통제불능원가: 성과평가에 반영하면 안 된다.

❺ 의사결정과 관련된 원가

5-1 관련원가
특정 의사결정과 관련이 있는 원가로, 의사결정 대안들 간에 차이가 나는 미래원가

5-2 비관련원가
① 특정 의사결정과 관련이 없는 원가로, 이미 발생된 과거 원가와 대안들 간에 차이가 없는 미래원가
② 매몰원가: 과거의 의사결정의 결과로 이미 발생된 원가로서, 현재나 미래의 의사결정에 영향을 미치지 못하는 원가

5-3 기회비용
① 특정 대안을 선택하기 위해 포기해야 하는 효익이며, 의사결정을 할 때 반드시 고려해야 하는 원가
② 포기해야 하는 대안이 여러 가지인 경우, 이들 대안들의 효익 중 가장 큰 것

독한훈련

2. 추적가능성에 따른 분류
2-1~2-2 직접원가와 간접원가
원가의 추적가능성에 따라 _____ 와(과) _____ (으)로 나뉜다.

3. 제조활동에 따른 분류
3-1 제조원가
① 기초원가: _____ + _____
② 가공원가: _____ + _____

4. 통제가능성에 따른 분류
4-1 통제가능원가
통제가능한 원가는 성과평가에 반영(한다 / 하지 않는다).

5. 의사결정과 관련된 원가
5-1 관련원가
특정 의사결정과 관련이 있는 원가로 의사결정 대안들 간에 차이가 나는 미래원가를 _____ 원가라고 한다.

5-2 비관련원가
과거의 의사결정의 결과로 이미 발생된 원가로서, 현재나 미래의 의사결정에 영향을 미치지 못하는 원가를 _____ 원가라고 한다.

5-3 기회비용
기회비용은 특정 대안을 선택하기 위해 포기해야 하는 효익이며, 포기해야 하는 대안이 여러 가지인 경우 이들 대안들의 효익 중 가장 (작은 / 큰)것을 의미한다.

정답 2-1~2-2 직접원가, 간접원가 3-1 ① 직접재료원가, 직접노무원가 ② 직접노무원가, 제조간접원가 4-1 한다 5-1 관련 5-2 매몰 5-3 큰

02 원가배분

1 원가배분의 의의
집계된 간접원가를 합리적인 배부기준에 따라 원가대상에 배부하는 것이다.

2 원가배분기준
① **인과관계기준**: 원가의 발생이라는 결과의 원인에 따라 원가를 배부하는 것으로, 가장 합리적인 배부기준
② **수혜기준**: 원가의 발생으로 인해 원가대상이 경제적 효익을 얻은 경우 제공받은 효익에 비례하여 원가를 원가대상에 배부하는 기준
③ **부담능력기준**: 원가를 부담할 수 있는 능력에 비례하여 원가를 원가대상에 배부하는 기준
④ **공정성과 공평성기준**: 원가대상에 공정하고 공평하게 원가배부를 해야 한다는 원칙을 강조하는 포괄적 기준

3 보조부문의 원가배부방법(제조간접원가 배부)

3-1 직접배분법
① 보조부문 상호 간의 용역 제공을 전혀 인식하지 않고 보조부문 원가를 배부하는 방식
② 보조부문 간에는 원가를 배부하지 않고, 제조부문에만 배부한다.
③ 계산은 간단하나, 보조부문 상호 간에 용역을 많이 주고받는 경우에는 정확성이 떨어진다.

3-2 단계배분법
① 보조부문 상호 간의 용역제공을 부분적으로 인식하여 보조부문 원가를 배부하는 방식
② 보조부문원가의 배부순서에 따라 배부하고, 배부가 끝난 보조부문에는 보조부문원가를 배부하지 않는다.
③ 배부순서에 따라 원가배분 결과가 달라진다.

3-3 상호배분법
① 보조부문 상호 간의 용역제공을 완전히 인식하여 모든 보조부문에 보조부문원가를 배부하는 방식
② 보조부문 상호 간의 용역제공관계를 정확하게 인식한다.
③ 시간과 비용이 많이 소요되는 단점이 있다.

독한훈련

02 원가배분

1. 원가배분의 의의
집계된 (직접 / 간접)원가를 합리적인 배부기준에 따라 원가대상에 나누어주는 것을 원가배부라고 한다.

2. 원가배분기준
원가의 발생으로 인해 원가대상이 경제적 효익을 얻은 경우 제공받은 효익에 비례하여 원가를 원가대상에 배부하는 기준을 (인과관계기준 / 수혜기준 / 부담능력기준)이라고 한다.

3. 보조부문의 원가배부방법(제조간접원가 배부)

3-1 직접배분법
보조부문의 제조간접원가를 제조부문에 배부하는 방법으로 계산은 간단하나, 보조부문 상호 간에 용역을 많이 주고받는 경우에는 정확성이 떨어지는 방법은? (　　　)

3-3 상호배분법
보조부문의 제조간접원가를 제조부문에 배부하는 방법으로 보조부문 상호 간의 용역제공관계를 인식하는 가장 정확한 방법은? (　　　)

정답 02 1. 간접   2. 수혜기준   3-1 직접배분법   3-3 상호배분법

3-4 단일배분율법

보조부문원가를 변동원가와 고정원가로 구분하지 않고, 하나의 배부기준을 적용하여 배부하는 방법

3-5 이중배분율법

보조부문을 변동원가와 고정원가로 구분하여 각각 원가가 발생하는 원인에 따라 다른 배부기준을 적용하여 배부하는 방법

03 개별원가

1 개별원가 계산과 종합원가 계산 분류

① 개별원가계산은 조선업, 항공업 등과 같이 고객의 주문에 따라 특정 제품을 개별적으로 생산하는 기업에서 사용하며 제조원가를 개별 작업별로 집계하여 구분한다.

② 종합원가계산은 정유업, 제지업 등과 같이 동종 제품을 연속적으로 대량 생산하는 기업에서 사용하는 원가계산방법으로, 제조원가를 제조공정별로 집계하여 구분한다.

2 개별원가 계산방법

① 원가를 직접재료원가, 직접노무원가, 제조간접원가로 구분하여 작업원가표에 집계한다.

② 특정작업에 직접 추적가능한 직접재료원가와 직접노무원가는 작업원가표에 바로 기록하고, 직접 추적 불가능한 제조간접원가는 배부기준에 따라 배부한다.

3 실제개별원가계산

① 작업을 수행하면서 실제 발생된 직접재료원가, 직접노무원가는 개별 작업에 직접 추적하여 집계한다.

② 제조간접원가는 실제발생액을 기말에 집계하여 합리적인 기준에 따라 개별 작업에 배부한다.

③ 실제 제조간접원가 발생액과 기말에 배부된 제조간접원가 총액은 일치한다.

4 정상개별원가계산

① 직접재료원가와 직접노무원가는 실제개별원가계산과 동일하게 실제발생가를 개별 작업에 직접 추적하여 집계한다.

② 추적이 불가능한 제조간접원가는 미리 결정된 제조간접원가 예정배부율을 이용하여 각 개별 작업에 배부한다.

독한훈련

3-5 이중배분율법

보조부문의 제조간접원가를 제조부문에 배부하는 방법으로 보조부문을 변동원가와 고정원가로 구분하여, 각각 원가가 발생하는 원인에 따라 다른 배부기준을 적용하여 배부하는 방법은? ( )

03 개별원가

1. 개별원가 계산과 종합원가 계산 분류

① 조선업, 항공업 등과 같이 고객의 주문에 따라 특정 제품을 개별적으로 생산하는 기업에서 사용하며 제조원가를 개별 작업별로 집계하여 구분하는 원가계산방법을 _____(이)라고 한다.

② 종합원가계산은 정유업, 제지업 등과 같이 동종 제품을 연속적으로 대량생산하는 기업에서 사용하는 원가계산방법으로, 제조원가를 _____별로 집계하여 구분한다.

2. 개별원가 계산방법

① 개별원가계산방법은 원가를 직접재료원가, 직접노무원가, 제조간접원가로 구분하여 _____에 집계한다.

② 특정 작업에 직접 추적가능한 직접재료원가와 직접노무원가는 (배부기준에 따라 배부하고 / 작업원가표에 바로 기록하고), 직접 추적이 불가능한 제조간접원가는 (배부기준에 따라 배부한다 / 작업원가표에 바로 기록한다).

3. 실제개별원가계산

실제개별원가계산제도에서는 실제 제조간접원가 발생액과 기말에 배부된 제조간접원가 총액이 일치(한다 / 하지 않는다).

4. 정상개별원가계산

① 정상개별원가계산에서 추적불가능한 제조간접원가는 제조간접원가 (실제배부율 / 예정배부율)을 사용하여 각 개별 작업에 배부한다.

정답 3-5 이중배분율법
03 1. ① 개별원가계산 ② 제조공정 2. ① 작업원가표 ② 작업원가표에 바로 기록하고, 배부기준에 따라 배부한다 3. 한다 4. ① 예정배부율

> **독한훈련**
>
> ② 정상개별원가계산제도에서 실제원가가 예정배부액보다 많은 경우 (과소배부액 / 과대배부액)이 발생한다.

③ 실제 제조간접원가 발생액과 기말에 예정 배부된 제조간접원가 총액은 불일치한다.

> ㉠ 실제원가 > 예정배부액: 과소배부액
> ㉡ 실제원가 < 예정배부액: 과대배부액

④ 배부 차이 조정

> ㉠ 매출원가 조정법: 배부 차이를 매출원가에서만 조정하는 방법
> ㉡ 총원가 비례배부법: 배부 차이를 기말재공품, 기말제품, 매출원가에 집계된 총원가의 비율에 따라 조정하는 방법
> ㉢ 원가요소별 비례배부법: 배부 차이를 기말재공품, 기말제품, 매출원가에 집계된 제조간접원가의 비율에 따라 조정하는 방법. 처음부터 실제원가계산을 적용했을 때와 동일한 결과가 나온다.

04 종합원가

1. 종합원가와 개별원가의 비교

① 동종 제품의 대량 연속 생산업체가 사용하는 원가계산방법으로, 완성품 환산량을 기준으로 제조공정별로 집계된 원가를 완성품과 기말재공품에 인위적으로 배부하는 원가계산방법은 (개별원가계산 / 종합원가계산)이다.

04 종합원가

❶ 종합원가와 개별원가의 비교

구 분	개별원가계산	종합원가계산
생산형태	다품종 소량 주문 생산업체 예 조선업, 항공기산업, 기계 공업, 건설업, 병원 등	동종 제품의 대량 연속 생산업체 예 시멘트공업, 정유화학업, 제지업, 반도체제조업, 철강제조업, 섬유업 등
원가집계	개별 작업별 집계	제조공정별 집계
원가구분	개별 작업에 대한 추적가능성 중시 • 제조직접원가(직접재료원가, 직접노무원가) • 제조간접원가	원가투입형태 중시 • 재료원가(직접재료원가) • 가공원가(직접노무원가, 제조간접원가)
원가계산방법	• 제조직접원가는 개별 작업에 직접 추적 • 제조간접원가는 제조간접 원가 배부율을 이용하여 개별 작업에 배부	완성품 환산량을 기준으로 제조공정별로 집계된 원가를 완성품과 기말재공품에 인위적으로 배부
완성품원가	완성된 작업의 작업원가표에 집계된 원가	완성품의 완성품 환산량×완성품 환산량당 단위원가
기말재공품 원가	미완성된 작업의 작업원가표에 집계된 원가	기말재공품의 완성품 환산량×완성품 환산량당 단위원가
정확성	상대적으로 높음.	상대적으로 낮음.

② 개별원가와 종합원가 계산방법 중 상대적으로 원가계산의 정확성이 더 높은 방법은 (개별원가 / 종합원가) 계산방법이다.

정답 ② 과소배부액 04 1. ① 종합원가계산 ② 개별원가

❷ 종합원가계산에서의 원가의 흐름

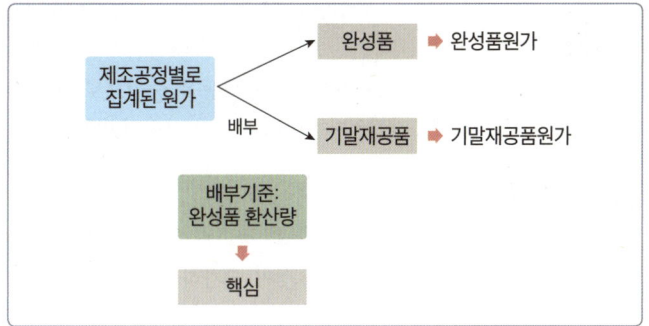

❸ 종합원가 계산방법

① 평균법: 기초재공품의 기완성도를 무시하고, 당기에 투입한 것으로 가정한다.

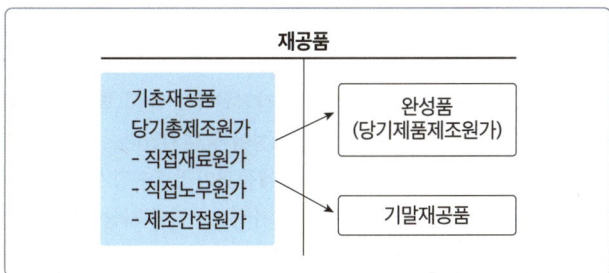

② 선입선출법: 전기에 착수한 기초재공품이 당기에 우선적으로 완성되고, 그 이후에 착수된 수량이 완성품과 기말재공품이 된다고 가정한다.

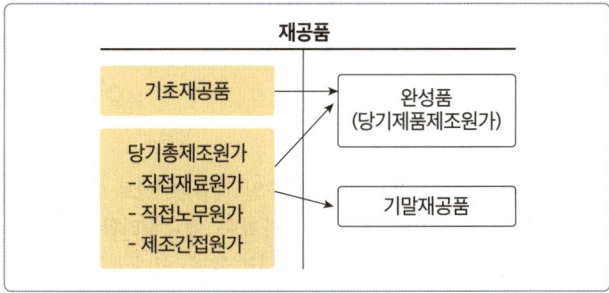

❹ 공손

품질이 미달되는 불합격품

검사에 합격한 수량기준	정상공손허용량 = 당기 중 검사를 통과한 정상품 × 정상공손허용률
검사시점에 도달한 수량기준	정상공손허용량 = 당기 중 검사를 받은 수량(검사시점 도달수량) × 정상공손허용률

※ 두 기준의 차이는 공손수량을 포함하느냐에 있다.

💬 독한훈련

2. 종합원가계산에서의 원가의 흐름

종합원가에서 완성품과 기말재공품에 제조공정별로 집계된 원가를 배부할 때 (물량 / 완성품 환산량)의 수량에 따라 원가를 배부한다.

3. 종합원가 계산방법

① 종합원가계산방법 중 평균법은 _____의 기완성도를 무시하고, 당기에 투입한 것으로 가정하는 방법이다.

② 종합원가계산제도에서 기초재공품이 없는 경우 평균법과 선입선출법은 일치(한다 / 하지 않는다).

4. 공손

종합원가계산제도에서 정상공손의 수량을 결정하는 방법으로 도달기준과 통과기준을 사용할 수 있다. 두 방법의 차이는 수량을 결정할 때 _____의 수량을 포함하느냐에 따라 달라진다.

💡 **정답** 2. 완성품 환산량 3. ① 기초재공품 ② 한다 4. 공손품

05 활동기준원가

❶ 개념
원가의 발생을 유발하는 원가동인을 활동을 중심으로 규명하여 활동을 기준으로 제조간접원가를 배부하는 계산방법이다.

❷ 도입배경
① 생산기술의 발전 및 공장자동화 등으로 직접원가의 중요성이 감소하고 제조간접원가의 중요성이 증가하여 전통적 방식에 의할 경우 원가왜곡현상이 발생하여, 정확한 원가계산을 위해 도입 필요성이 대두되었다.
② 소품종 대량생산체제에서 다품종 소량생산체제로 전환됨에 따라 생산량 등 단순배부기준 대신 다양한 배부기준이 필요하게 되었다.
③ 제품원가개념이 전통적인 제조원가에서 연구개발, 설계, 마케팅, 유통원가 등으로 확대되어 해당 활동에 대한 원가정보도 필요하게 되었다.
④ 조업도와 관련이 없는 제조간접원가가 많이 발생하여 새로운 제조간접원가 배부기준의 필요성이 증대되었다.
⑤ 컴퓨터의 사용증대로 인해 제품원가정보수집기술이 발달함에 따라 적은 비용으로 손쉽게 원가정보수집이 가능해졌다.

❸ 활동수준의 구분

3-1 제품단위수준활동
제품 1단위가 생산(제품생산수량)될 때마다 이루어지는 활동을 말한다. 전력사용이나 기계작업시간 등에 의하여 원가가 유발되는 활동, 전수검사에 의한 품질검사활동, 절삭활동, 조립활동 등을 예로 들 수 있다.

3-2 뱃치수준활동
제품의 묶음별(10개, 100개, 1주일 작업량 등)로 이루어지는 활동을 말한다. 작업준비활동, 표본검사활동, 재료처리활동, 선적활동, 구매주문활동, 재료이동활동 등을 예로 들 수 있다.

3-3 제품유지수준활동
제품생산라인, 공정, 엔지니어링과 관련된 활동 등 제품의 종류별로 이루어지는 활동을 말한다. 공정설계, 공정설계변경, 제품개량, 수선유지활동, 광고활동, 신제품개발활동 등을 예로 들 수 있다.

> **독한훈련**
>
> **05 활동기준원가**
>
> **1. 개념**
> 활동기준원가계산제도는 원가의 발생을 유발하는 원가동인을 활동을 중심으로 규명하여 활동을 기준으로 (제조직접원가 / 제조간접원가)를 배부하는 계산방법이다.
>
> **2. 도입배경**
> ① 활동기준원가계산제도는 생산기술의 발전 및 공장자동화 등으로 (간접원가 / 직접원가)의 중요성이 감소하고 (제조직접원가 / 제조간접원가)의 중요성이 증가하여 전통적 방식에 의할 경우 원가왜곡현상이 발생하여, 정확한 원가계산을 위해 도입 필요성이 대두되었다.
> ② 활동기준원가계산제도는 (소 / 다)품종 (소량 / 대량) 생산체제에서 (소 / 다)품종 (소량 / 대량)생산체제로 전환됨에 따라 생산량 등 단순배부기준 대신 다양한 배부기준이 필요하게 되어 탄생한 제도이다.
>
> **3. 활동수준의 구분**
> 활동기준원가계산에서 다음 설명에 맞는 활동을 제품단위수준, 뱃치수준, 제품유지수준, 설비유지수준으로 각각 구분하시오.
> ① 제품의 묶음별(10개, 100개, 1주일 작업량 등)로 이루어지는 활동(예 작업준비활동, 표본검사활동, 재료처리활동, 선적활동, 구매주문활동, 재료이동활동 등) ( )
> ② 공장의 일반적인 제조공정을 유지하기 위하여 이루어지는 활동(예 공장설비의 관리, 조경작업, 공장설비감가상각, 안전관리, 냉난방활동 등) ( )
> ③ 제품생산라인, 공정, 엔지니어링과 관련된 활동 등 제품의 종류별로 이루어지는 활동(예 공정설계, 공정설계변경, 제품개량, 수선유지활동, 광고활동, 신제품개발활동 등) ( )
> ④ 제품 1단위가 생산(제품생산수량)될 때마다 이루어지는 활동(예 전력사용이나 기계작업시간 등에 의하여 원가가 유발되는 활동, 전수검사에 의한 품질검사활동, 절삭활동, 조립활동 등) ( )

정답 05 1. 제조간접원가 2. ① 직접원가, 제조간접원가 ② 소, 대량, 다, 소량 3. ① 뱃치수준 ② 설비유지수준 ③ 제품유지수준 ④ 제품단위수준

3-4 설비유지수준활동
공장의 일반적인 제조공정을 유지하기 위하여 이루어지는 활동을 말한다. 공장설비의 관리, 조경작업, 공장설비감가상각, 안전관리, 냉난방활동 등을 예로 들 수 있다.

④ 장점
① 제조간접원가를 활동별로 집계하고, 각 활동원가를 원가동인을 이용해 배부하므로 정확한 원가계산을 할 수 있으며, 해당 원가분석을 통한 정확한 의사결정이 가능하다.
② 재무적 측정치 및 비재무적 측정치를 함께 제공하므로 공정한 성과평가가 가능하다.
③ 비부가가치 활동을 제거함으로써 생산시간을 단축하고 원가를 절감할 수 있다.

⑤ 단점
① 활동분석을 위한 시간과 비용이 많이 소요된다.
② 활동을 명확하게 구분할 수 있는 기준이 없다.
③ 원가동인을 규명하기 어려운 활동원가의 경우 전통적 원가계산과 같이 배부할 수밖에 없다.

06 결합원가

① 결합원가의 개념
동일한 원재료로부터 동일한 제조공정을 거쳐 동시에 생산되는 두 종류의 서로 다른 제품이 특정 단계에서야 비로소 분리가능할 때 분리점까지 발생된 제조원가이다.
① 연산품: 결합제품 중 상대적으로 판매가치가 비교적 큰 제품이다.
② 부산물: 결합제품 중 상대적으로 판매가치가 작은 제품이다.

② 결합원가의 배부방법

2-1 물량기준법
① 연산품에 공통되는 물리적 특성인 중량, 수량, 크기, 부피 등을 기준으로 결합원가를 배부하는 방법
② 제품의 판매가격 정보가 없이도 적용가능한 방법
③ 물리적 기준이 판매가치와 상관관계가 없을 경우에는 개별 제품의 수익성을 제대로 나타내지 못할 수 있다.

📢 **독한훈련**

4. 장점
① 제조간접원가를 _____(으)로 집계하고, 각 활동원가를 _____(을)를 이용해 배부하므로, 정확한 원가계산을 할 수 있으며, 해당 원가분석을 통한 정확한 의사결정이 가능하다.
② (재무적 측정치만 / 비재무적 측정치만 / 재무적 측정치와 비재무적 측정치를 함께) 제공하므로 공정한 성과평가가 가능하다.
③ (부가가치 / 비부가가치) 활동을 제거함으로써 생산시간을 단축하고 원가를 절감할 수 있다.

5. 단점
활동기준원가의 계산을 적용할 때 원가동인을 규명하기 어려운 활동원가의 경우 _____ 원가계산과 같이 배부할 수밖에 없다는 단점이 있다.

06 결합원가

1. 결합원가의 개념
결합제품 중 상대적으로 판매가치가 비교적 큰 제품을 _____(이)라고 한다.

2. 결합원가의 배부방법

정답 4. ① 활동별, 원가동인 ② 재무적 측정치와 비재무적 측정치를 함께 ③ 비부가가치 5. 전통적 06 1. 연산품

2-2 분리점 판매가치법

① 연산품의 분리점에서 상대적 판매가치를 기준으로 결합원가를 배부하는 방법
② 수익비용 대응을 위해 판매가치가 높은 제품에 비례하여 많은 원가를 배부하는 방법
③ 분리점에서 모든 제품이 판매될 경우 제품별 매출총이익률은 일치한다.
④ 분리점에서의 판매가치를 알 수 없는 경우 적용하지 못한다는 단점이 있다.

2-3 순실현가치법

① 분리점에서의 판매가치를 알 수 없는 경우 개별 제품의 최종판매가치에서 추가가공원가를 차감한 순실현가치를 기준으로 결합원가를 배부한다.
② 결합원가 배부 시 연산품의 수익성이 고려되고 중간제품의 판매가격을 알 수 없는 경우에도 적용된다.

07 변동원가

1 전부원가계산과 변동·초변동원가계산의 비교

1-1 전부원가계산

① 직접재료원가, 직접노무원가, 변동제조간접원가, 고정제조간접원가 등 모든 제조원가를 제품원가에 포함시키는 방법이다.
② 외부보고용 재무제표 작성 시에는 이 방법에 따라 계산한다.
③ 생산량에 영향을 받는다. 즉, 생산량이 많을수록 고정제조간접원가의 단위당 단가가 낮아져서 판매량에 포함되어 매출원가로 인식되는 비용이 줄어들게 되므로 경영자는 생산량을 증가시켜 이익을 조작할 가능성이 있고, 바람직하지 않은 재고가 누적될 위험이 있다.
④ 고정제조간접원가의 비중이 큰 회사의 경우 유용한 방법이다.

1-2 변동원가계산

① 고정제조간접원가를 제품의 생산과 직접 관련이 없다고 보아, 직접재료원가, 직접노무원가, 변동제조간접원가 등 변동제조원가만을 제품 원가에 포함시키는 방법이다.
② 고정제조간접원가도 판매원가, 관리원가와 함께 기간원가로 처리한다.

독한훈련

2-2 분리점 판매가치법
① 결합원가를 배부하는 방법 중 수익비용 대응을 위해 판매가치가 높은 제품에 비례하여 많은 원가를 배부하는 방법은 무엇인가? (　　　　)
② 결합원가의 배부방법 중에 분리점 판매가치법은 분리점에서 모든 제품이 판매될 경우 제품별 (영업이익률 / 매출총이익률)이 일치하게 된다.

2-3 순실현가치법
분리점에서 판매가치를 알 수 없는 경우 개별 제품의 최종판매가치에서 추가가공원가를 차감한 (순공정가치 / 순실현가치)를 기준으로 결합원가를 배부한다.

07 변동원가

1. 전부원가계산과 변동·초변동원가계산의 비교

1-1 전부원가계산
① 외부보고용 재무제표를 작성할 때는 (전부 / 변동)원가계산을 이용한다.
② 이익이 판매량과 생산량 모두에 영향을 받는 원가계산방법은 (전부 / 변동)원가계산이다.
③ 고정제조간접원가의 비중이 큰 기업은 (전부 / 변동)원가계산방법이 더 적합하다.

1-2 변동원가계산
① 변동원가계산제도하에서 제품의 원가는 무엇으로 구성되는지 모두 고르시오.
　a. 직접재료원가　　b. 직접노무원가
　c. 변동제조간접원가　d. 고정제조간접원가
　e. 변동판매원가와관리원가
　f. 고정판매원가와관리원가
② 변동원가계산은 (제조간접가 / 변동제조간접가 / 고정제조간접가)를 기간원가로 처리하는 원가계산방법이다.

정답 2-2 ① 분리점 판매가치법 ② 매출총이익률　2-3 순실현가치　07 1-1 ① 전부 ② 전부 ③ 전부　1-2 ① a, b, c ② 고정제조간접원가

③ 내부 의사결정 및 성과평가 등에 사용된다.
④ 생산량에 영향을 받지 않는다. 그러므로 바람직하지 않은 재고의 누적 가능성이 감소한다.
⑤ 이익은 판매량에 따라 결정된다.
⑥ 고정제조간접원가의 비중이 큰 경우에는 부적합하다.

1-3 초변동원가계산
직접재료원가만을 제품원가에 포함시키고 나머지 원가는 모두 기간원가로 처리한다.

❷ 전부원가계산과 변동원가계산의 이익비교
① '생산량 > 판매량'인 경우
　전부원가계산이익 > 변동원가계산이익
② '생산량 = 판매량'인 경우
　전부원가계산이익 = 변동원가계산이익
③ '생산량 < 판매량'인 경우
　전부원가계산이익 < 변동원가계산이익

❸ 계산식

초변동원가계산의 이익	XXX
(+) 기말재고자산에 포함된 변동가공원가	XXX
(−) 기초재고자산에 포함된 변동가공원가	XXX
변동원가계산의 이익	XXX
(+) 기말재고자산에 포함된 고정제조간접원가	XXX
(−) 기초재고자산에 포함된 고정제조간접원가	XXX
전부원가계산의 이익	XXX

🗨️ 독한훈련

2. 전부원가계산과 변동원가계산의 이익비교
부등호(<, >)와 등호(=)를 사용하여 각 조건에 따라 이익을 비교하시오

① 생산량 > 판매량	전부원가계산이익 ▢ 변동원가계산이익
② 생산량 = 판매량	전부원가계산이익 ▢ 변동원가계산이익
③ 생산량 < 판매량	전부원가계산이익 ▢ 변동원가계산이익

3. 계산식
다음 식을 채워 넣으시오.
① 초변동원가계산의 이익
　(+) 기말재고자산에 포함된 ▬▬▬
　(−) 기초재고자산에 포함된 ▬▬▬
② 변동원가계산의 이익
　(+) 기말재고자산에 포함된 ▬▬▬
　(−) 기초재고자산에 포함된 ▬▬▬
　전부원가계산의 이익

💡 **정답** 2. ① > ② = ③ <   3. ① 변동가공원가, 변동가공원가 ② 고정제조간접원가, 고정제조간접원가

II. 관리회계

01 원가-조업도-이익분석

❶ CVP 분석의 의의

'원가(Cost) - 조업도(Volume) - 이익(Profit)'의 상호관계를 분석하여 요소의 변동이 원가, 수익, 이익에 미치는 영향을 분석하는 기법이다.

❷ CVP 분석의 가정

① 원가와 수익의 행태는 결정되어 있고, 관련 범위 내에서는 선형을 가정한다.
② 모든 원가는 변동원가와 고정원가로 분리가 가능하다.
③ 단일제품을 생산 ⇨ 단, 복수제품을 생산할 경우는 제품의 매출배합은 일정하다.
④ 조업도만이 원가에 영향을 미치는 유일한 요인이다.
⑤ 재고량은 불변 ⇨ 생산량=판매량
⑥ 분석기간이 화폐의 시간가치가 중요하지 않을 정도로 단기간이다.
⑦ 발생주의에 의한 분석이다.

02 균형성과표

전통적으로 중요시되어 오던 재무적 관점 외에 고객, 내부 프로세스, 학습과 성장이라는 비재무적 관점도 함께 고려하여 조직의 전략과 성과를 종합적·균형적으로 관리·평가할 수 있는 효과적인 가치중심 성과관리기법이다.

2 OX 강훈련

✏️ 지문 수정하기

다음 문장을 읽고 옳은 설명에는 O, 옳지 않은 설명에는 X를 하고 올바른 문장으로 수정하시오.

I. 원가회계

01 원가의 분류

01 원가를 행태에 따라 재료원가, 노무원가, 제조경비로 분류할 수 있다. O X

02 기간비용은 제품생산과 관련 없이 발생되므로 항상 발생된 기간에 비용으로 처리되는 원가를 말하며 매출원가를 제외하고 손익계산서에 나타나는 비용을 말한다. O X

03 고정원가는 단위당 원가가 조업도의 증가와 무관하게 일정하다. O X

04 당기제품의 제조원가는 당기에 발생된 직접재료원가, 직접노무원가, 제조간접원가의 합계를 뜻한다. O X

05 매몰원가는 과거의 의사결정으로 인하여 이미 발생하였기 때문에 미래의 의사결정에 영향을 미치지 않는 원가이다. O X

02 원가배분

06 보조부문원가를 배부할 때 직접배분법은 보조부문 상호 간의 용역수수관계를 전혀 인식하지 않으므로 다른 보조부문에는 전혀 배부하지 않고 제조부문에만 배부한다. O X

07 직접배분법은 보조부문 간에 제공되는 용역이 많은 경우에 유용하다. O X

OX 풀이

01 원가의 행태에 따라 **변동원가**와 **고정원가**로 분류할 수 있다.
03 고정원가는 단위당 원가가 조업도의 증가에 따라 **감소한다**.
04 당기에 발생된 직접재료원가, 직접노무원가, 제조간접원가의 합계는 **당기총제조원가**이다.
07 직접배분법은 보조부문 간 제공되는 용역을 무시하는 방법이므로, 용역이 많은 경우에는 **유용하지 않다**.

|정답| 01 X 02 O 03 X 04 X 05 O 06 O 07 X

: 다음 문장을 읽고 옳은 설명에는 O, 옳지 않은 설명에는 X를 하고 올바른 문장으로 수정하시오.

08 보조부문원가를 배부할 때 단계배분법은 보조부문원가의 배부순서를 정한 후 순서에 따라 보조부문원가를 배부하며, 배부가 끝난 보조부문에는 보조부문원가를 배부하지 않는다. O X

09 이중배분율법에 의해 고정원가를 배부할 때에는 실제 사용량에 근거하는 것이 합리적이다. O X

03 개별원가

10 개별원가계산은 동종 제품을 대량으로 반복하여 생산하는 기업에 적합한 원가계산방법이다. O X

11 실제개별원가계산에서 제조간접원가 발생액과 제조간접원가 배부액은 일치한다. O X

12 매출원가조정법은 제조간접원가 배부 차이를 모두 매출원가에서 조정하는 방법이다. O X

13 정상원가계산에서는 직접노무원가는 예정배부율로 배부한다. O X

14 정상원가계산법을 적용할 때 실제발생원가가 예정배부액보다 작으면 손익계산서상에서 이익을 증가시킨다. O X

15 예정배부율은 실제발생원가를 이용해 계산한다. O X

16 실제개별원가계산은 제조간접원가 예정배부율에 따라 제조간접원가를 배부한다. O X

OX 풀이

09 고정원가는 주로 설비와 관련이 있고, 각 부분이 최대 사용할 경우를 대비하여 설비투자를 하는 것이 일반적이므로 고정원가는 **최대 사용가능량**을 기준으로 배부하는 것이 합리적이다.
10 개별원가계산은 **종류와 규격이 상이한 제품**을 개별적으로 생산하는 기업에 적합한 원가계산방법이다.
13 정상원가계산에서 직접노무원가는 **실제발생액**으로 집계한다.
15 예정배부율 계산 시에는 **예측한 원가**를 이용한다.
16 실제개별원가계산은 제조간접원가 **실제배부율**에 따라 제조간접원가를 배부한다.

| 정답 | 08 O 09 X 10 X 11 O 12 O 13 X 14 O 15 X 16 X

: 다음 문장을 읽고 옳은 설명에는 O, 옳지 않은 설명에는 X를 하고 올바른 문장으로 수정하시오.

04 종합원가

17 종합원가계산은 개별원가계산에 비해 정확성이 높은 방법이다. O X

18 종합원가계산은 작업별로 작업원가표에 원가를 집계한다. O X

19 완성품 환산량은 완성도가 다른 완성품과 미완성 재공품에 원가배부를 하기 위한 배부기준이 된다. O X

20 완성도는 완성품을 만들기 위해 투입해야 할 원가 대비 실제투입액의 비율이다. O X

21 평균법과 선입선출법 모두 기초재공품원가와 당기투입원가를 더한 총원가를 배부대상 원가로 인식한다. O X

22 종합원가계산에서 평균법을 적용하거나 선입선출법을 적용하거나 정상공손수량과 비정상공손수량은 동일하게 계산된다. O X

23 종합원가계산하에 선입선출법은 먼저 제조 착수된 것이 먼저 완성된다고 가정하고 기초재공품원가는 완성품원가에 포함시키지 않는다. O X

24 종합원가계산하에 평균법은 전기에 이미 착수된 기초재공품의 기완성도를 무시하고 기초재공품을 당기에 착수한 것처럼 가정한다. O X

05 활동기준원가

25 활동기준원가계산은 다품종 소량생산체제에서 소품종 대량생산체제로 전환하면서 도입되었다. O X

26 일반적으로 활동기준원가계산은 전통적 원가계산제도보다 더 다양한 원가동인 요소를 고려한다. O X

OX 풀이

17 종합원가계산은 개별적으로 원가를 추적하지 않기 때문에 상대적으로 **정확성이 낮다.**
18 개별 작업별로 작업원가표에 원가를 집계하는 것은 **개별원가계산**이다.
21 선입선출법의 경우 **당기투입원가만**이 배부대상원가이다.
23 종합원가계산하에 선입선출법은 먼저 제조 착수된 것이 먼저 완성된다고 가정하고 기초재공품원가는 완성품원가에 **포함시킨다.**
25 활동기준원가계산은 **소품종 대량생산체제에서 다품종 소량생산체제**로 전환하면서 도입되었다.

| 정답 | 17 X 18 X 19 O 20 O 21 X 22 O 23 X 24 O 25 X 26 O

✏️ 지문 수정하기

다음 문장을 읽고 옳은 설명에는 O, 옳지 않은 설명에는 X를 하고 올바른 문장으로 수정하시오.

27 제조간접원가의 비중이 과거보다 커진 것이 활동기준원가계산제도를 도입하는 주된 배경 중 하나이다. O X

28 활동기준원가에서는 직접재료원가 이외의 모든 원가를 고정원가로 처리하여 원가계산의 간편성을 추구한다. O X

29 활동분석과 원가동인의 파악에 소요되는 비용과 시간이 많이 소요되는 단점이 존재한다. O X

06 결합원가

30 판매가치를 알 수 없는 경우에도 물량기준법에 의한 결합원가배부가 가능하다. O X

31 물량기준법은 개별 제품의 물리적 단위와 판매가치에 상관관계가 존재할 경우에 유용한 방법이다. O X

32 분리점에서의 판매가치를 알 수 없는 경우에는 순실현가치법보다는 판매가치법을 사용해야 한다. O X

33 분리점에서의 판매가치법에 의할 경우 분리점에서 제품이 모두 판매된다고 가정하면, 매출총이익률은 제품별로 동일하다. O X

34 결합원가의 배부 시 순실현가치법에서는 분리점에서의 순실현가치를 계산할 때 최종판매가격에서 추가가공원가를 차감하되, 판매원가는 차감하지 않는다. O X

07 변동원가

35 전부원가계산과 변동원가계산의 차이점은 고정제조간접원가를 제품원가에 포함시키느냐에 있다. O X

OX 풀이

28 활동별로 제조간접원가를 파악하므로 고정원가가 아니라 **변동원가**로 처리한다.
32 판매가치법은 분리점에서의 판매가치에 따라 원가를 배부하므로, 판매가치를 알 수 없는 경우에는 **사용할 수 없다.**
34 결합원가의 배부 시 순실현가치법에서는 분리점에서의 순실현가치를 계산할 때 최종판매가격에서 추가가공원가와 **판매원가를 차감한다.**

| 정답 | 27 O 28 X 29 O 30 O 31 O 32 X 33 O 34 X 35 O

✏️ 지문 수정하기

● 다음 문장을 읽고 옳은 설명에는 O, 옳지 않은 설명에는 X를 하고 올바른 문장으로 수정하시오.

36 변동원가계산하에서 고정제조간접원가는 발생된 시점에 전액 비용으로 처리하고 전부원가계산하에서는 제품이 판매된 시점에 비용처리한다. O X

37 생산량이 판매량보다 많은 경우 변동원가계산은 전부원가계산보다 이익을 크게 계상하게 된다. O X

38 변동원가계산하에서 이익에 영향을 미치는 주요 요인은 판매량이며 생산량은 이익에 영향을 미치지 않는다. O X

39 변동원가계산은 외부보고용 재무제표 작성 시에 적합한 원가계산방법이다. O X

40 기초재고자산이 없고 당기 생산량과 판매량이 동일하다면 변동원가계산과 전부원가계산의 순이익은 같게 된다. O X

41 초변동원가계산은 직접재료원가, 직접노무원가, 변동제조간접원가를 제품원가에 포함시켜 손익계산서를 작성한다. O X

42 변동원가계산에서는 변동판매관리원가가 매출원가에 포함된다. O X

43 변동원가계산에서 공헌이익은 매출액에서 발생변동원가를 차감한 개념이다. O X

OX 풀이

37 생산량이 판매량보다 많은 경우 변동원가계산은 전부원가계산보다 이익을 **작게** 계상한다.
39 외부보고용 재무제표 작성 시에는 고정제조간접원가도 제품원가에 포함시켜야 한다. 변동원가계산은 고정제조간접원가를 제품원가에 포함시키지 않으므로 외부보고용으로 **적합하지 않다.**
41 초변동원가계산에서는 **직접재료원가만이** 제품의 제조원가를 구성한다.
42 변동판매관리원가는 매출원가를 **구성하지 않는다.**

| 정답 | 36 O 37 X 38 O 39 X 40 O 41 X 42 X 43 O

- 다음 문장을 읽고 옳은 설명에는 O, 옳지 않은 설명에는 X를 하고 올바른 문장으로 수정하시오.

Ⅱ. 관리회계

01 원가-조업도-이익분석

44 두 가지 이상의 제품에 대한 CVP 분석 시 조업도의 변화에 따라 매출배합은 변화한다. [O X]

45 CVP 분석 시 원가에 유일하게 영향을 미치는 요소는 조업도이다. [O X]

46 고정원가가 줄어들면 공헌이익이 증가한다. [O X]

47 판매단위당 공헌이익이 동일한 제품이면 매출액 ₩1당 이익에 기여하는 정도가 동일하다. [O X]

48 손익분기점은 총수익과 총원가가 동일하여 이익이 ₩0이 되는 판매량(매출액)이다. [O X]

49 법인세를 고려하게 되면 손익분기점 판매량은 법인세를 고려하지 않을 때에 비하여 증가한다. [O X]

OX 풀이

44 CVP 분석에서는 조업도가 변화하더라도 매출배합은 **일정하다고** 가정한다.
46 공헌이익은 총수익에서 총변동원가를 제외한 것으로 **고정원가와는 무관하다.**
47 단위당 공헌이익이 동일하더라도 **공헌이익률이 다르면** 동일 매출액이 이익에 **기여하는 정도가 다르다.**
49 손익분기점은 이익이 ₩0인 지점이므로 **법인세의 영향을 받지 않는다.**

| 정답 | 44 X 45 O 46 X 47 X 48 O 49 X

3 공무원 5개년 기출 문제

정답 및 해설 p. 46

01 ▶ 2025 국가직9급

석유화학산업 등과 같이 표준화된 작업공정을 통해 한 가지 제품만을 대량생산하는 제조환경에 적합한 원가계산 방법은?

① 개별원가계산
② 종합원가계산
③ 결합원가계산
④ 활동기준원가계산

02 ▶ 2025 지방직9급

원가의 분류에 대한 설명으로 옳지 않은 것은?

① 기초원가와 전환(가공)원가에 공통으로 포함되는 원가는 직접노무원가이다.
② 매몰원가는 경영자가 통제할 수 있는 원가로서 의사결정과 관련이 있는 원가이다.
③ 변동원가와 고정원가의 구분은 원가행태에 대한 가정이 유지되는 관련범위 내에서 유효하다.
④ 발생한 원가를 원가대상별로 추적할 수 있는가에 따라서 직접원가와 간접원가로 분류된다.

03 ▶ 2024 국가직9급

원가에 대한 설명으로 옳지 않은 것은?

① 매몰원가란 이미 발생한 과거원가로, 현재 또는 미래의 의사결정에는 영향을 미치지 못하는 원가이다.
② 조업도 수준이 변화함에 따라 총변동원가는 일정한 형태로 변화하지만 총고정원가는 관련 범위 내에서 일정한 금액으로 발생한다.
③ 관련원가란 선택 가능한 두 가지 이상의 대안 간에 차이가 있었던 과거원가를 말하며 의사결정과 직접 관련이 있는 원가이다.
④ 직접재료원가와 직접노무원가는 기초원가이며, 직접노무원가와 제조간접원가는 가공원가이다.

04 ▶ 2023 국가직9급

원가에 관한 설명으로 옳지 않은 것은?

① 당기총제조원가는 직접재료원가, 직접노무원가, 제조간접원가를 합계한 금액이다.
② 당기제품제조원가는 당기총제조원가에 기초재공품 재고액을 더하고 기말재공품 재고액을 차감한 금액이다.
③ 기업은 의사결정 시 기회원가와 매몰원가를 고려하지 않아야 한다.
④ 변동원가는 조업도 또는 활동수준에 따라 변한다.

05 ▶ 2023 국가직7급

보조부문원가의 배부 방법에 대한 설명으로 옳지 않은 것은?

① 직접배분법은 보조부문 상호 간의 용역수수관계를 전혀 고려하지 않는 방법이다.
② 단계배분법은 보조부문의 배분순서가 달라지면 배분 후의 결과가 달라지는 방법이다.
③ 상호배분법은 보조부문 상호 간의 용역수수관계를 모두 고려한다.
④ 상호배분법이 직접배분법에 비해 적용과 계산이 간단한 방법이다.

06 ▶ 2021 지방직9급

정상개별원가계산을 적용하는 경우 발생할 수 있는 제조간접원가 배부차이에 대한 설명 중 옳지 않은 것은?

① 제조간접원가 배부차이는 회계기간 중에 배분된 제조간접원가 예정배부액과 회계기말에 집계된 제조간접원가 실제발생액의 차이로 발생한다.
② 원가요소별 비례배분법은 기말의 재공품, 제품 및 매출원가에 포함되어 있는 제조간접원가 실제배부액의 비율에 따라 제조간접원가 배부차이를 조정한다.
③ 제조간접원가 배부시 실제배부율은 사후적으로 계산되지만, 예정배부율은 기초에 사전적으로 계산된다.
④ 제조간접원가 과대배부액을 매출원가조정법에 의해 회계처리하는 경우, 매출원가가 감소하게 되므로 이익이 증가하는 효과가 있다.

07 ▶ 2024 국가직9급

변동원가계산에 대한 설명으로 옳지 않은 것은?

① 의사결정을 위한 내부보고목적으로 사용할 때 장점이 있다.
② 변동제조원가와 변동판매관리비 등 조업도에 따라 변동하는 원가는 제품원가로 분류한다.
③ 전부원가계산에 비해 제품원가를 과소평가하게 된다.
④ 고정제조간접원가는 기간비용 처리되므로 수익·비용대응의 원칙에 어긋난다.

08 ▶ 2021 서울시7급

재고자산 수준의 변화에 따른 영업이익의 차이에 대한 설명으로 가장 옳지 않은 것은?

① 기초재고자산이 기말재고자산보다 크다면, 전부원가계산의 영업이익은 초변동원가계산의 영업이익보다 작다.
② 재고자산의 판매량이 생산량보다 작다면, 변동원가계산의 영업이익은 초변동원가계산의 영업이익보다 크다.
③ 재고자산의 생산량과 판매량이 일치한다면, 전부원가계산의 영업이익, 변동원가계산의 영업이익, 초변동원가계산의 영업이익이 모두 같다.
④ 당기 재고자산이 증가한다면, 초변동원가계산의 영업이익은 전부원가계산의 영업이익보다 크다.

09 ▶ 2023 국가직7급

조업도에 대한 설명으로 옳지 않은 것은?

① 원가-조업도-이익분석에서 사용되는 조업도는 판매량 혹은 생산량을 의미한다.
② 고정제조간접가 표준배부율은 고정제조간접원가 예산을 기준조업도로 나눈 것이다.
③ 고정제조간접가 조업도 차이는 고정제조간접원가 실제액과 고정제조간접원가 예산액의 차이이다.
④ 기준조업도는 고정제조간접원가를 제품원가에 배부하기 위한 기준이 되는 것으로 직접노무시간 예산, 기계가동시간 예산, 생산량 예산 등으로 표현된다.

4 실전 훈련 문제

정답 및 해설 p. 47

01 ▶ 2024 보험계리사
제조원가의 분류에 대한 설명으로 옳은 것은?
① 제조원가를 구성하는 항목의 발생행태에 따라 직접원가와 간접원가로 분류할 수 있다.
② 기초원가란 원재료를 가공하는 과정에서 발생하는 직접노무원가와 제조간접원가를 합한 금액이다.
③ 가공원가란 제품생산에 추적이 용이한 직접재료원가와 직접노무원가를 합한 금액이다.
④ 제조원가를 생산요소에 따라 분류한다면 재료원가, 노무원가, 제조경비로 분류된다.

02 ▶ 2022 감정평가사
원가에 관한 설명으로 옳지 않은 것은?
① 가공원가(전환원가)는 직접노무원가와 제조간접원가를 합한 금액이다.
② 연간 발생할 것으로 기대되는 총변동원가는 관련범위 내에서 일정하다.
③ 당기제품제조원가는 당기에 완성되어 제품으로 대체된 완성품의 제조원가이다.
④ 기초고정원가는 현재의 조업도 수준을 유지하는 데 기본적으로 발생하는 고정원가이다.
⑤ 회피가능원가는 특정한 의사결정에 의하여 원가의 발생을 회피할 수 있는 원가로서 의사결정과 관련 있는 원가이다.

03 ▶ 2021 보험계리사
원가 및 원가행태에 관한 설명으로 옳지 않은 것은?
① 관련범위 내에서 단위당 변동원가는 생산량이 증가함에 따라 일정하다.
② 관련범위 내에서 단위당 고정원가는 생산량이 증가함에 따라 일정하다.
③ 제조기업의 제품배달용 트럭의 감가상각비는 판매관리비이다.
④ 제품의 생산과 관련하여 비정상적으로 발생한 경제적 자원의 소비는 제조원가에 포함하지 아니한다.

04
다음 중 원가의 개념에 대한 설명으로 옳지 않은 것은?
① 변동원가는 조업도가 증가함에 따라 단위당 원가는 증가하고 고정원가는 조업도가 증가함에 따라 단위당 원가는 일정하다.
② 고정원가는 조업도가 증가하더라도 총원가는 변동하지 않는 원가를 말한다.
③ 조업도에 따라서 원가는 고정원가와 변동원가로 구분할 수 있으며 조업도에 따라 총원가가 변동하는 원가를 변동원가라 한다.
④ 원가란 재화나 용역을 얻기 위하여 희생된 경제적 자원이다.

05

다음 중 원가의 분류에 대한 설명으로 옳지 않은 것은?

① 준변동원가는 조업도와 관계없이 발생하는 고정원가와 조업도의 변동에 비례하여 발생하는 변동원가의 두 부분으로 구성된 원가이다.
② 변동원가는 관련 범위 안에서 조업도의 증가에 따라 총원가는 증가하고 단위당 원가는 변동과 무관하게 일정하다.
③ 제품의 원가는 제품원가계산과정에서 재고자산에 할당되는 원가로 재무제표에 재고자산으로 계상되었다가 제품이 판매될 때 매출원가라는 비용계정으로 대체된다.
④ 기회비용은 특정 대안을 선택하기 위해 포기해야 하는 효익이며, 비관련원가로서 의사결정을 할 때 고려할 필요가 없다.

06 ▶ 2024 보험계리사

부문별 원가계산에 대한 설명으로 옳지 않은 것은?

① 단계배분법은 보조부문의 배부순서가 달라져도 배부금액은 차이가 나지 않는다.
② 상호배분법은 보조부문간의 상호배부를 모든 방향으로 반영한다.
③ 공장 전체 제조간접가 배부율을 사용하는 경우에는 보조부문의 원가를 제조부문에 배분할 필요가 없다.
④ 이중배분율법은 변동원가와 고정원가를 구분해서 변동원가는 실제사용량을 기준으로 배분하고 고정원가는 서비스의 최대사용가능량을 기준으로 배분한다.

07

부문별 원가계산에 관한 설명으로 옳지 않은 것은?

① 단계배분법은 보조부문의 배부순서가 달라도 배부금액은 차이가 나지 않는다.
② 상호배분법은 보조부문 간의 상호배부를 모든 방향으로 반영한다.
③ 단계배분법은 한 번 배부된 보조부문의 원가는 원래 배부한 보조부문에는 다시 배부하지 않고 다른 보조부문과 제조부문에 배분한다.
④ 직접배분법은 보조부문 간에 주고받는 서비스 수수관계를 전부 무시한다.

08

보조부문 원가배부법에 관한 설명으로 옳지 않은 것은?

① 상호배분법은 보조부문 상호 간의 용역수수관계를 모두 고려하여 보조부문원가를 다른 보조부문과 제조부문에 배부하는 방법이다.
② 상호배분법은 보조부문 상호 간의 용역수수관계가 중요하지 않을 때 적용하는 것이 타당하다.
③ 단계배분법은 보조부문원가의 배부순서를 정하여 그 순서에 따라 단계적으로 보조부문원가를 다른 보조부문과 제조부문에 배부하는 방법이다.
④ 직접배분법은 보조부문 상호 간의 용역수수관계를 전혀 고려하지 않는 방법이다.

09 ▶ 2011 관세사

제조간접원가를 예정배부하는 경우 배부차이 조정에 관한 설명으로 옳지 않은 것은?

① 원칙적으로 배부차이는 재료재고와 재공품재고, 매출원가의 세 계정에서 조정하여야 한다.
② 배부차액이 크지 않고 재고수준이 낮은 기업에서는 매출원가조정법을 적용할 수 있다.
③ 예정배부율은 예상 총제조간접원가를 예상 총배부기준량으로 나누어 계산한다.
④ 과소배부는 실제제조간접원가가 예정배부액보다 클 때 발생한다.
⑤ 제조간접원가의 예정배부액은 실제 배부기준량에 예정배부율을 곱하여 계산한다.

10 ▶ 2023 보험계리사

다음 공손유형에 따른 회계처리 방법으로 옳지 않은 것은?

① 정상공손수량은 '당기검사합격물량 × 정상공손비율'로 계산한다.
② 정상공손은 발생시점 매출원가에 포함하여 비용화한다.
③ 비정상공손은 공손수량에서 정상공손수량을 차감하여 계산한다.
④ 비정상공손은 발생시점 영업외비용처리한다.

11

월말재공품을 선입선출법으로 평가함에 있어서, 월말재공품에 대한 완성도를 과소 적용한 오류가 발생하는 경우, 이 오류에 대한 효과를 바르게 설명한 것은?

	완성품환산량	완성품환산량 단위원가	완성품제조원가
①	증가	증가	증가
②	감소	감소	감소
③	증가	감소	감소
④	감소	증가	증가

12

종합원가계산제도에 있어서 선입선출법과 평균법에 대한 설명으로 잘못된 것은?

① 선입선출법은 컨베이어벨트를 이용한 생산방식에 적합하며, 평균법은 혼합생산방식에 적합하다.
② 완성품환산량을 구할 때 평균법은 기초재공품의 완성품환산량을 포함하지만 선입선출법은 포함하지 않는다.
③ 일반적으로 선입선출법의 완성품환산량이 평균법의 완성품환산량보다 작다.
④ 기초재공품의 수량과 기말재공품의 수량이 같을 경우 평균법과 선입선출법의 완성품환산량은 같다.

13 ▶ 2025 관세사

활동기준원가계산에 관한 설명으로 옳지 않은 것은?

① 제품과 고객이 다양하고 생산공정이 매우 복잡한 경우, 일반적으로 활동기준원가계산이 전통적 원가계산보다 정확한 제품원가 정보를 제공한다.
② 활동기준원가계산은 활동원가의 계층구조를 일반적으로 단위수준활동, 묶음수준활동(배치수준활동), 제품유지활동, 설비유지활동으로 구분한다.
③ 활동기준원가계산의 절차는 활동분석, 활동중심점의 설정, 원가동인의 선택, 활동별 제조간접원가 배부율의 계산, 제조간접원가의 배부 순으로 이루어진다.
④ 활동기준원가계산은 활동별로 사용되는 원가배부기준인 원가동인이 원가와 제품 사이의 인과관계를 잘 반영하지 못하는 경우 제품원가계산이 왜곡될 가능성이 있다.
⑤ 묶음수준활동은 원자재 구매, 작업준비 등과 같이 제품을 처리하거나 생산할 때 묶음 단위로 수행되는 활동으로 조립활동, 전수조사에 의한 품질검사 등이 해당된다.

14 ▶ 2025 보험계리사

활동기준원가계산 시스템에 대한 설명으로 옳은 것을 모두 고른 것은?

> ㄱ. 활동기준원가계산은 발생한 원가를 활동중심점별로 집계하여 발생한 활동원가동인수로 배부하는 일종의 사후원가계산제도이다.
> ㄴ. 생산과정에서 거액의 간접원가가 발생하는 경우 활동기준원가계산이 전통적 원가계산보나 원가관리에 효과적이다.
> ㄷ. 활동기준원가계산에서는 제품의 생산수량과 직접 관련이 없는 비단위기준 원가동인을 사용하지 않는다.
> ㄹ. 활동기준원가계산은 전통적인 간접원가 배부방법에 비해 인과관계를 반영하는 배부기준을 찾아내는데 많은 노력이 투입되지 않는다.

① ㄱ, ㄴ
② ㄱ, ㄷ
③ ㄱ, ㄷ, ㄹ
④ ㄴ, ㄷ, ㄹ

15 ▶ 2023 경찰간부

활동기준원가계산(ABC)을 적용하기 위해서 일반적으로 다음과 같은 절차를 수행하게 된다. 활동기준원가계산의 적용 절차로 가장 옳은 것은?

> 가. 활동중심점의 설정 및 원가 집계
> 나. 활동 분석
> 다. 제조간접가의 배부
> 라. 활동원가동인의 선택
> 마. 활동별 제조간접원가 배부율의 계산

① 나 → 가 → 라 → 마 → 다
② 나 → 라 → 마 → 가 → 다
③ 나 → 가 → 라 → 다 → 마
④ 나 → 라 → 가 → 마 → 다

16 ▶ 2023 관세사

활동기준원가계산에 관한 설명으로 옳지 않은 것은?

① 활동별로 합리적인 원가동인(cost driver)을 설정하므로 실적과 성과평가의 연관성이 명확해진다.
② 제품구성이 자주 변화하는 기업이라도 활동기준원가계산을 사용하면 신축적인 원가계산이 가능하다.
③ 제조간접원가의 비중이 큰 기업일수록 활동기준원가계산을 도입하면 정확한 원가계산이 가능하다.
④ 활동분석을 통해 비부가가치 활동을 제거하므로 원가절감에 도움이 된다.
⑤ 원가동인인 묶음(batch)크기를 줄이면 묶음수준 활동원가가 절감된다.

17 ▶ 2022 세무사

활동기준원가계산(ABC)에 관한 설명으로 옳지 않은 것은?

① 제조기술이 발달되고 공장이 자동화되면서 증가되는 제조간접원가를 정확하게 제품에 배부하고 효과적으로 관리하기 위한 원가계산기법이다.
② 설비유지원가(facility sustaining cost)는 원가동인을 파악하기가 어려워 자의적인 배부기준을 적용하게 된다.
③ 제품의 생산과 서비스 제공을 위해 수행하는 다양한 활동을 분석하고 파악하여, 비부가가치활동을 제거하거나 감소시킴으로써 원가를 효율적으로 절감하고 통제할 수 있다.
④ 원가를 소비하는 활동보다 원가의 발생행태에 초점을 맞추어 원가를 집계하여 배부하기 때문에 전통적인 원가계산보다 정확한 제품원가 정보를 제공한다.
⑤ 고객별·제품별로 공정에서 요구되는 활동의 필요량이 매우 상이한 경우에 적용하면 큰 효익을 얻을 수 있다.

18 ▶ 2022 회계사

활동기준원가계산에 대한 다음 설명 중 옳지 않은 것은?

① 활동기준원가계산은 발생한 원가를 활동중심점별로 집계하여 발생한 활동원가동인수로 배부하는 일종의 사후원가계산제도이다.
② 활동기준원가계산을 활용한 고객수익성분석에서는 제품원가뿐만 아니라 판매관리비까지도 활동별로 집계하여 경영자의 다양한 의사결정에 이용할 수 있다.
③ 제조간접원가에는 생산량 이외의 다른 원가동인에 의하여 발생하는 원가가 많이 포함되어 있다.
④ 활동이 자원을 소비하고 제품이 활동을 소비한다.
⑤ 원재료구매, 작업준비, 전수조사에 의한 품질검사는 묶음수준활동(batch level activities)으로 분류된다.

19

다음의 활동기준원가계산과 관련된 설명 중 가장 옳지 않은 것은?

① 활동분석과 원가동인의 파악에 소요되는 비용과 시간이 크다는 단점이 존재한다.
② 활동기준원가계산은 활동에 대한 정보를 제공함으로써 원가정보뿐만 아니라 관리회계 목적의 정보도 제공할 수 있다.
③ 각 활동별로 적절한 배부기준을 사용하여 원가를 배부하기 때문에 종전에는 제품별로 추적불가능하던 제조간접원가도 개별제품에 추적가능한 직접원가로 인식되어져 원가계산이 보다 정확해진다.
④ 직접노무원가와 같은 직접원가의 증가로 인해 새로운 원가배부기준이 필요하게 되었다.

20

다음 중 활동기준원가계산에 대한 설명으로 옳지 않은 것은?

① 활동기준원가계산은 생산환경의 변화에 따라 증가되는 제조간접원가를 좀 더 정확하게 제품에 배부하고 효과적으로 관리하기 위한 새로운 원가 계산 방법이다.
② 활동기준원가계산방법에서는 일반적으로 활동의 유형을 단위수준활동, 묶음수준활동(뱃치수준활동), 제품유지활동, 설비유지활동의 4가지로 구분한다.
③ 제품유지활동은 주로 제조공정이나 생산설비 등을 유지하고 관리하기 위하여 수행되는 활동으로 공장시설관리, 환경관리, 안전유지관리, 제품별 생산설비관리 등이 해당된다.
④ 단위수준활동은 한 단위의 제품을 생산하는 데 수반되어 이루어지는 활동으로서 주로 생산량에 비례적으로 발생하며, 주로 직접노무시간, 기계작업시간 등을 원가동인으로 한다.

21 ▶ 2020 보험계리사

다음 중 결합원가계산에 대한 설명으로 옳지 않은 것은?

① 물량기준법은 제품의 판매가격을 알 수 없을 때 유용하게 사용될 수 있다.
② 부산물의 회계처리방법에 따라 연산품에 배분될 결합원가의 금액은 달라진다.
③ 분리점판매가치법은 분리점에서 연산품의 매출총이익률을 같게 만든다.
④ 균등이익률법에서는 조건이 같다면 추가가공원가가 높은 제품에 더 많은 결합원가가 배분된다.

22

결합원가에 대한 설명으로 옳지 않은 것은?

① 물량기준법은 모든 연산품의 물량 단위당 결합원가배부액이 같아진다.
② 분리점판매가치법(상대적 판매가치법)은 분리점에서 모든 연산품이 판매될 경우 매출총이익률이 일치한다.
③ 균등이익률법은 추가가공 후 모든 연산품의 매출총이익률을 같게 만든다.
④ 순실현가치법은 추가가공 후 모든 연산품의 매출총이익률을 같게 만든다.

23

결합제품이 A, B 두 종류이고, 두 제품이 모두 분리 후에도 즉시 판매가능하며, 결합원가의 배분에 순실현가치법을 사용하고 있는 회사가 제품 A의 단위당 판매가격을 인상하면 다음 중 어떤 결과가 발생하는가?

① 제품 A에 배부되는 결합원가가 증가한다.
② 제품 A의 매출총이익률이 제품 B의 매출총이익률보다 커진다.
③ 제품 B에 배부되는 결합원가가 증가된다.
④ 제품 A의 판매량도 증가한다.

24 ▶ 2025 경찰간부

다음 중 옳지 않은 것은?

① 전부원가계산에서는 영업이익이 판매량뿐만 아니라 생산량에 의해서도 영향을 받으며, 생산량이 증가하면 비용화되지 않는 고정제조간접원가가 증가하여 영업이익이 증가하므로 경영자는 생산량을 증가시키는 유인을 갖게 된다.
② 단기적으로 고정원가는 지출이 확정되어 있으므로 경영자는 조업도가 증가함에 따라서 원가가 변화하는 변동원가에 관심을 가지게 되는데, 변동원가계산에서는 변동원가와 공헌이익에 대한 정보를 제공하므로 단기의사결정과 성과평가에 유용하다.
③ 초변동원가계산에서는 직접재료원가 외에는 기간원가로 처리하기 때문에 제조간접원가를 변동원가와 고정원가로 구분할 필요가 없다.
④ 초변동원가계산에서는 경영자가 재고자산을 최대로 보유하도록 유도하여 생산량이 불필요하게 증가할 수 있다.

25 ▶ 2025 감정평가사

전부원가계산, 변동원가계산 및 초변동원가계산에 관한 설명으로 옳지 않은 것은?

① 초변동원가계산은 직접재료원가만을 제품원가에 포함하고 나머지 제조원가는 모두 기간비용으로 처리한다.
② 변동원가계산은 이익계획 및 의사결정 목적에 유용하도록 원가를 변동원가와 고정원가로 분류하고 공헌이익을 보고한다.
③ 전부원가계산하의 영업이익은 판매량뿐만 아니라 생산량의 변화에도 영향을 받지만, 변동원가계산하의 영업이익은 판매량에 의해서만 영향을 받는다.
④ 전부원가계산과 변동원가계산은 수익과 비용의 대응원칙에 부합되는 원가계산방법으로 외부보고 및 조세 목적을 위해서 일반적으로 인정되는 방법이다.
⑤ 초변동원가계산은 판매량이 일정한 경우에 생산량이 증가할수록 기간비용화되는 변동가공원가가 증가하여 영업이익이 감소되므로 불필요한 재고의 누적을 방지하는 효과가 변동원가계산보다 크다.

26

다른 조건이 동일한 경우 변동원가계산의 당기순이익이 전부원가계산의 당기순이익보다 큰 경우에 해당하는 것은?

① 판매량이 생산량을 초과하는 경우
② 변동제조원가가 증가한 경우
③ 고정제조원가가 증가한 경우
④ 판매량과 생산량이 같은 경우

27 ▶ 2020 감정평가사

다음 중 전부원가계산, 변동원가계산 및 초변동원가계산에 대한 설명으로 옳지 않은 것은?

① 전부원가계산의 영업이익은 일반적으로 생산량과 판매량에 의해 영향을 받는다.
② 변동원가계산에서는 원가를 기능에 따라 구분하여 변동원가와 고정원가로 분류한다.
③ 변동원가계산은 전부원가계산보다 손익분기점 분석에 더 적합하다.
④ 초변동원가계산에서는 직접재료원가만을 재고가능원가로 본다.

28

전부원가계산과 변동원가계산에 대한 설명으로 옳지 않은 것은?

① 변동원가계산은 전부원가계산보다 손익분기점 분석에 더 적합하다.
② 당기 매출액이 손익분기점 매출액보다 작더라도 변동원가계산에서는 이익이 보고될 수 있다.
③ 전부원가계산의 영업이익은 일반적으로 생산량과 판매량에 영향을 받는다.
④ 변동원가계산은 변동제조원가만이 제품원가에 포함된다.

29 ▶ 2016 관세사

전부원가계산과 변동원가계산에 관한 설명으로 옳은 것은?

① 변동원가계산은 고정제조간접원가를 제품원가에 포함시키므로 생산량 변동에 따라 제품단위당 원가가 달라져서 경영자가 의사결정할 때 혼란을 초래할 수 있다.
② 전부원가계산은 영업이익이 판매량뿐만 아니라 생산량에 의해서도 영향을 받기 때문에 과다생산에 의한 재고과잉의 우려가 있다.
③ 전부원가계산은 원가를 변동원가와 고정원가로 분류하여 공헌이익을 계산하므로 경영의사결정, 계획수립 및 통제목적에 유용한 정보를 제공한다.
④ 변동원가계산은 외부보고용 재무제표를 작성하거나 법인세를 결정하기 위한 조세목적을 위해서 일반적으로 인정되는 원가계산방법이다.
⑤ 초변동원가계산은 직접재료원가와 직접노무원가만을 재고가능원가로 처리하므로 불필요한 재고자산의 보유를 최소화하도록 유인할 수 있다.

30

원가-조업도-이익분석과 관련된 설명으로 옳지 않은 것은? (단, 문제에서 주어진 상황을 제외하고는 다른 조건은 달라지지 않는다고 가정한다.)

① 법인세율이 증가하면 같은 세후 목표이익을 달성하기 위한 판매량은 많아진다.
② 단위당 변동원가가 작아지면 손익분기점이 낮아진다.
③ 공헌이익률이 증가하면 목표이익을 달성하기 위한 매출액이 작아진다.
④ 법인세율이 증가하면 손익분기점이 높아진다.

CHAPTER 18 정부회계

1 이론 정리 및 이해 확인

I. 국가회계와 지방자치단체 회계의 비교

구 분	국가회계	지방자치단체회계
관련 법	「국가회계법」, 「국가재정법」	「지방회계법」, 「지방재정법」
회계기준	「국가회계기준에 관한 규칙」	「지방자치단체 회계기준에 관한 규칙」
관련 부처	기획재정부	행정안전부
회계실체	일반, 특별, 기금	(유형별 회계실체의 구분) 일반, 기타특별, 기금, 지방공기업특별
결산보고서	결산개요, 세입·세출결산, 재무제표, 성과보고서	
공인회계사 감사 및 검토	일정 규모 이상(5,000억원)의 민간기금은 회계법인의 **회계감사보고서 첨부**	재무제표에 대한 공인회계사의 **검토의견서 첨부**
재무제표의 목적	• 재정상태 및 그 변동과 재정운영결과에 관한 정보 • 국가사업의 목적을 능률적·효과적으로 달성하였는지에 관한 정보 • 예산과 그 밖의 관련 법규의 준수에 관한 정보	• 재정상태, 재정운영성과, 현금흐름 및 순자산변동에 관한 정보 • 당기의 수입이 당기의 서비스를 제공하기에 충분하였는지 또는 미래의 납세자가 과거에 제공된 서비스에 대한 부담을 지게 되었는지에 관한 기간 간의 형평성에 관한 정보 • 예산과 그 밖의 관련 법규의 준수에 관한 정보
재무제표	• 재정상태표 • 재정운영표 • 순자산변동표 • 주석 • 현금흐름표	• 재정상태표 • 재정운영표 • 순자산변동표 • 주석 • 현금흐름표
재무제표 부속서류		필수보충정보, 부속명세서

독한훈련

Ⅰ. 국가회계와 지방자치단체 회계의 비교

1. ① 국가회계기준의 근거법률: _____, _____
   ② 지방자치단체 회계기준의 근거법률: _____, _____

2. ① 국가회계실체는 _____, _____, _____ 회계로 나뉜다.
   ② 유형별 회계실체는 지방자치단체의 구분에 따라 일반, 기타특별, _____, 지방공기업특별회계로 구분한다.

3. 국가와 지방자치단체의 결산보고서는 결산개요, _____, _____, 성과보고서로 구성되어 있다.

4. ① 국가회계는 일정 규모 이상의 민간기금의 경우 회계법인의 (감사보고서 / 검토의견서)를 첨부해야 한다.
   ② 지방자치단체 회계는 재무제표에 대한 공인회계사의 (감사보고서 / 검토의견서)를 첨부해야 한다.

5. 공공회계의 책임에 대해 기간 간의 형평성에 대한 정보를 보고할 책임은 (국가회계기준 / 지방자치단체 회계기준)에 명시되어 있다.

6. ① 국가회계는 재무제표에 현금흐름표를 포함(한다 / 하지 않는다).
   ② 지방자치단체 회계의 재무제표는 _____, _____, _____, _____, _____ 이다.

7. 지방자치단체 회계기준은 재무제표에 대한 부속서류로 _____ 와(과) 부속명세서를 명시하고 있다.

정답 Ⅰ. 1. ① 「국가회계법」「국가재정법」 ② 「지방회계법」「지방재정법」 2. ① 일반, 특별, 기금 ② 기금 3. 세입·세출결산, 재무제표 4. ① 감사보고서 ② 검토의견 5. 지방자치단체 회계기준 6. ① 한다 ② 재정상태표, 재정운영표, 순자산변동표, 주석, 현금흐름표 7. 필수보충정보

구 분	국가회계	지방자치단체 회계
일반원칙	전제: 발생주의 + 복식부기 • 회계처리는 신뢰할 수 있도록 객관적인 자료와 증거에 따라 공정하게 이루어져야 한다. • 재무제표의 양식, 과목 및 회계용어는 이해하기 쉽도록 간단명료하게 표시하여야 한다. • 중요한 회계방침, 회계처리기준, 과목 및 금액에 관하여는 그 내용을 재무제표에 충분히 표시하여야 한다. • 회계처리에 관한 기준 및 추정은 기간별 비교가 가능하도록 기간마다 계속하여 적용하고 정당한 사유가 없이는 변경해서는 아니 된다. • 회계처리와 재무제표 작성을 위한 계정과목과 금액은 그 중요성에 따라 실용적인 방법으로 결정하여야 한다. • 회계처리는 거래사실과 경제적 실질을 반영할 수 있어야 한다.	
재무제표 작성의 원칙	• 재무제표는 해당 회계연도분과 직전 회계연도분을 비교하는 형식으로 작성한다. • 비교하는 형식으로 작성되는 두 회계연도의 재무제표는 계속성의 원칙에 따라 작성하며, 변경내용이 있을 때는 그 내용을 주석으로 공시한다. • 재무제표의 과목은 해당 항목의 중요성에 따라 별도의 과목으로 표시하거나 다른 과목으로 통합하여 표시할 수 있다. • 재무제표를 통합하여 작성할 경우 내부거래는 상계하여 작성한다. • 출납정리기한 중 발생하는 거래에 대한 회계처리는 해당 회계연도에 발생한 거래로 보아 해당 회계연도의 거래로 처리한다.	• 재무제표는 일반회계·기타특별회계·기금회계 및 지방공기업특별회계의 유형별 재무제표를 통합하여 작성한다. 이 경우 내부거래는 상계하고 작성한다. • 유형별 회계실체의 재무제표를 작성할 때는 해당 유형에 속한 개별 회계실체의 재무제표를 합산하여 작성한다. 이 경우 유형별 회계실체 안에서의 내부거래는 상계하고 작성한다. • 개별 회계실체의 재무제표를 작성할 때에는 지방자치단체 안의 다른 개별 회계실체와의 내부거래를 상계하지 아니한다. 이 경우 내부거래는 해당 지방자치단체에 속하지 아니한 다른 회계실체 등과의 거래와 동일한 방식으로 회계처리한다. • 재무제표는 당해 회계연도분과 직전 회계연도분을 비교하는 형식으로 작성되어야 한다. 이 경우 비교식으로 작성되는 양 회계연도의 재무제표는 계속성의 원칙에 따라 작성되어야 하며 회계정책과 회계추정의 변경이 발생한 경우에는 그 내용을 주석으로 공시하여야 한다. • 출납폐쇄기한 내의 세입금 수납과 세출금 지출은 해당 회계연도의 거래로 처리한다.
출납정리(폐쇄)기한	다음 연도 1월 20일	• 세입금: 다음 연도 1월 20일 • 일상경비: 다음 연도 1월 20일 • 세입·세출에 관한 사무 종료: 다음 연도 2월 10일
결산일정	• 중앙 ⇨ 기획재정부: 2월 말 • 기획재정부 ⇨ 감사원: 4월 10일 • 감사원 ⇨ 기획재정부: 5월 20일 • 기획재정부 ⇨ 국회: 5월 31일	• 단체장 ⇨ 검사위원: 결산서 및 공인회계사 검토의견 • 단체장 ⇨ 지방의회: 5월 31일까지 결산서 및 검사의견 • 단체장 ⇨ 행정안전부: 5일 이내

독한훈련

8. ① 국가회계와 지방자치단체 회계는 회계처리와 재무보고에 대해 발생주의와 ▭ 방식에 의해 작성할 것을 명시하고 있다.
② 「국가회계기준에 관한 규칙」의 일반원칙은 다음과 같다.
- 회계처리는 신뢰할 수 있도록 객관적인 자료와 증거에 따라 ▭ 하게 이루어져야 한다.
- 재무제표의 양식, 과목 및 회계용어는 ▭ 하기 쉽도록 간단명료하게 표시하여야 한다.
- 중요한 회계방침, 회계처리기준, 과목 및 금액에 관하여는 그 내용을 재무제표에 ▭ 표시하여야 한다.
- 회계처리에 관한 기준 및 추정은 기간별 ▭ 이(가) 가능하도록 기간마다 계속하여 적용하고 정당한 사유가 없이는 변경해서는 아니 된다.
- 회계처리와 재무제표 작성을 위한 계정과목과 금액은 그 ▭ 에 따라 실용적인 방법으로 결정하여야 한다.
- 회계처리는 거래사실과 ▭ 실질을 반영할 수 있어야 한다.

9. 「국가회계기준에 관한 규칙」에서 규정하고 있는 재무제표 작성의 원칙은 다음과 같다.
① 재무제표는 해당 회계연도분과 직전 회계연도분을 ▭ 하는 형식으로 작성한다.
② 비교하는 형식으로 작성되는 두 회계연도의 재무제표는 ▭ 의 원칙에 따라 작성하며, 변경내용이 있을 때는 그 내용을 (필수보충정보 / 주석)(으)로 공시한다.
③ 재무제표의 과목은 해당 항목의 ▭ 에 따라 별도의 과목으로 표시하거나 다른 과목으로 통합하여 표시할 수 있다.
④ 재무제표를 통합하여 작성할 경우 내부거래는 ▭ 하여 작성한다.
⑤ 출납정리기한 중 발생하는 거래에 대한 회계처리는 (해당 / 차기)회계연도에 발생한 거래로 보아 회계처리한다.

10. 「지방자치단체 회계기준에 관한 규칙」에서 규정하고 있는 재무제표 작성의 원칙은 다음과 같다.
① 재무제표는 유형별 회계실체를 통합하여 작성하고 이때 내부거래는 상계(한다 / 하지 않는다).
② 유형별 회계실체의 재무제표를 작성할 때 해당 유형에 속한 개별 회계실체의 재무제표를 합산하여 작성하고, 내부거래는 상계(한다 / 하지 않는다).
③ 개별 회계실체의 재무제표를 작성할 때에는 지방자치단체 안의 다른 개별 회계실체와의 내부거래를 상계(한다 / 하지 않는다).
④ 재무제표는 당해 회계연도분과 직전 회계연도분을 ▭ 하는 형식으로 작성되어야 한다. 이 경우 ▭ 의 원칙에 따라 작성되어야 하며 회계정책과 회계추정의 변경이 발생한 경우에는 그 내용을 (필수보충정보 / 주석)(으)로 공시하여야 한다.
⑤ 출납폐쇄기한 내의 세입금 수납과 세출금 지출은 (차기 / 해당) 회계연도의 거래로 처리한다.

11. ① 국가회계기준에서는 출납정리기한 중에 발생하는 거래에 대한 회계처리는 수입되거나 지출된 시점이 아니라 (차기 / 해당) 회계연도 말일에 발생한 거래로 본다. 「국고금관리법 시행령」에서는 한국은행 등은 매 회계연도의 수입금이나 지출금을 해당 회계연도 말일까지 수납하거나 지출하도록 규정하고 있다. 다만, 일정한 경우에는 다음 회계연도 1월 ▭ 일까지 수납할 수 있도록 하고 있는데, 이를 '출납정리기한'이라고 한다.
② 지방자치단체 회계의 출납은 회계연도가 끝나는 날 폐쇄한다. 다만, 출납원이 수납한 세입금은 회계연도 종료일부터 ▭ 일까지 지방자치단체 금고에 납입할 수 있다. 일상경비는 회계연도 종료일부터 ▭ 일까지 반납할 수 있다. 출납폐쇄기한 내의 세입금의 수납과 세출금의 지출은 (차기 / 해당) 회계연도의 거래로 회계처리한다. 회계연도에 속하는 세입·세출의 출납에 관한 사무는 다음 해 2월 ▭ 일까지 마쳐야 한다.

12. 국가결산보고서의 작성 및 제출절차와 일정은 다음과 같다.

구 분	누 가	언제까지	누구에게
① 중앙관서 결산보고서 제출	각 중앙관서의 장	( )까지	(기획재정부 / 행정안전부) 장관에게 제출
② 국가결산보고서 제출	기획재정부는 국가결산보고서를 작성하고, 대통령의 승인을 받은 후	( )까지	감사원에 제출
③ 국가결산보고서 검사	감사원은 국가결산보고서를 검토하고	( )까지	기획재정부장관에게 송부
④ 국가결산보고서 국회 제출	기획재정부는 국가결산보고서를	( )까지	( )에 제출

정답 8. ① 복식부기 ② 공정, 이해, 충분히, 비교, 중요성, 경제적 **9.** ① 비교 ② 계속성, 주석 ③ 중요성 ④ 상계 ⑤ 해당
10. ① 한다 ② 한다 ③ 하지 않는다 ④ 비교, 계속성, 주석 ⑤ 해당 **11.** ① 해당, 20 ② 20, 20, 해당, 10
12. ① 2월 말, 기획재정부 ② 4월 10일 ③ 5월 20일 ④ 5월 31일, 국회

Ⅱ. 국가회계

01 재정상태표

작성기준	• 총액 표시: 자산·부채 및 순자산은 총액으로 표시한다.
자산의 정의	• 자산은 과거의 거래나 사건의 결과로 현재 국가회계실체가 소유(실질적으로 소유하는 경우를 포함) 또는 통제하고 있는 자원으로서, 미래에 공공서비스를 제공할 수 있거나 직접 또는 간접적으로 경제적 효익을 창출하거나 창출에 기여할 것으로 기대되는 자원을 말한다. • 자산은 금융자산, 유·무형자산 및 기타 자산으로 구분한다.
자산의 인식기준	• **인식기준**: 자산은 공공서비스를 제공할 수 있거나 직·간접적으로 경제적 효익을 창출하거나 창출에 기여할 가능성이 매우 높고, 그 가액을 신뢰성 있게 측정할 수 있을 때 인식한다. • **유산자산**: 현재세대와 미래세대를 위해 정부가 영구히 보존하여야 할 자산으로서 역사적, 자연적, 문화적, 교육적 및 예술적으로 중요한 가치를 갖는 자산(이하 '유산자산')은 자산으로 인식하지 아니하고 그 종류와 현황 등을 주석으로 공시한다. • **국가안보자산**: 국가안보와 관련된 자산은 기획재정부장관과 협의하여 자산으로 인식하지 아니할 수 있다. 이 경우 해당 중앙관서의 장은 해당 자산의 종류, 취득시기 및 관리현황 등을 별도의 장부에 기록하여야 한다.
자산의 종류	• **금융자산**: 현금 또는 현금을 수취하거나 유리한 조건으로 자산을 교환할 수 있는 계약상의 권리인 자산으로서, 현금및현금성자산, 금융상품, 투자증권, 정부출자금, 대여금, 미수채권, 기타 금융자산을 말한다. • **유·무형자산**: ① 일반유형자산, 사회기반시설 및 무형자산으로 구분 ② 일반유형자산: 고유한 행정활동에 1년을 초과하여 사용할 목적으로 취득한 자산(사회기반시설 제외) ③ 사회기반시설: 국가의 기반을 형성하기 위해 대규모로 투자하여 건설하고 그 경제적 효과가 장기간에 걸쳐 나타나는 자산 ④ 무형자산: 물리적 실체는 없으나 일정기간 독점적, 배타적으로 이용할 수 있는 권리인 자산 • **기타 자산**: 금융자산과 유·무형자산에 해당하지 않는 자산을 말한다.
부채의 정의	• 부채는 과거의 거래나 사건의 결과로 국가회계실체가 부담하는 의무로서, 그 이행을 위해 미래에 자원의 유출 또는 사용이 예상되는 현재의 의무를 말한다. • 부채는 차입부채, 충당부채 및 기타 부채로 구분한다.
부채의 인식기준	• 부채는 현재의무 중 의무이행을 위해 지출이 발생할 가능성이 매우 높고, 그 금액을 신뢰성 있게 측정할 수 있을 때 인식한다. • 국가안보와 관련된 부채는 기획재정부장관과 협의하여 부채로 인식하지 아니할 수 있다. 이 경우 해당 중앙관서의 장은 해당 부채의 종류, 취득시기 및 관리현황 등을 별도의 장부에 기록하여야 한다.

Ⅱ. 국가회계

01 재정상태표

1. ① 국가회계의 재정상태표상에 자산, 부채 및 순자산은 (순액 / **총액**)으로 표시한다.

2. ① 국가회계에서의 자산은 과거의 거래나 사건의 결과로 현재 국가회계실체가 통제하거나 소유한 자원으로서 실질적으로 소유한 경우를 포함(**한다** / 하지 않는다).
   ② 국가회계의 자산은 금융자산, _____(유·무형자산) 및 기타 자산으로 구분한다.

3. ① 국가회계기준에서 자산은 공공서비스를 제공하거나 경제적 효익의 창출가능성이 (높고 / **매우 높고** / 거의 확실하고), 그 가액을 신뢰성 있게 측정할 수 있을 때 인식한다.
   ② 국가회계기준에서 현재세대와 미래세대를 위해 정부가 영구히 보존하여야 할 자산은 자산으로 인식(해야 하며 / **하지 않고**) 그 종류와 현황 등을 (**주석** / 필수보충정보)(으)로 공시한다.
   ③ 국가회계기준에서 국가안보와 관련된 자산은 (국방부장관 / **기획재정부장관**)과 협의하여 자산으로 인식(**하지 않을 수 있다** / 해야만 한다).

4. ① _____(금융자산)은(는) 현금 또는 현금을 수취하거나 유리한 조건으로 자산을 교환할 수 있는 계약상의 권리인 자산으로서, 현금및현금성자산, 금융상품, 투자증권, 정부출자금, 대여금, 미수채권, 기타 금융자산을 말한다.
   ② _____(유·무형자산)은(는) 일반유형자산, 사회기반시설 및 무형자산으로 구분한다.
   ③ _____(일반유형자산)은(는) 고유한 행정활동에 1년을 초과하여 사용할 목적으로 취득한 자산[사회기반시설은 (포함 / **제외**)한다]을 말한다.
   ④ _____(사회기반시설)은(는) 국가의 기반을 형성하기 위하여 대규모로 투자하여 건설하고 그 경제적 효과가 장기간에 걸쳐 나타나는 자산을 말한다.
   ⑤ _____(무형자산)은(는) 일정기간 독점적·배타적으로 이용할 수 있는 권리인 자산을 말한다.
   ⑥ _____(기타 자산)은(는) 금융자산과 유·무형자산에 해당하지 않는 자산을 말한다.

5. ① 국가회계기준상 부채는 과거의 거래나 사건의 결과로 국가회계실체가 부담하는 의무로서, 그 이행을 위해 미래에 자원의 유출 또는 사용이 예상되는 (과거 / **현재** / 미래)의 의무를 말한다.
   ② 국가회계기준상 부채는 차입부채, _____(충당부채) 및 기타 부채로 구분한다.

6. ① 국가회계기준에서 부채는 현재의무 중 의무이행을 위해 지출이 발생할 가능성이 (높고 / **매우 높고** / 거의 확실하고), 그 금액을 신뢰성 있게 측정할 수 있을 때 인식한다.
   ② 국가안보와 관련된 부채는 기획재정부장관과 협의하여 부채로 인식(해야 한다 / **하지 않을 수 있다**).

정답 Ⅱ. 01 1.①총액 2.①한다 ②유·무형자산 3.①매우 높고 ②하지 않고, 주석 ③기획재정부장관, 하지 않을 수 있다 4.①금융자산 ②유·무형자산 ③일반유형자산, 제외 ④사회기반시설 ⑤무형자산 ⑥기타 자산 5.①현재 ②충당부채 6.①매우 높고 ②하지 않을 수 있다

부채의 종류	• **차입부채**: 금융자산을 지급하거나 불리한 조건으로 금융자산을 교환해야 하는 부채로서, 국채, 차입금, 국고채무부담행위액 및 기타 차입부채를 말한다. • **충당부채**: 지출시기 또는 지출금액이 불확실한 부채로서 연금충당부채, 퇴직수당충당부채, 보증충당부채, 보험충당부채 및 기타 충당부채를 말한다. • **기타 부채**: 차입부채와 충당부채에 해당하지 않는 부채를 말한다.

자산의 평가기준	• 일반기준
	  ① 원칙: 취득원가를 기초로 하여 계상
	  ② 무주부동산의 취득, 국가 외의 상대방과의 교환, 기부채납: 취득 당시 공정가액을 취득원가로 인식
	  ③ 관리전환의 취득원가: 무상거래일 경우 자산의 장부가액, 유상거래일 경우 공정가액을 취득원가로 함
	  ④ 감액손실 = 회수가능가액* - 장부가액: 재정운영결과에 반영
	    *회수가능가액 = max[순실현가능가치, 사용가치]
	  ⑤ 감액손실환입: 재정운영결과에 반영
	  ⑥ 환입의 한도: 감액한 자산의 회수가능가액이 차기 이후에 해당 자산이 감액되지 아니하였을 경우의 장부가액 이상으로 회복되는 경우에는 그 장부가액을 한도로 환입
	• 투자증권
	  ① 원칙: 취득원가 = 매입가액 + 부대비용(종목별로 총평균법 적용)
	  ② 채무증권: 상각후원가
	  ③ 지분증권: 취득원가
	  ④ 재정상태표일 현재 신뢰성 있게 공정가액을 측정할 수 있는 경우: 공정가액(장부가액과 공정가액의 차이금액: 순자산조정에 반영)
	  ⑤ 정부출자금: 취득원가 = 출자액 or 매입가액 + 부대비용(품목별로 총평균법 등 적용)
	• 대여금 및 미수채권: 대손충당금 평가(융자사업에서 발생한 대여금: 융자보조원가충당금 평가)
	• 재고자산
	  ① 선입선출법으로 평가(개별법, 이동평균법 등 적용 가능, 주석 공시)
	  ② 재고자산평가방법의 변경: 회계정책의 변경
	  ③ 저가법 평가(원재료: 현행대체원가, 그 외: 순실현가능액)
	• 압수품·몰수품
	  ① 화폐성: 압류 또는 몰수 당시의 시장가격
	  ② 비화폐성: 압류 또는 몰수 당시 감정가액 또는 공정가액 평가, 평가된 가액을 주석으로 표시
	• 일반유형자산
	  ① 취득원가 = 자산의 건설원가 또는 매입가액 + 부대비용
	  ② 감가상각: 정액법 등
	  ③ 사용수익권: 자산의 (-) 표시
	  ④ 재평가: 선택 가능 ⇨ 평가이익은 순자산변동표상의 순자산 조정

독한훈련

7. ① _____은(는) 금융자산을 지급하거나 불리한 조건으로 금융자산을 교환해야 하는 부채로서, 국채, 차입금, 국고채무부담행위액 및 기타 차입부채를 말한다.
② _____은(는) 지출시기 또는 지출금액이 불확실한 부채로서 연금충당부채, 퇴직수당충당부채, 보증충당부채, 보험충당부채 및 기타 충당부채를 말한다.

8. ① 국가회계기준에서 재정상태표에 표시하는 자산의 가액은 해당 자산의 _____을(를) 기초로 하여 인식한다. 다만, 무주부동산의 취득, 국가 외의 상대방과의 교환 또는 _____ 등으로 취득한 경우에는 취득 당시의 _____을(를) 취득원가로 한다.
② 국가회계실체 사이에 발생하는 관리전환은 무상거래일 경우에는 자산의 (공정가액 / 장부가액)을 취득원가로 하고, 유상거래일 경우에는 자산의 (공정가액 / 장부가액)을 취득원가로 한다.
③ 국가회계기준에서 자산의 회수가능가액이 장부가액에 미달하고 장부가액과 회수가능가액의 차액을 그 자산에 대한 감액손실의 과목으로 (재정운영순원가 / 재정운영결과)에 반영한다. 다만, 감액한 자산의 회수가능가액이 회복되는 경우에는 감액 전의 장부가액을 한도로 하여 감액손실환입 과목으로 (재정운영순원가 / 재정운영결과)에 반영한다.
④ 국가회계기준에서의 회수가능가액은 (순공정가치 / 순실현가능가치)와(과) 사용가치의 (최댓값 / 최솟값)이다.

9. ① 국가회계기준에서 투자증권은 매입가액에 부대비용을 더하고 종목별로 _____ 등을 적용하여 산정한 가액을 취득원가로 한다.
② 국가회계기준에서 채무증권은 _____(으)로 평가하고, 지분증권은 (취득원가 / 공정가액)(으)로 평가한다. 다만, _____ 현재 신뢰성 있게 공정가액을 측정할 수 있는 경우에는 공정가액으로 평가하며, 장부가액과 공정가액의 차이금액은 (재정운영결과 / 순자산조정)에 반영한다.

10. 국가회계기준에서는 미수채권에 대한 대손충당금 설정을 인정(한다 / 하지 않는다).

11. ① 국가회계기준에서 재고자산은 제조원가 또는 매입가액에 부대비용을 더한 금액을 취득원가로 하고, 품목별로 _____을(를) 적용하여 평가하는 것을 원칙으로 한다. 단, 개별법, 이동평균법도 인정되며 이를 사용할 경우 _____에 공시한다.
② 국가회계기준에서는 저가법 평가를 인정(한다 / 하지 않는다).
③ 국가회계기준에서 저가법으로 평가할 경우 원재료의 경우 _____을(를) 시가로 인식하고, 원재료 외의 경우 _____을(를) 시가로 인식한다.

12. 국가회계기준에서 압수품이나 몰수품의 경우 판결이나 법령에 따라 국가에 귀속된 때에 (화폐성 / 비화폐성) 자산은 압류 또는 몰수 당시의 시장가격으로 평가하여 표시하고, (화폐성 / 비화폐성) 자산은 감정가액 또는 공정가액 등으로 평가하여 표시한다.

13. ① 국가회계기준에서 일반유형자산은 해당 자산의 건설원가 또는 매입가액에 부대비용을 더한 금액을 취득원가로 하고, 객관적이고 합리적인 방법으로 추정한 기간에 (정액법 / 정액법 등)을 적용하여 감가상각한다.
② 국가회계기준에서 자산의 사용수익권은 (자산의 차감 / 별도의 자산 / 별도의 부채)(으)로 표시한다.
③ 국가회계기준에서 일반유형자산의 재평가는 허용(된다 / 되지 않는다).

정답 7. ① 차입부채 ② 충당부채 8. ① 취득원가, 기부채납, 공정가액 ② 장부가액, 공정가액 ③ 재정운영결과, 재정운영결과 ④ 순실현가능가치, 최댓값 9. ① 총평균법 ② 상각후취득원가, 취득원가, 재정상태일, 순자산조정 10. 한다 11. ① 선입선출법, 주석 ② 한다 ③ 현행대체원가, 순실현가능액 12. 화폐성, 비화폐성 13. ① 정액법 등 ② 자산의 차감 ③ 된다

자산의 평가기준	• 사회기반시설 ① 정액법 등으로 감가상각(일반유형자산 준용) ② 용역잠재력이 유지되는 사회기반시설: 감가상각하지 않을 수 있다(단, 효율적인 사회기반시설 관리시스템으로 사회기반시설의 용역잠재력이 취득 당시의 수준으로 유지된다는 것이 객관적으로 증명되는 경우로 한정). ③ 사용수익권: 자산의 (-) 표시 ④ 재평가: 선택 가능 ⇨ 평가이익은 순자산변동표상의 순자산 조정 • 무형자산 ① 취득원가 = 개발원가 또는 매입가액 + 부대비용 ② 상각: 정액법(사용할 수 있는 시점부터 상각) ③ 상각기간: 법령이나 계약에서 정한 경우를 제외하고 20년을 초과할 수 없다. • 유·무형자산의 취득 후 지출 ① 내용연수를 연장시키거나 가치를 실질적으로 증가시키는 지출: 자산의 증가 ② 원상회복시키거나 능률유지를 위한 지출: 비용
부채의 평가기준	• 일반기준 ① 원칙: 만기상환가액(현재가치를 평가하지 않음) ② 국채 및 공채 등 따로 정한 경우: 현재가치 평가 • 국채 및 공채: 한국채택국제회계기준과 동일(유효이자율법에 따른 상각후원가 측정) • 퇴직급여충당부채 ① 「공무원연금법」, 「군인연금법」을 적용받지 않은 대상자를 대상으로 함 ② 일시 퇴직할 경우 지급하여야 할 퇴직금으로 평가 ③ 퇴직금산정명세, 퇴직금추계액, 회계연도 중 실제로 지급한 퇴직금 등은 주석 공시 • 보증충당부채와 보험충당부채 ① 보증충당부채 = 보증약정 등에 따른 피보증인인 주채무자의 채무불이행에 따라 국가회계실체가 부담하게 될 추정 순현금유출액의 현재가치 ② 보험충당부채 = 재정상태표일 이전에 보험사고가 발생하였으나 미지급된 보험금 지급예상액과 재정상태표일 현재 보험사고가 발생하지는 않았으나 장래 발생할 보험사고를 대비하여 적립하는 지급예상액을 합산한 금액
기타자산· 부채의 평가	• 채권·채무의 현재가치 평가 명목가액과 현재가치의 차이가 중요한 경우 현재가치로 평가(유효이자율법 적용: 재정운영결과에 반영) • 외화자산·부채(한국채택국제회계기준과 동일) 화폐성 외화자산과 화폐성 외화부채는 화폐가치의 변동과 상관없이 자산과 부채의 금액이 계약 등에 의하여 일정 화폐액으로 확정되었거나 결정가능한 경우의 자산과 부채. 단, 화폐성과 비화폐성의 성질을 모두 가지고 있는 경우에는 해당 자산과 부채의 보유목적이나 성질에 따라 구분 ① 화폐성: 재정상태표일 적정환율(평가손익: 재정운영결과에 반영) ② 비화폐성(발생손익을 조정항목에서 반영하는 경우는 환율변동효과도 조정항목에서 반영, 발생손익을 재정운영결과에 반영하는 경우는 환율변동효과도 재정운영결과에 반영) ㉠ 역사적원가로 측정하는 경우: 해당 자산을 취득하거나 해당 부채를 부담하는 당시의 적정환율 ㉡ 공정가액으로 측정하는 경우: 공정가액이 측정되는 날의 적정환율

독한훈련

14. ① 국가회계기준에서 사회기반시설 중 관리·유지 노력에 따라 취득 당시의 용역잠재력을 그대로 유지할 수 있는 시설에 대해서는 감가상각(해야 한다 / 하지 않을 수 있다).
② 국가회계기준에서 사회기반시설의 사용수익권은 자산의 (차감 / 가산)으로 표시한다.

15. 국가회계기준에서 무형자산은 (정액법 / 정액법 등)에 따라 해당 자산을 사용할 수 있는 시점부터 합리적인 기간 동안 상각한다. 이 경우 상각기간은 독점적·배타적인 권리를 부여하고 있는 관계 법령이나 계약에서 정한 경우를 제외하고는 _____년을 초과할 수 없다.

16. 유·무형자산을 취득한 후 내용연수를 연장시키거나 가치를 실질적으로 증가시키는 지출을 (자산의 증가 / 비용)(으)로 인식한다.

17. 재정상태표에서 표시하는 부채의 가액은 국가회계기준에서 따로 정한 경우를 제외하고는 원칙적으로 (현재가치 / 만기상환가액)(으)로 평가한다. 그러나 국채 등 따로 규칙을 정한 경우에 대해서는 _____(으)로 평가한다.

18. 퇴직급여충당부채는 「공무원연금법」과 「군인연금법」을 적용(받는 / 받지 않는) 대상자를 상대로 설정한다.

19. 보증충당부채는 보증약정 등에 따른 피보증인이 주채무자의 채무불이행에 따라 국가회계실체가 부담하게 될 추정 순현금(유입 / 유출)액의 _____이다.

20. _____는 재정상태표일 이전에 보험사고가 발생하였으나 미지급된 보험금지급예상액과 재정상태표일 현재 보험사고가 발생하지는 않았으나 장래 발생할 보험사고를 대비하여 적립하는 지급예상액을 합산한 금액이다.

21. 국가회계에서 장기연불조건의 거래, 장기금전대차거래 또는 이와 유사한 거래에서 발생하는 채권·채무로서 명목가액과 현재가치의 차이가 중요한 경우에는 _____(으)로 평가한다.

22. ① 국가회계에서 화폐성 외화자산과 화폐성 외화부채는 (거래발생일 당시 / 재정상태표일 현재)의 적정한 환율로 평가한다. 화폐성 외화자산과 화폐성 외화부채를 평가함에 따라 발생하는 손익은 외화평가손실 또는 외화평가이익의 과목으로 하여 재정운영표의 (재정운영순원가 / 재정운영결과)에 반영한다.
② 비화폐성 외화자산부채의 환율변동효과도 발생손익을 재정운영결과에 반영하는 경우 환율변동효과도 (재정운영결과 / 순자산변동표)에 반영한다.
③ 비화폐성 항목을 역사적원가로 측정하는 경우 (재정상태표일 환율 / 자산을 취득하거나 부채를 부담하는 당시의 적정환율)로 평가한다.
④ 비화폐성 항목을 공정가액으로 측정하는 경우 (거래 발생일의 환율 / 공정가액이 측정되는 날의 적정환율)로 평가한다.

정답 **14.** ① 하지 않을 수 있다 ② 차감 **15.** 정액법, 20 **16.** 자산의 증가 **17.** 만기상환가액, 현재가치 **18.** 받지 않는 **19.** 유출, 현재가치 **20.** 보험충당부채 **21.** 현재가치 **22.** ① 재정상태표일 현재, 재정운영결과 ② 재정운영결과 ③ 자산을 취득하거나 부채를 부담하는 당시의 적정환율 ④ 공정가액이 측정되는 날의 적정환율

기타자산·부채의 평가	• 충당부채(한국채택국제회계기준과 동일) 　① 충당부채는 지출시기 또는 지출금액이 불확실한 부채를 의미 　② 현재의무의 이행에 소요되는 지출에 대한 최선의 추정치를 재정상태표 가액으로 보고 　③ 추정치 산정 시에는 관련된 사건과 상황에 대한 위험과 불확실성을 고려 • 우발부채(한국채택국제회계기준과 동일): 주석 공시 　① 과거의 거래나 사건으로 발생하였으나, 국가회계실체가 전적으로 통제할 수 없는 하나 이상의 불확실한 미래사건의 발생 여부로만 그 존재 유무를 확인할 수 있는 잠재적 의무 　② 과거의 거래나 사건으로 발생하였으나, 해당 의무를 이행하기 위하여 경제적 효익이 있는 자원을 유출할 가능성이 매우 높지 않거나, 그 금액을 신뢰성 있게 측정할 수 없는 경우에 해당하여 인식하지 아니하는 현재의 의무 　③ 자원의 유출가능성이 희박하지 않는 한 주석으로 공시 • 우발자산(한국채택국제회계기준과 동일): 주석 공시 　과거의 거래나 사건으로 발생하였으나 국가회계실체가 전적으로 통제할 수 없는 하나 이상의 불확실한 미래사건의 발생 여부로만 그 존재 유무를 확인할 수 있는 잠재적 자산을 말하며, 경제적 효익의 유입가능성이 매우 높은 경우 주석에 공시 • 회계변경 　① 회계정책의 변경에 따른 영향: 소급법(비교표시되는 직전 회계연도의 순자산기초금액 및 기타 대응금액을 새로운 회계정책이 처음부터 적용된 것처럼 조정) 　② 회계정책의 변경에 따른 누적효과를 합리적으로 추정하기 어려운 경우: 전진법 　③ 회계추정의 변경: 전진법(해당 회계연도 이후의 기간에 영향을 미치는 것으로 함) • 오류수정 　① 중대한 오류: 오류가 발생한 회계연도 재정상태표의 순자산에 반영하고, 관련된 계정의 잔액을 수정, 비교재무제표 작성 시 중대한 오류의 영향을 받는 회계기간의 재무제표 항목을 재작성 　② 중대한 오류 외: 해당 회계연도의 재정운영표에 반영
순자산	• 순자산은 자산에서 부채를 뺀 금액 • 기본순자산, 적립금 및 잉여금, 순자산조정으로 구성 • 기본순자산 = 순자산 − (적립금 및 잉여금 + 순자산조정) • 적립금 및 잉여금: 임의적립금, 전기이월결손금·잉여금, 재정운영결과 • 순자산조정: 투자증권평가손익, 자산재평가이익, 보험수리적손익* 및 기타 순자산의 증감 　*보험수리적손익: 연금추정지급액의 보험수리적 가정과 실제로 발생한 결과의 차이에 따른 연금충당부채의 감소 또는 증가액에 보험수리적 가정의 변경에 따른 연금충당부채의 감소 또는 증가액을 더한 금액

독한훈련

23. ① _____은(는) 지출시기 또는 지출금액이 불확실한 부채를 의미한다.
② 충당부채를 산정할 때는 현재의무이행에 소요되는 지출에 대한 _____의 추정치를 재정상태표 가액으로 보고한다.
③ 충당부채 _____을(를) 산정할 때는 관련된 사건과 상황에 대한 위험과 불확실성을 고려한다.
④ 과거의 거래나 사건으로 발생하였으나, 국가회계실체가 전적으로 통제할 수 없는 하나 이상의 불확실한 미래 사건의 발생 여부로만 그 존재 유무를 확인할 수 있는 잠재적 의무를 _____(라)고 한다.
⑤ 우발부채는 과거의 거래나 사건으로 발생하였으나, 해당 의무를 이행하기 위하여 경제적 효익이 있는 자원을 유출할 가능성이 (높지 않거나 / 매우 높지 않거나), 그 금액을 신뢰성 있게 측정할 수 없는 경우에 해당하고 본문에 인식할 수 없으므로 _____에 인식한다.
⑥ 과거의 거래나 사건으로 발생하였으나 국가회계실체가 전적으로 통제할 수 없는 하나 이상의 불확실한 미래 사건의 발생 여부로만 그 존재 유무를 확인할 수 있는 잠재적 자산을 _____(이)라고 한다.
⑦ 우발자산은 경제적 효익의 유입가능성이 (높은 / 매우 높은) 경우에 (본문 / 주석)에 공시한다.

24. 국가회계기준에서 회계(정책 / 추정)의 변경에 따른 영향을 비교표시되는 직전 회계연도의 순자산기초금액 및 기타 대응금액을 새로운 회계정책이 처음부터 적용된 것처럼 조정한다. 회계(정책 / 추정)의 변경은 변경에 따른 영향을 해당 회계연도 후의 기간에 미치는 것으로 한다.

25. ① 국가회계기준에서 중대한 오류가 발생한 경우 오류가 발생한 회계연도 재정상태표의 순자산에 반영하고, 비교재무제표를 재작성(한다 / 하지 않는다).
② 국가회계기준에서 중대한 오류 외의 오류가 발생한 경우 해당 회계연도의 (재정상태표 / 재정운영표)에 반영한다.

26. ① 국가회계의 순자산은 기본순자산, 적립금 및 잉여금, _____(으)로 구성된다.
② 국가회계 순자산 중 투자증권평가손익이나 자산재평가이익, 보험수리적손익 및 기타 순자산의 증감을 표시하는 것은 (기본순자산 / 적립금 및 잉여금 / 순자산조정)이다.

정답 **23.** ① 충당부채 ② 최선 ③ 추정치 ④ 우발부채 ⑤ 매우 높지 않거나, 주석 ⑥ 우발자산 ⑦ 매우 높은, 주석
24. 정책, 추정 **25.** ① 한다 ② 재정운영표 **26.** ① 순자산조정 ② 순자산조정

02 재정운영표

❶ 중앙관서 및 기금

① 프로그램별 재정운영표

프로그램순원가(+)	= 프로그램총원가 - 프로그램수익
관리운영비(+)	프로그램의 운영에 직접적으로 소요되지는 않았으나 국가회계실체의 기본적인 기능수행 및 특정 프로그램의 행정운영과 관련된 인건비와 경비
비배분비용(+)	국가회계실체에서 발생한 비용 중 프로그램에 대응되지 않는 비용 예 평가손실, 자산처분손실, 이자비용
비배분수익(-)	국가회계실체에서 발생한 수익 중 프로그램에 대응되지 않는 수익 예 평가이익, 자산처분이익, 이자수익
재정운영순원가	= 프로그램순원가 + 관리운영비 + 비배분비용 - 비배분수익
비교환수익 등(-)	비교환수익과 그 밖에 재원 이전거래 금액 단, 일반회계와 특별회계의 자금에서 발생하는 비교환수익 등은 순자산변동표의 재원의 조달 및 이전란에 표시함.
재정운영결과	= 재정운영순원가 - 비교환수익 등

㉠ 프로그램총원가 = (프로그램을 수행하기 위해 투입한 원가 합계) + (다른 프로그램으로부터 배부받은 원가)
      - (다른 프로그램에 배부한 원가)
㉡ 프로그램수익: 프로그램의 수행과정에서 발생한 수익

② 성질별 재정운영표

비용(+)	이전비용, 국가운영비용
수익(-)	이전수익, 국가운영수익
재정운영결과	= 비용 - 수익

❷ 국가

① 분야별 재정운영표

사업순원가(+)	= 분야별 총원가 - 분야별 수익
관리운영비(+)	각 중앙관서 또는 기금의 프로그램별 재정운영표의 관리운영비를 합산한 금액
비배분비용(+)	각 중앙관서 또는 기금의 프로그램별 재정운영표의 비배분비용을 합산한 금액
비배분수익(-)	각 중앙관서 또는 기금의 프로그램별 재정운영표의 비배분수익을 합산한 금액
재정운영순원가	= 사업순원가 + 관리운영비 + 비배분비용 - 비배분수익
비교환수익 등(-)	비교환수익과 그 밖에 재원 이전거래 금액
재정운영결과	= 재정운영순원가 - 비교환수익 등

㉠ 분야별 총원가 = (분야별 사업을 수행하기 위해 투입한 원가의 합계) + (다른 분야로부터 배부 받은 원가)
      - (다른 분야에 배부한 원가)
㉡ 분야별 수익: 분야별 사업의 수행과정에서 발행한 수익

② 성질별 재정운영표

비용(+)	이전비용, 국가운영비용
수익(-)	국세수익, 이전수익, 국가운영수익
재정운영결과	= 비용 - 수익

🗣 독한훈련

02 재정운영표

1. 중앙관서 및 기금

① 중앙관서의 프로그램별 재정운영표의 산출과정으로 a, b에 들어갈 단계는?

프로그램순원가	
관리운영비	(+)
비배분비용	(+)
비배분수익	(−)
a	
비교환수익 등	(−)
b	

② 중앙관서의 회계구분 중 국고금 관리법에 따라 통합 관리하는 (일반회계 / 기금회계)의 비교환수익은 재정운영표에 보고한다.

③ 중앙관서의 회계구분 중 국고금관리법에 따라 통합 관리하는 특별회계의 자금에서 발생하는 비교환수익은 순자산변동표의 ▨▨▨ 란에 표시한다.

2. 국가

① 중앙관서 또는 기금의 재정운영표를 통합하여 작성하는 국가의 재정운영표는 (a)재정운영표와 (b)재정운영표로 구분하여 작성한다.

② (국가 / 중앙관서 및 기금)의 재정운영표는 프로그램별로 총원가와 수익을 표시하는 반면, (국가 / 중앙관서 및 기금)의 재정운영표는 분야별로 총원가와 수익을 표시한다.

③ (국가 / 중앙관서 및 기금)의 성질별 재정운영표상 수익에는 '국세수익'이 포함되지 않는 반면, (국가 / 중앙관서 및 기금) 성질별 재정운영표상 수익에는 '국세수익'이 포함된다.

정답　**02** **1.** ① a. 재정운영순원가　b. 재정운영결과　② 기금회계　③ 재원의 조달 및 이전
　　2. ① a. 분야별　b. 성질별　② 중앙관서 및 기금, 국가　③ 중앙관서 및 기금, 국가

③ 재정운영표 작성기준
모든 수익과 비용은 발생주의 원칙에 기반한다.

④ 수익과 비용
① 수익: 국가의 재정활동과 관련하여 재화 또는 용역을 제공한 대가로 발생하거나, 직접적인 반대급부 없이 법령에 따라 납부의무가 발생한 금품의 수납 또는 자발적인 기부금 수령 등에 따라 발생하는 순자산의 증가
② 수익의 구분
    ㉠ 그 원천에 따른 구분

교환수익	재화나 용역을 제공한 대가로 발생하는 수익
비교환수익	직접적인 반대급부 없이 발생하는 수익

    ㉡ 그 성질에 따른 구분

국세수익	국가가 조세를 징수하여 발생하는 수익
이전수익	직접적인 반대급부 없이 발생하는 수익 중 국세수익을 제외한 수익
국가운영수익	국가의 재정활동과 관련하여 발생하는 수익 중 국세수익과 이전수익을 제외한 수익

③ 수익의 인식기준

교환수익	수익창출 완료 & 합리적 측정

비교환수익	• 청구권 발생 & 합리적 측정
	  ㉠ 신고·납부하는 방식의 국세: 자진신고 시
	  ㉡ 정부가 부과하는 방식의 국세: 국가가 의무를 고지하는 때
	  ㉢ 원천징수하는 국세: 원천징수한 금액을 신고·납부하는 때
	  ㉣ 연부연납 또는 분납이 가능한 국세: 징수할 세금이 확정된 때에 그 납부세액 전체를 수익으로 인식
	  ㉤ 부담금수익, 기부금수익, 무상이전수입, 제재금수익 등: 청구권이 확정된 때
	    단, 제재금 중 벌금, 과료, 범칙금 또는 몰수품으로서 청구권이 확정된 때나 몰수품을 몰수한 때에 그 금액을 확정하기 어려운 경우에는 벌금, 과료 또는 범칙금이 납부되거나 몰수품이 처분된 때에 수익으로 인식

④ 비용: 국가의 재정활동과 관련하여 재화 또는 용역을 제공하여 발생하거나, 직접적인 반대급부 없이 발생하는 자원 유출이나 사용 등에 따른 순자산의 감소
⑤ 비용의 구분

이전비용	직접적인 반대급부 없이 발생하는 비용
국가운영비용	국가의 재정활동과 관련하여 발생하는 비용 중 이전비용을 제외한 비용

⑥ 비용의 인식기준

비용	• 자산의 감소 & 합리적 측정 • 지출에 대한 의무 존재 & 합리적 측정 • 과거에 자산으로 인식한 자산의 미래 경제적 효익이 감소 또는 소멸 • 자원의 지출 없이 부채가 발생 또는 증가

독한훈련

3. 재정운영표 작성기준

국가의 재정운영표상의 모든 수익과 비용은 (발생주의 / 현금주의)에 의해 작성된다.

4. 수익과 비용

① 국가회계에서 (교환수익 / 비교환수익)은 중앙관서 등 국가회계실체가 재화나 용역의 공급에 대한 대가로 발생하는 수익이다. 즉, 국가회계실체의 기업적인 활동을 통해 조달된 재원이라고 할 수 있다. 반면에 (교환수익 / 비교환수익)은 반대급부 없이 국가가 강제로 징수하는 수익이다. 이는 국가회계실체의 공공적 활동을 통한 재정수입이라고 할 수 있다. 정부의 재정활동의 재원은 대부분 _____(으)로부터 조달된다.

② 국가회계기준에서의 (교환수익 / 비교환수익)은 해당 수익에 대한 청구권이 발생하고 그 금액을 합리적으로 측정할 수 있을 때 인식한다.

③ 국가회계기준에서 비교환수익의 인식기준을 연결하시오.

a. 신고·납부하는 방식의 국세	㉠ 국가가 의무를 고지한 때
b. 연부연납 또는 분납이 가능한 국세	㉡ 자진신고 시
c. 정부가 부과하는 방식의 국세	㉢ 징수할 세금이 확정된 때에 그 납부세액 전체를 수익으로 인식
d. 원천징수하는 국세	㉣ 원천징수한 금액을 신고·납부하는 때
e. 부담금수익, 기부금수익, 무상이전수입, 제재금수익 등	㉤ 청구권이 확정된 때

④ 국가회계에서 비용은 직접적인 반대급부 없이 발생하는 비용인 _____과(와) 국가의 재정활동과 관련하여 발생하는 비용 중 이전비용을 제외한 비용인 _____(으)로 구분된다.

정답 3. 발생주의
4. ① 교환수익, 비교환수익, 비교환수익 ② 비교환수익 ③ a-㉡, b-㉢, c-㉠, d-㉣, e-㉤ ④ 이전비용, 국가운영비용

03 순자산변동표

❶ 중앙관서 및 기금

기초순자산(+)	전기오류수정손익, 회계변경누적효과
재정운영결과(-)	from 재정운영표
재원의 조달 및 이전(±)	국고금 이전거래(일반·기타특별)
조정항목(±)	투자증권평가손익, 자산재평가이익, 보험수리적손익 및 기타 순자산의 증감
=기말순자산	

❷ 국가

기초순자산(+)	전기오류수정손익, 회계변경누적효과
재정운영결과(-)	from 재정운영표
조정항목(±)	투자증권평가손익, 자산재평가이익, 보험수리적손익 및 기타 순자산의 증감
=기말순자산	

04 현금흐름표

① 활동의 구분: 운영활동, 투자활동, 재무활동

운영활동	국가의 재정활동 중 투자활동과 재무활동에 속하지 않는 활동
투자활동	자금의 융자와 회수, 투자증권과 유·무형자산의 취득 및 처분 등의 활동
재무활동	자금의 차입과 상환, 국채의 발행과 상환 등 부채와 순자산에 영향을 미치는 활동

② 작성기준
  ㉠ 현금흐름표는 회계연도 중의 현금흐름에 회계연도 초의 현금을 더하여 회계연도 말의 현금을 산출하는 형식으로 표시한다.
  ㉡ 운영활동의 경우 현금의 유입은 원천별로, 현금의 유출은 용도별로 각각 분류하는 직접법으로 작성하는 것을 원칙으로 한다.

05 주석

의의	정보이용자에게 충분한 회계정보를 제공하기 위하여 채택한 중요한 회계정책과 재무제표에 중대한 영향을 미치는 사항을 설명한 것임
표시사항	① 재무제표 작성기준 및 중요한 회계처리 방법 ② 「국가회계기준에 관한 규칙」 및 「국가회계예규」에서 주석공시를 요구하는 사항 ③ 재정상태표, 재정운영표, 순자산변동표 및 현금흐름표에 표시되지 않은 사항으로 재무제표를 이해하는데 필요한 추가정보

06 결산보고서

❶ 결산보고서 작성

결산개요	결산의 내용 요약
세입·세출결산	예산 대비 집행결과를 종합(예산은 현금주의로 작성)
재무제표(재정상태표, 재정운영표, 순자산변동표, 현금흐름표)	국가회계기준에 따라 작성(재무제표에는 주석을 포함)
성과보고서	프로그램에 대한 성과목표와 실적을 비교하여 작성

독한훈련

03 순자산변동표

1. 중앙관서 및 기금

① 중앙관서의 순자산변동표의 일부이다. ( ) 안에 들어갈 내용은?

기초순자산	(+)
( )	
재원의 조달 및 이전	(±)
조정항목	(±)
기말순자산	

② 일반회계와 기타특별회계의 비교환수익은 (순자산변동표 / 재정운영표)에 표시된다.

2. 국가

① 국가의 순자산변동표상에는 재원의 조달 및 이전이 표시(된다 / 되지 않는다).

② 투자증권의 평가손익은 (순자산변동표 / 재정운영표)에 표시된다.

04 현금흐름표

1. 국가회계기준상 현금흐름표 활동은 _____, _____, _____(으)로 구분된다.

2. 국가회계기준상 현금흐름표에서 자금의 차입과 상환, 국채의 발행과 상환 등의 활동은 (투자 / 재무) 활동으로 구분한다.

05 주석

1. 주석은 정보이용자에게 충분한 회계정보를 제공하기 위하여 채택한 중요한 _____과 재무제표에 중대한 영향을 미치는 사항을 설명한 것이다.

06 결산보고서

1. 결산보고서 구성

국가의 결산보고서는 결산개요, 세입·세출결산, 재무제표, _____(으)로 구성된다.

정답
03 1. ① 재정운영결과 ② 순자산변동표 2. ① 되지 않는다 ② 순자산변동표 **04** 1. 운영활동, 투자활동, 재무활동 2. 재무
05 1. 회계정책 **06** 1. 성과보고서

Ⅲ. 지방자치단체 회계

01 재정상태표

작성기준	• 자산과 부채는 유동성이 높은 항목부터 배열하는 것을 원칙으로 한다. • 자산과 부채는 총액에 따라 적는 것을 원칙으로 하고, 자산의 항목과 부채 또는 순자산의 항목을 상계함으로써 그 전부 또는 일부를 재정상태표 항목에서 제외하여서는 아니 된다. • 가지급금이나 가수금 등의 미결산항목은 그 내용을 나타내는 적절한 과목으로 표시하고 비망계정(어떤 경제활동의 발생을 기억하기 위해 기록하는 계정)은 재정상태표상의 자산과 부채항목으로 표시하지 않는다.
자산의 정의	• 자산은 과거의 거래나 사건으로 현재 회계실체가 소유(실질적으로 소유하는 경우를 포함) 또는 통제하고 있는 자원으로서 미래에 공공서비스를 제공할 수 있거나 직접적 또는 간접적으로 경제적 효익을 창출하거나 창출에 기여할 가능성이 매우 높은 자원을 말한다. • 자산은 유동자산, 투자자산, 일반유형자산, 주민편의시설, 사회기반시설, 기타 비유동자산으로 분류한다.
자산·부채 표시의 특이사항 (국가회계와 비교)	• 자산에 주민편의시설(주차장, 도서관, 공원, 박물관)이 추가된다. • 무형자산은 기타 비유동자산에 포함된다. • 퇴직급여충당부채는 기타 비유동부채로 포함된다.
자산의 인식기준	• 자산은 미래에 공공서비스를 제공할 수 있거나 직접적 또는 간접적으로 경제적 효익을 창출하거나 창출에 기여할 가능성이 매우 높고 그 가액을 신뢰성 있게 측정할 수 있을 때에 인식한다. • 문화재, 예술작품, 역사적 문건 및 자연자원은 자산으로 인식하지 아니하고 필수보충정보의 관리책임자산으로 보고한다.
자산의 분류	• **유동자산**: 회계연도 종료 후 1년 내에 현금화가 가능하거나 실현될 것으로 예상되는 자산으로서, 현금및현금성자산, 단기금융상품, 미수세금, 미수세외수입금 등을 말한다. • **투자자산**: 회계실체가 투자하거나 권리행사 등의 목적으로 보유하고 있는 비유동자산으로서, 장기금융상품, 장기융자금, 장기투자증권 등을 말한다. • **일반유형자산**: 공공서비스의 제공을 위하여 1년 이상 반복적 또는 계속적으로 사용되는 자산으로서 토지, 건물, 입목 등을 말한다. • **주민편의시설**: 주민의 편의를 위하여 1년 이상 반복적 또는 계속적으로 사용되는 자산으로서 도서관, 주차장, 공원, 박물관 및 미술관 등을 말한다. • **사회기반시설**: 초기에 대규모의 투자가 필요하고 파급효과가 장기간에 걸쳐 나타나는 지역사회의 기반적인 시설로서, 도로, 도시철도, 상수도시설, 수질정화시설, 하천부속시설 등을 말한다. • **기타 비유동자산**: 유동자산, 투자자산, 일반유형자산, 주민편의시설, 사회기반시설에 속하지 아니하는 자산으로서, 보증금, 무형자산 등을 말한다.
부채의 정의	• 부채는 과거사건의 결과로 회계실체가 부담하는 의무로서, 그 이행을 위하여 미래에 자원의 유출이 예상되는 현재시점의 의무를 말한다. • 부채는 유동부채, 장기차입부채 및 기타 비유동부채로 분류된다.
부채의 인식기준	회계실체가 부담하는 현재의무의 이행을 위해 경제적 효익이 유출될 것이 거의 확실하고, 그 금액을 신뢰성 있게 측정할 수 있을 때 인식한다.

Ⅲ. 지방자치단체 회계

01 재정상태표

1. ① 지방자치계의 재정상태표 작성기준상 자산과 부채는 유동성이 (높은 / 낮은) 항목부터 배열하는 것을 원칙으로 한다.
   ② 지방자치단체의 재정상태표 작성기준상 자산과 부채는 (순액 / 총액)에 따라 적는 것을 원칙으로 한다.
   ③ 지방자치단체의 재정상태표 작성기준상 ⬚⬚⬚⬚ 항목은 그 내용을 나타내는 적절한 과목으로 표시하고 비망계정은 재정상태표상의 자산과 부채항목으로 표시하지 않는다.

2. 지방자치단체 회계기준상 자산은 유동자산, 투자자산, 일반유형자산, ⬚⬚⬚⬚, ⬚⬚⬚⬚, 기타 비유동자산으로 분류한다.

3. (국가 / 지방자치단체) 회계의 자산에는 무형자산을 기타 비유동자산에 포함시킨다.

4. ① 자산은 미래에 공공서비스를 제공할 수 있거나 직접적 또는 간접적으로 경제적 효익을 창출하거나 창출에 기여할 가능성이 (높고 / 매우 높고 / 거의 확실하고), 그 금액을 신뢰성 있게 측정할 수 있을 때 인식한다.
   ② 지방자치단체 회계기준에서 문화재, 예술작품, 역사적 문건 및 자연자원은 자산으로 인식(하고 / 하지 아니하고), (주석 / 필수보충정보)의 관리책임자산으로 보고한다.

5. 공공서비스의 제공을 위하여 1년 이상 반복적 또는 계속적으로 사용되는 자산으로서, 토지, 건물, 입목 등은 (일반유형자산 / 주민편의시설)이다.

6. 지방자치단체 회계기준에서 부채는 과거사건의 결과로 회계실체가 부담하는 의무로서 그 이행을 위하여 미래에 자원의 유출이 예상되는 (과거 / 현재 / 미래)시점의 의무를 말한다.

7. 지방자치단체 회계기준에서 부채는 현재의무의 이행을 위해 지출이 발생할 가능성이 (높고 / 매우 높고 / 거의 확실하고), 그 금액을 신뢰성 있게 측정할 수 있을 때 인식한다.

8. 지방자치단체 회계기준에서 부채는 유동부채와 ⬚⬚⬚⬚ 및 기타 비유동부채로 분류된다.

정답 Ⅲ. 01 1. ① 높은 ② 총액 ③ 미결산 2. 주민편의시설, 사회기반시설 3. 지방자치단체 4. ① 매우 높고 ② 하지 아니하고, 필수보충정보 5. 일반유형자산 6. 현재 7. 거의 확실하고 8. 장기차입부채

부채의 분류	• **유동부채**: 회계연도 종료 후 1년 이내에 상환되어야 하는 부채로서, 단기차입금, 유동성 장기차입부채 등을 말한다. • **장기차입부채**: 회계연도 종료 후 1년 이후에 만기가 되는 차입부채로서, 장기차입금, 지방채증권 등을 말한다. • **기타 비유동부채**: 유동부채와 장기차입부채에 속하지 않는 부채로서, 퇴직급여충당부채, 장기예수보증금, 장기선수수익(대가의 수익은 이루어졌으나 수익의 귀속시기가 차기 이후인 수익을 말한다.) 등을 말한다.

자산의 평가기준	• 일반기준
	  ① 원칙: 취득원가
	  ② 교환, 기부채납, 그 밖에 무상으로 취득한 자산: 공정가액
	  ③ 회계 간의 재산 이관이나 물품 소관의 전환으로 취득한 자산의 가액: 직전 회계실체의 장부가액
	  ④ 감액손실 = 장부가액 - 회수가능가액*: 재정운영순원가에 반영(감액손실환입 규정이 없음)
	    *회수가능가액 = max[순실현가능액, 사용가치]
	• 미수세금 등: 대손충당금 설정
	• 재고자산
	  ① 선입선출법(단, 개별법, 이동평균법 사용 가능, 사용 시 주석 공시)
	  ② 한국채택국제회계기준·국가회계기준과 동일(단, 저가법 규정이 없음)
	• 장기투자증권
	  ① 취득원가 = 매입가격 + 부대비용
	  ② 단가는 종목별 총평균법만 인정
	  ③ 공정가치 규정이 없음.
	• 일반유형자산, 사회기반시설, 주민편의시설
	  ① 감가상각: 정액법
	  ② 재평가: 규정 없음.
	  ③ 유지보수를 통해 현상이 유지되는 사회기반시설: 감가상각 제외할 수 있음. (단, 유지보수에 투입되는 비용과 감가상각을 하지 아니한 이유를 주석으로 공시)
	  ④ 일반유형자산과 주민편의시설, 사회기반시설의 사용수익권: 자산의 (-)항목으로 표시
	• 무형자산
	  ① 상각: 정액법
	  ② 상각기간: 법령이나 계약에서 정한 경우를 제외하고 20년을 초과할 수 없음.
	• 자본적 지출과 경상적 지출
	  ① 내용연수를 연장시키거나 가치를 실질적으로 증가시키는 지출: 자산의 증가(자본적 지출)
	  ② 원상회복시키거나 능률유지를 위한 지출: 비용(경상적 지출)

부채의 평가기준	• 일반기준
	  원칙: 만기상환가액(현재가치를 평가하지 않음)
	• 지방채
	  ① 취득원가: 발행가액
	  ② 지방채증권의 발행가액: 지방채증권 발행수수료 및 발행과 관련하여 직접 발생한 비용을 차감한 후의 가액
	  ③ 평가: 한국채택국제회계기준과 동일(유효이자율법에 따른 상각후원가 측정)
	• 퇴직급여충당부채
	  ①「공무원연금법」을 적용받는 지방공무원을 제외한 무기계약근로자 등을 대상으로 함(「공무원연금법」을 적용받지 않는 대상자를 대상으로 함)
	  ② 일시 퇴직할 경우 지급하여야 할 퇴직금으로 평가

독한훈련

9. ① 지방자치단체 회계기준에서 일반적으로 자산은 (취득원가 / 공정가액)(으)로 측정한다.
② 교환, 기부채납, 그 밖에 무상으로 취득한 자산 등은 취득 당시 (장부가액 / 공정가액)으로 인식한다.
③ 회계 간의 재산 이관이나 물품 소관의 전환으로 취득한 자산의 가액은 (공정가액 / 직전 회계실체의 장부가액)을 취득원가로 한다.
④ 지방자치단체 회계기준에서 자산의 회수가능액과 장부금액의 차이를 감액손실로 인식하고 (재정운영표 / 순자산변동표)에 반영한다.

10. 지방자치단체 회계기준에서 미수세금 등에 대해 대손충당금 설정이 인정 (된다 / 되지 않는다).

11. ① 지방자치단체 회계기준상 재고자산은 구입가액에 부대비용을 더하고 이에 (총평균법 / 선입선출법)을 적용하여 산정한 가액을 취득원가로 한다.
② 다만, 실물흐름과 원가산정방법 등에 비추어 다른 방법을 적용하는 것이 보다 합리적이라고 인정되는 경우에는 개별법, 이동평균법 등을 적용하고 그 내용을 (주석 / 필수보충정보)(으)로 공시한다.

12. ① 지방자치단체 회계기준에서는 유가증권에 대해 공정가치 평가를 하는 경우가 (있다 / 없다).
② 유가증권의 취득단가는 (종목별 총평균법 / 선입선출법)만 인정된다.

13. ① 지방자치단체 회계기준에서는 일반유형자산이나 사회기반시설의 감가상각방법을 (정액법 / 정액법 등)으로 규정하고 있으며 재평가를 허용 (한다 / 하지 않는다).
② 지방자치단체 회계기준에서는 유지보수를 통해 현상유지가 되는 사회기반시설에 대해 감가상각을 생략할 수 (있다 / 없다).
③ 지방자치단체 회계기준에서는 일반유형자산과 주민편의시설, 사회기반시설의 사용수익권은 자산의 (자산의 차감 / 자산의 가산 / 별도 자산)으로 인식한다.

14. ① 지방자치단체 회계기준에서는 무형자산에 대해 상각방법을 (정액법 / 정액법 등)으로 규정하고 있다.
② 지방자치단체 회계기준에서는 무형자산의 상각기간을 법령이나 계약에서 정한 경우를 제외하고 _____년을 초과할 수 없다.

15. 지방자치단체 회계기준에서 일반 유형자산 등에 대해 원상회복을 시키거나 능률 유지를 위한 지출은 (자산의 증가 / 비용)(으)로 처리한다.

16. 지방자치단체 회계기준에서 일반적으로 부채는 현재가치 평가를 적용 (한다 / 하지 않는다).

17. ① 지방채의 경우 현재가치 평가를 적용하여 (액면이자율법 / 유효이자율법)에 따라 상각후원가로 측정한다.
② 지방채증권의 발행가액은 지방채증권 발행수수료 및 발행과 관련하여 직접 발생한 비용을 (가산 / 차감)한 후의 가액이다.

18. 지방자치단체 회계기준에서는 「공무원연금법」을 적용 (받는 / 받지 않는) 대상자를 상대로 퇴직급여충당부채를 설정한다.

정답 9. ① 취득원가 ② 공정가액 ③ 직전 회계실체의 장부가액 ④ 재정운영표 10. 된다 11. ① 선입선출법 ② 주석 12. ① 없다 ② 종목별 총평균법 13. ① 정액법, 하지 않는다 ② 있다 ③ 자산의 차감 14. ① 정액법 ② 20 15. 비용 16. 하지 않는다 17. ① 유효이자율법 ② 차감 18. 받지 않는

기타 자산· 부채의 평가	• 채권·채무의 현재가치 평가 　명목가액과 현재가치의 차이가 중요한 경우 현재가치로 평가(유효이자율법 적용: 재정운영순원가 반영) 　① 현재가치는 당해 채권·채무로 인하여 받거나 지급할 총금액을 적절한 이자율로 할인한 가액으로 함 　② 적절한 할인율은 당해 거래의 유효이자율을 적용함. 단, 당해 거래의 유효이자율을 확인하기 어려운 경우에는 유사 조건의 국채수익률을 적용 • 외화자산·부채 　① 화폐성: 재정상태표 보고일 적정환율(평가손익: 재정운영표 반영) 　② 비화폐성: 거래발생일 환율 • 우발상황 　① 재정상태표 보고일 현재 우발손실의 발생이 확실하고 그 손실금액을 합리적으로 추정할 수 있는 경우: 우발손실을 재정운영순원가에 반영하고 그 내용을 주석으로 표시 　② 재정상태표 보고일 현재 우발손실의 발생이 확실하지 않거나 우발손실의 발생은 확실하지만 그 손실금액을 합리적으로 추정할 수 없는 경우: 우발상황의 내용, 우발손실에 따른 재무적 영향을 주석으로 표시 　③ 우발이익의 발생이 확실하고 그 이익금액을 합리적으로 추정할 수 있는 경우: 우발상황의 내용을 주석으로 표시 • 회계변경 　① 회계정책의 변경에 따른 영향: 비교표시되는 직전 회계연도의 기초순자산 및 그 밖의 대응금액을 새로운 회계정책이 처음부터 적용된 것처럼 조정(소급법) 　② 회계정책의 변경에 따른 누적효과를 합리적으로 추정하기 어려운 경우: 전진법 　③ 회계추정의 변경: 전진법(해당 회계연도 이후의 기간에 영향을 미치는 것으로 함) • 오류수정 　① 중대한 오류: 오류가 발생한 회계연도 재정상태표의 순자산에 반영하고, 관련된 계정의 잔액을 수정, 비교재무제표 재작성 　② 중대한 오류 외: 해당 회계연도의 재정운영표에 반영
순자산	• 고정순자산: 일반유형자산 + 주민편의시설 + 사회기반시설 + 무형자산 - 투자재원을 마련할 목적으로 조달한 장기차입금 및 지방채증권 • 특정순자산: (채무상환목적이나 적립성기금의 원금 등) 사용목적이 특정되어 있는 재원 • 일반순자산: 순자산 - (고정순자산 + 특정순자산)

독한훈련

19. ① 지방자치단체 회계기준에서는 명목가액과 현재가치의 차이가 중요한 경우 현재가치로 평가(한다 / 하지 않는다).
② 지방자치단체 회계기준에서는 채권·채무를 현재가치 평가할 때 당해 거래의 유효이자율을 확인하기 어려운 경우에는 유사조건의 (지방채수익률 / 국채수익률)을 적용한다.

20. 지방자치단체 회계기준에서는 화폐성 외화자산은 (재정상태표 보고일 환율 / 거래발생일 환율)을 적용한다.

21. ① 지방자치단체 회계기준에서는 재정상태표 보고일 현재 우발손실의 발생이 확실하지 않거나 우발손실의 발생은 확실하지만 그 손실금액을 합리적으로 추정할 수 없는 경우 우발손실을 인식(한다 / 하지 않는다).
② 우발이익의 발생이 확실하고 그 이익금액을 합리적으로 추정할 수 있는 경우 재정상태표상에 우발이익을 인식(한다 / 하지 않는다).

22. 지방자치단체 회계기준에서는 회계정책변경에 따른 영향을 비교표시되는 직전 회계연도의 _____ 및 그 밖의 대응금액을 새로운 회계정책이 (당기부터 / 처음부터) 적용된 것처럼 조정한다.

23. 지방자치단체 회계기준에서는 회계정책의 변경에 따른 누적효과를 합리적으로 추정하기 어려운 경우에는 (소급법 / 전진법)을 적용한다.

24. 지방자치단체 회계기준에서는 중대한 오류의 경우 오류가 발생한 회계연도 (재정운영표 / 재정상태표)의 순자산에 반영하고, 비교재무제표를 재작성(한다 / 하지 않는다).

25. 지방자치단체 회계기준상 순자산에서 일반유형자산, 주민편의시설, 사회기반시설 및 무형자산의 투자액에서 그 시설의 투자재원을 마련할 목적으로 조달한 장기차입금이나 지방채증권 등을 뺀 금액을 (고정순자산 / 특정순자산 / 일반순자산)이라고 한다.

정답 19. ① 한다 ② 국채수익률 20. 재정상태표 보고일 환율 21. ① 하지 않는다 ② 하지 않는다 22. 기초순자산, 처음부터 23. 전진법
24. 재정상태표, 한다 25. 고정순자산

02 재정운영표

❶ 재정운영표의 구조

사업순원가(+)	사업총원가 - 사업수익
관리운영비(+)	인건비, 운영경비 및 기본경비
비배분비용(+)	이자비용, 자산손상차손, 자산처분손실, 대손상각비 등
비배분수익(-)	이자수익, 자산손상차손환입, 자산처분이익, 대손충당환입 등
재정운영순원가	= 사업순원가 + 관리운영비 + 비배분비용 - 비배분수익
수익(-)	지방세수익, 과태료수익, 과징금 및 변상금수익 등
재정운영결과	= 재정운영순원가 - 일반수익

① 사업총원가 = 투입한 직접원가 + 배부받은 원가 - 배부한 원가
② 사업수익 = 사업의 수행과정에서 발생하거나 사업과 관련하여 국가·지방자치단체 등으로부터 얻은 수익
③ 재정운영표에는 기능별 분류방식으로 보고, 필수보충정보에 성질별 분류방식으로 보고

❷ 재정운영표 작성기준

① 재정운영표상의 모든 수익과 비용은 발생주의 원칙에 따라 표시한다.
② 수익과 비용은 발생원천에 따라 명확히 분류하고, 해당 항목의 중요성에 따라 별도의 과목으로 표시하거나 다른 과목과 통합하여 표시할 수 있다. 이 경우 해당 항목의 중요성은 금액과 질적요소를 고려하여 판단하여야 한다.

❸ 수익·비용인식

교환거래 수익	• 재화나 서비스 제공의 반대급부로 생긴 사용료, 수수료 등 • 수익창출 완료 & 합리적 측정할 수 있을 때 인식
비교환거래 수익	• 직접적인 반대급부 없이 생기는 지방세, 보조금, 기부금 등 • 청구권 발생 & 합리적 측정할 수 있을 때 인식
교환거래 비용	• 반대급부로 발생하는 급여, 지급수수료, 임차료, 수선유지비 등 • 재화와 서비스 제공 완료 & 합리적 측정할 수 있을 때 인식
비교환거래 비용	• 직접적인 반대급부 없이 발생하는 보조금, 기부금 등 • 가치의 이전에 대한 의무 존재 & 합리적 측정할 수 있을 때 인식

❹ 수익의 구분(재원의 조달 원천에 따라 구분)

① 자체조달수익: 지방자치단체가 독자적인 과세 권한과 자체적인 징수활동을 통하여 조달한 수익
② 정부간이전수익: 회계실체가 국가 또는 지방자치단체로부터 이전받은 수익
③ 기타 수익: 자체조달수익과 정부간이전수익 외의 수익

독한훈련

02 재정운영표

1. 재정운영표의 구조

① 지방자치단체회계의 재정운영표 구조에 대해 알맞은 내용을 채워 넣으시오.

Ⅰ. 사업순원가	사업총원가 - 사업수익
㉠ Ⅱ. (+) _____	인건비, 운영경비 및 기본경비
Ⅲ. (+) 비배분비용	이자비용, 자산손상차손, 자산처분손실, 대손상각비 등
Ⅳ. (-) 비배분수익	이자수익, 자산손상차손환입, 자산처분이익, 대손충당금환입 등
㉡ Ⅴ. _____	=사업순원가+관리운영비+비배분원가 -비배분수익
Ⅵ. (-) 수익	지방세수익, 과태료수익, 과징금 및 변상금수익 등
㉢ Ⅶ. _____	=재정운영순원가-일반수익

② 지방자치단체 회계기준에서는 (성질별 / 기능별) 재정운영표를 주재무제표로 하고 있다. 이 경우 (성질별 / 기능별) 재정운영표는 (주석 / 필수보충정보)(으)로 보고한다.

2. 재정운영표 작성기준

① 지방자치단체 회계기준에서는 모든 수익과 비용은 (현금주의 / 발생주의) 원칙에 따라 표시한다.

② 지방자치단체 회계기준에서는 수익과 비용은 발생원천에 따라 명확히 분류하고, 해당 항목의 _____ 에 따라 별도의 과목으로 표시하거나 다른 과목과 통합하여 표시할 수 있다.

3. 수익·비용 인식

지방자치단체 회계에서의 (교환거래 / 비교환거래)로 생긴 수익은 재화나 서비스 제공의 반대급부로 생긴 사용료, 수수료 등으로서 수익창출활동이 끝나고 그 금액을 합리적으로 측정할 수 있을 때에 인식한다. (교환거래 / 비교환거래)로 생긴 수익은 직접적인 반대급부 없이 생기는 지방세, 보조금, 기부금 등으로서 해당 수익에 대한 청구권이 발생하고 그 금액을 합리적으로 측정할 수 있을 때에 인식한다.

4. 수익의 구분

① 지방자치단체의 수익은 _____, 정부간이전수익, 기타 수익으로 구분된다.

② 지방자치단체가 독자적인 과세 권한과 자체적인 징수활동을 통하여 조달한 수익을 (자체조달수익 / 정부간이전수익)이라고 한다.

정답 02 1. ① ㉠ 관리운영비 ㉡ 재정운영순원가 ㉢ 재정운영결과 ② 기능별, 성질별, 필수보충정보 2. ① 발생주의 ② 중요성
3. 교환거래, 비교환거래 4. ① 자체조달수익 ② 자체조달수익

03 순자산변동표

기초순자산(+)	
재정운영결과(-)	from 재정운영표
순자산의 증가(+)	회계 간의 재산 이관, 물품 소관의 전환, 양여·기부 등으로 생긴 자산 증가
순자산의 감소(-)	회계 간의 재산 이관, 물품 소관의 전환, 양여·기부 등으로 생긴 자산 감소
기말순자산	

04 현금흐름표

활동의 구분	**경상활동, 투자활동 및 재무활동**
경상활동	투자활동과 재무활동에 속하지 않는 거래
투자활동	자금의 융자와 회수, 장기투자증권, 일반유형자산, 주민편의시설, 사회기반시설, 무형자산의 취득·처분
재무활동	차입과 상환, 지방채의 발행과 상환
작성기준	• 회계연도 중의 현금흐름에 회계연도 초의 현금을 더하여 회계연도 말 현재의 현금을 산출하는 방식 • 현금의 유입과 유출은 회계연도 중의 증가와 감소를 상계하지 않고 각각 총액으로 기록 다만, 거래가 잦아 총 금액이 크고 단기간에 만기가 도래하는 경우에는 순증감액으로 적을 수 있음 • 현물출자로 인한 유형자산 등의 취득, 유형자산의 교환 등 현금의 유입과 유출이 없는 거래 중 중요한 거래는 주석으로 공시

독한훈련

03 순자산변동표

1. 지방자치단체 회계기준에서는 순자산이 증가하더라도 관리전환이나 기부채납으로 생긴 순자산의 증가는 (재정운영표 / 순자산변동표)에 증가로 표시한다.

04 현금흐름표

1. 지방자치단체회계기준상 현금흐름표는 _____ 활동, _____ 활동, _____ 활동으로 구분한다.

2. 지방자치단체 회계기준의 현금흐름표에서 지방채의 발행과 상환 등의 활동은 (투자 / 재무)활동으로 구분한다.

정답 03 1. 순자산변동표 04 1. 경상, 투자, 재무 2. 재무

05 결산서

❶ 결산서 구성

결산개요	결산의 내용 요약
세입·세출결산	예산 대비 집행결과를 종합(예산은 현금주의로 작성)
재무제표(재정상태표, 재정운영표, 순자산변동표, 주석)	지방자치단체 회계기준에 따라 작성(지방자치단체 회계기준에서는 현금흐름표를 재무제표에 포함)
성과보고서	성과목표와 실적을 비교하여 작성

❷ 주석

중요한 회계정책, 회계과목의 세부내역 및 재무제표에 중대한 영향을 미치는 사항을 설명하는 보고서

❸ 필수보충정보

① 예산결산요약표
② 지방자치단체의 성질별 재정운영표
③ 일반회계의 재정운영표
④ 개별회계실체의 재정운영표
⑤ 관리책임자산
⑥ 예산회계와 재무회계의 차이에 대한 명세서

05 결산서

1. 결산서 구성
지방자치단체 회계에서의 결산서는 결산개요, ▨▨▨▨▨, 재무제표, 성과보고서로 구성된다.

2. 주 석
지방자치단체 회계에서 중요한 회계정책, 회계과목의 세부내역 및 재무제표에 중대한 영향을 미치는 사항을 설명하는 보고서는 (주석 / 필수보충정보 / 부속명세서)이다.

3. 필수보충정보
지방자치단체 회계에서 필수보충정보에 보고할 내용은 다음과 같다.
① 예산결산요약표
② 지방자치단체의 (기능별 / 성질별) 재정운영표
③ (일반 / 기타특별)회계의 재정운영표
④ (개별 / 유형별)회계실체의 재정운영표
⑤ ▨▨▨▨▨자산
⑥ 예산회계와 재무회계의 차이에 대한 명세서

정답 05 1. 세입·세출결산 2. 주석 3. ② 성질별 ③ 일반 ④ 개별 ⑤ 관리책임

2 OX 강훈련

다음 문장을 읽고 옳은 설명에는 O, 옳지 않은 설명에는 X를 하고 올바른 문장으로 수정하시오.

01 재무제표의 양식, 과목 및 회계용어는 이해하기 쉽도록 최대한 상세하게 표시하여야 한다. O X

02 「국가회계법」은 각 회계실체의 결산에 관하여 다른 법률에 우선 적용된다. O X

03 「국가회계기준에 관한 규칙」상 재무제표는 재정상태표, 재정운영표, 현금흐름표, 순자산변동표로 구성하되, 재무제표에 대한 주석을 포함한다. O X

04 「지방자치단체 회계기준에 관한 규칙」상 재무제표는 재정상태표, 재정운영표, 현금흐름표, 순자산변동표, 주석으로 구성된다. O X

05 정부는 예산회계가 사용한 현금주의·단식부기의 단점을 보완하기 위해 예산회계를 폐지하고 발생주의·복식부기의 사용으로 대체하게 되었다. O X

06 국가회계기준상 재무제표가 제공해야 하는 정보에는 당기의 수입이 당기의 서비스를 제공하기에 충분하였는지 또는 미래의 납세자가 과거에 제공된 서비스에 대한 부담을 지게 되는지에 대한 기간 간 형평성에 관한 정보를 포함한다. O X

07 국가재무제표는 해당 회계연도분과 직전 회계연도분을 비교하는 형식으로 작성한다. O X

08 「국가회계기준에 관한 규칙」에 따르면 재무제표의 과목은 해당 항목의 중요성에 따라 별도의 과목으로 표시하거나 다른 과목으로 통합하여 표시할 수 있다. O X

OX 풀이

01 재무제표의 양식, 과목 및 회계용어는 이해하기 쉽도록 **간단명료하게** 표시하여야 한다.
05 정부회계는 예산회계를 발생주의 회계로 대체한 것이 아니라 **발생주의 회계를 병행해서 사용**하고 있다.
06 「**지방자치단체 회계기준에 관한 규칙」에 포함된 내용**이다. 국가회계기준서는 대신에 '국가사업의 목적을 능률적, 효과적으로 달성하였는지에 관한 정보'를 제공하도록 하고 있다.

| 정답 | 01 X 02 O 03 O 04 O 05 X 06 X 07 O 08 O

✏️ 지문 수정하기

다음 문장을 읽고 옳은 설명에는 O, 옳지 않은 설명에는 X를 하고 올바른 문장으로 수정하시오.

09 재무제표를 통합해서 작성할 경우 내부거래를 상계해서는 안 된다. ⓞⓧ

10 「국고금관리법 시행령」에 따른 출납정리기한 중에 발생하는 거래에 대한 회계처리는 차기 회계연도에 발생한 거래로 보아 처리한다. ⓞⓧ

11 재정상태표는 재정상태표일 현재의 자산과 부채의 명세 및 상호관계 등 재정상태를 나타내는 재무제표로서 자산, 부채 및 순자산으로 구성된다. ⓞⓧ

12 국가회계실체가 작성하는 재정상태표는 일반회계, 특별회계 및 기금 등의 회계단위를 구분하지 않고 합계액만 표시한다. ⓞⓧ

13 자산과 부채 및 순자산은 총액으로 표시하며, 이 경우 자산 항목과 부채 또는 순자산 항목을 상계함으로써 그 전부 또는 일부를 재정상태표에서 제외해서는 아니 된다. ⓞⓧ

14 「국가회계기준에 관한 규칙」에 따르면 자산은 금융자산, 유·무형자산, 주민편의시설 및 기타자산으로 구분하여 재정상태표에 표시한다. ⓞⓧ

15 「지방자치단체 회계기준에 관한 규칙」에 따르면 자산은 유동자산, 투자자산, 일반유형자산, 주민편의시설, 사회기반시설, 무형자산, 기타 비유동자산으로 분류한다. ⓞⓧ

16 「국가회계기준에 관한 규칙」에 의하면 자산은 공용 또는 공공용으로 사용되는 등 공공서비스를 제공할 수 있거나 직접적 또는 간접적으로 경제적 효익을 창출하거나 창출에 기여할 가능성이 높고 그 가액을 신뢰성 있게 측정할 수 있을 때에 인식한다. ⓞⓧ

OX 풀이

09 재무제표를 통합하여 작성할 경우 내부거래는 **상계하여 작성한다.**
10 **'해당'** 회계연도에 발생한 거래로 보아 처리한다.
14 **주민편의시설은 지방자치단체 회계기준의 자산분류항목에 해당**하며 국가회계기준상의 분류에는 해당하지 않는다.
15 지방자치단체 회계기준상 **무형자산은 기타 비유동자산에 포함**해서 보고한다.
16 경제적 효익을 창출하거나 창출에 기여할 가능성이 **'매우 높아야'** 한다.

|정답| **09** X **10** X **11** O **12** O **13** O **14** X **15** X **16** X

다음 문장을 읽고 옳은 설명에는 O, 옳지 않은 설명에는 X를 하고 올바른 문장으로 수정하시오.

17 「지방자치단체 회계기준에 관한 규칙」상 자산은 미래에 공공서비스를 제공할 수 있거나 직접적 또는 간접적으로 경제적 효익을 창출하거나 창출에 기여할 가능성이 높고 그 가액을 신뢰성 있게 측정할 수 있을 때에 인식한다. (O X)

18 유산자산은 자산으로 인식하지 아니하고 그 종류와 현황 등을 주석으로 공시한다. (O X)

19 국가안보와 관련된 자산은 국방부장관과 협의하여 자산으로 인식하지 아니할 수 있다. (O X)

20 주민편의시설은 국가의 기반을 형성하기 위하여 대규모로 투자하여 건설하고 그 경제적 효과가 장기간에 걸쳐 나타나는 자산을 말한다. (O X)

21 「국가회계기준에 관한 규칙」상 주민편의시설이란 주민의 편의를 위하여 1년 이상 반복적 또는 계속적으로 사용되는 자산으로서 도서관, 주차장, 공원, 박물관 및 미술관 등을 말한다. (O X)

22 「지방자치단체회계기준에 관한 규칙」상 부채는 차입부채, 충당부채 및 기타 부채로 구분하여 재정상태표에 표시한다. (O X)

23 「국가회계기준에 관한 규칙」상 일반유형자산에 대해서는 자산재평가를 적용할 수 있으나 사회기반시설에 대해서는 자산재평가를 적용할 수 없다. (O X)

OX 풀이

17 「지방자치단체 회계기준에 관한 규칙」상 자산은 미래에 공공서비스를 제공할 수 있거나 직접적 또는 간접적으로 경제적 효익을 창출하거나 창출에 기여할 가능성이 **매우 높고** 그 가액을 신뢰성 있게 측정할 수 있을 때에 인식한다.
19 기획재정부장관과 협의하여야 한다.
20 주민편의시설이 아닌 **사회기반시설**에 대한 설명이다.
21 주민편의시설에 대한 설명이 맞지만 「**국가회계기준에 관한 규칙**」에는 주민편의시설의 **분류가 없다.**
22 「**국가회계기준에 관한 규칙**」에 따른 분류이다. 「지방자치단체 회계기준에 관한 규칙」에서는 **유동부채, 장기차입부채 및 기타비유동부채**로 분류한다.
23 일반유형자산과 사회기반시설 **모두 자산재평가를 적용**할 수 있다.

| 정답 | 17 X 18 O 19 X 20 X 21 X 22 X 23 X

● 다음 문장을 읽고 옳은 설명에는 O, 옳지 않은 설명에는 X를 하고 올바른 문장으로 수정하시오.

24 「국가회계기준에 관한 규칙」상 회계정책 변경에 따른 영향은 전기재무제표를 소급재작성하지 않는다. O X

25 「국가회계기준에 관한 규칙」상 순자산은 자산에서 부채를 뺀 금액을 말하며, 고정순자산, 특정순자산 및 일반순자산으로 분류한다. O X

26 「국가회계기준에 관한 규칙」상 중앙관서 또는 기금의 프로그램별 재정운영표는 사업순원가, 재정운영순원가, 재정운영결과로 구분하여 표시한다. O X

27 「국가회계기준에 관한 규칙」상 중앙관서 또는 기금의 프로그램별 재정운영표에서 재정운영순원가는 프로그램순원가에서 비배분수익은 더하고 관리운영비와 비배분비용은 빼서 표시한다. O X

28 「국가회계기준에 관한 규칙」상 비교환수익이란 직접적인 반대급부 없이 발생하는 수익을 말한다. O X

29 「국가회계기준에 관한 규칙」상 교환수익은 수익창출활동이 끝나고 그 금액을 합리적으로 측정할 수 있을 때에 인식한다. O X

30 신고·납부하는 방식의 국세는 납세의무자가 세액을 납부하는 때에 수익으로 인식한다. O X

31 정부부과방식의 국세는 국가가 고지하는 때에 수익으로 인식한다. O X

OX 풀이

24 회계정책의 변경에 따른 영향은 **소급하여 적용**하며, 새로운 회계정책이 적용되는 회계연도와 비교표시되는 회계연도의 순자산변동표상 기초순자산의 '회계변경누적효과'를 반영한다.

25 고정순자산, 특정순자산 및 일반순자산으로의 분류는 **「지방자치단체 회계기준에 관한 규칙」**에 따른 것이다. 「국가회계기준에 관한 규칙」에서는 순자산을 **기본순자산, 적립금 및 잉여금, 순자산조정**으로 구분한다.

26 국가회계에서 중앙관서 또는 기금의 프로그램별 재정운영표는 **프로그램순원가**, 재정운영순원가, 재정운영결과로 구분하여 표시한다. 지방자치단체의 경우 사업순원가로 표시한다.

27 재정운영표는 예산의 집행 관점에서 정책 또는 사업의 원가를 보여주기 위한 재무제표이다. 따라서 비용 관점의 재무제표이며, 비용을 가산하고 수익을 차감하는 형태로 작성한다. 이 때문에 비배분수익은 **'빼고'** 관리운영비와 비배분비용은 **'더해서'** 표시한다.

30 신고·납부하는 방식의 국세는 납세의무자가 세액을 **자진신고**하는 때에 수익으로 인식한다.

|정답| 24 X 25 X 26 X 27 X 28 O 29 O 30 X 31 O

○ 다음 문장을 읽고 옳은 설명에는 O, 옳지 않은 설명에는 X를 하고 올바른 문장으로 수정하시오.

32 원천징수하는 국세는 원천징수의무자가 납세자로부터 원천징수하는 때에 수익으로 인식한다. [O X]

33 연부연납 또는 분납이 가능한 국세는 분납할 세금이 확정되어 납부하는 때에 그 각각의 분납세액을 수익으로 인식한다. [O X]

34 「국가회계기준에 관한 규칙」상 비용은 국가의 재정활동과 관련하여 발생하거나 직접적인 반대급부 없이 발생하는 자원유출이나 사용, 관리전환 등에 따른 순자산의 감소를 말한다. [O X]

35 「국가회계기준에 관한 규칙」상 무주부동산의 취득, 국가 외의 상대방과의 교환 또는 기부채납 등의 방법으로 자산을 취득한 경우에는 취득 당시의 공정가액을 취득원가로 한다. [O X]

36 「국가회계기준에 관한 규칙」상 국가회계실체 사이에 발생하는 관리전환은 무상거래일 경우에는 자산의 공정가액을 취득원가로 하고, 유상거래일 경우에는 자산의 장부가액을 취득원가로 한다. [O X]

37 「국가회계기준에 관한 규칙」상 투자증권은 매입가액에 부대비용을 더하고 종목별로 선입선출법 등을 적용하여 산정한 가액을 취득원가로 한다. [O X]

38 「국가회계기준에 관한 규칙」상 채무증권과 지분증권은 재정상태표일 현재 신뢰성 있게 공정가액을 측정할 수 있으면 그 공정가액으로 평가한다. [O X]

39 「국가회계기준에 관한 규칙」상 투자증권에 대해 공정가액으로 평가하는 경우 장부가액과 공정가액의 차이금액은 재정운영순원가에 반영한다. [O X]

OX 풀이

32 원천징수의무자가 원천징수한 금액을 **신고·납부**하는 때에 수익으로 인식한다.
33 징수할 세금이 **확정된 때**에 그 납부할 **세액 전체**를 수익으로 인식한다.
34 비용은 국가의 재정활동과 관련하여 재화 또는 용역을 제공하여 발생하거나, 직접적인 반대급부 없이 발생하는 자원유출이나 사용 등에 따른 순자산의 감소를 말한다. **관리전환**으로 인한 순자산의 감소는 **비용에 해당하지 않는다.**
36 무상거래일 경우에는 **장부가액**, 유상거래일 경우에는 **공정가액**을 취득원가로 한다.
37 선입선출법이 아닌 **총평균법**을 적용한다.
39 투자증권의 장부가액과 공정가액의 차이금액은 **순자산조정**에 반영한다.

|정답| 32 X 33 X 34 X 35 O 36 X 37 X 38 O 39 X

- 다음 문장을 읽고 옳은 설명에는 O, 옳지 않은 설명에는 X를 하고 올바른 문장으로 수정하시오.

40 「국가회계기준에 관한 규칙」상 재고자산은 제조원가 또는 매입가액에 부대비용을 더한 금액을 취득원가로 하고 품목별로 총평균법을 적용하여 평가한다. O X

41 「국가회계기준에 관한 규칙」상 재고자산의 시가가 취득원가보다 낮은 경우에는 시가를 재정상태표 가액으로 한다. O X

42 「국가회계기준에 관한 규칙」상 원재료 외의 재고자산의 시가는 순실현가능가액을 말하며, 생산과정에 투입될 원재료의 시가는 현재시점에서 매입하거나 재생산하는 데 드는 현행대체원가를 말한다. O X

43 「국가회계기준에 관한 규칙」상 압수품 및 몰수품의 경우 비화폐성 자산에 해당하면 압류 또는 몰수 당시의 시장가격으로 평가한다. O X

44 「국가회계기준에 관한 규칙」상 일반유형자산에 대한 사용수익권은 해당 자산의 차감항목에 표시한다. O X

45 「국가회계기준에 관한 규칙」상 사회기반시설 중 관리·유지 노력에 따라 취득 당시의 용역잠재력을 그대로 유지할 수 있는 시설에 대해서는 감가상각하지 아니하고 관리·유지에 투입되는 비용으로 감가상각비용을 대체할 수 있다. O X

46 「국가회계기준에 관한 규칙」상 무형자산은 정액법에 따라 해당 자산을 사용할 수 있는 시점부터 합리적인 기간 동안 상각한다. 다만, 미래경제적 효익이 소비될 형태를 더 잘 반영하는 방법이라고 인정되는 경우에는 정률법, 생산량비례법 등을 적용하고 그 내용을 주석으로 표시한다. O X

OX 풀이

40 선입선출법을 적용하여 평가한다. 다만, 실물흐름과 원가산정방법 등에 비추어 다른 방법을 적용하는 것이 보다 합리적으로 인정되는 경우에는 개별법, 이동평균법 등을 적용하고 그 내용을 주석으로 표시한다.
43 화폐성 자산의 경우 시장가격으로 평가하며, 비화폐성 자산의 경우 감정가액 또는 공정가액 등으로 평가한다.
46 정액법을 적용하며, **예외규정이 없다.**

| 정답 | 40 X 41 O 42 O 43 X 44 O 45 O 46 X |

● 다음 문장을 읽고 옳은 설명에는 O, 옳지 않은 설명에는 X를 하고 올바른 문장으로 수정하시오.

47 「국가회계기준에 관한 규칙」상 무형자산의 상각기간은 독점적·배타적인 권리를 부여하고 있는 관계 법령이나 계약에서 정한 경우를 제외하고는 30년을 초과할 수 없다. (O X)

48 「국가회계기준에 관한 규칙」상 부채는 원칙적으로 상각후원가로 평가한다. (O X)

49 「국가회계기준에 관한 규칙」상 장기연불조건의 거래, 장기금전대차거래 또는 이와 유사한 거래에서 발생하는 채권·채무로서 명목가액과 현재가치의 차이가 발생하는 경우에는 현재가치로 평가한다. (O X)

50 「지방자치단체 회계기준에 관한 규칙」상 회계 간의 재산 이관이나 물품 소관의 전환으로 취득한 자산 그리고 교환으로 취득한 자산은 공정가액을 취득원가로 한다. (O X)

51 「지방자치단체 회계기준에 관한 규칙」상 지방자치단체의 재정상태표는 관리책임자산이 표시되지 않고, 필수보충정보에 그 내역을 보고한다. (O X)

52 「지방자치단체 회계기준에 관한 규칙」상 지방자치단체의 장기투자증권은 종목별 총평균법을 적용하되, 공정가액 변동은 재정상태표상 순자산에 직접 반영한다. (O X)

53 「지방자치단체 회계기준에 관한 규칙」상 회계정책의 변경에 따른 영향은 비교표시되는 직전 회계연도의 기초순자산 및 그 밖의 대응금액을 새로운 회계정책이 처음부터 적용된 것처럼 조정한다. (O X)

OX 풀이

47 '**20년**'을 초과할 수 없다.
48 **만기상환가액**으로 평가한다
49 그 차이가 '**중요한 경우에는**' 현재가치로 평가한다.
50 교환, 기부채납, 그 밖에 무상으로 취득한 자산의 가액은 공정가액을 취득원가로 한다. 그러나 **회계 간의 재산 이관이나 물품 소관의 전환으로 취득한 자산의 가액은 직전 회계실체의 장부가액을 취득원가로** 한다.
52 지방자치단체의 장기투자증권에 대해서는 **공정가액 변동을 인식하지 않는다.**

| 정답 | 47 X 48 X 49 X 50 X 51 O 52 X 53 O |

- 다음 문장을 읽고 옳은 설명에는 O, 옳지 않은 설명에는 X를 하고 올바른 문장으로 수정하시오.

54 「지방자치단체 회계기준에 관한 규칙」상 지방자치단체가 회계정책을 변경할 경우 비교표시되는 전년도 재무제표도 변경 후의 회계정책을 적용하여 소급재작성한다. O X

55 「지방자치단체 회계기준에 관한 규칙」상 지방자치단체의 무형자산은 취득원가로 인식하고 정액법 또는 정률법을 적용하여 당해 자산을 사용할 수 있는 시점부터 합리적인 기간 동안 상각한다. O X

56 「지방자치단체 회계기준에 관한 규칙」상 지방자치단체의 재무제표에 포함되는 재정운영표에 보고하는 비용은 성질별로 구분하고, 기능별 재정운영표는 필수보충정보로 보고한다. O X

57 「지방자치단체 회계기준에 관한 규칙」상 지방자치단체의 수익 중 비교환거래 수익은 수익창출활동이 끝나고 그 금액을 합리적으로 측정할 수 있을 때 인식한다. O X

OX 풀이

55 지방자치단체의 무형자산은 **정액법**만 인정된다.
56 지방자치단체의 재무제표에 포함되는 재정운영표의 비용은 **기능별**로 구분하고, **성질별** 재정운영표는 필수보충정보로 보고한다.
57 수익창출활동이 끝나고 그 금액을 합리적으로 측정할 수 있을 때 인식하는 수익은 **교환거래 수익**이다. 비교환거래 수익은 해당 수익에 대한 청구권이 발생하고 그 금액을 합리적으로 측정할 수 있을 때 인식한다.

|정답| 54 O 55 X 56 X 57 X

3 공무원 5개년 기출 문제

정답 및 해설 p. 50

01 ▶ 2025 국가직9급

「국가회계기준에 관한 규칙」 및 「지방자치단체 회계기준에 관한 규칙」에서 재정상태표에 대한 설명으로 옳지 않은 것은?

① 「지방자치단체 회계기준에 관한 규칙」의 재정상태표상 부채는 유동부채, 장기차입부채 및 기타비유동부채로 분류한다.
② 「국가회계기준에 관한 규칙」의 재정상태표상 충당부채는 지출시기 또는 지출금액이 불확실한 부채로서 연금충당부채, 퇴직수당충당부채, 보증충당부채, 보험충당부채 및 기타 충당부채를 말한다.
③ 「지방자치단체 회계기준에 관한 규칙」의 재정상태표상 일반순자산은 순자산에서 고정순자산과 특정순자산을 제외한 금액을 말한다.
④ 「국가회계기준에 관한 규칙」의 재정상태표상 순자산은 기본순자산에서 적립금 및 잉여금과 순자산조정을 뺀 금액으로 표시한다.

02 ▶ 2025 국가직9급

「국가회계기준에 관한 규칙」의 내용으로 옳은 것은?

① 국가운영수익은 국가의 재정활동과 관련하여 발생하는 수익 중 국세수익과 이전수익을 제외한 수익이다.
② 재무제표는 재정상태표, 재정운영표, 순자산변동표로만 구성하되, 재무제표에 대한 주석을 포함한다.
③ 투자증권 중 지분증권은 재정상태표일 현재 신뢰성 있게 공정가액을 측정할 수 있더라도 취득원가로 평가하여야 한다.
④ 현재 세대와 미래 세대를 위하여 정부가 영구히 보존하여야 할 자산으로서 역사적, 자연적, 문화적, 교육적 및 예술적으로 중요한 가치를 갖는 자산은 자산으로 인식하지 아니하고 그 종류와 현황 등을 필수보충정보로 공시한다.

03 ▶ 2025 지방직9급

「지방자치단체 회계기준에 관한 규칙」상 부채에 대한 설명으로 옳지 않은 것은?

① 재정상태표상 부채는 유동부채, 장기차입부채, 장기충당부채 및 기타비유동부채로 분류한다.
② 비화폐성 외화부채는 해당 부채를 부담한 당시의 적절한 환율로 평가한 가액을 재정상태표 가액으로 함을 원칙으로 한다.
③ 부채의 가액은 회계실체가 지급의무를 지는 채무액을 말하며, 채무액은 「지방자치단체 회계기준에 관한 규칙」에서 정하는 것을 제외하고는 만기상환가액으로 함을 원칙으로 한다.
④ 장기연불조건의 매매거래, 장기금전대차거래 또는 이와 유사한 거래에서 발생하는 채무로서 명목가액과 현재가치의 차이가 중요한 경우에는 이를 현재가치로 평가한다.

04 ▶ 2025 지방직9급

「국가회계기준에 관한 규칙」 및 「지방자치단체 회계기준에 관한 규칙」상 자산·부채의 평가에 대한 설명으로 옳지 않은 것은?

① 「국가회계기준에 관한 규칙」상 투자증권은 매입가액에 부대비용을 더하고 종목별로 총평균법 등을 적용하여 산정한 가액을 취득원가로 한다.
② 「지방자치단체 회계기준에 관한 규칙」상 주민편의시설은 당해 자산의 건설원가나 매입가액에 부대비용을 더한 취득원가로 평가함을 원칙으로 한다.
③ 「지방자치단체 회계기준에 관한 규칙」상 재정상태표에 기록하는 자산의 가액은 해당 자산의 취득원가를 기초로 하여 계상함을 원칙으로 한다.
④ 「국가회계기준에 관한 규칙」상 무형자산은 정액법 또는 생산량 비례법에 따라 해당 자산을 사용할 수 있는 시점부터 합리적인 기간 동안 상각한다.

05 ▶ 2024 국가직7급

「지방자치단체 회계기준에 관한 규칙」상 자산 및 부채의 평가에 대한 설명으로 옳지 않은 것은?

① 재정상태표에 기재하는 자산은 자산의 진부화, 물리적인 손상 및 시장가치의 급격한 하락 등의 원인으로 인하여 해당 자산의 회수가능가액이 장부가액에 미달하고 그 미달액이 중요한 경우에는 이를 장부가액에서 직접 차감하여 회수가능가액으로 조정하고 감액내역을 주석으로 공시한다. 이 경우 회수가능가액은 해당 자산의 순실현가능액과 사용가치 중 작은 금액으로 한다.
② 미수세금은 합리적이고 객관적인 기준에 따라 평가하여 대손충당금을 설정하고 이를 미수세금 금액에서 차감하는 형식으로 표시하며, 대손충당금의 내역은 주석으로 공시한다.
③ 일반유형자산과 주민편의시설 중 상각대상 자산에 대한 감가상각은 정액법 적용을 원칙으로 한다. 일반유형자산과 주민편의시설에 대한 사용수익권은 해당 자산의 차감항목으로 표시한다.
④ 지방채증권의 액면가액과 발행가액의 차이는 지방채할인 또는 할증 발행차금으로 하고, 할인 또는 할증 발행차금은 증권 발행시부터 최종 상환시까지의 기간에 유효이자율 등으로 상각 또는 환입하고 그 상각액 또는 환입액은 지방채증권에 대한 이자비용에 더하거나 뺀다.

06 ▶ 2024 국가직7급

「국가회계기준에 관한 규칙」상 수익의 인식기준에 대한 설명으로 옳지 않은 것은?

① 신고·납부하는 방식의 국세는 납세의무자가 세액을 자진 신고하는 때에 수익으로 인식한다.
② 정부가 부과하는 방식의 국세는 국가가 고지하는 때에 수익으로 인식한다.
③ 원천징수하는 국세는 원천징수의무자가 원천징수한 금액을 신고·납부하는 때에 수익으로 인식한다.
④ 분납이 가능한 국세는 징수할 세금이 납부된 때에 그 납부된 세액을 수익으로 인식한다.

07 ▶ 2024 서울시7급

「국가회계기준에 관한 규칙」과 「지방자치단체 회계기준에 관한 규칙」의 수익과 비용에 대한 설명으로 옳지 않은 것은?

① 국가의 수익은 국가의 재정활동과 관련하여 재화 또는 용역을 제공한 대가로 발생하거나, 직접적인 반대급부 없이 법령에 따라 납부의무가 발생한 금품의 수납 또는 자발적인 기부금 수령 등에 따라 발생하는 순자산의 증가를 말한다.
② 지방자치단체의 수익은 재원조달의 원천에 따라 자체조달수익, 정부간이전수익, 기타수익으로 구분한다.
③ 국가의 부담금수익, 기부금수익, 무상이전수입은 청구권 등이 확정된 때에 그 확정된 금액을 수익으로 인식한다.
④ 국가의 교환수익은 수익창출 활동이 끝나지 않더라도, 그 금액을 합리적으로 측정할 수 있을 때에 인식한다.

08 ▶ 2024 서울시7급

「지방자치단체 회계기준에 관한 규칙」상 자산 및 부채의 평가에 대한 설명으로 〈보기〉에서 옳은 것을 모두 고른 것은?

〈보기〉
ㄱ. 금융리스는 리스료를 내재이자율로 할인한 가액과 리스자산의 공정가액 중 높은 금액을 리스자산과 리스부채로 각각 계상하여 감가상각한다.
ㄴ. 사회기반시설 중 유지보수를 통하여 현상이 유지되는 도로, 도시철도, 하천부속시설 등은 감가상각 대상에서 제외할 수 있다.
ㄷ. 지방채증권은 발행가액으로 평가하되, 발행가액은 지방채증권 발생수수료 및 발행과 관련하여 직접 발생한 비용을 뺀 후의 가액으로 한다.
ㄹ. 재정상태표 보고일 현재 우발손실의 발생이 확실하고 그 손실금액을 합리적으로 추정할 수 있는 경우, 우발손실을 재무제표에 반영하고 그 내용을 주석으로 표시한다.
ㅁ. 사회기반시설에 대한 사용수익권은 해당 자산의 가산항목으로 표시한다.

① ㄱ, ㄴ, ㄹ
② ㄱ, ㄷ, ㅁ
③ ㄴ, ㄷ, ㄹ
④ ㄷ, ㄹ, ㅁ

09 ▶ 2024 국가직9급 수정

「국가회계기준에 관한 규칙」에 대한 설명으로 옳지 않은 것은?

① 자산은 금융자산, 유·무형자산 및 기타 자산으로 구분하여 표시하며, 유·무형자산은 일반유형자산, 사회기반시설, 무형자산으로 구분한다.
② 중앙관서 또는 기금의 순자산변동표는 기초순자산, 재정운영결과, 재원의 조달 및 이전, 조정항목, 기말순자산으로 구분하여 표시한다.
③ 무주부동산의 취득, 국가 외의 상대방과의 교환 또는 기부채납 등의 방법으로 자산을 취득한 경우에는 취득 당시의 공정가액을 취득원가로 한다.
④ 국가회계실체 사이에 발생하는 관리전환은 유상거래일 경우에는 자산의 장부가액을 취득원가로 한다.

10 ▶ 2023 국가직7급 수정

「국가회계기준에 관한 규칙」에 따른 자산에 대한 설명으로 옳지 않은 것은?

① 자산은 공용 또는 공공용으로 사용되는 등 공공서비스를 제공할 수 있거나 직접적 또는 간접적으로 경제적 효익을 창출하거나 창출에 기여할 가능성이 매우 높고 그 가액을 신뢰성 있게 측정할 수 있을 때에 인식한다.
② 현재 세대와 미래 세대를 위하여 정부가 영구히 보존하여야 할 자산으로서 역사적, 자연적, 문화적, 교육적 및 예술적으로 중요한 가치를 갖는 자산은 자산으로 인식하지 아니하고 그 종류와 현황 등을 주석으로 공시한다.
③ 국가안보와 관련된 자산은 국방부장관과 협의하여 자산으로 인식하지 아니할 수 있다. 이 경우 해당 중앙관서의 장은 해당 자산의 종류, 취득시기 및 관리현황 등을 별도의 장부에 기록하지 않는다.
④ 사회기반시설은 국가의 기반을 형성하기 위하여 대규모로 투자하여 건설하고 그 경제적 효과가 장기간에 걸쳐 나타나는 자산을 말한다.

11 ▶ 2021 국가직9급 수정

「국가회계기준에 관한 규칙」에 대한 설명으로 옳지 않은 것은?

① 국채 및 공채는 국채등 발행수수료 및 발행과 관련하여 직접 발생한 비용을 뺀 발행가액으로 평가한다.
② 파생상품은 공정가액으로 평가하여 해당 계약에 따라 발생한 권리와 의무를 각각 자산 및 부채로 계상한다.
③ 화폐성 외화부채는 재정상태표일 현재의 적절한 환율로 평가한다.
④ 사회기반시설에 대한 사용수익권은 부채로 표시한다.

12 ▶ 2021 지방직9급 수정

「국가회계기준에 관한 규칙」상 자산과 부채의 평가에 대한 설명으로 옳지 않은 것은?

① 재정상태표에 표시하는 자산의 가액은 해당 자산의 취득원가를 기초로 하여 계상한다.
② 국채 및 공채는 국채 등 발행수수료 및 발행과 관련하여 직접 발생한 비용을 뺀 발행가액으로 평가한다.
③ 일반유형자산은 해당 자산의 건설원가 또는 매입가액에 부대비용을 더한 금액을 취득원가로 하고, 객관적이고 합리적인 방법으로 추정한 기간에 정액법 등을 적용하여 감가상각한다.
④ 국가회계실체 사이에 발생하는 관리전환은 무상거래일 경우에는 자산의 공정가액을 취득원가로 하고, 유상거래일 경우에는 자산의 장부가액을 취득원가로 한다.

13 ▶ 2023 국가직9급

「국가회계기준에 관한 규칙」상 비교환수익 유형에 따른 수익인식기준에 대한 설명으로 옳지 않은 것은?

① 원천징수하는 국세: 원천징수의무자가 납세의무자로부터 세액을 원천징수할 때 수익으로 인식
② 정부가 부과하는 방식의 국세: 국가가 고지하는 때에 수익으로 인식
③ 분납이 가능한 국세: 징수할 세금이 확정된 때에 그 납부할 세액 전체를 수익으로 인식
④ 부담금수익: 청구권 등이 확정된 때에 그 확정된 금액을 수익으로 인식

14 ▶ 2022 국가직9급 수정

「국가회계기준에 관한 규칙」상 중앙관서 또는 기금의 재정운영표에 대한 설명으로 옳지 않은 것은?

① 재정운영표는 회계연도 동안 수행한 정책 또는 사업의 원가와 재정운영에 따른 원가의 회수명세 등을 포함한 재정운영결과를 나타내는 재무제표를 말한다.
② 중앙관서 또는 기금의 프로그램별 재정운영표는 프로그램순원가, 재정운영순원가, 재정운영결과로 구분하여 표시한다.
③ 프로그램순원가는 프로그램을 수행하기 위하여 투입한 원가 합계에서 다른 프로그램으로부터 배부받은 원가를 빼고, 다른 프로그램에 배부한 원가는 더하며, 프로그램 수행과정에서 발생한 수익 등을 빼서 표시한다.
④ 비배분비용은 국가회계실체에서 발생한 비용 중 프로그램에 대응되지 않는 비용이며, 비배분수익은 국가회계실체에서 발생한 수익 중 프로그램에 대응되지 않는 수익이다.

15 ▶ 2021 국가직7급

「국가회계기준에 관한 규칙」의 수익과 비용에 대한 설명으로 옳은 것은?

① 정부가 부과하는 방식의 국세는 납세의무자가 세액을 자진신고하는 때에 수익으로 인식한다.
② 신고·납부하는 방식의 국세는 국가가 고지하는 때에 수익으로 인식한다.
③ 원가는 중앙관서의 장 또는 기금관리주체가 프로그램의 목표를 달성하고 성과를 창출하기 위하여 직접적·간접적으로 투입한 경제적 자원의 가치를 말한다.
④ 재화나 용역의 제공 등 국가재정활동 수행을 위하여 자산이 감소하고 그 금액을 합리적으로 측정할 수 있을 때 또는 금액을 합리적으로 측정할 수 없더라도 법령 등에 따라 지출에 대한 의무가 존재한다면 비용으로 인식한다.

16 ▶ 2022 국가직7급 수정

「국가회계예규」의 '재무제표의 통합에 관한 지침'에 대한 설명으로 옳지 않은 것은?

① 중앙관서 재무제표는 중앙관서별로 구분된 국가회계실체 재무제표를 소관 중앙관서별로 통합하여 작성하고, 국가 재무제표는 중앙관서 재무제표를 대한민국 정부로 통합하여 작성한다.
② 국가회계실체가 보유한 자산·부채, 순자산, 수익·비용의 성격 등을 고려한 재무정보의 적정공시를 위해 필요한 경우 관련 자산·부채, 순자산, 수익·비용을 재무제표 본문에 반영하지 않고, 주석으로 공시한다.
③ 중앙관서 내 국가회계실체 간 재원의 조달 및 이전거래를 통해 재정운영표에 '기타이전수익'과 '기타이전비용'을 인식하거나 순자산변동표에 '재원의 조달 및 이전'을 인식한 경우 해당 내부거래로 인하여 상호 발생한 무상이전거래를 제거한다.
④ 국세수익은 국세징수활동표의 '국고이전지출'과 국고금회계의 '국고이전수입'을 내부거래제거로 상계하는 국고금회계 통합절차를 통해 순자산변동표에 표시한다.

17 ▶ 2022 국가직7급

「국가회계예규」의 '원가계산에 관한 지침'에 대한 설명으로 옳지 않은 것은?

① 원가는 신뢰할 수 있는 객관적인 자료와 주관적인 증거에 의하여 계산하며, 국가회계실체가 프로그램 예산체계에 따라 집행한 예산을 현금주의의 원칙에 따라 계산한다.
② 국가회계실체는 그 활동의 특성에 따라 행정형 회계와 사업형 회계로 구분되며, 정부원가계산은 회계의 내용에 따라 그 계산방식을 달리할 수 있다.
③ 각 중앙관서의 장은 사업관리자, 예산편성 관계자 등 정보이용자의 요구에 의해 주요 사업의 원가자료를 제공할 수 있도록 원가 집계 대상에 따라 원가를 산출하여 관리하되, 재정운영표에는 프로그램별로 총원가와 순원가를 표시하여야 한다.
④ 원가계산기간은 「국가회계법」에서 정하는 회계연도와 일치하여야 한다. 다만, 내부관리 목적으로 월별 또는 분기별 등으로 세분하여 원가계산을 실시할 수 있다.

18 ▶ 2022 지방직9급 수정

「국가회계예규」의 '재무제표의 통합에 관한 지침'에서 재무제표 작성방법에 대한 설명으로 옳은 것은?

① 중앙관서 내 국가회계실체가 발행한 국채(공채)를 동일 중앙관서 내 다른 국가회계실체가 취득하는 경우 중앙관서 재무제표 작성 시 해당 투자증권은 자기국채(공채)로 대체함으로써 국채(공채)의 장부금액에서 차감시킨다.
② 중앙관서 내 국가회계실체 간 거래를 통해 수익·비용을 인식한 경우 해당 내부거래로 인하여 상호발생한 수익과 비용을 제거하지 않는다.
③ 국가 재무제표 작성 시에는 중앙관서 간 내부거래를 통한 유·무형자산의 취득, 처분, 관리전환 등의 거래는 상호 채권·채무를 보유하지 않으므로 내부거래 제거대상에서 제외하지 않는다.
④ 국가 재무제표 작성 시 중앙관서 순자산변동표에 표시되는 '재원의 조달 및 이전'은 재정운영표에 반영하며, 분야별 재정운영표의 경우 표시하지 않는다.

19 ▶ 2021 서울시7급

「지방자치단체 회계기준에 관한 규칙」에서 재무제표의 작성원칙에 대한 설명 중 옳지 않은 것을 〈보기〉에서 모두 고른 것은?

〈보기〉
ㄱ. 지방자치단체의 재무제표는 일반회계·기타특별회계·기금회계 및 지방공기업특별회계의 유형별 재무제표를 통합하여 작성하되, 이 경우 내부거래는 상계하지 아니하고 작성한다.
ㄴ. 유형별 회계실체의 재무제표를 작성할 때에는 해당 유형에 속한 개별 회계실체의 재무제표를 합산하지 아니하고 작성한다.
ㄷ. 개별 회계실체의 재무제표를 작성할 때에는 지방자치단체 안의 다른 개별 회계실체와의 내부거래를 상계하지 아니한다.
ㄹ. 재무제표는 당해 회계연도분과 직전 회계연도분을 비교하는 형식으로 작성되어야 하며, 회계정책과 회계추정의 변경이 발생한 경우에는 그 내용을 주석으로 공시하여야 한다.

① ㄱ, ㄴ ② ㄱ, ㄹ
③ ㄴ, ㄷ ④ ㄷ, ㄹ

20 ▶ 2021 지방직9급

지방자치단체회계에 대한 설명으로 옳지 않은 것은?

① 지방자치단체의 회계는 신뢰할 수 있도록 객관적인 자료와 증명서류에 의하여 공정하게 처리되어야 한다.
② 지방재정활동에 따라 발생하는 경제적 거래 등을 발생 사실에 따라 복식부기 방식으로 회계처리하는 데 필요한기준은 행정안전부령으로 정한다.
③ 지방자치단체의 회계는 재정활동의 내용과 그 성과를 쉽게 파악할 수 있도록 충분한 정보를 제공하고, 간단·명료하게 처리되어야 한다.
④ 재무제표는 지방회계기준에 따라 작성하여야 하고, 「공인회계사법」에 따른 공인회계사의 감사의견을 첨부하여야 한다.

21 ▶ 2024 지방직9급

「지방자치단체 회계기준에 관한 규칙」상 자산·부채의 평가에 대한 설명으로 옳지 않은 것은?

① 회계실체 간 재산 이관이나 물품 소관의 전환으로 취득한 자산의 가액은, 무상거래일 경우에는 자산의 장부가액으로 하고 유상거래일 경우에는 자산의 공정가액으로 한다.
② 재정상태표에 기재하는 자산은 자산의 진부화, 물리적인 손상 및 시장가치의 급격한 하락 등의 원인으로 인하여해당 자산의 회수가능가액이 장부가액에 미달하고 그 미달액이 중요한 경우에는 이를 장부가액에서 직접 차감하여 회수가능가액으로 조정하고 감액내역을 주석으로 공시한다.
③ 장기연불조건의 매매거래, 장기금전대차거래 또는 이와 유사한 거래에서 발생하는 채권·채무로서 명목가액과 현재가치의 차이가 중요한 경우에는 이를 현재가치로 평가한다.
④ 우발상황은 미래에 어떤 사건이 발생하거나 발생하지 아니함으로 인하여 궁극적으로 확정될 손실 또는 이익으로서 발생여부가 불확실한 현재의 상태 또는 상황을 말하며, 재정상태표 보고일 현재 우발손실의 발생이 확실하고 그 손실금액을 합리적으로 추정할 수 있는 경우 우발손실을 재무제표에 반영하고 그 내용을 주석으로 표시한다.

22 ▶ 2023 지방직9급

「지방자치단체 회계기준에 관한 규칙」에 대한 설명으로 옳은 것은?

① 부채는 유동부채, 장기차입부채, 장기충당부채 및 기타 비유동부채로 구분하여 재정상태표에 표시한다.
② 특정순자산은 주민편의시설, 사회기반시설 및 무형자산의 투자액에서 그 시설의 투자재원을 마련할 목적으로 조달한 장기차입금 및 지방채증권 등을 뺀 금액으로 한다.
③ 부채의 가액은 회계실체가 지급의무를 지는 채무액을 말하며, 채무액은 이 규칙에서 정하는 것을 제외하고는 만기상환가액으로 함을 원칙으로 한다.
④ 교환거래에 의한 비용은 가치의 이전에 대한 의무가 존재하고 그 금액을 합리적으로 측정할 수 있을 때에 인식한다.

23 ▶ 2022 서울시7급

「지방자치단체 회계기준에 관한 규칙」에서 자산 및 부채 평가에 대한 설명으로 가장 옳지 않은 것은?

① 미수세금은 합리적이고 객관적인 기준에 따라 평가하여 대손충당금을 설정하고 이를 미수세금 금액에서 차감하는 형식으로 표시한다.
② 일반유형자산과 주민편의시설에 대한 사용수익권은 해당 자산의 가산항목으로 표시한다.
③ 우발이익의 발생이 확실하고 그 이익금액을 합리적으로 추정할 수 있는 경우 우발상황의 내용을 주석으로 표시한다.
④ 회계추정의 변경에 따른 영향은 해당 회계연도 후의 기간에 미치는 것으로 한다.

24 ▶ 2022 지방직9급

「지방자치단체 회계기준에 관한 규칙」의 회계변경과 오류수정에 대한 설명으로 옳지 않은 것은?

① 회계정책 또는 회계추정을 변경한 경우에는 그 변경내용, 변경사유 및 변경이 해당 회계연도의 재무제표에 미치는 영향을 주석으로 표시한다.
② 회계추정의 변경에 따른 영향은 비교표시되는 직전 회계연도의 기초순자산 및 그 밖의 대응금액을 회계추정의 변경 이전 처음부터 적용된 것으로 조정한다.
③ 오류의 수정은 전년도 이전에 발생한 회계기준적용의 오류, 추정의 오류, 계정분류의 오류, 계산상의 오류, 사실의 누락 및 사실의 오용 등을 수정하는 것이다.
④ 중대한 오류를 수정한 경우에는 중대한 오류로 판단한 근거, 비교재무제표에 표시된 과거회계기간에 대한 수정금액, 비교재무제표가 다시 작성되었다는 사실을 주석으로 포함한다.

25 ▶ 2021 국가직9급

「지방자치단체 회계기준에 관한 규칙」의 자산 및 부채의 평가에 대한 설명으로 옳은 것은?

① 일반유형자산과 주민편의시설은 당해 자산의 건설원가나 매입가액을 취득원가로 평가함을 원칙으로 한다.
② 무형자산은 정률법에 따라 당해 자산을 사용할 수 있는 시점부터 합리적인 기간동안 상각한다.
③ 사회기반시설 중 유지보수를 통하여 현상이 유지되는 도로, 도시철도, 하천부속시설 등은 감가상각대상에서 제외할 수 없다.
④ 퇴직급여충당부채는 회계연도말 현재 「공무원연금법」을 적용받는 지방공무원을 제외한 무기계약근로자 등이 일시에 퇴직할 경우 지방자치단체가 지급하여야 할 퇴직금에 상당한 금액으로 한다.

26 ▶ 2024 지방직9급

「지방자치단체 회계기준에 관한 규칙」상 재정운영표에 대한 설명으로 옳지 않은 것은?

① 교환거래로 생긴 수익은 재화나 서비스 제공의 반대급부로 생긴 사용료, 수수료 등으로서 해당 수익에 대한 청구권이 발생하고 그 금액을 합리적으로 측정할 수 있을 때에 인식한다.
② 사업순원가는 총원가에서 사업수익을 빼서 표시하며, 총원가는 사업을 수행하기 위하여 투입한 원가에서 다른 사업으로부터 배부받은 원가를 더하고, 다른 사업에 배부한 원가를 뺀 것이다.
③ 수익은 재원조달의 원천에 따라 지방자치단체가 독자적인 과세 권한과 자체적인 징수활동을 통하여 조달한 자체조달수익, 회계실체가 국가 또는 다른 지방자치단체로부터 이전받은 정부간 이전수익, 자체조달수익 및 정부간이전수익 외의 수익인 기타수익으로 구분한다.
④ 재정운영순원가는 사업순원가에서 관리운영비 및 비배분비용은 더하고 비배분수익을 빼서 표시하며, 관리운영비는 조직의 일반적이고 기본적인 기능을 수행하는 데 필요한 인건비, 기본경비 및 운영경비이다.

27 ▶ 2023 서울시7급

「지방자치단체 회계기준에 관한 규칙」에 대한 설명으로 가장 옳지 않은 것은?

① 재정상태표의 순자산은 자산에서 부채를 뺀 금액을 말하며, 기본순자산, 적립금 및 잉여금, 순자산조정으로 구분한다.
② 재정운영표의 모든 수익과 비용은 발생주의 원칙에 따라 거래나 사실이 발생한 기간에 표시한다.
③ 현금흐름표의 경상활동은 지방자치단체의 행정서비스와 관련된 활동으로서 투자활동과 재무활동에 속하지 아니하는 거래를 말한다.
④ 순자산변동표의 순자산의 증가사항은 회계 간의 재산 이관, 물품 소관의 전환, 양여·기부 등으로 생긴 자산 증가를 말한다.

28. 2023 국가직 9급

「국가회계기준에 관한 규칙」과 「지방자치단체 회계기준에 관한 규칙」에 대한 설명으로 옳지 않은 것은?

① 「국가회계기준에 관한 규칙」에 따르면 사회기반시설 중 관리·유지 노력에 따라 취득 당시의 용역 잠재력을 그대로 유지할 수 있는 시설에 대해서는 감가상각하지 아니하고 관리·유지에 투입되는 비용으로 감가상각비용을 대체할 수 있다.
② 「지방자치단체 회계기준에 관한 규칙」에 따르면 자산은 유동자산, 투자자산, 일반유형자산, 주민편의시설, 사회기반시설, 기타비유동 자산으로 분류한다.
③ 「지방자치단체 회계기준에 관한 규칙」에 따르면 무형자산은 정액법에 따라 당해 자산을 사용할 수 있는 시점부터 합리적인 기간 동안 상각한다. 다만, 독점적·배타적인 권리를 부여하는 관계 법령이나 계약에서 정한 경우를 제외하고는 20년을 넘을 수 없다.
④ 「국가회계기준에 관한 규칙」에 따르면 현재 세대와 미래 세대를 위하여 정부가 영구히 보존하여야 할 자산으로서 역사적, 자연적, 문화적, 교육적 및 예술적으로 중요한 가치를 갖는 자산은 무형자산으로 인식한다.

4 실전 훈련 문제

01
다음 중 「국가회계기준에 관한 규칙」에서 언급하고 있는 내용이 아닌 것은?

① 「국가회계기준에 관한 규칙」은 「국가재정법」에 따른 일반회계, 특별회계, 공기업특별회계 및 기금의 회계처리에 대하여 적용한다.
② 「국가회계기준에 관한 규칙」에서 정하는 것 외의 사항에 대해서는 일반적으로 인정되는 회계원칙과 일반적으로 공정·타당하다고 인정되는 회계관습에 따른다.
③ 국가의 회계처리는 복식부기 및 발생주의 방식으로 이루어져야 한다.
④ 회계처리에 관한 기준 및 추정은 기간별 비교가 가능하도록 기간마다 계속하여 적용하고 정당한 사유 없이 변경해서는 안 된다.

02
「국가회계기준에 관한 규칙」에 따른 재무제표에 대한 다음의 설명 중 옳은 것은?

① 재무제표는 재정상태표, 재정운영표, 순자산변동표로 구성되며 재무제표에 대한 주석과 필수보충정보를 포함한다.
② 재무제표는 국가의 재정상태 및 그 변동과 재정운영결과에 관한 정보를 제공하는 것으로 예산의 준수에 관한 정보는 포함하지 않는다.
③ 재무제표를 통합하여 작성할 경우 중앙관서의 재정상태 및 재정운영에 관한 정보를 명확히 구분할 수 있도록 내부거래는 상계하지 않는다.
④ 재무제표 작성을 위한 계정과목과 금액은 그 중요성에 따라 실용적인 방법으로 결정하여야 한다.

03
다음 중 「국가회계기준에 관한 규칙」에서 정하는 재무제표와 부속서류에 대한 설명으로 옳지 않은 것은?

① 재무제표는 「국가회계법」에 따라 재정상태표, 재정운영표, 순자산변동표 및 현금흐름표로 구성되되, 재무제표에 대한 주석을 포함한다.
② 재무제표는 국가의 재정상태 및 그 변동과 재정운영결과에 관한 정보를 제공하여야 한다.
③ 재무제표는 국가의 재정활동에 직접적 또는 간접적으로 이해관계를 갖는 정보이용자가 국가의 재정활동 내용을 파악하고, 합리적으로 의사결정을 할 수 있도록 유용한 정보를 제공하는 것을 목적으로 한다.
④ 재무제표는 국가사업의 목적을 능률적, 효과적으로 달성하였는지에 관한 정보는 제공하지 못한다.

04
국가의 재정상태표 작성 및 표시에 대한 다음의 설명 중 옳지 않은 것은?

① 재정상태표에서 자산, 부채 및 순자산은 총액으로 표시한다.
② 대손충당금이나 현재가치할인차금은 해당 자산 또는 부채 항목에서 차감하는 형식으로 표시한다.
③ 자산에 대한 사용수익권은 무형자산으로 표시한다.
④ 자산에서 부채를 차감한 잔여액을 순자산으로 표시한다.

05

국가의 재정상태표상 자산의 평가에 대한 다음의 설명 중 옳지 않은 것은?

① 투자증권은 종목별 총평균법 등을 적용하여 산정한 가액을 취득원가로 하고, 후속적으로 공정가액 변동은 인식하지 않는다.
② 정부출자금은 출자액 또는 매입가액에 부대비용을 더하고 품목별로 총평균법 등을 적용하여 산정한 가액을 취득원가로 한다.
③ 융자사업에서 발생한 대여금의 경우, 융자금의 원금과 추정 회수가능액의 현재가치의 차액을 융자보조원가충당금으로 설정하여 평가한다.
④ 재고자산은 품목별 선입선출법을 적용하여 평가하되, 다른 방법을 적용하는 것이 보다 합리적이라고 인정되는 경우에 개별법, 이동평균법 등을 적용한다.

06

다음 중 「국가회계기준에 관한 규칙」에 대한 설명으로 옳지 않은 것은?

① 현재세대와 미래세대를 위하여 정부가 영구히 보존하여야 할 자산으로서 역사적, 자연적, 문화적, 교육적 및 예술적으로 중요한 가치를 갖는 자산은 자산으로 인식하지 아니하고 그 종류와 현황 등을 주석으로 공시한다.
② 국가안보와 관련된 자산은 국방부장관과 협의하여 자산으로 인식하지 아니할 수 있다. 이 경우 해당 중앙관서의 장은 해당 자산의 종류, 취득시기 및 관리현황 등을 별도의 장부에 기록하여야 한다.
③ 전비품은 전쟁의 억제 또는 수행에 직접적으로 사용되는 전문적인 군사장비와 탄약 등을 말한다.
④ 금융자산은 현금 또는 현금을 수취하거나 유리한 조건으로 자산을 교환할 수 있는 계약상의 권리인 자산으로, 현금및현금성자산, 금융상품, 투자증권, 정부출자금, 대여금, 미수채권, 기타 금융자산을 말한다.

07

「국가회계기준에 관한 규칙」과 「지방자치단체 회계기준에 관한 규칙」의 비교에 대한 다음의 설명 중 옳지 않은 것은?

① 국가의 유산자산과 지방자치단체의 관리책임자산은 모두 자산으로 인식하지 않는다.
② 국가는 투자증권에 대해서 공정가액으로 평가하는 경우가 있으나, 지방자치단체는 모든 투자증권을 취득원가로 평가한다.
③ 국가가 외부로부터 자산을 기부채납 받는 경우 공정가액으로 자산을 인식한다. 한편, 지방자치단체가 외부로부터 자산을 기부채납 받은 경우에는 공정가액으로 자산을 인식하고 재정운영표상 수익이 아니라 재정상태표상 순자산에 직접 반영한다.
④ 자산의 소관을 이전하는 경우 국가와 지방자치단체 모두 수익을 인식하지 않는다.

08

「국가회계기준에 관한 규칙」에서 규정하는 재정상태표에 대한 설명으로 옳지 않은 것은?

① 재정상태표는 재정상태표일 현재의 자산과 부채의 명세 및 상호관계 등 재정상태를 나타내는 재무제표로서 자산, 부채 및 순자산으로 구성된다.
② 자산은 공공서비스를 제공할 수 있거나 직접적 또는 간접적으로 경제적 효익을 창출할 가능성이 거의 확실하고 그 가액을 신뢰성 있게 측정할 수 있을 때 인식한다.
③ 자산, 부채 및 순자산은 총액으로 표시한다. 이 경우 자산 항목과 부채 또는 순자산 항목을 상계함으로써 그 전부 또는 일부를 재정상태표에서 제외해서는 안 된다.
④ 부채는 과거의 거래나 사건의 결과로 국가회계실체가 부담하는 의무로서, 그 이행을 위하여 미래에 자원의 유출 또는 사용이 예상되는 현재의 의무를 말하며, 차입부채, 충당부채 및 기타 부채로 구분하여 표시한다.

09

「국가회계기준에 관한 규칙」과 「지방자치단체 회계기준에 관한 규칙」에 따른 재무제표의 작성원칙에 대한 설명으로 옳지 않은 것은?

① 지방자치단체의 재무제표는 일반회계, 기타특별회계, 기금회계 및 지방공기업특별회계의 유형별 재무제표를 통합하여 작성하고, 작성 시 내부거래는 상계한다.
② 국가회계실체가 재무제표를 통합하여 작성할 경우 내부거래는 상계하여 작성한다.
③ 지방자치단체 회계기준상 유형별 회계실체의 재무제표를 작성할 때 해당 유형에 속하는 개별 회계실체의 재무제표를 합산하여 작성한다.
④ 개별 회계실체의 재무제표를 작성할 때에는 지방자치단체 안의 다른 개별 회계실체의 내부거래는 상계하고 작성한다.

10

국가의 재정상태표상 자산의 평가에 대한 다음의 설명 중 옳지 않은 것은?

① 일반유형자산에 대해서는 재평가모형을 적용할 수 있으나, 사회기반시설에 대해서는 재평가모형을 적용할 수 없다.
② 사회기반시설 중 관리·유지 노력에 따라 취득 당시의 용역 잠재력을 그대로 유지하는 자산은 감가상각을 하지 않을 수 있다.
③ 일반유형자산이나 사회기반시설에 대한 사용수익권은 해당 자산의 차감항목으로 표시한다.
④ 무형자산은 정액법으로 상각하며, 관계법령이나 계약에서 정한 경우를 제외하고는 20년 이내에 상각한다.

11

다음 중 「국가회계기준에 관한 규칙」에서 순자산을 구성하는 요소로 알맞지 않은 것은?

① 일반순자산
② 적립금 및 잉여금
③ 기본순자산
④ 순자산조정

12

다음 중 「국가회계기준에 관한 규칙」에 대한 설명으로 옳지 않은 것은?

① 중앙관서의 프로그램별 재정운영표에는 프로그램별로 총원가와 수익이 표시되나, 국가의 분야별 재정운영표에는 프로그램별로 총원가와 수익이 표시되지 않는다.
② 중앙관서의 프로그램별 재정운영표 작성시 프로그램순원가에 관리운영비와 비배분비용을 가산하고 비배분수익을 차감하면 재정운영순원가가 된다.
③ 국세수익은 중앙관서, 기금 및 국가의 재정운영표에 표시되는 항목이다.
④ 재정운영결과는 재정운영순원가에서 비교환수익 등을 빼서 표시한다.

13

다음의 비교환수익의 재무제표 표시방법에 대한 설명 중 옳지 않은 것은?

① 일반회계의 비교환수익(국세수익 제외)은 순자산변동표에 표시한다.
② 기업특별회계의 비교환수익은 재정운영표에 표시한다.
③ 중앙관서의 장이 관리하는 기금의 비교환수익은 순자산변동표에 표시한다.
④ 중앙관서의 장이 관리하지 않는 기금의 비교환수익은 재정운영표에 표시한다.

14

「국가회계기준에 관한 규칙」에서 규정하고 있는 수익과 비용에 대한 다음의 설명 중 옳지 않은 것은?

① 수익은 원천에 따라 교환수익과 비교환수익으로 구분하며, 성질에 따라 국세수익, 이전수익, 국가운영수익으로 구분한다.
② 비교환수익은 국가회계실체의 특성에 따라 재정운영표에 반영되기도 하고 순자산변동표에 반영되기도 한다.
③ 교환수익 및 비교환수익은 수익창출 활동이 끝나고 그 금액을 합리적으로 측정할 수 있을 때 인식한다.
④ 비용은 국가재정활동 수행을 위하여 자산이 감소하고 그 금액을 합리적으로 측정할 수 있을 때 또는 법령 등에 따라 지출에 대한 의무가 존재하고 그 금액을 합리적으로 측정할 수 있을 때 인식한다.

15

「국가회계기준에 관한 규칙」에서 수익인식기준에 관한 설명으로 옳지 않은 것은?

① 신고·납부하는 방식의 국세: 납입의무자가 세액을 자진신고하는 때에 수익으로 인식
② 정부가 부과하는 방식의 국세: 국가가 고지하는 때에 수익으로 인식
③ 연부연납 또는 분납이 가능한 국세: 징수할 세금이 확정된 때에 그 납부할 세액 전체를 수익으로 인식
④ 원천징수하는 국세: 원천징수의무자가 납세의무자로부터 원천징수하는 때에 수익으로 인식

16

다음 중 국가의 결산보고서에 관한 설명으로 옳지 않은 것은?

① 결산개요는 결산의 내용을 요약하여 예산 및 기금의 집행결과, 재정의 운영내용과 재무상태를 분명하게 파악할 수 있도록 작성해야 한다.
② 세입·세출결산은 국회에서 승인된 예산 대비 실제 집행된 결과를 비교하여 작성하는 보고서로 발생주의 회계제도 도입 이후 현금주의가 아닌 발생주의로 작성한다.
③ 재무제표는 국가회계기준에 따라 작성해야 한다.
④ 결산보고서의 내용에 대한 추가적인 정보를 제공하기 위하여 「국가회계법」에서 결산보고서별로 규정한 부속서류를 작성하여 국회에 제출해야 한다.

17

지방자치단체의 재무보고에 대한 다음의 설명 중 옳지 않은 것은?

① 재무보고는 지방자치단체가 공공회계책임을 적절히 이행하였는가 여부를 평가하는 데 필요한 정보를 제공해야 한다.
② 예산과 그 밖의 관련 법규 준수에 관한 정보는 기간 간 형평성에 관한 정보로서 공공회계책임의 이행 여부를 평가하는 데 중요한 정보이다.
③ 지방자치단체의 결산서에 포함되는 재무제표는 「지방자치단체 회계기준에 관한 규칙」을 적용하되, 동 규칙에서 정한 것 이외의 사항에 대해서는 일반적으로 인정되는 회계원칙과 공정·타당하다고 인정되는 회계관습을 따른다.
④ 지방자치단체가 작성하는 결산서에는 재무제표뿐만 아니라 결산개요, 세입·세출결산 및 성과보고서도 포함된다.

18
다음 중 지방자치단체의 회계처리와 재무보고의 일반원칙이 아닌 것은?
① 회계처리와 보고는 신뢰할 수 있도록 객관적인 자료와 증거에 의하여 공정하게 처리하여야 한다.
② 회계처리에 관한 기준과 추정은 기간별 비교가 가능하도록 기간마다 계속하여 적용하고 정당한 사유 없이 이를 변경하여서는 아니 된다.
③ 회계처리를 하거나 재무제표를 작성할 때 과목과 금액은 그 중요성에 따라 실용적인 방법을 통하여 결정하여야 한다.
④ 회계처리와 보고는 적시성의 원리하에 이루어져야 한다.

19
다음 중 「지방자치단체 회계기준에 관한 규칙」의 부채의 분류에 해당하지 않는 것은?
① 유동부채
② 장기차입부채
③ 기타비유동부채
④ 장기충당부채

20
지방자치단체의 재정상태표에 대한 다음의 설명 중 옳지 않은 것은?
① 자산은 미래에 공공서비스를 제공할 수 있거나 직접적 또는 간접적으로 경제적 효익을 창출하거나 창출에 기여할 가능성이 거의 확실하고 그 가액을 신뢰성 있게 측정할 수 있을 때 인식한다.
② 관리책임자산은 재정상태표에 자산으로 인식하지 않는다.
③ 자산과 부채는 유동성이 높은 항목부터 배열하는 것을 원칙으로 한다.
④ 가지급금이나 가수금 등 미결산항목은 그 내용을 나타내는 적절한 과목으로 표시한다.

21
지방자치단체의 자산의 평가에 대한 다음의 설명 중 옳지 않은 것은?
① 재고자산은 선입선출법을 적용하여 산정한 가액은 취득원가로 하는 것이 원칙이다.
② 일반유형자산, 주민편의시설 및 사회기반시설 중 감가상각대상자산은 원칙적으로 정액법을 적용하여 감가상각하되, 주민편의시설 중 유지보수를 통하여 현상이 유지되는 자산은 감가상각대상에서 제외할 수 있다.
③ 장기투자증권은 종목별 총평균법을 적용하여 산정한 취득원가로 평가하는 것이 원칙이며, 공정가액을 신뢰성 있게 측정할 수 있더라도 공정가액 변동을 인식하지 않는다.
④ 무형자산은 정액법을 적용하여 상각하되, 관계법령이나 계약에서 정한 경우를 제외하고는 상각기간이 20년을 넘을 수 없다.

22
「지방자치단체 회계기준에 관한 규칙」에 의한 주민편의시설에 해당하지 않는 것은?
① 댐
② 공원
③ 주차장
④ 박물관

객관식 서술형 완전정복!

오정화 회계학

정답 및 해설

PART 02

정답 및 해설

Chapter 01	재무보고를 위한 개념체계	Chapter 10	충당부채와 종업원급여
Chapter 02	재무제표	Chapter 11	자본
Chapter 03	현금 및 수취채권과 지급채무	Chapter 12	수익인식
Chapter 04	금융자산	Chapter 13	건설계약
Chapter 05	재고자산	Chapter 14	회계변경과 오류수정
Chapter 06	유형자산	Chapter 15	현금흐름표
Chapter 07	투자부동산	Chapter 16	기타회계
Chapter 08	무형자산	Chapter 17	원가관리회계
Chapter 09	금융부채	Chapter 18	정부회계

01 재무보고를 위한 개념체계

공무원 5개년 기출 문제   044쪽

01 ③	02 ①	03 ④	04 ①	05 ①
06 ②	07 ②	08 ③	09 ④	10 ①
11 ③	12 ④	13 ③	14 ⑤	15 ②
16 ①	17 ③	18 ④	19 ⑤	20 ④

01   ③

③ 보고기업의 경제적 자원 및 청구권은 채무상품이나 지분상품의 발행과 같이 재무성과 외의 사유로도 **변동될 수 있다**.

02   ①

① 수익과 비용은 기업의 **재무성과**와 관련된 재무제표 요소이다. 보고기업의 재무상태와 관련된 재무제표 요소는 자산, 부채 및 자본이다.

03   ④

④ 오류가 없는 서술이란 현상의 기술에 오류나 누락이 없고, 재무보고 정보를 생산하는 데 사용되는 절차의 선택과 적용시 절차상 오류가 없음을 의미하는 것으로, **서술의 모든 면이 완벽하게 정확하다는 것을 의미하는 것은 아니다**.

04   ①

② 실물자본유지개념을 사용하기 위해서는 당해 실물자본을 **현행원가기준**에 따라 측정해야 한다.
③ 실물자본유지개념 하에서 이익은 해당 기간 중 일반물가수준에 따른 가격상승을 초과하는 자산가격의 증가액을 의미하며, 그 이외의 가격증가 부분은 자본의 일부인 자본유지조정으로 처리한다. 즉, **모든 가격변동을 이익으로 처리하는 것은 아니다**.
④ 재무자본유지개념을 사용하기 위해서 **특정한 측정기준의 적용을 요구하지 않는다**.

05   ①

① 재무보고를 위한 개념체계는 회계기준이 아니다. 따라서 개념체계의 어떠한 내용도 회계기준이나 회계기준의 요구사항에 **우선하지 않는다**.

06   ②

② 일반목적재무보고서는 현재 및 잠재적 투자자, 대여자와 그 밖의 채권자가 필요로 하는 **모든 정보를 제공하지 않으며 제공할 수도 없다**.

07   ②

② 계량화된 정보가 검증가능하기 위해서는 단일의 점추정치이어야 할 **필요는 없다**.

08   ③

③ 적시성은 의사결정에 영향을 미칠 수 있도록 의사결정자가 정보를 제때에 이용가능하게 하는 것을 의미한다. 그렇다고 해서 보고기간 말 후의 모든 정보가 **적시성이 없는 것은 아니다**.

09   ④

④ 하나의 경제적 현상은 여러 가지 방법으로 충실하게 표현될 수 있어 동일한 경제적 현상에 대해 대체적인 회계처리방법을 허용하면 비교가능성이 **감소**한다.

10   ①

ㄷ. 기업의 재무정보가 다른 기업에 대한 유사한 정보와 비교될 수 있을 때 유용한 정보의 특성은 **비교가능성**으로 **보강적 질적 특성**이다.
ㄹ. 재무보고서의 화폐금액을 직접 관할 수 없어 추정해야만 하는 경우에는 측정 불확실성이 발생한다. 합리적인 추정치의 사용은 재무정보의 작성에 필수적인 부분이며, 추정이 명확하고 정확하게 기술되고 설명되는 한 정보의 **유용성을 저해하지 않는다**.

11   ③

③ 동일한 경제적 현상에 대해 대체적인 회계처리 방법을 허용하면 비교가능성은 **감소**한다.

12   ④

④ 연결재무제표는 특정 종속기업의 자산, 부채, 자본, 수익 및 비용에 대한 별도의 정보를 제공하기 위해 만들어진 것이 아니라 **연결회사와 종속회사를 하나로 연결한 실체 전체의 자산, 부채, 자본, 수익, 비용의 정보를 보고하기 위하여 작성한 것**이다.

13   ③

③ **보고기업은 반드시 법적실체와 일치할 필요는 없다**. 연결재무제표와 결합재무제표와 같이 경제적 실체를 보고기업으로 보고 재무제표를 작성하기도 한다.

14 ④

④ 경제적 자원의 이전가능성이 낮더라도 의무가 부채의 정의를 **충족할 수 있다**. 그럼에도 불구하고, 그러한 낮은 가능성은 부채의 인식여부와 측정방법의 결정을 포함하여, 부채와 관련하여 제공해야 할 정보와 그 정보를 제공하는 방법에 대한 결정에 영향을 미칠 수 있다.

15 ②

① 의무는 항상 다른 당사자에게 이행해야 한다. 다른 당사자는 사람이나 또 다른 기업, 사람들 또는 기업들의 집단, 사회 전반이 될 수 있다. 의무를 이행할 대상인 **당사자의 신원을 알 필요는 없다.**
③ 의무에는 기업이 경제적 자원을 다른 당사자에게 이전해야 할 잠재력이 있어야 한다. 그러한 잠재력이 존재하기 위해서는, **기업이 경제적 자원의 이전을 요구받을 것이 확실하거나 그 가능성이 높아야 하는 것은 아니다.**
④ 새로운 법률이 제정되는 경우 법률 제정 그 자체만으로 기업에 현재의무를 부여하기에 **충분하지 않다**. 그 법률의 적용으로 경제적 효익을 얻게 되거나 조치를 위한 결과로, 기업이 이전하지 않아도 되었을 경제적 자원을 이전해야 하거나 이전하게 될 수 있는 경우에만 현재의무가 발생한다.

16 ①

① 특정 자산과 부채를 인식하기 위해서는 측정을 해야 하며, **많은 경우 그러한 측정은 추정될 수 있다.** 추정을 통해서 정보를 보고하는 대표적인 예가 충당부채이다.

17 ③

③ 공정가치는 측정일에 시장참여자 사이의 정상거래에서 자산을 **매도할 때 받거나 부채를 이전할 때 지급하게 될 가격**이다.

18 ③

③ 공정가치는 부채를 발생시키거나 인수할 때 발생한 거래원가로 인해 **감소하지 않고**, 부채의 이전 또는 결제에서 발생할 거래원가를 **반영하지 않는다**. 예를 들어, 삼성전자의 공정가치인 주가는 취득하는 자의 거래원가의 발생으로 달라지지 않는다.

19 ④

④ 사용가치와 이행가치는 기업이 자산을 궁극적으로 처분하거나 부채를 이행할 때 발생할 것으로 기대되는 **거래원가의 현재가치를 포함한다**.

20 ④

『재무보고를 위한 개념체계』 문단8.2

> 기업은 재무제표이용자들의 정보요구에 기초하여 적절한 자본개념을 선택하여야 한다. 따라서 재무제표이용자들이 주로 명목상의 투하자본이나 투하자본의 구매력 유지에 관심이 있다면 재무적 개념의 자본을 채택하여야 한다. 그러나 이용자들의 주된 관심이 기업의 조업능력 유지에 있다면 실물적 개념의 자본을 사용하여야 한다. 비록 자본개념을 실무적으로 적용하는 데는 측정의 어려움이 있을 수 있지만 선택된 자본개념에 따라 이익의 결정 목표가 무엇인지 알 수 있게 된다.

실전 훈련 문제　049쪽

01 ①	02 ②	03 ①	04 ⑤	05 ④
06 ③	07 ④	08 ⑤	09 ②	10 ④
11 ⑤	12 ④	13 ①	14 ③	15 ②
16 ③	17 ④	18 ②	19 ①	20 ⑤
21 ④	22 ②	23 ③	24 ②	25 ②
26 ⑤	27 ⑤	28 ⑤	29 ④	30 ②
31 ④	32 ②	33 ③	34 ③	35 ②
36 ③	37 ③	38 ④	39 ③	40 ④
41 ①	42 ③	43 ④	44 ④	45 ②
46 ④	47 ②	48 ②	49 ④	50 ⑤
51 ④	52 ③	53 ②	54 ⑤	55 ①
56 ④	57 ④	58 ⑤	59 ③	60 ②

01　①

① 대리인비용은 기업을 소유하는 주주와 주주가 아닌 모든 임직원 사이에는 어떤 의사결정을 함에 있어서 추구하는 이익이 달라서 도덕적 해이가 발생하며 주주의 이익이 극대화되지 못하는 현상 때문에 이러한 대리인 문제를 최소화하기 위해 발생하는 비용을 말한다. 소유경영기업이라고 하더라도 대리인 비용은 발생할 수 있다. 대리인 문제는 비단 주주와 경영진의 문제뿐만 아니라 임직원 사이에서도 복층구조로 나타날 수 있다. 더불어 대리인 비용이 발생하지 않는다고 외부에 회계정보를 제공할 필요가 없다는 부분도 잘못되었다. 회계정보는 현재의 투자자뿐만 아니라 잠재적 투자자들을 위한 정보이기도 하므로 **대리인 비용과 무관하게 회계정보는 제공할 필요가 있다.**

02　②

① 기업목적 달성을 위해 노력한 기업의 성과를 보고할 책임은 **경영자**에게 있다.
③ 소유경영기업이라 하더라도 **대리인비용이 발생**하므로 **외부에 회계정보를 제공할 필요가 있다.**
④ 경영자의 수탁책임의 범위와 기업이 외부에 제공하는 회계정보량은 **비례 관계**이다.

03　①

감사의견은 다음과 같다.

적정의견	감사인이 재무제표가 중요성의 관점에서 해당 재무보고체계에 따라 작성되었다고 결론을 내릴 경우 표명되는 의견
한정의견	다음의 경우 한정의견을 표명한다. 1) 감사인이 충분하고 적합한 감사증거를 입수한 결과, 왜곡표시가 재무제표에 개별적으로 또는 집합적으로 중요하나 전반적이지는 않다고 결론을 내리는 경우 2) 감사인이 감사의견의 근거가 되는 충분하고 적합한 감사증거를 입수할 수 없었지만, 발견되지 아니한 왜곡표시가 재무제표에 미칠 수 있는 영향이 중요할 수는 있으나 전반적이지는 않을 것으로 결론을 내리는 경우
부적정의견	감사인은 충분하고 적합한 감사증거를 입수한 결과 왜곡표시가 재무제표에 개별적으로 또는 집합적으로 중요하며 동시에 전반적이라고 결론을 내리는 경우
의견거절	감사인은 감사의견에 근거가 되는 충분하고 적합한 감사증거를 입수할 수 없으며, 발견되지 아니한 왜곡표시가 있을 경우 이것이 재무제표에 미칠 수 있는 영향이 중요하고 동시에 전반적일 수 있다고 결론을 내리는 경우

04　⑤

⑤ 감사대상 재무제표는 기업의 경영진이 감사인의 도움 없이 작성하는 것이 원칙이며, 주석도 재무제표에 속하므로 기업의 경영진이 **감사인의 도움 없이 작성하는 것이 원칙**이다.

05　④

④ 개념체계는 수시로 개정될 수 있다. 그러나 개념체계가 개정된다고 **자동으로 회계기준이 개정되는 것은 아니다.**

06　③

③ 일반목적재무보고서는 보고기업의 가치를 보여주기 위해 고안된 것이 아니라, 보고기업의 가치를 추정하는 데 도움을 주기 위함이다. 그러므로 **보고기업의 가치를 추정하는 데 도움이 되는 정보를 제공한다.**

07　④

④ **발생기준 회계는** 거래와 그 밖의 사건 및 상황이 보고기업의 경제적자원 및 청구권에 미치는 영향을, 비록 그 결과로 발생하는 현금의 수취와 지급이 다른 기간에 이루어지더라도, 그 영향이 발생한 기간에 보여준다.

08 ⑤
⑤ 보고기업의 경제적 자원 및 청구권은 **채무상품이나 지분상품의 발행과 같이 재무성과 이외의 사유로도 변동될 수 있다.**

09 ②
① 재무제표는 기업의 현재 및 잠재적 투자자, 대여자와 그 밖의 채권자 중 특정 집단의 관점이 아닌 **보고기업 전체의 관점**에서 거래 및 그 밖의 사건에 대한 정보를 제공한다.
③ 신중을 기하는 것은 **비대칭의 필요성**(자산이나 수익을 인식하기 위해서는 부채나 비용을 인식할 때보다 더욱 설득력 있는 증거가 뒷받침되어야 한다는 구조적인 필요성)**을 내포하고 있는 것은 아니다.**
④ 이용자들이 미래 결과를 예측하기 위해 사용하는 절차의 투입요소로 회계정보가 사용되는 역할은 예측가치로 **목적적합성**을 의미한다.

10 ④
④ 많은 현재 및 잠재적 투자자, 대여자 및 그 밖의 채권자는 정보를 제공하도록 보고기업에 **직접 요구할 수 없기 때문에**, 그들이 필요로 하는 재무정보의 많은 부분을 일반목적재무보고서에 **의존할 수 밖에 없다.**

11 ⑤
⑤ 보고기업의 과거 재무성과와 그 경영진이 수탁책임을 어떻게 이행했는지에 대한 정보는 기업의 경제적자원에서 발생하는 미래수익을 예측하는 데 일반적으로 **도움이 된다.**

12 ④
④ 일반목적재무보고서는 현재 및 잠재적 투자자, 대여자 및 기타 채권자가 필요로 하는 모든 정보를 제공하지 않으며, 제공할 수도 없다. 그러므로 정보이용자들은 일반 경제상황 및 정치적 사건과 정치풍토, 산업 및 기업 전망과 같은 다른 원천에서 입수한 관련 정보를 **고려할 필요가 있다.**

13 ①
① 보고기업의 가치를 측정하여 제시하는 것이 주된 목적이 아니라 **보고기업의 가치를 추정하는 데 도움을 주기 위함이다.**

14 ③
③ **재무보고를 위한 개념체계는 한국채택국제회계기준과 다르다.** 별도로 존재하는 것으로 한국채택국제회계기준을 제정하거나 개정하는 데 도움을 준다.

15 ③
③ 특정거래나 기타 사건 또는 상황에 대해 구체적으로 적용할 수 있는 한국채택국제회계기준이 없는 경우, **경영진은 판단에 따라 회계정책을 개발 및 적용하여 회계정보를 작성할 수 있다.**

16 ③
③ 보고기업의 경제적 자원 및 청구권의 **변동**은 그 기업의 재무성과와 채무상품이나 지분상품의 발행과 같은 **재무성과 이외의 사건이나 거래에서 발생**한다.

17 ④
④ 보고기업은 단일의 실체이거나 어떤 실체의 일부일 수 있으며 둘 이상의 실체로 구성될 수도 있으며, **반드시 법적 실체를 갖추고 있어야 하는 것은 아니다.**

18 ②
② 재무제표에 대한 기본가정은 **계속기업 가정이 유일**하다.

19 ①
① 중립적 정보는 목적이 없거나 행동에 대한 영향력이 없는 정보를 **의미하는 것은 아니다.**

20 ⑤
① 완벽한 표현충실성을 위해서 서술은 완전하고 **중립적**이며 오류가 없어야 할 것이다
② 재무정보가 예측가치를 갖기 위해서는 그 자체가 예측치 또는 예상치일 필요는 없다.
③ 나타내고자 하는 바를 충실하게 표현하는 가장 목적적합한 정보를 선택하려는 결정의 결과가 비대칭성인 경우라도 특정 회계기준에서 비대칭인 요구사항을 **포함할 수 있다.** 예를 들어, 충당부채는 인식하되, 충당자산은 인식하지 않는 비대칭적인 요구사항이 포함될 수 있다.
④ 오류가 없다는 것은 현상의 기술에 오류나 누락이 없고 보고 정보를 생산하는 데 사용되는 **절차의 선택과 적용시 절차상의 오류가 없음을 의미하는 것이지, 서술의 모든 면이 완벽하게 정확하다는 것을 의미하는 것은 아니다.**

21 ④
④ 일부 현상은 본질적으로 복잡하여 이해하기 어렵다. 그 현상에 대해 정보가 복잡하다는 이유만으로 재무보고서에서 제외하면 그 재무보고서의 정보를 더 이해하기 쉽게 할 수는 있더라도, 그 정보가 불완전하여 잠재적으로 오도할 수 있다. 따라서 이해하기 어렵다는 이유만으로 **복잡한 현상을 제외하지 않는다.**

22   ②

ㄱ. 오류가 없다는 것은 현상의 기술에 오류나 누락이 없고, 보고 정보를 생산하는 데 사용되는 절차의 선택과 적용 시 절차 상 오류가 없음을 의미하는 것이지, **서술의 모든 면에서 완벽하게 정확하다는 것을 의미하는 것은 아니다.**
ㄷ. 중요성은 개별기업 재무보고서 관점에서 해당 정보와 관련된 항목의 성격이나 규모 또는 이 둘 모두에 근거하여 해당 기업의 특유한 측면의 목적적합성을 의미한다. 그러므로 회계기준위원회는 중요성에 대한 획일적인 계량 임계치를 정하거나 특정한 상황에서 무엇이 중요한 것인지를 **미리 결정할 수 없다.**

23   ③

③ **비교가능성은 목표이고 일관성은 그 목표를 달성하는 데 도움을 준다.**

24   ②

② 하나의 경제적 현상은 여러 가지 방법으로 충실하게 표현될 수 있으며, 동일한 경제적 현상에 대해 대체적인 회계처리방법을 허용하면 비교가능성이 **감소한다.**

25   ③

③ 중립적 정보는 목적이 없거나 행동에 대한 영향력이 없는 정보를 **의미하는 것은 아니다.**

26   ⑤

⑤ 완벽한 표현충실성을 위해서는 서술에 완전성과 중립성 및 **오류가 없는 서술**이 요구된다. 적시성은 보강적 질적특성이다.

27   ⑤

목적적합한 정보는 의사결정에 차이가 나도록 할 수 있다. 재무정보에 예측가치, 확인가치 또는 이 둘 모두가 있다면 그 재무정보는 의사결정에 차이가 나도록 할 수 있다.

28   ⑤

⑤ **검증가능성**은 합리적 판단력이 있고 독립적인 다른 관찰자가 어떤 서술이 충실한 표현인지에 있어서 비록 반드시 의견이 일치하지는 않더라도 합의에 이를 수 있다는 것을 의미한다. 검증가능성은 정보가 나타내고자 하는 경제적 현상을 충실히 표현하는지를 이용자들이 확인하는 데 도움을 준다.

29   ④

① 표현의 충실성에서 오류가 없다는 것은 **모든 면에서 완벽하게 정확하다는 것을 의미하는 것은 아니다.**
② 일반적으로 정보는 오래될수록 유용성이 떨어진다. 그러나 일부 정보는 보고기간 말 후에도 **오랫동안 적시성이 있을 수 있다. 그 이유는 정보이용자가 추세를 식별하고 평가할 필요가 있을 수 있기 때문이다.**
③ 정보가 비교가능하기 위해서는 비슷한 것은 비슷하게 보여야 하고, 다른 것은 다르게 보여야 한다.

30   ②

② 중요성은 기업 특유 관점의 목적적합성을 의미하므로 회계기준위원회는 중요성에 대한 획일적인 계량 임계치를 정하거나 특정 상황에서 무엇이 중요한 것인지를 **미리 결정해서는 안 된다.**

31   ④

④ 보강적 질적특성은 정보가 목적적합하지 않거나 나타내고자 하는 바를 충실하게 표현하지 않으면 그 정보를 **유용하게 만들 수 없다.**

32   ④

④ 손해배상소송에 대한 정보는 **목적적합성** 있는 정보일 수 있으나 소송결과를 확실히 예측할 수 없는 상황에서 그 금액을 재무제표에 인식하는 것은 **표현의 충실성**을 저해할 수 있다.

33   ③

③ 수익은 자산의 증가 또는 부채의 감소로서 자본의 증가를 가져오며, **자본청구권보유자의 출자와 관련된 것은 제외**한다. 비용은 자산의 감소 또는 부채의 증가로서 자본의 감소를 가져오며, **자본청구권보유자에 대한 분배와 관련된 것은 제외**한다.

34   ③

③ 기업은 기업 스스로부터 경제적 효익을 획득하는 권리를 가질 수 없다. 그러므로 **자기주식이나 자기사채의 경우 보고기업의 경제적 자원이 아니다.**

35   ②

② 수익과 비용은 자본청구권 보유자에 대한 출자 및 분배와 관련된 것을 **제외한** 자본의 증가와 감소를 의미한다.

36 ③

① 자산은 **과거**사건의 결과 기업이 통제하는 **현재의 경제적 자원**이다.
② 부채는 과거사건의 결과로 기업이 경제적 자원을 이전해야 하는 **현재의무**이다.
④ 수익은 자산의 **증가** 또는 부채의 **감소**로서 자본의 증가를 가져오며, 자본청구권 보유자의 출자와 관련된 것은 제외한다.

37 ③

③ 경제적 효익을 창출할 **가능성이 낮은 경우에도 권리가 경제적 자원의 정의를 충족할 수 있고**, 따라서 **자산이 될 수 있다**.

38 ④

④ 경제적효익의 유입가능성이 낮더라도, 그 자산에 대해 가장 목적적합한 정보가 발생가능한 유입의 크기, 발생가능한 시기 및 발생가능성에 영향을 미치는 요인에 대한 정보인 경우 이러한 정보는 **주석으로 기재하여야 한다**.

39 ③

③ 재무제표이용자들에게 자산이나 부채 그리고 이에 따른 결과로 발생하는 수익, 비용 또는 자본변동에 대한 목적적합한 정보와 충실한 표현 **이 둘 모두를 제공하는 경우에만** 자산이나 부채를 인식한다.

40 ④

④ 일반적으로 경제적 효익의 유입가능성이나 유출가능성이 낮으면, 그 자산이나 부채에 대해 가장 목적적합한 정보는 발생가능한 유입이나 유출의 크기, 발생가능한 시기 및 발생가능성에 영향을 미치는 요인에 대한 정보일 수 있다. 이러한 정보는 재무제표에 인식하지 않고 주석에 기재한다. 그러나 **경제적 효익의 유입가능성이나 유출가능성이 낮더라도 자산이나 부채를 인식하는 것이 목적적합한 정보를 제공할 수도 있다.**

41 ①

공정가치는 측정일에 시장 참여자들 사이의 정상거래에서 자산을 매도할 때 받거나 부채를 이전할 때 지급하게 될 가격이다. 공정가치는 기업이 접근할 수 있는 시장 참여자 관점을 반영한다. 시장참여자가 경제적으로 최선의 행동을 한다면 자산이나 부채의 가격을 결정할 때 사용할 가정과 동일한 가정을 사용하여 그 자산이나 부채를 측정한다.

42 ③

③ 이행가치는 **이전되거나 협상으로 결제될 때보다는 특히 이행될 경우** 예측가치를 가질 수 있다.

43 ③

③ 현행원가는 역사적원가와 달리 **미실현보유손익을 인식**한다. 그러므로 **영업이익과 보유손익을 구분할 수 있다**.

44 ④

① **공정가치**는 자산을 취득할 때 발생한 거래원가로 인해 **증가하지 않는다**. 공정가치는 자산을 취득할 때 발생한 거래원가로 인해 증가하지 않으며, 부채를 발생시키거나 인수할 때 발생한 거래원가로 인해 감소하지 않는다.
② **공정가치**와 사용가치(이행가치)는 **유출가치**에 해당하고, **역사적원가**와 현행원가는 **유입가치**에 해당한다.
③ **공정가치**는 기업 특유의 가정보다는 시장참여자의 가정을 반영한다.
⑤ **현행원가**를 기반으로 한 이익은 **역사적원가**를 기반으로 한 이익보다 미래 이익을 예측하는 데 더 유용하다.

45 ③

① 공정가치는 측정일에 **시장참여자들 사이의 정상거래**에서 자산을 매도할 때 받거나 부채를 이전할 때 지급하게 될 가격으로, 자산을 취득할 때 발생한 **거래원가로 인해 증가하지 않으며**, 부채를 발생시키거나 인수할 때 발생하는 **거래원가로 인해 감소하지 않는다**.
② 현행원가는 측정일 현재 **동등한 자산의 원가**로 측정일에 지급할 대가와 그 날에 발생할 **거래원가를 포함**한다.
④ 이행가치는 부채를 이행할 때 이전해야 하는 현금이나 그 밖의 경제적 자원의 **현재가치**이다.
⑤ 역사적원가는 자산의 취득 또는 창출로 인해 발생한 원가의 가치로서, **자산을 취득 또는 창출하기 위해 지급한 대가와 거래원가를 포함**한다.

46 ④

④ 경제적 효익의 유입가능성이 **낮다고 하더라도**, 정의를 만족하고 해당 정보가 목적적합하고 충실한 표현이라면 **자산으로 인식할 수 있다**.

47 ②

② 한 당사자가 부채를 인식하고 이를 특정 금액으로 측정해야 한다는 요구사항은 다른 당사자가 자산을 인식하거나 동일한 금액으로 측정해야 한다는 것을 **의미하지는 않는다**. 예를 들어, 충당부채의 경우 불특정 다수에 대한 의무이며, 지급 금액도 확정되어 있지 않을 수 있다.

48 ②
② 부채가 발생하거나 인수할 때의 역사적 원가는 발생시키거나 인수하면서 수취한 대가에서 거래원가를 **차감한** 가치이다.

49 ④
④ 합리적 추정은 재무정보의 작성에 필수적인 부분이지만 추정치를 명확하고 정확하게 기술한다면 **정보의 유용성을 훼손하지 않는다**.

50 ⑤
⑤ 이행가치는 부채의 이행에 필요한 추정 현금흐름의 현재가치에 관한 정보를 제공한다. 따라서 이행가치는 **부채가 이전되거나 협상으로 결제될 때보다는 특히 이행될 경우**에 예측가치를 가질 수 있다.

51 ④
④ 사용가치와 이행가치는 자산을 취득하거나 부채를 인수할 때 발생하는 **거래원가를 포함하지 않는다**.

52 ③
ㄱ. 역사적원가
역사적원가 측정기준을 사용할 경우, 다른 시점에 취득한 동일한 자산이나 발생한 동일한 부채가 재무제표에 다른 금액으로 보고될 수 있다. 이것은 보고기업의 기간 간 또는 같은 기간의 기업 간 **비교가능성을 저하시킬 수 있다**.
ㄴ. 공정가치
공정가치로 측정된 동일한 자산이나 부채는 원칙적으로 동일한 시장에 접근할 수 있는 보고기업에 의해 동일한 금액으로 측정된다. 이는 보고기업의 기간 간 또는 같은 기간의 기업 간 **비교가능성을 높일 수 있다**.
ㄷ. 사용가치, ㄹ. 이행가치
사용가치와 이행가치는 개별기업의 관점을 반영하기 때문에 동일한 자산이나 부채를 다른 기업이 보유할 경우와 다를 수 있다. 이러한 차이는, 특히 자산이나 부채가 유사한 방식으로 현금흐름에 기여하는 경우, **비교가능성을 저하시킬 수 있다**.
ㅁ. 현행원가
현행원가 측정기준을 사용할 경우, 다른 시점에 취득하거나 발생한 동일한 자산이나 부채를 재무제표에 같은 금액으로 보고한다. 이는 보고기업의 기간 간 그리고 같은 기간의 기업 간 **비교가능성을 향상시킬 수 있다**.

53 ②
② 역사적원가와 현행원가는 유입가치를 반영하고, 공정가치와 사용가치(또는 이행가치)는 유출가치를 반영한다.

54 ⑤
⑤ **사용가치**는 기업이 자산의 사용과 궁극적인 처분으로 얻을 것으로 기대하는 현금흐름 또는 그 밖의 경제적효익의 현재가치이다. 이행가치는 기업이 부채를 이행할 때 이전해야 하는 현금이나 그 밖의 경제적 자원의 현재가치이다.

55 ①
① **역사적원가**는 자산의 손상이나 손실부담에 따른 부채와 관련된 변동을 제외하고는 가치의 변동을 반영하지 않는다.

56 ④
④ 역사적원가는 자산의 손상이나 손실부담에 따른 부채와 관련된 변동을 **제외하고는** 가치 변동을 반영하지 않는다.

57 ④
④ 사용가치와 이행가치는 개별 기업의 관점을 반영하기 때문에 동일한 자산과 부채를 다른 기업이 보유할 경우와 다를 수 있다. 그러므로 자산이나 부채가 유사한 방식으로 현금흐름에 기여하는 경우, **비교가능성이 저하될 수 있다**.

58 ⑤
⑤ 일반목적재무보고서는 보고기업의 **가치를 보여주기 위해 고안된 것이 아니라 가치를 추정하는데 도움이 되는 정보를 제공**하기 위함이다.

59 ③
③ 재무자본유지개념에서의 이익은 해당 기간 동안 소유주에게 분배하거나 소유주가 출연한 부분을 **제외하고** 기말 순자산의 재무적인 측정금액이 기초 순자산의 재무적 측정금액을 초과하는 경우에만 발생한다.

60 ②
② 재무제표 이용자의 주된 관심이 기업의 조업능력 유지에 있다면 실무적으로 적용하는 데는 **측정의 어려움이 있더라도 실물적 자본유지 개념의 자본을 사용하여야 한다**.

재무제표

공무원 5개년 기출 문제					083쪽
01 ②	02 ①	03 ④	04 ④	05 ②
06 ①	07 ②	08 ④	09 ①	10 ④
11 ③	12 ③	13 ①		

01 ②

② **영업의 특수성을 고려할 필요가 있는 경우**, 즉 매출원가를 구분하기가 어려운 경우나 **비용을 성격별로 분류하는 경우에는** 영업수익에서 영업비용을 차감한 영업이익을 포괄손익계산서에 구분하여 표시할 수 있다.

02 ①

① 부적절한 회계정책은 이에 대하여 공시나 주석 또는 보충 자료를 통해 설명하더라도 **정당화될 수 없다**.

03 ④

④ 보고기간말 이전에 장기차입약정을 위반했을 때 대여자가 즉시 상환을 요구할 수 있는 채무는 보고기간 후 재무제표 발행승인일 전에 채권자가 약정위반을 이유로 상환을 요구하지 않기로 합의 한다면 **유동부채**로 분류한다.

04 ④

④ 재무제표 항목의 표시와 분류는 매기 동일하여야 비교가능성이 제고되어 회계정보가 유용해진다. 다만 다음의 경우처럼 변경된 표시방법이 재무제표이용자에게 신뢰성 있고 더욱 목적적합한 정보를 제공하며, 변경된 구조가 지속적으로 유지될 가능성이 높아 비교가능성을 저해하지 않을 것으로 판단할 때에만 **재무제표의 표시방법을 변경할 수 있다**.

> ① 사업환경의 변화: 사업내용의 중요한 변화나 재무제표를 검토한 결과 다른 표시나 분류방법이 더 적절한 것이 명백한 경우
> ② 기준의 요구: **한국채택국제회계기준에서 표시방법의 변경을 요구하는 경우**

05 ②

② 「한국채택국제회계기준」을 준수하여 재무제표를 작성하는 기업은 그러한 준수 사실을 주석에 명시적이고 제한 없이 **기재해야 한다**.

06 ①

① 당기손익과 기타포괄손익은 단일의 포괄손익계산서에 두 부분으로 나누어 표시할 수도 있고, 당기손익 부분을 별개의 손익계산서로 **표시할 수 있다**.

07 ②

② 흔히 재무제표의 표시통화를 천 단위나 백만 단위로 표시할 때 더욱 **이해가능성이 제고될 수 있다**. 이러한 표시는 금액단위를 공시하고 중요한 정보가 누락되지 않는 경우에 허용될 수 있다.

08 ④

④ 기업이 기존의 대출계약조건에 따라 보고기간 후 적어도 12개월 이상 부채를 차환하거나 연장할 것을 기대하고 있고, 그런 재량권이 있다면 보고기간 후 12개월 이내에 만기가 도래한다면 **비유동부채**로 분류한다.

09 ①

① 외환손익 또는 단기매매 금융상품에서 발생하는 손익과 같이 유사한 거래의 집합에서 발생하는 차익과 차손은 순액으로 표시한다. 그러나 **그러한 차익과 차손이 중요한 경우에는 구분하여 표시한다**.

10 ④

④ 기타포괄손익의 항목(재분류조정 포함)과 관련된 법인세비용 금액은 포괄손익계산서나 주석에 **공시한다**.

11 ③

③ 비용의 **기능별 분류는 성격별 분류보다** 재무제표이용자에게 더욱 목적적합한 정보를 제공할 수 있지만 비용을 **기능별**로 분류하는 데 자의적인 배분과 상당한 정도의 판단이 개입될 수 있다.

12 ③

③ 보고기간 후부터 재무제표 발행승인일 전 사이에 배당을 선언한 경우, 보고기간 말에 어떠한 의무도 존재하지 않으므로 보고기간 말에 부채로 **인식하지 않는다**.

13 ①

① 재무제표를 발행한 이후에 주주에게 승인을 받기 위하여 제출하는 경우 재무제표 발행승인일은 주주가 주주총회에서 재무제표를 승인한 날이 아니라 **이사회에서 검토하고 발행하도록 승인한 날이다**.

실전 훈련 문제				087쪽
01 ⑤	02 ①	03 ①	04 ④	05 ④
06 ①	07 ①	08 ⑤	09 ③	10 ②
11 ④	12 ⑤	13 ②	14 ①	15 ⑤
16 ②	17 ①	18 ③	19 ⑤	20 ①
21 ③	22 ②	23 ④	24 ④	25 ①
26 ①	27 ④	28 ②	29 ③	30 ①
31 ②	32 ⑤	33 ③	34 ④	35 ④
36 ④	37 ④	38 ④	39 ①	40 ②
41 ②	42 ②	43 ④	44 ③	45 ③
46 ①	47 ③	48 ⑤	49 ⑤	50 ③
51 ①	52 ③			

01 ⑤
⑤ **현금흐름 정보를 제외한 나머지 재무제표**는 발생기준 회계를 사용하여 작성해야 한다.

02 ①
① 당기 재무제표를 이해하는데 목적적합하다면 **서술형 정보의 경우에도 비교정보를 포함한다.**

03 ①
② 경영활동을 중단할 의도를 가진 경우라면 재무제표는 **계속기업을 전제로 작성해서는 안된다.**
③ **한국채택국제회계기준**에 따라 작성된 재무제표는 공정하게 표시된 재무제표로 본다.
④ 기업은 현금흐름 정보를 **제외하고는** 발생기준 회계를 사용하여 재무제표를 작성한다.

04 ④
④ 부적절한 회계정책은 이에 대해 공시나 주석 또는 보충 자료를 통해 설명하더라도 **정당화될 수 없다.**

05 ④
④ 회계기준위원회는 중요성에 대한 획일적인 계량 임계치를 정하거나 특정한 상황에서 무엇이 중요한 것인지를 **미리 결정할 수 없다.**

06 ①
① 기업이 재무상태표에 유동자산과 비유동자산, 그리고 유동부채와 비유동부채로 구분하여 표시하는 경우, 이연법인세부채는 **비유동부채**로 분류한다.

07 ①
② 부적절한 회계정책을 사용한 경우에도 이에 대하여 주석 또는 보충 자료를 통해 **설명한다고 하더라도 정당화될 수 없다.**
③ 기업이 재무상태표에 유동자산과 비유동자산으로 구분하여 표시하는 경우, 보고기간 후 12개월 이내에 소멸될 것으로 예상되는 이연법인세자산은 **비유동자산**으로 분류한다.
④ 총포괄손익이란 소유주로서의 자격을 행사하는 소유주와의 거래로 인한 자본의 변동을 **제외한** 거래나 그 밖의 사건으로 인한 기간 중 자본의 변동을 말한다.
⑤ 일반목적 재무제표란 특정 필요에 따른 특수보고서의 작성을 기업에 요구할 수 있는 **위치에 있지 아니한 재무제표이용자**의 정보요구를 충족시키기 위해 작성되는 재무제표를 의미한다.

08 ⑤
⑤ 한국채택국제회계기준이 특정 요구사항이 열거되어 있거나 최소한의 요구사항으로 기술되어 있더라도 공시되는 정보가 중요하지 않다면 **그 공시를 제공할 필요는 없다.**

09 ③
수취채권은 매출채권 및 기타채권에 표시되고, 유가증권, 가상자산, 수권주식은 유가증권에 포함하여 표시된다.
[참고] 재무상태표 최소한의 구분

[자산]
1. 유형자산
2. 투자자산
3. 무형자산
4. 금융자산(단, 5, 8 및 9를 제외)
5. 지분법에 따라 회계처리하는 투자자산
6. 기업회계기준서 제1041호 '농림어업'의 적용범위에 포함되는 생물자산
7. 재고자산
8. 매출채권 및 기타 채권
9. 현금및현금성자산
10. 매각예정으로 분류된 자산과 매각예정으로 분류된 처분자산집단에 포함된 자산의 총계

[부채]
1. 매입채무 및 기타 채무
2. 충당부채
3. 금융부채(단, 1과 2는 제외)
4. 당기 법인세부채 및 당기법인세자산
5. 이연법인세부채 및 이연법인세자산
6. 매각예정으로 분류된 처분자산집단에 포함된 부채

[자본]
1. 자본에 표시된 비지배지분
2. 지배기업의 소유주에게 귀속되는 납입자본과 적립금

10 ②

② 재평가잉여금의 변동은 자산이 사용되는 후속 기간 또는 자산이 제거될 때 **재분류조정하지 않는다.**

11 ④

④ 자본의 각 구성요소별로 기초시점과 기말시점의 장부금액 조정내역을 표시할 때, 소유주와의 거래를 **포함**하고, 당기순손익과 기타포괄손익 각 항목에 따른 변동액을 구분하여 표시한다. 즉, 자본변동표는 자본거래와 손익거래를 모두 표시한다.

12 ⑤

⑤ 재무제표가 한국채택국제회계기준의 요구사항을 모두 충족한 경우가 아니라면 한국채택국제회계기준을 준수하여 작성되었다고 **기재해서는 안된다.**

13 ②

① 기업이 재무상태표에 유동자산과 비유동자산, 그리고 유동부채와 비유동부채로 구분하여 표시하는 경우, 이연법인세자산은 **비유동자산**으로 분류한다.
③ 한국채택국제회계기준은 **오직 재무제표에만 적용**한다.
④ 부적절한 회계정책은 이에 대하여 공시나 주석 또는 보충자료를 통해 설명하여 정당화될 수 **없다**.
⑤ 당기손익과 기타포괄손익은 **별개의 손익계산서에 작성할 수도 있고** 단일손익계산서에 작성할 수도 있다.

14 ①

① 한국채택국제회계기준의 요구에 따라 공시되는 정보가 중요하지 않은 경우에는 그 공시를 제공할 필요가 **없다.**

15 ⑤

⑤ 대여자가 즉시 상환을 요구할 수 있는 채무는 보고기간 후 재무제표 발행승인일 전에 상환을 요구하지 않기로 합의하면 **유동부채**로 분류한다.

16 ②

ㄱ. **현금흐름정보를 제외하고는** 발생주의 회계를 적용한다.
ㄷ. 부적절한 회계정책은 이에 대하여 공시나 주석 또는 보충 자료를 통해 설명하더라도 **정당화될 수 없다.**

17 ①

① 기업이 청산을 하거나 경영활동을 중단할 의도를 가진 경우에 재무제표는 **계속기업과는 다른 기준에 따라 작성**되어야 한다.

18 ①

① 재고자산평가충당금과 대손충당금과 같은 평가충당금을 차감하여 관련 자산을 순액으로 측정하는 것은 **상계표시에 해당하지 아니한다.**

19 ⑤

① 자산을 유동자산과 비유동자산으로 구분하여 표시하는 경우, 이연법인세자산은 **비유동자산**으로 분류한다.
② 영업주기는 영업활동을 위한 **자산의 취득시점부터 그 자산이 현금이나 현금성자산으로 실현되는 시점까지 소요되는 기간**이다.
③ 수익과 비용 항목을 당기손익과 기타포괄손익으로 표시하는 보고서에 **특별손익 항목은 표시할 수 없다.**
④ 비용을 **기능별**로 분류하는 기업은 비용의 **성격**에 대한 추가 정보를 공시하여야 한다

20 ①

② **한국채택국제회계기준은 오직 재무제표에만 적용한다.** 그러므로 연차보고서 및 감독기구 제출서류에 반드시 적용해야 하는 것은 아니다.
③ 서술형 정보의 경우에는 당기 재무제표를 이해하는 데 **목적적합하다면 비교정보를 포함한다.**
④ 유동성순서에 따른 표시방법이 신뢰성 있고 더욱 목적적합한 정보를 제공하는 경우를 제외하고는 자산과 부채를 유동항목과 비유동항목으로 구분하여 표시한다. 그러므로 유동성 순서에 따른 표시방법도 **인정한다.**
⑤ 한국채택국제회계기준에 특정 요구사항이 열거되어 있거나 최소한의 요구사항으로 기술되어 있더라도 공시되는 정보가 중요하지 않다면 **그 공시를 제공할 필요는 없다.**

21 ③

③ 비용의 **성격별 분류 정보가 비용의 기능에 대한 정보**보다 미래현금흐름을 예측하는 데 유용하다.

22 ②

② 계속기업의 가정이 적절한지의 여부를 평가할 때 기업이 상당기간 계속 사업이익을 보고하였고 보고기간 말 현재 경영에 필요한 재무자원을 확보하고 있는 경우에는 **자세한 분석이 없어도 계속기업을 전제로 한 회계처리가 적절하다는 결론을 내릴 수 있다.**

23 ④

④ 수익과 비용의 어느 항목도 포괄손익계산서 또는 주석에 **특별손익항목으로 표시할 수 없다.**

24 ④
① 비용을 기능별로 분류하는 경우 매출원가를 다른 비용과 분리하여 공시한다. **성격별로 분류하는 경우에는 매출원가가 구분표시되지 않는다.**
② 기타포괄손익의 항목(재분류조정 포함)과 관련한 법인세비용 금액은 **포괄손익계산서 또는 주석에 공시한다.**
③ 중요하지 않은 항목은 성격이나 기능이 유사한 항목과 **통합하여 표시할 수 있다.**

25 ①
② 각각의 재무제표는 전체 재무제표에서 **동등한 비중으로 표시**한다.
③ 상이한 성격이나 기능을 가진 항목은 구분하여 표시하고, 유사한 항목이라도 해당 거래의 성격이나 기능이 중요하다면 중요성 분류에 따라 구분하여 표시한다. 그러므로 중요하지 않은 항목은 유사한 항목과 **통합하여 표시할 수 있다.**
④ 동일 거래에서 발생하는 수익과 관련비용의 상계표시가 거래나 그 밖의 사건의 실질을 반영한다면 그러한 거래의 결과는 **상계하여 표시한다.**

26 ①
② 한국채택국제회계기준을 준수하여 작성된 재무제표는 국제회계기준을 준수하여 작성된 재무제표임을 **주석으로 공시할 수 있다.**
③ 환경 요인이 유의적인 산업에 속해 있는 기업이 제공하는 **환경보고서는 한국채택국제회계기준의 적용범위에 해당하지 않는다.**
④ 부적절한 회계정책은 이에 대하여 공시나 주석 또는 보충 자료를 통해 설명하더라도 **정당화될 수 없다.**

27 ④
④ **기업이 기존의 대출계약 조건에 따라 보고기간 후 적어도 12개월 이상 부채를 연장할 권리**가 있다면, 보고기간 후 12개월 이내에 만기가 도래한다고 하더라도 비유동부채로 분류한다. 만약 기업에 그러한 권리가 **없다면, 차환가능성을 고려하지 않고 유동부채로 분류한다.**

28 ③
③ 기본주당순이익과 희석주당순이익이 부의 금액(즉, 주당 손실)인 경우에도 **표시한다.**

29 ③
③ 확정급여제도의 재측정요소나 기타포괄손익인식 공정가치 측정 지분상품의 평가손익과 같은 기타포괄손익은 후속기간에 **재분류조정하지 않고, 이익잉여금에 직접 대체 가능하다.**

30 ①
(가) 보고기간말 이전에 장기차입약정의 약정사항을 위반했을 때 대여자가 즉시 상환을 요구할 수 있는 채무는 보고기간 후 재무제표 발행승인일 전에 대여자가 약정위반을 이유로 상환을 요구하지 않기로 합의한다면 **유동부채**로 분류한다.
(나) 기업이 재무상태표에 유동자산과 비유동자산, 그리고 유동부채와 비유동부채로 구분하여 표시하는 경우, 이연법인세자산(부채)은 **비유동자산(부채)**으로 분류한다.

31 ②
② 보고기간 후 12개월 이내에 기한이 도래하지 않으면서 사용목적이 제한되어 있거나 혹은 일상적인 기업의 영업활동과정에서 지급수단으로 사용할 수 없는 예금은 **유동자산으로 분류할 수 없다.**

32 ③
③ 보고기간 말 이전에 장기차입약정을 위반했을 때 대여자가 즉시 상환을 요구할 수 있는 채무는 보고기간 후 재무제표 발행승인일 전에 채권자가 약정위반을 이유로 상환을 요구하지 않기로 합의하더라도 **유동부채**로 분류한다. 보고기간 말 이전에 채권자가 약정위반을 이유로 상환을 요구하지 않기로 합의했을 경우 비유동부채로 분류한다.

33 ③
③ 영업순환주기를 통해 유동과 비유동을 구분하는 자산, 부채는 영업용 자산, 부채에 한정한다. 그러므로 차입금의 경우에는 위 사안에 해당되지 않으므로 1년 6개월 후 만기가 도래한다면 **비유동부채로 분류**한다.

34 ④
① 보고기간 종료일로부터 만기가 1년 미만이므로 **유동부채**
② 약정위반으로 즉시상환을 요구할 수 있는 채무이므로 **유동부채**
③ 약정위반사항을 해소하였으나, 해소된 시점이 보고기간 종료일 후 재무제표발행승인일 사이이므로 **유동부채**
④ 보고기간 종료일 이전에 만기를 추가로 연장할 수 있는 재량권이 있는 상태이므로 **비유동부채**

35 ④
① **유동성 순서에 따라 배열하는 것도 가능**하다.
② **자본잉여금은 포괄손익계산서에 표시되지 않는다.**
③ 손익계산서는 **두 개의 보고서를 통해** 당기손익과 총포괄손익을 **따로 표시하는 형태도 가능**하다.
④ 재평가잉여금은 재분류조정 대상이 아니므로 **당기손익으로 재분류되지 않고 바로 이익잉여금으로 반영될 수 있다.**

36 ④

④ 비용의 **성격**에 대한 정보가 미래현금흐름을 예측하는 데 유용하기 때문에, 비용을 **기능별**로 분류하는 경우에는 추가 공시가 필요하다.

37 ④

① 수익에서 매출원가 및 판매비와관리비를 차감한 영업이익은 **포괄손익계산서 본문에 표시**한다.
② **현금흐름표**에 대한 설명이다.
③ 비용의 **성격**에 대한 정보가 미래현금흐름을 예측하는 데 유용하기 때문에 비용을 **기능별로 분류하는 경우 추가 공시가 필요**하다.

38 ④

④ 기타포괄손익으로 인식한 재평가잉여금의 변동은 후속기간에 재분류하지 않으며, 자산이 제거될 때 이익잉여금으로 **대체될 수 있다**.

39 ①

① 재평가잉여금의 변동은 기타포괄손익으로 인식된 후, **이익잉여금으로 직접대체하거나 그대로 재무상태표에 남겨둘 수 있다**.

40 ②

② **기타포괄손익공정가치측정(FVOCI)으로 선택한 지분상품 평가손익**은 **재분류조정되지 않는 항목**이다. 기타포괄손익누계액을 이익잉여금으로 직접 대체는 가능하다.

41 ②

② 기타포괄손익-공정가치측정 금융자산으로 분류된 지분상품의 평가손익은 **기타포괄손익**으로 인식한다. 그 외 나머지 모든 손익은 당기손익으로 인식한다.

42 ②

② 중간재무보고서에 포함해야 하는 최소한의 구성요소는 요약재무상태표, 요약된 하나 또는 그 이상의 포괄손익계산서, 요약자본변동표, 요약현금흐름표 그리고 **선별적 주석**이다.

43 ④

④ 직전 연차재무보고서에 이미 보고된 정보에 대한 갱신사항이 상대적으로 경미하다면 **중간재무보고서에 주석으로 보고하지 않아도 된다**. 정보가 중요하고 중간재무보고서의 다른 곳에 공시되지 않았다면, 최소한 이러한 정보는 중간재무제표에 대한 주석에 포함하여야 한다.

44 ③

③ 특정 중간기간에 보고된 추정금액이 최종 중간기간에 중요하게 변동하였지만 최종 중간기간에 대하여 별도의 재무보고를 하지 않는 경우에는, 추정의 변동 성격과 금액을 해당 회계연도의 연차재무제표에 **주석으로 공시해야 한다**.

45 ③

① 중간재무보고서도 한국채택국제회계기준에 따라 작성한 경우, 그 사실을 **공시해야 한다**.
② 중간재무보고서상 재무상태표는 당해 중간보고기간 말과 **직전 연차보고기간 말**을 비교하는 형식으로 작성한다.
④ 중간재무보고서상의 재무제표는 연차재무제표보다 더 적은 양의 정보를 제공하므로 **신뢰성이 낮은 대신 적시성이 높다**.

46 ①

① 중간재무보고서는 다음의 보고서를 포함한다.

> 1. 요약재무상태표
> 2. 다음 중 하나로 표시되는 요약포괄손익계산서
>   - 단일 요약포괄손익계산서
>   - 별개의 요약손익계산서와 요약포괄손익계산서
> 3. 요약자본변동표
> 4. 요약현금흐름표
> 5. **선별적 주석**

즉, **선별적 주석도 포함**한다.

47 ③

③ 중간재무보고서를 작성할 때 인식, 측정, 분류 및 공시와 관련된 중요성의 판단은 **해당 중간기간의 재무자료에 근거**하여 이루어져야 한다.

48 ⑤

ㄱ, ㄴ, ㄹ은 **수정을 요하지 않는 보고기간후사건에 해당한다**. 수정을 요하는 경우는 보고기간 말 이전에 해당 사건이 발생했고, 보고기간 후 금액이 확정 또는 수정되는 경우 등을 의미한다. 또는 재무제표의 부정이나 오류가 발견된 경우에는 수정을 통해 정확한 정보를 보고하여야 한다.

49 ⑤

⑤ 보고기간 후에 지분상품 보유자에 대해 배당을 선언한 경우, 그 배당금은 보고기간말의 부채로 **인식하지 않는다**.

50 ③

① 보고기간 후에 발생한 상황을 나타내는 사건에는 **수정을 요하는 사건과 수정을 요하지 않는 사건으로 구분**된다.
② 보고기간 말과 재무제표 발행승인일 사이에 투자자산의 공정가치가 하락한 경우 **재무제표를 수정하지 않는다.**
④ 경영진이 보고기간 후에 기업을 청산하거나 경영활동을 중단할 의도를 가지고 있거나, 청산 또는 경영활동의 중단 외에 다른 현실적인 대안이 없다고 판단하는 경우에는 **계속기업 기준에 따라 재무제표를 작성할 수 없다.**

51 ①

① 보고기간 말과 재무제표 발행승인일 사이에 투자자산의 공정가치가 하락한 경우에는 **재무제표를 수정하지 않는다.**

52 ③

③ 유의적인 지급보증 등에 의한 우발부채의 발생이나 유의적인 약정의 체결은 **수정을 요하지 않는 보고기간후사건**이다.

CHAPTER 03 현금 및 수취채권과 지급채무

실전 훈련 문제 107쪽

01 ④ 02 ① 03 ② 04 ③ 05 ①

01 ④

㉠ 부채상환을 위해 12개월 이상 사용이 제한된 요구불예금: **장기금융상품**
㉡ 사용을 위해 구입한 수입인지와 우표: **소모품**(or 선급비용)
㉢ 상환일이 정해져 있고 취득일로부터 상환일까지 기간이 2년인 회사채: **투자채무상품**(보유목적에 따라 상각후원가측정금융자산, 기타포괄손익인식 공정가치측정금융자산, 당기손익인식 공정가치측정금융자산으로 분류)
㉣ 취득일로부터 1개월 내에 처분할 예정인 상장기업의 보통주: **지분상품**(당기손익인식 공정가치측정금융자산)
㉤ 재취득한 자기지분상품: **자기주식**(자산이 아닌 자본의 차감계정으로 인식)

02 ①

① 보고기간 종료일이 아닌 **취득일로부터 3개월 이내에 만기가 도래하는 금융상품**의 경우 현금및현금성자산으로 분류한다.

03 ②

① 현금성자산은 **취득일로부터 만기가 3개월 이내**인 경우에 해당한다.
③ 당좌예금에 대한 은행계정조정표를 작성하는 목적은 **특정 시점의 잔액을 조정하기 위함**이다.
④ 타인발행 당좌수표는 **현금으로 분류**한다.

04 ③

③ 매출채권의 소유와 관련된 위험과 보상의 대부분을 보유하지도 않고 이전하지도 않았지만, 당해 매출채권에 대한 통제권을 상실하였다면 **매출채권의 양도거래로 보고 매출채권을 제거**한다.

05 ①

(1) 다음은 양도자가 **금융자산의 소유에 따른 위험과 보상의 대부분을 이전하는 경우**에 해당한다.

③ 조건 없는 매도: 금융자산을 아무런 조건 없이 매도한 경우
⑥ 공정가치 재매입조건: **양도자가 매도한 금융자산을 재매입시점의 공정가치로 재매입할 수 있는 권리를 보유하는 경우**
⑥ 내가격 상태가 될 가능성이 매우 낮은 콜옵션과 풋옵션의 보유: 양도자가 매도한 금융자산에 대한 콜옵션을 보유하고 있거나 양수자가 당해 금융자산에 대한 풋옵션을 보유하고 있지만, 당해 콜옵션이나 풋옵션이 깊은 외가격 상태이기 때문에 만기 이전에 당해 옵션이 내가격 상태가 될 가능성이 매우 낮은 경우

(2) 다음은 양도자가 금융자산의 소유에 따른 위험과 보상의 대부분을 보유하는 경우에 해당한다.

③ 확정가격 재매입조건: 양도자가 매도 후에 미리 정한 가격 또는 매도가격에 양도자에게 금전을 대여하였더라면 그 대가로 받았을 이자수익을 더한 금액으로 양도자산을 재매입하는 거래의 경우
⑥ 외가격 상태가 될 가능성이 매우 낮은 콜옵션과 풋옵션을 보유: 양도자가 매도한 금융자산에 대한 콜옵션을 보유하고 있거나 양수자가 당해 금융자산에 대한 풋옵션을 보유하고 있으며, 당해 콜옵션이나 풋옵션이 깊은 내가격 상태이기 때문에 만기 이전에 당해 옵션이 외가격 상태가 될 가능성이 매우 낮은 경우
⑥ 대손의 보증: 양도자가 양수자에게 발생가능성이 높은 대손의 보상을 보증하면서 단기 수취채권을 매도한 경우

CHAPTER 04 금융자산

공무원 5개년 기출 문제　120쪽

01 ②　02 ①　03 ③　04 ④

01　②

ㄴ. 당기손익-공정가치 측정 금융자산은 취득 시 발생하는 거래원가를 **당기손익으로 인식**한다.
ㄷ. 채무상품의 경우 신용위험이 유의적으로 증가하지 않았다고 판단되는 경우에는 **12개월 기간의 기대신용손실을 손상차손으로 인식**한다.

02　①

② 계약상 현금흐름을 수취하기 위해 보유하는 것이 목적인 사업모형 하에서 금융자산을 보유하고, 계약조건에 따라 특정일에 원금과 원금 잔액에 대한 이자 지급만으로 구성되어 있는 현금흐름이 발생한다면 금융자산을 **상각후원가**로 측정한다.
③ 계약상 현금흐름의 수취와 금융자산의 매도 둘 다를 통해 목적을 이루는 사업모형 하에 금융자산을 보유하고, 계약조건에 따라 특정일에 원리금 지급만으로 구성되어 있는 현금흐름이 발생한다면 금융자산을 **기타포괄손익-공정가치**로 측정한다.
④ 당기손익 공정가치로 측정되는 지분상품에 대한 특정 투자에 대해서는 후속적인 공정가치 변동을 기타포괄손익으로 표시하도록 최초 인식시점에 선택할 수도 있다. 다만, **한번 선택했다면 이를 취소할 수 없다**.

03　③

③ 금융자산을 상각후원가 측정 범주에서 기타포괄손익 - 공정가치 측정 범주로 재분류하는 경우에 재분류 전 상각후원가와 공정가치의 차이에 따른 손익은 기타포괄손익으로 인식한다. 그러나 유효이자율과 기대신용손실 측정치는 재분류로 인해 **조정되지 않는다**.

04　④

① 당기손익-공정가치 측정 금융자산으로 지정한 채무상품의 손상차손은 **인식하지 않는다**.
② 기타포괄손익-공정가치 측정 금융자산으로 분류한 지분상품의 **손상차손은 인식하지 않는다**. 지분상품은 기대현금흐름이 없으므로, 신용손상이 발생하지 않는다.
③ 신용이 손상된 기타포괄손익-공정가치 측정 금융상품은 손실충당금을 인식하고 측정하는 데 손상 요구사항을 적용하며, 해당 손실충당금은 기타포괄손익으로 인식하고 재무상태표에서 **금융자산의 장부금액을 줄이지 아니한다**. [기준서 제1109호 문단5.5.2]

실전 훈련 문제				121쪽
01 ④	02 ④	03 ⑤	04 ①	05 ④
06 ②	07 ①	08 ⑤	09 ①	10 ③
11 ③	12 ③	13 ②	14 ③	15 ②
16 ③	17 ④			

01 ④
④ 상각후원가측정 금융자산은 신용위험 발생으로 인한 손상의 경우 손실충당금을 인식한 이후의 이자수익은 **총장부금액**에 유효이자율을 적용해야 한다.

02 ④
④ 계약상 현금흐름의 수취와 금융자산의 매도 둘 다를 통해 목적을 이루는 사업모형의 경우 금융자산을 **기타포괄손익인식 공정가치 측정으로 분류**한다.

03 ⑤
⑤ 기업이 자기지분상품을 재취득하는 경우에는 이러한 지분상품은 **금융자산이 아닌 자기주식으로서 자본의 차감계정으로 인식**한다.

04 ①
① **상각후원가 측정 금융자산**은 **채무상품만 가능**하다.

05 ④
④ 당기손익-공정가치 측정 금융자산으로 한번 지정한 경우에는 추후 이를 **재분류할 수 없다.**

06 ②
② 특정일에 원리금 지급만으로 구성되어 있는 경우 채무상품에 해당하고, 이를 현금흐름의 수취목적과 매도목적 둘 다를 만족시키기 위해서는 **기타포괄손익-공정가치 측정 금융자산**으로 분류한다.

07 ①
① **단기매매목적으로 보유하는 경우**에는 기타포괄손익-공정가치 측정 금융자산으로 분류하는 것을 **선택할 수 없다.**

08 ⑤
⑤ 최초 발생시점이나 매입할 때 신용이 손상되어 있는 상각후원가 측정 금융자산의 이자수익은 최초 인식시점부터 **상각후원가에 신용조정 유효이자율을 적용**한다.

09 ①
① 사업모형의 목적이 계약상 현금흐름을 수취하기 위해 금융자산을 보유한다고 하더라도 금융상품을 **만기까지 보유할 필요는 없다.**

10 ③
③ 지분상품은 분류변경이 불가능하지만, 채무상품은 보유목적이 변경되는 경우 등 모든 경우에 있어서 **분류변경이 가능**하다.

11 ③
③ 계약상 현금흐름이 발생하지 않는 지분상품과 당기손익-공정가치 측정 금융자산은 손상차손을 인식하지 않는다. 그러므로 **기타포괄손익-공정가치 측정 채무상품**만 손상차손을 인식한다.

12 ③
③ 기타포괄손익-공정가치 측정 금융자산으로 분류된 금융자산은 처분 시 처분대가와 장부금액의 차이를 평가손익으로 인식하므로 **처분손익을 인식하지 않는다.**

13 ②
② 지분상품에 대해 주식배당을 받는 경우 배당수익을 인식하지 않으므로 **추가적인 회계처리 없이 주식수만 비망록**한다.

14 ③
③ 금융상품의 신용위험이 유의적으로 증가하지 않은 경우 **12개월 동안의 기대신용손실을 추정**하여 손실충당금으로 인식하고, 이를 손상차손으로 당기손익에 인식한다.

15 ②
ㄴ. 계약상 현금흐름의 수취와 금융자산의 매도 둘 다를 통해 목적을 이루는 사업모형하에서 금융자산을 보유하고, 금융자산의 계약조건에 따라 특정일에 원금과 원금잔액에 대한 이자 지급만으로 구성되어 있는 현금흐름이 발생하는 금융자산은 **기타포괄손익-공정가치**로 측정한다.
ㄹ. 금융자산을 기타포괄손익-공정가치 측정 범주에서 당기손익-공정가치 측정 범주로 재분류하는 경우, 재분류 전에 인식한 기타포괄손익누계액은 재분류일에 자본의 다른 항목이 아니라 **당기손익으로 재분류조정**한다.

16 ③

③ 금융자산을 기타포괄손익-공정가치 측정 범주에서 상각후원가 측정 범주로 재분류하는 경우에 재분류일의 공정가치로 측정하고, **재분류 전에 인식한 기타포괄손익누계액은 자본에서 제거하고 재분류일의 금융자산 공정가치에서 조정**한다.

17 ④

④ 상각후원가 측정 금융자산을 기타포괄손익-공정가치 측정 금융자산으로 재분류하는 경우 재분류일의 공정가치로 측정하고, 재분류 전의 상각후원가와 공정가치의 차이에 따른 손익은 **기타포괄손익**으로 인식한다.

CHAPTER 05 재고자산

공무원 5개년 기출 문제 136쪽

01 ③ 02 ④ 03 ③ 04 ③

01 ③

③ 재고자산은 기업이 정상적인 영업활동과정에서 판매하기 위하여 보유하고 있는 자산이나 제품의 생산 또는 서비스 과정 중에 있거나 생산을 위해 보유 중인 자산을 의미하므로 외부에서 매입하여 재판매하기 위해 보유하는 상품은 재고자산에 **해당한다**.

02 ④

④ **계속기록법**을 적용할 경우, 매입계정을 재고자산 취득 시 차변에 기록하고 재고자산 판매 시 대변에 기록한다.

03 ③

③ 재고자산의 순실현가능가치가 상승한 증거가 명백한 경우 최초의 장부금액을 초과하지 않는 범위 내에서 평가손실을 환입한다. 그 결과 새로운 장부금액은 취득원가와 수정된 순실현가능가치 중 **작은** 금액이 된다.

04 ③

③ 완성될 제품이 원가 이상으로 판매될 것으로 예상하는 경우에는 그 생산에 투입하기 위해 보유하는 원재료 및 기타 소모품을 감액하지 아니한다. 그러나, 원재료 가격이 하락하여 제품의 원가가 순실현가능가치를 초과할 것으로 예상되면 해당 원재료를 순실현가능가치로 **감액한다**.

실전 훈련 문제   137쪽

01 ④	02 ④	03 ⑤	04 ④	05 ③
06 ②	07 ④	08 ③	09 ③	10 ①
11 ②	12 ②	13 ③	14 ④	15 ⑤
16 ①	17 ①	18 ③	19 ④	20 ②
21 ④	22 ④			

01 ④
① 재고자산의 취득원가는 일반적으로 매입원가로 한정하며, 전환원가 및 재고자산을 현재의 장소에 현재의 상태로 이르게 하는 데 발생한 기타 원가를 **포함한다**.
② 통상적으로 상호 교환될 수 없는 재고자산항목의 원가와 특정 프로젝트별로 생산되고 분리되는 재화 또는 용역의 원가는 **개별법**을 사용하여 결정한다.
③ 재고자산은 외부에서 매입하여 재판매하기 위해 보유하는 상품, 토지와 그 밖의 자산을 포함하며, 생산 중인 재공품이나 생산에 투입되는 원재료와 소모품도 **재고자산에 포함한다**.

02 ④
④ 저가법은 기업이 선택한 경우에 한하여 적용하는 것이 아니라, **선택과 무관하게 원가가 순실현가치보다 낮은 경우 저가법으로 보고해야** 한다.

03 ⑤
① 재고자산의 매입원가는 매입가격에 수입관세와 제세금, 매입운임, 하역료 그리고 완제품, 원재료 및 용역의 취득과정에 직접 관련된 기타 원가는 가산하되, **리베이트 및 기타 유사한 항목을 차감한 금액이다**.
② 재고자산을 후불조건으로 취득할 때 그 계약이 실질적인 금융요소를 포함하고 있다면, 정상신용조건의 매입가격과 실제 지급액 간의 차이는 재고자산의 **취득원가에 포함하지 않는다**.
③ 확정판매계약 또는 용역계약만을 이행하기 위하여 보유하는 재고자산의 순실현가능가치는 **계약가격**에 기초하여 추정한다.
④ 원재료 가격이 하락하여 원재료 원가가 순실현가능가치를 초과할 것으로 예상된다 하더라도 완성될 제품이 원가 이상으로 판매된다면 해당 **원재료는 감액하지 아니한다**.

04 ④
① 재고자산은 취득원가와 순실현가능가치 중 **낮은** 금액으로 측정한다.
② 개별법이 적용되지 않는 재고자산의 단위원가는 선입선출법, 가중평균법을 사용하여 결정한다. **후입선출법은 한국채택국제회계기준에서 인정되지 않는 평가방법이다**.
③ 재고자산의 수량결정방법 중 실지재고조사법만 적용 시 파손이나 도난이 있는 경우 매출원가가 **과대평가**될 수 있는 문제점이 있다.
⑤ 물가가 지속적으로 상승하고 재고청산이 발생하지 않는 경우, 선입선출법의 매출원가가 다른 방법에 비해 가장 **작게** 나타난다.

05 ③
③ 상품, 제품, 재공품은 순실현가능액을 기준으로 저가평가한다. 그러나 사용목적으로 보유하는 재고자산인 원재료의 경우 순실현가치에 대한 최선의 이용가능한 측정치로 현행대체원가를 사용한다. 그러므로 **재고자산의 보유목적을 고려하여 순실현가능액을 추정**한다.

06 ②
② **순실현가능가치는 통상적인 영업과정에서 예상 판매가격에서 예상되는 추가 완성원가와 판매비용을 차감한 금액으로 측정**한다. 이에 반해 공정가치는 측정일에 시장참여자 사이의 정상적인 거래에서 자산을 매도할 때 받거나 이전할 때 지급하는 가격을 의미한다. 그러므로 **순실현가능가치는 기업 특유의 가치**이지만 공정가치는 거래상의 가치이므로 재고자산의 순실현가능가치가 순공정가치와 일치하는 것은 아니다.

07 ④
④ 표준원가법에 의한 원가측정방법은 그러한 방법으로 평가한 결과가 실제 원가와 유사한 경우에 **편의상 사용할 수 있다**.

08 ③
- 재료원가, 노무원가 및 기타 제조원가 중 **비정상적**으로 **낭비**된 부분: 당기비용
- 후속 생산단계에 투입하기 전에 보관이 필요한 경우 **이외의** 보관원가: 당기비용
- 적격자산에 해당하는 재고자산의 제조에 직접 관련된 차입원가: 재고자산의 취득원가
- 취득과정에 직접 관련되어 있으며 과세당국으로부터 추후 환급받을 수 있는 제세금: 부가가치세매입세액(부가가치세 선급금)
- 재고자산을 현재의 장소에 현재의 상태로 이르게 하는 데 기여하지 않은 관리간접원가: 당기비용

09 ③
③ 후속 생산단계에 투입하기 전에 보관이 필요한 경우 이외의 보관원가는 재고자산의 취득원가에 **포함할 수 없으며, 발생기간의 비용으로 인식해야** 한다.

10 ①

① 재고자산의 지역별 위치나 과세방식이 다르다는 이유만으로 동일한 재고자산에 다른 단위원가 결정방법을 적용하는 것은 **정당화될 수 없다**.

11 ②

② 완성될 제품이 원가 이상으로 판매될 것으로 예상되는 경우에는 그 생산에 투입하기 위해 보유하는 원재료 및 기타 소모품을 **감액하지 아니한다**.

12 ②

② 저당상품은 **저당권이 실행되어 소유권이 이전되기 전까지는 담보제공자의 재고자산**이다.

13 ③

③ 재고자산의 매입원가는 매입가에 수입관세와 매입운임, 하역료는 **가산**하고 매입할인과 리베이트 등은 **차감**하여 계산한다.

14 ④

④ 계속기록법은 상품을 매출할 때 매출수익을 인식함과 동시에 매출원가를 인식하기 때문에 보고기간 중에도 매출총이익을 파악할 수 있으므로 **결산정리분개를 할 필요가 없다**.

15 ⑤

⑤ 재고자산의 매입원가는 매입가격에 매입할인, 리베이트 및 기타 유사한 항목을 **차감한 금액**이다.

16 ①

① 생산에 투입하기 위해 보유하는 원재료 및 기타 소모품은 제품의 원가가 순실현가능가치를 초과할 것으로 예상된다면 **감액하여야 한다**.

17 ①

① 제품과 상품, 재공품은 예상판매원가에서 추가예상원가와 판매비용을 차감한 **순실현가능액으로 평가한다**.

18 ③

③ 자가제조한 재고자산의 취득원가는 **원재료의 매입원가와 전환원가(직접노무비+제조간접비)의 합계**이다.

19 ④

④ 완성될 제품이 원가 이상으로 판매될 것으로 예상하는 경우에도 그 생산에 투입하기 위해 보유하는 원재료 및 기타 소모품을 **감액하지 아니한다**.

20 ②

② 저가법은 항목별로 적용하는 것을 원칙으로 하되, 서로 유사한 재고자산별로 묶어서 조별로 적용할 수도 있다. 그러나 재고자산 전체를 묶어서 인식하는 **총계기준은 적용할 수 없다**.

21 ④

④ 물가가 지속적으로 상승하는 경우 선입선출법하에서의 기말재고자산금액은 평균법하에서의 기말재고자산의 금액보다 **크다**.

22 ④

④ 재고자산의 순실현가능가치의 회복은 **최초의 장부금액을 초과하지 않는 범위 내에서 회복**할 수 있다.

06 유형자산

공무원 5개년 기출 문제 159쪽

| 01 ② | 02 ④ | 03 ④ | 04 ④ | 05 ③ |
| 06 ② | 07 ② | | | |

01 ②

② 안전 또는 환경상의 이유로 취득하는 유형자산은 그 자체로는 직접적인 미래 경제적 효익을 얻을 수 없지만, 다른 자산에서 미래 경제적 효익을 얻기 위하여 필요할 수 있다. 이러한 유형자산은 당해 유형자산을 취득하지 않았을 경우보다 관련 자산으로부터 **미래 경제적 효익을 더 많이 얻을 수 있게 해주기 때문에 자산으로 인식될 수 있다.**

02 ④

①, ②, ③의 기계장치의 생산량을 증가시키거나 내용연수를 연장시키거나 성능을 증가시키는 모든 후속적지출은 가치를 증대시키는 지출(자본적지출)로 유형자산의 장부금액으로 인식한다. 그러나 ④ 자동차의 성능을 유지시킬 것으로 기대되는 지출(수익적지출)은 **당기비용**으로 인식한다.

03 ④

구분	회계처리
① 새로운 시설을 개설하는 데 소요되는 원가	당기 비용처리(판매비와 관리비)
② 경영진이 의도한 방식으로 유형자산을 가동할 수 있는 장소와 상태에 이르게 하는 동안에 재화가 생산된다면 그러한 재화를 판매하여 얻은 매각금액과 그 재화의 원가	당기 손익처리 (매각금액은 수익, 재화의 원가는 비용)
③ 유형자산이 경영진이 의도하는 방식으로 가동될 수 있으나 아직 실제로 사용되지는 않고 있는 경우 또는 가동수준이 완전조업도 수준에 미치지 못하는 경우에 발생하는 원가	당기 비용처리
④ 자산을 해체, 제거하거나 부지를 복구하는 데 소요될 것으로 최초에 추정되는 원가	복구충당부채(& 자산의 취득원가)

04 ④

① 정부보조금의 회계처리는 보조금을 당기손익 이외의 항목으로 인식하는 **자본접근법**과 보조금을 하나 이상의 회계기간에 걸쳐 당기손익으로 인식하는 **수익접근법**이 있다.
② 이미 발생한 비용이나 손실에 대한 보전으로 수취하는 정부보조금은 정부보조금을 수취할 권리가 발생하는 기간에 **당기손익**으로 인식한다.
③ 자산의 취득과 관련된 보조금의 수취는 기업의 현금흐름에 중요한 변동을 일으키므로 재무상태표에 보조금이 관련 자산에서 차감하여 표시되는지와 관계없이 자산의 총투자를 보여주기 위해 이러한 변동을 **현금흐름표**에 별도 항목으로 표시한다.

05 ③

③ 자산의 장부금액이 재평가로 인하여 감소된 경우에 그 감소액은 **당기손익**으로 인식한다. 그러나 그 자산에 대한 재평가잉여금 잔액이 있다면 그 금액을 한도로 재평가 잉여금의 감소액으로 인식하고, 이를 초과하는 감소액은 당기손익으로 인식한다.

06 ②

② 건설목적으로 취득한 토지를 개발활동 없이 보유하는 동안 발생한 차입원가는 자본화 대상에 **해당되지 않는다**.
자본화 대상이 되는 차입원가는 다음과 같다.

> ㉠ 유효이자율법을 사용하여 계산된 이자비용
> ㉡ 리스부채 관련 이자
> ㉢ 외화차입금과 관련되는 외환차이 중 이자원가의 조정으로 볼 수 있는 부분

07 ②

② 적격자산을 의도된 용도로 사용(또는 판매) 가능하게 하는 데 필요한 활동은 당해 자산의 물리적인 제작활동을 포함한다. 또한 **물리적인 제작 단계 이전단계에서 이루어진 기술 및 관리상의 활동도 포함한다**.

01 ③
③ 유형자산을 이전 재배치하는 과정에서 발생하는 원가는 당해 유형자산의 장부가액에 **포함하지 않는다**.

02 ③
③ 건물을 신축하기 위해 사용중인 기존 건물을 철거하는 경우 철거비용은 **당기비용으로 처리**한다.

03 ④
④ 건물을 신축할 목적으로 구건물이 있는 토지를 취득한 경우 구건물의 철거비용은 **토지의 취득원가에 가산**한다.

04 ③
③ 관리 및 기타 일반간접원가는 유형자산의 취득과 **직접 관련되는 원가가 아니다**.

05 ④
④ 사용중인 유형자산의 정기적인 종합검사에서 발생하는 원가는 **자산의 인식요건을 충족하는 경우** 관련 **자산의 장부금액에 가산**하고, 당해 지출이 발생한 날부터 감가상각하여 비용으로 배분한다.

06 ②
ㄴ. 유형자산의 교환거래에서 상업적 실질이 결여되었다면 취득한 자산의 원가는 제공한 자산의 **장부금액**으로 인식한다.
ㄷ. 유형자산의 사용 후 원상복구 의무를 부담하는 경우 예상되는 복구원가는 **충당부채의 인식요건을 충족하는 경우**에 유형자산의 원가에 가산한다.

07 ①
① 감가상각은 유형자산의 사용으로 인하여 **수익이 창출되는 기간에 그에 대응하는 비용을 인식**하기 위하여 자산의 취득원가를 내용연수에 걸쳐 합리적으로 체계적인 방법에 따라 비용을 배분하는 과정이다. 즉, 발생된 수익에 따라 감가상각방법을 적용할 수는 없다.

08 ④
① 감가상각이 완전히 이루어지기 전이라도 유형자산이 운휴 중이거나 적극적인 사용상태가 아니라면 감가상각을 **중단하지 않는다**.
② 유형자산의 잔존가치와 내용연수는 **매 연도 말에 재검토**해야 한다.
③ 유형자산의 전체원가에 비교하여 해당 원가가 유의적이지 않은 부분도 **별도로 분리하여 감가상각할 수 있다**.
④ 자산의 사용을 포함하는 활동에서 창출되는 **수익에 기초한 감가상각방법(예 판매량비례법)은 적절하지 않다.** 그러한 활동으로 창출되는 수익은 일반적으로 자산의 경제적 효익의 소비 외의 요소를 반영한다. 예를 들어 수익은 그 밖의 투입요소와 과정, 판매활동과 판매 수량 및 가격 변동에 영향을 받는다. 수익의 가격 요소는 자산이 소비되는 방식과 관계가 없는 인플레이션의 영향을 받을 수 있다.
⑤ 유형자산의 공정가치가 장부금액을 초과하는 상황이 발생하더라도 **잔존가치가 장부금액을 초과하지 않는 한 감가상각액을 인식할 수 있다**.

09 ⑤
⑤ 감가상각방법은 자산의 **미래경제적 효익이 소비될 것으로 예상되는 형태**를 반영한다.

10 ③
③ 유형자산이 운휴중이거나 적극적인 사용상태가 아닐 경우에도 **감가상각을 중단하지 아니한다**.

11 ①
① 유형자산의 감가상각은 자산을 **사용가능한 시점부터 시작**한다.

12 ③
③ 감가상각은 유형자산의 감가상각대상금액을 내용연수에 걸쳐 체계적으로 비용화시키는 과정으로 **수익과 비용의 대응**을 목적으로 한다.

13 ②
② 유형자산 손상차손은 **당기손익**으로 처리하고 손상차손누계액이라는 평가계정을 사용하여 **간접적으로 차감**한다.

14 ③
③ 유형자산의 순공정가치와 사용가치 중 큰 금액을 회수가능액으로 하고, **회수가능액이 장부금액에 미달할 때만 손상차손을 인식**한다.

15 ②

② 손상인식 후 수정된 장부가액을 기준으로 잔존 내용연수 동안 **감가상각을 한다**.

16 ③

③ 유형자산에 대하여 매 보고기간 말마다 자산손상을 시사하는 징후가 있는지를 **검토**한다. **그러한 징후가 있다면 당해 자산의 회수가능액을 추정**한다.

17 ①

㉠ 유형자산의 제거로 발생하는 손익은 **순매각금액**과 장부금액의 차이로 결정한다.
㉢ 잔존가치는 자산이 이미 오래되어 내용연수 종료시점에 도달하였다는 가정하에 자산의 처분으로부터 현재 획득할 금액에서 **추정처분부대원가를 차감한 금액**의 추정치를 의미한다.

18 ②

② 동일한 유형 내의 유형자산은 **선택적 재평가할 수 없다**. 전체를 주기적으로 검토하여야 한다.

19 ④

④ 재평가잉여금은 그 자산이 제거될 때 이익잉여금으로 직접 대체는 가능하다. 그러나 기업이 그 자산을 사용함에 따라 재평가잉여금의 일부를 **당기손익이 아닌 이익잉여금에 대체**할 수 있다.

20 ①

① 손상차손은 당기손익에 반영된다. 그러나 자산의 재평가손익도 취득원가를 기준으로 **당기손익 또는 기타포괄손익**으로 반영된다.

21 ③

③ 유형자산의 장부금액이 재평가로 인하여 감가상각 후 인식하게 될 장부금액 이하로 감소한 경우 그 감소액은 기존에 인식한 재평가잉여금이 없다면 전액 **당기손익(비용)**으로 인식한다.

22 ④

① 자산을 해체, 제거하거나 부지를 복구하는 의무를 부담하게 되는 경우 의무 이행에 소요될 것으로 최초에 추정되는 원가를 취득 시 **자산의 원가로 처리**한다.
② 정기적인 종합검사과정에서 발생하는 원가가 인식기준을 충족한다면 유형자산의 일부가 대체되는 것으로 보아 해당 **유형자산의 장부금액에 포함하여 인식한다**.
③ 적격자산의 취득, 건설 또는 생산과 직접 관련된 차입원가는 **자산의 원가로 인식**하여야 한다.
⑤ 상업적 실질이 결여된 교환거래에서 취득한 자산의 취득원가는 **제공한 자산의 장부가액**으로 측정한다.

23 ④

④ 손상, 소실 또는 포기된 유형자산에 대해 제3자로부터 보상받을 경우, 보상금은 수취할 권리가 발생하는 시점에 **당기손익으로 인식**한다.

24 ④

④ 적격자산은 의도된 용도로 사용하거나 판매 가능한 상태에 이르게 하는 데 상당한 기간을 필요로 하는 자산을 의미한다. 기준서에서 제시하고 있는 **적격자산은 재고자산, 제조설비자산, 전력생산자산, 무형자산, 투자부동산 등이 있다**. 즉, 제조설비자산의 경우 의도된 용도로 사용하기 위해 상당한 시간을 필요로 하는 자산이므로 적격자산에 해당한다.

25 ①

① **금융자산, 생물자산, 단기간 내 생산되는 재고자산**은 적격자산에 해당하지 않는다.

26 ④

④ **일반목적 차입금은 일시적인 운용에서 생기는 투자수익을 차감하지 아니한다**. 특정목적의 차입금의 경우 실제 발생한 차입원가에서 당해 차입금의 일시적 운용에서 생긴 투자수익을 차감한 금액을 자본화가능 차입원가로 결정한다.

27 ②

① 금융자산과 단기간 내에 제조되거나 다른 방법으로 생산되는 **재고자산은 적격자산에 해당하지 아니한다**.
③ 차입금에 대한 **연체이자는** 적격자산과 직접 관련된 원가라고 볼 수 없기 때문에, **차입원가 자본화의 대상이 될 수 없다**.
④ 일반차입금에 적용할 이자율은 회계기간 동안 차입한 자금으로부터 발생된 **차입원가를 가중평균하여 산정**한다.

28 ⑤

⑤ 일시적인 운용에서 생긴 투자수익을 **차감한** 금액을 자본화가능 차입원가로 결정한다.

29 ①

① **일반차입금의 일시투자수익은 차감하지 않고, 특정차입금의 일시투자수익은 차감**한다.

07 투자부동산

공무원 5개년 기출 문제 172쪽

01 ②   02 ③

01 ②

② 부동산 보유자가 부동산 사용자에게 부수적인 용역을 제공하는 경우가 있다. 전체 계약에서 그러한 용역의 비중이 경미하다면 부동산 보유자는 당해 부동산을 **투자부동산**으로 분류한다.

02 ③

③ 투자부동산에 대해 공정가치 모형을 선택한 경우 감가상각하지 않는다. 공정가치 변동으로 인한 손익은 **당기손익**으로 분류한다.

실전 훈련 문제 173쪽

01 ④	02 ②	03 ⑤	04 ④	05 ④
06 ①	07 ⑤	08 ④	09 ①	10 ④
11 ①	12 ②	13 ③	14 ③	15 ③
16 ②	17 ③			

01 ④

ㄴ. 금융리스로 제공한 부동산은 매각과 유사한 거래로, 장부상에서 제거되고 리스채권이 장부에 계상된다. 따라서 **투자부동산으로 분류하지 않는다**.
ㄹ. 종업원이 사용하고 있는 부동산은 정상적인 시장요율에 따른 임차료를 지급하고 있는지와 상관없이 **자가사용부동산으로 분류한다**.

02 ②

ㄴ. 미래에 자가사용하기 위한 토지는 **자가사용부동산**으로 분류한다.
ㄹ. 금융리스로 제공한 토지는 리스제공자의 **재무제표에는 인식되지 않는다**.

03 ⑤

⑤ 처분예정인 자가사용부동산은 **매각예정비유동자산**으로 구분하여 재무상태표에 별도로 표시한다.

04 ④

① 통상적인 영업과정에서 가까운 장래에 개발하여 판매하기 위해 취득한 부동산은 **재고자산**으로 분류한다.
② 토지를 자가사용할지 통상적인 영업과정에서 단기간에 판매할지를 결정하지 못한 경우 **투자부동산**으로 분류한다.
③ 호텔을 소유하고 직접 경영하는 경우 투숙객에게 제공하는 용역이 전체 계약에서 유의적인 비중을 차지하므로 **자가사용부동산**으로 분류한다.
⑤ 사무실 건물의 소유자가 그 건물을 사용하는 리스이용자에게 경미한 비중의 보안과 관리용역을 제공하는 경우 부동산 보유자는 당해 부동산을 **투자부동산**으로 분류한다.

05 ④

④ 투자부동산을 개발하지 않고 처분하기로 결정하는 경우에는 그 부동산이 제거될 때까지 재무상태표에 투자부동산으로 계속 분류하며, **재고자산으로 분류하지 않는다**. 또한 투자부동산을 재개발하여 미래에도 계속 투자부동산으로 사용하려는 경우에도 재개발 기간에 계속 투자부동산으로 분류하며, 자가사용부동산으로 분류하지 않는다.

06　①

① 부동산 중 일부는 시세차익을 얻기 위하여 보유하고, 일부분은 재화의 생산에 사용하기 위하여 보유할 경우 부분별로 매각할 수 없다면 **재화나 용역의 생산에 사용하기 위하여 보유하는 부분이 경미한 경우에만 당해 부동산을 투자부동산으로 분류**한다.

07　⑤

⑤ 투자부동산은 최초 인식시점에 원가로 측정한 후 보고기간 말에 공정가치모형과 원가모형 중 하나를 선택하여 **모든 투자부동산에 적용**한다.

08　④

④ 부동산 중 일부는 시세차익을 얻기 위하여 보유하고, 일부분은 재화의 생산에 사용하기 위하여 보유하고 있으나, 이를 부분별로 나누어 매각할 수 없다면, 재화의 생산에 사용하기 위하여 보유하는 부분이 중요하다면 **유형자산과 투자부동산으로 나누어 분류한다**. 부분별로 분리하여 매각할 수 없다면 재화나 용역의 생산 또는 제공이나 관리목적에 사용하기 위하여 보유하는 부분이 **경미한 경우에만 해당 부동산을 투자부동산으로 분류한다**.

09　①

① 지배기업 또는 다른 종속기업에게 부동산을 리스하는 경우 **연결재무제표**에 투자부동산으로 분류할 수 없으며, **유형자산으로 분류**한다. 그러나 부동산을 소유하고 있는 **개별기업의 재무제표**에서는 **투자부동산으로 분류**한다.

10　④

④ 공정가치로 평가하게 될 자가건설 투자부동산의 건설이나 개발이 완료되면(투자부동산 → 투자부동산) 해당일의 공정가치와 기존 장부금액의 차액은 **당기손익**으로 인식한다.

11　①

① 소유 투자부동산은 최초 인식시점에 원가로 측정한다. 그러나 이때 발생한 거래원가는 비용이 아니라 **원가에 가산**한다.

12　②

② 계획된 사용수준에 도달하기 전에 발생하는 부동산 운용손실은 **당기의 비용**으로 처리한다.

13　③

③ 장래 자가사용할지 또는 통상적인 영업과정에서 단기간에 판매할지를 결정하지 못한 토지는 시세차익을 얻기 위하여 보유한다고 보아 **투자부동산으로 분류**한다.

14　③

③ 미래에 임대수익이나 시세차익 또는 두 가지 모두를 얻기 위하여 **건설 또는 개발 중인 부동산은 투자부동산으로 분류**한다.

15　③

③ 자가사용부동산을 공정가치로 평가하는 투자부동산으로 대체하는 시점까지 그 부동산을 감가상각하고 발생한 **손상차손도 인식한다**.

16　②

② 투자부동산에 대하여 공정가치 모형을 선택한 경우에는 **감가상각하지 않는다**.

17　③

③ 재고자산을 공정가치로 평가하는 투자부동산으로 대체하는 경우, 재고자산의 장부금액과 대체시점의 공정가치의 차액은 **당기손익**으로 인식한다.

08 무형자산

공무원 5개년 기출 문제　　　　　　　　　　186쪽

01 ①　02 ①　03 ①　04 ④　05 ④
06 ①

01　　　　　　　　　　　　　　　　　　①

ㄱ	개별 취득한 특허권	무형자산
ㄴ	내부적으로 창출한 영업권	무형자산으로 인식 X
ㄷ	연구단계에서 발생하는 지출	당기비용
ㄹ	내부적으로 창출한 브랜드, 고객 목록	무형자산으로 인식 X

02　　　　　　　　　　　　　　　　　　①

① 내용연수가 비한정인 무형자산은 상각하지 아니한다. 다만 상각을 하지 않는 대신 **매년 가치의 감소가 손상되었는지 여부를 검토하여 손상차손으로 인식한다**.

03　　　　　　　　　　　　　　　　　　①

① 『제1038호 무형자산 기준서』문단91

> '비한정'이라는 용어는 '무한'을 의미하지 않는다. 무형자산의 내용연수는 자산의 내용연수를 추정하는 시점에 평가된 표준적인 성능수준을 유지하기 위한 미래 유지비용과 그 수준의 비용을 부담할 수 있는 기업의 능력과 의도만을 반영한다. **자산의 내용연수를 추정하는 시점에 평가된 표준적인 성능수준을 유지하기 위하여 필요한 지출을 초과하는 계획된 미래지출에 근거하여 무형자산의 내용연수가 비한정이라는 결론을 내려서는 안 된다.**

② 무형자산을 창출하기 위한 내부 프로젝트를 연구단계와 개발단계로 구분할 수 없는 경우에는 발생 지출을 모두 **연구단계**에서 발생한 것으로 본다.
③ 무형자산의 내용연수는 **사용 기간에 대한 예측가능한 제한이 없다면** 비한정적인 것으로 판단된다.
④ 무형자산은 **당해 자산이 매각예정으로 분류되는 날과 재무상태표에서 제거되는날 중 이른 날**에 상각을 중지한다.

04　　　　　　　　　　　　　　　　　　④

④ 새롭거나 개선된 재료, 장치, 제품, 공정, 시스템이나 용역에 대한 여러 가지 대체안을 제안, 설계, 평가, 최종 선택하는 활동은 **연구활동**의 사례에 해당한다.

05　　　　　　　　　　　　　　　　　　④

④ 무형자산을 창출하기 위한 내부 프로젝트를 연구단계와 개발단계로 구분할 수 없는 경우에는 모두 **연구단계**에서 발생한 것으로 본다.

06　　　　　　　　　　　　　　　　　　①

① 내부적으로 창출한 브랜드, 제호, 출판표제, 고객 목록과 이와 실질이 유사한 항목은 무형자산으로 **인식할 수 없다**.

실전 훈련 문제   188쪽

01 ⑤	02 ⑤	03 ⑤	04 ⑤	05 ⑤
06 ①	07 ④	08 ①	09 ①	10 ④
11 ④	12 ①	13 ⑤	14 ③	15 ②
16 ④	17 ②	18 ⑤	19 ①	20 ⑤
21 ④	22 ②	23 ②	24 ⑤	25 ②
26 ④	27 ②	28 ③		

01   ⑤
⑤ 무형자산의 경제적 효익이 소비될 것으로 예상되는 형태를 반영한 방법을 신뢰성 있게 결정할 수 없을 경우 상각방법은 **정액법**을 사용한다.

02   ⑤
ㄱ. 경영자가 의도하는 방식으로 운용될 수 있으나 아직 사용하지 않고 있는 기간에 발생한 원가는 **당기손익으로 처리한다**.
ㄷ. 최초에 비용으로 인식한 무형항목에 대한 지출은 그 이후에 무형자산의 원가를 신뢰성 있게 측정할 수 있다고 하더라도 **무형자산으로 인식할 수 없다**.

03   ⑤
① 내용연수가 비한정인 무형자산으로 최초 인식한 경우 그 이후에 비한정 내용연수를 유한 내용연수로 **변경할 수 있다**. 비한정 내용연수를 유한 내용연수로 변경하는 것은 회계추정치의 변경으로 회계처리한다.
② 원가모형과 달리 무형자산에 재평가모형을 적용하는 경우에는 원가가 아닌 금액으로 무형자산을 최초로 인식하는 것은 **허용되지 않는다**. 재평가모형은 자산의 원가를 최초로 인식한 후 적용한다.
③ 계약상 권리 또는 기타 법적 권리로부터 발생하는 무형자산의 내용연수는 그러한 계약상 권리 또는 기타 법적 권리의 기간을 **초과할 수는 없다**. 그러나 자산의 예상사용기간에 따라 더 짧을 수는 있다.
④ 제조과정에서 사용된 무형자산의 상각은 일반적으로 **제품의 원가로 인식한다**.

04   ⑤
⑤ 개별 취득하는 무형자산의 원가는 그 자산을 경영자가 의도하는 방식으로 운용될 수 있는 상태에 이를 때까지 인식한다. 그러나 무형자산을 사용하거나 재배치하는 데 발생하는 원가는 **자산의 취득원가에 포함하지 않는다**.

05   ⑤
① 내용연수가 비한정인 무형자산을 유한 내용연수로 재평가하는 것은 **그 자산의 손상을 시사하는 하나의 징후에 해당한다**.
② 연구결과를 최종 선택하는 활동과 관련된 지출은 연구활동으로 보고 **당기비용으로 처리한다**.
③ 아직 사용할 수 없는 무형자산에 대해서도 자산손상을 시사하는 징후가 있는지에 관계없이 **매년 회수가능액을 추정하여 손상검사를 한다**.
④ 내부적으로 창출한 브랜드는 전체적으로 개발하는데 발생한 원가와 구별할 수 없기 때문에 **무형자산으로 인식하지 않는다**.

06   ①
① 무형자산은 손상의 징후가 있거나 그 자산을 사용하지 않는 경우라도 **상각을 중단하지 않는다**. 완전히 상각하거나 매각예정으로 분류되는 경우에 상각을 중지한다.

07   ④
① 이 경우 그러한 권리가 이전가능한지 여부 또는 기업이나 기타 권리와 의무에서 분리가능한지 여부를 **고려하지 않는다**.
② 무형자산의 미래경제적효익에 대한 통제능력은 일반적으로 법원에서 강제할 수 있는 법적 권리에서 나오며, 법적 권리가 없는 경우에는 통제를 제시하기 어렵다. 그러나 법적인 권리의 존재여부는 **통제의 충분조건이지 필요조건은 아니다**.
③ 자산의 사용에서 발생하는 미래경제적효익의 유입에 대한 확실성 정도에 대한 평가는 무형자산을 최초로 인식하는 시점에서 이용 가능한 증거에 근거하며, **외부 증거**에 비중을 더 크게 둔다.

08   ①
① 컴퓨터로 제어되는 기계장치가 특정 컴퓨터소프트웨어가 없으면 가동이 불가능한 경우에는 **그 소프트웨어를 관련된 하드웨어의 일부로 보아 유형자산으로 회계처리**한다.

09   ①
① 개별 취득하는 무형자산과 사업결합으로 취득하는 무형자산은 인식기준 중 자산에서 발생하는 **미래경제적효익의 유입가능성이 항상 높은 것으로 간주**한다.

10   ④
④ 내용연수가 비한정적인 무형자산은 상각하지 않고, 무형자산의 손상을 시사하는 징후와 무관하게 **매년, 그리고 손상의 징후가 있을 때** 각각 손상검사를 수행한다.

11 ④
① 내용연수가 비한정인 무형자산의 비한정 내용연수를 유한 내용연수로 변경하는 것은 **회계추정의 변경**이다.
② 자산을 운용하는 직원의 교육훈련과 관련된 지출은 **당기 비용으로 처리**한다.
③ 내부적으로 창출한 브랜드, 제호, 출판표제, 고객목록과 이와 실질이 유사한 항목은 내용연수가 비한정인 **무형자산으로 인식할 수 없다**.
⑤ 경제적 효익이 소비될 것으로 예상되는 형태를 신뢰성 있게 결정할 수 없는 내용연수가 비한정인 무형자산은 **상각하지 않고 매년 손상검사를 수행한다**.

12 ①
① 무형자산을 사용하거나 재배치하는 데 발생하는 원가는 **당기 비용**으로 인식한다.

13 ⑤
ㄱ. 내용연수가 비한정인 무형자산은 **매년 그리고 손상의 징후가 있을 때** 손상검사를 수행한다.
ㄷ. 브랜드, 제호, 출판표제, 고객목록 및 이와 실질이 유사한 항목은 그것을 외부에서 창출하였는지 또는 내부적으로 창출하였는지에 관계없이 취득이나 완성 후의 지출은 발생시점에 **항상 당기손익으로 인식**한다.

14 ③
① 내부적으로 창출한 브랜드, 제호, 출판표제, 고객목록은 **무형자산으로 인식하지 않는다**.
② 무형자산에 대한 대금지급기간이 일반적인 신용기간보다 긴 경우 무형자산의 원가는 **현금가격상당액**이 된다.
④ 내용연수가 유한한 무형자산의 잔존가치는 **해당 자산의 장부금액과 같거나 더 큰 금액으로 증가할 수도 있다**. 이 경우 자산의 잔존가치가 이후에 장부금액보다 작은 금액으로 감소될 때까지 무형자산의 상각액은 영(0)이 된다.

15 ②
② 내부적으로 창출한 무형자산의 원가는 그 무형자산이 인식기준을 최초로 충족시킨 이후에 발생한 지출금액의 합으로 한다. 이미 비용으로 인식한 지출은 **그 이후에 무형자산의 원가로 인식할 수 없다**.

16 ④
④ 브랜드, 제호, 출판표제, 고객목록, 그리고 이와 실질이 유사한 항목(외부에서 취득하였는지 또는 내부적으로 창출하였는지에 관계없이)에 대한 취득이나 완성 후의 지출은 발생시점에 **항상 당기손익으로 인식**한다. 이러한 지출은 사업을 전체적으로 개발하기 위한 지출과 구분하기 어렵기 때문이다.

17 ②
② 내용연수가 비한정인 무형자산은 **매년 그리고 손상을 시사하는 징후가 있을 때** 손상검사를 수행한다.

18 ⑤
⑤ 무형자산의 잔존가치는 해당자산의 장부금액과 같거나 큰 금액으로 증가할 수도 있다. 이 경우에는 자산의 잔존가치가 이후에 장부금액보다 작은 금액으로 감소될 때까지 무형자산의 상각을 수행하지 않는다. 그러므로 **당기 상각액이 영(0)이 될 뿐, 상각액을 소급하여 수정하지는 않는다**.

19 ①
① 일반적으로 무형자산을 개별취득하기 위하여 지급하는 가격은 그 자산이 갖는 기대 미래경제적 효익이 기업에 유입될 확률에 대한 기대를 반영할 것이다. 그러므로 개별 취득하는 무형자산은 미래경제적 효익이 기업에 유입될 가능성이 높다는 **발생가능성 기준을 항상 충족하는 것으로 본다**.
② 새로운 지역에서 또는 새로운 계층의 고객을 대상으로 사업을 수행하는 데서 발생하는 원가는 **무형자산의 원가에 포함하지 않는다**.
③ 무형자산에 대한 대금 지급기간이 일반적인 신용기간보다 긴 경우 무형자산의 원가는 **현금상당액**이 된다.
④ 새롭거나 개선된 재료, 장치, 제품, 공정, 시스템이나 용역에 대한 여러가지 대체안을 최종 선택하는 활동은 **연구활동**이며, **당기 비용으로 인식**한다.

20 ⑤
⑤ 무형자산에 대해 재평가모형을 적용할 경우에는 매 보고기간 말에 공정가치로 측정하는 것이 아니라, 유형자산과 마찬가지로 **주기적으로 측정**한다. 매 보고기간 말에 공정가치로 측정하는 것은 금융자산과 투자부동산이 해당된다.

21 ④
④ 연구단계에서 발생한 지출은 **전액 당기비용으로 처리**한다.

22 ②
② 무형자산의 **사용가능 시점**부터 합리적인 방법으로 상각한다.

23　②

② 영업권은 **상각하지 않고 매년 손상 징후를 테스트한다.**

24　⑤

① 내용연수가 비한정인 무형자산이나 아직 사용할 수 없는 무형자산은 일년에 한 번은 손상검사를 한다. 이때, 손상검사를 매년 같은 시기에 수행한다면, 회계연도 중 어느때라도 할 수 있다. 또한 서로 다른 무형자산은 각기 다른 시점에 손상검사를 할 수도 있나. 다만, 해당 회계연도 중에 이러한 무형자산을 저음 인식한 경우에는 해당 회계연도 말 전에 손상검사를 한다.

②, ④ 자산손상의 징후는 다음과 같다.

> ㉠ 자산의 매입에 드는 현금이나 자산의 운영·관리에 쓰는 후속적인 현금이 당초 예상 수준보다 유의적으로 많다.
> ㉡ 자산에서 유입되는 실제 순현금흐름이나 실제 영업손익이 당초 예상 수준에 비해 유의적으로 악화된다.
> ㉢ 자산에서 유입될 것으로 예상되는 순현금흐름이나 예상 영업손익이 유의적으로 악화된다.
> ㉣ 당기 실적치와 미래 예상치를 합산한 결과 자산에 대한 순현금유출이나 영업손실이 생길 것으로 예상된다.

③ 사업결합으로 취득한 영업권은 일년에 한 번은 손상검사를 해야 한다.
⑤ 기업의 순자산의 장부금액이 기업의 시가총액보다 많다는 것은 손상의 징후가 될 수는 있지만, 그 반대의 경우는 **성립되지 않는다.**

25　②

② 무형자산을 운용하는 직원의 교육훈련과 관련된 지출은 내부적으로 창출한 **무형자산의 취득원가에 포함하지 않는다.**

26　④

④ 개발활동의 예는 다음과 같다.

> • 생산이나 사용 전의 시제품과 모형을 설계, 제작, 시험하는 활동
> • 새로운 기술과 관련된 공구, 지그, 주형, 금형 등을 설계하는 활동
> • **상업적 생산 목적으로 실현 가능한 경제적 규모가 아닌 시험공장을 설계**, 건설, 가동하는 활동
> • 신규 또는 개선된 재료, 장치, 제품, 공정, 시스템이나 용역에 대하여 최종적으로 선정된 안을 설계, 제작, 시험하는 활동

27　②

② 새롭거나 개선된 재료, 장치, 제품, 공정, 시스템이나 용역에 대한 여러 가지 대체안을 제안, 설계, 평가, 최종선택하는 활동은 **연구활동**이다.

28　③

③ 사업결합 시 **영업권**은 이전대가와 피취득자의 순자산의 공정가치를 초과한 금액으로 인식한다. 그러므로 사업결합 등 타회사의 지분을 유상으로 취득하는 경우에만 인식하므로 개별적으로 식별하여 별도로 인식할 수 없다. 또한 비한정내용연수의 무형자산으로 감가상각하지 않고, 매년 말 손상검사를 통해 손상이 발생했을 경우 손상차손을 인식한다. 손상차손을 인식하고 나면 이후 환입은 불가능하다.

CHAPTER 09 금융부채

공무원 5개년 기출 문제 200쪽

01 ③   02 ④   03 ④

01 ③
③ 사채할인발행차금을 유효이자율법에 따라 상각할 때, 이자비용이 증가함으로써 **재무상태표의 자본이 감소하고, 부채가 증가하게 된다.**

02 ④
④ 사채할인발행차금 상각액은 매년 **증가**한다.

03 ④
④ 사채의 할인발행과 할증발행의 경우 사채할인발행차금 상각액은 모두 점차 **증가한다.**

실전 훈련 문제 201쪽

01 ②   02 ⑤   03 ④   04 ③   05 ②
06 ④   07 ③   08 ①   09 ③   10 ④
11 ④   12 ①

01 ②

ㄱ	매입채무 ₩1,000 발생	금융부채임
ㄴ	선수수익 ₩1,000 발생	금융부채 아님
ㄷ	선수금 ₩1,000 발생	금융부채 아님
ㄹ	사채 ₩1,000 발생	금융부채임

02 ⑤
⑤ **선수금, 선수수익, 당기법인세부채, 이연법인세부채, 충당부채**는 금융부채에 해당하지 않는다.

03 ④
④ 금융부채는 거래상대방에게 현금 등을 인도하기로 한 계약상의 의무이므로, 법적강제력이나 의제의무, 재화를 공급하거나 용역을 제공해야 하는 의무 및 **추정에 의한 의무는 금융부채가 될 수 없다.**

04 ③
③ 사채를 할증발행할 때 사채발행비가 발생한다면 유효이자율은 사채발행비가 발생하지 않는 경우보다 **높다.** 사채발행비가 발생하게 되면, 사채의 할증/할인/액면발행과 무관하게 유효이자율은 사채발행비가 발생하지 않는 경우보다 높아진다.

05 ②
② 사채발행비가 존재하는 경우, 발행시점의 발행자의 유효이자율은 발행시점의 시장이자율보다 **높다.**

06 ④
④ 사채할증발행차금을 유효이자율법에 따라 환입하는 경우 사채할증발행차금상각액은 기간이 경과함에 따라 **증가**한다.

07 ③
③ 유효이자율법을 적용할 경우 **할인발행**하면 장부금액이 증가하므로 **이자비용은 매년 증가**하고, **할증발행**하면 장부금액이 감소하므로 **이자비용도 감소**한다.

08 ①

① 할인발행의 경우가 전체기간의 표시이자보다 인식하는 유효이자가 더 크다.
해당 선지 중 할인발행에 대한 설명은 ①이다.
나머지는 모두 할증발행에 대한 설명이다.

09 ③

③ 사채발행시점에 사채발행비가 지출되는 경우 발행 당시의 유효이자율은 시장이자율보다 **높다**.

10 ④

④ 사채의 장부금액은 매기 할증발행차금상각액만큼 **감소**한다.

11 ④

④ 사채발행시점보다 상환시점의 시장이자율이 **상승**하는 경우에는 사채상환이익이 발생한다.

12 ①

① 기존의 차입자와 대여자가 실질적으로 다른 조건으로 채무상품을 교환한 경우 **최초의 금융부채를 제거한 후 새로운 금융부채를 인식**한다. 새로운 금융부채는 변경된 현금흐름을 조건변경일의 시장이자율을 적용하여 공정가치로 측정하며, 기존의 금융부채 제거에 따른 손익은 당기손익으로 인식한다.
다만, 새로운 조건에 따른 현금흐름의 현재가치와 최초 금융부채의 나머지 현금흐름의 현재가치의 차이가 10% 미만이라면, 계약조건이 실질적으로 달라진 것으로 보지 않는다. 이 경우 기존의 금융부채를 제거하지 않고, 변경된 현금흐름을 최초 유효이자율을 할인한 금액으로 기존 금융부채의 상각후원가를 조정한다. 조정손익은 당기손익으로 인식한다.

CHAPTER 10 충당부채와 종업원급여

공무원 5개년 기출 문제   213쪽

| 01 ② | 02 ② | 03 ③ | 04 ③ | 05 ④ |

01 ②

② 충당부채는 과거 사건에 의해서 발생하였으며 경제적 효익을 갖는 자원이 기업으로부터 유출됨으로써 이행될 것으로 기대되는 현재의무이다. 충당부채로 인식하기 위해서는 과거사건으로 인한 의무가 기업의 미래행위와 **독립적이어야 한다**.

02 ②

② 과거사건에 의하여 발생하였으나, 기업이 전적으로 통제할 수 없는 하나 이상의 불확실한 미래사건의 발생여부에 의하여서만 그 존재가 확인되는 잠재적 의무는 **우발부채**로 처리한다.
우발부채는 충당부채의 인식기준 중 하나 이상의 조건을 충족하지 못하는 잠재적 의무로, 다음에 해당하는 의무를 말한다.

> ㉠ 과거사건에 의하여 발생하였으나, 기업이 전적으로 통제할 수는 없는 하나 이상의 불확실한 미래사건의 발생여부에 의하여서만 그 존재가 확인되는 잠재적 의무
> ㉡ 과거사건에 의하여 발생하였으나 다음 ⓐ 또는 ⓑ의 경우에 해당하여 인식하지 않는 현재의무
>> ⓐ 해당 의무를 이행하기 위하여 경제적 효익이 있는 자원을 유출할 가능성이 높지 않은 경우
>> ⓑ 해당 의무의 이행에 필요한 금액을 신뢰성 있게 측정할 수 없는 경우

03 ③

① 경제적 효익이 있는 자원을 유출할 가능성이 희박하지 않다면, 우발부채를 **주석**에 인식한다.
② 예상되는 자산 처분이 충당부채를 생기게 한 사건과 밀접하게 관련되어 있다고 하더라도, 예상되는 자산처분이익은 충당부채를 측정하는데 **고려하지 않는다**.
④ 손실부담계약을 체결하고 있는 경우에는 관련된 현재의무를 **충당부채**로 인식하고 측정한다.

04 ③

③ 현재의무를 이행하기 위하여 필요한 지출 금액에 영향을 미치는 미래 사건이 일어날 것이라는 **충분하고 객관적인 증거가 있는 경우**라면 그 미래사건을 고려하여 **충당부채의 금액을 추정한다**.

05 ④

④ 구조조정충당부채로 인식할 수 있는 지출은 구조조정에서 생기는 **직접비용만을 포함**해야 하며 다음의 요건을 모두 충족하여야 한다.

> (1) 구조조정 때문에 반드시 생기는 지출
> (2) 기업의 계속적인 활동과 관련 없는 지출[기준서 1037호 문단 80]

실전 훈련 문제 215쪽

01 ②	02 ④	03 ③	04 ④	05 ⑤
06 ④	07 ⑤	08 ①	09 ④	10 ⑤
11 ③	12 ③	13 ①	14 ④	15 ⑤
16 ④	17 ⑤	18 ①	19 ③	20 ④
21 ④	22 ③	23 ①	24 ④	25 ①
26 ③	27 ⑤	28 ④		

01 ②

② 우발부채는 부채의 인식요건을 충족하지 못하므로 **재무상태표상에 인식하지 않는다**.

02 ④

④ 예상되는 자산 처분이익은 충당부채를 측정하는 데 **고려하지 않는다**.

03 ③

③ 구조조정충당부채로 인식할 수 있는 지출은 구조조정에서 발생하는 **직접비용만**을 포함하며 구조조정 때문에 반드시 생기는 지출이며, 기업의 계속적인 활동과 **관련 없는 지출**이어야 한다.

04 ④

④ 당초에 다른 목적으로 인식된 충당부채를 그 목적이 아닌 **다른 지출에 사용할 수 없다**. 충당부채는 최초 인식과 관련 있는 지출에 대해서만 사용한다. 당초에 다른 목적으로 인식된 충당부채를 어떤 지출에 대하여 함께 사용하게 되면 다른 두 사건의 영향이 적절하게 표시되지 않기 때문이다.

05 ⑤

① 경제적 효익의 유입가능성이 높지 않은 경우 우발자산으로 공시하지 않는다. **우발자산은 경제적 효익의 유입가능성이 높은 경우 주석으로 공시**된다.
② 과거에 우발부채로 처리한 경우에는 그 이후 기간에 미래경제적 효익의 유출가능성이 높아졌다면 **충당부채로 공시한다**.
③ 미래에 영업손실이 발생할 가능성이 높은 경우에는 그러한 영업손실의 예상 금액은 **충당부채로 인식하지 않는다**. 과거사건의 결과 회피 불가능한 현재의무의 조건을 만족하지 않기 때문이다.
④ 충당부채는 화폐의 시간가치 영향이 중요하다면 의무이행 시 예상되는 지출액의 **현재가치로 평가한다**.

06 ④
① 미래의 예상 영업손실은 **충당부채로 인식하지 않는다.**
② 손실부담계약을 체결하고 있는 경우에는 관련된 현재의무를 **충당부채로 인식한다.**
③ 보수주의 관점에서 우발자산과 우발부채 모두 **재무제표에 인식하지 않고, 주석에 포함한다.**
⑤ 예상되는 자산 처분이 충당부채를 생기게 한 사건과 밀접하게 관련되었다고 하더라도, 예상되는 자산 처분이익은 충당부채를 측정하는 데 **고려하지 않는다.**

07 ⑤
⑤ 충당부채는 충당부채의 법인세효과와 그 변동을 고려하기 전인 **세전 금액으로 측정**한다.

08 ①
② 자원의 유출가능성이 희박한 경우 **주석으로도 공시하지 않는다.**
③ 경제적 효익의 유입이 거의 확실하며, 현재의 권리가 명백히 존재한다면 '**자산**'으로 인식한다.
④ 자원이 유출되지 않을 가능성이 높은 잠재적의무 또는 현재의무는 '**우발부채**'로 주석으로 공시한다.

09 ④
④ 예상되는 자산 처분이 충당부채를 생기게 한 사건과 밀접하게 관련되어 있다고 하더라도 예상되는 자산 처분이익은 **충당부채에 반영하지 않는다.**

10 ⑤
⑤ 예상되는 자산 처분이 충당부채를 생기게 한 사건과 밀접하게 관련된 경우라 하더라도 예상되는 자산 처분이익은 **충당부채를 측정하는 데 반영하지 않는다.**

11 ③
③ 재무제표는 미래 시점의 예상 재무상태가 아니라 보고기간 말의 재무상태를 표시하는 것이므로, 미래 영업에서 생길 원가는 **충당부채로 인식하지 아니한다.** 보고기간 말에 존재하는 부채만을 재무상태표에 인식한다.

12 ③
③ 현재가치 평가에 사용되는 할인율에 반영되는 위험에는 미래 현금흐름을 추정할 때 고려된 **위험은 반영하지 아니한다.**

13 ①
① 우발자산은 수익의 실현이 거의 확실시되지 않으면 자산으로 인식할 수 없으며, 자원의 유입가능성이 높은 경우 주석으로 공시한다(**금액의 신뢰성이 있는 추정을 필요로 하지 않는다**).

14 ④
④ 충당부채와 관련하여 포괄손익계산서에 인식된 비용은 제3자의 변제와 관련하여 인식한 금액과 **상계하여 표시할 수 있다.**

15 ⑤
ㄱ. 법률에 따라 항공사의 항공기를 3년에 한 번씩 정밀하게 정비하도록 하고 있는 경우 주기적인 수선비가 발생하는 상황으로 실제 발생하였을 때 해당 수선비를 항공기의 원가로 계상할 수 있다.
ㄴ. 새로운 법률에 따라 매연 여과장치를 설치하여야 하는데, 기업은 지금까지 매연 여과장치를 설치하지 않은 경우에는 별도의 회계처리를 하지 않는다. 이후 오염이 발생하여 벌과금 등의 지출 가능성이 높을 경우(현재의무가 발생하였을 때) 부채를 인식할 수 있다.

16 ④
④ 충당부채로 인식하기 위해서는 경제적 효익이 있는 자원의 유출 가능성이 **높아야 한다.**

17 ⑤
① 새로운 제도와 물류체계의 구축에 대한 투자원가는 구조조정충당부채에 **포함하지 않는다.**
② 구조조정의 일환으로 자산의 매각을 계획하는 경우 구조조정과 관련하여 예상되는 자산 처분이익은 구조조정충당부채 측정 시 구조조정충당부채로 인식할 수 있는 지출과 **상계하지 않는다.**
③ 기업의 계속적인 활동과 관련한 지출은 구조조정충당부채로 인식할 수 있는 지출에 **포함하지 않는다.**
④ 구조조정에서 생기는 간접비용은 구조조정충당부채로 인식할 수 있는 지출에 **포함하지 않는다.** 직접비용만 포함된다.

18 ①
① 법률에 따라 항공사의 항공기를 3년에 한 번씩 정밀하게 정비하도록 하고 있는 경우는 회피불가능한 현재의무라고 볼 수 없으므로, 관련지출이 발생하였을 때 주기적인 수선비로서 **자본적지출로 회계처리**한다.

19 ③

① 항공기의 주기적인 정기 점검비용은 현재의무라고 볼 수 없다. 그러므로 발생 시 **자산의 장부금액으로 인식하고 감가상각을 한다.**
② 매연여과장치를 설치하지 않아서 벌과금이 부과될 가능성이 부과되지 않을 가능성보다 높다면 이는 충당부채의 인식요건을 만족한다. 금액도 추정이 가능하기 때문에 매연여과장치를 설치하지 않아 부담하는 현재의무로 벌과금 ₩20,000은 **충당부채로 인식한다.**
④ 제품 판매로 인한 보증의무라는 현재의무를 지고 있으며, 제품보증에 대한 청구가 발생할 가능성이 발생하지 않을 가능성보다 높으므로 추정된 보증비용 ₩5,000을 **충당부채로 인식한다.**

20 ④

④ 확정급여제도에서 보험수리적위험과 투자위험은 실질적으로 **기업만 부담한다.**

21 ④

④ 확정급여제도(DB형)에서 보험수리적 가정의 변동에 따른 위험은 실질적으로 **기업이 부담한다.**

22 ③

③ 종업원이 특정 기간 계속 근무하는 조건으로 이익을 분배받는 이익분배제도의 경우 **관련된 원가도 당기비용으로 인식한다.**

23 ①

① 기타포괄손익에 인식되는 순확정급여부채(자산)의 재측정요소는 후속 기간에 당기손익으로 **재분류조정하지 않는다.**

24 ④

④ **확정급여제도**를 채택하는 경우에는 기업이 각 기간에 부담하는 채무나 비용을 측정하기 위해 보험수리적가정이 필요하다. 확정기여제도는 보험수리적가정을 적용하지 않는다.

25 ①

① 단기종업원급여에 해당하는 누적 유급휴가가 아직 가득되지 않은 경우에도 관련 채무를 인식한다. 즉, **휴가를 실제로 사용하지 않은 경우에도 관련 채무를 인식한다.**

26 ③

③ 확정급여제도에서 확정급여채무와 사외적립자산에 대한 순확정급여부채(자산)의 순이자는 당기손익으로 인식하고, 자산인식상한효과에 대한 순확정급여부채(자산)의 순이자도 **당기손익으로 인식한다.**

27 ⑤

⑤ 현재가치를 측정하기 위한 할인율은 보고기간 말 현재 퇴직급여채무와 유사한 만기를 가진 **우량회사채의 시장수익률을 참조하여 결정**하며, **회사채에 대해 거래층이 두터운 시장이 없는 경우에는 국공채의 시장수익률을 사용**한다.

28 ④

④ 순확정급여채무의 재측정요소는 후속기간에 당기손익으로 재분류되지 않지만, 기타포괄손익을 **이익잉여금으로 대체할 수 있다.**

11 자본

공무원 5개년 기출 문제				231쪽
01 ①	02 ①	03 ④	04 ①	05 ①

01 ①
① 주식배당을 실시하면, 발행주식수는 증가하고 자본금 역시 **증가**한다.

02 ①
① 유상증자 거래이다. 주식할인발행차금 ₩1,000이 발생하지만, 자본총계는 ₩4,000 증가한다.
② 무상증자 거래이다. **자본총계의 변화는 없다**.
③ 주식배당 거래이다. 이익잉여금이 ₩6,000 감소하고, 자본금이 ₩6,000 증가하므로 **자본총계의 증감은 없다**.
④ 주식분할 거래이다. **자본금, 자본총계 모두 변화가 없다**.

03 ④
④ 기업이 미지급배당을 결제할 때, 분배된 자산의 장부금액과 미지급배당의 장부금액이 차이가 있다면 이를 **당기손익으로 인식한다**.

04 ①
① 자본조정은 자본 거래의 결과 발생한다. 대부분 자본의 차감 성격을 가지는 것으로 자본금이나 자본잉여금으로 처리할 수 없는 계정을 기록하는 것은 맞다. 그러나 **모든 자본조정 항목이 자본의 차감적 성격을 가지는 것은 아니다**. 그 대표적인 예시가 바로 '미교부주식배당'이다. 미교부주식배당은 자본거래의 결과이지만, 자본의 차감항목이 아닌 가산항목으로 자본조정에 기록된다.

05 ①
① 무상증자의 경우 **자본금은 증가**하고, 자본총계는 변화 없다.

실전 훈련 문제				232쪽
01 ⑤	02 ④	03 ④	04 ①	05 ③
06 ④	07 ①	08 ④	09 ⑤	10 ④
11 ②	12 ②			

01 ⑤
⑤ 보유자가 발행자에게 특정일이나 그 후에 확정되었거나 결정 가능한 금액으로 상환해줄 것을 청구할 수 있는 권리가 있는 우선주는 **채무상품**으로 분류한다.

02 ④
④ 무상증자, 주식배당, 주식분할의 경우 발행주식수가 증가한다. 그러나 **주식병합은 오히려 발행주식수가 감소한다**.

03 ④
④ 자기주식을 취득하면 **현금이 유출되어 자산이 감소**하고, 마찬가지로 **자본 총계도 감소한다**.
자기주식을 원가법으로 처리한 결과 자기주식은 자본의 차감 항목으로 기재된다.

04 ①

①	(차)이익잉여금 XX	(대) 미지급배당금 XX		자본의 감소
②	(차)현금 XX	(대) 자기주식 XX 자기주식처분이익 XX		자본의 증가
③	(차)현금 XX	(대) 자본금 XX 주식발행초과금 XX		자본의 증가
④	(차)자본금 XX	(대) 이월결손금 XX		자본의 증감없음
⑤	(차)사업확장적립금 XX	(대) 별도적립금 XX		자본의 증감없음

05 ③
③ 누적적우선주는 전기에 배당하지 못한 연체배당금이 있더라도 회사가 배당을 선언하기 전까지는 **부채로 인식하지 않는다**.

06 ④

ㄱ. 주식 발행과 직접 관련하여 발생한 거래원가는 **자본에서 차감**하여 주식발행초과금이나 주식할인발행차금으로 인식한다. 즉, **당기손익으로 인식하지 않는다.**
ㄷ. 무상증자 시 주식의 수가 증가하므로 **납입자본은 증가**하지만, **자본총계는** 무상거래이므로 **변화하지 않는다.**
ㅁ. 이익준비금은 배당이 불가능한 금액으로 법에 따라 적립하는 금액이지만, **반드시 외부 금융기관에 예치해야 하는 것은 아니다.**

07 ①

① 무상증자, 주식배당, 주식병합 및 **주식분할 모두 총자본이 변화하지 않는다.**

08 ④

④ 유상증자 시 **이익잉여금은 불변이다.**

09 ⑤

⑤ 배당을 받을 권리가 있는 주주를 확정짓는 날인 배당기준일에 기준에 인식하는 것이 아니라 **배당선언일**에 배당으로 선언된 금액을 미지급배당금계정의 대변에 기록한다.

10 ④

④ 현물출자에 의하여 증자를 하는 경우에는 **취득한 유형자산의 공정가치로 측정**하고, 취득한 유형자산의 공정가치가 없는 경우 교부한 주식의 공정가치로 측정한다.

11 ②

② 자기주식을 취득하는 경우 **손익은 발생하지 않는다.**

12 ②

② 미교부주식배당금은 주식으로 결제되는 계정으로 부채가 아닌 **자본의 가산계정으로 기록**한다.

CHAPTER 12 수익인식

공무원 5개년 기출 문제   249쪽

01 ②   02 ③   03 ④   04 ②   05 ②
06 ②

01 ②

② 고객이 자산을 통제한다는 것은 고객이 자산을 사용하도록 지시하고, 자산의 나머지 효익의 대부분을 획득할 수 있다는 것을 의미한다. 이를 판단할 때는 자산을 재매입하는 약정을 **고려해야 한다.**

> [참고]
> 고객이 자산을 통제하는지를 판단할 때, 그 자산을 재매입하는 약정을 고려한다.(기준서 제1115호 문단34)

02 ③

③ 수익인식 5단계 순서는 '**고객과의 계약 식별 → 수행의무 식별 →** 거래가격 산정 → 거래가격을 계약 내 수행의무에 배분 → 수행의무를 이행할 때 수익 인식'이다.

03 ④

④ 거래가격은 고객에게 약속한 재화나 용역을 이전하고 그 대가로 기업이 받을 권리를 갖게 될 것으로 예상하는 금액이며, 제삼자를 대신해서 회수한 금액(예 일부 판매세)은 **제외**한다.

04 ②

기업회계기준서 제1115호 '고객과의 계약에서 생기는 수익'에서는 다음 계약의 식별기준을 모두 충족하는 경우에만 고객과의 계약으로 회계처리한다.

> • **의무의 확약**: 계약 당사자들이 계약을 서면으로, 구두로 또는 기업의 사업관행에 따라 암묵적으로 승인하고 각자의 의무를 수행하기로 확약한다.
> • **권리의 식별**: 이전할 재화나 용역과 관련된 각 당사자의 권리를 식별할 수 있다.
> • **지급조건의 식별**: 이전할 재화나 용역의 지급조건을 식별할 수 있다.
> • 거래의 실질: 계약에 상업적 실질이 있다.
> • **대가의 회수가능성**: 고객에게 이전할 재화나 용역에 대하여 받을 권리를 갖게 될 대가의 회수가능성이 높다.

05 ②

② 계약을 개시할 때 기업이 고객에게 약속한 재화나 용역을 이전하는 시점과 고객이 그에 대한 대가를 지급한 시점 간의 기간이 1년 이내일 것이라고 예상한다면 유의적인 금융요소의 영향을 조정하지 않는 실무적 간편법을 쓸 수 있다.
계약 개시 후에는 이자율이나 그 밖의 상황이 달라져도 그 할인율을 **새로 수정하지 않는다**.

06 ②

② 거래가격은 고객에게 약속한 재화나 용역을 이전하고 그 대가로 기업이 받을 권리를 갖게 될 것으로 예상하는 금액이며, 제삼자를 대신해서 회수한 금액(**예** 부가가치세)은 **제외**한다.

실전 훈련 문제 251쪽

01 ⑤	02 ①	03 ⑤	04 ②	05 ④
06 ④	07 ③	08 ③	09 ①	10 ②
11 ③	12 ④	13 ②	14 ④	15 ⑤
16 ③	17 ⑤	18 ①	19 ③	20 ①
21 ①				

01 ⑤

수익인식은 다음의 5단계를 따른다.
계약의 식별 → **수행의무**의 식별 → 거래가격을 산정 → 거래가격을 계약 내 **수행의무**에 배분 → **수행의무**의 이행에 따라 수익을 인식

02 ①

① 자산에 대한 지급청구권 등은 **한시점에 이행되는 수행의무**를 판단하는 통제지표의 일부이다.

03 ⑤

⑤ 기업이 만든 자산이 기업에 **대체 용도가 없고 지급청구권은 있는 경우**(특별주문), 기간에 걸쳐 수익을 인식한다.

04 ②

① 상업적 실질이 없는 경우에는 고객과의 계약으로 회계처리할 수 없다. 즉, 계약의 결과로 기업의 미래 현금흐름의 위험, 시기, 금액이 변동될 것으로 예상되지 않는 경우에는 상업적 실질이 없는 것으로 **고객과의 계약으로 회계처리 할 수 없다**.
③ 이전할 재화나 용역의 지급조건을 식별할 수 없는 경우라면 **고객과의 계약으로 회계처리할 수 없다**.
④ 계약을 서면으로, **구두로 또는 기업의 사업관행에 따라 승인**할 수 있다.
⑤ 고객과의 계약에서 식별되는 수행의무는 계약에 분명히 기재한 재화나 용역에만 **한정되지 않을 수 있다**.

05 ④

④ 계약 당사자들이 그 활동이나 과정에서 생기는 위험과 효익을 공유한다면, **그 계약상대방은 고객이 아니다**.

06 ④

④ 계약에 **상업적 실질이 있어야** 고객과의 계약으로 식별할 수 있다.

07 ③

③ 변동대가의 추정이 가능한 경우, 계약에서 가능한 결과치가 두 가지뿐일 경우에는 **가능성이 가장 높은 금액**이 변동대가의 적절한 추정치가 될 수 있다.

08 ③

③ 고객과의 계약에서 약속한 대가는 **고정금액과 변동금액을 모두 포함**할 수 있다.

09 ①

① 유형자산의 처분도 계약상대방이 [기업회계기준서 제1115호]에서 정의하고 있는 **고객에 해당된다**. 그러므로 유형자산 처분손익에 포함되는 대가(금액)를 산정함에 있어 동 기준서의 거래가격 산정에 관한 요구사항을 적용할 수 있다.

10 ②

① 거래가격의 후속 변동은 계약 개시시점과 같은 기준으로 계약상 수행의무에 배분한다. 따라서 계약을 개시한 후의 개별 판매가격의 변동을 반영하기 위해 거래가격을 **다시 배분하지는 않는다**.
③ 고객이 현금 외의 형태로 대가를 약속한 계약의 경우에 거래가격을 산정하기 위하여 **비현금 대가를 공정가치로 측정**한다. 비현금 대가의 공정가치를 합리적으로 추정할 수 없는 경우에는, 그 대가와 교환하여 고객에게 약속한 재화나 용역의 개별 판매가액을 참조하여 간접적으로 그 대가를 측정한다.
④ 변동대가는 **기댓값 또는 가능성이 가장 높은 금액** 중에서 기업이 받을 권리를 갖게 될 대가를 더 잘 예측할 것으로 예상하는 방법을 사용하여 추정한다.
⑤ 기업이 고객에게 대가를 지급하는 경우, 고객에게 지급할 대가가 고객에게서 받은 구별되는 재화와 용역에 대한 지급이 아니라면 그 대가는 **수익에서 차감**한다.

11 ③

③ 변동대가(금액)는 기댓값 또는 가능성이 가장 높은 금액 중에서 **기업**이 받을 권리를 갖게 될 대가(금액)를 더 잘 예측할 것으로 예상하는 방법을 사용하여 추정한다. 즉, 고객이 받을 권리를 갖게 될 대가가 아니라 기업이 받을 권리를 갖게 될 대가로 수정되어야 한다.

12 ④

④ 계약에서 가능한 결과치가 두 가지뿐일 경우 '기댓값'은 **가능성이 가장 높은 금액**이 변동대가의 적절한 추정치일 수 있다.

13 ②

② 고객과의 계약에 다음 요인 중 어느 하나라도 존재한다면 **유의적인 금융요소가 없을 것이다**.

> ⊙ 고객이 재화나 용역의 대가를 선급하였고 **그 재화나 용역의 이전 시점은 고객의 재량에 따른다**.
> ⓒ 고객이 약속한 대가 중 상당한 금액이 변동될 수 있으며 그 대가의 금액과 시기는 고객이나 기업이 실질적으로 통제할 수 없는 미래 사건의 발생 여부에 따라 달라진다.
> ⓒ 약속한 대가와 재화나 용역의 현금판매가격 간의 차이가 고객이나 기업에 대한 금융제공 외의 이유로 생기며, 그 금액의 차이는 그 차이가 나는 이유에 따라 달라진다. 예를 들면, 지급 조건을 이용하여 계약상 의무의 일부나 전부를 적절히 완료하지 못하는 계약 상대방에게서 기업이나 고객을 보호할 수 있다.

14 ④

④ 거래가격의 배분은 계약의 종료시점이 아니라 **계약의 개시시점의 개별 판매가격의 변동**에 따라 거래가격에 배분한다. 즉, 계약의 개시시점에 계약상 수행의무의 대상인 구별되는 재화와 용역의 개별 판매가격을 산정하고, 이 개별 판매가격에 비례하여 거래가격을 배분한다.

15 ⑤

⑤ 수익은 한 시점에 이행하는 수행의무 또는 기간에 걸쳐 이행하는 수행의무로 구분한다. 이러한 구분을 위해 먼저 통제 이전 지표에 의해 **기간에 걸쳐 이행**하는 수행의무인지를 판단하고, 이에 해당하지 않는다면 그 수행의무는 **한 시점에 이행**되는 것으로 본다.

16 ③

① 고객과의 계약에서 식별되는 수행의무는 계약에 분명히 기재한 재화나 용역에만 **한정되지 않을 수 있다**. 고객에게 이전될 것이라는 정당한 기대를 하도록 한다면, 이러한 약속도 고객과의 계약에 **포함될 수 있다**.
② 계약을 개시할 때 기업이 고객에게 약속한 재화나 용역을 이전하는 시점과 고객이 그에 대한 대가를 지급하는 시점 간의 기간이 1년 이내일 것이라고 예상된다면 유의적인 금융요소의 영향을 반영하여 **약속한 대가를 조정하지 않는 실무적인 간편법을 쓸 수 있다**.
④ 고객이 현금 이외의 형태로 대가를 약속한 계약의 경우에 거래가격을 산정하기 위하여 **비현금대가를 공정가치**로 측정한다.

17 ⑤

① 고객과의 계약에서 식별되는 수행의무는 계약에 분명히 기재한 재화나 용역에만 **한정되지 않는다**. 계약에 기재되지 않은 의제의무도 수행의무에 포함한다.

② 고객에게 재화나 용역을 이전하는 활동이 아니라면 계약을 이행하기 위해 수행해야 한다고 하더라도, **그 활동은 수행의무에 포함하지 않는다.**
③ 수행의무를 이행할 때(또는 이행하는 대로), 그 수행의무에 배분된 거래가격을 수익으로 인식한다. 다만, **변동대가 추정치 중 제약받는 금액을 포함하지 않는다.**
④ 거래가격은 고객에게 약속한 재화나 용역을 이전하고 그 대가로 기업이 받을 권리를 갖게 될 것으로 예상하는 금액이며, 제삼자를 대신해서 회수한 금액은 **제외한다.**

18   ①

② 고객에게 지급할 대가는 고객이 기업에게 이전하는 구별되는 재화와 용역의 대가로 지급하는 **경우가 아니라면**, 그 대가는 거래가격 즉 수익에서 차감하여 회계처리한다.
③ 고객이 권리를 행사하지 아니한 대가를 다른 당사자에게 납부하도록 요구받는 경우에는 받은 대가를 수익이 아닌 **부채로 처리한다.**
④ 반환제품회수권과 환불부채는 **상계하지 않고 구분하여 표시**한다.

19   ③

③ 고객에게서 받은 재화나 용역의 공정가치를 합리적으로 추정할 수 없다면, **고객에게 지급할 대가 전액을 거래가격에서 차감**한다.

20   ①

① 다음 중 어느 하나를 충족하면, 기업은 재화나 용역에 대한 통제를 기간에 걸쳐 이전하므로 **기간에 걸쳐 진행기준으로 수익을 인식**한다.

> ㉠ 일반용역제공: 고객은 기업이 수행하는 대로 제공된 효익을 동시에 얻고 소비한다.
> ㉡ 고객소유자산 제작: 기업이 수행하여 만들어지거나 가치가 높아지는 대로 고객이 통제하는 자산(예 재공품)을 기업이 만들거나 그 자산 가치를 높인다.
> ㉢ 고객전용 주문제작: 기업이 수행하여 만든 자산이 기업 자체에는 대체 용도가 없고, 지금까지 수행을 완료한 부분에 대해 집행가능한 지급청구권이 기업에 있다.

21   ①

기간에 걸쳐 이행하는 수행의무는 다음과 같다.

> (1) 일반용역의 제공: 고객은 **기업이 수행하는 대로 기업의 수행에서 제공하는 효익을 동시에 얻고 소비**한다.
> (2) 고객소유자산 제작: 기업이 수행하여 만들어지거나 가치가 높아지는 대로 고객이 통제하는 자산을 기업이 만들거나 그 자산 가치를 높인다.
> (3) 고객전용 주문제작: 기업이 수행하여 만든 자산이 기업 자체에는 대체 용도가 없고, 지금까지 수행을 완료한 부분에 대해 집행가능한 지급청구권이 기업에 있다.

CHAPTER 13 건설계약

실전 훈련 문제   265쪽

01 ③   02 ③   03 ①   04 ④

01   ③

③ 계약을 이행하는 과정에서 낭비된 재료원가, 노무원가, 그 밖의 자원의 원가로 계약가격에 반영되지 않은 원가는 **발생시점에 비용으로 인식**한다.

02   ③

③ 건설계약의 진행률을 측정할 수 없지만 회수가능성이 있는 경우 **수익은 발생원가 범위 내에서 회수 가능한 금액을 인식**하고 발생원가는 비용으로 인식한다.

03   ①

① 계약에 직접 관련되었으며 계약을 체결하는 과정에서 공사계약체결 전에 발생한 원가는 **계약원가에 포함될 수 있다.**

04   ④

④ 건설계약과 관련된 하자보수비는 공사의 진행정도와 관련이 없으므로 **진행률 산정에는 포함하지 않지만**, 공사개시일 이후에 하자보수예상원가를 진행률에 따라 계약원가로 안분한다.

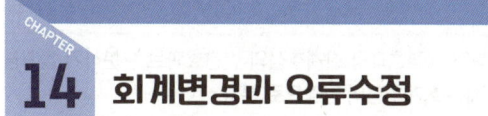

14 회계변경과 오류수정

공무원 5개년 기출 문제 272쪽

01 ③   02 ④

01 ③

③ 회계추정의 변경효과가 변경이 발생한 기간과 미래기간에 모두 영향을 미치는 경우 발생한 기간에는 회계추정 변경 효과를 당기손익에 포함하여 전진적으로 인식한다. 그러나 미래기간에 회계추정의 변경효과를 기타포괄손익으로 인식하는 것은 아니다. **미래기간의 당기손익에 포함하여 전진적으로 인식한다.**

02 ④

④ 전기오류의 수정은 오류가 발견된 기간의 당기손익으로 보고하는 것이 아니라, **전기이월이익잉여금 및 당기손익을 수정해 주어야 한다.** 과거 재무자료의 요약을 포함한 과거기간의 정보는 실무적으로 적용할 수 있는 최대한 앞선 기간까지 소급재작성한다는 것은 맞는 지문이다.

실전 훈련 문제 273쪽

01 ④   02 ④   03 ④   04 ③   05 ①
06 ②   07 ③   08 ④   09 ⑤   10 ②
11 ①   12 ①   13 ①   14 ④   15 ③

01 ④

④ 유형자산과 무형자산의 경우 재평가하는 회계정책을 최초로 적용하는 경우 회계정책 변경을 소급적용하지 않고 재평가 개시일부터 적용할 수 있는 특례조항이 있다. 그러나 투자부동산의 경우에는 특례조항이 없으므로 변경하는 경우에 **소급적용해야 한다.**

02 ④

④ 재고자산의 저가법은 항목별(종목별)로 적용하는 것을 원칙으로 한다. 그러나 서로 유사하거나 관련있는 항목들을 통합하여 적용하는 것은 가능하다. 그러나 어떠한 경우에도 **총액기준은 적용할 수 없다.**

03 ④

④ 회계정책의 변경과 회계추정의 변경을 구분하는 것이 어려운 경우에는 이를 **회계추정의 변경**으로 본다.

04 ③

ㄱ. 과거에 발생한 거래와 실질이 다른 거래, 기타 사건 또는 상황에 대하여 다른 회계정책을 적용하는 경우는 **회계정책 변경이 아니다.**

ㄴ, ㄷ. 다음 두 가지의 경우 회계정책을 변경할 수 있다.

> ⓐ 한국채택국제회계기준의 요구에 따라 회계정책을 변경하는 경우
> ⓑ 회계정책의 변경을 반영한 재무제표가 거래, 기타 사건 또는 상황이 재무상태, 재무성과 또는 현금흐름에 미치는 영향에 대하여 신뢰성 있고 더 목적적합한 정보를 제공하는 경우

ㄹ. 과거에 발생하지 않았거나 발생하였어도 중요하지 않았던 거래, 기타 사건 또는 상황에 대하여 새로운 회계정책을 적용하는 경우는 **회계정책 변경이 아니다.**

ㅁ. 한국채택국제회계기준에서 인정되지 않는 회계정책을 적용하다가 이를 한국채택국제회계기준에서 허용하는 방법으로 변경하는 경우는 **오류수정에 해당한다.**

05 ①

② 새로운 회계정책을 과거기간에 적용하는 한다고 하더라도, 과거기간에 인식된 금액의 추정에 **사후에 인지된 사실을 이용하지 않는다**.
[한국채택국제회계기준서 제1008호 문단 BC 27]

> 과거기간에 새로운 회계정책을 적용하거나 과거기간의 금액을 수정할 때, 과거기간에 존재했던 경영진의 의도에 대하여 가정하거나 과거기간의 금액을 추정하면서 사후에 인지된 사실을 이용할 수 없다고 명시하고 있다.
> 이것은 과거기간의 경영진의 의도는 추후에 객관적으로 확립될 수 없고, 영향을 받는 과거기간의 재무제표에 대한 발행이 승인되었을 때 이용할 수 없었던 정보를 이용하는 것은 소급적용과 소급재작성의 정의와 일관되지 않기 때문이다.

③ 거래 및 기타 사건에 대하여 적용할 수 있는 한국채택국제회계기준이 없는 경우, 경영진은 판단에 따라 회계정책을 적용하여 회계정보를 작성할 수 **있다**.
④ 과거에 발생한 거래와 실질이 다른 거래, 기타 사건 또는 상황에 대하여 다른 회계정책을 적용하는 경우에는 회계정책의 변경에 **해당하지 않는다**.
⑤ 과거에 발생하지 않았던 거래, 기타 사건에 대하여 새로운 회계정책을 적용하는 경우에는 회계정책의 변경에 **해당하지 않는다**.

06 ②

② 과거에 발생하지 않았거나 발생하였어도 중요하지 않았던 거래, 기타 사건 또는 상황에 대하여 새로운 회계정책을 적용하는 경우는 **회계정책의 변경에 해당하지 않는다**.

07 ③

③ 전기오류는 특정기간에 미치는 오류의 영향이나 오류의 누적효과를 실무적으로 결정할 수 없는 경우에는 실무적으로 결정할 수 있는 가장 이른 날부터 **새로운 회계정책을 전진 적용한다**.

08 ④

④ 당기 기초시점에 과거기간 전체에 대한 새로운 회계정책 적용의 누적효과를 실무적으로 결정할 수 없는 경우, 실무적으로 적용할 수 있는 가장 이른 날부터 새로운 회계정책을 **전진적용**하여 비교정보를 재작성한다.

09 ⑤

⑤ 측정기준의 변경은 **회계추정의 변경이 아니라 회계정책의 변경**에 해당한다.

10 ②

② 회계정책의 변경효과와 회계추정의 변경효과로 구분하기 불가능한 경우에는 **회계추정의 변경으로 본다**.

11 ①

① 측정기준의 변경은 **회계정책의 변경**이다.

12 ①

① 회계추정의 변경효과는 변경이 발생한 기간과 그 이후의 회계기간에 **당기손익에 포함하여 전진적으로 적용한다**.

13 ①

① 우발부채를 충당부채로 인식하게 되는 것은 **회계변경이 아니다**.

14 ④

④ 장기건설계약은 한국채택국제회계기준에서 진행기준으로 회계처리한다. 그러므로 회계처리방법을 완성기준에서 진행기준으로 변경하는 것은 **오류수정**에 속하며 **전기재무제표는 재작성한다**.

15 ③

③ 새로 취득한 유형자산의 감가상각 방법을 기존의 차량운반구와 달리 적용하는 것은 **회계정책의 변경에 해당하지 아니한다**.

15 현금흐름표

공무원 5개년 기출 문제 284쪽

01 ③ 02 ② 03 ③ 04 ①

01 ③

간접법에 따라 영업활동현금흐름 계산 시, 법인세차감전순이익에서 차감하는 항목은 '영업활동 관련 자산의 증가, 영업활동 관련 부채의 감소, 이자수익과 배당수익, 투자활동 관련수익, 재무활동 관련수익'이다.
이에 해당하는 항목은 'ㄴ. 재고자산 증가액', 'ㄹ. 매입채무의 감소액'이다.
ㄱ. 감가상각비와 ㄷ. 매출채권의 감소는 법인세비용차감전순이익에 가산하는 항목이다.

02 ②

② 종속기업과 기타 사업에 대한 지배력의 획득 또는 상실에 따른 총 현금흐름은 별도로 표시하고 **투자활동**으로 분류한다.
[한국채택국제회계기준서 제1007호 문단40]

03 ③

ㄱ. **직접법**을 적용하여 표시한 현금흐름은 **간접법**에 의한 현금흐름에서는 파악할 수 없는 정보를 제공하며, 미래현금흐름을 추정하는 데 보다 유용한 정보를 제공한다.
ㄹ. 법인세로 인한 현금흐름은 **별도로 공시하며**, 재무활동과 투자활동에 명백히 관련되지 않은 한 영업활동 현금흐름으로 분류한다.

04 ①

① 현금흐름표는 **일정기간**의 현금유입액과 현금유출액에 대한 정보를 제공하는 재무제표이다.

실전 훈련 문제 285쪽

01 ⑤ 02 ② 03 ⑤ 04 ① 05 ④
06 ④ 07 ① 08 ② 09 ① 10 ⑤
11 ④ 12 ② 13 ②

01 ⑤

⑤ 단기매매목적으로 보유하는 유가증권의 취득과 판매에 따른 현금흐름은 **영업활동**으로 분류한다.

02 ②

② 종속기업과 기타 사업에 대한 지배력의 획득 또는 상실에 따른 총 현금흐름은 별도로 표시하고 **투자활동으로 분류**한다.

03 ⑤

⑤ 주식이나 기타 지분상품의 발행에 따른 현금유입은 **재무활동 현금흐름이다.**

04 ①

① 주식발행에 따른 현금 유입은 **재무활동**이다.

05 ④

④ 장기대여금의 대여 및 회수는 **투자활동**에 해당한다.

06 ④

④ 재무활동은 자금을 조달하는 활동으로 차입금을 차입하거나 상환하는 활동은 **재무활동**이다.

07 ①

① 법인세로 인한 현금흐름은 별도로 **공시하며** 영업활동으로 분류한다. 다만, **명백히 투자활동과 재무활동에 관련되는 것은 제외**한다.

08 ②

② 리스이용자의 금융리스부채 상환에 따른 현금유출은 **재무활동**현금흐름이다.

09 ①

② 현금흐름정보는 동일한 거래와 사건에 대하여 서로 다른 회계처리를 적용함에 따라 발생하는 영향을 제거하므로 영업성과에 대한 기업 간의 비교가능성은 **높아진다**.
③ 현금및현금성자산을 구성하는 항목 간 이동은 영업활동, 투자활동 및 재무활동의 일부이므로 이러한 항목 간의 변동은 실질적인 현금의 유·출입이 아니므로 **현금흐름에 포함하지 않는다**.
④ 역사적 영업현금흐름의 특정 구성요소에 대한 정보를 다른 정보와 함께 사용하면, 미래 영업현금흐름을 예측하는 데 **유용하다**.
⑤ 기업은 단기매매목적으로 유가증권을 보유할 수 있으며, 이 때 유가증권은 판매를 목적으로 취득한 재고자산과 보유목적이 다르다고 하더라도, 단기매매목적으로 보유하는 유가증권의 취득과 판매에 따른 현금흐름은 **영업활동으로 분류한다**.

10 ⑤

⑤ 한국채택국제회계기준은 영업활동현금흐름을 보고하는 데 **직접법을 사용할 것을 권장한다**. 직접법을 적용하여 표시한 현금흐름은 **간접법**에 의한 현금흐름에서는 파악할 수 없는 정보를 제공하며, 미래 현금흐름을 추정하는데 보다 유용한 정보를 제공한다.

11 ④

④ 현금 및 현금성자산을 구성하는 항목 간의 이동은 영업활동, 투자활동 및 재무활동의 일부가 아닌 현금관리의 일부이므로 **이러한 항목 간의 변동은 현금흐름에서 제외한다**.

12 ②

② 금융회사 간의 예금 이체는 금융기관끼리 예금을 이체하는 것을 말하며 **현금거래에 해당**한다. 그러므로 해당 활동에서 발생하는 현금흐름의 순증감을 현금흐름표에 표시해야 한다.

13 ②

당기순이익이 영업활동현금흐름보다 적으려면 현금흐름을 수반하지 않는 비용 또는 손실을 인식하였어야 한다.
① 이연법인세부채를 인식하면서 법인세비용을 인식
② 현금매출이 증가하는 경우 **당기순이익과 현금흐름이 동시에 증가**
③ 제품보증충당부채를 인식하면서 제품보증비를 인식한 것으로 현금흐름을 수반하지 않는 비용 인식
④ 유형자산손상차손 인식

CHAPTER 16 기타회계

공무원 5개년 기출 문제   295쪽

01 ①   02 ②   03 ②   04 ④   05 ②
06 ③   07 ②

01 ①

① 사업결합에서 발생한 영업권의 장부금액이 세무기준액보다 작을 경우에 그 차이로 **이연법인세자산**이 발생한다.

02 ②

② 기업이 순액으로 결제하거나, 자산을 실현하는 동시에 부채를 **결제할 의도가 있으며**, 기업이 인식된 금액에 대한 법적으로 집행가능한 상계권리를 가지고 있는 경우 당기법인세자산과 당기법인세부채를 상계하여 재무상태표에 유동자산이나 유동부채로 표시한다.

03 ②

② 영업권을 최초로 인식하는 경우, 이연법인세부채를 **인식하지 아니한다**.

04 ④

④ 이연법인세자산의 일부 또는 전부에 대한 혜택이 사용되기에 충분한 과세소득이 발생할 가능성이 더 이상 높지 않다면 이연법인세자산의 장부금액을 감액시킨다. 다만, 이후 감액된 금액은 사용되기에 충분한 과세소득이 발생할 가능성이 높아지면 **환입한다**.

05 ②

② 이연법인세자산과 부채는 현재가치로 **할인하지 않는다**.

06 ③

③ 생물자산은 최초 인식시점과 매 보고기간 말에 순공정가치로 측정한다. 그러나 생물자산의 공정가치를 신뢰성 있게 측정할 수 없는 경우에는 생물자산은 취득원가에서 감가상각누계액과 손상차손누계액을 차감한 금액으로 측정한다.
이후 그러한 생물자산의 공정가치를 신뢰성 있게 측정할 수 있게 되면 **순공정가치로 측정한다**.

07 ②

② 비화폐성항목에서 생긴 손익을 기타포괄손익 또는 당기손익으로 인식하는 경우 그 손익에 포함된 환율변동효과는 평가손익과 마찬가지로 **기타포괄손익 또는 당기손익으로 인식한다.** 비화폐자산의 공정가치 평가손익을 기타포괄손익으로 인식한다면 환율변동효과도 기타포괄손익으로 인식하고, 평가손익을 당기손익으로 인식한다면 환율변동효과도 당기손익으로 인식한다.

실전 훈련 문제				297쪽
01 ④	02 ①	03 ③	04 ①	05 ②
06 ④	07 ③	08 ④	09 ②	10 ③
11 ④				

01 ④

④ 당기말 일시적차이가 소멸되는 차기 이후 회계기간에 적용될 것으로 기대되는 **예상세율**을 곱하여 이연법인세를 계산한다.

02 ①

ㄴ. 기업이 상계와 관련된 **법적권리가 있고, 순액결제의도가 있는 경우** 당기법인세부채와 당기법인세자산은 상계할 수 있다.
ㄹ. 이연법인세자산과 이연법인세부채는 **현재가치로 할인하지 않는다.**

03 ③

③ 당기법인세자산과 부채는 기업이 인식된 금액에 대한 **법적으로 집행가능한 상계권리를 가지고 있고 동시에** 순액으로 결제하거나, 자산을 실현하고 부채를 결제할 의도가 있는 경우에 상계한다.

04 ①

① 세무기준액은 세무상 자산 또는 부채에 귀속되는 금액을 말한다. 자산의 세무기준액은 자산의 장부금액이 회수될 때 기업에 유입될 과세대상 경제적효익에서 **세무상 차감될 금액**이며, 부채의 세무기준액은 장부금액에서 미래 회계기간에 당해 부채와 관련하여 세무상 공제될 금액을 차감한 금액이다.

05 ②

② 자산의 장부금액이 세무기준액보다 크다면 당해 일시적차이는 미래 회계기간에 회수가능한 법인세만큼 **이연법인세부채**를 발생시킨다.

06 ④

④ 보고기간 말 비화폐성 외화항목 중 공정가치로 측정하는 항목은 **공정가치가 결정된 날의 환율**을 적용하여 기능통화로 환산한다.

07 ③

③ 공정가치로 측정하는 비화폐성 외화항목은 **공정가치가 측정된 날의 환율**로 환산한다.

08 ④

④ 수확물을 최초 인식시점에 순공정가치로 인식하여 발생하는 평가손익은 발생한 기간에 **당기손익**에 반영한다.

09 ②

② 수확 후 조림지에 나무를 다시 심는 원가는 생물자산의 원가에 **포함하지 않는다**.

> [한국채택국제회계기준서 제1041호 문단22]
> 당해 자산에 대한 자금 조달 또는 수확 후 생물자산의 복구 관련 현금흐름(예를 들어, 수확 후 조림지에 나무를 다시 심는 원가)은 포함하지 아니한다.

10 ③

③ 당해 자산에 대한 자금 조달 또는 수확 후 생물자산의 복구 관련 현금흐름은 **생물자산의 원가에 포함하지 않는다**.

11 ④

④ 순공정가치로 측정하는 생물자산과 관련된 정부보조금은 다른 조건이 없는 경우에는 이를 수취할 수 있게 되는 시점에 **당기손익**으로 인식한다.

CHAPTER 17 원가관리회계

공무원 5개년 기출 문제   317쪽

| 01 ② | 02 ② | 03 ③ | 04 ③ | 05 ④ |
| 06 ② | 07 ② | 08 ④ | 09 ③ | |

01 ②

② **종합원가계산**은 표준화된 작업공정을 통해 한 가지 제품만을 대량생산하는 제조환경에 적합한 원가계산 방법이다.
① 개별원가계산은 다품종 소량 주문 생산업체에 적합한 원가계산 방법이다.
③ 결합원가는 동일한 원재료로부터 동일한 제조공정을 거쳐 동시에 생산되는 두 종류의 서로 다른 제품이 분리되기 직전까지 발생한 원가로 결합원가의 배분방법은 물량기준법, 분리점판매가치법, 순실현가치법, 균등이익률법 등으로 구분한다.
④ 활동기준원가계산은 원가의 발생을 유발하는 원가동인을 활동을 중심으로 규명하여 활동을 기준으로 제조간접원가를 배분하는 계산방법이다.

02 ②

② 매몰원가는 과거의 의사결정의 결과로 현재 의사결정 시점 이전에 이미 발생된 원가를 말한다. 이는 현재의 의사결정으로 변경할 수 없으므로 **의사결정과 관련 없는 비관련원가**이다.

03 ③

③ 관련원가란 선택 가능한 두 가지 이상의 대안 간에 차이가 있었던 **미래원가**를 말하며 의사결정과 직접 관련이 있는 원가이다.

04 ③

③ 기업은 의사결정 시 **기회원가는 고려하고** 매몰원가를 고려하지 않아야 한다.

05 ④

④ **직접배분법**은 **상호배분법**에 비해 적용과 계산이 간단한 방법이다. 상호배분법은 시간과 비용이 많이 소요된다는 단점이 있다.

06 ②

② 원가요소별 비례배분법은 기말의 재공품, 제품 및 매출원가에 포함되어 있는 제조간접원가의 **예정배부율**의 비율에 따라 제조간접원가 배부차이를 조정한다. 즉, 제조간접원가의 실제배부액의 비율에 따라 배부차이를 조정하는 것이 아니라, **제조간접원가의 예정배부율의 비율에 따라 배부차이를 조정하여 배부한다.**

07 ②

② 변동원가계산(공헌이익법)은 고정제조간접원가를 제품의 생산과 직접 관련이 없다고 보아, 직접재료원가, 직접노무원가, 변동제조간접원가 등 변동제조원가만을 제품원가에 포함시키는 방법이다. **판매 관리비는 제품원가에 포함되지 않는다.**

08 ④

④ 당기 재고자산이 증가한다면 기말재고자산이 기초재고자산보다 크다는 것을 의미한다. 그러므로 **초변동원가계산의 영업이익보다 전부원가의 영업이익이 더 크게 계상된다.**

09 ③

③ 고정제조간접원가 조업도 차이는 고정제조간접원가 **표준배부액**과 고정제조간접원가 예산액의 차이이다.

실전 훈련 문제				319쪽
01 ④	02 ②	03 ②	04 ①	05 ④
06 ①	07 ①	08 ②	09 ①	10 ②
11 ④	12 ④	13 ⑤	14 ①	15 ①
16 ⑤	17 ④	18 ⑤	19 ④	20 ③
21 ④	22 ④	23 ①	24 ④	25 ④
26 ①	27 ②	28 ②	29 ②	30 ④

01 ④

① 제조원가를 구성하는 항목의 발생행태에 따른 분류는 **변동원가와 고정원가**이다.
② 기초원가란 원재료를 가공하는 과정에서 발생하는 **직접노무원가와 직접노무원가를 합한 금액이다.**
③ 가공원가란 **직접노무원가와 제조간접원가**를 합한 금액이다.

02 ②

② 연간 발생할 것으로 기대되는 **총고정원가**는 관련범위 내에서 일정하다. 총변동원가는 조업도가 증가할수록 증가한다.

03

② 관련범위 내에서 단위당 고정원가는 생산량이 증가함에 따라 **감소**한다.

04 ①

① 변동원가는 조업도에 비례하여 총원가가 변동하므로 조업도와 관계없이 **단위당 원가는 일정**하지만, 고정원가는 조업도와 관계없이 총원가가 일정하므로 조업도와 **단위당 원가의 관계는 반비례**한다. 즉, 조업도가 증가하면 단위당 원가는 감소하고, 조업도가 감소하면 단위당 원가는 증가한다.

05 ④

④ 기회비용은 관련원가로 의사결정할 때 **반드시 고려되어야 하는 원가**이다.

06 ①

① 단계배분법은 보조부문의 배부순서에 따라 **배부금액이 달라진다.**

07 ①

① 단계배분법은 보조부문의 **배부 순서에 따라 배부금액이 달라진다.** 먼저 배부된 보조부분만 다른 보조부문에 원가를 배부하고, 배부받은 다른 보조부문은 다시 배부하지 않기 때문에 순서가 중요하다.

08 ②
② 상호배분법은 보조부문 상호 간의 용역수수관계가 **중요할 때** 적용하는 것이 타당하다.

09 ①
① 배부차액을 **재료재고(원재료재고)에서 조정하지는 않는다**. 제조간접원가는 재공품재고, 제품재고 그리고 매출원가를 구성하므로 이 세 개의 계정에서 조정해야 한다.

10 ②
② 정상공손은 **제품의 원가에 배부**하고 판매 시 매출원가에 포함하여 비용화한다.

11 ④
④ 월말재공품 완성도의 과소평가 → 월말재공품환산량 **감소**, 완성품환산량 **감소**, 단위당원가의 **증가**, 기말재공품원가의 **감소**, 완성품(제품)제조원가의 **증가**

12 ④
④ 선입선출법과 평균법의 완성품환산량이 같다면 **기초재공품이 없는 경우**이다.

13 ⑤
⑤ 묶음수준활동은 원자재 구매, 작업준비 등과 같이 제품을 처리하거나 생산할 때 묶음 단위로 수행되는 활동이다 다만, **조립활동, 전수조사에 의한 품질검사 등은 제품단위수준활동에 해당된다**.

14 ①
ㄷ. 활동기준원가계산에서는 제품의 생산수량과 직접 관련이 없는 **비단위기준 원가동인도 사용한다**.
ㄹ. 활동기준원가계산은 전통적인 간접원가 배부방법에 비해 인과관계를 반영하는 배부기준을 찾아내는데 **많은 노력이 투입된다는 단점이 있다**.

15 ①
① 활동의 분석 → 활동중심점의 설정 및 원가 집계 → 활동원가동인의 선택 → 활동별 제조간접가배부율의 계산 → 제조간접가의 배부

16 ⑤
⑤ 원가동인인 묶음크기를 줄이면 묶음 수준의 활동원가는 **늘어난다**.

17 ④
④ 원가의 발생행태에 초점을 맞추기보다 **원가를 소비하는 활동을 중심으로 원가를 배부**하기 때문에 전통적인 원가계산보다 정확한 제품원가 정보를 제공한다.

18 ⑤
⑤ 원재료구매, 작업준비는 묶음수준활동으로 분류되고, 전수조사에 의한 품질검사는 **제품단위수준활동**으로 분류된다.

19 ④
④ **제조간접원가의 증가**로 인해 새로운 원가배부기준이 필요하게 되었다.

20 ③
③ 주로 제조공정이나 생산설비 등을 유지하고 관리하기 위하여 수행되는 활동으로 공장시설관리, 환경관리, 안전유지관리, 제품별 생산설비관리 등은 **설비유지활동**이다.

21 ④
④ 균등이익률법은 기업 전체의 매출원가를 구하여, 각 제품의 매출원가율과 일치시키는 방법이다. 이때, 각 제품의 매출액에 동일한 매출원가율을 배부하고 매출원가에서 추가가공원가를 차감한 잔액을 결합원가로 배부한다. 그러므로 조건이 같다면(매출액이 같다면) 추가가공원가가 높은 제품은 **더 적은** 결합원가를 배부받는다.

22 ④
① 물량기준법은 분리점에서의 물량에 따라 결합원가를 배부한다. 그러므로 물량 단위당 결합원가의 배부액이 같아진다.
② 분리점판매가치법(상대적 판매가치법)은 분리점에서 판매가치에 따라 결합원가를 배부하기 때문에 분리점에서의 매출액과 매출원가의 비가 일정하다. 즉, 모든 연산품의 매출총이익률이 같아진다.
③, ④ 순실현가치법은 추가가공 후 모든 연산품의 순실현가치에 따라 결합원가를 배부한다. 추가가공 후 매출총이익률을 맞추어 결합원가를 배부하는 것은 균등이익률법이다. 그러므로 **순실현가치법**은 추가가공 과정에서 발생하는 가공원가와 판매비 등이 연산품마다 다르므로 연산품들의 **매출총이익률이 동일하지 않다**.

23 ①
① 제품 A의 순실현가치가 커지므로 제품 A에 배분되는 **결합원가가 증가**한다.

24 ④

④ 경영자가 재고자산을 최대로 보유하도록 유도하여 생산량이 불필요하게 증가할 수 있는 것은 **전부원가계산**이다. 초변동원가계산은 생산량에 영향을 받지 않기 때문에 바람직하지 않은 재고의 누적 가능성이 감소한다.

25 ④

④ 전부원가계산은 수익과 비용의 대응원칙에 부합되는 원가계산방법으로 외부보고 및 조세 목적을 위해서 일반적으로 인정되는 방법이다. 그러나 **변동원가계산**은 내부 관리목적으로 이용되므로, **외부보고 및 조세목적을 위해서 인정되지 않는 방법이다.**

26 ①

(1) 생산량 > 판매량 → 전부원가계산의 이익이 더 크다.
(2) 생산량 < 판매량 → **변동원가계산의 이익이 더 크다.**

27 ②

② 변동원가계산에서는 원가를 **행태에 따라 구분**하여 변동원가와 고정원가로 분류한다.

28 ②

② 변동원가계산에서 변동비만을 차감한 영업이익이 고정비와 같아지는 매출액이 손익분기점 매출액이다. 그러므로 매출액이 손익분기점 매출액보다 작다면 변동원가계산은 **이익이 보고될 수 없다.** 그러나 오히려 전부원가계산에서는 고정비의 일부가 당기 비용이 아닌 제품의 원가를 구성할 수 있으므로 손익분기점 매출액보다 작더라도 이익을 보고할 수도 있다.

29 ②

① 변동원가계산은 고정제조간접원가를 제품원가에 포함시키지 않으므로 생산량 변동에 따라 **제품단위당 원가가 달라지지 않는다.**
③ **변동원가계산**은 원가를 변동원가와 고정원가로 분류하여 공헌이익을 계산하므로 경영의사결정, 계획수립 및 통제목적에 유용한 정보를 제공한다
④ **전부원가계산**은 외부보고용 재무제표를 작성하거나 법인세를 결정하기 위한 조세목적을 위해서 일반적으로 인정되는 원가계산방법이다
⑤ 초변동원가계산은 **직접재료원가만**을 재고가능원가로 처리하므로 불필요한 재고자산의 보유를 최소화하도록 유인할 수 있다.

30 ④

① 법인세율이 증가하면 같은 세후 목표이익을 달성하기 위해 세전이익은 더 커야 한다. 그러므로 더 큰 세전이익을 얻기 위해서는 매출액이 높아져야 하므로 판매량은 많아진다.
② 단위당 변동원가가 작아지면 단위당 공헌이익이 증가하므로 작은 수량을 팔아도 손익분기점에 빨리 도달할 수 있다. 그러므로 손익분기점은 낮아진다.
③ 공헌이익률이 증가할 경우 적은 매출액으로 많은 공헌이익을 산출할 수 있기 때문에 같은 목표이익을 산정하기에 유리하다. 즉, 목표이익을 달성하기 위한 매출액은 작아진다.
④ 손익분기점은 공헌이익이 고정비를 극복하는 매출액을 의미하고, 이익이 ₩0이므로 **세율과 무관**하다.

CHAPTER 18 정부회계

공무원 5개년 기출 문제　　　　　　　　364쪽

01 ④	02 ①	03 ①	04 ④	05 ①
06 ④	07 ④	08 ③	09 ④	10 ③
11 ④	12 ④	13 ①	14 ③	15 ③
16 ④	17 ④	18 ①	19 ①	20 ④
21 ①	22 ③	23 ②	24 ②	25 ④
26 ①	27 ①	28 ④		

01　④
④ 「국가회계기준에 관한 규칙」의 재정상태표상 순자산은 **자산에서 부채를 차감한 금액**을 말한다. 이 때, 순자산은 기본순자산, 적립금 및 잉여금, 순자산조정으로 분류한다.

02　①
② 재무제표는 재정상태표, 재정운영표, 순자산변동표, **현금흐름표**로 구성하며, 재무제표에 대한 주석을 포함한다.
③ 투자증권 중 지분증권은 취득원가로 평가한다. 다만, 재정상태표일 현재 신뢰성 있게 공정가액을 측정할 수 있다면 그 **공정가액**으로 평가한다.
④ 현재 세대와 미래 세대를 위하여 정부가 영구히 보존하여야 할 자산으로서 역사적, 자연적, 문화적, 교육적 및 예술적으로 중요한 가치를 갖는 자산은 자산으로 인식하지 아니하고 그 종류와 현황 등을 **주석**으로 공시한다.

03　①
① 재정상태표상 부채는 **유동부채, 장기차입부채 및 기타비유동부채**로 분류한다. 장기충당부채는 지방자치단체의 재정상태표상 부채의 분류에 해당하지 않는다.

04　④
④ 「국가회계기준에 관한 규칙」상 무형자산은 **정액법**에 따라 해당 자산을 사용할 수 있는 시점부터 합리적인 기간 동안 상각한다.

05　①
① 재정상태표에 기재하는 자산은 자산의 진부화, 물리적인 손상 및 시장가치의 급격한 하락 등의 원인으로 인하여 해당 자산의 회수가능가액이 장부가액에 미달하고 그 미달액이 중요한 경우에는 이를 장부가액에서 직접 차감하여 회수가능가액으로 조정하고 감액내역을 주석으로 공시한다. 이 경우 회수가능가액은 해당 자산의 순실현가능액과 사용가치 중 **큰** 금액으로 한다.

06　④
④ 분납이 가능한 국세는 징수할 세금이 **확정**된 때에 그 납부된 세액 전체를 수익으로 인식한다.

07　④
④ 국가의 교환수익은 **수익창출 활동이 끝나고**, 그 금액을 합리적으로 측정할 수 있을 때 인식한다.

08　③
ㄱ. 금융리스는 리스료를 내재이자율로 할인한 가액과 리스자산의 공정가액 중 **낮은** 금액을 리스자산과 리스부채로 각각 계상하여 감가상각한다.
ㅁ. 사회기반시설에 대한 사용수익권은 해당 자산의 **차감**항목으로 표시한다.

09　④
④ 국가회계실체 사이에 발생하는 관리전환은 유상거래일 경우에는 자산의 **공정가액**을 취득원가로 한다.

10　③
③ 국가안보와 관련된 자산은 **기획재정부장관**과 협의하여 자산으로 인식하지 아니할 수 있다. 이 경우 해당 중앙관서의 장은 해당 자산의 종류, 취득시기 및 관리현황 등을 별도의 장부에 **기록한다**.

11　④
④ 사회기반시설에 대한 사용수익권은 **자산의 차감계정**으로 표시한다.

12　④
④ 국가회계실체 사이에 발생하는 관리전환은 무상거래일 경우에는 자산의 **장부가액**을 취득원가로 하고, 유상거래일 경우에는 자산의 **공정가액**을 취득원가로 한다.

13　①
① 원천징수하는 국세는 원천징수 의무자가 **신고·납부하는 때** 수익으로 인식한다.

14 ③

③ 프로그램순원가는 프로그램을 수행하기 위하여 투입한 원가 합계에서 다른 프로그램으로부터 배부받은 원가는 **더하고**, 다른 프로그램에 배부한 원가는 **빼며**, 프로그램 수행과정에서 발생한 수익은 빼서 표시한다.

15 ③

① 정부가 부과하는 방식의 국세는 **국가가 고지하는 때**에 수익으로 인식한다.
② 신고·납부하는 방식의 국세는 **납세의무자가 세액을 자진 신고하는 때**에 수익으로 인식한다.
④ 재화나 용역의 제공 등 국가재정활동 수행을 위하여 자산이 감소하고 그 금액을 합리적으로 측정할 수 있을 때 비용으로 인식한다. (참고: **금액을 합리적으로 측정할 수 없다면 수익도 비용도 인식할 수 없다**.)

16 ④

④ 국세수익은 국세징수활동표의 "국고이전지출"과 국고금회계의 "국고이전수입"을 내부거래제거로 상계하는 국고금회계 통합절차를 통해 **재정운영표**에 표시한다.

17 ①

① 원가는 신뢰할 수 있는 **객관적인 자료와 증거**에 의하여 계산하며, 국가회계실체가 프로그램 예산체계에 따라 집행한 예산을 **발생주의의 원칙**에 따라 계산한다.

18 ①

② 중앙관서 내 국가회계실체 간 거래를 통해 수익·비용을 인식한 경우 해당 내부거래로 인하여 상호 발생한 수익과 비용은 **제거한다**.
③ 국가 재무제표 작성 시에는 중앙관서 간 내부거래를 통한 유·무형자산의 취득, 처분, 관리전환 등의 거래는 상호 채권·채무를 보유하지 않으므로 **내부거래 제거대상에서 제외한다**.
④ 중앙관서 순자산변동표에 표시되는 재원의 조달 및 이전거래는 재정운영표에 반영한다. 분야별 재정운영표의 경우 '**비교환수익 등**'으로 표시한다.

19 ①

ㄱ. 지방자치단체의 재무제표는 일반회계·기타특별회계·기금회계 및 지방공기업특별회계의 유형별 재무제표를 통합하여 작성하되, 이 경우 내부거래는 **상계하여 작성한다**.
ㄴ. 유형별 회계실체의 재무제표를 작성할 때에는 해당 유형에 속한 개별 회계실체의 재무제표를 **합산하여 작성한다**.

20 ④

④ 재무제표는 지방자치단체 회계기준에 따라 작성하여야 하고, 「공인회계사법」에 따른 공인회계사 감사의견이 아닌, **검토의견**을 첨부하여야 한다.

21 ①

① 재정상태표에 기록하는 자산의 가액은 당해 자산의 취득원가를 기초로 하여 계상함을 원칙으로 하되, 교환, 기부채납, 그 밖에 무상으로 취득한 자산의 가액은 공정가액을 취득원가로 한다. 단, 회계 간의 재산 이관이나 물품 소관의 전환으로 취득한 자산의 가액은 **직전회계실체의 장부가액**을 취득원가로 한다.

22 ③

① 부채는 **유동부채, 장기차입부채 및 기타비유동부채**로 구분하여 재정상태표에 표시한다. 장기차입부채는 국가회계기준에서는 차입부채에 포함되어 표시되지만, 지방자치단체 회계기준에서는 기타비유동부채에 포함되어 표시된다.
② **고정순자산**은 주민편의시설, 사회기반시설 및 무형자산의 투자액에서 그 시설의 투자재원을 마련할 목적으로 조달한 장기차입금 및 지방채증권 등을 뺀 금액으로 한다. 특정순자산은 채무상환 목적이나 적립성기금의 원금과 같이 그 사용목적이 특정되어 있는 재원과 관련된 순자산이다.
④ **비교환거래**에 의한 비용은 가치의 이전에 대한 의무가 존재하고 그 금액을 합리적으로 측정할 수 있을 때에 인식한다. 교환거래의 비용은 재화나 용역의 제공이 끝나고 그 금액을 합리적으로 측정할 수 있을 때 인식한다.

23 ②

② 일반유형자산과 주민편의시설에 대한 사용수익권은 해당 **자산의 차감항목**으로 표시한다.

24 ②

② **회계정책의 변경**에 따른 영향은 비교표시되는 직전 회계연도의 기초순자산 및 그 밖의 대응금액을 **회계정책의 변경** 이전 처음부터 적용된 것으로 조정한다.

25 ④

① 일반유형자산이나 주민편의시설은 당해 자산의 건설원가나 매입원가에 **부대비용을 더한** 취득원가로 평가함을 원칙으로 한다.
② 무형자산은 **정액법**에 따라 해당 자산을 사용할 수 있는 시점부터 합리적인 기간 동안 상각한다.
③ 사회기반시설 중에서 유지보수를 통하여 현상이 유지되는 도로, 도시철도, 하천부속시설 등은 감가상각대상에서 **제외할 수 있다**.

26 ①

① 교환거래로 생긴 수익은 재화나 서비스 제공의 반대급부로 생긴 사용료, 수수료 등으로서 **수익창출활동이 끝나고 그 금액을 합리적으로 측정할 수 있을 때**에 인식한다. 해당 수익에 대한 청구권이 발생하고 그 금액을 합리적으로 측정할 수 있을 때에 인식하는 것은 비교환거래로 생긴 수익이다.

27 ①

① 재정상태표의 순자산은 자산에서 부채를 뺀 금액을 말하며, **고정순자산, 특정순자산, 일반순자산**으로 구분한다. 순자산을 기본순자산, 적립금 및 잉여금, 순자산조정으로 구분하는 것은 「국가회계기준에 관한 규칙」이다.

28 ④

④ 「국가회계기준에 관한 규칙」에 따르면 현재 세대와 미래 세대를 위하여 정부가 영구히 보존하여야 할 자산으로서 역사적, 자연적, 문화적, 교육적 및 예술적으로 중요한 가치를 갖는 자산은 **유산자산으로 장부에 인식하지 않는다**. 유산자산의 가액을 신뢰성 있게 측정할 수 없기 때문이다.
대신, 그 종류와 현황 등을 주석으로 공시한다.

실전 훈련 문제				372쪽
01 ①	02 ④	03 ④	04 ③	05 ①
06 ②	07 ④	08 ②	09 ④	10 ①
11 ①	12 ③	13 ③	14 ③	15 ④
16 ②	17 ②	18 ④	19 ④	20 ①
21 ②	22 ①			

01 ①

①「국가회계기준에 관한 규칙」은「국가재정법」에 따른 일반회계, 특별회계 및 기금의 회계처리에 대하여 적용한다. **(지방)공기업특별회계는 지방자치단체 재무제표의 회계실체**이다.

02 ④

① 재무제표는 재정상태표, 재정운영표, 순자산변동표 및 **현금흐름표**로 구성하되, 재무제표에 대한 **주석**을 포함한다.
② 예산과 그 밖에 관련 법규의 준수에 관한 정보를 **제공하여야 한다**.
③ 재무제표를 통합하여 작성할 경우 **내부거래는 상계하여 작성한다**.

03 ④

재무제표는 국가가 공공회계책임을 적절히 이행하였는지 평가하는 데 필요한 다음 각 호의 **정보를 제공하여야 한다**.

1. 국가의 재정상태 및 그 변동과 재정운영결과에 관한 정보
2. **국가사업의 목적을 능률적, 효과적으로 달성하였는지에 관한 정보**
3. 예산과 그 밖에 관련 법규의 준수에 관한 정보

04 ③

③ 자산에 대한 사용수익권은 해당 **자산에서 차감**하는 형식으로 표시한다.

05 ①

① 투자증권은 매입가액에 부대비용을 더하고 종목별로 총평균법 등을 적용하여 산정한 가액을 취득원가로 한다. 또한 채무증권은 상각후취득원가로 평가하고, 지분증권은 취득원가로 평가하되, **재정상태표일 현재 신뢰성 있는 공정가액을 측정할 수 있으면 그 공정가액으로 평가하며**, 장부가액과 공정가액의 차이금액은 순자산조정에 반영한다.

06 ②

② 국가안보와 관련된 자산은 **기획재정부장관**과 협의하여 자산으로 인식하지 아니할 수 있다. 이 경우 해당 중앙 관서의 장은 해당 자산의 종류, 취득시기 및 관리현황 등을 별도의 장부에 기록하여야 한다.

07 ④

④ 국가의 **유상관리환**의 경우에는 자산의 처분손익을 인식할 수 있다. 한편 **무상관리환**의 경우에도 정부내자산기부와 정부내자산수증은 국가회계실체가 **국고의 통합관리대상에서 제외**되면 재정운영표의 수익·비용에 반영하고, **국고의 통합관리대상에 포함**되면 순자산변동표의 순자산증감에 반영한다.

08 ②

② 경제적 효익의 창출 가능성이 **매우 높아야 한다**. 국가회계기준과 지방자치단체 회계기준 모두 경제적 효익의 창출 가능성이 매우 높아야 한다.

09 ④

④ 개별 회계실체의 재무제표를 작성할 때에는 지방자치단체 안의 다른 개별 회계실체의 내부거래는 **상계하지 아니한다**.

10 ①

① 일반유형자산과 사회기반시설은 **모두 재평가모형을 적용할 수 있다**.

11 ①

① 「국가회계기준에 관한 규칙」에서의 순자산은 **기본순자산, 적립금 및 잉여금, 순자산조정**으로 구분한다.

12 ③

③ 국세수익은 **중앙관서, 기금의 성질별 재정운영표에는 표시되지 않고**, 국가의 성질별 재정운영표에 표시되는 항목이다.

13 ③

③ 중앙관서의 장이 관리하는지의 여부와 관계없이 **기금의 비교환수익은 모두 재정운영표에 표시**한다.

14 ③

③ 교환수익은 수익창출 활동이 끝나고 그 금액을 합리적으로 측정할 수 있을 때 인식하는 반면, 비교환수익은 **해당 수익에 대한 청구권이 발생**하고 그 금액을 합리적으로 측정할 수 있을 때 인식한다.

15 ④

④ 원천징수하는 국세는 원천징수의무자가 원천징수한 금액을 **신고·납부하는 때**에 수익으로 인식한다.

16 ②

② 세입·세출결산은 발생주의 도입 이후에도 여전히 **현금주의를 기준으로 작성**하여 국회에 보고한다.

17 ②

② 예산과 그 밖의 관련 법규 준수에 관한 정보는 **기간 간 형평성에 관한 정보가 아니다**. 기간 간 형평성에 관한 정보란 당기의 수입이 당기의 서비스를 제공하기에 충분하였는지 또는 미래의 납세자가 과거에 제공된 서비스에 대한 부담을 지게 되는지에 대한 정보를 말한다.

18 ④

④ 지방자치단체회계는 **적시성의 원리가 필요하지 않다**.

19 ④

④ **장기충당부채**는 지방자치단체 회계기준의 **부채의 분류에 해당하지 않는다**.

20 ①

① 자산은 미래에 공공서비스를 제공할 수 있거나 직접적 또는 간접적으로 경제적 효익을 창출하거나 창출에 기여할 **가능성이 매우 높고 그 가액을 신뢰성 있게 측정할 수 있을 때** 인식한다.

21 ②

② **사회기반시설** 중 유지보수를 통하여 현상이 유지되는 자산은 감가상각대상에서 제외할 수 있다.

22 ①

① 댐은 **사회기반시설**에 해당한다.

MEMO

오정화 편저

약력
한국공인회계사 동차합격
현) 넥스트공무원 회계학, 세법 대표강사
　　벨류그램세무회계컨설팅 대표이사
전) 공단기 회계학 대표강사
　　금융단기 회계학 대표강사
　　국가공인 회계관리 자격시험 출제위원
　　재경관리사 시험 출제위원
　　삼일회계법인
　　삼일아카데미 전임교수
　　대기업 재무강의 출강

주요 저서
오정화 회계학 재무회계
오정화 회계학 원가관리회계
오정화 회계학 정부회계
오정화 세법 1, 2
오정화 세법 OX 필살기
오정화 회계학 매일회계
오정화 회계학 오진다
오정화 세법 오진다
오정화 회계학 기출플러스
오정화 세법 기출플러스
오정화 회계학 응용플러스
오정화 회계학 회계 1000제
오정화 세법 세법 1000제
오정화 세법 실전동형 모의고사
오정화 회계학 재무회계 플러스
오정화 회계학 썰전(객관식 서술형 완전정복)
오정화 회계학 베스트 모의고사
오정화 회계학 실전동형 모의고사
오정화 회계학 봉투모의고사
오정화 회계학 7급 파이널 완성
오정화 세법 7급 파이널 완성
오정화 세법 지방세법
오정화 세법 지방세법 이거다

객관식 서술형 완전정복!
오정화 회계학 썰문제 전과

초판인쇄	2025년 8월 20일
초판발행	2025년 8월 29일
편저자	오정화
등록	제2025-000022호
발행처	(주)올에듀케이션
주소	인천광역시 중구 월촌길 76
교재공급처	(02)3498-4256　FAX(02)6455-4354
학습문의처	https://cafe.naver.com/avantageoh
ISBN	979-11-993806-2-2

본서의 무단 전재·복제 행위는 저작권법에 의거하여 5년 이하의 징역 또는 5천만원 이하의 벌금에 처하거나 이를 병과할 수 있습니다. 저자와의 협의하에 인지를 생략합니다.

정가 29,000원